Jahresbibliographie
Bibliothek für Zeitgeschichte

WELTKRIEGSBÜCHEREI

Stuttgart

Jahrgang 57 · 1985

Neue Folge der Bücherschau der Weltkriegsbücherei

BERNARD & GRAEFE VERLAG KOBLENZ

Diese Jahresbibliographie erschien bis zum Jahrgang 31, 1959 unter dem Titel "Bücherschau der Weltkriegsbücherei" bei der Bibliothek für Zeitgeschichte, Stuttgart

Umfang XIV, 496 Seiten

Alle Rechte der Vervielfältigung sowie der fotomechanischen Wiedergabe, auch auszugsweise, vorbehalten

© Bernard & Graefe Verlag, Koblenz 1986

Gesamtherstellung: Omnitypie Ges. Nachf. L.Zechnall, Stuttgart

Printed in Germany

ISBN 3-7637-0125-7

INHALT

Vorwort V

Inhaltsübersicht IX

I. NEUERWERBUNGEN DER BIBLIOTHEK

Systematisches Verzeichnis der Neuerwerbungen mit Bibliographie von
Zeitschriftenaufsätzen und Buchkapitel 1

II. FORSCHUNGS- UND LITERATURBERICHTE

1. Buck, G.:   Kriegswochenschauen im Archiv der
                     Bibliothek für Zeitgeschichte 355

2. Žilin, P. A.:   Der Erste Weltkrieg. Bibliographie der
                     neueren sowjetischen Literatur 363

3. Haupt, M.:   Die Katholische Kirche im Deutschen
                     Widerstand 1933 - 1945 399

4. Düsel, H. H.:   Die Flugblätter des Nationalkomitees
                     „Freies Deutschland" 1943 - 1945 433

5. Rohwer, J.:   Der 16. Internationale Kongress der Ge-
                     schichtswissenschaften 1985 in Stuttgart 453

III. ALPHABETISCHES VERFASSER-REGISTER 461

VORWORT

Das Jahr 1985 stand für die Bibliothek für Zeitgeschichte sehr stark unter dem Zeichen des 16. Internationalen Kongresses der Geschichtswissenschaften, der vom 25. August bis 1. September 1985 in Stuttgart stattfand. Der Bibliothek für Zeitgeschichte war in diesem Zusammenhang die Vorbereitung von zwei Kolloquien übertragen worden, über die im Teil "Forschungs- und Literaturberichte" zusammenfassend berichtet wird.

Der Beginn des neuen Jahres war überschattet vom Tod des langjährigen Direktors der Württembergischen Landesbibliothek, Professor Dr. Wilhelm Hoffmann, der zusammen mit dem damaligen Kurator der BfZ, Herrn Wilhelm Heinrich Franck, entscheidenden Anteil daran hatte, daß die BfZ in den Jahren 1949 bis 1951 ihre Tätigkeit im Gebäude der WLB wieder aufnehmen konnte. Die vor 35 Jahren von Professor Hoffmann in pragmatischer und unkonventioneller Weise getroffenen Regelungen für die Kooperation der WLB und der BfZ haben sich für beide Seiten außerordentlich bewährt und kommen dem Benutzer in vielfältiger Weise zugute. Professor Hoffmann gehörte seit der Gründung dem Kuratorium und dem wissenschaftlichen Beirat der BfZ an. Beide Gremien werden seinen vorausschauenden und engagierten Rat sehr vermissen.

Im Jahre 1985 konnte die Zahl der in die Jahresbibliographie aufgenommenen Titel um 18,6% gesteigert werden. Die Steigerung auf 4 600 Buchtitel und 2 400 Zeitschriftenaufsätze ist zu einem erheblichen Teil auf die zusätzliche Aufnahme von Broschüren und eine Intensivierung der Auswertung insbesonders der ausländischen Zeitschriften zurückzuführen.

Für den zweiten Teil "Forschungs- und Literaturberichte" hat der Direktor des Militärgeschichtlichen Instituts der UdSSR, Generalleutnant Professor Dr. Pavel A. Žilin, korrespondierendes Mitglied der Akademie der Wissenschaften und Vizepräsident der Internationalen Kommission für Militärgeschichte, eine umfangreiche Bibliographie der sowjetischen Forschungen zur Geschichte Rußlands im Ersten Weltkrieg zusammengestellt. Der Archivar der BfZ, Gerhard Buck, beschreibt die Bestände des "Film-Archivs" der Bibliothek für Zeitgeschichte, insbesondere die Originalkopien der Wochenschauen aus dem Zweiten Weltkrieg, die als Dauerleihgabe bei der Landesbildstelle Baden-Württemberg liegen und dort benutzt werden können. Der Bibliothekar am Deutschen Institut für Entwicklungspolitik in Berlin, Michael Haupt, bringt eine kurze historische Übersicht sowie eine systematisch geordnete Bibliographie zum Widerstand der Katholischen Kirche im Dritten Reich. Dabei konnte auch bisher kaum bekannte Literatur aus kirchlichen Archiven aufgenommen werden. Der Experte für die Flugblätter des Zweiten Weltkrieges, Hans-Heinrich Düsel, hat eine kurze Zusammenstellung und eine ausführliche Bibliographie der vom Nationalkomitee "Freies Deutschland" von 1943 bis 1945 herausgegeben und über den deutschen Linien abgeworfenen Flugblätter zusammengestellt.

Die bibliographischen Arbeiten wurden in diesem Jahr von unseren Bibliothekarinnen und Bibliothekaren Birgit Dietrich, Helene Holm, Eva Läpple, Anita Molnar, Walburga Mück, Andrea Weiss und Werner Haupt durchgeführt. Die Schreibarbeiten besorgten Ursula Haupt und Anna Schreiner.

Aus Anlaß des 10. Kolloquiums der Internationalen Kommission für Militärgeschichte erschien das Heft 25 der Schriften der BfZ "Neue Forschungen zum Ersten Weltkrieg", in dem 30 Literaturberichte und Bibliographien der Mitgliedstaaten der "Commission Internationale d'Histoire Militaire Comparée" enthalten sind. Die Bibliothek für Zeitgeschichte beteiligte sich an der Edition des Bandes 63 der "Revue Internationale d'Histoire Militaire", in dem aus Anlaß des genannten Kolloquiums Beiträge internationaler Wissenschaftler mit neuen Forschungsergebnissen zur Geschichte des Ersten Weltkrieges enthalten sind.

Stuttgart, im Mai 1986

BIBLIOTHEK FÜR ZEITGESCHICHTE
Der Direktor

Prof. Dr. Jürgen Rohwer

Prof. Dr. Wilhelm Hoffmann

1901-1986

Direktor der Württembergischen Landesbibliothek
Mitglied des Kuratoriums und des Beirats der
Bibliothek für Zeitgeschichte

Inhaltsübersicht

Die bisher an dieser Stelle der Jahresbibliographie stehende "Systematische Übersicht" wurde diesmal durch eine vereinfachte Inhalts-Übersicht ersetzt, um das Auffinden der Titel zu erleichtern. Es ist darauf hinzuweisen, daß sich die systematischen Gruppen A bis K jeweils bei den unter L (Länderteil) aufgeführten Staaten in gleicher Reihenfolge wiederholen.

	Seite		Seite
A. Allgemeine Werke		011 Abrüstungsfrage	20
		012 Militärbündnisse	22
B. Buch- und Bibliothekswesen		014 Waffenhandel	26
050 Nachschlagewerke	1	051 Arten des Krieges	27
090 Jahrbücher	1	052 Strategie	29
300 Archiv-u. Museumswesen	2	055 Geheimer Nachrichtendienst, Spionage	31
C. Biographien		100 Landmacht, Heer	33
		200 Seemacht, Marine	34
D. Land und Volk		300 Luftmacht, -waffe	35
010 Länderkunde	3	500 Wehrtechnik	35
050 Völkerkunde	3	510 Waffentechnik	35
052 Judentum	4	520 Fahrzeugtechnik	38
		522 Seefahrzeuge/-technik	39
E. Staat und Politik		523 Luftfahrttechnik	41
010 Politische Grundbegriffe	5	550 Nachrichtentechnik	43
100 Innenpolitik	6	560 Raumfahrttechnik	44
110 Staat und Recht	6		
114 Völkerrecht	8	**G. Wirtschaft**	
140 Parteiwesen	9	000 Weltwirtschaft	45
200 Außenpolitik	13	300 Industrie, Energiepolitik	46
230 Friedens-/Konfliktforschung	13	400 Handel	47
250 Internat. Organisationen	16	600 Finanz-, Geld,-Bankwesen	48
F Wehrwesen		**H. Gesellschaft**	
000 Wehrwissenschaft	19	100 Bevölkerung u. Familie	50
010 Wehrpolitik	19	200 Stand und Arbeit	51

	Seite		Seite
I. Geistesleben		Balkanfeldzug und	
100 Wissenschaft	54	Besatzungszeit	78
150 Medizin	54	Afrika	80
600 Kirche und Religion	55	Südeuropa, Italien	80
620 Islam	56	Ostasien, Pazifik	81
		600 Geschichte seit 1945	82
K. Geschichte		Internat. Probleme	83
000 Allgemeine Geschichte	57	Ereignisse	84
200 Geschichte, 1815-1914	57	Kriegsgeschichte	85
300 Geschichte, 1914-1918	58		
Politische Geschichte	58	L. Länderteil	
Militärische Geschichte	59	020 Naher und Mittlerer	
Kriegsschauplätze	60	Osten	94
400 Geschichte, 1919-1939	61	059 Dritte Welt	98
Politische Geschichte	61	080 Entwicklungsländer	99
Kriegsgeschichte	61	100 Europa	101
500 Geschichte, 1939-1945		103 Osteuropa	106
(2. Weltkrieg)	63	111 Albanien	109
Biographien	63	119 Belgien	109
Politische Geschichte	64	123 Bulgarien	110
Militärische Geschichte	65	125 Dänemark	111
Landkrieg/Allgemeines	65	130 Deutschland/BRD	113
Seekrieg	66	130.1 Westdt. Länder u. Orte	170
Luftkrieg	66	130.2 Deutsche Demokrat.	
Kriegsgefangene usw.	67	Republik	177
KZ-Lager	67	130.3 Ostdeutsche Länder	
Geistesgeschichte	68	bis 1945	181
Kriegsschauplätze	69	135 Finnland	182
Osteuropa, Ostsee	69	137 Frankreich	183
Polenfeldzug und		139 Griechenland	190
Besatzungszeit	69	141 Großbritannien	191
Ostfeldzug 1941-1945	70	143 Irland	197
Besetzte Gebiete	71	145 Italien	197
Südosteuropa 1944-1945	72	147 Jugoslawien	206
Ost- u. Mitteldeutsch-		163 Niederlande	207
land 1945	73	165 Norwegen	208
Nordeuropa, Nordsee		171 Österreich	211
Nordmeer	74	174 Polen	214
Westeuropa, Atlantik		175 Portugal	217
Westfeldzug und		177 Rumänien	218
Besatzungszeit	74	179 Rußland/Sowjetunion	219
Invasion 1944	76	183 Schweden	232
Westdeutschland 1945	77	185 Schweiz	235
Mittelmeerraum	78	193 Spanien	237

X

		Seite			Seite
197	Tschechoslowakei	241	375	Südafrikanische	
198	Ungarn	243		Republik	284
200	Asien	244	391	Zaire-Zimbabwe	287
203	Ostasien	244	400	Amerika	288
211	Afghanistan	245	402	Lateinamerika	288
213	Arabische Staaten	246	409	Mittelamerika	292
215	Bangladesch	247	421	Argentinien	294
218	Burma	247	423	Bolivien	297
221	China	248	425	Brasilien	299
225	Indien	253	427	Chile	300
231	Irak	256	429	Costa Rica	301
233	Iran	257	431	Ecuador	301
235	Israel	258	433	El Salvador	302
237	Japan	262	435	Guatemala	304
239	Jemen-Khmer	264	439	Honduras	305
245	Korea	265	441	Kanada	305
249	Libanon	266	443	Kolumbien	306
251	Malaysia-Nepal	267	445	Mexiko	307
259	Pakistan	268	447	Nicaragua	309
266	Sri Lanka	268	451	Paraguay	312
267	Syrien	269	453	Peru	312
268	Taiwan-Thailand	269	455	Uruguay	314
275	Türkei	270	457	Venezuela	314
277	Vietnam	272	460	Vereinigte Staaten/USA	315
279	Zypern	273	490	Westindien/Antillen	339
300	Afrika	274	494	Kuba	341
305	Südafrika	277	500	Australien und	
307	Westafrika	279		Ozeanien	343
311	Abessinien/Äthiopien	279	510	Australien	343
313	Ägypten	281	520	Neuseeland	344
315	Algerien	281	530	Ozeanien	345
316	Angola-Libyen	282	531	Indonesien	345
353	Moçambique	282	532	Philippinen	346
354	Namibia	283	600	Polargebiete	347
367	Senegal	283	700	Weltmeere und Inseln	348

I
NEUERWERBUNGEN

A Allgemeine Werke

B Buch- und Bibliothekswesen

B 050 Nachschlagwerke/Wörterbücher

Anker-Moeller, S.; Jensen, H.; Stray Joergensen, P.:
Politikens Slangordbog. 3. opl. København: Politikens Forl. 1982.
243 S.   B 51234
Marx-Engels-Begriffslexikon. Hrsg.: K. Lotter. München:
Beck 1984. 389 S.   B 51510
Schiffahrts-Wörterbuch. Dt., engl., franz., span., ital. Hamburg:
Kammer [o. J.].837 S.   B 54752
Spravočnik propagandista i agitatora armii i flota. [Nachschlagewerk
für Propagandisten u. Agitatoren in der Armee und Flotte.]
Moskva: Voenizdat 1983. 223 S.   B 52370
Kritisches Wörterbuch des Marxismus. Hrsg.: G. Labica. Bd 1-2.
Berlin: Argument 1983-84. 402, 585 S.   B 50440

B 090 Jahrbücher

Blackaby, F.: SIPRI-Jahrbuch 1984. In: Beiträge zur Konflikt-
forschung. Jg. 14, 1984. H. 3. S. 121-137.   BZ 4594:14
Nordisch-germanischer Jahrweiser. 1985. Hrsg.: A.-W. Priem.
Berlin: Asgard-Bund 1984. 15 S.   D 03174

B 300 Archiv- und Museumswesen

Haupt, W.: Das sogenannte "Zaren-Archiv" in der Bibliothek für Zeitgeschichte. Koblenz: Bernard u. Graefe 1984. S. 339-363. Aus: Jahresbibliographie. Bibliothek für Zeitgeschichte. Jg. 55, 1983.   Bc 4412

Köpke, I.: Bismarck-Museum Friedrichsruh. Neumünster: Wachholtz 1984. 44 S.   Bc 4926

Lillevik, F.: Forsvarets Luftflaade 1912-1982. Beskrivelser av våre bevarte militaere fly. Oslo: Forsvarsmuseet 1984. 107 S.   B 52465

C Biographien und Memoiren

[Sammelbiographien und Einzelbiographien von Personen eines bestimmten Landes siehe unter dem betreffenden Land im Abschnitt "L. Länderteil".]

D Land und Volk

D 0.1 Länderkunde/Geographie/Reisen

Deudney, D.: Whole earth security. A gepolitics of peace.
Washington: Worldwatch Institute 1983. 93 S.   Bc 4577
Kidron, M.; Segal, R.: The new State of The World Atlas.
London: Heinemann 1984. Getr. Pag.   09686
O'Sullivan, P.; Miller, J.W.: The Geography of warfare.
New York: St. Martin's Pr. 1983. 172 S.   B 52934
Quirós Esquivél de Alcalá, H. A.: Léxico razonado de la geopolítica. La Paz: EDVIL 1983. 173 S.   Bc 4685

D 0.5 Völkerkunde/Volkstum/Rassenfrage

Das war kein Bruder. Das Bild der Weissen aus der Sicht ehemals kolonisierter Völker. Basel: Lenos Verl. 1982. 330 S.   B 52268
Dokumentation. Generalkongress des "Internationalen Zentrums gegen Imperialismus, Zionismus, Rassismus, Reaktion und Faschismus". Tripoli... 15.-18. Juni 1982. Bonn: Media Pro 1982. 36 S.   Bc 01493
Gilbert, V. F.; Tatla, D. S.: Immigrants, minorities and race relations. A bibliography of theses and dissertations presented at British and Irish universities, 1900-1981. London: Mansell 1984. XXXIII, 153 S.   B 54645
Miles, R.: Racism and migrant labour. London: Routledge & Kegan Paul 1982. IX, 202 S.   B 50725
Nuscheler, F.: Nirgendwo zu Hause. Menschen auf der Flucht. Baden-Baden: Signal-Verl. 1984. 208 S.   B 52496
Refugees and development. International conference organized by the Development Policy Forum... Berlin, 13 to 17 Sept. 1982. Baden-Baden: Nomos-Verl. Ges. 1983. 140 S.   Bc 4565
Sigler, J. A.: Minority Rights. A comparative analysis. Westport: Greenwood 1983. X, 245 S.   B 52561
UNRWA- A brief history 1950-1982. Vienna: UNRWA Headquarters 1982. XVI, 304 S.   09486

D 0.52 Judentum

Borochov, B.: Class Struggle and the Jewish nation. Selected essays in Marxist Zionism. New Brunswick: Transaction Books 1984. VIII, 218 S.   B 52602
Eban, A.: Heritage: civilization and the jews. London: Weidenfeld & Nicolson 1984. 354 S.   09871
Finkielkraut, A.: Der eingebildete Jude. Frankfurt: Fischer 1984. 173 S.   Bc 4572
Gabor, G. M.: My Destiny. Survivor of the Holocaust. Arcadia: Amen Publ. 1981. XI, 252, 67 S.   B 52612
Lerntag über den Antisemitismus und dessen Abwehr... am 25. Sept. 1983. Hrsg.: H. A. Strauss u. N. Kampe. Berlin: Technische Universität 1984. 69 S.   Bc 4641
Leroy-Beaulieu, A.: Israel chez les nations. Préf.: R. Rémond. Paris: Calmann-Lévy 1983. 350 S.   B 49950
Priemé, H.: En europaeisk Tragedie. Beretningen om nazisternes folkemord på jøderne i Tyskland, Polen, Frankrig og Danmark. København: Gyldendal 1982. 200 S.   B 50838
Rubinstein, E. F.: The Survivor in us all. Hamden: Archon Books 1983. 185 S.   B 52584
Silberner, E.: Kommunisten zur Judenfrage. Zur Geschichte von Theorie und Praxis des Kommunismus. Opladen: Westdeutscher Verl. 1983. 402 S.   B 50122
Contemporary Views on the Holocaust. Ed.: R. L. Braham. Boston: Kluwer-Nijhoff 1983. IX, 237 S.   B 50868
Weber, C. E.: The "Holocaust". 120 questions and answers. Torrance: Institute for Historical Review 1983. 59 S.   Bc 4619

Kimmerling, B.: Zionism and economy. Cambridge: Schenkman 1983. XV, 169 S.   B 52714
Polkehn, K.: Vom Aufschwung des Zionismus der Nazis wegen. Der Zionismus im Komplott mit dem Nationalsozialismus 1933-1941. Freiburg: Holograph Ed. 1983. 56 S.   Bc 4408

E Staat und Politik

E 0.02 Zukunftsforschung

Drambo, L.: Språnget mot friheten. En rekonstruktion av vår föreställning om arbete, ekonomi och samhällsförändring. Stockholm: Liber 1982. 386 S. B 52055
Hanke, E.: Ins nächste Jahrhundert. Was steht uns bevor? Leipzig: Urania-Verl. 1983. 335 S. B 51091
Rossnagel, A.: Der Fall "K". Szenarium über d. Atomstaat im Jahre 2030. Zwischenbericht... Essen 1981. 71 S. D 3081
Williams, R.: Towards 2000. London: Chatto and Windus 1983. 273 S. B 51100

E 0.10 Politische Grundbegriffe

Alter, P.: Nationalismus. Frankfurt: Suhrkamp 1985. 178 S. Bc 4862
Bauer, R.: Le Radici della democrazia. Antologie di scritti 1944-1946. A cura di A. Colombo. Firenze: Le Monnier 1983. 104 S. Bc 4662
Crocenera : Anarchismo e sovversione sociale. Contro la politica per un progetto di transformazione reale. Catania: Centrolibri 1983. 85 S. Bc 4356
Defrasne, J.: Que sais-je? - Le Pacifisme. Paris: Presses Univ. de France 1983. 127 S. Bc 4388
Del Vasto, L.: Definitionen der Gewaltlosigkeit. Felina Reggio 1985. 65 S. D 3221
Demokratie und Frieden. Hrsg.: Institut f. Theorie d. Staates u. d. Rechts d. Akademie d. Wissenschaften d. DDR. Berlin: Dietz 1984. 60 S. Bc 4778
Dictatures et légitimités. Sous la dir. de M. Duverger. Paris: Pr. Univ. de France 1982. 488 S. B 48598
Frank, J.A.: Protest, repression, and civil conflict. Components and relationships. In: Conflict. Vol. 5, 1984/85. No. 4. S. 355-372. BZ 4687:5
Freiheit was ist das? Hrsg.: D. Wellershoff. Herford: Mittler 1984. 283 S. B 51662
Gruppi anarchice federati - GAF: Ein anarchistisches Programm. Berlin: Libertad-Verl. 1984. 55 S. Bc 4702
Hahn, E.: Vom Sinn revolutionären Handelns. Berlin:

Dietz 1983. 112 S. Bc 4427
Hermet, G.: Aux Frontiers de la démocratie. Paris: Presses
Universitaires de France 1983. 255 S. B 52172
Imperialismen i dag. Det ulige bytte og mulighederne for socialisme
i en delt verden. København: Manifest 1983. 225 S. B 50818
Konservativismus - eine Gefahr für die Freiheit? Für Iring Fetscher.
München: Piper 1983. 553 S. B 48448
Leisching, M.: Das Alles und das Nichts oder "Die Wirklichkeit
der Anarchie". Versuch d. Neubestimmung einer Metapher.
Berlin: Zerling 1983. 45 S. Bc 3960
Leisner, W.: Der Führer. Berlin: Duncker & Humblot 1983.
398 S. B 50644
Pessin, A.: La Rêverie anarchiste (1848-1914). Paris: Libr. des
Méridiens 1982. 225 S. B 50880
Politik und Ideologie des bürgerlichen Liberalismus im Revolutions-
Zyklus zwischen 1789 und 1917. Jena: Friedrich-Schiller-Univ.
1983. 156 S. Bc 4254
Revel, J.-F.: So enden Demokratien. München: Piper 1984.
408 S. B 52970
Rivoluzione e reazione. Lo stato tardocapitalistico nell'analisi
della sinistra comunista. Milano: Giuffrè 1983. VII, 273 S. B 51899
Uttitz, F.: Zeugen der Revolution. Köln: Bund-Verl. 1984.
209 S. B 51660
Soziale Verteidigung. Der gewaltfreie Weg. 2. Aufl. Münster:
Internationaler Versöhnungsbund 1985. 48 S. D 03229
Was heißt konservativ heute? Hrsg.: M. J. Lasky [u. a.].Weinheim,
Basel: Beltz 1984. 192 S. B 52076
Wolff, L.: The Science of revolution. An introduction.
Chicago: RCP Publ. 1983. 252 S. B 52715

E 1 Innenpolitik

E 1.1 Staat und Recht

E 1.13 Staatsrecht/Öffentliches Recht

Bracher, K. D.: Politische Institutionen in Krisenzeiten. In:
Vierteljahrshefte für Zeitgeschichte. Jg. 33, 1985. H. 1.
S. 1-27. BZ 4456:33
Calvert, P.: Politics, power and revolution. A comparative
analysis of contemporary government. New York: St. Martin's Pr.
1983. 208 S. B 52638
Camilleri, J. A.: The State and nuclear power. Conflict and
control in the Western world. Bringhton: Wheatsheaf Books 1984.
XVIII, 347 S. B 51743

Democracy and elections. Electoral systems and their political
consequences. Ed.: V. Bogdanor and D. Butler. Cambridge:
Cambridge-Univ. Pr. 1983. IX, 267 S. B 51307
Dworkin, R.: Bürgerrechte ernstgenommen. Frankfurt:
Suhrkamp 1984. 591 S. B 51371
Jankowitsch, P.: Moral und Weltpolitik: Die Rolle der kleinen
Staaten. In: Europäische Rundschau. Jg. 13, 1985. Nr. 2.
S. 3-22. BZ 4615:13
Mármora, L.: Nation und Internationalismus. Probleme und Perspektiven eines sozialistischen Nationbegriffs. Kommentare zur
Einl. v. P. Brandt u. F. Mires. Bremen: Edition CON 1983.
194 S. B 52329
Marx, R.: Eine menschenrechtliche Begründung des Asylrechts.
Rechtstheoretische und -dogmatische Untersuchungen zum Politikbegriff im Asylrecht. Baden-Baden: Nomos Verl. 1984.
247 S. B 51712
Molitor, B.: Umgang mit der totalitären Macht. Köln:
Bachem 1984. 104 S. Bc 4763
The State as terrorist. The dynamics of governmental violence and
repression. Westport: Greenwood 1984. VIII, 202 S. B 52562
Stato di emergenza. A cura di A. Tarozzi. Milano: Angeli 1983.
148 S. B 51760

Menschenrechte

Genocide and human rights. A global anthology. Ed.: J. N. Porter.
Lanham: Univ. Pr. of America 1982. 353 S. B 50926
Gutiérrez, D.: Incarceration and torture. In: Human rights
quarterly. Vol. 6, 1984. No. 3. S. 284-308. BZ 4753:6
International Human Rights Instruments of the United Nations
1948-1982. Coll. ... by the UNIFO ed. staff. London: Mansell 1984.
175 S. 09725
Menschenrechte. Schicksale, Informationen (1979 ff.: Dokumente,
Schicksale, Informationen). Frankfurt: Internationale Gesellschaft
für Menschenrechte 1977-84. Getr. Pag. DZ 147
Menschenrechte im Jahre 1984. Jahresbericht 1984. Frankfurt:
Internat. Gesellsch. f. Menschenrechte 1985. 68 S. D 03270
Mora, F.: Derechos humanos, aspectos prácticos de su defensa
internacional. San José: Ed. Univ. de Costa Rica 1982. 158 S.B 48822
Palumbo, M.: Human Rights. Meaning and history. Malabar:
Krieger 1982. 207 S. B 52581
Thyssen, O.; Larsen, M.: Menneske ret. København:
Gyldendal 1983. 200 S. B 51918
Tortura y sociedad. Madrid: Ed. Revolución 1982. 2(' S. B 51452
Wagner, G.; Vedel Rasmussen, O.: Om Tortur. Forord af FN's
højkommissaer for flygtninge P. Hartling. København: Reitzel
1983. 167 S. B 51919
Weston, B. H.: Human rights. In: Human rights quarterly.

Amnesty international. Eine Information über ai. Bonn 1985.
43 S. D 3120
Urgent action. Eilaktionen. Auch Sie entscheiden, was mit diesem
Menschen geschieht. Bonn: amnesty international 1985. 14 S. D 3119

E 1.14 Völkerrecht

Murlakov, E.: Das Recht der Völker auf Selbstbestimmung im
israelisch-arabischen Konflikt. Zürich: Schulthess 1983.
XIII, 162 S. B 49368
Pillar, P.R.: Negotiating Peace. Princeton: Princeton Univ. Pr.
1983. IX, 282 S. B 52501
Schuetz, H.-J.: Militärische vertrauensbildende Massnahmen aus
völkerrechtlicher Sicht. Berlin: Duncker u. Humblot 1984.
142 S. Bc 4541

Kriegsrecht

Forces armées et développement du droit de la guerre. Armed
Forces and the development of the law of war. Neuvième Congres
international. Ninth international Congress. Lausanne 2-6 Sept.
1982. Bruxelles: [Selbstverl.] 1982. 598 S. B 53088
Jenisch, U.: Deutsche Nichtzeichnung des neuen Seerechts.
In: Aussenpolitik. Jg. 36, 1985. Nr. 2. S. 157-172. BZ 4457:36
Martínez-Micó, J.G.: La Neutralidad en la Guerra aerea. De-
rechos y deberes de beligerantes y neutrales. Madrid: [o. V.]
1982. 223 S. B 51454
Rousseau, C.: Le Droit des conflits armés. Paris: Pedone 1983.
VIII, 629 S. B 52103
Schlepple, E.: Das Verbrechen gegen den Frieden und seine
Bestrafung. Frankfurt: Lang 1983. 191 S. B 49546
Studier, A.: Die III. UN-Seerechtskonferenz: Auf dem Weg zu einer
gerechteren Weltmeerordnung? München, Köln, London: Weltforum
Verl. 1982. 80 S. Bc 4207

E 1.16 Strafrecht

Gram, S.: Carlos - en politisk fange. København: Munksgaard 1983.
64 S. Bc 4733
Hegge, P.E.: Mord - et politisk våpen. Oslo: Hjemmenes Forl.
1983. 140 S. B 52054
Roth, J.; Ender, B.: Dunkelmänner der Macht. Politische Ge-
heimzirkel und organisiertes Verbrechen. Bornheim-Merten:
Lamuv Verl. 1984. 265 S. B 51823

E 1.4 Parteiwesen/Politik

E 1.42 Parteien nach der Staatsform

A c h m i n o w , H. F. : Am großen Krieg "vorbeischleichen"? Zur
Friedensstrategie des Konservatismus. Bonn: Europrisma Verl.
1983. 304 S. B 50434
Il Concetto di sinistra. Testi di M. Cacciari [u. a.]. Milano:
Bompiani 1982. 157 S. B 47167
Hemdsärmliger Konservatismus oder: Der Kapitalismus als soziale
Utopie. In: Sozialismus. Jg. 11, 1985. H. 1. S. 18-23. BZ 05393:11
Reformismen - det mindste onde? København: Sociologi 1982.
214 S. B 50817
R o s e , S. ; K e y n e s , M. : The New Right and the old determinism -
Biology, ideology and human nature. In: Socialism in the world.
8, 1984. No. 43. S. 60-69. BZ 4699:8
S c h a e f e r , A. : Das Dogma - Wegbereiter der Diktatur. Analyse
von Stalin-Texten. Zur dialektischen Methode von Marx in
"Das Kapital". Berlin: Berlin Verl. 1984. 138 S. Bc 4384
S c h r o e d e r -Otero, J. B. : Temas de actualidad. Marxismo-leninismo. Neo-liberalismo. Cristianismo social. Social-democracia.
[o. O. :] Pesce 1983. 79 S. Bc 4906
V o l l m e r , P. : Nationalismus und politische Emanzipation.
Bern: Lang 1983. 156 S. Bc 4379

E 1.45 Faschismus

Antifaschismus oder Niederlagen beweisen nichts, als daß wir
wenige sind. Köln: Pahl-Rugenstein 1983. 242 S. B 53276
C o f r a n c e s c o , D. : Guerra, fascismo, interventismo. In: Storia
contemporanea. Anno 15, 1984. S. 909-939. BZ 4590:15
L ó p e z -Soria, J. I. : El Pensamiento fascista. 1930-1945. Lima:
Mosca Azul 1981. 254 S. Bc 3680
O'S u l l i v a n , N. : Fascism. London: Dent 1983. 223 S. B 51199
S t e i l , A. : Die imaginäre Revolte. Untersuchungen zur faschistischen Vorbereitung bei Georges Sorel, Carl Schmitt und Ernst
Jünger. Marburg: Verl. Arbeiterbewegung u. Gesellschaftswissenschaft 1984. 188 S. Bc 4226
Vous avez dit fascismes? Paris: Montalba 1984. 285 S. B 52654

E 1.46.1 Sozialismus

Donneur, A.: L'Internationale socialiste. Paris: Presses
Universitaires de France 1983. 126 S. Bc 4036
Echecs et injustices du socialisme suivi d'un projet républicain
pour l'opposition. Paris: Michel 1982. 231 S. B 49568
Hindels, J.: Einführung in die Ideengeschichte des Sozialismus.
Vorträge gehalten in der Parteischule der SPÖ, Wien. Wien:
Verl. d. SPÖ 1984. 96 S. Bc 4147
Histoire mondiale des socialismes. Coll. dir. par J. Elleinstein.
T. 1-6. Paris: Ed. des Lilas 1984. Getr. Pag. 09670
Hollander, P.: The many Faces of socialism. Comparative
sociology and politics. New Brunswick: Transaction Books 1983.
VIII, 355 S. B 52633
L'Internationale socialiste. Sous la dir. de H. Portelli. Paris:
Les Ed. Ouvrières 1983. 168 S. B 52150
Klein, H.-D.: Die Gründung der Sozialistischen Jugend-Internationale 1923. In: Beiträge zur Geschichte der Arbeiterbewegung.
Jg. 26, 1984. H. 3. S. 325-337. BZ 4507:26
Kupferberg, F.: Den paternalistiska Andan. Till kritiken av
den vetenskapliga socialismen. D. 1-3. Aalborg: AUC 1983.
Getr. Pag. B 51915
Nitsche, H.: Antwort an Bahro und Genossen... Wesensmerkmale, Ergebnisse und Grenzen des realen Sozialismus. Bern:
Verl. SOI 1984. 80 S. Bc 4471
Sarabia Irusta, A.: Politica y doctrina. 1-3. La Paz: Ed. Los
Amigos del Libro 1983. Getr. Pag. B 53734
Socialist Strategies. Ed.: D. Coates and G. Johnston. Oxford:
Robertson 1983. VIII, 294 S. B 51113

E 1.46.2 Marxismus

Anoshkin, I. F.: Marx et le développement des formes de société
socialistes. In: Socialism in the world. 8, 1984. No. 40.
S. 24-57. BZ 4699:8
Atienza, M.: Marx y los derechos humanos. Madrid:
Ed. Mezquita 1983. 280 S. B 51441
Avakian, B.: For a Harvest of dragons. An essay marking the
100th anniversary of Marx's death. Chicago: RCP Publ. 1983.
153 S. B 52711
Bambirra, V.; Dos Santos, T.: La Estrategia y la táctica
socialistas de Marx y Engels a Lenin. T. 1-2. México: Ed. Era
1980-81. 195, 201 S. B 48459
Bermudo de la Rosa, M.: Antología sistemática de Marx.
Salamanca: Ed. Sígueme 1982. 249 S. B 49197
Bousson, M.: Une Lecture bourgeoise de Karl Marx. Paris:

Editions France Empire 1983. 222 S. B 52441
Dictionary of marxist thought. Ed.: T. Bottomore [u. a.]. Cambridge:
 Harvard Univ. Pr. 1983. XI, 587 S. 09586
Gustafsson, B.: Marx och marxismen. Stockholm: Gidlunds/
 Verdandi 1983. 178 S. B 53349
Haug, F.: Marxism as a theory of liberation or what is feminist
 Marxism? In: Socialism in the world. 8, 1984. No. 43.
 S. 91-112. BZ 4699:8
Haug, W. F.: Marxistische Perspektiven an der Schwelle zum
 21. Jahrhundert. In: Die neue Gesellschaft. Frankfurter Hefte.
 Jg. 32, 1985. H. 8. S. 686-698. BZ 4572:32
Herkommer, S.; Bischoff, J.; Maldaner, K.: Alltag,
 Bewußtsein, Klassen. Aufsätze zur marxistischen Theorie.
 Hamburg: VSA-Verl. 1984. 235 S. B 52078
Jouvenel, B. de: Marx et Engels et la longue marche.
 Paris: Julliard 1983. 240 S. B 52333
Klenner, H.: Marxismus und Menschenrechte. Berlin:
 Akademie-Verl. 1982. 528 S. B 51088
Larrain, J.: Marxism and ideology. London: Macmillan 1983.
 263 S. B 52639
Lockwood, D.: Das schwächste Glied in der Kette? Einige Anmerkungen zur marxistischen Handlungstheorie. In: Prokla.
 Jg. 13, 1985. Nr. 1. S. 5-33. BZ 4613:15
Marx ist Gegenwart. Materialien zum Karl-Marx-Jahr 1983.
 Frankfurt: Verl. Marxistische Blätter 1983. 359 S. B 50706
Karl Marx og den moderne Verden. Ved J. Carlsen, H. -J. Schanz,
 L-H. Schmidt, H. J. Thomsen. København: Gyldendal 1984.
 211 S. B 53117
Dialektischer und historischer Materialismus. Lehrbuch für das
 marxistisch-leninistische Grundlagenstudium. 10., überarb. Aufl.
 Berlin: Dietz 1983. 512 S. B 51085
Mattick, P.: Le Marxisme hier, aujourd'hui et demain.
 1904-1981. Paris: Spartacus 1983. 153 S. B 51774
Negt, O.: What is the meaning of modernizing Marxism and what
 is the purpose of this today? In: Socialism in the world. 8, 1984.
 No. 40. S. 58-90. BZ 4699:8
Papaioannou, K.: De Marx et du marxisme. Paris: Gallimard
 1983. 566 S. B 52145
Pavlović, V.: Le marxisme et les nouveaux mouvements sociaux.
 In: Socialism in the world. 8, 1984. No. 43. S. 48-59. BZ 4699:8
Ryan, M.: Marxism and deconstruction. A critical articulation.
 Baltimore: Johns Hopkins Univ. Pr. 1982. XVII, 232 S. B 51016
Sharnoff, P.: Principles of scientific socialism. A primer on
 Marxism-Leninism. Palo Alto: Ramparts Pr. 1983. 311 S. B 52703
Silva Santisteban, L.: Karl Marx. Lima/Peru: Centro de
 Investigacion y Capacitacion 1981. 157 S. B 51840
Vranicki, P.: Geschichte des Marxismus. Erw. Ausg. Bd 1. 2.
 Frankfurt: Suhrkamp 1983. 1161 S. B 48260

E 1.47 Kommunismus/Bolschewismus

Carr, E. H.: Twilight of the Comintern, 1930-1935. New York:
Pantheon Books 1982. XI, 461 S. B 50951
Chang Chen-pong : Theory and reality of communism. Taipeh:
World Anti-Communist League 1983. 37 S. Bc 4159
Duncker, H.: Über das Manifest der Kommunistischen Partei.
Berlin: Verl. Tribüne 1983. 191 S. Bc 4173
Die Einschätzung Mao Tse-tungs und der Kampf zur Verteidigung
des Marxismus-Leninismus. Frankfurt: Gegen die Strömung
1981. 21 S. D 03107
Hofmann, W.: Was ist Stalinismus? Heilbronn: Distel-Verl. 1984.
115 S. B 53905
Inventaire des documents du Parti communiste internationaliste
(section française de la IVe Internationale). Bulletins intérieurs,
circulaires, appels, tracts, etc. Paris: C.E.R.M.T.R.I. 1983.
21 S. 09501
Kriegel, A.: Le Système communiste mondial. Paris: Presses
Universitaires de France 1984. 271 S. B 52171
Communist Parties in the world. Taipeh: World Anti-Communist
League 1984. 21 S. Bc 4922
Ponomarjow, B. N.: Der Kommunismus in der sich verändernden
Welt. Frankfurt: Marxistische Blätter 1984. 306 S. B 51037
Zwick, P.: National Communism. Boulder: Westview 1983.
X, 260 S. B 50776

Antikommunismus

Zur Funktion des Antikommunismus in der Friedensdiskussion.
In: Blätter für deutsche und internationale Politik. Jg. 30, 1985.
H. 1. S. 46-59. BZ 4551:30
Kreck, W.: Zur Funktion des Antikommunismus in der Friedens-
diskussion. In: Blätter für deutsche und internationale Politik.
Jg. 30, 1985. H. 1. S. 46-59. BZ 4551:30
Miliband, R.; Liebman, M.: Reflections on anti-communism.
In: The socialist register. Vol. 21, 1984. S. 1-22. BZ 4824:21
Reichel, H.: Die Russen kommen - pünktlich. Antikommunistische
Legenden und Kreuzzüge von den 20er Jahren bis zu Reagan und
Strauß. Frankfurt: Verl. Marxistische Blätter 1983. 212 S. B 51043

E 1.49 Terrorismus

L' Estremismo politico. A cura di G. Calvi [u. a.]. Milano:
Angeli 1982. 159 S. B 51062
F r e e d m a n , L. Z. : Why does terrorism terrorize? In:
Terrorism. Vol. 6, 1983. No. 3. S. 389-401. BZ 4688:6
F r i e d l a n d e r , R. A. : Terror-violence. Aspects of social control.
London: Oceana Publ. 1983. XXIX, 299 S. B 50790
L a c o s t e , I. : Die Europäische Terrorismus-Konvention.
Zürich: Schulthess 1982. 230 S. B 49364
M u r p h y , J. F. : Report on conference on international terrorism:
protection of diplomatic premises and personnel, Bellagio, Italy,
March 8-12, 1982. In: Terrorism. Vol. 6, 1983. No. 3.
S. 481-496. BZ 4688:6
S c h m i d , A. P. : Political Terrorism. With a bibliography.
Amsterdam: North-Holland-Publ. 1983. XIV, 585 S. B 51365
S u t e r , D. : Rechtsauflösung durch Angst und Schrecken. Zur
Dynamik des Terrors im totalitären System. Berlin: Duncker &
Humblot 1983. 211 S. B 51147
Terrorismus. Ursachen, Gefahren, Bekämpfung. Vorträge, geh. a. d.
Fachtagung v. 9. -10. Mai 1983... Bern: SOI 1983. 128 S. B 51347
W r i g h t , J. W. : Terrorism: a mode of warfare. In: Military review.
Vol. 64, 1984. No. 10. S. 35-45. BZ 4468:64

E 2 Außenpolitik

E 2.3 Friedensforschung/Konfliktforschung

B e c k e r , W. : Der Streit um den Frieden. Gegnerschaft oder
Feindschaft - die politische Schicksalsfrage. München, Zürich:
Piper 1984. 127 S. Bc 4441
B o z e m a n , A. B. : The nuclear freeze movement. Conflicting
moral and political perspectives on war and its relation to peace.
In: Conflict. Vol. 5, 1984/85. No. 4. S. 271-305. BZ 4687:5
C r a i g , G. A. ; G e o r g e , A. L. : Zwischen Krieg und Frieden.
Konfliktlösung in Geschichte und Gegenwart. München:
Beck 1984. 331 S. B 51552
D r e c z k o , W. : The seven Kinds of peace. Las siete paces. Les
sept paix. Die sieben Frieden. Düsseldorf: Aris 1982. 188 S. 09788
Éviter la guerre? Réponses à quelques questions sur les risques
de guerre. Sous la direction de P. Lacroix. Paris· La Découverte/
Maspero 1983. 311 S. B 52190
Försvar för en kärnvapenfri värld. 15 artiklar om kriget i fredstid,
säkerhet och försvar, fredsrörelsernas strategi och politik. Red. :
J. Øberg. Stockholm: Wahlström & Widstrand 1983. 256 S. B 51931

Friberg, M.; Galtung, J.; Hettne, B.: Krisen. Stockholm:
Akademilitteratur 1983. 275 S. B 51253
Frieden. Ein Streitgespräch, Hrsg.: K. E. Becker, P. Popitz,
H.-P. Schreiner. Landau: Pfälz. Verl. Anst. 1984. 115 S. Bc 4434
Frieden fördern - Entwicklung sichern. Abrüstung und Entwicklung in
den 80er Jahren. Bonn: UNO-Verl. 1983. 84 S. Bc 4059
Frieden in Freiheit. Wege zum Ziel. Mit Beitr. von H. Graf Huyn
[u. a.]. Bern: SOI 1983. 120 S. B 51345
Frieden und Friedenssicherung in Vergangenheit und Gegenwart.
Symposium d. Universitäten Tel Aviv und Mannheim, 19.-21.6.
1979. Hrsg.: M. Schlenke u. K.-J. Matz. München: Fink 1984.
115 S. Bc 4755
Frieden ohne Utopie. Friedenspolitik statt Friedensillusionen.
Hrsg.: K. Hornung. Krefeld: Sinus Verl. 1983. 179 S. B 52262
Fuchs, J.: Einmischung in eigene Angelegenheiten. Gegen Krieg
und verlogenen Frieden. Reinbek: Rowohlt 1984. 188 S. Bc 4326
Geschichte - Frieden - Wissenschaft. Beiträge zur Krieg-Frieden-
Problematik in historischer Sicht. Jena: Friedrich-Schiller Univ.
1983. 127 S. Bc 4256
Göttert, W.: Bevor es zu spät ist... Kriegsverhütung durch über-
nationalen Friedensschutz u. umfassende Abrüstung. Rüsselsheim:
Göttert 1982. 126 S. Bc 4583
Grupp, C. D.: Aufrüsten - abrüsten. Die Suche nach Wegen zum
Frieden. Köln: Verl. Dt. Jugendbücherei 1984. 72 S. Bc 01316
Hübner, W.: Frieden schaffen - Frieden gebieten! Berlin:
Militärverl. d. DDR 1983. 46 S. Bc 4170
Kennedy, E. M.; Hatfield, M. O.: Freeze! How you can help
prevent nuclear war. Toronto: Bantam 1982. XIX, 267 S. B 49345
Key issues of peace research. Proceedings of the Internat. Peace
Research Association. 9th general conference. Ed.: Y. Sakamoto,
R. Klaassen. Ontario: IPRA 1983. 329 S. Bc 01295
Knudsen, E.: Fred og socialisme. Politiske tekster 1950-1983.
København: Vindrose 1983. 170 S. B 50839
Didaktisches Material zum Thema Krieg und Frieden. Berlin: Verein
zur Förderung stadtteilnaher Volkshochschularbeit 1983.
72 S. D 3088
Ord mot wåpen. En bruksantologi for fred - sanger, prosa og dikt.
Red. av I.-L. Gjørv. Oslo: Tiden Norsk Forl. 1983. 251 S. B 52058
Rinsche, F.-J.: Nur so ist Frieden möglich. Franz Alts Träume
und die menschliche Realität. Stuttgart: Seewald 1984. 113 S. B 51670
Sacharow, A.: Den Frieden retten! Ausgewählte Aufsätze, Briefe,
Aufrufe 1978-1983. Stuttgart: Burg-Verl. 1983. 223 S. B 49882
Saner, H.: Hoffnung und Gewalt. Basel: Lenos Verl. 1984.
135 S. B 52270
Schaeffer, F.; Bukovsky, V.; Hitchcock, J.: Who is for
peace? 2nd print. Nashville: Nelson 1983. 112 S. Bc 4509
Schellenberg, J. A.: The Science of conflict. New York:
Oxford Univ. Pr. 1982. X, 291 S. B 52556

Schwan, G.: Der nichtutopische Frieden. In: Geschichte in Wissenschaft und Unterricht. Jg. 36, 1985. H. 1. S. 1-22; H. 2.
S. 75-100. BZ 4475:36
Sofri, G.: Riflessioni sull'educazione alla pace. In: Rivista di storia contemporanea. Anno 13, 1984. No. 4. S. 489-525. BZ 4812:13
Sternberger, D.: Über die verschiedenen Begriffe des Friedens. Stuttgart, Wiesbaden: Steiner 1984. 53 S. Bc 4752
100 Thesen zu Frieden und Menschenrechten. Sensbachtal: Komitee für Grundrechte und Demokratie 1984. 63 S. Bc 4825
Wacht auf! Eure Träume sind schlecht! Hrsg.: P. Keckeis. Vorw.: P. Härtling. Frauenfeld: Huber 1983. 288 S. B 51031
Warum nicht Frieden? Weinheim: Beltz 1984. 97 S. Bc 01365
Wie weiter? Ringvorlesung Frieden und Abrüstung. Dortmund: Arbeitskreis Wissenschaftler für den Frieden 1984. 111 S. D 3155
Wieseltier, L.: Nuclear War, nuclear peace. New York: Holt, Rinehart and Winston 1983. XIII, 109 S. Bc 4512
Wilson, K. G.: A global Peace. Foreword: J. M. O'Connell. Study guide. London: Housmans 1982. 101 S. Bc 4634

Friedensbewegung

Bergom-Larsson, M.: Låt dig ej förhärdas. Fredsarbete på 80-talet. Stockholm: Författarförl. 1983. 236 S. B 51923
Espersen, M.: Fredsbevagelsen - folkelig bevaegelse eller sovjetisk redskab? København: Schultz 1983. 44 S. Bc 4735
Feldmann, J.: Die Friedensbewegung aus strategischer Sicht. In: ASMZ. Allgemeine Schweizerische Militärzeitschrift. Jg. 151, 1985. H. 1. S. 5-16. BZ 05139:151
Fred i öst och väst. Stockholm: Liber 1983. 168 S. B 51921
Frieden stiften. Die Christen zur Abrüstung. Eine Dokumentation. Hrsg. u. erl. v. G. Baadte, A. Boyens u. O. Buchbender. München: Beck 1984. 242 S. B 51556
Generale für den Frieden. 10 Fragen und Antworten zum Wettrüsten, zur "Nachrüstung" und den Genfer Verhandlungen. Hrsg.: G. Bastian. Köln: Komitee für Frieden, Abrüstung und Zusammenarbeit 1983. 24 S. D 3141
Große Schritte wagen. Über die Zukunft der Friedensbewegung. Hrsg.: K. Gerosa. Mit Beitr. v. H. Albertz [u. a.], München: List 1984. 192 S. B 52007
Proteste für den Frieden, Sorgen um die Sicherheit. München: Universitas 1984. 204 S. B 52267
Semler, C.: Der Friede und die westliche Friedensbewegung - von Polen aus gesehen. In: Osteuropa-Info. 1984. H. 2. S. 79-89. BZ 4778:1984
Tugendhat, E.: Rationalität und Irrationalität der Friedensbewegung und ihrer Gegner. Versuch eines Dialogs. Berlin: Verl. Europ. Perspektiven 1983. 38 S. Bc 4203
Wettig, G.: The western peace movement in Moscow's longer

view. In: Strategic review. Vol. 12, 1984. No. 2.
S. 44-54. BZ 05071:12

E 2.33 Sicherheitspolitik

Böge, V.; Wilke, P.: Sicherheitspolitische Alternativen.
In: Blätter für deutsche und internationale Politik. Jg. 29, 1984.
H. 12. S. 1485-1500. BZ 4551:29
Daléus, L.; Hedman, G.: Framtid i fred. 80-talets arbete för
säkerhet och nedrustning. Stockholm: LTs Förl. 1984.
106 S. Bc 4614
Fred och säkerhet. Debatt och analys 1982-83. Red.: B. Huldt och
E. Holm. Stockholm: Akademilitteratur 1983. 385 S. B 53327
Galtung, J.: Es gibt Alternativen! Vier Wege zu Frieden und
Sicherheit. Opladen: Westdeutscher Verl. 1984. 275 S. B 51507
George, A. L.: Crisis management: the interaction of political
and military considerations. In: Survival. Vol. 26, 1984. No. 5.
S. 223-234. BZ 4499:26
Improving the means for intergovernmental communications in
crisis. In: Survival. Vol. 26, 1984. No. 5. S. 200-214. BZ 4499:26
Johansen, R. C.: Toward an alternative Security system: Moving
beyond the balance of power in the search for world security.
New York: World Policy Institute 1983. 57 S. Bc 4503
Madsen, F.: Fred og sikkerhed? En grundbog om oprustning og
udvikling - samt Danmarks rolle. Herning: Systime 1983.
108 S. Bc 01344
Oeberg, J.: At udvikle sikkerhed og sikre udvikling. Et essay om
militarisme og fred. København: Vindrose 1983. 337 S. B 50849
Reusch, J.: Zur Kritik und Entwicklung alternativer Sicherheits-
konzepte. In: Marxistische Blätter. Jg. 1984. H. 4.
S. 39-49. BZ 4548:1984
National Security and international stability. Ed.: B. Brodie [u. a.].
Cambridge: Oelschlager, Gunn and Hain 1983. VI, 441 S. B 51822
What hope in an armed world? Ed.: R. Harries. Basingstoke:
Pickering & Inglis 1982. 144 S. B 51746

E 2.5 Internationale Organisationen

E 2.53 Vereinte Nationen

Ballester i Canals, J.: Esperit i doctrina internacionals. [o. O.:]
Ed. Paisos Catalans 1982. 107 S. Bc 4688
Dobat, K.-D.: Eine Friedensvision im Vorfeld des Kalten Krieges.
Vor 40 Jahren wurde die UNO-Charta unterzeichnet. In: Damals.
Jg. 17, 1985. H. 6. S. 479-492. BZ 4598:17

Gonnot, P.-C.: L'ONU et le maintien de la paix. In: Défense
   nationale. Année 41, 1985. No. 7. S. 59-74.   BZ 4460:41
Gordenker, L.: The United Nations and its members: changing
   perceptions. In: International Journal. Vol. 39, 1984. No. 2.
   S. 302-323.   BZ 4458:39
Kirkpatrick, J.J.: The United Nations as a political system.
   In: World affairs. Vol. 146, 1984. No. 4. S. 358-368. BZ 4773:146
Murphy, J.F.: The United Nations and the control of international
   violence. A legal and political analysis. Manchester: Manchester
   Univ. Pr. 1983. XII, 212 S.   B 52234
Die Vereinten Nationen gegen das Wettrüsten. Dokumentation.
   Bonn: Dt. Gesellsch. f. d. Vereinten Nationen 1982. 93 S. Bc 3908
Pinal-Verges, J.: Alerta ONU. Carta a la Organización de las
   Naciones Unidas. México: Edamex 1983. 61 S.   Bc 4918
Waldheim, K.: The United Nations: the tarnished image. In:
   Foreign affairs. Vol. 63, 1984. No. 1. S. 93-107. BZ 05149:63

Länderteil

Deutschland und die Vereinten Nationen. Symposium 2.-3. Oktober
   1979. Köln: Heymann 1981. 149 S.   Bc 3970
Kirkpatrick, J.J.: Commentaries and addresses on the United
   Nations and U.S. foreign policy. Washington: U.S. Information
   Agency 1984. 104 S.   Bc 01477
Lagoni, R.: Die Vereinten Nationen und die Antarktis. In:
   Europa-Archiv. Jg. 39, 1984. Folge 16. S. 473-482. BZ 4452:39
Lleonart y Amselem, A.J.; Castiella y Maiz, F.M.:
   España y ONU. Vol. 1.2. Madrid: Consejo Superior de Investigacio-
   nes Científicas 1978-83. LXXV, 453, 340 S.   B 39718
Vesa, U.: 'The crisis of the UN' and Finnland. In: Yearbook of
   Finnish foreign policy. Jg. 10, 1982. S. 17-22. BZ 4413:10

E 2.9 Außenpolitische Beziehungen

Bowman, M.J.; Harris, D.J.: Multilateral Treaties. Index
   and current status. London: Butterworths 1984. XI, 516 S.   09740
Danopoulos, C.P.: Alliance participation and foreign policy
   influence: the military's role. In: Armed forces and society.
   Vol. 11, 1985. No. 2. S. 271-290.   BZ 4418:11
Eban, A.: The new Diplomacy. London: Weidenfeld & Nicolson
   1983. XIV, 427 S.   B 51274
Gaupp, P.: Staaten als Rollenträger. Frauenfeld: Huber 1983.
   253 S.   B 50891
Hermann, G.; Diebel, H.; Beeg, C.: Strukturen und Funktio-
   nen von Allianzen im internationalen System. Bonn: Dt. Gesellsch.
   f. Friedens- u. Konfliktforschung 1983. 19 S.   Bc 01310
Jones, D.V.: Splendid Encounters. The thought and conduct of

diplomacy. Chicago: Univ. of Chicago Library 1984.
X, 130 S.   09685
N o r d l a n d , E. : Fremtid for vår jord. Fra atomvåpen til
internasjonal sameksistens. Oslo: Cappelen 1983. 232 S.   B 53350
P a p p , D. S. : Contemporary international Relations. Frameworks
for understanding. London: Macmillan 1984. XII, 497 S.   B 53162
Foreign Policy and the modern worldsystem. Ed. : P. McGowan,
C. W. Kegley, Jr. Beverly Hills: Sage 1983. 287 S.   B 51279
Current international Treaties. Ed. : T. B. Millar with R. Ward.
London: Croom Helm 1984. 558 S.   B 52410
W a l t , S. M. :Alliance formation and the balance of world power.
In: International security. Vol. 9, 1984/85. No. 4. S. 3-43. BZ 4433:9
W e i d u n g , A. : Det internationella Beroendet. Malmö: Liber Förl.
1984. 174 S.   Bc 4337
W o i t o , R. S. : To end war. A new Approach to international
conflict. 6. ed. New York: Pilgrim Pr. 1982. XX, 755 S.   B 50778

F Wehrwesen

F 0 Wehrwissenschaft

Barnaby, F.: Kriegsvision 2000. Werden wir überleben?
Salzburg: Andreas Verl. 1985. 192 S. 09811
Chand, A.: Disarmament, detente and world peace. A bibliography
with select. abstracts 1916-1981. New Delhi: Sterling 1982.
167 S. B 50087
Denis, J.-M.: Les Derives du monde. Essai sur le système de
forces internationales. Paris: Stratégique 1984. 147 S. B 52195
Freedman, L.: Indignation, influence and strategic studies.
In: International Affairs. Vol. 60, 1984. No. 2. S. 207-220. BZ 4447:60
Gärtner, H.: Hegemoniestrukturen und Kriegsursachen. Wien:
Braumüller 1983. 105 S. Bc 4056
Glossop, R.J.: Confronting war. Jefferson: McFarland 1983.
XII, 290 S. B 52560
Jarnes-Bergua, E.: Ejército y cultura. Premio Ejército, 1980.
Madrid: Forja 1982. 256 S. B 51453
Käkönen, J.: Changing order and the use of military force. In:
Current research on peace and violence. Vol. 7, 1984. Nos. 1-2.
S. 149-164. BZ 05123:7
Levy, J.S.: Theories of general war. In: World Politics.
Vol. 37, 1985. No. 3. S. 344-374. BZ 4464:37
Lider, J.: Der Krieg. Deutungen und Doktrinen in Ost und West.
Frankfurt: Campus Verl. 1983. 502 S. B 50896
Nilsson, T.; Nygren, J.: Folk och Försvar. Stockholm:
Centralförbundet Folk och Försvar 1981. 32 S. Bc 4928

F 0.1 Wehrpolitik/Rüstungspolitik

Aufrüstung oder Abrüstung - SIPRI - Jahrbuch 1984. In: S&F.
Jg. 2, 1984. Nr. 4. S. 36-49. BZ 05473:2
Galtung, J.: Environment, development and military activity.
Towards alternative security doctrines. Oslo: Univ.-Forl.
1982. 142 S. Bc 4617
Hunt, K.: Crisis and consensus in the west. The boundaries of
shared interests. In: Naval war college review. Vol. 37, 1984.
No. 6. S. 58-70. BZ 4534:37
Lebow, R.N.: "Fenster der Versuchung". Nutzen Staaten ihre
militärische Überlegenheit bis zum letzten aus? In: Beiträge zur
Konfliktforschung. Jg. 15, 1985. 1. S. 31-62. BZ 4594:15
The Nuclear Debate: Issues and politics. Ed.: P. Williams.
London: Routledge and Kegan Paul 1984. 81 S. Bc 4631
Power, strategy, security. Ed.: K. Knorr. Princeton:

Princeton Univ. Pr. 1983. XI, 279 S. B 50716
S i m o w i t z , R. L. : The logical Consistency and soundness of the
balance of power theory. Denver: University of Denver 1982.
133 S. Bc 4591

F 0.11 Abrüstungsfrage und Waffenkontrolle

F 0.111 Abrüstungsfrage

Abrüsten konkret. Entwurf e. Konvention... vorgelegt... 7. Juni
bis 10. Juli 1982. Rüsselheim: Friedensinitiative f. echte
Sicherheit... 1982. 90 S. Bc 4468
Abrüstung. In: Weltgeschehen. 1984. Nr. 1. S. 5-62. BZ 4555:1984
Zum Thema: Einseitige Abrüstung. Berlin: Die Alternative Liste
1985. 75 S. D 3211
B o u -Assi, E. : La "Detente" et les conflits périphériques.
Paris: Presses Univers. de France 1983. 105 S. Bc 4032
B r i t s c h e , H. ; R ü h l e , J. : Nicht länger Geisel sein...
Frankfurt: Röderberg 1984. 244 S. B 53318
Confidence-building measures. Proceedings of an Internat. Symposium 24-27 May at Bonn. Bonn: Forschungsinst. d. Dt. Gesellsch.
f. Auswärtige Politik 1983. III, 237 S. B 51069
Desarme y relaciones internacionales. Montevideo: Centro Latinoamericano de Economía Humana 1982. 98 S. 09558
The Disarmament catalogue. Ed. : M. Polner. New York:
Pilgrim Pr. 1982. 209 S. 09385
F i s a s - Armengol, V. : El Desarme en casa. Municipios desnuclearizados y desarme regional. Barcelona: Ed. Fontamara
1984. 127 S. Bc 4913
F o r s b e r g , R. : Confining the military to defense as a route to
disarmament. In: World policy journal. Vol. 1, 1984/85. No. 2.
S. 285-318. BZ 4822:1
M y r d a l , A. : Falschspiel mit der Abrüstung. Reinbek: Rowohlt
1983. 284 S. B 49555
The Relationship between disarmament and development. New York:
United Nations 1982. 189 S. Bc 01395
S c h o e n e f e l d t , H. : Kontrolle und Vertrauen. In: Konsequent.
Jg. 15, 1985. Nr. 1. S. 95-110. BZ 4591:15
S l o c o m b e , W. B. : Extended deterrence. In: The Washington
quarterly. Vol. 7, 1985. No. 4. S. 93-103. BZ 05351:7
UNIDIR. - Repertory of disarmament research. Geneva: Palais
des Nations 1982. 494 S. B 50595
Wie weiter? Ringvorlesung Frieden und Abrüstung. Dortmund:
Arbeitskreis Wissenschaftler für den Frieden 1984. 111 S. D 3155
W i l s o n , A. : Das Abrüstungshandbuch. Hamburg: Hoffman u.
Campe 1984. 319 S. B 51655

Ege, K.: Die neuen Genfer-Gespräche - Abrüstungsverhandlungen
oder Aufrüstungsalibi? In: Blätter für deutsche und internationale
Politik. Jg. 30, 1985. H. 2. S. 143-152. BZ 4551:30
Halstead, J.: The INF negotiations: an interview with ambassador
P. Nitze. In: Canadian defence quarterly. Vol. 14, 1984/85. No. 1.
S. 13-20. BZ 05001:14
Kade, G.: Am Beginn neuer Verhandlungen. Probleme, Positionen,
Perspektiven. In: Blätter für deutsche und internationale Politik.
Jg. 30, 1985. H. 3. S. 291-306. BZ 4551:30
Lübkemeier, E.: Rückblick und Ausblick auf Genf. Zur Wiederaufnahme der Rüstungskontrollverhandlungen zwischen den Vereinigten Staaten und der Sowjetunion. In: Aus Politik und Zeitgeschichte.
1985. B 14-15/85. S. 15-33. BZ 05159:1985
The Perugia Convention. (17-21 july 1984.) Nottingham: Russell
Press Ltd. 1984. 112 S. Bc 4868
Sharp, J. M. O.: Understanding the INF debacle: arms control and
alliance cohesion. In: Arms control. Vol. 5, 1984. No. 2.
S. 95-127. BZ 4716:5
Sullivan, D. S.: The bitter Fruit of SALT. A record of Soviet
duplicity. Houston: Texas Policy Institute 1982. 105 S. Bc 4860
Thomson, J. A.: After two tracks: Integratin START and INF.
In: The Washington quarterly. Vol. 7, 1984. No. 2.
S. 17-28. BZ 05351:7
Urban, J.: Sovětsko-americké jednaní o omezení a snížení stavu
strategickych zbraní 1982-1983. [Sowjet.-amerikan. Verhandlungen
üb. d. Begrenzung u. Reduzierung strategischer Rüstungen.] In:
Historie a vojenstvi. Rocznik 34, 1985. No. 1. S. 80-100. BZ 4526:34

F 0.112 Rüstungs- und Waffenkontrolle

Adelman, K. L.: Arms control with and without agreements.
In: Foreign affairs. Vol. 63, 1984/85. No. 2. S. 240-263. BZ 05149:63
Realistic Arms control today: New directions in nuclear weapons
policy. Ed.: D. Williamson. Washington: Center for Strategic
and Internat. Studies, Georgetown Univ. 1982. 55 S. Bc 4505
Arms Control in transition. Ed.: W. Heckrotte [u. a.]. Boulder:
Westview 1983. 191 S. B 50461
The Arms Race and arms control. SIPRI. London: Taylor and
Francis 1982. XIII, 242 S. B 48763
Quantitative Assessment in arms control. Bonn: DGFK 1984. 9 S. 09663
Brown, H.; Davis, L. E.: Nuclear arms control. Where do we
stand? In: Foreign affairs. Vol. 62, 1983-84. No. 4.
S. 1145-1160. BZ 05149:62
Freedman, L.: Weapons, doctrines, and arms control. In: The
Washington quarterly. Vol. 7, 1984. No. 2. S. 8-16. BZ 05351:7

Gilman, E.: Arms control negotiations. Verification is the
problem. In: Canadian defence quarterly. Vol. 13, 1983/84.
No. 4. S. 8-16. BZ 05001:13
Hopmann, P. T.: The path to no-first-use. Conventional arms
control. In: World policy journal. Vol. 1, 1984/85. No. 2.
S. 319-337. BZ 4822:1
Kalter Krieg, Dritte Welt, Nachrüstung. 2., erw. Aufl. Düsseldorf:
Demokratische Sozialisten 1984. 19 S. D 3126
Lowenthal, M. M.; Wit, J. S.: Politics, verification and arms
control. In: The Washington quarterly. Vol. 7, 1984. No. 3.
S. 114-125. BZ 05351:7
Meyer, S. M.: Verification and risk in arms control. In:
International security. Vol. 8, 1983/84. No. 4. S. 111-126. BZ 4433:8
Miller, S. E.: Politics over promise. Domestic impediments
to arms control. In: International security. Vol. 8, 1983/84. No. 4.
S. 67-90. BZ 4433:8
Nuclear Negotiations. Reassessing arms control goals in U. S. -
Soviet relations. Ed.: A. F. Neidle. Contri.: P. C. Bobbitt.
Austin: Lyndon B. Johnson School of Public Affairs
1982. XL. 166 S. B 50959
The Nuclear freeze debate: arms control issues for the 1980s.
Ed.: P. M. Cole and W. J. Taylor. Boulder: Westview 1983.
XIX, 245 S. B 51726
Nye, J. S.: Arms control and prevention of war. In: The
Washington quarterly. Vol. 7, 1984. No. 4. S. 59-70. BZ 05351:7
Sheehan, M.: The Arms Race. Oxford: Robertson 1983.
IX, 242 S. B 51127
Siebert, R.; Wetuschat, H.: Der Kampf um Rüstungsbegren-
zung und Entspannung. Halbjahreschronologie Januar bis Juni 1984.
In: IPW-Berichte. Jg. 13, 1984. H. 9. S. 58-64. BZ 05326:13
Wettig, G.: Die Sowjetunion und die Rüstungskontrolle. In:
Aussenpolitik. Jg. 36, 1984. 1. S. 25-36. BZ 4457:36

F 0.12 Militärbündnisse

Buteux, P.: Strategy, doctrine, and the politics of Alliance.
Boulder: Westview 1983. XIV, 158 S. B 52577
Cervera-Pery, J.; Casado-Alcalá, J.: OTAN. Pacto de
Varsovia ¿Alternativas o Exigencias? Madrid: San Martín 1982.
158 S. Bc 4177
Chesnais, J.-C.: Les déséquilibres démographiques et leurs
implications en matière de défense. In: Stratégique. 1984. No. 23.
S. 11-41. BZ 4694:1984
Forces armées et systèmes d' alliances. Coll. internat. d' histoire
militaire... Montpellier, 2-6 Sept. 1981. Vol. 1-3. Paris: Fond.
pour les études de Def. nat 1981. X, 1255 S. B 53886
Huitfeldt, T.: Sammenligninger av det militaere styrkeforholdet

mellom NATO og Warszawapakten. In: Norsk militaert tidsskrift.
Årg. 154,1984. H. 7/8. S. 313-320. BZ 05232:154
NATO and Warsaw Pact. Force comparisons. Brussels: NATO
Information Service 1984. 51 S. Bc 01480
P o s e n , B. R. : Measuring the European conventional balance.
Coping with complexity in threat assessment. In: International
security. Vol. 9, 1984/85. No. 3. S. 47-88. BZ 4433:9

M e d i a n s k y , F. A. : ANZUS: an alliance beyond the treaty. In:
Australian outlook. Vol. 38, 1984. No. 3. S. 178-183. BZ 05446:38
R o v i r a , A. : Malvinas ahora. TIAR (Tratado Interamericano de
Asistencia Recíproca). Montevido: [o. V.] 1982. 112 S. Bc 4271
W o l f o w i t z , P. D. : The ANZUS relationship: alliance management.
In: Australian outlook. Vol. 38, 1984. No. 3. S. 148-152. BZ 05446:38
Y o u n g , P. L. : The navies of the ASEAN nations. In: Jane's defence
weekly. Vol. 2, 1984. No. 2. S. 67-75. BZ 05465:2

F 0.121 NATO

Allgemeines

The Atlantic Alliance and its critics. New York: Praeger 1983.
VII, 178 S. B 50949
A r o n , R. : La Communauté atlantique: 1949-1982. In: Politique
étrangère. Année 48, 1983. No. 4. S. 827-840. BZ 4449:48
C a r r i n g t o n , Lord : Das Nordatlantische Bündnis und die Verteidigung Europas. In: Europa-Archiv. Jg. 40, 1985. Folge 6.
S. 155-164. BZ 4452:40
La Defensa de Europa. OTAN sí, OTAN no. Selec. , red. , ed. :
L. Cáceres C. Barcelona: Ed. Argos/Vergara 1984. 240 S. B 54866
D e P o r t e , A. W. : The North Atlantic Alliance: External threats
and internal stress. In: Naval war college review. Vol. 37, 1984.
No. 6. S. 71-79. BZ 4634:37
G e o r g e , B. ; M o s a r , N. : The future of NATO. In: Jane's
defence weekly. Vol. 2, 1984. No. 22. S. 1029-1033. BZ 05465:2
M ü c k , W. : Die NATO. Koblenz: Bernard u. Graefe 1983. Aus:
Jahresbibliographie. Bibliothek für Zeitgeschichte. Jg. 54, 1982.
S. 423-479. Bc 3979
NATO. Chronik, Fakten, Dokumente. Autorenkoll. Berlin:
Militärverl. d. DDR 1983. 377 S. B 51872
Die NATO. Zur Geschichte, Politik und Strategie eines Kriegsbündnisses. Münster: Initiative Kein Frieden mit der NATO 1985.
78 S. D 03236
O w e n s , M. T. : The Survival of NATO. In: U. S. Naval Institute.
Proceedings. Vol. 111, 1985. No. 6. S. 56-61. BZ 05163:111
S c h w a r t z , D. N. : NATO's nuclear Dilemmas. Washington:
The Brookings Inst. 1983. X, 270 S. B 53058

Wehrpolitik

Alliance Security: NATO and the no-first-use question.
Washington: The Brookings Inst. 1983. XI, 220 S.   B 51131
B u n d y , W. P. : Alliance crisis and consensus: Western experience.
In: Naval war college review. Vol. 37, 1984. No. 6.
S. 37-57.   BZ 4634:37
B u t e u x , P. : The Politics of nuclear consultation in NATO
1965-1980. Cambridge: Cambridge Univ. Pr. 1983. XII, 292 S.B 50978
F e l d m a n , J. : Collaborative production of defense equipment
within NATO. In: The Journal of strategic studies.
Vol. 7, 1984. No. 3. S. 282-300.   BZ 4669:7
F l u m e , W. : Military assistance within the alliance. In: NATO's
sixteen nations. Vol. 29, 1984. No. 5. S. 54-63.   BZ 05457:29
G a r r e t t , J. M. : Theater strategic deterrence reexamined. In:
Armed forces and society. Vol. 10, 1983/84. No. 1.
S. 26-58.   BZ 4418:10
G o l d e n , J. R. : The Dynamics of change in NATO. New York:
Praeger 1983. XIX, 229 S.   B 51674
L u n s , J. : The NATO approach to INF. In: Millennium. Journal of
international studies. Vol. 13, 1984. No. 1. S. 65-72.   BZ 4779:13
R o g e r s , B. W. : NATO-Strategie: Erfordernisse für glaubwürdige
Abschreckung und für Bündniszusammenhalt. In: Europa-Archiv.
Jg. 39, 1984. Folge 13. S. 389-400.   BZ 4452:39
S l o a n , S. R. : European co-operation and the future of NATO. In:
Survival. Vol. 26, 1984. No. 6. S. 242-250.   BZ 4499:26
Strengthening deterrence. NATO and the credibility of Western
defense in the 1980s. Cambridge: Ballinger 1982.
XVII, 270 S.   B 50696
T o r n e t t a , V. : Rethinking NATO strategy. In: The Washington
quarterly. Vol. 7, 1984. No. 3. S. 13-20.   BZ 05351:7
T r e v e r t o n , G. F. : Economics and security in the Atlantic
Alliance. In: Survival. Vol. 26, 1984. No. 6. S. 269-279.   BZ 4499:26
Parlamentarische Zusammenarbeit in der Allianz. Die Zukunft der
Nordatlantischen Versammlung. Bericht d. Arbeitsgruppe des
Atlantic Council of the U.S.A. ... Bonn: Europa Union Verl. 1983.
42 S.   Bc 3963

Streitkräfte

A l v á r e z -Arenas, E. : Politica y poder naval ante la alianza
atlantica y occidente. In: Revista general de marina. Año 1984.
Tomo 207. S. 457-467.   BZ 4619:1984
B a r b a t i , V. : Il problema navale della NATO. In: Rivista
marittima. Anno 117, 1984. 12. S. 37-52.   BZ 4453:117
B e n z , K. G. : ACCS. Der dornenreiche Weg zu einem Führungs-
system für die NATO-Luftstreitkräfte Europas. In: Internationale
Wehrrevue. Jg. 17, 1984. H. 11. S. 1635-1642.   BZ 05263:17

Dinter, E.; Griffith, P.: Not over by Christmas. NATO's central front in World War III. Chichester: Bird Publ. 1983. XIII, 178 S. B 52097
Döscher, K.-H.: Grundlagen der NATO-Luftverteidigung in Mitteleuropa. In: Soldat und Technik. Jg. 27, 1984. H. 10. S. 536-544. BZ 05175:27
Eimler, E.: Die Rolle der Luftstreitkräfte in der NATO. In: Wehrtechnik. Jg. 16, 1984. H. 9. S. 46-56. BZ 05258:16
Messenger, C.: The ACE Mobile Force. In: Jane's military review. Vol. 3, 1983/84. S. 21-33. BZ 05469:3
Reschke, J.: Die maritime Strategie der NATO. In: Marineforum. Jg. 59, 1984. H. 11. S. 376-380. BZ 05170:59
Smith, D.: NATO uniforms today. London: Arms and Armour Press 1984. 72 S. Bc 01427
SOC I - NATO-Augen für den Krieg. Die Funktion der regionalen NATO-Kommandozentrale in Brockzetel. Aurich: Die Grünen 1984. 19 S. D 03187
Streitkräfte. Karlsruhe: Theorie-Friedensgruppe 1984. Getr. Pag. D 03146

Regionen

Brigadeiro, M. F. M.: Portugal, a Espanha e a NATO. Lisboa: Livraria Portugal 1979. 119 S. Bc 4192
Concepts of land/air operations in the central region. In: RUSI. Journal of the Royal United Services Institute for defence studies. Vol. 129, 1984. No. 3. S. 59-66. BZ 05161:129
Duret, J.; Allendesalazar, J. M.: Estatuto de Fuerzas Armadas. OTAN y España. Madrid: Tecnos 1982. 276 S. B 51831
Ingraham, C. H.: Protecting the Northern Flank. In: U.S. Naval Institute. Proceedings. Vol. 110, 1984. No. 11. S. 70-77. BZ 05163:110
Lobo-García, A.: OTAN y España. El precio de una alianza. Madrid: [o. V.] 1981. 268 S. 08813
Pohl, R.: Der BRD in der NATO. Die "Aufgaben" des Bündnisses in der "Dritten Welt". Kiel: Magazin-Verl. 1984. 46 S. D 3176
Rudney, R. S.: Mitterand's new atlanticism: Evolving French attitudes toward NATO. In: Orbis. Vol. 28, 1984. No. 1. S. 83-102. BZ 4440:28

F 0.126 Warschauer Pakt

Breyer, S.: Die Minenabwehrstreitkräfte des Warschauer Paktes. In: Soldat und Technik. Jg. 28, 1985. Nr. 5. S. 260-267. BZ 05175:28
Fischer, O.: Der Warschauer Vertrag - Instrument konsequenter sozialistischer Friedenspolitik. In: Einheit. Jg. 40, 1985. Nr. 4/5. S. 341-346. BZ 4558:40
Hoffmann, H.: Waffenbrüderschaft zum Schutz des Friedens

und des Sozialismus. In: Einheit. Jg. 40, 1984. Nr. 4/5.
S. 333-340. BZ 4558:40
K r a m e r , M. N. : Civil-military relations in the Warsaw Pact: the
East European componet. In: International Affairs. Vol. 61, 1984.
No. 1. S. 45-66. BZ 4447:61

F 0.14 Waffenhandel

B l o n d e l , J. -L. : Les Transfers d'armements: une question
morale? Genève: Labor et Fides 1983. 248 S. B 51003
Das "Bombengeschäft" mit dem Export. AKWs für die Türkei.
Materialslg. zum Atomabkommen mit der Türkei. Bamberg:
BIGA 1985. Getr. Pag. D 03231
K e m p , A. : The Third World impact of superpower military
competition: links to militarization and poverty. In: Current
research on peace and violence. Vol. 7, 1984. Nos. 1-2.
S. 105-127. BZ 05123:7
Die K-V-Briefe. Geheimer amerikanisch-russischer Briefwechsel
über den internationalen Waffenhandel. Hrsg. : B. Goodwin.
Trier: Tréves 1984. 92 S. Bc 4391
M a m m i t z s c h , T. : Rechtliche Grenzen von Rüstungsproduktion
und Rüstungshandel. Vorw. : N. Gansel. Frankfurt: Haag und
Herchen 1980. 68 S. Bc 4237
M a r t i n e z , J. -C. : Que sais-je? - Le Commerce des armes de
guerre. Paris: Presses Univers. de France 1983. 126 S. Bc 4387
Rüstungsexport - ein todsicheres Geschäft. Katalog zur Ausstellung.
Idstein: Projektgruppe "Rüstungsexport" 1984. Getr. Pag. D 03221

F 0.3 Internationale Streitkräfte

H a r r i s , J. J. ; S e g a l , D. R. : Observations from the Sinai: the
boredom factor. In: Armed forces and society. Vol. 11, 1985.
No. 2. S. 235-248. BZ 4418:11
J a r r i n g , G. : Swedish participation in UN peacekeeping operations.
In: Revue internationale d'histoire militaire. 1984. No. 57.
S. 59-67. BZ 4454:1984
T h a k u r , R. : Peacekeeping in the Middle East from United Nations
to Multinational Forces. In: Australian outlook. Vol. 38, 1984.
No. 2. S. 81-89. BZ 05446:38

F 0.5 Kriegswesen/Kriegsführung

F 0.51 Arten des Krieges

ABC-Krieg

Afheldt, H.: Atomkrieg. Das Verhältnis einer Politik mit
militärischen Mitteln. München: Hanser 1984. 266 S.　　　B 51950
The Aftermath. The human and ecological consequences of nuclear
war. Ed.: J. Peterson. New York: Pantheon Books 1983.
V, 196 S.　　　B 51203
The nuclear Almanac. Confronting the atom in war and peace.
Ed.: J. Dennis. Reading: Addison-Wesley 1984. XVII, 546 S. B 52413
Barash, D. P.; Lipton, J. E.: Stop nuclear war! A handbook.
New York: Grove Pr. 1982. 396 S.　　　B 50765
Barth, P.: Atomkrieg aus Versehen. Dokumente und Materialien.
2. Aufl. Starnberg: Forschungsstelle für Friedenspolitik 1985.
Getr. Pag.　　　Bc 01514
Birk, A.; Soerensen, N.: Krigsfare og fysisk planlaegning.
Århus: Arkitektskolen 1982. 113, 23 S.　　　09354
Chant, C.; Hogg, I.: The Nuclear war file. London: Ebury 1983.
160 S.　　　09754
Cimbala, S. J.: Theater nuclear and conventional force improvements. In: Armed forces and society. Vol. 11, 1984/85. No. 1.
S. 115-129.　　　BZ 4418:11
Coppik, M.; Roth, J.: Am Tor der Hölle. Köln: Kiepenheuer
u. Witsch 1982. 265 S.　　　B 48538
Douglass, J. D.; Lukens, H. R.: The expanding arena of
chemical-biological warfare. In: Strategic review. Vol. 12, 1984.
No. 4. S. 71-80.　　　BZ 05071:12
The Effects of nuclear war. The report as originally issued,
augmented by two reports intended for the never-published Vol. 2
and an interview with project director P. Sharfman. Repr. Detroit:
Gale Res. Comp. 1984. XIII, 283 S.　　　09733
Weltföderation der Wissenschaftler. - Die Folgen eines chemischen
Krieges. Studie d. Abrüstungsausschusses 1984. Köln: Komitee
f. Frieden, Abrüstung u. Zusammenarb. 1984. 44 S.　　　D 3125
Garrett, J. M.: Conventional force deterrence in the presence
of theater nuclear weapons. In: Armed forces and society.
Vol. 11, 1984/85. No. 1. S. 59-83.　　　BZ 4418:11
Chemische Kampfstoffe. Bielefeld: Fachschaft Chemie 1985.
18 Bl.　　　D 03242
Knorr, K.: Controlling nuclear war. In: International security.
Vol. 9, 1984/85. No. 4. S. 79-98.　　　BZ 4433:9
Pérez-Reverte, A.: Gas de combate: la muerte silenciosa.
In: Defensa. Año 7, 1984. No. 80. S. 18-29.　　　BZ 05344:7

Pogodzinski, M.: Second Sunrise. Nuclear war: The untold story.
Thorndike: Thorndiked Press 1983. 236 S.   B 52521
Riche, D.: La Guerre chimique et biologique. Paris: Belfond 1982.
309 S.   B 48750
Sagan, S. D.: Nuclear alerts and crisis management. In: International security. Vol. 9, 1984/85. No. 4. S. 99-139.   BZ 4433:9
Salaff, S.: "Yellow Rain": Time for Re-evaluation. In: Journal of contemporary Asia. Vol. 14, 1984. No. 3. S. 380-395.   BZ 4671:14
The Sizewell Syndrome: Nuclear power, nuclear weapons und public policy. Nottingham: Spokesman 1984. 128 S.   Bc 4642
Nuclear War and nuclear peace. By G. Segal, E. Moreton, L. Freedman, J. Baylis. London: Macmillan 1983. XII, 162 S.   B 51741
Chemical Warfare agents. Publ.: N. H. Lundquist. Stockholm: Liber 1983. 57 S.   Bc 4349

Kleinkrieg/Guerilla

Cohen, E. A.: Constraints on America's conduct of small wars.
In: International security. Vol. 9, 1984. No. 2. S. 151-181.   BZ 4433:9
Etschmann, W.: Guerillakrieg nach 1945 - Theorie und Praxis.
In: Truppendienst. Jg. 24, 1985. H. 1. S. 22-28.   BZ 05209:24
Guillaume, R.: La "Petite Guerre" des guérillas. Nice:
Selbstverl. 1982. 191 S.   B 48300
Jencks, H. W.: "People's war under modern conditions": Wishful thinking, national suicide, or effective deterrent? In: The China quarterly. 1984. No. 98. S. 305-319.   BZ 4436:1984
McGeorge, H. J.; Ketcham, C. C.: Sabotage: a strategic tool for guerilla forces. In: World affairs. Vol. 146, 1983/84. No. 3.
S. 249-256.   BZ 4773:146
Márquez, A. C.: La Guerra subversiva. Montevideo: Centro
Militar 1983. 64 S.   Bc 4905
Motley, J. B.: A perspective on low-intensity conflict. In:
Military Review. Vol. 65, 1985. No. 1. S. 2-11.   BZ 4468:65

Krieg im Weltraum

Brauch, H. G.: Angriff aus dem All. Berlin: Dietz 1984.
207 S.   B 52469
Greiner, B.: Zwanzig Argumente gegen den "Krieg der Sterne".
In: Blätter für deutsche und internationale Politik. Jg. 30, 1985.
H. 3. S. 265-283.   BZ 4551:30
Jasani, B.; Lee, C.: Countdown to space war. London:
Philadelphia: Taylor and Francis 1984. 104 S.   Bc 4936
Karas, T.: The new high Ground. Systems and weapons of space age war. New York: Simon and Schuster 1983. 224 S.   B 51288
Lutz, D. S.: "Sternenkrieg", Weltraumrecht und Rüstungssteuerung.
In: Aus Politik und Zeitgeschichte. Jg. 1984. B 48.
S. 31-48.   BZ 05159:1984

Menchen Benítez, P.: La guerra de las galaxias. In: Revista
  General de Marina. Tomo 208, 1985. No. 6. S. 809-820. BZ 4619:208
Peebles, C.; Gatland, K.: Battle for space. New York:
  Beaufort 1983. 192 S. 09589
Richardson, R.C.: Security in the nuclear age: a new strategy
  in space. In: The journal of social, political and economic studies.
  Vol. 9, 1984. No. 2. S. 199-210. BZ 4670:9
Ritchie, D.: Space War. New York: Athenaum 1982.
  IX, 224 S. B 50948
SDI. Strategic Defense Initiative. Strategische Verteidigungsinitia-
  tive. Materialien, Meinungen. Bonn: Bonner Friedensforum 1985.
  Getr. Pag. D 03257
Seitz, K.: SDI - die technologische Herausforderung für Europa.
  In: Europa-Archiv. Jg. 40, 1985. Folge 13. S. 381-390. BZ 4452:40
Tornetta, V.: Il dibattito sulle "guerre stellari". In: Rivista di
  studi politici internazionali. Anno 52, 1985. No. 2.
  S. 179-194. BZ 4451:52
Die Weltraumfront. Kriegsvorbereitung in der 4. Dimension.
  Analysen und Dokumente. Hrsg.: Komitee für Frieden, Abrüstung
  und Zusammenarbeit: Köln: Pahl-Rugenstein 1984. 62 S. D 3057
Wolf, D.O.A.; Hoose, H.M.; Dauses, M.A.: Die Militari-
  sierung des Weltraums. Koblenz: Bernard & Graefe 1983.
  219 S. B 51236

F 0.52 Strategie

Afheldt, H.: Defensive Verteidigung. Reinbek: Rowohlt 1983.
  157 S. Bc 3907
Beets, R.K.: Conventional Strategy, unconventional criticism
  and conventional wisdom. Jerusalem: Hebrew University 1984.
  51 S. Bc 4462
Buchan, D.: Western Security and economic strategy towards the
  East. London: Internat. Institute for Strategic Studies 1984.
  54 S. Bc 4635
Campbell, C.: Nuclear Facts. London: Hamlyn 1984. 192 S. 09619
Defended to death. A study of the nuclear arms race. Ed.: G. Prins.
  Harmondsworth: Penguin Books 1983. 387 S. B 51742
New Directions in conventional defence? In: Survival. Vol. 26, 1984.
  No. 2. S. 50-70. BZ 4499:26
Fesefeldt, J.D.C.: Die nukleare Schwelle. Mythos oder Wirk-
  lichkeit? Herford: Mittler 1984. 255 S. B 53600
Gray, C.S.: War-fighting for deterrence. In: The Journal of
  strategic studies. Vol. 7, 1984. No. 1. S. 5-28. BZ 4669:7
Hecht, R.: Von der konventionellen zur atomaren Kriegführung.
  In: Österreichische militärische Zeitschrift. Jg. 23, 1985.
  H. 4. S. 289-297. BZ 05214:23
Lebow, R.N.: Deterrence reconsidered: the challenge of resent

research. In: Survival. Vol. 27, 1985. No. 1. S. 20-28. BZ 4499:27
Macfarlane, N.: Intervention and regional security. London:
The Internat. Institute for Strategic Studies 1985. 66 S. Bc 01500
Mearsheimer, J. J.: Conventional Deterrence. Ithaca: Cornell
 Univ. Pr. 1983. 296 S. B 51519
Morgan, P. M.: Deterrence. A conceptual analysis. 2. ed.
 Beverly Hills: Sage 1983. 240 S. B 51122
Petersen, P. A.; Hines, J. G.: L' offensive stratégique. In:
 Stratégique. 1984. No. 23. S, 159-192. BZ 4694:1984
Politik und Ethik der Abschreckung. Theol. u. sozialwissenschaftl.
 Beiträge zur Herausforderung der Nuklearwaffen. Hrsg.: F. Böckle
 und G. Krell. Mainz: Grünewald 1984. 256 S. B 51956
Projection of power. Ed.: U. Ra'anan [u. a.],Hamden: Archon Books
 1982. 351 S. B 50770
Rogers, B. W.: Die langfristige Planungsrichtlinie FOFA. Behauptungen und Tatsachen. In: NATO-Brief. Jg. 32, 1984. Nr. 6.
 S. 3-11. BZ 05187:32
Russett, B. M.: Ethical dilemmas of nuclear deterrence. In:
 International security. Vol. 8, 1983/84. No. 4. S. 36-54. BZ 4433:8
Seminatore, I.: Evolution de la pensée stratégique 1945-1985.
 In: Stratégique. 1985. No. 25. S. 141-168. BZ 4694:1985
Smith, D.: Nuclear deterrence and strategic stability. In:
 Arms control. Vol. 5, 1984. No. 2. S. 180-188. BZ 4716:5
Strachan, H.: Deterrence theory. The problems of continuity.
 In: The journal of strategic studies. Vol. 7, 1984. No. 4.
 S. 394-405. BZ 4669:7
Strategic military Surprise. Incentives and opportunities.
 New Brunswick: Transaction Books 1983. VI, 265 S. B 50779
Tornetta, V.: Strategia atlantica. Verso un aggiornamento.
 In: Rivista militare. 1985. No. 1. S. 56-67. BZ 05151:1985
Tucker, R. W.: The nuclear Debate. In: Foreign affairs.
 Vol. 63, 1984. No. 1. S. 1-32. BZ 05149:63
Waas, L.: Problembereiche einer Ethik der nuklearen Abschreckung. In: Zeitschrift für Politik. Jg. 32, 1985. Nr. 1.
 S. 44-88. BZ 4473:32
Wettig, G.: Die Abschreckungsdebatte in psychoanalytischer Sicht.
 In: Beiträge zur Konfliktforschung. Jg. 14, 1984. H. 3.
 S. 25-50. BZ 4594:14

F 0.53 Taktik und Truppenführung/Manöver

Air-Land-Battle

Air Land Battle. Dokumentation. 4., überarb. Aufl. Düsseldorf:
 Demokrati. Sozialisten 1984. 64 S. D 3127
Air Land Battle. Dokumentation. Aachen: Volksfront gegen Reaktion
 Faschismus u. Krieg 1984. 32 Bl. D 03094

"AirLand-Battle"-Konzept. In: Aus Politik und Zeitgeschichte. 1985.
 B 7-8. S. 28-37. BZ 05159:1985
Beto, M. D.: Soviet prisoners of war in the AirLand Battle. In:
 Military review. Vol. 64, 1984. No. 12. S. 58-72. BZ 4468:64
Droß, C.: "AirLand Battle" - Angriffsprogramm für die NATO.
 In: Konsequent. Jg. 14, 1984. 4. S. 77-89. BZ 4591:14
Geldorp, P. C. van: Airland Battle (2000) en de ACE follow-on
 forces attack. In: Militaire Spectator. Jg. 153, 1984. No. 9.
 S. 399-409. BZ 05134:153
Gessert, R. A.: The AirLand Battle and NATO's new doctrinal
 debate. In: RUSI. Journal of the Royal United Services Institute
 for defence studies. Vol. 129, 1984. No. 2. S. 52-60. BZ 05161:129
Gessert, R. A.: L'AirLand Battle et le nouveau débat doctrinal
 dans l'OTAN. In: Défense national. Année 40, 1984. No. 8-9.
 S. 23-42. BZ 4460:40
Magenheimer, H.: Rogers-Plan. "AirLand Battle" und die
 Vorneverteidigung der NATO. In: Aus Politik und Zeitgeschichte.
 Jg. 1984. B 48. S. 3-17. BZ 05159:1984
Nikutta, R.; Henneke, F.; Rodejohann, J.: Die "AirLand
 Battle" Doktrin. Eine offensive Kriegsführungsdoktrin für das
 Schlachtfeld Europa. Frankfurt: Haag u. Herchen 1983.
 118 S. Bc 4238
Rogers-Plan, Air Land Battle (2000) und US-Heeresdienstvorschrift
 "FM 100-5". Die Kriegsführungskonzepte von USA und NATO für
 den "europäischen Kriegsschauplatz". 2., erg. Aufl. Essen:
 DFG-VK 1984. 48 S. D 03078
Schoenefeldt, H.: NATO-Strategien im Wandel. Von der
 "massiven Vergeltung" zum "AirLand-Battle"-Konzept. In:
 Konsequent. Jg. 14, 1984. 4. S. 67-76. BZ 4591:14
Stratmann, K.-P.: "AirLand Battle" - Zerrbild und Wirklichkeit.
 In: Aus Politik und Zeitgeschichte. Jg. 1984. B 48.
 S. 19-30. BZ 05159:1984

F 0.55 Geheimer Nachrichtendienst/Spionage/Abwehr

Barefoot, J. K.: Undercover investigation. 2. ed. Boston:
 Butterworths 1983. XIII, 130 S. B 52640
Clio goes spying: eight essays on the history of intelligence.
 W. Agrell, B. Huldt, editors. Lund: Scandinavian Univ. Books 1983.
 213 S. B 52065
Clandestine Collection. Ed.: R. Godson. New Brunswick: Transaction
 Books 1982. X, 232 S. B 50457
Constantinides, G. C.: Intelligence and espionage. An analytical
 bibliography. Boulder: Westview Pr. 1983. 559 S. B 51520
Dahl, K.: History of intelligence. A selected bibliography.
 Lund: Research Policy Institute 1979. 25 S. Bc 01366
Dobson, C.; Payne, R.: The Dictionary of espionage.

London: Harrap 1984. XIII, 234 S. 09730
Faligot, R.; Kauffer, R.: Au Coeur de l'état, l'espionnage.
 Paris: Autrement 1983. 173 S. B 50061
Handel, M. I.: Intelligence and the problem of strategic surprise.
 In: The Journal of strategic studies. Vol. 7, 1984. No. 3.
 S. 229-281. BZ 4669:7
Kruh, L.: A catalog of historical interest. In: Cryptologia.
 Vol. 2, 1978. No. 3. S. 242-253; No. 4. S. 338-349. BZ 05403:2
Lewin, R.: The American Magic. Harmondsworth: Penguin Books
 1983. 332 S. B 52541
MacGarvey, R.; Caitlin, E.: The complete Spy. New York:
 Putnam 1983. 192 S. 09587
Oseth, J. M.: Intelligence and low-intensity conflict. In: Naval war
 college review. Vol. 37, 1984. No. 6. S. 19-36. BZ 4634:37
Schulz, H.-J.: Die geheime Internationale. Spitzel, Terror und
 Computer. Frankfurt: isp-Verl. 1982. 370 S. B 50063

Barker, W. G.: Solving a Hagelin, Type CD-57, cipher. In:
 Cryptologia. Vol. 2, 1978. No. 1. S. 1-8. BZ 05403:2
Deavours, C. A.: Analysis of the Hebern Cryptograph using
 isomorphs. In: Cryptologia. Vol. 1, 1977. No. 2.
 S. 167-185. BZ 05403:1
Deavours, C. A.; Kruh, L.: Machine cryptography and modern
 crypt-analysis. Dedham: Artech House 1985. XIV, 258 S. B 56859
Hüttemhaim, E.: Succès et échecs des services Allemands du
 chiffre au cours de la seconde guerre mondiale. In: Revue
 d'histoire de la deuxième guerre mondiale et des conflits
 contemporains. Vol. 34, 1984. No. 133. S. 65-73. BZ 4455:34
Kahn, D.: Kahn on codes. New York: Macmillan 1983.
 VIII, 343 S. B 51664
Kruh, L.: The inventions of William F. Friedman. In: Cryptologia.
 Vol. 2, 1978. No. 1. S. 38-61. BZ 05403:2
Morris, R.: The Hagelin cipher machine (M-209). In:
 Cryptologia. Vol. 2, 1978. No. 3. S. 267-289. BZ 05403:2

Button, R. E.: Ultra sur le théâtre européen. In: Revue d'histoire
 de la deuxième guerre mondiale et des conflits contemporains.
 Année 34, 1984. No. 1. S. 43-52. BZ 4455:34
Cochran, A. S.: Mac Arthur, Ultra et la guerre de Pacifique.
 In: Revue d'histoire de la deuxième guerre mondiale et des
 conflits contemporains. Année 34, 1984. No. 1. S. 17-27. BZ 4455:34
Deavours, C. A.; Reeds, J.: The Enigma. P. 1.: Historical
 perspectives. In: Cryptologia. Vol. 1, 1977. No. 4.
 S. 381-391. BZ 05403:1
Kozaczuk, W.: Enigma. How the German machine cipher was
 broken, and how it was read by the Allies in World War Two.
 London: Arms and Armour Pr. 1984. XIV, 348 S. B 51855
Kozaczuk, W.: Enigma: The key to the secrets of the Third

Reich 1933-45. Warsaw: Interpress Publ. 1984. 55 S. Bc 4579
Ultra and the history of the United States Strategic Air Force in
Europe vs. the German Air Force. By the U. S. Army Air Force.
Frederick: Univ. Publ. of America 1980. 205 S. B 50952

F 055.90 Einzelne Spione und Fälle

Augias, C.: Giornali e spie. Milano: Mondadori 1983. 269 S. B 50876
Bittman, L.: Zum Tode verurteilt. München: Roitman 1984.
255 S. B 52071
Markus, G.: Der Fall Redl. 2. Aufl. Wien: Amalthea 1984.
286 S. B 55371
Philby, K.: Im Secret Service. Erinnerungen eines sowjetischen
Kundschafters. Berlin: Militärverl. d. DDR 1983. 193 S. B 51087
Radosh, R.; Milton, J.: The Rosenberg File. A search for the
truth. London: Weidenfeld & Nicolson 1983. 511 S. B 51102
Urbanski, A. von: Der Spionagefall Redl. Einer der grössten
Skandale in der k. u. k. Armee. In: Geschichte. Nr. 59, 1984.
S. 40-47. BZ 05043:59

F 1 Landmacht/Heer/Landstreitkräfte

F 1.3 Waffengattungen und Dienste

Aichinger, W.: Weibliche Soldaten - Erfahrungen und Perspektiven. In: Österreichische militärische Zeitschrift. Jg. 22, 1984.
H. 5. S. 399-410. BZ 05214:22
Bienen, H.: Armed forces and national modernization. In:
Comparative politics. Vol. 16, 1983. No. 1. S. 1-16. BZ 4606:16
Căzănişteanu, C.; Zodian, V.; Pandea, A.: Comandanţi
Militari. Bucuresti: Es. Ştiinţifică şi Enciclopedică 1983.
412 S. B 51976
Military Collectables. An international directory of twentieth-
century militaria. Chief consultant: J. Lyndhurst. London:
Salamander Books 1983. 208 S. 09887
Duić, M.: Milizen - Begriffe, Modelle, Vergleiche. Versuch
eines Überblicks. In: Österreichische militärische Zeitschrift.
Jg. 23, 1985. H. 2. S. 103-112. BZ 05214:23
Fischer, K.: Die Infanterie heute und übermorgen. In: ASMZ.
Allgemeine Schweizerische Militärzeitschrift. Jg. 150, 1984.
No. 10. S. 501-509. BZ 05139:150
Kucharski, W.: Kawaleria i broń pancerna w doktrynach wojennych 1918-1939. [Kavallerie und Panzerwaffe in den militärischen
Doktrinen.] Warszawa: Państw. Wydawn. Nauk. 1984. 215 S. B 52805

Lynch, W. R.: The eight-day ARTEP FTX. In: Military review.
Vol. 64, 1984. No. 12. S. 12-22. BZ 4468:64
Orientieren im Gelände. Autorenkollektiv. Berlin: Militärverl. d. DDR
1984. 112, 6 S. Bc 4538
Loaded Questions. Women in the military. Ed.: W. Chapkis.
Amsterdam, Washington: Transnational Institute 1981. 97 S. Bc 4051
Rekkedal, N. M.: Omkring bruken av mekaniserte styrker.
In: Norsk militaert tidsskrift. Årg. 154, 1984. H. 3.
S. 109-118. BZ 05232:154
Soerensen, H.: The military Profession in practice and theory.
With a systematized and annot. bibliography. Copenhagen: Nyt fra
Samfundsvidenskaberne 1982. 119 S. Bc 4345
Sundhaussen, U.: Military withdrawal from government responsibility. In: Armed forces and society. Vol. 10, 1983/84. No. 4.
S. 543-562. BZ 4418:10
Yedra-Hernández, P.: Los Valores ocultos del Ejército.
El Suboficial. Cartagena: [o. V.] 1983. 115 S. Bc 4201

F 2 Seemacht/Kriegsmarine/Seestreitkräfte

Beaver, P.: Carrier air operations since 1945. London: Arms
and Armour Press 1983. 72 S. Bc 01283
Blocq van Kuffeler, F. de: Cost versus numbers. The world's
shrinking fleets. In: Jane's naval review. Vol. 3, 1983/84.
S. 135-148. BZ 05470:3
Blocq van Kuffeler, F. de: Mine warfare. The deadly game.
In: Jane's naval review. Vol. 3, 1983/84. S. 93-102. BZ 05470:3
Brauzzi, A.: Il rifornimento in mare. In: Rivista marittima.
Anno 117, 1984. N. 10. S. 35-55. BZ 4453:117
Campbell, B. L.; Reynolds, R.: Marine Badges [and] insignia
of the world. Poole: Blandford 1983. 191 S. 09834
Diwald, H.: Die Erben Poseidons. Seemachtpolitik im 20. Jahrhundert. München: Droemer Knaur 1983. 511 S. B 53497
Martin, L.: The use of naval forces in peacetime. In: Naval
War College Review. Vol. 38, 1985. No. 1. S. 4-14. BZ 4634:38
Pemsel, H.: Biographisches Lexikon zur Seekriegsgeschichte.
Seehelden von der Antike bis zur Gegenwart. Koblenz:
Bernard & Graefe 1985. 343 S. B 55034
Plaschka, R. G.: Matrosen, Offiziere, Rebellen. Krisenkonfrontationen zur See 1900-1918. Bd 1. 2. Wien: Böhlau 1984.
380, 394 S. B 53975
Rodríguez-Carreno, F.: Las situaciones de crisis y las operaciones navales. In: Revista general de marina. Tomo 208, 1985.
No. 4. S. 487-500. BZ 4619:208
Serra, F. O.: El arma submarina en la era nuclear. In: Revista
general de marina. Tomo 208, 1985. No. 1. S. 17-29. BZ 4619:208

Sidders, J.C.: Veleros del Plata. Somera descripción del buque
de vela... Buenos Aires: Inst. de Publ. Navales 1982. 263 S. B 52468
Waters, D.W.: Seamen, scientists, historians and strategy.
In: The Naval review. Vol. 72, 1984. No. 4. S. 313-320.   BZ 4435:72

F 3 Luftmacht/Luftwaffe/Luftstreitkräfte

Campbell, C.: Air warfare. The fourth generation. New York:
Arco 1984. 192 S.   09803
Graham, D.O.: The non-nuclear Defense of cities: the high
frontier space-based defense against ICBM attack. Cambridge:
Abt Books 1983. VIII, 152 S.   B 52924
Gunston, B.; Spick, M.: Modern Air combat. The aircraft,
tactics and weapons employed in aerial warfare today. London:
Salamander Books 1983. 224 S.   09826
Kennett, L.B.: A History of strategic bombing. New York:
Scribner 1982. IX, 222 S.   B 50773
Moore, W.B.; Harned, G.M.: Air assault in the desert: how to
fight. In: Military Review. Vol. 65, 1985. No. 1. S. 43-60. BZ 4468:65
Stich, K.: Der Einsatz von Hubschraubern imperialistischer Staaten
in lokalen Kriegen. In: Militärgeschichte. Jg. 23, 1984. H. 4.
S. 319-326.   BZ 4527:23
Wohlstetter, A.: Staatsmänner, Bischöfe und sonstige Strategen
über Bombenangriffe auf Unschuldige. Bonn: Dt. Strategie-Forum
1984. 30 S.   Bc 01381

F 5 Wehrtechnik/Kriegstechnik

F 5.1 Waffentechnik

Campbell, C.: Weapons of war. New York: Bedrick Books 1983.
304 S.   B 52933
Carter, A.: World Bayonets, 1800 to the present. An illustrated
reference guide for collectors. London: Arms and Armour Pr. 1984.
XX, 62 S.   B 51852
Cunningham, A.M.; Fitzpatrick, M.: Future fire. Weapons
for the apocalypse. New York: Warner Books 1983.
XI, 274 S.   B 50793
The Defense Communication Study 1984-1985. Daytona Beach:
Corporate Comm. Stud. 1984. XIV, 338 S.   B 52591
Deitchmann, S.J.: Military Power and the advance of techno-
logy. General purpose military forces for the 1980s and beyond.
Rev. ed. Boulder: Westview 1983. XXIV, 278 S.   B 51720

Dugelby, T. B.: Modern military Bullpup Rifles. The EM-2 concept comes of age. Toronto: Collector Grade Publ. 1984. 97 S. 09727
Erlandsen, H. C.: Arhundrets Våpensalg. Med etterord av
 A. C. Sjaastad. Oslo: Bedriftsøkonomens Forl. 1983. 149 S. Bc 4336
Farrar, C. L.; Leeming, D. W.: Military Ballistics. A basic
 manual. Oxford: Brassey 1983. XVII, 214 S. B 49797
Haas, F. de: Bolt action rifles. Rev. ed. Northfield: DBI Books
 1984. 448 S. 09618
Hannig, N.: Abschreckung durch konventionelle Waffen. Das
 David-Goliath-Prinzip. Berlin: Berlin Verl. 1984. 183 S. B 52072
Mikulin, A.: Uloha konvenčnich zbrani ve vojenské strategii USA
 a NATO. [Die Rolle der konvent. Waffen in d. Militärstrategie der
 USA u. NATO.] In: Historie a vojenství. Ročnik 34, 1985. No. 1.
 S. 101-126. BZ 4526:34
Myatt, F.: Gewehre und Maschinenpistolen. Ein illustrierter Führer. Dietikon-Zürich: Stocker-Schmid 1984. 159 S. B 51941
Platón, M.; Chavarría, M.: Armamento y poder militar.
 Coordinación gen.: N. de Laurentis. Vol. 1-3. Madrid: SARPE
 1983. 1080 S. 09491
Regenstreif, P.: Munitions soviétiques et des pays de l'Est.
 Soviet and Eastern powers ammunition. Paris: Crépin-Leblond
 1983. 412 S. B 50875
Stevens, R. B.: The Browning high power automatic pistol.
 Toronto: Collector Grade Publ. 1984. 273 S. 09616
Taylor, T.: Defence, technology and international integration.
 London: Pinter 1982. X, 218 S. B 51733
Tegnelia, J. A.: Neue Technologien für die konventionelle Abschreckung. In: Internationale Wehrrevue. Jg. 18, 1985. Nr. 5.
 S. 643-652. BZ 05263:18
USA-UdSSR. Die Arsenale der beiden Supermächte. 1945-1982.
 Karlsruhe: Theorie-Friedensgruppe 1983. Getr. Pag. D 03145
Vapenverkan. Information utarb. vid FOA om verkan av olika
 vapentyper mot markmål. Bearb. och sammanställt av M. Hagwall.
 Stockholm: Försvarets Forskningsanstalt 1983. 96 S. B 52034
Verna, R.: La gara per gli armamenti e la guerra strisciante per
 la tecnologia avanzata. In: Rivista marittima. Anno 118, 1985.
 No. 2. S. 17-36. BZ 4453:118

Raketen- und Lenkwaffen

Ballistic Missile Defense. Ed.: A. B. Carter [u. a.]. Washington:
 The Brookings Inst. 1984. XIII, 455 S. B 55471
Bartels, W.: Patriot. Eine Rakete, die uns teuer zu stehen kommt.
 Gießen: Friedensliste 1984. 28 S. D 3186
Engelmann, J.: V-2. Aufbruch zur Raumfahrt. Friedberg:
 Podzun-Pallas-Verl. 1985. 48 S. Bc 01488
Expensive, bat necessary: the Patriot surface-to-air missile

system. In: Military technology. Vol. 8, 1984. No. 10.
S. 33-50. BZ 05107:8
Flume, W.; Po, E. : MLRS: an artillery rocket system for
NATO. In: Military technology. Vol. 9, 1985. No. 2.
S. 14-25. BZ 05107:9
Panzerabwehr-Lenkraketen. Weitreichend treffsicher. Bearb. :
W. Kopenhagen. Berlin: Militärverl. d. DDR 1983. 32 S. Bc 4081
Parry, D.: Remotely piloted vehicles. In: Jane's military review.
Vol. 3, 1983/84. S. 156-166. BZ 05469:3
Pasti, N.: Euro-Raketen und das Kräfteverhältnis. Propaganda und
Wirklichkeit. Helsinki: Informationszentrum d. Weltfriedensrates
1983. 88 S. D 3123
Schnell, K.: Unbemannte Kleinfluggeräte des Heeres. In:
Wehrtechnik. Jg. 17, 1985. Nr. 5. S. 60-69. BZ 05258:17
Sigmund, H.: Drohnen und Remotely Piloted Vehicles (RPV).
In: Österreichische militärische Zeitschrift. Jg. 23, 1985. H. 4.
S. 339-348. BZ 05214:23
Wernicke, J.; Schoell, I.: Die Stationierung von Pershing II -
und SS-22-Raketen. Dokumentation. Bonn: Die Grünen im Bundes-
tag 1984. 180 S. D 03172

A/B/C-Waffen

Bradley, D.: No place to hide. 1946/84. Hanover: Univ. of New
England Pr. 1984. XXIV, 217 S. B 52606
Cochran, T. B.; Arkin, W. M.; Hoenig, M. M.: Nuclear
Weapons Databook. Vol. 1. Cambridge: Ballinger 1984.
XIX, 342 S. 09617
Cohen, S.: The Truth about the neutron bomb. The inventor of
the bomb speaks out. New York: Morrow 1983. 226 S. B 50389
Drell, S. D.: Facing the threat of nuclear weapons. With an open
letter on the danger of thermonuclear war from Andrei Sakharov.
Seattle: Univ. of Washington Pr. 1983. X, 120 S. B 52637
Falk, R.: Nuclear weapons and the renewal of democracy. In:
Praxis international. Vol. 4, 1984. No. 2. S. 115-130. BZ 4783:4
Kaiser, K.: Kernwaffen als Faktor der internationalen Politik.
In: Europa-Archiv. Jg. 40, 1985. Folge 9. S. 253-264. BZ 4452:40
Kass, H.; Deane, M. J.: The role of nuclear weapons in the
modern theater battlefield: The current Soviet view. In: Compa-
rative Strategy. Vol. 4, 1984. No. 3. S. 193-214. BZ 4686:4
Kühlmann, L.: Op- eller nedrustning? 3. opl. København:
Munksgaard 1984. 50 S. Bc 4734
Launay, B. de : Le Poker nucléaire. 2. éd. Paris: Syros 1983.
239 S. B 51154
MacNaught, L. W.: Nuclear Weapons and their effects. London:
Brassey 1984. XI, 136 S. B 52490
Markey, E. J.; Waller, D. C.: Nuclear Peril. The politics of

proliferation. Cambridge: Ballinger 1982. XVI, 183 S. B 52936
Mayers, T.: Understanding nuclear weapons and arms control.
A guide to the issues. New ed. Arlington: Education in world
issues 1984. 105 S. Bc 4560
Novak, M.: Moral Clarity in the nuclear age. Nashville: Thomas
Nelson Publ. 1983. 144 S. B 52949
Nuclear weapons profileration and nuclear risk. Ed.: J. A. Schear.
Aldershot: Gower 1984. IX, 185 S. B 52356
Saffer, T. H.; Kelly, O. E.: Countdown zero. Introd. by S. L. Udall.
Harmondsworth: Penguin Books 1983. 351 S. B 52542
Seifritz, W.: Nukleare Sprengkörper. Bedrohung oder Energie-
versorgung für die Menschheit? München: Thiemig 1984.
IX, 287 S. B 52008
Steiner, B. H.: Using the absolute weapon. Early ideas of Bernard
Brodie on atomic strategy. In: The Journal of strategic studies.
Vol. 7, 1984. No. 4. S. 365-393. BB 4669:7
Tame, A.; Robotham, F. B. J.: Maralinga. British A-bomb,
Australian legacy. Sydney: Fontana/Collins 1982. 272 S. B 51220
Nuclear Weapons in Europe. Lexington: Lexington Books 1983.
XX, 167 S. B 50967
Nuclear Weapons and European security. Ed.: R. Nurick.
Aldershot: Gower 1984. IX, 142 S. B 52358
Yankelovich, D.; Doble, J.: The public mood: nuclear weapons
and the U.S.S.R. In: Foreign affairs. Vol. 63, 1984. No. 1.
S. 33-46. BZ 05149:63
Zellner, W.: Atomwaffen und "Konventionalisierung". In: Blätter
für deutsche und internationale Politik. Jg. 29, 1984. H. 9.
S. 1072-1089. BZ 4551:29

F 5.2 Fahrzeugtechnik/Militärfahrzeuge

F 5.21 Landfahrzeuge

Abel, F.: Kleines Kettenkraftrad. Sd. Kfz. 2 - Typ HK - 101.
Friedberg: Podzun-Pallas 1984. 48 S. Bc 01394
Crismon, F. W.: U. S. military wheeled Vehicles. Sarasota:
Crestline Publ. 1983. 472 S. 09576
Forty, G.: A Photo history of armoured cars in two world wars.
Poole: Blandford 1984. 190 S. 09755
Leichte Kampffahrzeuge. [Verschiedene Beiträge.] In: Internationale
Wehrrevue. Jg. 18, 1985. Nr. 7. S. 1085-1113. BZ 05265:18
Scheibert, H.: Deutsche leichte Panzerspähwagen. Friedberg:
Podzun-Pallas 1984. 48 S. Bc 01328
Selbstfahrlafetten. Geländegängig, gepanzert. Berlin: Militärverlag
d. DDR 1983. 32 S. Bc 4534
White, B. T.: Wheeled armoured Fighting Vehicles in service.

Ill. by P. Sarson and T. Bryan. Poole: Blandford 1983.
128 S. 09831

Panzerwagen

Auerbach, W.: Last of the panzers. German tanks 1944-45.
London: Arms and Armour Press 1984. 64 S. Bc 01360
Benz, K. G.: Kampfwertsteigerung eines Veteranen. Der Kampfpanzer M48 mit 105-mm-Kanone. In: Internationale Wehrrevue.
Jg. 17, 1984. H. 11. S. 1713-1719. BZ 05263:17
Forty, G.: A Photo history of tanks in two world wars. Poole:
Blandford Pr. 1984. 192 S. 09829
Foss, C. F.: The illustrated Encyclopedia of the world's tanks
and fighting vehicles. A technical directory of major combat
vehicles from World War 1 to the present day. 6th impr.
London: Salamander Books 1982. 248 S. 09825
Foss, C. F.: Jane's Main Battle Tanks. 2. impr. London:
Jane's 1984. 205 S. 09719
Gudgin, P.: German Tanks. 1945 to the present. London:
Arms and Armour Press 1984. 72 S. Bc 01341
McNaugher, T. L.: Problems of collaborative weapons
development: The MBT-70. In: Armed forces and society.
Vol. 10, 1983/84. No. 1. S. 123-145. BZ 4418:10
Mathos, W.; Hilmes, R.: The Leopard 3 debated. In: Military
technology. Vol. 8, 1984. No. 10. S. 85-97. BZ 05107:8
Senger und Etterlin, F. M. von: Taschenbuch der Panzer 1983.
Tanks of the world. München: Bernard u. Graefe 1983. 827 S.B 48135
Zaloga, S. J.; Green, M.: US Battle tanks today. London:
Arms and Armour Press 1984. 72 S. Bc 01340

F 5.22 Seefahrzeuge/Schiffstechnik

Schiffe

Breyer, S.: Die "Krivak"-Typfamilie. In: Marine-Rundschau.
Jg. 82, 1985. H. 1. S. 11-18. BZ 05138:82
Design. (U-Boats.) In: Navy international. Vol. 89, 1984. No. 12.
S. 718-731. BZ 05105:89
Diesel-electric submarines. In: Maritime defence. Vol. 10, 1985.
S. 2-17. BZ 05094:10
Fahrzeuge und Systeme für die Minenkriegführung. In: Internationale
Wehrrevue. Jg. 17, 1984. H. 11. S. 1654-1662. BZ 05263:17
Fock, H.; Rohwer, J.: Monitore - ein vergessener Schiffstyp.
In: Marine-Rundschau. Jg. 81, 1984. H. 10. S. 471-477. BZ 05138:81
Friedman, N.: Die Arleigh-Burke-Klasse. Eine neue Zerstörergeneration. In: Internationale Wehrrevue.

Jg. 18, 1985. No. 3. S. 323-330. BZ 05263:18
Minensuch- und Räumschiffe. Berlin: Militärverl. d. DDR 1983.
32 S. Bc 4535
Reynolds, C.G.: Die Flugzeugträger. Amsterdam: Time-Life
1982. 176 S. 08871
Ruiz de Azcarate, P.: El vehiculo de colchon de aire (anfinave).
In: Revista general de marina. Tomo 207, 1984. No. 10.
S. 315-343. BZ 4619:207
Sensors. (U-Boats.) In: Navy international. Vol. 89, 1984. No. 12.
S. 743-754. BZ 05105:89
Conway's all the world fighting Ships 1906-1921. London:
Conway 1985. 439 S. 09856
Conway's all the world's fighting Ships, 1922-1946. Ed. dir.:
R. Gardiner. London: Conway 1980. 456 S. 08372
Conway's all the world fighting Ships 1947-1982. Ed.: R. Gardiner.
Pt. 1. 2. London: Conway 1983. 509 S. 09605
Veazey, S.E.: New Shape in ships. In: US. Naval Institute.
Proceedings. Vol. 111, 1985. No. 2. S. 38-47. BZ 05163:111

Seekriegswaffen

Bellero, L.: The new generation of land mines: requirements
and materiel for the '90s. In: Military technology. Vol. 9, 1985.
No. 7. S. 50-59. BZ 05107:9
Fischer, K.: Antennen auf Kriegsschiffen. In: Wehrtechnik.
Jg. 17, 1985. 5. S. 46-56. BZ 05258:17
Larsson, P.: Effektivare och säkrare minröjning med ny teknik.
In: Tidskrift i sjöväsendet. Årg. 147, 1984. Nr. 4.
S. 241-254. BZ 4494:147
Longworth, B.R.: The modern torpedo. In: Naval forces.
Vol. 5, 1984. No. 2. S. 80-87. BZ 05382:5
Mines and mine countermeasures. In: Maritime defence.
Vol. 9, 1984. No. 5. S. 133-191. BZ 05094:9
Richardson, D.: Naval tactical missiles. In: Maritime defence.
Vol. 10, 1985. No. 5. S. 177-190. BZ 05094:10
Rouarch, C.: Die Seemine. Eine alte Waffe wird wieder aktuell.
In: Internationale Wehrrevue. Jg. 17, 1984. H. 9.
S. 1239-1248. BZ 05263:17
Ullman, H.K.: Defence against stand-off missiles. In: Naval
forces. Vol. 5, 1984. No. 6. S. 48-57. BZ 05382:5

F 5.23 Luftfahrzeuge/Luftfahrtechnik

Flugzeuge

Bramson, A. E.: The Book of flight tests. New York: Arco Publ. 1984. 223 S. 09867
Braybrook, R.: Aviones especializados para atacar objetivos terrestres. In: Defensa Latino Americana. Vol. 8, 1984. No. 4. S. 12-19. BZ 05464:8
Gunston, B.: Modern fighting Aircraft. London: Salamander Books 1984. 208 S. 09802
Gunston, B.: Militärflugzeuge der Welt. München, Zürich: Delphin 1985. 206 S. 09808
Hünecke, K.: Das Kampfflugzeug von heute. Technik und Funktion. Stuttgart: Motorbuch Verl. 1984. 254 S. 09635
Layman, R. D.: Sparrows among the hawks. In: Warship International. Vol. 21, 1984. No. 2. S. 138-157. BZ 05221:21
Preylowski, P.: Wehrtechnik auf der ILA (Internationale Luftfahrt-Ausstellung) '84. In: Soldat und Technik. Jg. 27, 1984. H. 7. S. 360-372. BZ 05175:27
Richardson, D.: An illustrated Survey of the West's modern fighters. London: Salamander Books 1984. 207 S. 09786
Stützer, H.: Die deutschen Militärflugzeuge 1919-1934. Herford: Mittler 1984. 240 S. 09551
Taylor, M. J. H.: Strategic Bombers 1945-1985. London: Arms and Armour Press 1984. 72 S. Bc 01425
Taylor, M. J. H.: Warplanes of the world 1918-1939. New York: Scribner 1981. 192 S. B 50947
Taylor, M. J. H.: World fighters 1945-1985. London: Arms and Armour Press 1984. 72 S. Bc 01422
Walker, B. S.: Fighting Jets. Alexandria: Time Life Books 1983. 176 S. 09571

Einzelne Typen

Blasel, W. L.: ME 109 "Gustav". Die Entstehungsgeschichte der berühmten Fox-Mike - Bravo-Bravo. Herford: Mittler 1984. 96 S. 09870
Boyne, W. J.: Phantom in combat. London: Jane's 1985. 176 S. 09773
Broadbent, S.: Can Harrier go supersonic? In: Jane's aviation review. Vol. 3, 1983/84. S. 153-163. BZ 05468:3
Griehl, M.: Me 262 - das Vielzweckflugzeug. Bd 2. Friedberg: Podzun-Pallas 1984. 48 S. Bc 01455
Harrier. Ski-jump to victory. Ed.: J. Godden. Oxford: Brassey 1983. 132 S. 09602
Hawk serendipity. In: Air international. Vol. 27, 1984. No. 6. S. 283-294. BZ 05091:27

Horten, R.; Selinger, P.F.: Nurflügel. Die Geschichte der Horten-Flugzeuge 1933-1960. 2. Aufl. Graz: Weishaupt 1983. 240 S.   09563

Jackson, P.: Tornado - four years on. In: Air international. Vol. 27, 1984. No. 3. S. 113-126.   BZ 05091:27

Jackson, R.: Avro Vulcan. Cambridge: Stephens 1984. 184 S.   B 52134

Johnsen, F.A.; Watanabe, R.: F4U Corsair. New York: Crown Publ. 1983. 56 S.   09546

Kinzey, B.: Colors and markings of the F-106 Delta Dart. Fallbrook: Aero Publ. 1984. 64 S.   Bc 01435

Kinzey, B.: F-9F Cougar in detail and scale. Fallbrook: Aero Publ.; London: Arms and Armour Press 1984. 71 S.   Bc 01343

Kinzey, B.: F-9F Panther in detail and scale. Fallbrook: Aero Publ.; London: Arms and Armour Press 1984. 71 S.   Bc 01342

Kinzey, B.: F-15 Eagle in detail and scale. Fallbrook: Aero Publ. 1984. 72 S.   Bc 01432

The flying Lighter... Mitsubishi's 1-Rikko. In: Air international. Vol. 27, 1984. No. 6. S. 298-304, 314-318.   BZ 05091:27

Linn, D.: Harrier in action. Carrollton: Squadron-Signal Publ. 1982. 49 S.   Bc 01407

Mason, F.K.: Phantom. A legend in its own time. Cambridge: PSL 1984. 184 S.   B 51304

Miller, J.: U-2R ... TR-1: Lockheed's black ladies. In: Air international. Vol. 27, 1984. No. 4. S. 185-190; 203-208. BZ 05091:27

Myhra, D.: Horten 229. Boylston: Monogram Aviation Publ. 1983. 32 S.   Bc 01371

Nativi, A.: AM-X: a "dedicated attack aircraft" for the '90s. In: Military technology. Vol. 9, 1985. No. 7. S. 14-24.   BZ 05107:9

Nowarra, H.J.: Messerschmitt Me 109. 1936-1945, die letzte flog noch 1983. Bd 2. Dorheim, Friedberg: Podzun Pallas 1984. 48 S.   Bc 01369

Nowarra, H.J.: Der "Volksjäger" He-162. Friedberg: Podzun-Pallas 1984. 48 S.   Bc 01315

Pace, S.: North American Valkyrie XB-70A. Fallbrook: Aero Publ. 1984. 103 S.   Bc 01444

Peacock, L.: First of the century series. (Super Sabre.) In: Air International. Vol. 28, 1985. No. 5. S. 238-247.   BZ 05091:28

Redemann, H.: MiG - 21(1) - Mikojans Alleskönner. T. 1. 2. In: Flug Revue. Jg. 1985. H. 1. S. 73-76; 2. S. 77-80. BZ 05199:1985

Richardson, D.: Modern fighting aircraft F-16 fighting Falcon. London: Salamander Books 1983. 64 S.   09807

Siuru, W.D.; Holder, W.G.: General Dynamics F-16 fighting Falcon. 2nd. ed. Fallbrook: Aero Publ. 1982. 103 S.   Bc 01486

Spick, M.: Modern fighting aircraft F/A-18 Hornet. London: Salamander Books 1984. 64 S.   09824

Spick, M.: Modern fighting aircraft F-14 Tomcat. London: Salamander Books 1985. 64 S.   09823

Spitfire. Symply superb. In: Air International. Vol. 28, 1985. No. 2.
S. 74-83; 98. BZ 05091:28
Stern, R.C.: America's Fighters of the 1970s: F-14 and F-15.
London: Arms and Armour Press 1983. 72 S. Bc 01285
Stern, R.C.: F-4 Phantom. London: Arms and Armour Press 1984.
72 S. Bc 01421
'Stuka'... The first generation. In: Air International. Vol. 27, 1984.
S. 191-199, 211. BZ 05091:27
Sweetman, B.; Goulding, J.: Jane's aircraft spectacular.
Harrier. London: Jane's 1984. 52 S. 09634
Sweetman, B.; Goulding, J.: Jane's aircraft spectacular.
Phantom. London: Jane's 1984. 52 S. 09717
Sweetman, B.: F-18 - a Hornet stung by critics. In: Jane's naval
review. Vol. 3, 1983/84. S. 74-83. BZ 05470:3
Sweetman, B.: Modern fighting aircraft A-10 Thunderbolt II.
London: Salamander Books 1984. 64 S. 09822
Taylor, M.J.H.: Shorts. London: Jane's 1984. 160 S. 09723
Wogstad, J.; Miller, J.: AV-8 Harrier. San Antonio: Aerophile
Inc. 1982. 84 S. Bc 01419

Andere Luftfahrzeuge

Apostolo, G.: World encyclopedia of civil and military helicopters.
London: Collins 1984. 140 S. 09750
Beaver, P.: Battlefield helicopters. In: Defence. Vol. 15, 1984.
No. 9. S. 481-488. BZ 05381:15
Everett-Heath, J.: Design, development and tactics. Soviet
Helicopters. London: Jane's Publ. 1983. XII, 179 S. B 51198
Flume, W.: Hubschrauber als Waffenträger. In: Wehrtechnik.
Jg. 16, 1984. H. 11. S. 46-62. BZ 05258:16
Flume, W.: Helicopters as weapon carriers. In: Military
technology. Vol. 9, 1985. No. 7. S. 62-74. BZ 05107:9
Gething, M.J.: Military helicopters. In: Jane's military review.
Vol. 3, 1983/84. S. 109-127. BZ 05469:3
Giorgi, G.: Helicopters at sea. In: NATO's sixteen nations.
Vol. 29, 1984. No. 6. S. 67-75. BZ 05457:29
Kennedy, F.D.: NATO's naval helicopters. In: Naval forces.
Vol. 5, 1984. No. 6. S. 96-108. BZ 05382:5

F 5.5 Nachrichtentechnik/Elektronik/Kybernetik

Arcangelis, M. de: Historia de la guerra electronica. Desde la
batalla de Tsushima al Libano y las Malvinas. Madrid:
Ed. San Martín 1983. 383 S. B 53761
Electronics for national security. Conference proceedings. 27. -29
September 1983. Brussels exhibition centre. Geneva: Interavia
1983. VII, 502 S. 09396

Parry, D.: Electronic Warfare. In: Jane's military review.
Vol. 3, 1983/84. S. 70-80. BZ 05469:3
Torrieri, D. J.: Principles of military communication system.
Dedham: Artech House 1981. 298 S. B 50923
Willcox, A. M.; Slade, M. G.; Ramsdale, P. A.: Command,
control and communications (C3). Oxford: Brassey's Def. Publ.
1983. XIII, 150 S. B 51150

F 5.6 Raumfahrttechnik

Hodgden, L.: Satellites at sea: space and naval warfare. In: Naval
War College Review. Vol. 32, 1984. No. 4. S. 31-45. BZ 4634:32
Krebs, T. H.: The Soviet space threat. In: The Journal of social,
political and economic studies. Vol. 9, 1984. No. 2.
S. 144-163. BZ 4670:9
Laser Weapons in space. Ed.: K. B. Payne. Boulder: Westview 1983.
XI, 230 S. B 50682
Melby, S.: Anti-satellite Weapons and the strategic balance.
Oslo: Norsk Utenrikspolitisk Inst. 1980. 16 S. Bc 01275
Osman, T.: Space History. London: Joseph 1983. 215 S. B 51271
Scheffran, J.: Die europäische Weltraumgemeinschaft - Aufbruch
in die Zukunft. In: Blätter für deutsche und internationale Politik.
Jg. 30, 1985. H. 2. S. 169-185. BZ 4551:30
Shapland, D.; Rycroft, M.: Spacelab. Research in earth orbit.
Cambridge: Cambridge Univ. Pr. 1984. 192 S. 09739
Steinberg, G. M.: Satellite Reconnaissance. New York:
Praeger 1983. VIII, 200 S. B 52679
Tandberg, E.: Romfergen. På vei mot en ny tidsalder. Oslo:
Univ. -Forl. 1983. 226 S. 09595
Tornetta, V.: Lo spazio ed il controllo degli armamenti. In:
Affari esteri. Anno 16, 1984. No. 63, S. 293-313. BZ 4373:16
Turnill, R.: Jane's Spaceflight Directory. London: Jane's 1984.
311 S. 09732
Vuelo espacial conjunto URSS - Cuba. Victoria del socialismo.
La Habana: Ed. de Ciencias Sociales 1981. 208 S. B 52745

G Wirtschaft

G 0. Grundfragen der Wirtschaft / Weltwirtschaft

Attali, J.: Les trois Mondes. Pour une théorie de l'après-crise.
Paris: Fayard 1981. 415 S.   B 52351
Crises in the world-system. Ed.: A. Bergesen. Beverly Hills:
Sage 1983. 311 S.   B 52948
Dokumentation zum Weltwirtschaftsgipfel. Die Abschlußerklärungen
des Weltwirtschaftsgipfels 1975-1984 im Wortlaut. Zsgest.:
R. Bräuer. Hamburg: Bundeskongress Entwicklungspolitischer
Aktionsgruppen 1985. 51 S.   D 03210
Jacobsen, H.-D.; Rode, R.: Wirtschaftskrieg oder Entspannung?
Bonn: DGFK 1984. 11 S.   09666
Johnson, B.: Aktuelle Tendenser i den økonomiske politik under
krisen. Del 1.2. Aalborg Univ.-Forl. 1981. 83. 88, 108 S.   B 50864
Nötzold, J.: Weltwirtschaft und Protektionismus. In: Aussenpolitik.
Jg. 35, 1984. H. 4. S. 409-418.   BZ 4457:35
Nutter, G. W.: Political Economy and freedom. A collection of
essays. Ed.: J. C. Nutter. Indianapolis: Liberty Pr. 1983.
XIV, 314 S.   B 52707
Sau, R. K.: Trade, capital and underdevelopment. Towards a
marxist theory. Calcutta: Oxford Univ. Pr. 1982. VIII, 162 S. B 52500
Sengupta, J.: The new international economic order. In: IDSA
journal. Vol. 15, 1982. No. 2. S. 266-279.   BZ 4841:15
Strange, S.: The global political economy. 1959-1984. In:
International Journal. Vol. 39, 1984. No. 2. S. 267-283.   BZ 4458:39
Strasser, J.; Traube, K.: Die Zukunft des Fortschritts. Der
Sozialismus und die Krise des Industrialismus. Überarb. u. aktual.
Ausg. Berlin: Dietz Nachf. 1984. 444 S.   B 52999
Unterdrückung, Hunger, Krieg, die Folgen imperialistischer
Politik. Materialien gegen den Weltwirtschaftsgipfel vom 2.-4. Mai
in Bonn. Göttingen: Göttinger Arbeitskreis gegen
Atomenergie 1985. 73 S.   D 03213

G 1 Volkswirtschaft

Dokumentation Kaffee. Hrsg.: Gesellschaft zur Förderung der
 Partnerschaft mit der Dritten Welt. Schwelm: (GEPA) 1984.
 43 S. D 03166
Nove, A.: The Economics of feasible socialism. London: Allen &
 Unwin 1983. XI, 244 S. B 51097
Rapoš, P.: Die kranke Wirtschaft - Kapitalismus und Krise.
 Köln: Pahl-Rugenstein. 1984. 321 S. B 53732
Wilczynski, J.: The Economics of socialism. Principles gover-
 ning the operation of the centrally planned economies under the
 new system. 4th enl. ed. London: Allen and Unwin 1982.
 XVII, 238 S. B 51101
Wong, C.: Economic Consequences of armament and disarmament.
 Introd.: S. Melman. Los Angeles: California State Univ. 1981.
 49 S. Bc 4633

G 3 Industrie

Energiepolitik

Grimaud, N.: L' OPEC: de l' exercice difficile du monopole. In:
 L' Afrique et l' Asie modernes. 1984. No. 141. S. 3-21. BZ 4689:1984
Gutteridge, W.: Mineral Resources and national security.
 London: The Institute for the Study of Conflict 1984. 24 S. Bc 4348
Krieg ums Öl? Material für die Arbeit von Friedensgruppen. Berlin:
 Ohne Rüstung leben, Regionalgruppe 1985. 73 S. D 03202
Maull, H.: Dependence of the west - energy and non-fuel minerals.
 In: NATO's sixteen nations. Vol. 30, 1985. No. 4.
 S. 32-40. BZ 05457:30
Mossavar-Rahmani, B.: The OPEC multiplier. In: Foreign
 policy. 1982/83. No. 52. S. 136-148. BZ 05131:1982/83
The third Oil shock. The effects of lower oil prices. Ed.: J. Pearce.
 London: Routledge and Kegan Paul 1983. 109 S. Bc 4049
The OPEC Fund for international development. London: Croom Helm
 1983. 289 S. B 50748
Il Petrolio oggi. In: Affari esteri. Anno 16, 1984. No. 64.
 S. 455-473. BZ 4373:16
Rossnagel, A.: Der Fall "K". Szenarium über d. Atomstaat im
 Jahre 2030. Zwischenbericht... Essen 1981. 71 S. D 3081
Sweet, C.: The Price of nuclear power. London: Heinemann 1983.
 X, 107 S. Bc 4510

Atomkraft - Atombombe. Hrsg.: D. Witt, V. Lorenz-Meyer. Techn., wirtschaftl. u. personelle Verknüpfung der Atommafia. Anti-AKW-Bewegte kritisieren die Friedensbewegung. Berlin: Freunde der Erde 1983. 127 S. Bc 3957

Cuquerella-Jarillo, V.: Politica e industria de armamento en la Alianza Atlantica. In: Revista general de marina. Año 1984. Tomo 207. S. 469-483. BZ 4619:1984

International Defense Directory '85. Ed.: C. E. Howard [u. a.]. Cointrin: Interavia 1984. 701 S. 09759

Smith, D.; Smith, R.: The Economics of militarism. London: Pluto Press 1983. 119 S. Bc 3969

The Structure of the defense industry. Ed.: N. Ball. New York: St. Martin's Pr. 1983. X, 372 S. B 50680

Wilke, P.: Rüstungspreise, Rüstungsprofite, Rüstungsinflation. Frankfurt: Haag u. Herchen 1981. 103 S. Bc 4231

Zahn, F.: Militärausgaben gleich Inflation. Eine Parabel in Sachen Affenwirtschaft. Velbert: DFG-VK 1984. 19 S. D 3053

G 4 Handel

Bethkenhagen, J.: Die Handelsbeziehungen zwischen Ost und West. Partielle Inderdependenz oder Randerscheinung? In: Beiträge zur Konfliktforschung. Jg. 14, 1984. Nr. 2. S. 41-57. BZ 4594:14

Nuclear Exports and world politics. Policy and regime. Ed.: R. Boardman and J. F. Keeley. London: Macmillan 1983. XIV, 256 S. B 51119

Jacobsen, H.-D.: Die Osthandelspolitik des Westens. Konsens und Konflikt. In: Aus Politik und Zeitgeschichte. 1985. B 5. S. 19-31. BZ 05159:1985

Jacobsen, H.-D.: Probleme des Ost-West-Handels aus der Sicht der Bundesrepublik Deutschland. In: German studies review. Vol. 7, 1984. No. 3. S. 531-553. BZ 4816:7

Knirsch, P.: Ost-West-Wirtschaftsbeziehungen zwischen Kooperation und Konfrontation. In: Europäische Rundschau. Jg. 12, 1984. H. 4. S. 83-102. BZ 4615:12

Machowski, H.: Ost-West-Handel: Entwicklung, Interessenlagen, Aussichten. In: Aus Politik und Zeitgeschichte. 1985. B 5. S. 5-18. BZ 05159:1985

Nötzold, J.: Politische Voraussetzungen der Wirtschaftsbeziehungen zwischen West und Ost. In: Aussenpolitik. Jg. 36, 1985. H. 1. S. 37-53. BZ 4457:36

Perle, R.: The eastward technology flow: a plan of common action. In: Strategic review. Vol. 12, 1984. No. 2. S. 24-32. BZ 05071:12

Schiff, B. N.: International nuclear Technology transfer.

Dilemmas of dissemination and control. Totowa: Rowman &
Allanheld 1984. XIV, 226 S. B 51299
Westreicher, E.: Der Grundsatz der Gegenseitigkeit in den
Handelsbeziehungen zwischen Industrie- und Entwicklungsländern
unt. bes. Berücksichtigung des GATT, der Vereinten Nationen und
der EWG-AKP-Beziehungen. Tatsächl. Gleichheit im Völkerrecht
durch internat. Institutionen? Berlin: Duncker & Humblot 1984.
216 S. B 51659

G 5 Verkehr

Bittorf, W.; Sampson, A.: "Sinken auf eins-null-tausend..."
Der Todesflug des Korea-Jumbo. T. 1-4. In: Der Spiegel.
Jg. 38, 1984. Nr. 39-42. Getr. Pag. BZ 05140:38
Brooks, P.W.: The modern Airliner. Manhattan: Sunflower
Univ. Pr. 1982. XVI, 194 S. B 51654
Ro-Ro 83. Proceedings. The 6th International Conference on Marine
Transport using Roll-on/Roll-off Methods. Svenska Mässan
Stiftelse Gothenburg, Sweden, 17-18-19 May 1983. Rickmansworth:
BML 1983. 376 S. 09377
Weihs, J.: Sicherheit auf See. Berlin: Militärverl. d. DDR 1985.
115 S. Bc 5245
Der Weltpostverein. Zusgest. u. eingel. v. K.-H. Schramm. Berlin:
Staatsverlag d. DDR 1983. 504 S. B 52067

G 6 Finanzen/Geld- und Bankwesen

Agnelli, G.: Intervista sul capitalismo moderno. A cura di
A. Levi. 3a ed. Roma: Laterza 1983. 164 S. Bc 4292
Gromyko, A.: Außenexpansion des Kapitals. Geschichte und
Gegenwart. Berlin: Dietz 1984. 403 S. B 51754
Grünbaum, I.: Kapitalismens politiske Økonomi. 4. udg.
København: Tiden 1980. 251 S. B 51386
IWF- Weltbank. Entwicklungshilfe oder finanzpolitischer Knüppel für
die 'Dritte Welt'? 2. Aufl. Stuttgart: Bund der Dt. Katholischen
Jugend 1985. 48 S. D 3199
Menjívar Larín, R.: Ensayos en torno a El Capital. San José:
EDUCA 1983. 184 S. Bc 4689
Sådan er kapitalismen. Red. av H.-E. Avlund Frandsen og E. Sønder-
riis. København: Politisk Revy 1983. 126 S. Bc 4298
Verschuldung und IWF: Ratlosigkeit oder Reform? In: Blätter des
iz3w. 1984. Nr. 121. S. 28-52. BZ 05130:1984

G 7 Technik/Technologie

Burnham, D.: The Rise of the computer state. London:
Weidenfeld and Nicolson 1983. IX, 273 S.   B 51112
Hoffmeyer, J.: Samhällets Naturhistoria. Stockholm:
Gidlunds 1984. 275 S.   B 53337
Johansen, A.: Orwell im Verhör. Die Befragung des Großen
Bruders. München: Kösel 1984. 183 S.   B 51533
Kirkeby, O. F.: Teknologi og kontrol. Teknologiens revolution -
revolutionens teknologi. København: Akademisk Forl. 1983.
194 S.   B 51932
MST. Military simulation [and] training. Bonn: Mönch 1985.
36 S.   BZ 05107:1985

H Gesellschaft

H 0 Sozialwissenschaft/Soziologie

Auhagen, H.: Skizze eines sozio-ökologischen Kompromisses.
In: Kommune. Jg. 2, 1984. Nr. 10. S. 33-44. BZ 05452:2
Castells, M.: The City and the grassroots. Berkeley: Univ. of
California Pr. 1983. XII, 450 S. 09599
Mellem Drøm og virkelighed. Essays om kollektiver of kollektivet.
Aalborg: Nordisk Sommeruniversitet 1983. 195 S. B 51913
Elster, J.: Drei Kritiken am Klassenbegriff. In: Prokla.
Jg. 13, 1985. Nr. 1. S. 63-82. BZ 4613:13
Krätke, M.: Klassen im Sozialstaat. In: Prokla. Jg. 15, 1985.
Nr. 1. S. 89-108. BZ 4613:15
Lokalsamfund og sociale bevaegelser. En nordisk antologi. Red.:
K. Simonsen, H. Toft Jensen, F. Hansen. Roskilde: Roskilde Univ. -
forl. GeoRuc 1982. 176 S. B 51219
Materialien gegen Bevölkerungspolitik. 2., erw. u. teilw. verb. Aufl.
Hamburg 1984. 70 S. D 03197
New social Movements and the perception of military threat in
Western democracies. H. -U. Kohr & H. -G. Räder (eds.). München:
Sozialwiss. Inst. d. Bundeswehr 1983. 205 S. B 51936

H 1 Bevölkerung und Familie

H 1.2 Jugendfrage und Jugendbewegung

"Kinder wollen in Frieden leben". Dok. d. Veranstaltung v. Verbänden
u. Initiativen, d. m. u. f. Kinder arbeiten, aus Anl. d. UNO-Jahres-
tages d. Erklärung f. d. Rechte d. Kinder, 15. /16. Sept. 1984.Bonn.
Mannheim: Initiativkreis Kinder wollen Frieden 1984. 40 S. D 3158
MacConnell, M.: Stepping over. Personal encounters with young
extremists. New York: Reader's Digest Pr. 1983. 358 S. B 52698
Was wird aus den Kindern? Die atomare Bedrohung u. wie wir diesen
Planeten f. zukünftige Generationen erhalten können. Hrsg. in Zus.-
Arb. v. Parents and Teachers for Social Responsibility, Vermont/
USA und Pädagogen-Friedensinitiativen, Bundesrepublik Deutsch-
land. Osnabrück 1985. 26 S. D 3207

H 1.3 Frauenfrage und Frauenbewegung

Brändle-Zeile, E.: Seit 90 Jahren. Frauen für den Frieden. Dokumentation. Stuttgart: Die Grünen Baden-Württemberg 1983. 220 S.   B 51075
Donne, guerra e società. Relazioni del convegno di studi su la guerra come fenomeno storico, economico, giuridico, sociale e culturale, Repubblica di San Marino, 2-4 aprile 1982. Ancona: Il lavoro editoriale 1982. 98 S.   B 51180
Unsere tägliche Gewalt. Hrsg.: Frauen für den Frieden Basel. Basel: Lenos Verl. 1983. 287 S.   B 48859
Grubitzsch, H.: Mutterschaft und Mutterideologie in der Geschichte der Frauenbewegung. In: Archiv für die Geschichte des Widerstandes und der Arbeit. Nr. 5, 1982. S. 95-112.   BZ 4698:5
Jaggar, A. M.: Feminist Politics and human nature. Totowa: Rowman and Allanheld 1983. 408 S.   B 51099
Machina ex dea. Feminist perspectives on technology. Ed.: J. Rothschild. New York; Frankfurt: Pergamon Pr. 1983. XXX, 233 S.   B 52597
Manfredi, M.; Mangano, A.: Alle Origini del diritto femminile. Cultura, giuridica e ideologie. Bari: Ed. Dedalo 1983. 182 S. B 51900
Mitchell, J.: Women: the longest revolution. Essays on feminism, literature and psychoanalysis. London: Virago Pr. 1984. XIII, 335 S.   B 53607
Mullaney, M. M.: Revolutionary Women. Gender and the socialist revolutionary role. New York: Praeger 1983. X, 401 S.   B 52680
Naiman, J.: Sozialistischer Feminismus. (Eine kritische Analyse.) In: Marxistische Blätter. Jg. 23, 1985. H. 3. S. 94-103; H. 4. S. 94-100.   BZ 4548:1985
Pape-Siebert, S.: Genug gejammert! Oder verraten die Frauen den Feminismus? Eine Streitschrift. Berlin: Dietz 1984. 182 S. B 51766
Feminist Theory. A critique of ideology. Ed.: N. O. Keohane [u. a.]. Bringhton: Harvester Pr. 1982. XII, 306 S.   B 51133
Women in organizations. Barriers and breakthroughs. Ed.: J. J. Pilotta. Prospect Heights: Waveland 1983. 101 S.   Bc 4506

H 2 Stand und Arbeit

Der dressierte Arbeiter. Geschichte und Gegenwart der industriellen Arbeitswelt. Hrsg.: W. Sauer. München: Beck 1984. 211 S.   B 51715
Mündliche Geschichte und Arbeiterbewegung. Eine Einführung in Arbeitsweisen und Themenbereiche der Geschichte "geschichtsloser" Sozialgruppen. Hrsg.: G. Botz, J. Weidenholzer. Wien; Köln: Böhlau 1984. XII, 438 S.   B 52993
Romani, M.: Appunti sull'evoluzione del sindacato. Roma: Edizioni Lavoro 1981. XIV, 136 S.   B 51584
Politischer Streik. Frankfurt: Europäische

Verlagsanstalt 1981. 399 S. B 52497
Vetter, H. O.: Notizen. Anmerkungen zur internationalen Politik.
Köln: Bund-Verl. 1983. 228 S. B 51642

H 5 Gesundheitswesen

Denkschrift der Internationalen Ärzte für die Verhütung des Atomkrieges (IPPNW), Sektion Bundesrepublik Deutschland. Zur Behandlung von Schwerverletzten in Friedenszeiten. Ein Diskussionsbeitrag zur sogenannten "Katastrophenmedizin". Heidesheim 1985. 11 S. D 3183
Die Folgen eines Atomkrieges. Eine Studie der Weltgesundheitsorganisation WHO. Hamburg: Appell Gesundheitswesen für den Frieden 1983. 101 S. Bc 01322
Ionizing radiation: Sources and biological effects. United Nations Scientific Committee on the Effects of Atomic Radiation. 1982 report to the General Assembly, with annexes. New York: United Nations 1982. 773 S. 09362
Krieg ist keine Krankheit. Hrsg. von d. Münchener Ärzte-Initiativen gegen die atomare Bedrohung. München: ibf 1983. 168 S. B 49504
Messerschmidt, O.: Über Faktoren, welche die Strahlendosis - Strahlenwirkungsrelation beim nuklearen Unfall beeinflussen. In: Zivilverteidigung. Jg. 16, 1985. Nr. 2. S. 31-39. BZ 05269:16
Schmelzer, J. A.; Schneider, K.-J.: Noahs Erbe. Der Atomkrieg und wie man ihn überleben kann. Hrsg. von SIS Studieninstitut für Individuelle Sicherheitsstrategien. Frankfurt: Prometheus Verl. 1983. 282 S. B 50207
Wir lassen uns nicht aufs Dach steigen. Dokumentation. "Katastrophenschutz" - Übung "Herbstsonne". Essen: Aktionsbündnis gegen Kriegsvorbereitungen im Gesundheitswesen 1985. 51 S. D 03267

Conert, H.: Ökologie und Gesellschaft. Eine Einführung in das Problem "Mensch-Natur-Gesellschaft" aus marxistischer Sicht. Hamburg: VSA-Verl. 1984. 96 S. Bc 4675
International Dimensions of the environmental crisis. Ed.: R. N. Barrett. 2. pr. Boulder: Westview 1982. XVIII, 298 S. B 52618
Keudell, T. von: Pulverfass Erde. Rüstungswahnsinn und Umweltverschmutzung. Ist unser Planet noch zu retten? München: Heyne 1982. 237 S. B 49974
Mayer-Tasch, P. C.: Die internationale Umweltpolitik als Herausforderung für die Nationalstaatlichkeit. In: Aus Politik und Zeitgeschichte. 1985. B 20/85. S. 3-13. BZ 05159:1985
Mehte, W.: Ökologie und Marxismus. 2. Aufl. Hannover: SOAK-Verl. 1983. 805 S. B 49962
Ökologie und Frieden [sp.:] Ökologie und Militär. Nr 1-4. Bonn: Bundesverb. Bürgerinitiativen Umweltschutz 1984. Getr. Pag. DZ 413
Prittwitz, V.: Smogalarm. Fünf Funktionen der unmittelbaren

Gefahrenabwehr im Umweltschutz. In: Aus Politik und Zeitge-
schichte. 1985. B 20/85. S. 31-45.   BZ 05159:1985
Die Reiter der Apokalypse. Hrsg.: J.-Y. Causteau [u.a.],
Stuttgart: Klett-Cotta 1984. 266 S.   B 51640

J Geistesleben

J 1 Wissenschaft

J 1.1 Philosophie

C e v a l l o s , S.: Exposición esquematica del pensamiento de Marx.
Quito: Ed. de la Univ. Católica Quito 1981. 221 S.   Bc 3617
Benedetto Croce trent' anni dopo. A cura di A. Bruno.
Roma: Laterza 1983. 271 S.   B 51174
G l u c k s m a n n , A.: Philosophie der Abschreckung. Stuttgart:
Deutsche Verlags-Anst. 1984. 400 S.   B 51945
K l e i n , J. K.: Angst als Kriegsrealität. Angstbewältigung als Ausbildungsaufgabe im Frieden. In: SAMS-Informationen.
Jg. 8, 1984. Nr. 2. S. 35-67.   BZ 4820:8
P a u c h a r d , J.-P.: Der Umgang mit der Angst als einer menschlichen Grundkonstante. In: SAMS-Informationen. Jg. 8, 1984. Nr. 2.
S. 5-34.   BZ 4820:8
T e t z e l , M.: Philosophie und Ökonomie oder Das Exempel Bernstein. Berlin: Dietz 1984. 187 S.   Bc 4243

J 1.5 Medizin

Ärzte warnen vor dem Atomkrieg. Unser Eid auf das Leben
verpflichtet zum Widerstand. 4. Med. Kongress zur Verhinderung
eines Atomkrieges. Karlsruhe: Südwestdeutsche Ärzteinitiative
1984. 112 S.   Bc 01364
Atomkriegsfolgen. Mit einem Bericht des "Office of Technology
Assessment". Baden-Baden: Nomos Verl. Ges. 1983. 205 S.   B 50934
F r a n k , J. D.: Sanity and survival in the nuclear age. Psychological
aspects of war and peace. New York: Random House 1982.
X, 330 S.   B 52519
Grundriß der Militärmedizin. Hrsg.: R. Ebert. Berlin:
Militärverl. d. DDR 1982. 432 S.   B 48674
Wir werden Euch nicht helfen können! Frankfurt: Robinson Verl.
1983. 185 S.   B 49936

J 3 Literatur und Sprachen

Kellas, I.: Frieden für Anfänger. Reinbek: Rowohlt 1984.
172 S. Bc 4410
Kiesshauer, I.: Lebendiges Erbe der Klassiker. Auswahlbibliographie zum Karl-Marx-Jahr 1983. Leipzig: Deutsche Bücherei
1982. 62 S. Bc 4171
Pedersen, C. S.: Mod en marxistisk Litteraturforskning. En historisk og videnskabsteoretisk analyse af dansk marxistisk litteraturforskning efter 1967. København: Samlerens Forl. 1982.
217 S. B 50854
Schäuble, I.: Graue Literatur. Bad Wörishofen: Sachon 1983.
204 S. B 49615

J 6 Kirche und Religion

J 6.1 Christentum

Christen im Streit um den Frieden. Beiträge z. e. neuen Friedensethik. Positionen und Dokumente. Zus.-stell. u. Bearb.: W. Brinkel, B. Scheffler und M. Wächter. Freiburg: Dreisam-Verl. 1982.
380 S. B 52092
Bensberger Kreis, Hrsg. - Frieden - für Katholiken eine Provokation? Ein Memorandum. Reinbek: Rowohlt 1982. 122 S. Bc 4353
Frostin, P.: Den ofullbordade Revolutionen. Kristendomens och marxismens dialektik. Stockholm: Gummessons 1982. 256 S. B 51249
Hammel, W.: Die Ostpolitik Papst Johannes Paul II. Beziehungen zwischen Kurie und Ostblock. Bern: Schweizer. Ost-Institut 1984.
135 S. Bc 4714
Hecht, H. P.: Die christliche Friedensbotschaft und das Problem des Pazifismus. Bonn: Evang. Kirchenamt f. d. Bundeswehr 1982.
86 S. Bc 4319
Henze, P. B.: The Plot to kill the Pope. London: Croom Helm 1984.
216 S. B 50721
Herrmann, H.: Papst Wojtyla. Der Heilige Narr. Hamburg: Spiegel-Verl. 1983. 237 S. B 52075
Houtart, F.: Religion and anti-communism. The case of the Catholic Church. In: The socialist register. Vol. 21, 1984.
S. 349-363. BZ 4824:21
Luxemburg, R.: Kirche und Sozialismus. Mit e. Einf.: D. Sölle und K. Schmidt. Frankfurt: Stimme-Verl. 1984. 48 S. Bc 3956
Papeleux, L.: Le Vatican et l'expansion du communisme (1944-45). In: Revue d'histoire de la 2ième guerre mondiale.
Année 35, 1985. No. 137. S. 63-84. BZ 4455:35

Spieker, M.: Kernwaffen und Bergpredigt. In: Zeitschrift für
  Politik. Jg. 32, 1984. Nr. 1. S. 27-43.　　　　　　BZ 4473:32
Im Wortlaut: Kardinal Joseph Ratzinger - Leonardo Boff. Dokumente
  eines Konfliktes um die Theologie d. Befreiung. Das Buch "Kirche:
  Charisma und Macht" in d. Diskussion. Frankfurt: Publik-Forum
  Verl. 1984. 93 S.　　　　　　　　　　　　　　　　Bc 4875

J 6.2 Islam

Bozdemir, M.: Aux antipodes de l'Islam. "Islamisme khomeiniste
  versus laicisme kemaliste". In: L'Afrique et l'Asie modernes.
  1984. No. 143. S. 12-30.　　　　　　　　　　　BZ 4689:1984
Hjaerpe, J.: Politisk Islam. Studier i muslimsk fundamentalism.
  2. uppl. Stockholm: Skeab Förl. 1983. 165 S.　　　　B 53342
Ibrahim, I.: Schwarzes Gold und heiliger Krieg. Marburg:
  Francke 1984. 131 S.　　　　　　　　　　　　　　　B 52452
Khalid, D.: Reislamisierung und Entwicklungspolitik. München:
  Weltforum-Verl. 1982. VII, 263 S.　　　　　　　　　B 50048
Muslim Women: Ed.: F. Hussain. London: Croom Helm 1984.
  232 S.　　　　　　　　　　　　　　　　　　　　　B 52407

K Geschichte

K 0 Allgemeine Geschichte

Cairns, T.: The twentieth Century. Cambridge: Cambridge
Univ. Press 1983. 160 S.   Bc 01293
Das geschichtswissenschaftliche Erbe von Karl Marx. Hrsg.:
W. Küttler. Vaduz: Topos Verl. 1983. IX, 268 S.   B 51351
Erdmann, K. D.: Zur Geschichte der Internationalen Historiker-
kongresse. Ein Werkstattbericht. In: Geschichte in Wissenschaft
und Unterricht. Jg. 36, 1985. H. 8. S. 535-553.   BZ 4475:36
Histoire du temps présent 1939/1982. Ouvr. réalisé sous la dir. de
S. Wolikow. Paris: Messidor 1982. 252 S.   09532
Lokale Kriege. Geschichte und Gegenwart. Unt. d. Red.: I. J. Schaw-
row. Berlin: Militärverl. d. DDR 1983. 237 S.   B 51421
Martínez-Carreras, J. U.: Introducción a la historia contem-
poránea. T. 2: El siglo XX. Madrid: Ed. Istmo 1983. 601 S.   B 53971
Menges, D. W. von: Der Preis des Friedens. Düsseldorf:
NWZ-Verl. 1983. 196 S.   B 51500
Schickel, A.: Beiträge zur Zeitgeschichte. Ingolstadt: Zeitge-
schichtl. Forschungsstelle 1983. 104, 17 S.   09566
Visions of history. Interviews with E. P. Thompson [u. a.] by MARHO,
the Radical Historians Organization. New York: Pantheon Books
1983. XI, 323 S.   B 52596
Zeitalter im Widerstreit. Grundprobleme der historischen Epoche
seit 1917 in der Auseinandersetzung mit der bürgerlichen Ge-
schichtsschreibung. Berlin: Dietz 1982. 307 S.   B 51423

K 2 Geschichte 1815–1914

K 2 E Politische Geschichte

Bates, D.: The Fashoda incident of 1898. Encounter on the Nile.
Oxford: Oxford Univ. Pr. 1984. XIII, 194 S.   B 51208
Feltz, G.: La conférence de Berlin (15. 11. 1884-26. 02. 1885).
Mythes et réalités. In: Le mois den Afrique. Année 20, 1984/85.
Nos. 231/232. S. 16-24.   BZ 4748:20

K 2 F Kriegsgeschichte

Bonilla, H.: Un Siglo a la deriva. Ensayos sobre el Peru, Bolivia y la guerra. Lima: Inst. de Estudios Peruanos 1980. 236 S.   B 46353

Carrero Blanco, L.: Hace setenta años. (Guerra España - Estados Unidos.) In: Revista general de marina. Tomo 207, 1984. Agosto-Septiembre. S. 163-182.   BZ 4619:207

Gravatt, B. L.: Command and control in joint riverine operations. In: Military Review. Vol. 64, 1984. No. 5. S. 54-65.   BZ 4468:64

Hübner, B.; Lampe, J.: Die Haltung der revolutionären deutschen Sozialdemokratie zum Italienisch-Türkischen Krieg 1911/12. In: Militärgeschichte. Jg. 12, 1984. H. 5. S. 430-437.   BZ 4527:23

Inouye, J.; Ogawa, K.: The Japan-China War. 1. 2. Yokohama: Kelly & Walsh [o. J.] 20, 31 S.   B 49798

Querejazu-Calvo, R.: La Guerra del Pacifico. Sintesis historica de sus antecedentes, desarrollo y consecuencias. La Paz: Los Amigos del Libro 1983. 154 S.   B 53771

Warwick, P.: Black People and the South African War, 1899-1902. Cambridge: Cambridge Univ. Pr. 1983. XIV, 226 S.   B 50730

K 3 Geschichte 1914–1918 (Weltkrieg I.)

K 3e Politische Geschichte

Bosworth, R.: Italy and the approach of the First World War. New York: St. Martin's Pr. 1983. VIII, 174 S.   B 52930

Erdmann, K. D.: Hat Deutschland auch den Ersten Weltkrieg entfesselt? Kontroversen zur Politik der Mächte im Juli 1914. In: Krieg oder Frieden. Kiel 1985. S. 19-48.   Bc 5129

Gutsche, W.: Der gewollte Krieg. Der deutsche Imperialismus und der 1. Weltkrieg. Köln: Pahl-Rugenstein 1984. 196 S.   B 53860

Gutsche, W.: Sarajevo 1914. Vom Attentat zum Weltkrieg. Berlin: Dietz 1984. 200 S.   B 53242

Heinemann, U.: Die verdrängte Niederlage. Politische Öffentlichkeit und Kriegsschuldfrage in der Weimarer Republik. Göttingen: Vandenhoeck & Ruprecht 1983. 362 S.   B 51187

Hildebrand, K.: Julikrise 1914: Das europäische Sicherheitsdilemma. In: Geschichte in Wissenschaft und Unterricht. Jg. 36, 1985. Nr. 7. S. 469-502.   BZ 4475:36

Jäger, W.: Historische Forschung und politische Kultur in Deutschland. Die Debatte 1914-1980 über d. Ausbruch des Ersten Weltkrieges. Göttingen: Vandenhoeck u. Ruprecht 1984. 322 S.   B 51996

Die Julikrise und der Ausbruch des Ersten Weltkrieges 1914. Auf der Grundlage der von Hölzl hrsg. "Quellen zur Entstehung des Ersten Weltkrieges..." bearb.: W. Baumgart.

Darmstadt: Wissenschaftl. Buchges. 1983. XXXI, 241 S. B 52232
Lindholm, R. H.: Neutraliteten under första världskriget. In: Kungliga Krigsvetenskapsakademiens tidskrift. Årg. 188, 1984. H. 4. S. 165-175. BZ 4718:188
McFetridge, C. D.: Strategic planning and the outbreak of World War I. In: Military review. Vol. 65, 1985. No. 3. S. 30-42. BZ 4468:65
Politik und Geschichte. Europa 1914. Krieg oder Frieden. Kiel: Landeszentrale für politische Bildung 1985. 104 S. Bc 5129
Şimşir, B. N.: The Deportees of Malta and the Armenian question. Ankara: Foreign Policy Institute 1984. 83 S. Bc 4780
Steffahn, H.: Die Schuld am Ersten Weltkrieg. Fritz Fischers Herausforderung. In: Damals. Jg. 17, 1985. H. 8. S. 672-682. BZ 4598:17
Walendy, U.: Die Schuldfrage des Ersten Weltkrieges. Vlotho: Verl. f. Volkstum u. Zeitgeschichtsforschung 1984. 40 S. Bc 01436
Winterhager, W. E.: Mission für den Frieden. Europäische Mächtepolitik und dänische Friedensvermittlung im Ersten Weltkrieg. Vom Aug. 1914- zum italienischen Kriegseintritt. Stuttgart: Steiner 1984. XII, 730 S. B 54119
Zechlin, E.: Julikrise und Kriegsausbruch. In: Krieg oder Frieden. Kiel 1985. S. 51-96. Bc 5129

K 3 f Militärische Geschichte

f 10 Allgemeines und Landkrieg

Bowerman, G. E.: The Compensations of war. Ed.: M. C. Carnes. Austin: Texas Univ. Pr. 1983. XIX, 176 S. B 52605
Brignoli, M.: Immagini della prima guerre mondiale. Milano: Rusconi Immagini 1982. 188 S. B 51630
Cazals, R.; Marquie, C.; Piniès, R.: Années cruelles 1914-1918. Villelongue d' Aude: Atelier du Gué 1983. 143 S. Bc 4208
Heller, C. E.: The perils of unpreparedness: The American Expeditionary Forces and chemical warfare. In: Military Review. Vol. 65, 1985. No. 1. S. 13-25. BZ 4468:65

f 20 Seekrieg

Gay, F.: Falkland. Settanta anni fa. Due flotte valorose fra successo e sfortuna. In: Rivista marittima. Anno 117, 1984. No. 12. S. 53-72. BZ 4453:117
Goldrick, J.: The King's ships were at sea. The war in the North Sea Aug. 1914 - Febr. 1915. Annapolis: Naval Inst. Pr. 1984. XV, 356 S. B 52663
Mäkelä, M. E.: Das Geheimnis der "Magdeburg". Koblenz:

Bernard & Graefe 1984. 138 S. 09542
Mille, M.: Historia naval de la Gran Guerra. 1914-1918. 3.ed.
Madrid: Ed. Naval 1982. 474 S. B 51442

f 30 Luftkrieg

Rimell, R. L.: Zeppelin! A battle for air supremacy in World
War I. London: Conway 1984. 256 S. 09601

K 3 i Geistesgeschichte

Binder, G.: Mit Glanz und Gloria in die Niederlage. Stuttgart:
Steinkopf 1983. 126 S. B 52162
Lammers, K.C.; Borring Olesen, T.; Sørensen, N.A.:
Krigsbilleder og krigsoplevelse: Soldaternes første verdenskrig.
In: Den jyske historiker. Årg. 1985. Nr. 31/32.
S. 75-120. BZ 4656:1985
Walendy, U.: Alliierte Kriegspropaganda 1914-1919. Vlotho:
Verl. für Volkstum u. Zeitgeschichtsforschung 1985. 40 S. Bc 01512
What did you do in the War Daddy? A visual history of propaganda
posters. A select. from the Australian War Memorial. Melbourne:
Oxford Univ. Pr. 1983. 128 S. 09492

K 3 k Kriegsschauplätze

Artl, G.: Die österreichisch-ungarische Südtiroloffensive 1916.
Wien: Österr. Bundesverl. 1983. 201 S. B 52440
Costantini, F.: Udine nel suo anno più lungo, Novembre 1917 -
Novembre 1918. Udine: La Nuova Base 1983. 313 S. B 51708
Ebner, O.: La Guerra sulla Croda Rossa. Cima Undici e Passo
della Sentinella 1915-1917. Milano: Mursia 1983. 390 S. B 51078
French, D.: Sir John French's Secret Service on the Western
Front, 1914-15. In: The Journal of strategic studies. Vol. 7, 1984.
No. 4. S. 421-440. BZ 4669:7
Luckett, J.A.: The Siberian intervention: Military support of
foreign policy. In: Military Review. Vol. 64, 1984. No. 4.
S. 55-63. BZ 4468:64
Macdonald, L.: Somme. 4. ipr. London: Joseph 1983.
XVIII, 366 S. B 51341
Marot, J.: Die Schlacht von Verdun in Bildern. Franz. u. dt. Doku-
mente. Douaumont-Vaux, Höhe 304, Fleury-Souville. Verdun:
Memorial de Verdun Verl. 1980. Getr. Pag. Bc 4045
Nolan, Sir S.; Fry, G.: [Sidney] Nolan's Gallipoli. Adelaide:
Rigby 1983. 118 S. 09735
Pieropan, G.: 1917. Gli Austriaci sull'Ortigara.

Milano: Arcana 1983. 350 S.   B 51716
R o b e r t s , J. H. : Jim's Story with the 37th Battalion- A. I. F. ...
    by M. Reddrop. Melbourne: Spectrum Publ. 1982. 131 S.   B 50867
W a l l i n , J. D. : By Ships alone. Churchill and the Dardanelles.
    Durham: Carolina Academ. Pr. 1981. XVI, 216 S.   B 51292

K 4   Geschichte 1919–1939

K 4 E   Politische Geschichte

Les Années trente - de la crise à la guerre. Paris: L'Histoire 1983.
    130 S.   Bc 01380
B a r d i , P. : De Versailles à Locarno (1919-1925). Roma: Bardi
    1983. 487 S.   B 50697
L e w i n , E. : Gegen das Münchner Abkommen und die imperialistische Kriegsgefahr. Neue Dokumente Dimitroffs aus dem Jahre 1938. In: Beiträge zur Geschichte der Arbeiterbewegung. Jg. 26,
    1984. H. 4. S. 491-497.   BZ 4507:26
M i n c , I. I. : Vozniknovenie Versal'skoj sistemy. [Die Entstehung des Versailler Systems.] In: Voprosy istorii. God 1984, No. 11.
    S. 3-24.   BZ 05317:1984
S u n d h a u s s e n , H. : Die Kleine Entente. In: Südosteuropa
    Mitteilungen. Jg. 24, 1984. H. 1-2. S. 17-34.   BZ 4725:24
V e t t e r , R. : Der Rapacki-Plan - damals und heute. In: Osteuropa-
    Info. 1984. H. 2. S. 90-98.   BZ 4778:1984

K 4 F   Kriegsgeschichte

F 465   Chaco-Krieg

A n t e z a n a -Villagrán, J. : La Guerra del Chaco. Analisis y critica sobre la conduccion militar. T. 1. 2. La Paz: Ed. Calama
    1981-82. 552, 558 S.   B 51847
B e j a r a n o , R. C. : Síntesis de la Guerra del Chaco. Homenaje al cincuentenario de la defensa del Chaco Paraguayo. Asunción:
    Ed. Toledo 1982. 95 S.   Bc 4284
C a r r ó n , J. E. : Cronicas de la Guerra del Chaco. Asunción:
    El Foro 1981. 122 S.   Bc 3378
L o a y z a -Ramos, L. E. : El Cerco. Relato histórico. 2. ed.
    La Paz: Los Amigos del Libro 1983. 208 S.   Bc 4679
M a c h u c a , V. : La Guerra del Chaco. Desde la terminación del armisticio hasta el fin de la contienda. Asunción: Ed. Napa 1983.
    562 S.   B 51873
Q u e r e j a z u -Calvo, R. : Guerras del Pacifico y del Chaco.

Similitudes y diferencias. Cochabamba: Los Amigos del Libro
1982. 33 S. Bc 3536
Querejazu-Calvo, R.: Masamaclay. Historia política, diplo-
matica y militar de la Guerra del Chaco. 4. ed. ampl. Cochabamba:
Los Amigos del Libro 1981. 541 S. B 49142
Ramos, A.: Guerra del Chaco. Batalla de Ybybobo. Asunción
1981. 102 S. Bc 4285
Recalde-Ammiri, S.: 1932-1935. La sanidad militar en la Guerra
del Chaco y del Dr. J. Francisco Recalde V. Asunción 1981.
454 S. B 48413

F 473 Spanischer Bürgerkrieg 1936–1939

Los Asedios. Red.: J. M. Martínez Bande. Madrid: Ed. San Martín
1983. 354 S. B 53750
Edwards-Bello, J.: Corresponsal de guerra. Guerra Civil
Española. Segunda Guerra Mundial. Valparaiso: Universitarias
1981. 359 S. B 46691
García-Miranda, J. C.: Asturias 1936-1937. Prensa republicana
de guerra. Oviedo: Bibl. Popular Asturiana 1982. 160 S. B 48407
Herrero-Balsa, G.; Hernández-García, A.: La Represión en
Soria durante la Guerra Civil. 4. ed. Vol. 1. 2. Almazan: Selbstverl.
1982. 224, 280 S. B 49426
La Marcha sobre Madrid. Nueva ed. Madrid: San Martin 1982.
373 S. B 48647
Pérez-Bowie, J. A.: El Lexico de la muerte durante la Guerra
Civil Española. Ensayo de descripción. Salamanca: Ed. Univ. de
Salamanca 1983. 277 S. B 52404
Pinto-Gamboa, W. F.: Sobre Fascismo y literatura. La Guerra
Civil Española en La Prensa, El Comercio y La Crónica.
1936-1939. Lima: Ed. Cibeles 1983. 125 S. Bc 4815
Rodríguez Martín-Granizo, G.; González Aller Hierro, J. I.:
Submarinos republicanos en la Guerra Civil Española. Madrid:
Poniente 1982. 191 S. B 51447
Sueiro, D.: El Valle de los caídos. Los secretos de la cripta
franquista. 3. ed. rev. Barcelona: Argos Vergara 1983.
243 S. B 51432
Torralba-Coronas, P.: De Ayerba a la "Roja y Negra". 129 Bri-
gada mixta. Barcelona 1980. 381 S. B 45048
Zúñiga, J. E.: Largo Noviembre de Madrid. Barcelona:
Bruguera 1982. 220 S. Bc 4175

Sonstige Kriege

Gordon, D.: Quartered in Hell. The story of the American North
Russia Expeditionary Force 1918-1919. Mixxoula: The Doughboy
Historical Society 1982. VII, 320 S. 09397

K 5 Geschichte 1939–1945 (Weltkrieg II.)

K 5 a Allgemeine   **K 5a Allgemeine Werke**

Enser, A. G. S.: A subject Bibliography of the Second World War:
Books in English 1975-1983. Aldershot: Gower 1985. 225 S.   B 54931
Loghin, L.: Al doilea Război mondial. Acțiuni militare, politice
și diplomatice cronologie. [Der Zweite Weltkrieg. Militäraktionen,
polit. u. dipl. Chronologie.] București: Editura Politicá 1984.
622 S.   B 52367
Piekalkiewicz, J.: Der Zweite Weltkrieg. Düsseldorf;
Wien: Econ 1985. 1119 S.   09699
Snyder, L. L.: Louis L. Snyder's historical Guide to World War II.
Westport: Greenwood 1982. XII, 838 S.   B 50583
Der Zweite Weltkrieg. Texte, Bilder, Karten, Dokumente, Chronik.
Red.: C. Zentner. München; Zürich: Delphin 1985. 799 S.   09809
World War II from an American perspective. An annot. bibliography.
Santa Barbara: ABC-Clio 1983. VI, 277 S.   B 50963

K 5c Biographien/Kriegserlebnisse/Gedächtnisschriften

Biographien militärischer Führer

Bradley, D.: In memoriam: General der Panzertruppe Walther
Kurt Nehring. 1892-1983. In: Deutsches Soldaten-Jahrbuch.
Jg. 33, 1985. S. 45-55.   F 145:33
Gribkov, A.: Na rešajuščich napravlenijach. [Auf den entschei-
denden Wegen. Marschall Vasilevskij Aleksandr Michajlovič.]
In: Voenno-istoričeskij žurnal. God 1985. No. 1.
S. 64-76.   BZ 05196:1985
Lucas, H.: "Vom Mannschaftsdienstgrad zum General". Lebens-
bild des Generalmajors Johann Hans Hüttner. In: Wehrausbildung
in Wort und Bild. Jg. 27, 1984. Nr. 7. S. 274-280.   BZ 05174:27
Meyer, K.: Panzermeyer. Grenadiere. 8. erg. u. erw. Aufl.
München: Schild-Verl. 1983. III, 439 S.   B 50783
Muś, W.: W Służbie boga wojny. [Im Dienste des Kriegsgottes.]
Warszawa: Wydawn. MON. 1983. 392 S.   B 52365

Kriegserlebnisse

Burmester, D.: Alarmstart. Die Wandlung eines gläubigen
Hitlerjungen. Ein nicht ganz frei erfundener Roman. Sankt Michael:
Bläschke 1982. 651 S.   B 51346
Klinger, H.: Verlorener Kompass. Erzählung des Kriegsfrei-

willigen Moritz. St. Michael: Bläschke 1983. 163 S. B 52257
Mathias, F. F.: G. I. Jive. An army bandsman in World War II.
Lexington: The Univ. Pr. of Kentucky 1982. XII, 227 S. B 50677
Schmitz, E.-H.: Die andere Wahrheit. Ein authentischer Tagebuchbericht aus fast schon vergessener Zeit. Frankfurt:
Fischer 1983. 147 S. Bc 4466
Shelton, R. M.: To lose a War. Memories of a German girl.
Carbondale: Southern Illinois Univ. Pr. 1982. 228 S. B 52550
Mein Tagebuch. Hrsg.: H. Breloer. Köln: Verl. Ges. Schulfernsehen
1984. 528 S. B 51732

K 5e Politische Geschichte

e 10 Vorgeschichte des Krieges

Dokumente und Materialien aus der Vorgeschichte des Zweiten Weltkrieges 1937-1939. Bd 1. 2. Frankfurt: Verl. Marxist. Blätter
1983. 356, 487 S. B 51986
Johansson, A. W.: Den nazistiska Utmaningen. Aspekter på
andra världskriget. Stockholm: Tiden 1983. 142 S. B 53339
1939. A retrospect forty years after. Proceedings of a conference
held at the University of Surrey 27 October 1979. Hamden:
Archon Books 1983. XII, 107 S. B 52525

e 20 Politischer Verlauf des Krieges

Aichinger, W.: Alliierte Kriegszielpolitik und territorialer
Wandel in Europa 1939-1947. In: Österreichische militärische
Zeitschrift. Jg. 23, 1985. Nr. 3. S. 212-228. BZ 05214:23
Benser, G.: Konzeptionen und Praxis der Abrechnung mit dem
deutschen Faschismus. In: Zeitschrift für Geschichtswissenschaft.
Jg. 32, 1984. H. 11. S. 951-967. BZ 4510:32
Bereschkow, W.: Die Antihitlerkoalition und die Nachkriegsordnung in Europa. In: Europäische Rundschau. Jg. 13, 1985.
Nr. 2. S. 87-97. BZ 4615:13
Brzezinski, Z.: The future of Yalta. In: Foreign affairs.
Vol. 63, 1984/85. No. 2. S. 279-302. BZ 05149:63
Caldagues, L.: Churchill und de Gaulle, ein schwieriges
Gespann. In: Geschichte. Nr. 62, 1985. S. 22-28. BZ 05043:62
Ferrari Bravo, G.: San Francisco. Le origini del sistema
coloniale delle Nazioni Unite. Venezia: Marsilio 1981. 155 S. B 51152
Foschepoth, J.: Großbritannien, die Sowjetunion und die Westverschiebung Polens. In: Militärgeschichtliche Mitteilungen. 1983.
H. 2. S. 61-90. BZ 05241:1983
Kulkow, J.; Rscheschewski, O.: Politik und Strategie der

UdSSR und der Westmächte gegenüber dem faschistischen Deutschland in den letzten Monaten des Krieges in Europa. In: Militärgeschichte. Jg. 24, 1985. 1. S. 3-17. BZ 4527:24

L i n d h o l m , R. H. : Neutraliteten under andra världskriget. In: Kungliga Krigsvetenskapsakademiens tidskrift. Årg. 118, 1984. H. 3. S. 109-124. BZ 4718:188

R s h e s c h e w s k i , O. : Aus der Geschichte der Antihitlerkoalition. In: Konsequent. Jg. 15, 1985. Nr. 1. S. 38-46. BZ 4591:15

The Tripartite Pact of 1940: Japan, Germany and Italy. London: School of Economics 1984. 79 S. Bc 4783

T y r e l l , A. : Die deutschlandpolitischen Hauptziele der Siegermächte im Zweiten Weltkrieg. In: Aus Politik und Zeitgeschichte. 1985. B 13/85. S. 23-39. BZ 05159:1985

f Militärische Geschichte

f 10 Landkrieg und Allgemeines

K a r n ý , M. : Hledáni východiska. [Suche nach dem Ausweg. Beitr. z. Erforschung d. Strategie des deutschen Imperialismus in d. Zeit nach dem Scheitern d. Planes "Barbarossa".] In: Československý časopis historický. Ročnik 32, 1984. No. 6. S. 852-885. BZ 4466:32

P e r r e t t , B. : A History of Blitzkrieg. New York: Stein and Day 1983. 296 S. B 52701

P o c o c k , T. : 1945. The dawn came up like thunder. London: Collins 1983. 256 S. B 50736

W h i t e , B. T. : Fighting Machines of World War II. Poole: Blandford 1984. 127 S. 09747

f 15 Truppengeschichte

E s h e l , D. : Elite fighting Units. New York: Arco Publ. 1984. 208 S. 09869

F o n d e , J. -J. : Les Loups de Leclerc. Paris: Plon 1982. 376 S. B 48600

L a n d w e h r , R. : Lions of Flandres. Flemish volunteers of the Waffen-SS 1941-1945. Silver Spring: Bibliophile Legion Books 1983. 223 S. B 50771

L i e b , R. : Liechtenstein brachte die Freiheit. Die Rettung der 1. Russischen Nationalarmee im Mai 1945. In: Damals. Jg. 17, 1985. H. 5. S. 392-406. BZ 4598:17

P o n s - P r a d e s , E. : Destruir la columna alemana. (Blaue Division.) Barcelona: Hacer 1982. 156 S. B 48821

R e y n o l d s , D. : GI and Tommy in wartime Britain. The army "inter-attachment" scheme of 1943-44.

In: The Journal of strategic studies. Vol. 7, 1984. No. 4.
S. 406-422. BZ 4669:7

f 20 Seekrieg

Brennecke, J.: Die Wende im U-Boot-Krieg. Herford:
   Koehler 1984. 361 S. B 53084
Enders, G.: Auch kleine Igel haben Stacheln. Herford:
   Koehler 1984. 240 S. B 52653
Harding, S.: Gray Ghost. The "R.M.S. Queen Mary" at war.
   Missoula: Pictorial Histories Publ. Comp. 1982. 83 S. Bc 01400
Hervieux, P.: Marconi class submarines at war. In: Warship.
   1984. No. 30. S. 146-152. BZ 4375:1984
Hoyt, E. P.: Bowfin. The story of one of America's fabled fleet
   submarines in World War II. New York: Van Nostrand Reinhold
   1983. XXII, 234 S. B 52705
Lüders, W.: Tatsachenbericht eines U-Bootfahrers 1942-1945.
   Rossdorf: Brinkhaus 1982. 133 S. Bc 4041
Lund, P.; Ludlam, H.: Die Nacht der U-Boote. 2. Aufl.
   München: Heyne 1984. 222 S. B 52274
Moore, A. R.: "A careless Word... a needless sinking".
   Kings Point: American Merchant Marine Museum 1984.
   XII, 560 S. 09572
USS Enterprise (CV-6). The most decorated ship of World War II.
   A pictorial history. 2nd pr. Missoula: Pict. Histories Publ.
   1984. 121 S. Bc 01397
British Vessels lost at sea 1939-45. A repr. of the origin. official
   publ. 2. ed. Cambridge: Stephens 1983. VI, 112 S. B 50728
Windt-Lavandier, C. de: La Segunda Guerra Mundial y los subma-
   rinos alemanes en el Caribe. San Pedro de Macoris: Univ.
   Central 1982. 362 S. B 52311
Y'Blood, W. T.: Hunter-Killer. Annapolis: Naval Inst. Pr. 1983.
   VIII, 322 S. B 51289

f.30 Luftkrieg

Groh, R.: The dynamite Gang. The 367th Fighter Group in World
   War II. Fallbrook: Aero Publ. 1983. 192 S. Bc 01413
Jablonski, E.: America in the air war. Alexandria: Time-Life
   Books 1982. 176 S. 09570
Korkisch, F.: Der strategische Luftkrieg in Europa und Asien
   1944/45. In: Österreichische militärische Zeitschrift.
   Jg. 23, 1985. H. 2. S. 121-126; H. 3. S. 203-211. BZ 05214:23
Stepanenko, I. N.: Plamennoe Nebo. [Glühender Himmel.] Kiev:
   Politizdat Ukrainy 1983. 263 S. B 52795
Wings of war. Ed.: L. Lucas. London: Hutchinson 1983. 409 S. B 50973

f 64 Kriegsgefangene/Internierte/Deportierte

Kriegsgefangene

Baud, G.; Devaux, L.; Poigny, J.: Memoire complemantaire sur quelques aspects des activités du Service Diplomatique des Prisonniers de Guerre, S.D.P.G. -D.F.B. - Mission Scapini 1940-1945. Paris: Baud 1984. 457 S.   09642

Baybutt, R.: Colditz. The great escapes. Boston: Little, Brown 1982. 127 S.   09567

Foy, D. A.: For you the war is over. American prisoners of war in Nazi Germany. New York: Stein and Day 1984. 200 S.   B 52704

Iwersen, S.: Roter Stacheldraht. Erlebtes und Gesehenes in vierjähriger russischer Kriegsgefangenschaft. Münsingen: Informationsservice R. Mayer 1983. 214 S.   B 52001

Kochan, M.: Britain's Internees in the second World War. London: Macmillan 1983. XIII, 182 S.   B 51124

Schneider, R.: Aus der Hölle, in die Hölle. In sowjetischer Kriegsgefangenschaft. St. Michael: Bläschke 1983. 155 S.   B 52451

Sigot, J.: Un Camp pour les tsiganes... et les autres. Montreuil-Bellay 1940-1945. Bordeaux: Wallada 1983. III, 321 S.   B 53891

Konzentrationslager

Auschwitz-Birkenau. KL Koncentracijsko taborišče. Zbornik. Ured. M. Jamnikar. Maribor: Založba Obzorja 1982. 582 S.   B 51970

Biermann, P.: Streiflichter aus Hinzert, Natzweiler, Buchenwald. Luxemburg: Verl. d. "Volksstimme" [o. J.] 44 S.   Bc 01297

Buchenwald. Zbornik. [Sammelband.] Ured. J. Alič. Ljubljana: Založba Borec 1983. 430 S.   B 51804

Marino Mari. Firenze, 14 maggio 1890 - Mauthausen, 31 dicembre 1944. Fiesole: Ufficio Pubbl. Relazioni del Comune 1983. 53 S.   Bc 4283

Meier, L.; Hellman, P.: L'Album d'Auschwitz. D'après un album découvert par L. Meier survivante du camp de concentration. Paris: Éditions du Seuil 1983. 221 S.   B 52233

Polajnko, J.: Mauthausenske Skice. Maribor: Založba obzorja 1981. 108 S.   B 52374

Przewoznik, E.: Yo sobreviví. Mis 789 dias con Joseph Mengele. 2. ed. Buenos Aires: Galerna 1981. 219 S.   B 47939

Santiago, L.; Lloris, G.; Barrera, R.: Internamiento y resistencia de los Republicanos Españoles en Africa del Norte durante la Segunda Guerra Mundial. Sant Cugat de Vallés: Roldán 1981. 161 S.   Bc 3446

K 5 g/h Wirtschafts- und Sozialgeschichte

Fritz, M.: A question of practical politics. Economic neutrality during the Second World War. In: Revue internationale d'histoire militaire. 1984. No. 57. S. 95-118. BZ 4454:1984

Rosenblatt, R.: Children of war. Garden City: Anchor Pr./Doubleday 1983. 212 S. B 52571

Rosenblatt, R.: Kinder des Krieges. Hamburg: Kabel 1984. 198 S. B 51663

Schulz, G.: Nationalpatriotismus im Widerstand. In: Vierteljahrshefte für Zeitgeschichte. Jg. 32, 1984. H. 3. S. 331-372. BZ 4456:32

Sim, K.: Women at war. New York: Morrow 1982. 286 S. B 50966

Volkmann, H.-E.: Landwirtschaft und Ernährung in Hitlers Europa 1939-45. In: Militärgeschichtliche Mitteilungen. 1984. Nr. 1. S. 9-74. BZ 05241:1984

K 5 i Geistesgeschichte

Burmester, D.: Alarmstart. Die Wandlung eines gläubigen Hitlerjungen. Ein nicht ganz frei erfundener Roman. Sankt Michael: Bläschke 1982. 651 S. B 51346

Düsel, H. H.: Die sowjetische Flugblattpropaganda gegen Deutschland im Zweiten Weltkrieg. 1. 2. Ingolstadt: Zeitgeschichtliche Forschungsstelle 1985. 153, 52 S. 09760

Howe, E.: Die schwarze Propaganda. Ein Insider-Bericht über die geheimsten Operationen des britischen Geheimdienstes im Zweiten Weltkrieg. München: Beck 1983. 313 S. B 49890

Rathkolb, O.: Literatur- und Forschungsbericht über das "Kriegsende 1945" am Beispiel ausgew. bundesdt. u. österreich. Publikationen. In: Zeitgeschichte. Jg. 12, 1985. H. 5. S. 176-186. BZ 4617:12

Stadnjuk, I.: Krieg. Bd 1. 2. Berlin: Militärverl. d. DDR 1983. 287 S. B 52279

K 5 k Kriegsschauplätze und Feldzüge

k. 10 Osteuropa/Ostsee

k 11 Polenfeldzug

k 11.4 Besatzungszeit und Widerstand 1939–1944

Ciechanowski, J.M.: Powstanie Warszawskie. Zarys podłoza politycznego i dyplomatycznego. [Warschauer Aufstand.] Warszawa: Panstwowy Inst. Wydawn. 1984. 533 S.   B 53089
Klessmann, C.: Polen im Untergrund. Die Widerstandsbewegung im Zweiten Weltkrieg. In: Damals. Jg. 17, 1985. H. 3. S. 248-265.   BZ 4598:17
Korbonski, S.: The Warsaw uprising and Poland's solidarity movement, forty years later. In: Strategic review. Vol. 12, 1984. No. 4. S. 59-70.   BZ 05071:12
Krakowski, S.: The War of the doomed. Jewish armed resistance in Poland, 1942-1944. New York, London 1984. XII, 340 S.   B 52642
Malinowski, K.: Zołnierze Laczności Walczącej Warszawy. [Nachrichtendienst... im Bezirk Warschau 1939-1944.] Warszawa: Inst. Wydawn. Pax 1983. 371 S.   B 51800
Panecki, T.: Koncepcja rządu RP na emigracji w kwestii włączenia Polonii w Europie zachodniej do walki podziemnej z Niemcami 1940-1944. [Konzeption d. Exilregierung der Rep. Polen üb. Einbeziehung d. Polen... im Kampf gegen die Deutschen.] In: Wojskowy Przegląd Historyczny. Rok 29, 1984. Nr. 3. S. 128-139.   BZ 4490:29
Przybysz, K.: Chłopi polscy wobec okupacji hitlerwoskiej 1939-1945. [Polnische Bauern gegen... Okkupation.] Warszawa: Społdzielnia Wydawn. 1983. 347 S.   B 51542
Serwański, E.; Woźniak, M.: Rezonans Powstania Warszawskiego 1944 roku w Wielkopolsce. [Der Widerhall des Warschauer Aufstandes 1944 in Grosspolen.] In: Dzieje Najnowsze. Rok 16, 1984. Nr. 3-4. S. 79-124.   BZ 4685:16
Sobczak, K.: Wyzwolenie Warszawy. Bitwa o Prage. [Befreiung Warschaus. Schlacht um den Warschauer Stadtteil Praga.] In: Wojskowy Przegląd Historyczny. Rok 29, 1984. Nr. 4. S. 3-40.   BZ 4490:29
Ströder, J.: Angeklagt wegen Polenfreundschaft. Als Kinderarzt im besetzten Krakau. Vorw.: B. Beitz. Freiburg: Herder 1985. 123 S.   Bc 4866
Stachiewicz, P.: Starówka 1944. Zarys organizacji i działań bojowych Grupy "Północ" w powstaniu warszawskim. [Altstadt 1944.] Warszawa: MON 1983. 347 S.   B 52368

k 12 Ostfeldzug 1941—1945

k 12.02 Kampfhandlungen 1941—1945

Aviacija VMF v Velikoj Otečestvennoj vojne. [Das Flugwesen der
Kriegsmarine in dem Grossen Vaterländischen Krieg.]
Moskva: Voenizdat 1983. 183 S. B 51329
D i l l , H. J. : Der Feldzug im Osten vom September bis Dezember
1941 10. Kp. /S. R. 304. Stuttgart: Selbstverl. 1982. 111 S. 09696
K u r o w s k i , F. : Balkenkreuz und Roter Stern. Friedberg:
Podzun-Pallas-Verl. 1984. 469 S. B 53706
M a c u l e n k o , V. A. : Operacii i boi na okruženie: Po opytu Velikoj
Otečestvennoj vojny. [Operation u. Kampf auf Einkreisung: Aus der
Erfahrung des Grossen Vaterländ. Krieges.] Moskva:
Voenizdat 1983. 231 S. B 52369

Einzelne Gebiete/Orte

Č e j k a , E. : Strategická obrana Rudé armády. Bitva u Smolenska.
[Strategische Verteidigung der Roten Armee. Die Schlacht bei
Smolensk.] In: Historie a vojenstvi 1983. Nr. 1.
S. 44-68. BZ 4526:1983
K o v a l ' č u k , V. M. : Doroga Pobedy osaždennogo Leningrada.
Železnodorožnaja magistral' Šlissel' -burg - Poljany v 1943 g.
[Der Siegesweg. Die Belagerung von Leningrad.] Leningrad:
Nauka 1984. 211 S. B 51969
M i l ' č e n k o , N. P. : Zalpy nad Nevoj. [Salve über der Neva.]
Moskva: Voenizdat 1983. 254 S. B 51328
N i e p o l d , G. : Mittlere Ostfront Juni ' 44. Darst. , Beurteilung,
Lehren. Herford: Mittler 1985. 276 S. B 54011
T i e k e , W. : Im Südabschnitt der Ostfront. Die entscheidenden
Operationen. Gummersbach: Selbstverl. 1984. 150 S. B 52064
V o r o n k o v , N. N. : 900 Days - the siege of Leningrad.
Moscow: Novosti 1982. 76 S. Bc 4134
W o l f , J. : Die Zerschlagung der deutsch-faschistischen Truppen in
der Belorussischen Operation 1944. T. 1. 2. In: Militärwesen. 1984.
Nr.6. S. 27-33; Nr. 7. S. 28-35. BZ 4485:1984

Truppengeschichten

C h l e b o w s k i , C. : Wachlarz. [Fächer. Monografia der Armee
Krajowa. Sept. 1941-März 1943.] Warszawa: Inst. Wydawn. Pax
1983. 353 S. B 51795
M a b i r e , J. : La division Nordland. Paris: Fayard 1982.
478 S. B 48741
M a l k i n , V. M. : Neizvestnye izvestny. Dokumental'nye Očerki o

voinach-panfilovcach. [Unbekannte Bekannte. Dokumentarische
Beschreib. üb. Panfilov-Kämpfer.] Moskva: Moskovskij rabočij
1983. 235 S. B 51790
Neumann, J.; Saucken, D. von: Die 4. Panzerdivision. T. 1-2.
Bonn, Coburg: Selbstverl. 1968-1985. Getr. Pag. 99572
Pervaja partizanskaja. [Die 1. Partisan- Formation.] Moskva:
Moskovskij rabočij 1983. 350 S. B 51819
Sarkis' jan, S. M.: 51-ja Armija. Boevoj put'. [Die 51. Armee.
Kampfweg.] Moskva: Voenizdat 1983. 283 S. B 51326

Kriegserlebnisse

Fronte russo: C'ero anch' io. A cura die G. Bedeschi. Vol. 1. 2.
Milano: Mursia 1983. 597,797 S. B 51073
Ovejannye slavoj Imena: Očerki o Gerojach Sov. Sojuza urožéncach
Vinnickoj obl. [Ruhmreiche Namen. Helden aus d. Gegend Winniza.]
Odessa: Majak 1983. 312 S. B 51981
Mikoša, V. V.: Rjadom s soldatom. [In einer Reihe mit dem
Soldat.] Moskva: Voenizdat 1983. 223 S. B 51817
Ortenberg, D. I.: Eto ostanetsja navsegda. [Das bleibt immer.]
2. dop. izd. Moskva: Politizdat 1984. 333 S. B 52801
Padžev, M. G.: Čerez vsju Vojnu. [Durch den ganzen Krieg.]
3-e izd. Moskva: Politizdat 1983. 317 S. B 51815
Petrenko, P. T.: Za otčij Dom. Memuary. [Für das Vaterhaus.]
Kiev: Politizdat Ukrainy 1983. 254 S. B 51988
Velikaja Otečestvennaja v pismach. [Der grosse Vaterländische in
Briefen.] 2-izd. Moskva: Politizdat 1983. 350 S. B 52808
Volostnov, N. I.: Na ognennych Rubežach. [Im Gefechtsfeuer.]
3-izd. ispr. Moskva: Voenizdat 1983. 191 S. B 51977

k 12.04 Besetzte Gebiete

Adamczyk, M.: Prasa konspiracyjna na Kielecczyźnie w latach
1939-1945. [Die Untergrundpresse im Gebiet von Kielce.]
Kraków: Wyd. Literackie 1982. 237 S. B 48638
Partizanskie Formirovanija Belorussii v gody Velikoj Otečestvennoj
vojny ijn' 1941-ijl' 1944. [Partisan-Formationen Weissrusslands
während des Grossen Vaterländischen Krieges.]
Minsk: Belarus' 1983. 763 S. B 51791
Gmitruk, J.; Matusak, P.; Nowak, J.: Kalendarium
działalności bojowej Batalionów Chłopskich 1940-1945. [Protokolle
über d. Kampftätigkeit der Bauernbataillone.] Warszawa:
Lud. Spółdzielnia Wydawn. 1983. 757 S. B 51539
Gudelis, P.: Joniškėlio apskrities partizanų Atsiminimai.[Erinne-
rungen der Partisanen des Landkreises Joniškėlis.] Čikaga
1984. 373 S. B 52427
Kočegura, P. A.: Boevoe sotrudničestvo sovetskogo i pol'skogo

narodov bor' be protiv fašizma v gody vtoroj mirovoj vojny.
[Die SU und der Kampf des poln. Volkes gegen die faschistische
Okkupation.] In: Novaja i novejšaja istorija. 1985, No. 1.
S. 22-40. BZ 05334:1985
Komkov, G. D.: Na ideologičeskom Fronte Velikoj Otečestvennoj...
[An der ideologischen Front des Grossen Vaterländischen
Krieges...] Moskva: Nauka 1983. 277 S. B 52800
Jewish Partisans: A documentary of Jewish resistance in the Soviet
Union during World War II. Ed., and with an introd. by J. N. Porter.
Vol. 1. 2. Lanham: Univ. Pr. of America 1982. 293, 299 S. B 51049
Semirjaga, M. I.: Fašistskij okkupacionnyj režim na vremenno
zachvačennoj sovetskoj territorii. [Das faschistische Besatzungs-
regime auf den vorübergehend besetzten sowjet. Territorien.] In:
Voprosy istorii. God 1985. No. 3. S. 3-15. BZ 05317:1985
Sherman-Zander, H.: Zwischen Tag und Dunkel. Mädchenjahre im
Ghetto. (Riga.) Frankfurt, Berlin, Wien: Ullstein 1984. 140 S. Bc 4423

k 12.3 Südosteuropa 1944—45

Batalski, G.: Der Beitrag Bulgariens zum Sieg über Hitlerdeutsch-
land. In: Revue internationale d'histoire militaire. 1984. No. 60.
S. 242-256. BZ 4454:1984
Chiper, I.: Dans les coulisses de l'adversaire: la capacité de
réaction de l'Allemagne nazie face à la situation de Roumanie
(été 1944). In: Revue roumaine d'histoire. Tome 24, 1985. No. 1/2.
S. 125-135. BZ 4577:24
Cohen, A.: La résistance des "Haloutzim" en Hongrie. In: Revue
d'histoire de la 2ième guerre mondiale et des conflits contem-
porains. Année 34, 1984. No. 134. S. 59-72. BZ 4455:34
Foster, A. J.: The politicians, public opinion and the press: the
storm over British military intervention in Greece in december
1944. In: Journal of contemporary history. Vol. 19, 1984. No. 3.
S. 453-494. BZ 4552:19
Imbragimbejli, C. M.: Osvoboditel'naja missija SSSR v stranach
Central'noj i Jugo-Vostočnoj Evropy. [Befreiungsmission der
UdSSR in Mittel- und Südost-Europa.] In: Voprosy istorii. God
1985. No. 5. S. 46-60. BZ 05317:1985
Jantschew, W.: Der bewaffnete Kampf des bulgarischen Volkes
gegen den Faschismus 1941-1944. In: Revue internationale
d'histoire militaire. 1984. No. 60. S. 181-205. BZ 4454:1984
Kreuter, S.: Der Weg nach Budapest 1944/45. Ein Kleinstaat als
Kriegsschauplatz der Großen. In: Österreichische militärische
Zeitschrift. Jg. 23, 1985. H. 4. S. 305-317. BZ 05214:23
McMichael, S. R.: The battle of Jassy-Kishinev. In: Military
review. Vol. 65, 1985. No. 7. S. 52-65. BZ 4468:65
Maier, G.: Drama zwischen Budapest und Wien. Der Endkampf
der 6. Panzerarmee. In: Der Freiwillige.

Jg. 30, 1984. H. 10. S. 15-17; 11. S. 10-12. BZ 05165:30
M o c a n u , V.: Contribuţia poporului român la victoria impotriva
fascismului. [Beitrag des rumän. Volkes zum Sieg gegen den Faschismus.] In: Anale de istorie. Anul 30, 1984. Nr. 4.
S. 21-39. BZ 4536:30
M o l c h o w , J.: Der Vaterländische Krieg Bulgariens 1944-1945.
In: Revue internationale d'histoire militaire. 1984. No. 60.
S. 219-241. BZ 4454:1984
N e w b y , L.W.: Target Ploesti. London: Arms and Armour Pr. 1983.
XV, 253 S. B 50713
P e j k o v , I. G.: Razgrom na svalenata ot vlast monrachofašistka
buržoazija v B'lgarija 9. 9. 1944-9. 1945. [Die Niederlage der umgestürzten monarchisch-faschistischen Bourgeoisie in Bulgarien.]
Sofija: Izd. Nauka i Izkustvo 1982. 262 S. B 51797
R á n k i , G.: Unternehmen Margarethe. Die deutsche Besetzung
Ungarns. Wien: Böhlau 1984. 441 S. B 53322
S c h t i l j a n o w , I.: Der Sieg des Aufstands vom 9. Sept. 1944. In:
Revue internationale d'histoire militaire. 1984. No. 60.
S. 206-218. BZ 4454:1984

k 12.4 Ost- und Mitteldeutschland 1945

B a r t h e l , M.: Frühling 1945 in Berlin. Vor 40 Jahren kapitulierte
die Reichshauptstadt. Ein Zeitzeuge erinnert sich. In: Damals.
Jg. 17. 1985. Nr. 4. S. 340-352. BZ 4598:17
H o l z t r ä g e r , H.: "... weiss nicht, wie Sterben tut." Der Kampfeinsatz der Hitler-Jugend im Chaos der letzten Kriegsjahre.
Ein Dokumentarbericht. Wiesbaden: Holzträger 1983. 116 Bl. MS 23
L a k o w s k i , R.: Die Ostseebrückenköpfe in den politischen und
strategischen Plänen des faschistischen deutschen Imperialismus.
In: Militärgeschichte. Jg. 24, 1985. Nr. 1. S. 30-38. BZ 4527:24
L i n d e n b l a t t , H.: Pommern 1945. Eines der letzten Kapitel in
der Geschichte vom Untergang des Dritten Reiches. Leer:
Rautenberg 1984. 402 S. B 54259
M a g e n h e i m e r , H.: Das Kriegsende 1945 in Europa. In: Österreichische militärische Zeitschrift. Jg. 23, 1985. Nr. 3.
S. 189-203. BZ 05214:23
Die Niederwerfung des Reiches. Hrsg.: P. Dehoust. Coburg:
Verl. Nation Europa 1984. 352 S. B 55666
R u d e n k o , S. I.: K 40 letiju Vislo-Oderskoj operacii.
[Vor 40 Jahren Weichsel-Oder Operation.] In:
Voenno-istoričeskij žurnal. God 1985. No. 1.
S. 11-21. BZ 05196:1985
S c h ö n , H.: Flucht über die Ostsee 1944/45 im Bild. Stuttgart:
Motorbuch-Verl. 1985. 227 S. 09801
Der Zusammenbruch oder die Stunde Null. In: Der Spiegel.
Jg. 39, 1985. Nr. 2. S. 15-22. BZ 05140:39

k. 20 Nordeuropa/Nordsee/Nordmeer

Haga, A.: Vi fløy Catalina. Oslo: Cappelen 1983.
189 S. B 53330
Hauge, J.C.: Milorg. In: Norsk militaert tidsskrift.
Årg. 155, 1985. H. 4. S. 147-189. BZ 05232:155
Jespersen, F.: "9. april kommer jeg aldri til a glemme..."
En norsk soldats etterlatte dagbok. Oslo: Cappelen 1983.
160 S. B 53320
Skogheim, D.; Westrheim, H.: Alarm, Krigen i Nordland
1940. Oslo: Tiden Norsk Forl. 1984. 265 S. B 54040

Modstandsgruppen Hvidsten. Red.: J. Røjel. København:
Samlerens Forl. 1984. 249 S. B 54035

k 23 Krieg in Finnland und Lappland 1944/45

Kiselev, A.A.: Krušenie planov fašistskoj Germanii v Zapoljare.
[Scheitern der Pläne des faschist. Deutschlands am Polar-Kreis.]
In: Voprosy istorii. God 1984. No. 11. S. 25-38. BZ 05317:1984
Skvirskij, L.S.: Ot 14-j armii k Karel' skomu frontu. [Von der
14. Armee bis zur Karelien-Front.] In: Vorprosy istorii.
God 1985. No. 2. S. 80-99. BZ 05317:1985
Steigleder, H.: Zur Operation "Rösselsprung" der faschistischen
Kriegsmarine im Jahre 1942. In: Militärgeschichte.
Jg. 24, 1985. Nr. 1. S. 39-47. BZ 4527:24

k. 30 Westeuropa/Atlantik

k 30.3 Luftkrieg im Westen

The Battle of Britain then and now. Ed.: W. G. Ramsey. Rev. ed.
London: Battle of Britain Press 1982. 816 S. 09729
Claasen, H.: Nichts erinnert mehr an Frieden. Bilder einer
zerstörten Stadt (Köln). Hrsg.: H. J. Scheurer und J. Thorn-
Prikker. Köln: DuMont 1985. 207 S. 09749
Dahms, H.G.: Vor 40 Jahren: Bomben auf Dresden. In: Damals.
Jg. 17, 1985. Nr. 2. S. 107-130. BZ 4598:17
Hawkins, I.: Münster, 10. Oktober 1943. Münster:
Aschendorff 1983. XI, 210 S. B 51677
Essen unter Bomben. Märztage 1943. Essen: Klartext-Verl. 1984.
100 S. Bc 4761

Hoffmann, H.: Aachen in Trümmern. Die alter Kaiserstadt im
Bombenhagel und danach. Düsseldorf: Droste 1984. 116 S.   09641
Kilian, H.: Die Zerstörung. Stuttgart 1944 und danach. Berlin:
Quadriga Verl. 1984. 173 S.   09493
Schilén, J. A.: Det västallierade Bombkriget mot de tyska stor-
städerna under andra världskriget och civilbefolkningens reaktioner
i de drabbade städerna. Uppsala: Almqvist & Wiksell Internat.
1983. 160 S.   Bc 4613
Die Sintflut im Ruhrtal. Eine Bilddokumentation zur Möhne-Kata-
strophe. Hrsg.: J. W. Ziegler. Meinerzhagen: Meinerzhagener
Druck- u. Verlagsh. 1983. 240 S.   B 52361
Weismantel, L.: Totenklage über eine Stat. (Würzburg.) Hrsg.
von d. Leo-Weismantel Ges. e.V. u. erg. durch d. Berichte von Augen-
zeugen der Nacht des 16. März 1945. Würzburg: Stürtz 1985.
76 S.   09783
Wolf, W.: Luftangriffe auf die deutsche Industrie 1942-45.
München: Univ.-Verl. 1985. 302 S.   B 55724

k 32 Westfeldzug 1940

Les Aiglons. Combats aeriens de la Drôle de Guerre sept. 1939 -
avr. 1940. Paris: Charles-Lavauzelle 1983. 143 S.   09534
Hiegel, H.: La Drôle de guerre en Moselle 1939-1940.
Sarreguemines: Ed. Pierron 1983. 421 S.   B 51170
Martel, R.: La bataille des Alpes (Juin 1940). In: Stratégique.
1984. Sommaire. S. 51-67.   BZ 4694:1984
Wailly, H. de: Weygand, De Gaulle et quelques autres. La Somme
16-28 mai 1940. Paris: Lavauzelle 1983. XII, 379 S.   B 52223

k 33 Besetzter Westen 1940-1944

k 33.4 Besatzungszeit und Widerstand

Quarantième Anniversaire de la fermeture de l'Université libre de
Bruxelles, 25 novembre 1941. Bruxelles: Université libre 1982.
121 S.   Bc 4768
Bougeard, C.: Les prélèments de main-d'oeuvre en Bretagne
et leur intérêt stratégique. In: Revue d'histoire de la 2ième guerre
mondiale. Année 35, 1985. No. 137. S. 33-62.   BZ 4455:35
Cobb, R.: French and Germans, Germans and French. Hanover:
Univ. Pr. of New England 1983. XXXIV, 188 S.   B 51012
Dillenschneider, J.: Les Passeurs lorrains. Souvenirs de
guerre de passeurs et de résistants au pays de Sarrebourg et de
Dabo 1940-1945. 2. revue, corrigée et complétée éd.
Sarreguemines: Pierron 1982. 264 S.   B 51181

Hallie, P. P.: ... Daß nicht unschuldig Blut vergossen werde.
   2. Aufl. Neukirchen-Vluyn: Neukirchener Verl. 1984. 303 S. B 56277
Krasilnikov, E. P.: Iz istorii dviženija Soprotivlenija v Niderlandach. 1940-1945 gg. [Widerstandsbewegung in den Niederlanden.]
   In: Voprosy Istorii. God 1985, No. 4. S. 78-83.   BZ 05317:1985
Paul, L.: De la resistance à la liberation. Les groupements MLN nord et est d'Alès et les maquis CFL du Gard. Bayeux 33e Cie FFI. Beaumont 34e Cie FFI. Lyon: Bellier 1983. 188 S.   B 50064
Poznanski, R.: La résistance juive en France. In: Revue d'histoire de la 2ième guerre mondiale. Année 35, 1985. No. 137.
   S. 3-32.   BZ 4455:35
Prémices et essor de la Résistance. Paris: Ed. S. O. S. 1983.
   235 S.   B 51162
Reinders, H. R.: Aanslag en represaille. Bedum, 22 april 1944.
   Bedum: Haan 1984. 260 S.   09610
Rousseau, M.: Deux réseaux britanniques dans la région du Nord - Le réseau "Garrow - Pat O'Leary" et le réseau "Farmer". In: Revue d'histoire de la 2ième guerre mondiale et des conflits contemporains. Année 34. 1984. No. 135. S. 87-108.   BZ 4455:34
Ruby, M.: Klaus Barbie. De Montluc à Montluc. Lyon: L'Hermès 1983. 263 S.   B 52144
Steinberg, M.: L'étoile et le fusil. La Question juive 1940-1942. Bruxelles: Vie Ouvrière 1983. 198 S.   B 52461
Sueur, M.: La collaboration politique dans le département du Nord (1940-1944). In: Revue d'histoire de la 2ième guerre mondiale et des conflits contemporains. Année 34, 1984. No. 135.
   S. 3-45.   BZ 4455:34
Verstärkung der Kanalinseln. (Reinforcing the Channel Islands.)
   Grouville: Channel Islands Occupation Society 1981. 28 S.   Bc 4522

k 34 Invasion im Westen 1944

Balin, G.: D-Day. Tank battles, Beachhead to breakout. London: Arms and Armour Press 1984. 64 S.   Bc 01361
Cammaert, A. P. M.: Tussen twee Vuren. Fronttijd en evacuatie van de oostelije Maasoever in Noord- en Midden-Limburg: september 1944-mei 1945. Assen: Van Gorcum 1983.
   XIX, 208 S.   B 52984
Greenhouse, B.: Canadians on D-Day. In: Canadian defence quarterly. Vol. 14, 1984/85. No. 1. S. 36-42.   BZ 05001:14
Heck, E.: Operation "Market Garden" 1944. 1-4. In: Der Freiwillige. Jg. 30, 1984. H. 9-12. Getr. Pag.   BZ 05165:30
Vor 40 Jahren Beginn der alliierten Invasion in der Normandie. 1. 2. In: Der Freiwillige. Jg. 30, 1984. H. 6. S. 16-19; H. 7-8.
   S. 21-22.   BZ 05165:30
Kingseed, C. C.: The Falaise-Argentan encirclement. Operationally brilliant, tactically flawed. In: Military review.

Vol. 64, 1984. No. 12. S. 2-11. BZ 4468:64
Klapdor, E.: Die Entscheidung. Invasion 1944. Siek: Selbstverl.
1984. 419 S. B 52650
Pallud, J. P.: Battle of the Bulge then and now. London: After the
Battle Publ. 1984. 532 S. 09738
Pimlott, J.: Battle of the Bulge. Englewood Cliffs: Prentice-Hall
1983. 64 S. Bc 01402
Saunders, H. A.: Die Wacht am Rhein. Hitlers letzte Schlacht in
den Ardennen 1944/45. Berg: Vowinckel 1984. 302 S. B 55260
Schaufelberger, W.: "Overlord" - Die Landung der Westalliierten. In: ASMZ. Allgemeine Schweizerische Militärzeitschrift.
Jg. 150, 1984. H. 12. S. 638-646. BZ 05139:150
Vanwelkenhuyzen, J.: La libération de la Belgique en 1944.
Quelques aspects des opérations militaires. In: Revue belge
d'histoire militaire. Année 25, 1984. No. 8. S. 725-758. BZ 4562:25
Young, P.: D-Day. Englewood Cliffs: Prentice-Hall 1983.
64 S. Bc 01403
Zaloga, S. J.: Patton's Tanks. London: Arms and Armour Press
1984. 64 S. Bc 01483

k 35 Endkampf um Westdeutschland 1945

Bertzel, K.: 1. Gedanken zur Kapitulation der Deutschen Wehrmacht am 7. Mai 1945. 2. Das Deutsche Reich, die Bundesrepublik
Deutschland und die USA. Zweibrücken: Verl. Pfälz. Merkur 1983.
12 S. Bc 4150
Currey, C. B.: Follow me and die. The destruction of an American
Division in World War II. (28. US-Div.) New York:
Stein and Day 1984. 320 S. B 52702
Guth, E.: Die Endphase des Zweiten Weltkrieges in Europa. In:
Truppenpraxis. 1985. Nr. 3. S. 292-300. BZ 05172:1985
Die Niederwerfung des Reiches. Hrsg.: P. Dehoust. Coburg:
Nation Europa Verl. 1984. 352 S. B 55666
Ranke, W.; Sander, A.: Die Zerstörung Kölns. Photographien
1945-46. Mit Text von H. Böll. München: Schirmer/Mosel 1985.
78 S. 09872
Riedel, H.: Halt! Schweizer Grenze! 2. Aufl. Konstanz:
Verl. d. Südkurier 1984. 436 S. B 52210
Roschmann, H.: Eisenhower's unterlassener Vorstoss nach
Berlin im Frühjahr 1945. In: Deutsches Soldaten-Jahrbuch.
Jg. 33, 1985. S. 242-251; 34, 1986. S. 193-200. F 145:33
Tiemann, R.: Kampf um Aachen. (1944.) In: Der Freiwillige.
Jg. 30, 1984. H. 10. S. 10-12; 11. S. 14-17. BZ 05165:30

k. 40 Mittelmeerraum

k 40.2 Seekrieg im Mittelmeerraum

Gabriele, M.: L'Italia nel Mediterraneo fra Tedeschi e Alleati (1938-1940). In: Rivista marittima. Anno 117, 1984. No. 12. S. 17-36.   BZ 4453:117
Gabriele, M.: 1939. Vigilia di guerra nel Mediterraneo. In: Rivista marittima. Anno 117, 1984. 7. S. 17-40.   BZ 4453:117
Kurowski, F.: Kampffeld Mittelmeer. Herford: Koehler 1984. 251 S.   B 52648
Schreiber, G.; Stegemann, B.; Vogel, D.: Der Mittelmeerraum und Südosteuropa. Von der "non belligeranza" Italiens bis zum Kriegseintritt der Vereinigten Staaten. Stuttgart: Dt. Verl. Anst. 1984. 733 S.   B 37278

k 41 Balkanfeldzug 1941

La Campagna di Grecia. T. 1-3. Roma: Stato Magg. dell' Esercito 1980. 955, 1024, 266 S.   B 48220
Despotopoulos, A. I.: La guerre gréco-italienne et gréco-allemande (28 octobre 1940 - 31 mai 1941). In: Revue d'histoire de la 2ième guerre mondiale. A. 34, 1984. 136. S. 3-47.   BZ 4455:35
Piekalkiewicz, J.: Krieg auf dem Balkan. 1940-1945. München: Südwest-Verl. 1984. 320 S.   09820
Skibiński, F.: Bitwa o Kretę. [Kampf um Kreta. Mai 1941.] Warszawa: MON 1983. 239 S.   B 52373

k 41.7 Besetzter Balkan 1941—44

k 41.73 Jugoslawien

Antonić, Z.; Perić, J.: Birač u narodnooslobodilačkoj borbi. [Birač im Volksbefreiungs-Krieg.] Tuzla: Univerzal 1982. 463 S.   B 52813
Božović, L.: Fočanska partizanska Republika. [Partisanenrepublik Foča.] Foča: Muzej fočanskog perioda NOB-a 1982. 308 S.   B 51796
Osma Krajiška NOU Brigada. Ratna sjećanja. [Die 8. Krajišker Brigade. Kriegserinnerungen.] Beograd: Vojnoizdavački zavod 1982. 749 S.   B 52811
Drulović, C.: 37. sandžačka NOU Divizija. [Die 37. sandžaker Volksbefreiungsstoss-Division.] Beograd: Vojnoizdavački zavod 1983. 281 S.   B 51353

Kiauta, L.: Bračičeva Brigada. [Bračiča-Brigade.] 1. Ljubljana:
  Partizanska knjiga 1982. 383 S. B 52806
Lučić, M.: Narodnooslobodilački Rat u Istri, hrvatskom primorju
  i Gorskom kotaru u ljeto i jesen 1943. godine. [Krieg in Istrien;
  auf d. Kroatischen Küstengebiet...] Rijeka: Liburnija 1983.
  214 S. B 52063
Mikoć, V.: Neprijateljska avijacija u Jugoslaviji 1943 godina.
  [Feindliche Luftwaffe in Jugoslawien 1943.] In: Vojnoistorijski
  Glasnik. God. 35, 1984. Nr. 1. S. 45-63. BZ 4531:35
Mišković, I.: Vojna Pozadina u Slavoniji 1941-1945. [Hinterland
  in Slawonien.] Beograd: Vojnoizdavački zavod 1982. 564 S. B 52809
Pantelić, M.; Marinković, R. M.; Nikšić, V.: Cačanski
  narodnooslobodilački partizanski Odred "Dr Dragiša Mišović".
  [Cačaker Volksbefreiungs-Partisanenabteilung "Dr. Dragiša Mišo-
  vić".] Cačak: "Cačanski glas" 1982. 478 S. B 52814
Petelin, S.: Gradnikova Brigada. [3. slow. Volksbefreiungs-Stoss-
  brigade Ivan Gradnik.] 2. dop. izd. Ljubljana: Založba Borec 1983.
  877 S. B 51807
Nikšicki Srez u NOR-u. Zbornik radova. [Bezirk Nikšić im Volks-
  befreiungs-Krieg. Sammlung.] Nikšić: Centar za marksističko
  obrazobanje Nikola Kovačević 1982. 577 S. B 52366
Taipi, T.: Albanci na sremskom frontu: Četvrta (Sedma) albanska
  udarna brigada NOV i PO Makedonije. [Albaner an der Sremski
  Front.] Beograd: Narodna armija 1981. 151 S. B 52812
Veze z NOB. Ratna sećanja 1941-1945. [Verbindung im Volksbefrei-
  ungskrieg. Kriegserinnerungen.] 1-5. Beograd: Vojnoizdavački
  zavod 1981. Getr. Pag. B 51814

k 41.74 Griechenland

Carpi, D.: Nuovi Documenti per la storia dell' olocausto in
  Grecia - L' atteggiamento degli italiani, 1941-1943. Tel Aviv:
  University 1981. S. 119-200. Bc 4879
Loulis, J.: Les gouvernements grecs en Grèce et a l' étranger
  (1941-1944). In: Revue d' histoire de la 2ième guerre mondiale.
  Année 34, 1984. No. 136. S. 75-90. BZ 4455:34
Loulis, J.: La résistance en Grèce. In: Revue d' histoire de la
  2ième guerre mondiale. Année 34, 1984. 136. S. 91-110. BZ 4455:34
Simpsas, M.: Les forces armées helléniques hors de Grèce
  (1941-1944). In: Revue d' histoire de la 2ième guerre mondiale.
  Année 34, 1984. No. 136. S. 49-73. BZ 4455:34

k 42 Afrika

Blanco, R.L.: Rommel, the desert warrior. The Afrika Korps in
World War II. 2.pr. New York: Messner 1983. 191 S. B 52025
Fry, M.; Sibley, R.: Der Wüstenfuchs. Erwin Rommel und das
deutsche Afrikakorps. Rastatt: Moewig 1983. 190 S. B 52214
Piekalkiewicz, J.: Rommel und die Geheimdienste in Nordafrika.
1941-1943. München: Herbig 1984. 240 S. 09544

k 44 Südeuropa/Italien

Biagi, E.: 1943 e dintorni. Milano: Mondadori 1983. 277 S. B 51769
Mondini, L.: Cinque mesi ai piedi di Montecassino. In: Rivista
militare della Svizzera Italiana. Anno 56, 1984. Fasc. 5.
S. 324-338. BZ 4502:56
Morris, E.: Salerno. A military fiasco. London: Hutchinson
1983. 358 S. B 51006
Santoni, A.: Le Operazioni in Sicilia e in Calabria. (Luglio-
settembre 1943.) Roma: Stato Magg. dell'Esercito 1983.
577 S. 09521

k 44.7 Besatzungszeit und Widerstand

Bellucci, S.: L'Evangelo della mia resistenza. Casale
Monferrato: Piemme 1982. 111 S. B 53887
Brauzzi, A.: Il "San Marco" nella Guerra di Liberazione. In:
Rivista marittima. Anno 118, 1985. No. 2. S. 63-78. BZ 4453:118
Caloro, B.: Il Dissenso in Italia. Rapallo: Ipotesi 1981.
123 S. Bc 4310
Cavalli, L.; Strada, C.: Nel Nome di Matteotti. Milano:
Angeli 1982. 162 S. B 51063
Contestabile, O.: Scarpe rotte libertà. Storia partigiana.
Bologna: Cappelli 1982. 246 S. B 50598
Galli, L.: La Wehrmacht a Brescia. Atti del Comando militare
tedesco N. 1011, provincie di Brescia - Cremona - Mantova
1941-1945. Montichiari: Zanetti 1984. 160 S. B 51935
Norcini, F.L.: Tu bum, bum! La gente del Casentino e della
Romagna nei giorni della resistenza. Cortona: Calosci 1982.
109 S. Bc 4712
La Romagna e i generali inglesi (1943-1944). Milano: Angeli 1982.
239 S. B 49439
Verona, B.F.: La Donna mantovana nella resistenza. Mantova:
Instituto Provinciale per la storia del movimento di liberazione
nel Mantovano 1982. 104 S. Bc 4293

k. 50 Ostasien/Pazifik

k 50.1 Landkrieg

Ahlstrom, J. D.: Leyte Gulf remembered. In: U. S. Naval Institute
Proceedings. Vol. 110, 1984. No. 8. S. 45-53.   BZ 05163:110
Barker, A. J.: Midway. Englewood Cliffs: Prentice-Hall 1983.
64 S.   Bc 01404
Colwell, R. N.: Intelligence and the Okinawa battle. In: Naval war
college review. Vol. 38, 1985. No. 2. S. 81-95.   BZ 4634:38
Holt, B. "Hooker": From Ingleburn to Aitape. The trials and
tribulations of a four figure man. Lakemba: Holt 1981.
217 S.   Bc 4090
Hoyt, E. P.: The Glory of the Salomons. New York: Stein & Day
1983. 348 S.   B 52670
Morrison, W. H.: Above and beyond. 1941-1945. New York:
St. Martin's Pr. 1983. 313 S.   B 50689
Webber, B.: Silent Siege. Japanese attacks against Nort America
in World War II. Fairfield: Ye Galleon Pr. 1984. VI, 396 S.   09780

k 50.2 Seekrieg

Alden, J. D.: Japanese submarine losses in World War II. In:
Warship international. Vol. 22, 1985. No. 1. S. 12-31.   BZ 05221:22
Hoyt, E. P.: McCampbell's Heroes. The story of the U. S. navy's
most celebrated carrier fighters of the Pacific war.
New York: VNR 1983. XIII, 189 S.   B 52718
Potter, E. B.: L'amiral Nimitz et son utilisation des renseigne-
ments secrets dans le Pacifique. In: Revue d'histoire de la
deuxième guerre mondial et des conflits contemporains. Année 34,
1984. No. 1. S. 29-42.   BZ 4455:34
Romé, : Les Oubliés du bout du monde. Journal d'un marin
d'Indochine de 1939 à 1946. Paris: Editions Maritimes et d'Outre-
Mer 1983. 273 S.   B 50224
Sowinski, L.: Action in the Pacific. As seen by US Navy photo-
graphers during World War II. 2. impr. Annapolis: Naval Inst. Pr.
1982. 208 S.   09554
Wheeler, R.: A special Valor. The U. S. Marines and the Pacific
war. New York: Harper & Row 1983. XII, 466 S.   B 52923

k 50.3 Luftkrieg

Johnsen, F. A.: The Bomber barons. The history of the 5th Bomb
Group in the Pacific during World War II. Vol. 1. Tacoma:
Johnsen 1982. 28 S. Bc 01511
Willmott, H. P.: Pearl Harbor. Englewood Cliffs: Prentice-Hall
1983. 64 S. Bc 01405

k 55 Japan

Bruins, B. D.: Understanding the Soviet Union. (Hiroshima.) In:
U. S. Naval Institute. Proceedings. Vol. 110. No. 9.
S. 66-71. BZ 05163:110
Cohen, S.: Destination: Tokyo. A pictorial history of Doolittle's
Tokyo raid, April 18, 1942. 2nd print. Missoula: Pictorial
Histories Publ. Comp. 1984. 117 S. Bc 01399
Dahms, H. G.: Vor 40 Jahren: Das Ende in Japan 1945. In:
Damals. Jg. 17, 1985. H. 9. S. 738-754. BZ 4598:17
Petersen, P.: Atombomben over Hiroshima. Valby: Borgen 1984.
40 S. Bc 01459
Schrei nach Frieden. Japanische Zeugnisse gegen den Krieg. Hrsg. u.
übers.: S. Schaarschmidt. Düsseldorf: Econ 1984. 269 S. B 51547

K 6 Geschichte seit 1945

K 6 E Politische Geschichte

Ardia, D.: Alle Origini dell'alleanza occidentale. Padova:
Signum 1983. XI, 171 S. B 51682
Draper, T.: Present History. New York: Random House 1983.
XV, 458 S. B 52693
Drechsler, K.; Klein, F.; Laboor, E.: Friedenssicherung
durch Koexistenz: Geschichtliche Entwicklung einer politischen
Konzeption. In: Zeitschrift für Geschichtsforschung. Jg. 33, 1985.
Nr. 5. S. 387-402. BZ 4510:33
The new History. The 1980s and beyond. Ed.: T. K. Rabb. [u. a.].
Princeton: Princeton Univ. Pr. 1982. 332 S. B 50734
Images of '84. In: Newsweek. Vol. 105, 1985. No. 1.
S. 1-60. BZ 05142:105
Klaassen, M.; Newcombe, H.: Milestone events 1976-1981.
Dundas: Peace Research Inst. 1982. 37 S. Bc 01445
Lebeck, R.: Chronik des 20. Jahrhunderts. Eine Darstellung in
Postkarten. Dortmund: Harenberg 1983. 316 S. B 49509
International Politik. - Konflikt eller samarbejde. København:

Samfundsfagnyt 1982. 268 S. B 50852
Trümmer, Träume, Truman. Die Welt 1945-1949. Berlin:
Elefanten Pr. 1985. 200 S. 09728
Zagladin, V. V.; Frolov, I. T.: Globale Probleme der Gegenwart. Berlin: Dietz 1982. 259 S. B 48479

E 2 Internationale Probleme

E 2.2 Nachkriegsprozesse/Kriegsverbrechen

Conot, R. E.: Justice at Nuremberg. London: Weidenfeld & Nicolson 1983. XIII, 593 S. B 51123
Hirsch, R.: Um die Endlösung. Prozeßberichte über den Lischka-Prozeß in Köln und den Auschwitz-Prozeß in Frankfurt/M. Rudolstadt: Greifenverl. 1982. 270 S. B 51096
Tusa, A.; Tusa, J.: The Nuremberg Trial. Repr. ed. London: Macmillan 1984. 519 S. B 53411
Wiedemann, E.: "Sechs Millionen, da kann ich nur lachen!" Über die weltweite Jagd nach dem Auschwitz-Arzt Josef Mengele. In: Der Spiegel. Jg. 39, 1985. Nr. 17. S. 28-53. BZ 05140:39

E 2.6 Ost-West-Konflikt

Bülow, A. von: Alpträume West gegen Alpträume Ost. Ein Beitrag zur Bedrohungsanalyse. Bonn: SPD 1984. 46 S. Bc 01479
James F[rancis] Byrnes and the origins of the Cold War. Ed.: K. A. Clements. Durham: Carolina Academic Pr. 1982. XV, 127 S. B 50767
Catley, R.: Sociology and rhetoric in the "New Cold War". In: Contemporary crises. Vol. 8, 1984. No. 4. S. 305-328. BZ 4429:8
The Conduct of East-West relations in the 1980s. Pt. 1-3. London: Internat. Institute for Strategic Studies. 1984. 54, 56, 63 S. Bc 01357
Confidence Building and East-West relations. Wien: Braumüller 1982. 132 S. Bc 4767
Cox, M.: From detente to the 'new cold war'. The crisis of the cold war system. In: Millenium. Vol. 13, 1984/85. No. 3. S. 265-291. BZ 4779:13
Foerde, B.: Magtspillet om U-landene. København: Munksgaard 1983. 62 S. Bc 4199
Mastny, V.: Stalin and the militarization of the Cold War. In: International security. Vol. 9, 1984/85. No. 3. S. 109-129. BZ 4433:9
Pritzel, K.: Weltraumrecht und Ost-West-Beziehungen. In: Beiträge zur Konfliktforschung. Jg. 14, 1984. 2. S. 59-81. BZ 4594:14
Ritter, K.: Die Dominanz des Ost-West-Konflikts. In: Europa-Archiv. Jg. 40, 1985. Folge 1. S. 1-10. BZ 4452:40

Scheer, H.: Sicherheitspartnerschaft mit dem Osten - Sicherheitssolidarität im Westen. In: Europa-Archiv. Jg. 39, 1984.
Folge 15. S. 455-462. BZ 4452:39
Stürmer, M.: Die Sieger von 1945 und die deutsche Frage. Ein neues Weltsystem erwächst aus den Trümmern Europas. In:
Damals. Jg. 17, 1985. H. 5. S. 432-449. BZ 4598:17
Vivier, M.: La distensione vista da Mosca. In: Affari esteri.
Anno 16, 1984. No. 63. S. 328-341. BZ 4373:16
Wallensteen, P.: Focus on: American-Soviet detente: what went wrong? In: Journal of peace research. Vol. 22, 1985. No. 1.
S. 1-8. BZ 4372:22
Whitaker, R.: Fighting the Cold War on the home front. America, Britain, Austria and Canada. In: The socialist Register.
Vol. 21, 1984. S. 23-67. BZ 4824:21
Wirtschaftssanktionen im Ost-West-Verhältnis. Baden-Baden:
Nomos Verl. Ges. 1983. 233 S. B 50654

E 2.7 Nord-Süd-Konflikt

El Diálogo Norte-sur. Una perspectiva latinoamericana. Comentarios al informa Brandt. Editor: L. Tomassini. Buenos Aires:
Ed. de Belgrano 1982. 254 S. B 52746
Estévez, J.: Crisis del orden internacional y Tercer Mundo.
La confrontación Norte-Sur en los años ochenta. México:
Ed. Nueva Imagen 1983. 236 S. B 54870
For Good or evil. Economic theory and North-South negotiations.
Ed.: G. K. Helleiner. Oslo: Univ.-Forl. 1982. XIII, 193 S. B 51244
Khan, K. M.: UNCTAD VI als Spiegelbild des Nord-Süd-Konflikts.
In: Deutsche Studien. Jg. 22, 1984. H. 86. S. 150-164. BZ 4535:22
Post, U.: UNCTAD VI - ein Nichtereignis? In: Jahrbuch Dritte
Welt. Jg. 2, 1984. S. 51-60. BZ 4793:2
Rangel, C.: El Tercermundismo. 2ed. Caracas: Monte Avila Ed.
1982. 286 S. B 53736
Världens Rikedomar. Resurser och ekonomisk makt. Red.: U. Geertsen. Stockholm: Gidlunds 1984. 181 S. 09594

E 3 Ereignisse/Konferenzen

Brandstübner, R.: Die Potsdamer (Berliner) Konferenz und Deutschland. In: Zeitschrift für Geschichtswissenschaft.
Jg. 33, 1985. H. 1. S. 5-26. BZ 4510:33
Matthies, V.: Notgedrungener Pragmatismus der Blockfreien.
(New Delhi 1983.) In: Jahrbuch Dritte Welt. Jg. 2, 1984.
S. 37-50. BZ 4793:2
Wegener, H.: Die Genfer Abrüstungskonferenz 1981-1984. In:
Europa-Archiv. Jg. 39, 1984. Folge 19. S. 583-594. BZ 4452:39

Birnbaum, K. E.: Die KVAE als Spiegel der Großmachtpolitik.
In: Aus Politik und Zeitgeschichte. 1985. Nr. 37.
S. 25-38. BZ 05159:1985
Bruns, W.: Die Position der DDR auf der Stockholmer KVAE.
In: Deutschland-Archiv. Jg. 18, 1985. 2. S. 169-177. BZ 4567:18
Fascell, D. B.: Helsinki, Gdansk, Madrid. In: The Washington
quarterly. Vol. 7, 1985. No. 4. S. 170-180. BZ 05351:7
Favale, M.: Soccolma e Helsinki. In: Affari esteri. Anno 16, 1984.
No. 63. S. 369-376. BZ 4373:16
Kadhafi, M. el-: Inaugural Speech to the Madrid Colloquium, 1980.
Tripoli: World Center for the Study Research of the Green Book
1983. 17 S. Bc 4161
Killham, E. L.: The Madrid CSCE conference. In: World affairs.
Vol. 146, 1984. No. 4. S. 340-357. BZ 4773:146
Das KSZE-Folgetreffen von Madrid. (1980-1983.) Bonn: Presse- und
Informationsamt d. Bundesregierung 1983. 70 S. Bc 4144
Zehn Jahre KSZE-Prozeß. In: Aus Politik und Zeitgeschichte. 1985.
Nr. 37. S. 3-24. BZ 05159:1985
Kuntner, W.: Konferenz über vertrauens- und sicherheitsbildende
Maßnahmen und Abrüstung in Europa (KVAE). In: Österreichische
militärische Zeitschrift. Jg. 22, 1984. H. 5. S. 389-393. BZ 05214:22
Zehn Jahre Schlußakte von Helsinki. In: IPW Berichte. Jg. 14, 1985.
H. 7. S. 1-8. BZ 05326:14

K 6 F Kriegsgeschichte

a./d. Allgemeines

Burns, R. D.; Leitenberg, M.: The Wars in Vietnam, Cambodia and Laos 1945-1982. A bibliographic guide. St. Barbara:
ABC-Clio Inf. Services 1984. 290 S. 09676
Hartman, T.; Mitchell, J.: A World atlas of military history,
1945-1984. London: Leo Cooper in assoc. with Secker & Warburg
1984. XI, 108 S. 09609
Kende, I.: Kriege nach 1945. Eine empirische Untersuchung.
Frankfurt: Haag u. Herchen 1982. 111 S. Bc 4233
Kidron, M.; Smith, D.: The War Atlas. Armed conflict - armed
peace. New York: Simon & Schuster 1983. Getr. Pag. 09549
The Regionalization of warfare. The Falkland/Malvinas Islands,
Lebanon, and the Iran-Iraq conflict. Ed.: J. Brown, W. P. Snyder.
New Brunswick: Transaction Books 1985. XI, 291 S. B 56718
War torn, Introd.: T. L. Friedman. Photographs ed.: S. Vermazen.
Photographs: E. Adams [u. a.], New York: Sarah Books 1984.
139 S. 09762

F 601.1 Krieg in Indochina 1946—1954

Allard, H.; Deuve, J.: Indochine 1945. Témoignages sur une
résistance méconnue. La lutte contre les japonais au Laos.
Paris: Université Paul Valéry 1984. 106 S.   Bc 01409
Brancion, H. de: L'artillerie en Indochine. In: Revue historique
des armées. 1984. No. 4. S. 43-51.   BZ 05443:1984
Ferrari, P.; Vernet, J. M.: Une Guerre sans fin. Indochine
1945-1954. Paris: Charles-Lavauzelle 1984. 195 S.   09661
Heimann, B.; Püschel, M.: Die Konzeption des französischen
Imperialismus für die Kriegführung in Indochina 1953/54.
(Navarre-Plan.) In: Militärgeschichte. Jg. 23, 1984. H. 3.
S. 232-250.   BZ 4527:23
Kreuter, S.: Dien Bien Phu. In: Österreichische militärische
Zeitschrift. Jg. 22, 1984. H. 5. S. 421-431.   BZ 05214:22
Le Couriard, D.: Le socialistes et les débuts de la guerre
d'Indochine (1946-1947). In: Revue d'histoire moderne et contemporaine. Tome 31, 1984. No. 4-6. S. 334-353.   BZ 4586:31
Loustau, H.-J.: Les derniers Combats d'Indochine, 1952-1954.
Paris: Michel 1984. 282 S.   B 52337
Thompson, L.: Uniforms of the Indo-China and Vietnam Wars.
Poole: Blandford 1984. 160 S.   09830
Tønnesson, S.: The longest wars. Indochina 1945-75. In:
Journal of peace research. Vol. 22, 1985. No. 1. S. 9-29.   BZ 4372:22

F 601.2 Krieg in Vietnam 1957—75

Amter, J. A.: Vietnam verdict. A citizen's history. New York:
Continuum 1982. XXI, 400 S.   B 51312
Croizat, V.: The Brown Water Navy. The river and coastal war
in Indo-China and Vietnam, 1948-1972. Poole: Blandford 1984.
160 S.   09763
Ehrhart, W. D.: Vietnam-Perkasie. A combat marine memoir.
Jefferson: McFarland 1983. 315 S.   B 52474
Futrell, R. F.: The advisory Years to 1965. Washington: Office of
Air Force History 1981. XIII, 397 S.   B 51668
Goff, S.; Sanders, R.; Smith, C.: Brothers. Black soldiers in
the Nam. Novato: Presidio Pr. 1982. XVI, 201 S.   B 50962
Goldman, P.; Fuller, T.: Charlie Company. What Vietnam
did to us. New York: Morrow 1983. 358 S.   B 50940
Isaacs, A. R.: Without Honor. Blatimore: John Hopkins Univ. Pr.
1983. XV, 559 S.   B 52682
Jankovec, M.: Prvni válka vietnamského lidu proti imperialismu
a kolonialismu. [Der erste Krieg des vietnamesischen Volkes
gegen Imperialismus u. Kolonialismus.] In: Historie

a vojenstvi. Ročnik 33, 1984. Nr. 6. S. 70-84. BZ 4526:33
Krebs, P.: Die Kinder von Vietnam. Bilanz eines modernen
  Krieges. Hamburg: Hoffmann und Campe 1984. 206 S. B 53005
Lulei, W.: Die Offensive der vietnamesischen Volksbefreiungs-
  kräfte im Frühjahr 1975. In: Militärgeschichte. Jg. 24, 1985. Nr. 2.
  S. 147-157. BZ 4548:1985
McCollum, J.K.: The CORDS pacifications organization in
  Vietnam. In: Armed forces and society. Vol. 10, 1983/84. No. 1.
  S. 105-122. BZ 4418:10
MacJunkin, J.N.; Crace, M.D.: Visions of Vietnam. Novato:
  Presidio Pr. 1983. Getr. Pag. 09597
Mason, R.C.: Chickenhawk. 5th. ed. New York: The Viking Pr.
  1983. VII, 339 S. B 52568
Morrocco, J.: Thunder from above. Air war, 1941-1968. Boston:
  Boston Publ. 1984. 192 S. 09865
Neco-Quiñones, M.: 1650 días cautivo del Vietcong. Hato Rey:
  Ramallo 1981. 268 S. B 49196
Page, T.: Nam. 2. pr. New York: Knopf 1984. 112 S. 09715
Sugnet, C.L.; Hickey, J.T.; Crispino, R.: Vietnam war
  bibliography. Selected from Cornell University's Echols Collection.
  Lexington: Lexington Books 1983. XIII, 572 S. B 53479
The Vietnam War. The ill. history of the conflict in Southeast Asia.
  London: Salamander Books 1983. 261 S. 09785

F 604 Nahostkriege

Bar-Siman-Tov, Y.: The myth of strategic bombing: Israeli
  deep-penetration air raids in the war of attrition, 1969-1970.
  In: Journal of contemporary history. Vol. 19, 1984. No. 3.
  S. 549-570. BZ 4552:19
Bercuson, D.J.: The secret Army. New York: Stein and Day
  1984. XIX, 278 S. B 55805
Dobat, K.-D.: Krieg um den Suezkanal. Die Weltkrise des Jahres
  1956. In: Damals. Jg. 16, 1984. H. 11. S. 943-958. BZ 4598:16
Engmann, G.: Spannungsherd Nahost. Kriege zwischen Israel
  und den Arabern. 2. erg. Aufl. Berlin: Militärverl. d. DDR 1984.
  106 S. Bc 4590
Herzog, C.: The Arab-Israeli Wars. London: Arms and Armour
  Pr. 1984. 403 S. B 51275
Herzog, C.: Kriege um Israel, 1948 bis 1984. Frankfurt; Wien:
  Ullstein 1984. 459 S. B 51697
Moskin, J.R.: Among Lions. The battle for Jerusalem 5 -7, 1967.
  New York: Arbor House 1982. 401 S. B 50575

F 607 Krieg in Korea 1950 − 1953

Bonwetsch, B.; Kuhfus, P.M.: Die Sowjetunion, China und der Koreakrieg. In: Vierteljahrshefte für Zeitgeschichte. Jg. 33, 1985. H. 1. S. 28-87. BZ 4456:33
Duić, M.: Der Korea-Krieg 1950 bis 1953. In: Truppendienst. Jg. 23, 1984. H. 3. S. 260-266. BZ 05209:23
Farrar-Hockley, A.: A reminiscence of the Chinese people's volunteers in the Korean War. In: The China quarterly. 1984. No. 98. S. 287-304. BZ 4436:1984
Halliday, J.: Anti-Communism and the Korean War (1950-1953). In: The socialist register. Vol. 21, 1984. S. 130-163. BZ 4824:21
Ra Jong-yil: Special relationship at war. The Anglo-American relationship during the Korean War. In: The Journal of strategic studies. Vol. 7, 1984. No. 3. S. 301-317. BZ 4669:7

F 670 Kriege in Asien

Invasion in Afghanistan

Afghanistan-Blätter. Hrsg.: Komitee zur Unterstützung der politischen Flüchtlinge in Afghanistan. Berlin: KUPFA 1980-1982. Getr. Pag. DZ 559
Afghanistan-Chronik. 1978-1984. Aus d. Sicht d. Widerstandes. Zsgest. u. komm. auf d. Grundlage d. Berichte v. Flüchtlingen, internat. Rundfunksendern und Auswertungen d. internat. Presse. Bonn 1984. 22 S. D 03220
Bradsher, H.S.: Afghanistan. In: The Washington quarterly. Vol. 7, 1984. No. 3. S. 42-55. BZ 05351:7
Dickson, K.D.: The Basmachi and the Mujahidin: Soviet responses to insurgency movements. In: Military review. Vol. 65, 1985. No. 2. S. 29-44. BZ 4468:65
Dietl, W.: Brückenkopf Afghanistan. Machtpolitik im Mittleren Osten. München: Kindler 1984. 351 S. B 51369
Der Freiheitskrieg in Afghanistan. Bonn: Bonner Friedensforum 1984. 117 S. D 3118
Gall, S.: Behind the Russian Lines. An Afghan journal. London: Sidgwick & Jackson 1983. 194 S. B 51303
Gunston, J.: Su-24s, Tu-16s support Soviet ground forces. In: Aviation week and space technology. Vol. 121, 1984. No. 9. S. 40-44. BZ 05182:121
Heugten, J. van; Immig, O.: De kwestie-Afghanistan en de bedreiging van Pakistan. In: I-ternationale Spectator. Jg. 39, 1985. Nr. 2. S. 73-83. BZ 05223:39
Lindgren, S.; Uhrbom, O.: Pansjir - fem tigrars dal. Ett reportage från krigets Afghanistan.

Stockholm: Ordfront 1984. 72 S. 09679
Stahel, A. A.; Bucherer, P.: Afghanistan. 5 Jahre Widerstand
und Kleinkrieg. In: Allgemeine Schweizerische Militärzeitschrift.
Jg. 150, 1984. Beil. Nr. 12. S. 1-16. BZ 05139:150
Urban, M. L.: The battle for the Panjsher Valley. The Soviet
campaign of 1982. In: Military technology. Vol. 8, 1984. No. 9.
S. 133-142. BZ 05207:8

Golfkrieg Iran-Irak

Boumerdassi, S.: La guerre du golfe. In: El Djeich. 1984.
No. 254. S. 31-34. BZ 05076:1984
Braun, U.: Ausweitung des Golfkrieges? In: Jahrbuch Dritte Welt.
3, 1985. S. 154-163. BZ 4793:3
Bridge, T. D.: The crisis in the Gulf. In: The army quarterly and
defence journal. Vol. 114, 1984. No. 4. S. 389-397. BZ 4770:114
Chubin, S.: Der Krieg zwischen Iran und dem Irak. Paradoxien
und Besonderheiten. In: Befreiung. 1983. No. 27.
S. 65-76. BZ 4349:1983
Chubin, S.: Der iranisch-irakische Krieg und die Sicherheit der
Golfregion. In: Internationale Wehrrevue. Jg. 17, 1984. Nr. 6.
S. 705-712. BZ 05263:17
Evans, D.; Campany, R.: Iran-Iraq. Bloody tomorrows. In: U.S.
Nav. Inst. Proceedings. Vol. 111, 1983. 1. S. 33-43. BZ 05163:111
Ferdowski, M. A.: Der iranisch-irakische Krieg. In: Aus Politik
und Zeitgeschichte. 1984. H. 42. S. 3-15. BZ 05159:1984
Irán - Iraq. Guerra, política y sociedad. México: Ed. Nueva
Imagen 1982. 247 S. B 54842
Ismael, T. Y.: Iraq and Iran. Roots of conflict. Syracuse:
Syracuse Univ. Pr. 1982. XII, 226 S. B 50661
Saint-Prot, C.: La Guerre du Golfe. Paris: Proche-Orient et
Tiers-Monde 1983. 158 S. B 51268
Staudenmaier, W. O.: A strategic Analysis of the Gulf war.
Carlisle Barracks: Strategic Studies Institute US-Army War
College 1982. 29 S. Bc 4074
Sterner, M.: The Iran-Iraq war. In: Foreign affairs.
Vol. 63, 1984. No. 1. S. 128-143. BZ 05149:63
The Iran-Iraq War. An historical, economics and political analysis.
Ed.: M. S. El Azhary. London: Croom Helm 1984. 144 S. B 51280

Libanonkrieg

Unterbelichtete Aspekte im Libanonkonflikt. Gründe, Einschätzungen,
Perspektiven. Hamburg: Informationsbüro Nahost - IBNO 1985.
41 S. D 03252
The Beirut massacre. The complete Kahan Commission Report with
an introd. by A. Eban. Princeton: Karz-Cohl 1983.
XIX, 136 S. B 52513

Chalvron, A. de: Le Piège de Beyrouth. Paris: Le Sycomore Ed.
   1982. 192 S.   B 48427
Del Pino, D.: Líbano. Crónica de una guerra civil. Barcelona:
   Argos Vergara 1983. 178 S.   B 51437
Frieden für Galiläa. Chronik d. Ereignisse im Libanon. Juni bis Sept.
   83. 4 Stunden in Chatila. Zeit-Interview m. Genet 1984. [o. O.]
   1985. 32 S.   D 3204
Frieden für Galiläa. Hamburg: Buntbuch 1984. 111 S.   Bc 01401
Gilmour, D.: Lebanon: the fractured country. Oxford: Robertson
   1983. XVII, 208 S.   B 51104
Kahan, Y.; Barak, A.; Efrat, Y.: Final Report. (Authorized
   transl.) The Commission of Inquiry into the Events at the
   Refugee Camps in Beirut. Jerusalem: The Jerusalem Post 1983.
   22 S.   02427
Libanon. Besatzung und Widerstand. [Versch. Beitr.] In: Antiimperia-
   listisches Informationsbulletin. Jg. 16, 1985. Nr. 5.
   S. 15-38.   BZ 05283:16
På flykt igen! Israels invasion och ockupation av Libanon. Red.:
   C. Olsson, L. Schönning och R. Weltman. Stockholm: Ordfront 1983.
   159 S.   Bc 4320
Randal, J.C.: Going all the way. New York: The Viking Pr. 1983.
   XII, 304 S.   B 52697
Sadeghi, A.: Lebanon and after: whose victory? In: Millennium.
   Journal of international studies. Vol. 13, 1984. No. 1.
   S. 1-15.   BZ 4779:13
Ulfkotte, U.: Der Nahost-Konflikt nach der Libanon-Invasion.
   Rückblick und Ausblick. In: Beiträge zur Konfliktforschung.
   Jg. 15, 1985. 1. S. 89-103.   BZ 4594:15
Valley, B.: Within our reach, beyond our grasp? In: U.S. Naval
   Institute.Proceedings. Vol. 111, 1985. No. 7. S. 56-78. BZ 05163:111
Weisfeld, A.H.: Sabra and Shatila: A new Auschwitz. Ottawa:
   Jerusalem Internat. Publ. House 1982. 113 S.   Bc 4670

Andere Kriege

Kampuchea. Krigen, politiken, diplomatin. Av P. Axelsson, G. Berg-
   ström, J. Myrdal. Stockholm: Ordfront 1983. 194 S.   B 51993
Porter, G.: Hanoi's strategic perspective and the sino-viet-
   namese conflict. In: Pacific Affairs. Vol. 57, 1984. No. 1.
   S. 7-25.   BZ 4450:57

F 680 Kriege in Afrika

Algerienkrieg

Ait-Ahmed, C.: Mémoires d'un combattant. L'esprit d'indépendance 1942-1952. 1. Paris: Messinger 1983. 236 S.   B 51890
Bail, R.: Hélicoptères et commandos-marine en Algérie. Paris: Charles-Lavauzelle 1983. 141 S.   09660
Faivre, M.: Le Chemin du palais d'été. Alger 1942. Paris: Regirex-France 1982. 310 S.   B 49262
Ferdi, S.: Un Enfant dans la guerre. Témoignage. Préf.: M. del Castillo. Paris: Ed. du Seuil 1981. 157 S.   Bc 4053
Hoepp, G.: Algerien. Befreiungskrieg 1954-1962. Berlin: VEB Dt. Verl. d. Wissenschaften 1984. 43 S.   Bc 01468
Nimschowski, H.: Der nationale Befreiungskrieg des algerischen Volkes. 1954-1962. Berlin: Militärverl. d. DDR 1984. 110 S. Bc 4737
La Surprise. In: El Djeich. Année 21, 1984. No. 258. S. 12-19.   BZ 05076:21

Andere Kriege

Czerniawska, A.: Międzynarodowe uwarunkowania konfliktu w Czadzie. [International bedingter Konflikt in Tschad.] In: Sprawy Międzynarodowe. Rok 37, 1984. Nr. 6. S. 61-78.   BZ 4497:37
Damis, J.: Conflict in Northwest Africa. Stanford: Hoover Inst. Pr. 1983. XVII, 196 S.   B 50763
Erlich, H.: The Struggle over Eritrea, 1962-1978. Stanford: Hoover Inst. Pr. 1983. XIV, 155 S.   B 50965
Galtier, G.: Pour en finir avec la guerre du Tschad. In: Le Mois en Afrique. Année 20, 1984. Nos. 223-224. S. 4-17.   BZ 4748:20
Henriksen, T. H.: Revolution and counterrevolution. Mozambique's war of independence, 1964-1974. Westport: Greenwood Pr. 1983. XII, 287 S.   B 50354
Nwokedi, E.: Le Nigéria et le conflit tchadien: affirmation ou infirmation d'une puissance sous-régionale? In: Le Mois en Afrique. Tome 19, 1984. No. 221-222. S. 23-34.   BZ 4748:19
Talon, V.: Tras la maginot de arena. (Marocco.) In: Defensa. Année 7, 1984. No. 80. S. 39-47.   BZ 05344:7
Urrutia, L.: Sahara. Diez años de guerra. Zaragoza: Trazo 1983. 102 S.   Bc 4420

F 690 Kriege in Amerika

Falklandkonflikt

The British Army in the Falklands 1982. London: Her Majesty's Stationery Office 1983. 32 S.   Bc 01443

Beck, P. J.: History and current events: a historian and the media during the 1982 Falklands war. In: Current research on peace and violence. Vol. 7, 1984. Nos. 1-2. S. 165-179.   BZ 05123:7

Cardoso, O. R.; Kirschbaum, R.; Kooy, E. van der: Malvinas. La trama secreta. 14. ed. Buenos Aires: Sudamericana/Planeta 1984. 366 S.   B 54385

Díaz-Dioniz, G.: Cronología, analisis y repercusión de la Guerra de las Malvinas. Madrid: IEPALA 1981. 172 S.   09488

Disciullo, A. R. F.: Malvinas 1983. Argentina contraataca. La Plata: Disciullo 1983. 123 S.   Bc 4264

Eddy, P.; Linklater, M.; Gillman, P.: Falkland. Der Krieg vor den Toren der Antarktis. Stuttgart: Seewald 1984. 408 S.   B 53493

Ethell, J.; Price, A.: Air war South Atlantic. London: Sidgwick & Jackson 1983. 260 S.   B 59738

The Falklands Campaign. A digest of debates in the House of Commons 2 apr. to june 1982. London: HM's Stat. Off. 1982. 360 S.   B 48764

Flayhart, W. H.; Warwick, R. W.: The liner. She's a Lady." In: U. S. Naval Institute. Proceedings. Vol. 110, 1984. No. 11. S. 53-64.   BZ 05163:110

Guerra de las Malvinas y del Atlantico Sur. Partes oficiales comp. Argentina. Gran Bretaña. Buenos Aires: Ed. Catalogos 1983. 167 S.   Bc 4276

Higginbotham, R. D.: Case studies in the law of land warfare. II: The Campaign in the Falkland. In: Military review. Vol. 64, 1984. No. 10. S. 46-60.   BZ 4468:64

Hopple, G. W.: Intelligence and warning: Implications and lessons of the Falkland Islands war. In: World Politics. Vol. 36, 1984. No. 3. S. 339-361.   BZ 4464:36

Los Ingleses hablan de la guerra. Responden oficiales argentinos combatientes en las Malvinas. Buenos Aires: Ed. Grandes Temas 1983. 29 S.   Bc 01453

Malvinas. La historia oficial de la guerra. Londres: Latin American Newsletters 1983. 59 S.   Bc 01073

Martins, U. B. L.: A Guerra das Malvinas um Ponta de Vista Anfíbio. In: Revista maritima Brasileira. Ano 104, 1984. Nos. 10-12. S. 48-62.   BZ 4630:104

Moore, J.: The Falklands compain - the lessons. In: Jane's naval review. Vol. 3, 1983/84. S. 9-20.   BZ 05470:3

Palazzi, R. O.: El transporte aereo en la guerra de las Malvinas. 1. 2. In: Defensa. Año 7, 1984. No. 74. S. 58-63;

No. 75. S. 60-65. BZ 05344:7
Pleiner, H.: Infanterie im Falklandkrieg 1982. In: Österreichische
militärische Zeitschrift. Jg. 23, 1985. H. 4. S. 326-339. BZ 05214:23
Túrolo, C. M.; Menéndez, M. B.: Malvinas. Testimonio de su
gobernador. Buenos Aires: Ed. Sudamericana 1983. 337 S. B 52392
Underwood, G.: Our Falklands War. The men of the task force
tell their story. Liskeard: Maritime Books 1983. 144 S. Bc 01282
Vidigal, A. A. F.: Conflito no Atlântico sul. In: Revista maritima
Brasileira. Ano 104, 1984. Nos. 10, 11e 12. S. 3-29. BZ 4630:104
Wassilieff, A.: Batailles aux Malouines. Paris: Clattès 1982.
273 S. B 48962

Grenada

Caballero Jurado, C.: Grenada, un año después. In: Defensa.
Año 7, 1984. No. 78. S. 52-63. BZ 05344:7
Castro, F.: La Invasión a Granada. Mexico: Ed. Katún 1983.
154 S. B 54826
Gilmore, W. C.: The Grenada intervention. Analysis and documentation. Berlin: Berlin-Verl. 1984. 116 S. Bc 4351
Grenada. Whose freedom? London: Latin America Bureau 1984.
128 S. Bc 4867
Generalprobe Grenada. Augenzeugenberichte und Analysen. Hamburg: Konkret Literatur Verl. 1984. 190 S. B 52091
Die Grenada-Invasion. Reaktionen in Presse u. Rundfunk der Dritten Welt. Hamburg: Inst. f. Iberoamerika-Kunde 1983. 139 S. Bc 01356
Hamilton, C.: US foreign policy and Grenada. In: Race and class.
Vol. 26, 1984. No. 2. S. 63-74. BZ 4811:26
Heinrich, E.; Ullrich, K.: Nacht über Grenada. Die Geschichte
einer USA-Aggression. Berlin: Dietz 1983. 79 S. Bc 4595
Kenworthy, E.: Granada as theater. In: World policy journal.
Vol. 1, 1984/85. No. 3. S. 635-651. BZ 4822:1
Krafft, U.: Der Fall Grenada. Ein Rückschlag für die Sowjetunion.
Bonn: Köllen 1984. 100 S. Bc 4519
Motley, J. B.: Grenada: low-intensity conflict and the use of U. S.
military power. In: World affairs. Vol. 146, 1983/84. No. 3.
S. 221-238. BZ 4773:146
Nitoburg, E. L.: Grenada: Bol'šaja lož i razboj Vašingtona.
[Washingtons große Lüge: Grenada.] In: Voprosy istorii.
God 1985. No. 1. S. 107-119. BZ 05317:1985

Andere Kriege

Millan, V.; Goldblat, J.: La guerra non declarada Honduras-
Nicaragua. 1. 2. In: Defensa. Año 7, 1984. No. 76-77. S. 92-103;
78. S. 27-31. BZ 05344:7

L Länderteil

L 000 Mehrere Erdteile

L 020 Naher und Mittlerer Osten

d. Land und Volkstum

Danforth, S.C.: The social and political implications of muslim Middle Easter women's participation in violent political conflict. In: Women and politics. Vol. 4, 1984. No. 1. S. 35-54. BZ 4763:4
Frauen im palästinensischen Widerstand. Berlin 1984. 98 S. D 03129
Najm, A.: Die Christen im Orient und der Islam. 2. Aufl. Bonn: Résistance Libanaise 1983. 39 S. Bc 4525

Palästinenser

Cobban, H.: The Palestinian Liberation Organisation. Cambridge: Cambridge Univ. Pr. 1984. XII, 305 S. B 51338
Flores, A.: The Palestinians in the Israeli-Arab conflict. Social conditions and political attitudes.... Bonn: Europa-Union-Verl. 1984. 47 S. Bc 4527
Hünseler, P.: Die Krise der Palästinensischen Befreiungs-Organisation. In: Europa-Archiv. Jg. 40, 1985. Folge 4. S. 111-120. BZ 4452:40
Peleg, I.: Solutions for the Palestinian question: Israel's security dilemma. In: Comparative Strategy. Vol. 4, 1983. No. 3. S. 249-272. BZ 4686:4
Pelster, M.; Stuewe, H.: Israel in Palästina. Freiburg: Gesellschaft f. entwicklungspolit. Bildung 1985. 64 S. D 03214
Kein Platz für das palästinensische Volk? Dassel-Einbeck: Arbeitskreis Friedensbewegung 1982. 13 S. D 03156
Sharaf, S.: Die Palästinenser. Geschichte der Entstehung eines nationalen Bewußtseins. Laxenburg: AIIA 1983. 214 S. B 51040
Tana, F.: Il nuovo corso del movimento palestinese. In: Politica internazionale. Anno 13, 1985. No. 2. S. 36-56. BZ 4828:13

e. Politik

Arocena-Olivera, E.: Paz y guerra en el Medio Oriente.
Analisis historico-politico. Montevideo: Barreiro y Ramos 1982.
33 S.   Bc 4259

Aroian, L.A.; Mitchell, R.P.: The modern Middle East and
North Africa. New York: MacMillan 1984. XXI, 455 S.   09590

Benjelloun-Ollivier, N.: Armées et armements au Proche-Orient.
In: L'Afrique et l'Asie modernes. 1984. No. 141.
S. 22-46.   BZ 4689:1984

Ferrara, P.L.: East vs. West in the Middle East. New York:
Watts 1983. 90 S.   B 52278

Greilsammer, I.: Failure of the European "Initiatives" in the
Middle East. In: The Jerusalem Quarterly. No. 33, 1984.
S. 40-49.   BZ 05114:33

Sicherman, H.: Europe's role in the Middle East: Illusions and
realities. In: Orbis. Vol. 28, 1985. No. 4. S. 803-828.   BZ 4440:28

Stivers, W.: Supremacy and oil. Ithaca: Cornell Univ. Pr. 1982.
207 S.   B 50796

Vatikiotis, P.J.: Arab and regional Politics in the Middle East.
London: Croom Helm 1984. 267 S.   B 51750

Wilson, R.: Development planning in the Middle East. The impact
of foreign influences. London: Institute for the Study of Conflict
1984. 20 S.   Bc 4077

Ziring, L.: The Middle East political Dictionary. St. Barbara:
ABC-Clio Inf. Services 1984. XVIII, 452 S.   B 51405

k. Geschichte

Fighting Armies. Antagonists in the Middle East. A combat
assessment. Ed.: R.A. Gabriel. Westport: Greenwood 1983.
XIII, 176 S.   B 52592

Goldschmidt, A.: A concise History of the Middle East. 2.
ed. rev. and updat. Boulder: Westview 1983. XVI, 416 S.   B 51398

Hirst, D.: The Gun and the olive branch. The roots of violence
in the Middle East. 2., updat. ed. London: Faber and Faber 1984.
475 S.   B 51856

McNaugher, T.L.: Arms and allies on the Arabian peninsula.
In: Orbis. Vol. 28, 1984. No. 3. S. 489-526.   BZ 4440:28

Regional Security in the Middle East. Ed.: C. Tripp. Aldershot:
Gower 1984. VIII, 182 S.   B 52354

Tawil, C.: Der Nahe Osten - Krisenherd in den 80er und 90er
Jahren. Eine libanesische Stellungnahme. Bonn: Résistance
Libanaise 1983. 42 S.   Bc 4435

Diner, D.: Grenzprobleme im Palästinakonflikt. Frankfurt:
Haag u. Herchen 1983. 172 S. Bc 4234
Zur Geschichte des palästinensischen Widerstands. 1920-83. [o. O.]
1984. 35 S. D 03130
Hen-Tov, J.: The Middle East turmoil. In: U. S. Naval Institute.
Proceedings. Vol. 110, 1984. Suppl. No. 12. S. 52-59. BZ 05163:110
Israel und Palästina. Der Nahe Osten im Konflikt der Meinungen.
In Verbindung mit e. Arbeitsgruppe hrsg.: L. Vischer. Basel:
Reinhardt 1983. 173 S. B 50164
Kurth, J. R.: American perceptions of the Israeli-Palestinian
conflict and the Iranian-Iraqi war. The need for a new look. In:
Naval War College Review. Vol. 38, 1985. No. 1. S. 75-86. BZ 4634:38
Manousakis, G. M.: Wege zum Öl. Das Krisengebiet Nahost als
Faktor europäischer Sicherheit. Koblenz: Bernard & Graefe
1984. 163 S. B 52066
Der Palästinakonflikt. Hrsg.: R. Bernstein, Y. Hamdan, K. Schneider.
Bad Wörishofen: Sachon 1983. 384 S. B 49857
Der Palästina-Konflikt und was wir damit zu tun haben. Freiburg:
Informationszentrum Dritte Welt 1983. 262 S. B 50784
París, A.: Arabes y judios. ¿Imposible la paz? Madrid:
Ed. Fundamentos 1982. 187 S. B 51455
Quintana, S.: La Resistencia palestina. Estrategia, táctica y
clases sociales. México: Era 1980. 338 S. B 45058
Sollerman, E.: Vilse i Mellanöstern. Örebro: Libris 1983.
208 S. B 53321
Steinbach, U.: Kein Friede in Nahost. In: Jahrbuch Dritte Welt.
Jg. 2, 1984. S. 99-115. BZ 4793:2
Suleiman, M. W.: Development of public opinion on the Palestine
question. In: Journal of Palestine studies. Vol. 13, 1984. No. 3.
S. 87-116. BZ 4602:13
Viorst, M.: UNRWA and peace in the Middle East. Washington:
The Middle East Institute 1984. 62 S. Bc 4623

L 050 Weltpolitische Blöcke

L 053 Ostblock

Communist nations' military Assistance. Ed.: J. F. Copper and
D. S. Papp. Boulder: Westview 1983. XII, 201 S. B 52630
Brada, J. C.: Die sowjetische Subventionierung Osteuropas: Der
Primat der Wirtschaft über die Politik. In: Osteuropa-Info. 1985.
Nr. 60. S. 57-70. BZ 4778:1985
Censorship and political communication in Eastern Europa.
A collection of documents. Ed.: G. Schöpflin.

New York: St. Martin's Pr. 1983. VI, 175 S. B 52967
The [Council for Mutual Economic Assistance] CMEA Five Year Plan
(1981-1985) in a new perspective. Les plans quinquennaux du
CAEM (1981-1985) dans une perspective nouvelle. Coll. 1982.
Brussels: NATO 1983. 309 S. B 50621
Dietz, R.: Wer gewinnt im COMECON-Handel? In: Osteuropa-Info.
1985. Nr. 60. S. 9-24. BZ 4778:1985
Equality and inequality under socialism. Poland and Hungary compared. Beverly Hills: Sage 1983. 201 S. B 51395
Favale, M.: Prospettive est-ovest: viste dalle radici. In: Affari
esteri. Anno 17, 1985. No. 65. S. 13-25. BZ 4373:17
Hedlund, S.: Öststatsekonomi och säkerhetspolitik. In: Kungliga
Krigsvetenskapsakademiens tidskrift. Årg. 188, 1984. H. 3.
S. 97-107. BZ 4718:188
Lefort, C.: L'Invention démocratique. Les limites de la domination
totalitaire. Paris: Fayard 1981. 347 S. B 49992
Political Legitimation in communist states. Ed.: T. H. Rigby and
F. Fehér. London: Macmillan 1982. XIII, 177 S. B 52236
Machowski, H.: Bilanz und Perspektiven der Wirtschaftsintegration. In: Europäische Rundschau. Jg. 12, 1984. H. 4.
S. 65-81. BZ 4615:12
Nelson, D. N.: Charisma, control, and coercion. The dilemma of
communist leadership. In: Comparative politics. Vol. 17, 1984/85.
No. 1. S. 1-15. BZ 4606:17
Nyers, R.: Vergangenheit, Gegenwart und Zukunft der RGW-
Integration. In: Europäische Rundschau. Jg. 12, 1984. H. 4.
S. 45-64. BZ 4615:12
Schaff, A.: Sind die sozialistischen Länder sozialistisch? In:
Europäische Rundschau. Jg. 11, 1983. 3. S. 13-26. BZ 4615:11
Selucký, R.: Das gegenwärtige Dilemma der sowjetisch-osteuropäischen Integration. In: Osteuropa-Info. 1985. Nr. 60.
S. 25-54. BZ 4778:1985
Developed Socialism in the Soviet Bloc. Ed.: J. Seroka [u. a.].
Boulder: Westview 1982. VIII, 197 S. B 52689
White, S.; Gardner, J.: Schöpflin, G.: Communist political
System. New York: St. Martin's Pr. 1982. VIII, 293 S. B 50777

L 059.1 Blockfreie Staaten

Gopal, K.: Non-alignment and power politics. A documentary
survey. New Delhi: V. I. Publ. 1983. XVI, 215 S. B 51623
Mates, L.: Es begann in Belgrad. Zwanzig Jahre Blockfreiheit.
Percha: Schulz 1982. 429 S. B 48548
Moita, L.: El Movimiento de los no alineados. Historia y doctrina.
Madrid: Ed. Revolución 1983. 129 S. Bc 4430
The Principles of non-alignment. Ed.: H. Köchler. London:
Third World Centre 1982. VII, 281 S. B 49453

Non-alignment in contemporary international relations. Ed. :
K. P. Misra, K. R. Narayanan. Repr. New Delhi: Vikas 1983.
VIII, 285 S. B 51622
Nouvel Ordre international et Non Alignement. Bandoung/Bagdad
1955-1982. Rec. et doc. Publie par... N. Firzli. Paris: Ed. du
Monde Arabe 1982. 576 S. B 49986
Shahul, H. A. C. : In Pursuit of peace. On non-alignment and
regional cooperation. New Delhi: Vikas 1983. XIX, 121 S. B 51610

L 059.2 Dritte Welt

Aiyar, S. S. : Prospects for south-south cooperation. In: IDSA
journal. Vol. 15, 1982. No. 2. S. 296-314. BZ 4841:15
Ausstellungen zur "3. Welt". Materialien des Kulturbüros in der
Werkstatt 3. Hamburg: 1985. 28 S. D 3152
Betz, J. : Waffen, Hunger und Krieg. Rüstung in der Dritten Welt.
In: S und F: Vierteljahresschrift für Sicherheit und Frieden.
Jg. 2, 1984. H. 2. S. 41-47. BZ 05473:2
Castro, F. : Wenn wir überleben wollen. Die ökonomische und
soziale Krise der Welt. Bericht an die VII. Gipfelkonferenz der
nichtpaktgebundenen Staaten. Dortmund: Weltkreis-Verl. 1984.
296 S. B 51881
Dieser Tag voller Vulkane. Ein Dritte-Welt-Lesebuch. Hrsg. :
C. Schaffernicht. Fischerhude: Verl. Atelier im Bauernhaus 1983.
255 S. B 50834
Franck, T. M. : Human Rights in Third World perspective.
Vol. 1-3. London: Oceana Publ. 1982. XXVIII, 510; VIII, 556;
VII, 506 S. B 51583
Hilbert, R. ; Oehlmann, C. ; Tammen, H. : Zur Rolle multi-
nationaler Konzerne in der Dritten Welt. Bonn: Dt. Gesellschaft für
Friedens- u. Konfliktforschung 1983. 15 S. Bc 01311
Huhle, R. : Der Kreislauf des Giftes - noch immer ungebremst.
In: Blätter des iz3w. 1984. Nr. 120. S. 15-21. BZ 05130:1984
IWF - Weltbank. Entwicklungshilfe oder finanzpolitischer Knüppel
für die 'Dritte Welt'? 2. Aufl. Stuttgart: Arbeitskreis Entwicklungs-
politik, Bund Dt. Katholischen Jugend 1985. 48 S. D 3199
Dokumentation Kaffee. Hrsg. : Gesellschaft zur Förderung der
Partnerschaft mit der Dritten Welt. Schwelm: GEPA 1984.
43 S. D 03166
Karp, A. : Ballistic missiles in the Third World. In: International
security. Vol. 9, 1984/85. No. 3. S. 166-195. BZ 4433:9
Liberation and development. Proceedings of an international seminar,
Paimio, Finland, July 16-19, 1981. Ed. : T. Melasuo. Tampere:
Finnish Peace Research Association 1983. 257 S. B 50828
Materialien gegen Bevölkerungspolitik. 2. , erw. u. teilw. verb. Aufl.
Hamburg 1984. 70 S. D 03197
Mellquist, E. D. ; Holmstroem, A. : Den tredje Verden efter

1945. 50 landes efterkrigshistorie. København: Munksgaard 1983.
228 S. B 51914
Die "andere" Natur. In: Blätter des iz3w. 1985. Nr. 125.
S. 7-36. BZ 05130:1985
Ökologie und Dritte Welt. Hrsg.: Verein zur Förderung entwicklungspädagogischer Zusammenarbeit. Hamburg: Bundeskongreß entwicklungspolit. Aktionsgruppen 1985. 98 S. D 03259
Panglaykim, J.: New international economic order. In: IDSA journal. Vol. 15, 1982. No. 2. S. 280-295. BZ 4841:15
Regionalkonflikte in der Dritten Welt. Hrsg.: K. M. Khan [u. a.].
München, Köln: Weltforum-Verl. 1981. 712 S. B 52205
Roux, C.: La crise des politique de développement appliquées au Tiers-Monde. In: Le mois en Afrique. T. 19, 1984. H. 217-218.
S. 74-80, 97-104; 219-220. S. 76-80, 97-105. BZ 4748:19
Schmidt, C.: Dépenses militaires, industries d'armament et endettement du Tiers Monde. In: Défense Nationale. Année 40,
1984. No. 12. S. 75-84. BZ 4460:40
Singleton, S.: "Defense of the gains of socialism": Soviet Third World policy in the mid-1980s. In: The Washington quarterly.
Vol. 7, 1984. No. 1. S. 102-115. BZ 05351:7
Vachon, G. K.: Chemical weapons and the Third World. In: Survival. Vol. 26, 1984. No. 2. S. 79-86. BZ 4499:26
Welch, C. E.: Civil-military relations: perspectives from the Third World. In: Armed forces and society. Vol. 11, 1985. No. 2.
S. 183-197. BZ 4418:11
Lexikon Dritte Welt. Hrsg.: D. Nohlen. Reinbek: Rowohlt 1984.
636 S. B 51376
Die Dritte Welt in der Krise. Grundprobleme der Entwicklungsländer.
Hrsg.: P. J. Opitz. München: Beck 1984. 273 S. B 51711
Dritte Welt im Schuldenturm. In: Blätter des iz3w. 1984. Nr. 119.
S. 22-30. BZ 05130:1984
Widerstand für Leben und Befreiung. In: Blätter des iz3w. Nr. 124.
S. 14-45. BZ 05130:1985
The Third World. Premises of U. S. policy. Ed.: W. S. Thompson
Rev. ed. San Francisco: ICS Pr. 1983. XII, 319 S. B 51195

L 080 Entwicklungsländer

Soziale Bewegungen in Entwicklungsländern. Hrsg.: R. Hanisch.
Baden-Baden: Nomos Verl. Ges. 1983. 345 S. B 50921
Christen und Revolution. Hrsg.: K. Schimpf [u. a.].Kassel:
Ladok 1984. V, 258 S. B 49146
EG-Politik der Zusammenarbeit mit Entwicklungsländern. Perspektiven im Lichte d. Wandels d. Nord-Süd-Beziehungen u. d. EG-Fortentwicklung. München: Weltforum-Verl. 1982.
VIII, 176 S. Bc 4401
Faulwetter, H.; Stier, P.: Entwicklungsländer am Scheideweg.

Frankfurt: Verl. Marxistische Blätter 1984. 168 S. Bc 4788
K i m , G. : The arms race and its consequences for Developing
countries. In: Asian survey. Vol. 24, 1985. No. 11.
S. 1099-1107. BZ 4437:24
Loehr, W.; Powelson, J.P.: Threat to development. Pitfalls
of the NIEO. Boulder: Westview 1983. XIV, 170 S. B 50944
M a s h a t , A. -M. M. al-: National Security in the Third World.
Boulder: Westview 1985. XVII, 153 S. Bc 5052
M i k e s e l l , R.F.; K i l m a r x , R.A.; K r a m i s h , A.M.: The
Economics of foreign aid and selfsustaining development.
Boulder: Westview 1983. XII, 106 S. B 52688
P o n e m a n , D. : Nuclear Power in the developing world. London:
Allen & Unwin 1982. XI, 254 S. B 50961
R o b b e , M. : Die Stummen in der Welt haben das Wort. Entwicklungs-
länder: Bilanz und Perspektive. Berlin: Verl. Neues Leben 1984.
178 S. Bc 4738
S c h r e i b e r , P. : Haupttendenzen des imperialistischen Rüstungs-
exports in Entwicklungsländer. In: IPW-Berichte. Jg. 13, 1984.
H. 10. S. 14-20. BZ 05326:13
Süd-Süd-Beziehungen. Hrsg.: V. Matthies. München: Weltforum Verl.
1982. V, 423 S. B 48128
Unterdrückung, Hunger, Krieg, die Folgen imperialistischer Politik.
Materialien gegen d. Weltwirtschaftsgipfel vom 2. -4. Mai in Bonn.
Göttingen: Arbeitskreis gegen Atomenergie 1985. 73 S. D 03213
W e i s s , T.G.; J e n n i n g s , A. : More for the least? Prospects
for the poorest countries in the eighties. Lexington: Lexington
Books 1983. XIII, 176 S. B 50964

B e t z , J. : Lomé III: Bewahrung des Erreichten und Priorität für
die Landwirtschaft. In: Aus Politik und Zeitgeschichte. 1985.
Nr. 27. S. 17-26. BZ 05159:1985
B e t z , J. : Die Neuverhandlungen des Lomé-Abkommens. In:
Jahrbuch Dritte Welt. 3, 1985. S. 71-86. BZ 4793:3
F r i s c h , D. : "Lome III" - Das neue Abkommen zwischen der
Europäischen Gemeinschaft und den AKP Staaten. In: Europa-
Archiv. Jg. 40, 1985. Folge 3. S. 57-68. BZ 4452:40
L i v i , G. : Continuità e innovazioni di Lomé III. In: Politica
internazionale. Anno 13, 1985. No. 2. S. 27-35. BZ 4828:13

L 100 Europa/Mittel- und Westeuropa

e. Staat/Politik

e. 1 Innenpolitik

Aston, C.C.: Political Hostage - Taking in Western Europe.
London: The Institute for the Study of Conflict 1984. 21 S.   Bc 4097
Bocklet, R.: Die Verfassungsentwicklung der Europäischen
Gemeinschaft. In: Politische Studien. Jg. 35, 1984. Nr. 274.
S. 133-144.   BZ 4514:35
European Convention on human rights. Convention européenne des
droits de l'homme. Europäische Menschenrechtskonvention.
Ed.: H. Miehsler u. H. Petzold. Vol. /Bd 1.2. Köln: Heymanns
1982. Getr. Pag.   B 51425
Cook, C.; Paxton, J.: European political Facts. 1-3. New York:
Facts on File 1978-1981. Getr. Pag.   B 51516
L'Europe occidentale vue de Moscou. Paris: GERSS 1984.
103 S.   Bc 4861
The other Western Europe. 2. ed. St. Barbara: ABC-Clio Information
Services 1983. 288 S.   B 51283
From dictatorship to democracy. Coping with the legacies of
authoritarianism and totalitarianism. Ed.: J. H. Herz. Westport:
Greenwood 1982. XII, 311 S.   B 53151
Europäische Integration. Debatte im Bundesrat am 8. Februar 1985.
Bonn: Bundesrat 1985. 36 S.   Bc 4920
Sieger, G. J.: Die Europäische Gemeinschaft. Eine Hoffnung für
den Frieden. München: Schulz 1983. 222 S.   B 51803
Stadtlmann, H.: Die Europäische Gemeinschaft nach der französischen Ratspräsidentschaft. Die Bedeutung der gemeinsamen
Rolle Frankreichs und der Bundesrepublik Deutschland. In: Europa
Archiv. Jg. 39, 1984. Folge 15. S. 447-454.   BZ 4452:39
Ungerer, W.: Europäische Perspektiven nach Fontainebleau.
In: Aussenpolitik. Jg. 35, 1984. H. 4. S. 394-408.   BZ 4457:35

e. 1.3 Parlamentswesen/Wahlwesen

Die Abgeordneten Europas. Möglichkeiten und Leistungen.
Baden-Baden: Nomos 1984. 372 S.   B 51948
Blumler, J.G.; Fox, A.D.: The European Voter. Popular
responses to the first community election. London:
Policy Studies Inst. 1982. X, 183 S.   B 49593
Brauch, H.G.: Perspektiven einer europäischen Friedensordnung.
Kann d. Europ. Parlament eine Rolle beim Zustandekommen einer

europ. Friedensordnung spielen? Vorw.: R. Linkohr.
Berlin: Berlin-Verl. 1983. 94 S. Bc 4406
Een democratisch Europa. Zin en noodzaak van het Europees
Parlement. Onder red. van A. Kooyman. Assen: Van Gorcum 1984.
159 S. B 52995
Herausforderung Europa. Grundsatzpositionen, Verwirklichungen
und Zielsetzungen der Fraktion der EVP, 1979 bis 1984.
Strassburg: Fraktion d. EVP (CD-Fraktion) d. Europ. Parl. 1983.
XII, 276 S. B 51076
Garosci, A.: Elezioni Europee: dopo una campagna elettorale.
In: Affari esteri. Anno 16, 1984. No. 63. S. 283-292. BZ 4373:16
Grabitz, E.; Schmuck, O.: Das Europäische Parlament im
Verflechtungssystem der EG. In: Zeitschrift für Parlamentsfragen.
Jg. 15, 1984. H. 3. S. 427-440. BZ 4589:15
Karasek, F.: Der Europarat - seine Rolle, seine Möglichkeiten.
In: Europäische Rundschau. Jg. 13, 1985. Nr. 2. S. 23-34. BZ 4615:13
Schendelen, M. P. C. M. van: Das Geheimnis des Europäischen
Parlaments: Einfluss auch ohne Kompetenzen. In: Zeitschrift für
Parlamentsfragen. Jg. 15, 1984. H. 3. S. 415-426. BZ 4589:15
Sweeney, J. P.: The left in Europe's parliament. In: Comparative
politics. Vol. 16, 1984. No. 2. S. 171-190. BZ 4606:16
Troltsch, K.: Der Verhaltenskodex von Abgeordneten in westlichen
Demokratien. In: Aus Politik und Zeitgeschichte. 1985. Nr. 24/25.
S. 3-16. BZ 05159:1985

e. 1.4 Parteiwesen

Benser, G.: Antifaschistischer Widerstand und Überwindung des
Faschismus als europäisches Problem. In: Zeitschrift für
Geschichtswissenschaft. Jg. 33, 1985. Nr. 5. S. 403-415. BZ 4510:33
Calvo-Serer, R.: Eurocomunismo, presidencialismo y cristianis-
mo. Madrid: Unión Ed. 1982. 327 S. B 51878
Hoffman, B.: Right-wing terrorism in Europe. In: Conflict.
Vol. 5, 1984. No. 3. S. 185-210. BZ 4687:5
Koninski, W.: Neo-Nationalismus in den peripheren Regionen
Europas. Theoriediskussion, historische Substanz und europäische
Regionalpolitik. Rossdorf: Brinkhaus 1982. VIII, 342, 64 S. B 50057
Müller-Rommel, F.: New social movements and smaller parties:
a comparative perspective. In: West European politics.
Vol. 8, 1985. No. 1. S. 41-54. BZ 4668:8
Les Partis communistes des pays latins et l'Internationale commu-
niste dans les annés 1923-1927. Dordrecht: Reidel 1983.
XLIX, 703 S. B 52255
Partiti moderati e conservatori europai. A cura di R. Morgan e
S. Silvestri. Padova: Studio Tesi 1983. XIX, 371 S. B 51161
Treydte, K. P.: Kontinuität und Wandel. Tendenzen d. Parteien-
demokratie in Westeuropa. Expertengespräch in Brüssel,

4.-5. Nov. 1982. Bonn: Friedrich-Ebert-Stiftung 1982. 34 S. Bc 4329
Europäische Volkspartei. 30 Jahre, 1953-1983. Fraktion d. Europ.
Volkspartei (Christl.-demokrat. Fraktion). Trier 1983:
Paulinus-Dr. 56 S. Bc 4156

e. 2 Außenpolitik

Albrecht, U.: European security and the German question. In:
World policy journal. Vol. 1, 1984/85. No. 3. S. 575-602. BZ 4822:1
Antola, E.: Peaceful change as a model for Europe. In: Current
research on peace and violence. Vol. 7, 1984. No. 4.
S. 229-246. BZ 05123:7
Europa: Sicherheitsgemeinschaft oder Krieg. Hrsg.: C. G. Jacobsen.
Köln: Pahl-Rugenstein 1984. 146 S. B 51905
Europa und Amerika. Ende einer Ära. Hrsg.: M. J. Laski [u. a.].
Weinheim, Basel: Beltz 1984. 200 S. B 51718
Frediani, C. M.: Il progretto di trattato sull'unione Europea.
In: Affari esteri. Anno. 16, 1984. No. 63. S. 314-327. BZ 4373:16
Harris, S.; Bridges, B.: European Interests in ASEAN. London:
Routledge and Kegan Paul 1983. 89 S. Bc 4050
Nielsen, H. K.: EF, Europa og os! Arhus: SP Forl. 1983.
59 S. Bc 4730
Perrone-Capano, C. di: Europa - America Latina: evoluzione di
un rapporto difficile. In: Affari esteri. Anno 17, 1985. No. 65.
S. 26-38. BZ 4373:17
National foreign Policies and European political cooperation.
Ed.: C. Hill. London: Allen & Unwin 1984. XIII, 207 S. B 50724
Radway, L.: Let Europe be Europe. In: World policy journal.
Vol. 1, 1983/84. No. 1. S. 23-43. BZ 4822:1
Schmidt, M.; Bedingungen und Möglichkeiten zur Fortsetzung
der Politik friedlicher Koexistenz in Europa. In: IPW-Berichte.
Jg. 13, 1984. H. 9. S. 1-8, 38. BZ 05326:13
Schoenefeldt, H.; Stradt, J.: Atomwaffenfreie Zone in Mittel-
europa - Teil einer alternativen Sicherheitspolitik. In: Konsequent.
Jg. 14, 1984. H. 3. S. 86-95. BZ 4591:14

g./h. Wirtschaft und Gesellschaft

Deubner, C.: Die Außenwirtschaft der Europäischen Gemeinschaft.
In: Aus Politik und Zeitgeschichte. 1985. B 17/85.
S. 36-46. BZ 05159:1985
Europe moins la France. Paris: C.E.R.M.T.R.I. 1981. 47 S. 09497
Lecher, W.: Gewerkschaften in Europa. In: Aus Politik und
Zeitgeschichte. 1984. H. 51-52. S. 29-46. BZ 05159:1984
Il piano Marshall e l'Europa. A cura di E. A. Rossi. Roma: Istituto
della Enciclopedia Italiana 1983. 219 S. B 52080

Hudson, R.; Rhind, D.; Mounsey, H.: An Atlas of EEC
affairs. London: Methuen 1984. 158 S. 09721
Rothacher, A.: Economic Diplomacy between the European
Community and Japan 1959-1981. Aldershot: Gower 1983.
XVII, 377 S. B 52524
Vanlaer, J.: 200 Millions de voix. Une géographie des familles
politiques européennes. Bruxelles: Soc. Royale Belge de
Géographie 1984. 112 S. Bc 01368
Der europäische Wettbewerb. Ein Weg der Jugend zu Europa. Bearb.
u. Red.: C. Hagemann, A. Lipski. Bonn: Zentrum f. Europ. Bildung
1984. 80 S. Bc 4935

f. Wehrwesen

Adragna, S. P.: Technology and the defense of Europe. In: The
Journal of social, political and economic studies. Vol. 9, 1984.
No. 4. S. 387-403. BZ 4670:9
Barth, P.; Mechtersheimer, A.; Reich-Hilweg, I.:
Europa - atomwaffenfrei! München: ibf-Verl. 1983. 207 S. Bc 4224
Böge, V.; Schülert, I.: Ein westeuropäischer Militärpakt wird
aktiviert. Zur Belebung der WEU als Mittel der "Europäisierung"
der Sicherheitspolitik. In: Kommune. Jg. 3, 1985. Nr. 2.
S. 15-24. BZ 05452:3
Capitanchik, D. B.; Eichenberg, R. C.: Defence and public
opinion. London: Routledge & Kegan Paul 1983. XI, 98 S. B 50747
Der Dezember naht: Europa vor der Entscheidung. Moskau:
Verl. Progress 1983. 31 S. Bc 3964
Europäisierung der NATO. Hrsg.: Initiative "Kein Frieden mit der
NATO- Raus aus der NATO". Münster 1984. Getr. Pag. D 03189
Freedman, L.: Nuclear weapons in Europe: is there an arms
race? In: Millennium. Journal of international studies.
Vol. 13, 1984. No. 1. S. 57-64. BZ 4779:13
Hoffmann, H. G.: Europa vor dem Problem der Raketenabwehr.
In: Aussenpolitik. Jg. 36, 1985. Nr. 2. S. 136-146. BZ 4457:36
Hoffmann, H. G.: A missile defense for Europa. In: Strategic
Review. Vol. 12, 1984. No. 3. S. 45-55. BZ 05071:12
Holmes, K. R.: Europeanizing NATO. In: The Washington
quarterly. Vol. 7, 1984. No. 2. S. 59-68. BZ 05351:7
Howe, G.: The European pillar. In: Foreign affairs. Vol. 63,
1984/85. No. 2. S. 330-343. BZ 05149:63
Kaldor, M.: Beyond the blocs. Defending Europe the political way.
In: World policy journal. Vol. 1, 1983/84. No. 1. S. 1-21. BZ 4822:1
Kaldor, M.: Europe after cruise and Pershing II. In: Millennium.
Journal of international studies. Vol. 13, 1984. No. 1.
S. 73-81. BZ 4779:13
Manel, M.: L'Europe face aux SS 20. Paris: Berger-Levrault
1983. 320 S. B 52983

Mearsheimer, J.J.: Nuclear weapons and deterrence in Europe.
In: International security. Vol. 9, 1984/85. No. 3.
S. 19-46. BZ 4433:9
Mellors, C.; McKean, J.: The politics of conscription in
Western Europe. In: West European politics. Vol. 7, 1984. No. 3.
S. 25-42. BZ 4668:7
Müller, C.: Heerlager Europa. Zürich: Verl. Neue Zürcher Zeitung
1983. 191 S. B 51045
Olsen, L.: 572. - Nye atomraketter i.Europa? 2. opl. Egtved:
Fredsbewaegelsens Forl. 1983. 48 S. Bc 4744
Owen, D.: A new defence dynamic for Europe in NATO. In: NATO's
sexteen nations. Vol. 29, 1984. No. 5. S. 19-24. BZ 05457:29
Petraeus, D.H.: Light infantry in Europe. Strategic flexibliity
and conventional deterrence. In: Military review. Vol. 64, 1984.
No. 12. S. 35-55. BZ 4468:64
Schwed, P.; Bagnouls, H.: Vers une défense européenne.
In: Défense nationale. Année 40, 1984. 10. S. 43-58. BZ 4460:40
Strachan, H.: European Armies and the conduct of war. London:
Allen & Unwin 1983. 224 S. B 51137
Strachan, H.: Conventional defence in Europe. In: International
Affairs. Vol. 61, 1984. No. 1. S. 27-44. BZ 4447:61
Nuclear Weapons in Europe. New York: Council on Foreign Relations
1984. 118 S. Bc 4876
Militärgroßmacht Westeuropa? Zur Bedeutung d. "Europäisierung
der Sicherheitspolitik" u. d. Belebung d. "Westeuropäischen Union"
(WEU). Bonn: Die Grünen 1985. 31 S. D 3156
Yost, D.S.: European anxieties about Ballistic Missile Defense.
In: The Washington quarterly. Vol. 7, 1984. No. 4.
S. 112-129 BZ 05351:7
Zellner, W.: Politik der geliehenen Stärke. In: Blätter für
deutsche und internationale Politik. Jg. 29, 1984. H. 11.
S. 1295-1308. BZ 4551:29

Europäische Sicherheit

Arms control and European security. Ed.: J. Alford. Aldershot:
Gower 1984. VIII, 147 S. B 52357
Auton, G.P.: European Security and the INF Dilemma. In: Arms
Control. Vol. 5, 1984. No. 1. S. 3-53. BZ 4716:5
Bruns, W.; Krause, C.; Lübkemeier, E.: Sicherheit durch
Abrüstung. Bonn: Verl. Neue Gesellschaft 1984. 164 S. B 52266
Dokumente zur westeuropäischen Sicherheitspolitik. Die Tagungen
der Bündnisgremien im Herbst 1984. In: Europa-Archiv.
Jg. 40, 1985. Folge 3. S. D 73-D 88. BZ 4452:40
Haagerup, N.J.: The European security identity. In: NATO's
sixteen nations. Vol. 29, 1984. No. 5. S. 36-40. BZ 05457:29
Heitzer, H.; Keiderling, G.: Zum Wechselverhältnis von
kollektiver und nationaler Sicherheit in Europa nach 1945. In: Zeit-

schrift für Geschichtswiss. Jg. 33, 1985. Nr. 6. S. 507-527. BZ 4510:33
Kimminich, O.: Was heißt Kollektive Sicherheit? In: S und F: Vierteljahresschrift für Sicherheit und Frieden. Jg. 2, 1984.
H. 1. S. 5-12. BZ 05473:2
Lodgaard, S.: Policies of common security in Europe. In: Current research an peace and violence. Vol. 7, 1984. No. 4.
S. 200-208. BZ 05123:7
Lutz, D. S.: Auf dem Weg zu einem System Kollektiver Sicherheit in und für Europa. In: S und F: Vierteljahresschrift für Sicherheit und Frieden. Jg. 2, 1984. H. 1. S. 12-25. BZ 05473:2
Müller, A. A. C. von: Die Kunst des Friedens. Grundzüge einer europäischen Sicherheitspolitik für die 80er und 90er Jahre. München, Wien: Hanser 1984. 131 S. B 51688
Müller, M.: Damit Europa überlebt...! Berlin: Staatsverl. der DDR 1984. 143 S. Bc 4789
Poettering, H.-G.: Eine neue europäische Sicherheitspolitik? In: Aussenpolitik. Jg. 36, 1985. Nr. 2. S. 147-156. BZ 4457:36
Wallace, W.: European defence co-operation. The reopening debate. In: Survival. Vol. 26, 1984. No. 6. S. 251-261. BZ 4499:26

k. Geschichte

Botting, D.: The Aftermath Europe. Alexandria 1983. 208 S. 09568
Botting, D.: Europa nach dem Krieg. Amsterdam: Time Life Bücher 1983. 208 S. 09538
Europa nach dem Zweiten Weltkrieg 1945-1982. Frankfurt: Fischer 1983. 587 S. B 52353
Laqueur, W.: Europe since Hitler. Rev. ed. Harmondsworth: Penguin Books 1983. 607 S. B 49123
Mayer, A. J.: Adelsmacht und Bürgertum. München: Beck 1984. 342 S. B 51546
Newman, K. J.: Zerstörung und Selbstzerstörung der Demokratie. 2. durchges. Aufl. m. e. neuen Einl. d. Verf. Stuttgart: Hirzel 1984. XXXII, 533 S. B 53920
Vigliar, E.: L'Unione Europea all'epoca del progetto Briand. Milano: Giuffrè 1983. 170 S. Bc 4290

L 103 Osteuropa

Brunner, G.: Die osteuropäischen Staaten im Ost-West-Konflikt. In: Südosteuropa. Jg. 33, 1984. H. 6. S. 327-340. BZ 4762:33
Davy, R.: Eastern Europe: New policies for old. In: The Washington quarterly. Vol. 7, 1984. No. 2. S. 29-41. BZ 05351:7
Dissent in Eastern Europe. Ed.: J. L. Curry. New York: Praeger 1983. VIII, 227 S. B 52676
Zur kommunistischen Erziehung der Schuljugend und Studenten.

Beiträge... Minsk-Jena im März 1982. Jena: Friedrich-Schiller-Univ. 1983. 154 S. Bc 4255

Gronemeyer, R.: Zigeuner in Osteuropa. Eine Bibliographie zu den Ländern Polen, Tschechoslowakei und Ungarn. Mit e. Anh. über ältere sowjetische Literatur. München, New York: Saur 1983. 280 S. B 52151

Gumpel, W.: Der Rat für gegenseitige Wirtschaftshilfe nach der Gipfelkonferenz vom Juni 1984. In: Südosteuropa. Jg. 33, 1984. H. 11-12. S. 612-620. BZ 4762:33

Harman, C.: Class struggles in Eastern Europe, 1945-83. 2nd ed. London: Pluto Pr. 1983. IX, 339 S. B 51129

Heller, A.; Fehér, F.: Osteuropa unter dem Schatten eine neuen Rapallo. In: Kommune. Jg. 3, 1985. Nr. 7. S. 53-57. BZ 05452:3

Hutchings, R. L.: Soviet-East European Relations. Consolidations and conflict 1968-1980. Madison: Univ. of Wisconsin Pr. 1983. XVI, 314 S. B 52601

Kogelfranz, S.: "Genosse, wir wollen euch erledigen!" Die Davongekommenen von Jalta. 1-4. In: Der Spiegel. Jg. 39, 1985. Nr. 3-6. Getr. Pag. BZ 05140:39

Kongreß Osteuropäische Oppositionsbewegungen - Westliche Friedensbewegung. Verbindungslinien/Widersprüche. 2.-4. Dez. 1983. Osnabrück. Dokumentation. Osnabrück: GAL d. Univ. 1985. 122 S. D 03293

Mendelsohn, E.: The Jews of East Central Europe between the world wars. Bloomington: Indiana Univ. Pr. 1983. XI, 300 S. B 52555

Nichts Neues an der finnisch-chinesischen Grenze. Der politische Witz aus Osteuropa. Hrsg.: H.-U. Engel. München: Olzog 1984. 96 S. Bc 4772

Foreign and domestic Policy in Eastern Europe in the 1980s. Trends and prospects. Ed.: M. J. Sodaro and S. L. Wolchik. London: Macmillan 1983. X, 265 S. B 51115

Quilitzsch, S.; Crome, E.: Die sozialistische Gemeinschaft zu Beginn der 80er Jahre. Haupttendenzen ihrer Entwicklung und Politik. Berlin: Staatsverl. d. DDR 1984. 141 S. Bc 4421

Roth, J.: Juden auf Wanderschaft. Köln: Kiepenheuer u. Witsch 1985. 84 S. Bc 5092

Sanning, W. N.: Die Auflösung des osteuropäischen Judentums. Tübingen; Buenos Aires: Grabert-Verl. 1983. XV, 319 S. B 51949

Schlarp, K.-H.: Formen und Krisen der parlamentarischen Demokratie in Osteuropa zwischen den beiden Weltkriegen. Die Tschechoslowakei, Polen und Jugoslawien im Vergleich. In: Zeitschrift f. Parlamentsfragen. Jg. 16, 1985. Nr. 1. S. 105-128. BZ 3589:16

Schöpflin, G.: Korruption, Informalismus, Irregularität in Osteuropa: Eine politische Analyse. In: Südosteuropa. Jg. 33, 1984. H. 7-8. S. 389-401. BZ 4762:33

Simon, J.: Cohesion and dissension in Eastern Europe. Six crises. New York: Praeger 1983. XVIII, 234 S.   B 52673

Summerscale, P.: The East European Predicament. Aldershot: Gower 1982. 147 S.   B 51105

Vajda, M.: The State and socialism. New York: St. Martin's Pr. 1981. 150 S.   B 50685

Valenta, J.: Revolutionary Change. Soviet Intervention, and "Normalization" in East-Central Europe. In: Comparative politics. Vol. 16, 1984. No. 2. S. 127-151.   BZ 4606:16

Vishniac, R.: A vanished World. New York: Farrar, Straus & Giroux 1983. Getr. Pag.   09627

Vogel, H.: Western security and the Eastern Bloc economy. In: The Washington quarterly. Vol. 7, 1984. No. 2. S. 42-60.   BZ 05351:7

Zinner, P. E.: East-West Relations in Europe. Observations and advice from the sidelines 1971-1982. Boulder: Westview Press 1984. XV, 164 S.   Bc 5050

L 111 Albanien

Albanien. Politische Haft und die Gesetze. Bonn: amnesty
international 1985. 59 S.   D 3172
D u m o n t , R. : Finis le lendemains qui chantent... 1. 2. Paris:
Éditions du Seuil 1983-84. 311, 333 S.   B 51370
Die Einschätzung Mao Tse-tungs und der Kampf zur Verteidigung des
Marxismus-Leninismus. Hrsg. : Gegen die Strömung.
Frankfurt 1981. 21 S.   D 03107
H o x h a , E. : Bericht über die Tätigkeit des Zentralkomitees der
Partei der Arbeit Albaniens. Tirana: Verl. "8 Nentori" 1981.
319 S.   B 51330
H o x h a , E. : Speeches. 1961-1970. Tirana: 8 Nentori 1977-80.
Getr. Pag.   B 51863
K a s e r , M. : Albanien gegen "Konservativismus" und "Liberalismus".
In: Europäische Rundschau. Jg. 13, 1985. Nr. 1.
S. 105-130.   BZ 4615:13
P u d d u , F. : "Flota Luftarake". In: Rivista marittima. Anno 118,
1985. No. 2. S. 37-48.   BZ 4453:118

L 119 Belgien

Albert I.:   1875-1934. Catalogue d' exposition rédigé par G. Desmeth
et traduit par J. Foret. Bruxelles: Bibliotheque Royale Albert I.
1984. 360 S.   Bc 4570
Bibliographie d' histoire militaire belge des origines au 1er août
1914. Bruxelles: Musée Royal de l' Armée 1979. 673 S.   B 54756
C a s e r t , R. : De Belgische radio-omroep en het oplossen van de
oorlogssituatie (1939-1947). In: Revue belge d' histoire contem-
poraine. 15, 1984. 3/4. S. 487-510.   BZ 4431:15
D e m a r e s t , G. : Flamen und Wallonen: Die feindlichen Brüder.
Belgiens Dauerkrise und ihre Geschichte. In: Damals. Jg. 16, 1984.
H. 10. S. 842-850.   BZ 4598:16
D o o r s l a a r , R. van: Anti-Communist activism in Belgium, 1930-44.
In: The socialist register. Vol. 21, 1984. S. 114-129.   BZ 4824:21
D u m o u l i n , M. : L' immigration italienne en Belgique avant 1914
et la politique. In: Risorgimento. Tomo 4, 1983. Nos. 1-2.
S. 41-57.   BZ 4720:4
L e g e i n , C. : Conribution à l' histoire des Trotskystes belges avant
la dernière guerre mondiale. Res. du memoire de N. de Beule.
Paris: C.E.R.M.T.R.I. 1982. 26 S.   09498
M e s e b e r g -Haubold, I. : Der Widerstand Kardinal Merciers gegen
die deutsche Besetzung Belgiens 1914-1918. Frankfurt:
Lang 1982. 400 S.   B 49548
M o r e l l i , A. : Le rôle des émigrés italiens dans les partis Belges
de l' entre-deux-guerres. In: Risorgimento. Tomo 4, 1983.

Nos. 1-2. S. 101-108. BZ 4720:4
Örn, T.: Det belgiska neutralitetsfallet. In: Kungliga Krigsvetenskapsakademiens tidskrift. Årg. 188, 1984. H. 5.
S. 219-233. BZ 4718:188

L 123 Bulgarien

Alexandrow, I.; Gozew, D.: Die Kämpfe des bulgarischen Volkes um seine Vereinigung (1878-1918). In: Revue internationale d'histoire militaire. 1984. No. 60. S. 95-124. BZ 4454:1984
Andonow, K.: Schaffung und Entwicklung der bulgarischen Volksarmee (9. September 1944-1955). In: Revue internationale d' histoire militaire. 1984. No. 60. S. 257-280. BZ 4454:1984
Blagoev, D.: Notizen aus meinem Leben. Berlin: Dietz 1984. 147 S. B 52261
Georgiew, L.: Bilanz und Perspektiven der Wirtschaftsreform in Bulgarien. In: Europäische Rundschau. Jg. 13, 1985. Nr. 1.
S. 131-141. BZ 4615:13
Grosser, I.: Wirtschaftsreformen in Bulgarien. Im Spannungsfeld zwischen ökonomischen und politischen Zwängen. In: Europäische Rundschau. Jg. 13, 1985. Nr. 1. S. 89-104. BZ 4615:13
Hegemann, M.: Georgi Dimitroff als Staatsmann. 1945-1949. Berlin: VEB Verl. d. Wissenschaften 1982. 42 S. Bc 01429
Iztok. Franko-bulgarische anarchistische Zeitschrift... Ursprünglich Schmuggelbroschüre, die v. d. bulgarischen Anarchisten im Exil hrsg. wird. 2. Aufl. Frankfurt: Aktion 1985. 12 S. D 3224
Lalkow, M.: Die nationale Befreiungsbewegung in Makedonien und Thrakien (1878-1912) aus der Sicht der Diplomaten der europäischen Großmächte. In: Revue internationale d'histoire militaire.
1984. No. 60. S. 124-146. BZ 4454:1984
Natoli, C.: Analisi del fascismo e lotta contro la guerra in Georgi Dimitrov: 1923-1939. In: Storia contemporanea.
Anno 16, 1985. No. 1. S. 5-44; 2. S. 251-295. BZ 4590:16
Ognjanow, L.: Der Soldatenaufstand von 1918. In: Revue internationale d'histoire militaire. 1984. No. 60.
S. 147-161. BZ 4454:1984
Oschlies, W.: Bulgariens Kurs in den achtziger Jahren. In: Aus Politik und Zeitgeschichte. 1985. Nr. 26. S. 3-20. BZ 05159:1985
Penkow, S.: Die bulgarische Kriegskunst während der 1300jährigen Geschichte Bulgariens. In: Revue internationale d'histoire militaire. 1984. No. 60. S. 300-318. BZ 4454:1984
Rettung der bulgarischen Juden - 1943. Eine Dokumentation. Hrsg.:
D. Ruckhaberle, C. Ziesecke. Berlin: Publica 1984. 117 S. 09649
Semerdshiew, A.: Die bulgarische Volksarmee und der Warschauer Vertrag. In: Revue internationale d'histoire militaire.
1984. No. 60. S. 281-299. BZ 4454:1984

L 125 Dänemark

e. Staat/Politik

Andersen, J.: Politiske Billeder - om politiske holdninger og
aktiviteter i Danmark. København: Aurora 1984. 141 S.   Bc 4740
Clausen, G. B.: Lov om søvaernets ordning af 23. marts 1932 -
med saerlig henblik på lovens tilblivelseshistorie. Et detailstudie.
In: Tidsskrift for søvaesen. Årg. 155, 1984. Nr. 3.
S. 140-170.   BZ 4546:155
Damgaard, E.: The importance and limits of party government:
problems of governance in Denmark. In: Scandinavian political
studies. Vol. 7, 1984. No. 2. S. 97-110.   BZ 4659:7
Det alternative Danmark. Vejviser over graesrødder og venstrefløj.
Red.: S. Lindhardt, P. M. Allarp, E. Pedersen. København:
Tidsskriftcentret 1983. 355 S.   B 50381
Doeygaard, H.: Danmark - set udefra. En debat-bog. København:
Munksgaard 1984. 96 S.   Bc 4342
Hartslev Finsen, G.: Om Politik. En introduktionsbog.
København: Reitzel 1981. 154 S.   B 51426
Hjorth, J.; Hansen, S.: Fredens Spioner - efterretningstjenestens krig mod fredsbevaegelsen. Egtved: Fredsbevaegelsens Forl.
1983. 116 S.   Bc 4732
Socialdemokratisk Kapitulationsforsvar i 1980'erne? Forsvarets
trovaerdighed - et forligspolitisk selvbedrag. Red.: B. Honoré.
Vaerløse: Kontrast 1983. 72 S.   Bc 4731
Liebetreu, H.: Dansk Socialpolitik 1974-1982. En analyse af den
socialpolitiske udvikling i relation til den nyliberale "markedsvejsstrategi" og den korporative "socialkontraktstrategi".
København: Soc. Økon. Forl. 1983. 240 S.   B 50840
Marx i Danmark. Historiske bidrag. Red.: G. Callesen, S. B. Larsen
og N. O. H. Jensen. København: SFAH 1983. 198 S.   B 50855
Modstand og frihed. En antologi til freds- og forsvarsdebatten i
Danmark. Viby: Centrum 1983. 199 S.   B 52052
Nielsen, H. K.: EF, Europa og os! Århus: SP Forl. 1983.
59 S.   Bc 4730
Petersen, N.: Dänemarks Sicherheitspolitik: Von der Konfrontation zum Kompromiss? In: Europa-Archiv. Jg. 40, 1985.
Folge 10. S. 287-296.   BZ 4452:40
Poulsen, L.: Danmarks Forsvar. København: Busck 1983.
39 S.   Bc 01457
Poulsen, L.: Sikkerhed - hvad, hvordan. København: Busck 1983.
39 S.   Bc 01456
Sainsbury, D.: Scandinavian party politics re-examined: Social
Democracy in decline? In: West European Politics. Vol. 7, 1984.
No. 4. S. 67-102.   BZ 4668:7

Schjerning, A.: Atomvabenfri Zone? Egtved: Fredscentrets Forl.
1982. 20 S. Bc 4343
Svensson, B.: Tyskerkursen. København: Centrum 1983.
160 S. Bc 4346
Utopia. Red.: O. Lauritsen, J. Bach, T. G. Christensen. København:
AOF's Forl. 1983. 88 S. Bc 4736
Efter Vaelgerskredet. Analyser af folketingsvalget 1979.
Århus: Politica 1983. 190 S. B 51908

g./h. Wirtschaft und Gesellschaft

Fagbevaegelsen og krisen. Red.: T. Bild og H. Jørgensen. København:
Samfundsvidenskabeligt Forl. 1981. 434 S. B 50378
Fagbevaegelsen - en del af samfundet. 2. udg. København: AOF 1983.
130 S. 09677
Holm, G.: Et Hjerteanliggende. Kvinder, samfund, lokalpolitik.
København: Kommunetryk 1982. 216 S. B 50861
Investeringskrisen og statsunderskuddet. 2. opl. København:
VS-Forl. 1983. 143 S. Bc 4301
Ud af Krisen! Debatbog. Red.: H. Hansen [u. a.].København:
Fremad 1983. 131 S. B 50860
Kristensen, K.: B[urmeister] og W[ain] 74-80. Brikker til en
hvidbog. København: Fremad 1982. 159 S. B 50842
Kvinder i opbrud. En kildesamling om land- og bykvinder i arbejde
og forening omkring år 1900. København: Gyldendal 1982.
215 S. B 50841
Lahme, H.-N.: Sozialdemokratie und Landarbeiter in Dänemark
(1871-1900). Odense: Odense Univ. Pr. 1982. 415 S. B 50376
Lund, K.; Rosendal Jensen, N.: Brydningsår i arbejderbe-
vaegelsen, 1900 til 1920. København: Tiden 1983. 144 S. Bc 4299
Marquard Otzen, P.: Nittenfirefirs. København: Rhodos 1983.
138 S. B 51934
Oelgaard, P. L.: Politik og kernekraft. København: Berlingske
Forl. 1980. 216 S. B 51384
OOA - ti år i bevaegelse. En mosaik i ord og billeder. København:
OOA 1984. 64 S. Bc 01347
Outze, B.: Børge Outzes Journalistik. Red.: J. B. Holmgaard,
P. Koch og E. Lund. København: Informations Forl. 1980-81.
216, 223, 215 S. B 51385
Politisk Revy i 20 år. En antologi. Red. M. Thing. København:
Tiderne Skifter 1983. 208 S. B 50851
Rohr Christoffersen, H.: Fremdsprachige Literatur über die däni-
sche Arbeiterbewegung. Eine Bibliographie. - Foreign language
literature on the Danish labour movement. A bibliography.
København: Arbejderbevaegelsens Bibliotek og Arkiv 1983.
29 S. Bc 5047
Skovbjerg, K.: Da kvinden blev borger. København:

Dansklaererforeningen/Skov 1983. 158 S.   B 50857
Vi vil ikke nojes med ord. En Faglig Ungdom-afdelning gennem 50 år.
Århus: Faglig Ungdom 1983. 72 S.   Bc 01464

k. Geschichte

Bredsdorff, E.: Mit engelske Liv. Erindringer 1946-1979.
København: Gyldendal 1984. 256 S.   B 54047
Hartling, P.: Godt Vejr og dårligt vejr. Erindringer 1971-1978.
København: Glydendal 1983. 187 S.   B 52061
Kloevedal Reich, E.: Mediesvampen. Laegpraediken og krønike
1978-80. København: Gyldendals Uglebøger 1980. 238 S.   B 51383
Okkels Olsen, A.; Ryg Olsen, K.: Når lyset bryder frem. Kilder
til kulturrevolutionen i Danmark 1950-80. Herning: Systime 1981.
160 S.   Bc 01348
Roos, P.: Menig 185 310. En dansk soldats eventyr. København:
Chr. Erichsen 1980. 229 S.   B 51589
Salomon, K.: Konflikt i graensland. Sociale og nationale modsaetninger i Sønderjylland 1920-33. København: Gyldendal 1980.
234 S.   B 50843

L 130 Deutschland/Bundesrepublik Deutschland

a. Allgemeines

Bleek, W.: Zur Entwicklung der vergleichenden Deutschlandforschung. In: Aus Politik und Zeitgeschichte. 1984. H. 38.
S. 25-37.   BZ 05159:1984
Bund transparent. Parlament, Regierung, Bundesbehörden: Organisation, Gremien, Anschriften, Namen. Bad Honnef: Bock 1984.
471 S.   B 51880
Die Bundesrepublik Deutschland. Daten, Fakten, Analysen, Hrsg.:
T. Ellwein u. W. Bruder unt. Mitarb.: P. Hofelich. Freiburg:
Ploetz 1984. 247 S.   B 51350
Nation Deutschland. Mit Beitr. v. H. Diwald [u. a.].1. Hambacher
Disput. Paderborn: Schöningh 1984. 76 S.   Bc 5072
Gatter, P.: Das Deutschlandbild in Osteuropa. In: Politik und
Kultur. Jg. 12, 1985. H. 2. S. 13-23.   BZ 4638:12
Gill, U.: Bundesrepublik Deutschland und DDR: Konzepte und Probleme eines umfassenden Vergleichs ihrer politischen Systeme.
In: Deutsche Studien. Jg. 32, 1984. H. 87. S. 232-267.   BZ 4535:22
Heck, B.: Vaterland Bundesrepublik? Osnabrück: Fromm;
Zürich: Interfrom 1984. 105 S.   Bc 4923
Hornung, K.: Wohlfahrtsstaatliche Demokratie und sicherheitspolitische Selbstbehauptung. Der Fall der Bundesrepublik Deutsch-

land. In: Beiträge zur Konfliktforschung. Jg. 15, 1985. 1.
S. 5-30 BZ 4594:15
K n a p e n , B. : Het Duitse Onbehagen. Amsterdam: Bakker 1983.
268 S. B 52209
M ö l z e r , A. : Der Kampf um die deutsche Identität. Ein Beitrag
zur geistig-politischen Lage der Deutschen. Lemgo: Western
Goals Europe 1984. 27 S. Bc 01349
V o g e l , W. : Abschied von gestern. Das neue Gesicht der Bundes-
republik Deutschland. Wien: Orac 1984. 175 S. 09819

c. Biographien

Albertz
Und niemanden untertan! Heinrich Albertz zum 70. Geburtstag.
Reinbek: Rowohlt 1985. 195 S. Bc 5086
Amelung
A m e l u n g , W. : Es sei wie es wolle, es war doch so schön. Lebens-
erinnerungen als Zeitgeschichte. Frankfurt: Rasch 1984.
566 S. B 52094
Bismarck
A u g s t e i n , R. : "Nicht umsonst regiert man die Welt". Das
Bismarck-Bild des DDR-Historikers Ernst Engelberg. In: Der
Spiegel, Jg. 39, 1985. Nr. 36. S. 176-186. BZ 05140:39
S c h o e p s , J. H. : Bismarck und sein Attentäter. Frankfurt:
Ullstein 1984. 187 S. B 51499
Bormann
B e e r , H. : Moskaus As im Kampf der Geheimdienste. Die Rolle
Martin Bormanns in der deutschen Führungsspitze. Pähl:
Verl. Hohe Warte 1983. 304 S. B 51366
Brandt
B r a n d t , W. : Zum sozialen Rechtsstaat. Reden und Dokumente.
Hrsg. : A. Harttung. Berlin: Berlin Verl. 1983. 441 S. B 48661
L o r e n z , E. : Willy Brandt, regjeringen Nygaardsvold og bruddet
med Erling Falk. In: Tidsskrift for arbeiderbevegelsens historie.
Årg. 10, 1985. Nr. 2. S. 71-84. BZ 4660:10
Brockdorff
H a u p t s , L. : Graf Brockdorff-Rantzau. Diplomat und Minister in
Kaiserreich und Republik. Göttingen: Musterschmidt 1984.
106 S. Bc 4636
Dutschke
C h a u s s y , U. : Die drei Leben des Rudi Dutschke. Darmstadt:
Luchterhand 1983. 354 S. B 49776
Filbinger
Hans Filbinger. Ein Mann in unserer Zeit. Festschrift zum 70. Ge-
burtstag. München: Universitas 1983. 688 S. B 51408
Friedrich III. [Kaiser]
H e r r e , F. : Zwischen Potsdam und Manchester. Friedrich III. -

der Kaiser des Jahres 1888. In: Damals. Jg. 16, 1984. H. 10.
S. 867-892. BZ 4598:16
Galen
Hasenkamp, G.: Der Kardinal. Taten und Tage des Bischofs von
Münster Clemens August Graf von Galen. 3. Aufl. Münster:
Aschendorff 1985. 39 S. Bc 5063
Gradl
Mut zur Einheit. Festschrift für Johann Baptist Gradl. Mit Beitr.
von E. Bahr [u. a.]. Köln: Verl. Wiss. u. Politik 1984. 226 S. B 52073
Hammerstein
Bücheler, H.: Kurt Freiherr von Hammerstein-Equord. Ein Vernunftstrepublikaner an der Spitze der Reichswehr. In: Damals.
Jg. 17, 1985. Nr. 4. S. 290-309. BZ 4598:17
Heller
Albrecht, S.: Hermann Hellers Staats- und Demokratieauffassung.
Frankfurt: Campus Verl. 1983. 262 S. B 50932
Heuss
Hamm-Brücher, H.: Gerechtigkeit erhöht ein Volk. Theodor Heuss
und die deutsche Demokratie. München, Zürich: Piper 1984.
126 S. Bc 4204
Henning, F.: Heuss. Sein Leben vom Naumann-Schüler zum
Bundespräsidenten. Gerlingen: Bleicher Verl. 1984. 160 S. B 51357
Hess, J. C.: "Machtlos inmitten des Mächtespiels der anderen..."
Theodor Heuss und die Deutsche Frage 1945-1949. In: Vierteljahrshefte für Zeitgeschichte. Jg. 33, 1985. H. 1.
S. 88-135. BZ 4456:33
Theodor Heuss. Zur Erinnerung an das politische Wirken von
Theodor Heuss. Feierstunde anlässl. seines hundertsten Geburtstages am 31. Januar 1984 im Deutschen Bundestag. Bonn: Deutscher
Bundestag 1984. 80 S. Bc 4209
Heuss, T.: Theodor Heuss, Politiker und Publizist. Aufsätze und
Reden. Ausgew. u. komm. von M. Vogt. Tübingen: Wunderlich 1984.
541 S. B 51084
Heydrich
Pannwitz, H.: Das Attentat auf Reinhard Heydrich. Nach den Aufzeichnungen. Erg. u. erl.: S. F. Berton. Roseville: Berton 1984.
62 Bl. Bc 01481
Hitler
Cavalli, L.: Carismo e tirannide nel secolo XX. Il caso Hitler.
Bologna: Il Mulino 1982. 273 S. B 50534
Ruge, W.: Hitler, Weimarer Republik und Machtergreifung.
Köln: Pahl-Rugenstein 1983. 360 S. B 49516
Hübener
Hübener, E.: Lebenskreise. Lehr- und Wanderjahre eines
Ministerpräsidenten. Hrsg.: T. Klein. Köln; Wien:
Böhlau 1984. XVIII, 427 S. B 52981
Höchstädter
Höchstädter, W.: Durch den Strudel der Zeiten geführt.

Ein Bericht über meinen Weg von der Monarchie und der Weimarer
Republik durch das Dritte Reich und den Zweiten Weltkrieg.
Bubenreuth: Selbstverl. 1983. 312 S. B 52117
Hoelz
G e b h a r d t , M.: Max Hoelz. Wege und Irrwege eines Revolutionärs.
Biografie. Berlin: Neues Leben 1983. 333 S. B 51947
Jedin
J e d i n , H.: Lebensbericht. Mit einem Dokumentenanhang. Hrsg.:
K. Repgen. Mainz: Matthias-Grünewald-Verl. 1984.
XIV, 301 S. 09626
Kautsky
S a l v a d o r i , M. L.: Sozialismus und Demokratie. Karl Kautsky
1880-1983. Stuttgart: Klett-Cotta 1982. 575 S. B 47068
Kiesinger
Begegnungen mit Kurt Georg Kiesinger. Festgabe zum 80. Geburtstag. Hrsg.: D. Oberndörfer. Stuttgart: Dt. Verl. Anst. 1984.
496 S. B 51773
Kubel
Idee und Pragmatik in der politischen Entscheidung. Alfred Kubel
zum 75. Geburtstag. Bonn: Verl. Neue Gesellschaft 1984.
400 S. B 52788
Lamm
L a m m , F.; B e r g m a n n , V.: Habana - New York - Habana.
Briefe aus Exilen. Hrsg. u. bearb.: H. Schwing, Mitarb.: D. Wenzl-
Reimspiess. Stuttgart: Ed. Cordeliers 1983. 81 S. Bc 4713
Lauterbacher
L a u t e r b a c h e r , H.: Erlebt und mitgestaltet. Kronzeuge einer
Epoche 1923-1945. Zu neuen Ufern nach Kriegsende. Preußisch
Oldendorf: Schütz 1984. 376 S. B 54107
Ledebour
K e l l e r , E.: Ein alter sozialistischer Haudegen. Georg Ledebour.
In: Beiträge zur Geschichte der Arbeiterbewegung. Jg. 26, 1984.
H. 4. S. 512-521. BZ 4507:26
Lemke
H a n s e n , H.: Ein Leben für unser Land. Helmut Lemke, 1954-1983.
Kiel 1984. 54 Bl. Bc 4683
Luxemburg
L a m p e , J.: Rosa Luxemburg. Im Kampf gegen Militarismus,
Kriegsvorbereitung und Krieg. Berlin: Militärverl. d. DDR 1984.
63 S. Bc 01393
Marx, J.
P e t e r s , H. F.: Die rote Jenny. Ein Leben mit Karl Marx.
München: Kindler 1984. 190 S. B 52994
Z i m m e r m a n n , R.: Jenny Marx und ihre Töchter. Frauen im
Schatten des Revolutionärs. Freiburg: Herder 1984. 191 S. Bc 4705
Marx, K.
C a r v e r , T.: Marx & Engels. The intellectual relationship.
Brighton: Harvester Pr. 1983. XV, 172 S. B 51111

Felix, D.: Marx as politician. Carbondale: Southern Illinois
 Univ. Pr. 1983. XI, 308 S. B 52551
Ihre Namen leben durch die Jahrhunderte fort. Kondolenzen und
 Nekrologe zum Tode von Karl Marx u. Friedrich Engels. Red.:
 H. Gemkow [u. a.]. Berlin: Dietz 1983. 606 S. B 51094
Mandel, E.: Karl Marx - Die Aktualität seines Werkes.
 Frankfurt: isp-Verl. 1984. 190 S. B 53960
Tierno-Galván, E.: Biografía de Carlos Marx. Madrid: Ibérico
 Europea de Ediciones 1984. 99 S. Bc 4725

Meyer
Meyer, F.: Flucht aus Deutschland. Bilder aus dem Exil.
 Frankfurt: isp-Verl. 1984. VII, 122 S. Bc 01461

Miller
Roesch-Sondermann, H.; Zimmermann, R.: Susanne Miller.
 Personalbibliographie zum 70. Geburtstag... Geleitw. H. -J. Vogel.
 Bonn: Bibliothek d. Archivs d. sozialen Demokratie 1985.
 46 S. Bc 5182

Niemöller
Bentley, J.: Martin Niemöller. Eine Biographie. München:
 Beck 1985. 301 S. B 55054
Martin Niemöller. Festschrift zum 90. Geburtstag. Köln:
 Pahl-Rugenstein 1982. 260 S. B 52219

Ossietzky
Baumer, F.: Carl von Ossietzky. Berlin: Colloquium Verl. 1984.
 94 S. Bc 4671

Rauscher
Doss, K.: Zwischen Weimar und Warschau. Ulrich Rauscher,
 deutscher Gesandter in Polen 1922-1930. Eine politische Bio-
 graphie. Düsseldorf: Droste 1984. 143 S. B 52359

Riezler
Blänsdorf, A.: Der Weg der Riezler-Tagebücher. In: Geschichte
 in Wissenschaft und Unterricht. Jg. 35, 1984. H. 10.
 S. 651-684. BZ 4475:35

Ritter
Gerhard Ritter. Ein politischer Historiker in seinen Briefen. Hrsg.:
 K. Schwabe u. R. Reichardt. Boppard: Boldt 1984. XVII, 830 S.B 51591

Röhm
Höhne, H.: Mordsache Röhm. Hitlers Durchbruch zur Alleinherr-
 schaft 1933-1934. Hamburg: Spiegel Verl. 1984. 350 S. B 52655
Mabire, J.: Röhm, l'homme qui inventa Hitler. Paris:
 Fayard 1983. 419 S. B 49988

Schmidt
Kardel, H.: Von Barmbeck nach Bergedorf: Helmut Schmidt.
 Hamburg: Kardel 1984. 17 S. Bc 4655

Schmitt
Bendersky, J. W.: Carl Schmitt. Theorist for the Reich.
 Princeton: Princeton Univ. Pr. 1983.
 XIV, 320 S. B 50780

Seeckt
Bertram, K.; Granier, G.: Bestand N 247. Nachlaß Generaloberst Hans von Seeckt. Koblenz: Bundesarchiv 1981.
VIII, 123 S. B 55800

Steinhaus
Steinhaus, R.: Soldat Diplomat. Herford: Koehler 1983.
213 S. B 50698

Stöcker
Rantzsch, P.: Helene Stöcker, 1869-1943. Zwischen Pazifismus und Revolution. Berlin: Buchverl. Der Morgen 1984. 224 S. Bc 4597

Stresemann
Fritz, S. G.: The Search for Volksgemeinschaft: Gustav Stresemann and the Baden DVP, 1926-1930. In: German studies review.
Vol. 7, 1984. No. 2. S. 249-280. BZ 4816:7

Thälmann
Der Mord, der nie verjährt, Dokumentation über den Mord an Ernst Thälmann. Hamburg: Kuratorium "Gedenkstätte Ernst Thälmann" 1984. 58 S. Bc 01451

Von dem Bach-Zelewski
Ilgen, R.: Die kleinen Hitler. Von dem Bach-Zelewski und andere. So fing es an -1933. München: Lohmüller 1980. 45 S. Bc 4394

Weizsäcker
Filmer, W.; Schwan, H.: Richard von Weizsäcker. Profile eines Mannes. 2. Aufl. Düsseldorf, Wien: Econ 1984. 351 S. B 52146
Leinemann, J.: "Lassen Sie doch mal den Präsidenten weg!" Das erste Amtsjahr Richard von Weizsäckers. In: Der Spiegel.
Jg. 39, 1985. Nr. 28. S. 31-42. BZ 05140:39

Wissel
Barclay, D. E.: Rudolf Wissell als Sozialpolitiker 1890-1933.
Berlin: Colloqium Verl. 1984. 305 S. B 51765
Wissell, R.: Aus meinen Lebensjahren. Mit einem Dokumentenanhang. Berlin: Colloquium-Verl. 1983. 324 S. B 49696

Wolff
Wolff, T.: Tagebücher 1914-1919. Eingel. u. hrsg. B. Sösemann.
T. 1. 2. Boppard: Boldt 1984. XIV, 1097 S. B 51005

Wuesthoff
Berthold, G.: Freda Wuesthoff. Eine Faszination. Freiburg: Herder 1982. 271 S. B 50168

d. Land und Volkstum

Hauner, M. L.: A German racial revolution? In: Journal of contemporary history. Vol. 19, 1984. No. 4. S. 669-687. BZ 4552:19
Quarta, H.-G.: Zwischen Ostsee und Fichtelgebirge.
Die absurde Realität einer Grenze. Buxheim: Martin Verl.
[um 1984]. 125 S. B 52244

Ausländerfrage

Die Angst vor dem aufrechten Gang einer Frau. Der Kampf der Familie Alviola. Eine Dokumentation. Hamburg: Komitee Susan Alviola 1984. 18 S.   D 03182

Ausgeliefert. Cemal Altun und andere. Hrsg.: V. Arendt-Rojahn. Reinbek: Rowohlt 1983. 184 S.   Bc 4571

Ausländer raus. Kongress Wissenschaftler gegen Ausländerfeindlichkeit am 16. u. 17. Dez. 1983 in Frankfurt: Marburg: Bund Demokratischer Wissenschaftler 1983. 86 S.   D 03288

Ausländerprogramm der KPD. Entwurf. Dortmund: KPD 1984. 10 S.   D 3054

Deutsche und Ausländer raus zum 2. Einwandererkulturfestival. Bilder u. Texte zum 2. Einwanderer-Kulturfestival. Für Einwanderer-Rechte u. internat. Solidarität. Hamburg: Wir - internat. Zentrum in Altona 1984. 47 S.   D 03164

Geffken, R.: Politik der Vertreibung. Abschiebung oder Integration der Ausländer in der Bundesrepublik? In: Blätter für deutsche und internationale Politik. Jg. 29, 1984. H. 11. S. 1341-1355.   BZ 4551:29

Hoskin, M.: Public opinion and the foreign worker. Traditional and nontraditional bases in West Germany. In: Comparative politics. Vol. 17, 1984/85. No. 2. S. 193-210.   BZ 4606:17

Kampf dem Rassismus! Irkçiliğa karşi Mücadele! Texte zur Ausländerfrage aus: Yabancilar sorunu: Arbeiterkampf, Devrimci Işçi. Hamburg: Türkei-Information, Satz-u. Verl.-Kooperative 1983. 39, 29 S.   D 03122

Khella, K.: Zwei Texte für Dich: 1. Ausländergesetz der Bundesrepublik contra 2. Allgemeine Erklärung der Menschenrechte. Einführung und Erklärungen. Hamburg: Theorie und Praxis Verl. 1984. 60 S.   Bc 4720

Internationale Konferenz gegen die Diskriminierung von Ausländern - für volle Gleichberechtigung. 27. Okt. 1984 Frankfurt. Düsseldorf: FIDEF 1984. 121 S.   D 3210

Lönne, K.-E.: Die politische Rolle antifaschistischer italienischer Emigranten in Deutschland zwischen 1918 und 1945. In: Risorgimento. T. 4, 1983. Nos. 1-2. S. 83-99.   BZ 4720:4

Meske, S.: Situationsanalyse türkischer Frauen in der BRD. Fulda: Express Ed. 1983. 120 S.   Bc 4079

Schaeffer, H.: Les ouvriers italiens en Allemagne 1890-1914. In: Risorgimento. T. 4, 1983. Nos. 1-2. S. 21-39.   BZ 4720:4

Türken raus? Oder verteidigt den sozialen Frieden. Beiträge gegen die Ausländerfeindlichkeit. Reinbek: Rowohlt 1984. 285 S.   B 51377

Die Unterdrückung des Türkischen Friedensvereins. Ein Bericht der Gruppe Internat. Dokumentation im Arbeitskreis Atomwaffenfreies Europa. Berlin 1985. 30 S.   D 3215

Walendy, U.: Zigeuner bewältigen halbe Million. Vlotho: Verl. für Volkstum u. Zeitgeschichtsforschung 1985. 39 S.   Bc 01513

Judentum

Arndt, I.: Antisemitismus und Judenverfolgung. In: Das Dritte Reich. München 1983. S. 209-230. B 50114

Brandt, L.: Menschen ohne Schatten. Juden zwischen Untergang und Untergrund 1938 bis 1945. Berlin: Oberbaum 1984. 150 S. B 51713

Ginzel, G.B.: Jüdischer Alltag in Deutschland 1933-1945. Düsseldorf: Droste 1984. 252 S. 09650

Hecht, I.: Als unsichtbare Mauern wuchsen. Hamburg: Hoffmann u. Campe 1984. 156 S. B 51571

Herlin, H.: Die Reise der Verdammten. Die Tragädie der St. Louis. Hamburg: Kabel Verl. 1984. 208 S. B 51641

Herzfeld, A.: Ein nichtarischer Deutscher. Die Tagebücher des... 1935-1939. ...Bearb. u. hrsg.: H. Weidenhaupt. Düsseldorf: Triltsch 1982. 160 S. B 50067

Juden unterm Hakenkreuz. Dokumente u. Berichte z. Verfolgung und Vernichtung der Juden durch die Nationalsozialisten 1933 bis 1945. Ausgew. u. zsgest. von H.-D. Schmid, G. Schneider, W. Sommer. Bd. 1. 2. Düsseldorf: Schwann 1983. Getr. Pag. B 50599

Die Judenretter aus Deutschland. Hrsg.: A. M. Keim. Mainz, München: Matthias-Grünewald Verl. 1983. 160 S. B 52260

Kruglov, A. I.: Die Deportation deutscher Bürger jüdischer Herkunft durch die Faschisten nach dem Osten 1940 bis 1945. In: Zeitschrift f. Geschichtswissenschaft. Jg. 32, 1984. H. 12. S. 1084-1091. BZ 4510:32

Müller-Hill, B.: Tödliche Wissenschaft. Die Aussonderung von Juden, Zigeunern und Geisteskranken 1933-1945. Reinbek: Rowohlt 1984. 187 S. Bc 4568

Das Schwarzbuch. Tatsachen und Dokumente. Wiederaufl. d. Ausg. Paris 1934. Frankfurt: Ullstein 1983. 535 S. B 48313

Verfolgung, Vertreibung, Vernichtung. Dokumente des faschistischen Antisemitismus 1933 bis 1942. Hrsg.: K. Pätzold. Frankfurt: Röderberg 1984. 362 S. B 51512

e. Staat/Politik

e. 1 Innenpolitik

e. 1.1 Staat u. Recht

Benz, W.: Partei und Staat im Dritten Reich. In: Das Dritte Reich.
München 1983. S. 65-82.   B 50114
Grawert, R.: Staatsangehörigkeit und Staatsbürgerschaft. In:
Politik und Kultur. Jg. 11, 1984. H. 3. S. 21-45.   BZ 4638:11
Gruchmann, L.: Rechtssystem und nationalsozialistische Justiz-
politik. In: Das Dritte Reich. München 1983. S. 83-103.   B 50114
Hirsch, M.; Majer, D.; Meinck, J.: Recht, Verwaltung und
Justiz im Nationalsozialismus. Köln: Bund Verl. 1984. 590 S. B 53677
Japser, G.: Zur Rolle der Justiz von Weimar bis Bonn. In:
Politische Vierteljahresschrift. Jg. 25, 1984. H. 2.
S. 143-151.   BZ 4717:25
Kranig, A.: Arbeitsrecht im NS-Staat. Texte und Dokumente.
Köln: Bund-Verl. 1984. 200 S.   B 51953
Recht, Rechtsphilosophie und Nationalsozialismus. Vorträge aus
der Tagung... Hrsg.: H. Rottleuthner. Wiesbaden: Steiner 1983.
VIII, 225 S.   B 50552
Wittwer, W.: Vom Sozialistengesetz zur Umsturzvorlage. Berlin:
Akad. d. Wiss. d. DDR 1983. 237 S.   B 53989

nach 1945

Benz, W.: Staatsneubau nach der bedingungslosen Kapitulation.
In: Vierteljahrshefte für Zeitgeschichte. Jg. 33, 1985. H. 1.
S. 166-213.   BZ 4456:33
Buchstein, H.; Schlöer, G.: Politische Theorie in der Kriti-
schen Theorie nach 1950: Franz L. Neumann. Berlin: FB Polit.
Wissenschaft FU 1983. 73 S.   09461
Gustav-Heinemann-Initiative. - Bürgerrechte 1984. Stuttgart:
Radius-Verl. 1984. 110 S.   Bc 4955
Hansen, K.-H.: Geheime Demokratie in einer unheimlichen
Republik. In: Blätter für deutsche und internationale Politik.
Jg. 29, 1984. H. 11. S. 1319-1328.   BZ 4551:29
Horx, M.: Das Ende der Alternativen oder Die verlorene Unschuld
der Radikalität. München: Hanser 1985. 127 S.   B 55374
Löw, K.: Die Grundrechte. Verständnis und Wirlichkeit in beiden
Teilen Deutschlands. 2. überarb. Aufl. München: Saur 1982.
471 S.   B 49963
Märker, F.: Der grosse Widerspruch. München: Lohmüller 1984.
188 S.   B 52540

Monson, R. A.: Political toleration versus militant democracy: the case of West Germany. In: German studies review. Vol. 7, 1984. No. 2. S. 301-324. BZ 4816:7
Nation und Selbstbestimmung in Politik und Recht. Berlin: Duncker u. Humblot 1984. 108 S. Bc 4543
Potthoff, H.; Wenzel, R.: Handbuch politischer Institutionen und Organisationen 1945-1949. Düsseldorf: Droste 1983. 474 S. B 50935
Ridder, H.: Die Bundesrepublik: Was für eine Demokratie ist das? In: Blätter für deutsche und internationale Politik. Jg. 30, 1985. H. 4. S. 430-441. BZ 4551:30
Sörensen, F.: Verdächtigt sind wir alle. Die Paranoia der Staatsmacht. Hamburg: Papyrus 1984. 115 S. B 52278
Sontheimer, K.: Zeitenwende? Die Bundesrepublik Deutschland zwischen alter und alternativer Politik. Hamburg: Hoffmann und Campe 1983. 272 S. B 51555
Steinhaus, K.: Zu einigen Entwicklungstendenzen der politischen Kräfteverhältnisse in der Bundesrepublik. In: Blätter für deutsche und internationale Politik. Jg. 30, 1985. Nr. 6. S. 701-711. BZ 4551:30
Zeichen unserer Zeit. Ausgew. Höxberg-Gespräche. Köln: Dt. Inst. Verl. 1984. 212 S. B 52324

Hardmann, N.: Überwachung total: Der neue Personalausweis. Göttingen: Verl. Die Werkstatt 1983. 128 S. Bc 3959
Totale Überwachung. Die neue Welt von 1984. Info. Hamburg: 1983. 15 S. D 03159

e. 1.16 Strafrecht

bis 1945

Paul Koschmann, 1897-1907. Das Attentat auf den Polizei-Oberst Krause in Berlin (1895). Ein Beitrag zur Geschichte anarchistischer Prozesse. Neuaufl. Berlin: a-verbal Verl. 1983. 45 S. Bc 4715
Schütte, M.: August Reinsdorf und die Niederwald-Verschwörung. Berlin: a-verbal-Verl. 1983. 29 S. Bc 4502

Fieberg, G.: Justiz im nationalsozialistischen Deutschland. Hrsg.: Bundesministerium d. Justiz. Köln: Bundesanzeiger Verl.-Ges. 1984. 77 S. Bc 4563
Gatti, E.: Lager. Storia inedita dei campi di stermio d'Europa. Modena: Toschi 1983. 508 S. 09688
Marum, L.: Briefe aus dem Konzentrationslager Kislau. Ausgew. u. bearb.: E. Marum-Lunau und J. Schadt. Karlsruhe: Müller 1984. 168 S. B 51946
Im Namen des Volkes? Eine persönliche Bilanz der NS-Prozesse. Köln: Bund-Verl. 1984. 232 S. B 51661

Ritscher, B.; Hermann, A.: Walter Krämer - ein Arzt für die
Häftlinge. Weimar: Nation. Mahn- u. Gedenkstätte 1983.
65 S. Bc 4966
Rutt, T.: Dr. med Fritz Wester, Verfolgter des Nationalsozialismus. Köln: Deutscher Ärzte-Verl. 1983. 124 S. B 51577
Seidel, S.: Kultur und Kunst im antifaschistischen Widerstand im Konzentrationslager Buchenwald. Weimar: Nationale Gedenkstätte Buchenwald 1983. 75 S. Bc 4965
Schmiedl, J.: Ein Gang durch Dachau. Mit Pater Kentenich im Konzentrationslager. Vallendar-Schönstatt: Patris-Verl. 1984.
68 S. Bc 5025
Strafjustiz und Polizei im Dritten Reich. Frankfurt; New York: Campus 1984. 231 S. B 51638
Weidlin, W.: Das Konzentrationslager Fort Oberer Kuhberg Ulm. Ludwigsburg: Süddt. Pädagog. Verl. 1983. 64 S. Bc 01452

nach 1945

Aufarbeitung der Grußaktion an alle politischen Gefangenen. Im Kampf um Befreiung. Unseren Widerstand organisieren - zum gemeinsamen Angriff bringen. Zusammenlegung d. Gefangenen aus Guerilla u. Widerstand. [o. O.]1984. 50 S. D 03139
Basten, T.: Von der Reform des politischen Strafrechts bis zu den Anti-Terror-Gesetzen. Köln: Pahl-Rugenstein 1983.
XXII, 348 S. B 50302
Gedanken hinter Gittern. Geschrieben v. Manfred M., hrsg. v. J. Rosenthal. Wuppertal-Elberfeld 1985. 53 S. D 3236
Hättich, M.: Zornige Bürger. Vom Sinn und Unsinn des Demonstrierens. München: Olzog 1984. 92 S. Bc 4659
Kimminich, O.: Die verfassungsgerichtliche Durchsetzung des Datenschutzes. Zum "Volkszählungs-Urteil" des Bundesverfassungsgerichts. In: Zeitschrift für Politik. Jg. 31, 1984. H. 4.
S. 365-387. BZ 4473:31
Lauinger, I.: Asylrecht - demokratisches Grundrecht? Hrsg.: Volksfront. Kiel: Arbeitskreis z. Ausländerfrage 1983. 28 S. D 03310
Probleme des Asylrechts in der Bundesrepublik Deutschland. Dokumentation einer wissenschaftlichen Konferenz. Hrsg.: G. Köfner und P. Nicolaus. München: Kaiser 1983. 399 S. B 52105
Rechtshilfe-Handbuch. Plädoyers, Argumente, Urteile, Tips & Tricks zum Nötigungs- § 240 u. v. mehr. Heidelberg: Rechtshilfefonds 1984. 152 S. D 3121
Rosenthal, C.: Brücken nach drinnen. Erfahrungen, Informationen u. Ideen zur Solidaritätsarbeit f. (politische) Gefangene.
Göttingen: IGW 1985. 64 S. D 3235
Stäglich, W.: Ist Zeitgeschichte justiziabel?
Kritische Gedanken zum sogenannten Judenmord-Urteil des Bundesgerichtshofes. Bochum: Deutscher
Rechtsschutzkreis 1980. 20 S. Bc 4240

Wittke, T.: Terrorismusbekämpfung als rationale politische
   Entscheidung. Frankfurt: Lang 1983. 308 S.   B 49610

Berufsverbot für Friedensengagement? Die Entlassung des Lehrers
   Ulrich Foltz. Eine Dok. d. Verschärfung d. Berufsverbotspraxis.
   Bd 1. 2. Mainz: Deutsche Friedens-Union 1985. 60, 38 S.   D 03204
Billig, O.: The case history of a German terrorist. In:
   Terrorism. Vol. 7, 1984. No. 1. S. 1-10.   BZ 4688:7
Bohlinger, R.: Der Obrigheim-Prozess. Dokumentation einer
   juristischen Schutzmassnahme zugunsten einer behördlich erteilten
   umfassenden Schädigungsermächtigung für einen Atomanlagen-
   betreiber. Struckum: Verl. f. ganzheitl. Forschung und Kultur
   1984. 449 S.   B 52112
Dokumentation zum Verfahren gegen Brigitte Mohnhaupt und Chri-
   stian Klar vor dem OLG Stuttgart: Einstellungsantrag der Vertei-
   digung. 13. 12. 1984. Freiburg 1985. 47 S.   D 03193
Foss, O.: Jeg elsket en terrorist. Et oppgjør med Baader-Meinhof.
   Oslo: Cappelen 1981. 124 S.   B 51248
Hungerstreik-Doku. 1984/85. (RAF.) Karlsruhe: Ed. Unkraut 1985.
   60 S.   D 3205
Lorenzo, G. di : Stefan, 22, deutscher Rechtsterrorist: "Mein
   Traum ist der Traum von vielen". Reinbek: Rowohlt 1984.
   158 S.   B 52013
Zur Problematik der Prozesse um "Nationalsozialistische Gewalt-
   verbrechen". Bochum: Dt. Rechtsschutzkreis 1982. 35 S.   Bc 4242
Der Prozess. Eine Dokumentation zum Prozess gegen Peter-Jürgen
   Boock. Hamburg 1984. 137 S.   D 3086
Prozessinfo zu den Brokdorfprozessen. Nr. 1. 1981-7. 1982.
   Hamburg: AK Politische Ökologie 1981-82. Getr. Pag.   DZ 483
Stäglich, W.: Rechtsprechung im Zwielicht. Dokumentation eines
   Strafprozesses. Bochum: Dt. Rechtsschutzkreis 1982. 71 S.   Bc 4241
Treulieb, J.: Der Landesverratsprozeß gegen Viktor Agartz.
   T. 1. 2. Münster: SZD-Verl. 1982. 278, II, 103 S.   B 50123
Vergangenheitsbewältigung durch Strafverfahren? Hrsg.: J. Weber
   [u. a.]. München: Olzog 1984. 211 S.   B 53916

Heydeloff, R.: Staranwalt der Rechtsextremisten. (W. Luetge-
   brune). In: Vierteljahreshefte für Zeitgeschichte. Jg. 32, 1984.
   H. 3. S. 373-421.   BZ 4456:32

e. 1.2 Regierung/Verwaltung/Polizei (rosa)

Boberach, H.: Bestand R 58. Reichssicherheitshauptamt.
   Koblenz: Bundesarchiv 1982. LXI, 667 S.   B 55801
Müller, N.: Zum Charakter und zum Kriegseinsatz der faschi-
   stischen Ordnungspolizei. Im: Militärgeschichte. Jg. 23, 1984. 6.
   S. 515-520.   BZ 4527:23

Regierung, Bürokratie und Parlament in Preußen und Deutschland
von 1848 bis zur Gegenwart. Hrsg.: G. Ritter. Düsseldorf:
Droste 1983. 224 S. B 50760

nach 1945

Bundespolitik in Gemeinden? Dokumentation zur Einbeziehung der
kommunalen Selbstverwaltung in der Nachrüstungsdiskussion um
den NATO-Doppelbeschluss. Düsseldorf: Nordrhein- Westfälischer
Städte und Gemeindebund 1984. 71 S. Bc 01414
Der öffentliche Dienst auf Kriegskurs? Dokumentation über Kriegs-
vorbereitungen im öffentlichen Dienst. Leistet Widerstand. 2. Aufl.
Stuttgart: ÖTV-Kreisverwaltung 1984. 78 S. D 03149
Greven, M. T.; Schiller, T.: Selektive Interessenpolitik bei
genereller Akzeptanz. - Ein Kommentar zum Grunddilemma
der CDU/CSU/FDP-Regierung. In: Prokla. Jg. 14, 1984.
Nr. 3. S. 67-81. BZ 4613:14
Henkels, W.: Der Kanzler hat die Stirn gerunzelt. 35 Jahre
Bonner Szene. Düsseldorf; Wien: Econ 1984. 250 S. B 53003
Krause-Burger, S.: Wer uns jetzt regiert. Die Bonner Szene nach
der Wende. Stuttgart: Dt. Verl. Anst. 1984. 229 S. B 51649
Preis, B.: Verfassungsschutz und öffentlicher Dienst. Ein Beitrag
zum bereichsspezifischen Datenschutz bei den Verfassungsschutz-
behörden. Königstein: Athenäum 1982. 87 S. Bc 4383
Preute, M.: Vom Bunker der Bundesregierung. Köln: Ed.
Nachtraben 1984. 94 S. Bc 4286
Späth, L.: Föderalismus als dynamisches Prinzip. Ansprache...
16.11.1984. Bonn: Bundesrat 1984. 13 S. Bc 4833
Strauss, F. J.: Der Bundesrat in gesamtstaatlicher Verantwortung.
Ansprache... 28.10.1983. Bonn: Bundesrat 1983. 18 S. Bc 3966
Wengst, U.: Adenauers erste Koalitions- und Regierungsbildung
im Spätsommer 1949. In: Aus Politik und Zeitgeschichte. 1985.
Nr. 18. S. 3-14. BZ 05159:1985
Wengst, U.: Staatsaufbau und Regierungspraxis 1948-1953.
Düsseldorf: Droste 1984. 351 S. B 52593

Der Bundespräsident. Amt, Funktion, Person. Bonn: Presse- u.
Informationsamt d. Bundesregierung 1983. 64 S. Bc 4067
Kessel, W.: Bundesversammlung. Die Wahl des Bundespräsiden-
ten. 2. veränd. Aufl. Bonn: Dt. Bundestag 1984. 23 S. Bc 4304
Wermser, J.: Der Bundestagspräsident. Funktion und reale Aus-
formung eines Amtes im Deutschen Bundestag. Opladen:
Leske Verl. u. Budrich 1984. 124 S. Bc 4331

Busch, E.: Der Wehrbeauftragte. Organ der parlamentarischen
Kontrolle. Heidelberg: Decker's Verl., Schenck 1985. 175 S. Bc 4975
25 Jahre. - Der Wehrbeauftragte des Deutschen Bundestages. Bonn:
Der Wehrbeauftrage d. Dt. Bundestages 1984. 6 Bl. Bc 4639

25 Jahre Wehrbeauftragter. Festansprachen zum 25. Jahrestag des
Amtsantritts des ersten Wehrbeauftragten des Dt. Bundestages.
Bonn: Dt. Bundestag 1984. 28 S. Bc 4640

Ernst, W.: Aufgaben und Verwendungsmöglichkeiten des Bundes-
grenzschutzes nach dem Grundgesetz im Spannungsfeld Bund-
Länder unter Berücksichtigung des Bundesgrenzschutzgesetzes
vom 18.8.1972. Göttingen: Johann-August Univ. 1980. 508 S. B 49239

e. 1.3 Parlamentswesen / Wahlwesen

Parlamentswesen

Brzoska, M.; Lock, P.; Moltmann, B.: Entwicklung und
Rüstung. Eine Anhörung im Dt. Bundestag protokolliert und ergänzt
durch Stimmen aus d. Dritten Welt. Vorw.: U. Holtz. Frankfurt:
Haag u. Herchen 1984. 106 S. Bc 4404
Bundestag von A - Z. Bonn: transcontact Verl. Ges. 1983.
197 S. B 50422
Czerwick, E.: Debattenordnung und Debattenstil. In: Aus Politik
und Zeitgeschichte. 1985. Nr. 24/25. S. 17-31. BZ 05159:1985
Datenhandbuch zur Geschichte des Deutschen Bundestages 1949 bis
1982. Verf. u. bearb.: P. Schindler. Bonn: Presse-u. Informations-
amt d. Dt. Bundestages 1983. 1224 S. B 49695
Ismayr, W.: Ansätze und Perspektiven einer Parlamentsreform.
In: Aus Politik und Zeitgeschichte. 1985. Nr. 24/25.
S. 32-44. BZ 05159:1985
Kabel, R.: Von den Schwierigkeiten der Parlamentsarbeit. Die
Grünen im Deutschen Bundestag. In: Sonde. Jg. 17, 1984. Nr. 4;
Jg. 18, 1985. Nr. 1. Getr. Pag. BZ 05259:17/18
Martin, A.: Möglichkeiten, dem Bedeutungsverlust der Landes-
parlamente entgegenzuwirken. In: Zeitschrift für Parlaments-
fragen. Jg. 15, 1984. H. 2. S. 278-290. BZ 4589:15
Die Nachrüstungsdebatte im Deutschen Bundestag. Protokoll einer
historischen Entscheidung. Reinbek: Rowohlt 1984. 332 S. B 51378
Schweitzer, C.-C.: Anmerkungen zur Diskussion um die Parla-
mentsreform. In: Aus Politik und Zeitgeschichte. 1985.
Nr. 24/25. S. 45-54. BZ 05159:1985
Stober, R.: Rotation und imperatives Mandat: verfassungswidrig.
In: Sonde. Jg. 17/18, 1984. Nr. 4; 1985. Nr. 1.
Getr. Pag. BZ 05259:17/18
Vollmer, A.: ...und wehret euch täglich! Bonn - ein Grünes Tage-
buch. Gütersloh: Gütersloher Verlagsh. Mohn 1984. 94 S. Bc 4762
Dritte Welt im "Hohen Haus". Erfahrungen u. Ergebnisse aus
2 Jahren Grüner Entwicklungspolitik im Bundestag. Bonn:
Die Grünen 1985. 191 S. D 03313

Wahlwesen

Donsbach, W.: Die Rolle der Demoskopie in der Wahlkampf-
Kommunikation. In: Zeitschrift für Politik. Jg. 31, 1984. H. 4.
S. 388-407.   BZ 4473:31
Fogt, H.; Uttitz, P.: Die Wähler der Grünen 1980-1983. In:
Zeitschrift für Parlamentsfragen. Jg. 15, 1984. H. 2.
S. 210-226.   BZ 4589:15
Schmollinger, H.W.; Stöss, R.: Bundestagswahlen und soziale
Basis politischer Parteien in der Bundesrepublik. III. Das Scheitern der sozialliberalen Koalition. In: Prokla. Jg. 14, 1984. Nr. 3
(56). S. 21-50.   BZ 4613:14
Veen, H.-J.: Wer wählt grün? In: Aus Politik und Zeitgeschichte.
1984. B 35-36. S. 3-17.   BZ 05159:1984
Taschenatlas Wahlen in der Bundesrepublik Deutschland. 55 Kapitel
von 1949 bis 1984. Braunschweig: Höller u. Zwick 1984.
190 S.   Bc 4925

e. 1.4 Parteiwesen

bis 1945

Bakunin, M. A.: Die Reaktion in Deutschland. Vorw.: A. Block.
Hamburg: Nautilus-Nemo Press 1984. 64 S.   Bc 4937
Oberreuter, H.: Parteien - zwischen Nestwärme und Funktionskälte. Zürich: Edition Interfrom 1983. 130 S.   B 52264
Deutsche Parteien im Wandel. Hrsg.: W. Dettling. München, Wien:
Olzog 1983. 140 S.   Bc 4119
Réformisme et révisionisme dans les socialismes allemand,
autrichien et français. Paris: Ed. de la Maison des Scie. de l'
Homme 1984. 195 S.   B 52258

Alldeutscher Verband
Chickering, R.: We men who feel most German. A cultural study
of the Pan-German League, 1886-1914. Boston: Allen & Unwin
1984. XIV, 365 S.   B 54937

KPD
Fowkes, B.: Communism in Germany under the Weimar Republic.
London: Macmillan 1984. XIII, 246 S.   B 51854
Gegen den Strom - KPD-Opposition. Ein Kolloquium zur Politik der
KPD 1928-1945. Hrsg.: J. Kaestner. Frankfurt: Materialis-Verl.
1984. 116 S.   Bc 4751
Kinner, K.: Die Parteipropaganda der KPD im Ringen um die
Aneignung und Verbreitung des Marxismus-Leninismus 1925-1933.
In: ZfG. Jg. 33, 1985. Nr. 6. S. 541-551.   BZ 4510:33
Prager, E.: Das Gebot der Stunde. Geschichte der USPD. Mit. e.
Vorw.: O. K. Flechtheim. 4., annot. Aufl. Berlin:

Dietz 1980. XI, 231 S. B 52009
Rosenhaft, E.: Beating the Fascists? The German Communists and political violence 1929-1933. Cambridge: Cambridge Univ. Pr. 1983. 273 S. B 50733
Weber, H.; Wachtler, J.: Die Generallinie. Rundschreiben des Zentralkomitees der KPD an die Bezirke 1929-1933. Düsseldorf: Droste 1981. CXXIX, 740 S. 09494

NSDAP

Benser, G.: Konzeptionen und Praxis der Abrechnung mit dem deutschen Faschismus. In: Zeitschrift für Geschichtswissenschaft. Jg. 32, 1984. H. 11. S. 951-967. BZ 4510:32
Bertelsen, I.; Jacobsen, K.: Hitlerfascismus Vej til magten. Materialesamling om fascisme/nazisme. 3. opl. København: Gyldendal 1984. 128 S. Bc 4745
Devoto, A.: L'Oppressione nazista. Cosiderazioni e biliografia 1963-1981. Firenze: Olschki 1983. XV, 207 S. B 52221
Günther, H.: Der Herren eigner Geist. Die Ideologie des Nationalsozialismus. Fotomech. Nachdr. Frankfurt: Röderberg-Verl. 1982. 226 S. B 51093
Jamin, M.: Zwischen den Klassen. Zur Sozialstruktur der SA-Führerschaft. Wuppertal: Hammer 1984. VIII, 399 S. B 52667
Kater, M. H.: Generationskonflikt als Entwicklungsfaktor in der NS-Bewegung vor 1933. In: Geschichte und Gesellschaft. Jg. 11, 1985. H. 2. S. 217-243. BZ 4636:11
Patzwall, K. D.: Der SS-Totenkopfring. Hamburg: Patzwall 1983. 18 S. Bc 4333
Walendy, U.: Adolf Eichmann und die "Skelettsammlung des Ahnenerbe e. V.". Vlotho: Verl. f. Volkstum u. Zeitgeschichtsforschung 1984. 40 S. Bc 01326

SPD

Programmatische Dokumente der deutschen Sozialdemokratie. Berlin: Dietz 1984. 512 S. B 51690
Fülberth, G.: Konzeption und Praxis sozialdemokratischer Kommunalpolitik 1918-1933. Marburg: Verl. Arbeiterbewegung und Gesellschaftswissenschaft 1984. 208 S. B 56684
Hurwitz, H.; Sühl, K.: Autoritäre Tradierung und Demokratiepotential in der sozialdemokratischen Arbeiterbewegung. Köln: Verl. Wissenschaft und Politik 1984. 323 S. B 52142
Klotz, J.: Das "kommende Deutschland". Vorstellungen und Konzeptionen des sozialdemokratischen Parteivorstandes im Exil 1933-1945 zu Staat und Wirtschaft. Köln: Pahl-Rugenstein 1983. 314 S. B 50308
Lüpke, R.: Zwischen Marx und Wandervogel. Die Jungsozialisten in der Weimarer Republik 1919-1931. Marburg: Verlag Arbeiterbewegung und Gesellschaftswissenschaft 1984. X, 277 S. B 52006
Meyer, T.: Das Erbe von Karl Marx und die deutsche Sozialdemokratie. In: Geschichte in Wissenschaft und Unterricht. Jg. 35, 1984. H. 11. S. 737-745. BZ 4475:35

Pohl, K. H.: Die Reichstagserklärung der sozialdemokratischen
  Fraktion vom 4. 8. 1914. In: Geschichte in Wissenschaft und
  Unterricht. Jg. 35, 1984. H. 11. S. 758-775. BZ 4475:35

nach 1945

Bluth, S.: Die korrupte Republik. Ein politisches und wirtschaft-
  liches Sittengemälde. Esslingen: Fleischmann 1983. 253 S. B 51349
Kaltefleiter, W.: Parteien im Umbruch. Düsseldorf: Econ 1984.
  219 S. B 51373
Kilz, H. W.; Preuß, J.: Flick. Die gekaufte Republik. Reinbek:
  Rowohlt 1983. 381 S. B 51372
Lösche, P.: Wovon leben die Parteien? Über das Geld in der
  Politik. Unter Mitarb.: A. Otto-Hellensleben. Frankfurt:
  Fischer-Taschenbuch Verl. 1984. 143 S. Bc 4573
Pappi, F. U.: The West German party system. In: West European
  politics. Vol. 7, 1984. No. 4. S. 7-26. BZ 4668:7
Parteien-Handbuch. Die Parteien der Bundesrepublik Deutschland
  1945-1980. Hrsg.: R. Stöss. Bd. 1. 2. Opladen: Westdt. Verl.
  1983-84. 2580 S. B 52149

CDU/CSU
Barton, T.: Die CDU 1975-1983. In: Zeitschrift für Parlaments-
  fragen. Jg. 15, 1984. H. 2. S. 196-210. BZ 4589:15
40 Jahre Deutschland ohne Selbstbestimmung. Parteitag und Deutsch-
  land-Tagung des Exil-CDU, Goslar 1985. Berlin: Exil-CDU 1985.
  77 S. Bc 5177
Esser, J.; Hirsch, J.: Der CDU-Staat. In: Prokla. Jg. 14, 1984.
  Nr. 3(56). S. 51-66. BZ 4613:14
Geißler, H.: CDU und Grüne. In: Sonde. Jg. 17, 1984. Nr. 4;
  Jg. 18, 1985. Nr. 1. S. 3-9. BZ 05259:17/18
Lehrjahre der CSU. Eine Nachkriegspartei im Spiegel vertraulicher
  Berichte an die amerikanische Militärregierung. Hrsg.: K.-D.
  Henke u. H. Woller. Stuttgart: Deutsche Verlags-Anst. 1984.
  191 S. B 52102
FDP
Bangemann, M.: Kurs '87. Auf die F. D. P. kommt es an!
  Stuttgart, Herford: Seewald 1985. 126 S. Bc 5094
Fetscher, I.: "Neo"-Konservatismus und Kirche. In: Prokla.
  Jg. 14, 1984. Nr. 3. S. 7-19. BZ 4613:14
Rütten, T.: Der deutsche Liberalismus 1945-1955. Baden-Baden:
  Nomos Verl. Ges. 1984. 409 S. B 53824
Schulz, F.: "Neokonservatismus". In: Prokla. Jg. 14, 1984.
  Nr. 3(56). S. 127-143. BZ 4613:14
Steinbuch, K.: Unsere manipulierte Demokratie. Müssen wir mit
  der linken Lüge leben? Stuttgart, Herford: Seewald Verl. 1985.
  280 S. B 55678
Wolff Poweska, A.: Polityczne i filozoficzne Nurty konserwatyzmu

w Republice Federalnej Niemiec. [Politische und philosophische
Strömungen des Konservatismus in der Bundesrepublik Deutschland.] Poznań: Instytut Zachodni 1984. 242 S.   B 52099

Grüne

Bahro, R.: Hinein oder hinaus? Wozu steigen wir auf? In:
Kommune. Jg. 3, 1985. H. 1. S. 40-48.   BZ 05452:3

Beckenbach, F.: Brüten oder Verhüten. Zu strategischen Überlebensfragen der grünen Partei anläßlich der Zukunftsvisionen
von Ebermann und Trampert. In: Kommune. Jg. 3, 1985. Nr. 4.
S. 35-43.   BZ 05452:3

Eisel, S.: Reichste der Parteien. Die Finanzen der Grünen. In:
Sonde. Jg. 17, 1984. Nr. 4; Jg. 18, 1985. Nr. 1.
S. 63-72.   BZ 05259:17/18

Fischer, J.: Von grüner Kraft und Herrlichkeit. 11. -14. Tsd.
Reinbek: Rowohlt 1984. 165 S.   Bc 5039

Fücks, R.: Zwischen den Stühlen. Die Grünen nach ihrem Hamburger Parteitag. In: Kommune. Jg. 3, 1985. H. 1.
S. 64-67.   BZ 05452:3

Die Grünen. Das Bundesprogramm. 2. Aufl. Bonn 1984. 47 S.   D 03254

Hahn, R.: Wer sind die Grünen? Welchen politischen Einfluß haben
die Grünen? Hrsg.: Notgemeinschaft für eine freie Universität
Berlin 1985. 19 S.   D 3209

Hallensleben, A.: Von der Grünen Liste zur Grünen Partei?
Göttingen: Muster-Schmidt 1984. V. 325, A 143 S.   B 52281

Heimann, H.: Gehen die Grünen den Weg der SPD? In: L'80.
1985. H. 33. S. 58-67.   BZ 4644:1985

Jäger, M.: Die Grünen im Parlament und das Problem der falschen
Fronten. In: Kommune. Jg. 2, 1984. H. 12. S. 47-57.   BZ 05452:2

Leonhardt, H. A.: Zur Europapolitik der Grünen. In: Zeitschrift
für Politik. Jg. 31, 1984. H. 2. S. 192-204.   BZ 4473:31

Sorge in den USA: Deutschlands "grüne" Alternative ist eine Bedrohung für die NATO. Lemgo: Western Goals Europe 1983.
19 S.   Bc 01390

Spaltpilze und Provokationen. Eine Abrechnung mit der linken und
alternativen Szene. Erlangen: Verl. Neue Strömung 1984.
103 S.   Bc 4769

Stöss, R.: Sollen die Grünen verboten werden? In: Politische
Vierteljahresschrift. Jg. 25, 1984. Nr. 4. S. 403-424.   BZ 4501:25

Wie weiter mit den Grünen. [Versch. Beitr.] In: Kommune.
Jg. 3, 1985. Nr. 6. S. 39-60.   BZ 05452:3

Kommunistische Gruppen

Benser, G.: Zur historischen Bedeutung des Aufrufs des Zentralkomitees der KPD vom 11. Juni 1945. In: ZfG. Jg. 33, 1985. Nr. 4.
S. 302-315.   BZ 4510:33

Graf, W. D.: Anti-Communism in the Federal Republic of Germany.
In: The socialist Register. Vol. 21, 1984. S. 164-213.   BZ 4824:21

Grundsatzprogramm der MLPD. Marxistisch-Leninistische Partei
Deutschlands. Beschlossen v. 1. Parteitag d. MLPD, Juni 1982.

Stuttgart: Verl. Neuer Weg 1982. 31 S. D 3252
Revolution. Zeitung der Kommunistischen Liga. 1. 1978-5. 1982.
Frankfurt: 1978-82. Getr. Pag. DZ 531
RZ. (Revolutionäre Zellen.) Geschichte, Kritiken, Dokumente.
Hrsg.: Westdeutsches Irlandsolidaritätskomitee. Oberursel:
WISK 1985. 69 S. D 03237
Spartacus. Zentralorgan des Spartacusbundes. Nr. 1-65. Essen;
später Frankfurt: Spartacusbund 1974-81. Getr. Pag. DZ 93

Neonazis

Dudek, P.; Jaschke, H.-G.: Entstehung und Entwicklung des
Rechtsextremismus in der Bundesrepublik. Bd 1.2. Opladen:
Westdt. Verl. 1984. 507, 374 S. B 54270
Ginzel, G. B.: Hitlers (Ur)enkel. Neonazis: ihre Ideologien und
Aktionen. 3. Aufl. Düsseldorf: Droste 1983. 154 S. B 52016
Opitz, R.: Faschismus und Neofaschismus. Frankfurt: Verl.
Marxist. Blätter 1984. 537 S. B 52161
Rechtsextremismus in der Bundesrepublik. Voraussetzungen, Zusammenhänge, Wirkungen. Hrsg.: W. Benz. Frankfurt:
Fischer 1984. 318 S. B 52017
Weinreich, G.; Anker-Moller, K.: Neonazismus in der BRD.
Nykobing Mors: Forl. Futurum 1984. 72 S. Bc 4741
"Wenn ich die Regierung wäre..." Die rechtsradikale Bedrohung.
Interviews und Analysen. Berlin: Dietz 1984. 211 S. B 51942
Zimmermann: "Mein Kampf gegen den Neofaschismus...". Angeblich
gegen Extremisten von links und rechts fördert Zimmermann faschistische Parteibildung. Hamburg: Volksfront gegen Reaktion,
Faschismus und Krieg 1984. 18 S. D 3065

SPD

Albers, D.: Sozialistische Erneuerung der SPD. In: Die Neue
Gesellschaft. Jg. 31, 1984. H. 11. S. 1020-1030. BZ 4572:31
Asopa, D.: Peace and detente. Foreign policy of the Social Democratic Party of Germany. New Delhi: Sopan 1980. X, 259 S. B 51599
Brandt, W.: ... Auf der Zinne der Partei.... Parteitagsreden
1960 bis 1983. Berlin: Dietz 1984. 408 S. B 51944
Brosch, O.; Saß, F.: Erneuerung der SPD? Chancen und Probleme der Programmdiskussion. In: Blätter für deutsche und internationale Politik. Jg. 30, 1985. Nr. 6. S. 711-726. BZ 4551:30
Butterwegge, C.; Zellner, W.: Alternativen sozialdemokratischer Sicherheitspolitik. In: Marxistische Studien. Jg. 7, 1984.
S. 319-331. BZ 4691:7
Grundwerte für ein neues Godesberger Programm. Die Texte der
Grundwerte-Kommission d. SPD. Hrsg.: E. Eppler. Reinbek:
Rowohlt 1984. 200 S. Bc 4328
Heimann, H.: Können die Jusos wieder zu einem Hoffnungsträger
werden? In: Die neue Gesellschaft. Frankfurter Hefte.
Jg. 32, 1985. H. 8. S. 714-720. BZ 4572:32
Klassen, R.: Zur Entwicklung der sozialreformistischen Konzeption der SPD in den siebziger Jahren. In: Beiträge zur Ge-

schichte der Arbeiterbewegung. Jg. 27, 1985. 1. S. 40-49. BZ 4507:27
Lafontaine, O.: Der andere Fortschritt. Über eine neue Politik
  der SPD. T. 1. 2. In: Der Spiegel. Jg. 39, 1985. Nr. 5. S. 69-80;
  Nr. 6. S. 75-88. BZ 05138:39
Oertzen, P. von: Für einen neuen Reformismus. Hamburg:
  VSA-Verl. 1984. 171 S. B 52982
Scheer, H.: Solidarität, Gemeinwohl und öffentliches Interesse als
  sozialdemokratische Programmziele. Vortrag. Bonn: Friedrich
  Ebert Stiftung 1984. 27 S. Bc 4831
SPD - Raketenstopper? Hrsg.: Bürgerinitiative Frieden aktiv sichern
  (BIFAS). Karlsruhe: Friedenskreis 1984. Getr. Pag. D 03262
Strasser, J.: Identitätssuche oder Politik. Läuft dem rotgrünen
  Bündnis die Zeit davon? In: L '80. 1985. H. 33.
  S. 24-32. BZ 4644:1985
Wohin treibt die SPD? Wende oder Kontinuität sozialdemokratischer
  Sicherheitspolitik. München: Olzog 1984. 189 S. B 52272

Verschiedene Gruppen

Die Alternativen der Alternativbewegung. Diskussion und Kritik ihrer
  wirtschafts- und gesellschaftspolitischen Konzeptionen. Materialien
  einer Tagung des IMSF vom 26./27. November 1983 in Frankfurt.
  Frankfurt: Verl. Marxistische Blätter 1984. 203 S. B 52964
Linke Deutschland-Diskussion - LDD. Weder Nationalismus noch
  Status quo. Unsere Positionen, unsere Aktivitäten über Nationa-
  listen... über Nationalallergetiker. Köln 1985. 36 S. D 03263
Herbst, E.: Alle suchen nach Lösungen - wir haben sie. Mündige
  Bürger. Stuttgart: Frech 1984. 151 S. Bc 4625
Neckel, S.: Politische Identität und soziale Interessen. Zur Kritik
  des Diskurses alternativer Politik. In: L '80. 1985. H. 33.
  S. 45-57. BZ 4644:1985

Friedensbewegung

Bloech, F.: Tagebuch eines Friedensarbeiters. 1978-1983.
  Minden: Schalom-Verl. 1983. 209 S. Bc 01370
Comiso-Bulletin. Will nicht das Hiroshima von morgen sein.
  Nr. 1. 1983-11. 1984. Frankfurt: Comiso-Koordination 1983-1984.
  Getr. Pag. DZ 647
"Dem Volk die Entscheidung!" Nein zur US-Raketenstationierung.
  Hrsg.: Redaktion d. "Sozialistischen Arbeiterzeitung". Köln:
  Droge 1983. 168 S. Bc 3993
Dokumentation zur Tätigkeit der Deutschen Gesellschaft für Friedens-
  und Konfliktforschung, 1970-1983. Bonn-Bad Godesberg: Dt. Gesell-
  schaft f. Friedens- u. Konfliktforschung 1983. 139, 81 S. Bc 01304
"Du, lass Dich nicht verhärten!" Hilfen zur Weiterarbeit in der
  Friedensbewegung nach Beginn des Stationierungsprozesses.
  Bonn: Dienst für den Frieden 1984. 87 S. Bc 4961
Gerhard, W.: Zur Einordnung der Friedensbewegung. In: S und F:
  Vierteljahresschrift für Sicherheit und Frieden. Jg. 1, 1983.

H. 1. S. 3-9. BZ 05473:1
H a r t i g , W. : Bürgerliche Friedensforscher der BRD in der Auseinandersetzung um die Lebensfrage der Menschheit. In: Institut für internationale Politik und Wirtschaft/IPW-Berichte. Jg. 14, 1985.
H. 3. S. 35-41. BZ 05326:14
Koordinierungsausschuß der Friedensbewegung. Handlungsperspektiven. Reader zur Strategie-Konferenz "Großer Ratschlag" der Friedensbewegung. Am 16. u. 17. Juni 1985 in Köln: Bonn 1985.
80 S. D 03247
L a n g e - F e l d h a h n , K. ; J a e g e r , U. : Alternative Sicherheitskonzepte. Arbeitshilfen für eine notwendige Diskussion. Tübingen: Verein für Friedenspädagogik 1983. 108 S. Bc 01532
M ü l l e r , P. : Betriebliche Friedensinitiativen in der Bundesrepublik. In: Marxistische Studien. Jg. 7, 1984. S. 84-94. BZ 4691:7
M u s h a b e n , J. M. : Cycles of peace protest in West Germany: experiences from three decades. In: West European politics.
Vol. 8, 1985. No. 1. S. 24-40. BZ 4668:8
R e u b a n d , K. -H. : Politisches Selbstverständnis und Wertorientierungen von Anhängern und Gegnern der Friedensbewegung. In: Zeitschrift für Parlamentsfragen. Jg. 16, 1985. Nr. 1.
S. 25-45. BZ 4589:16
S p r a n g e r , C.-D. : Inwieweit sind Ziele und Perspektiven der deutschen "Friedensbewegung" grundgesetzkonform? Nach dem "Heißen Herbst" in der Bundesrepublik Deutschland. In: Beiträge zur Konfliktforschung. Jg. 14, 1984. 2. S. 5-21. BZ 4594:14
Stationierung - und was dann? Hrsg. : U. Albrecht [u. a.]. Berlin: Verl. Europ. Perspektiven 1983. 173 S. B 51504
30 Tricks, um mit der Friedensbewegung fertig zu werden. BILD und FAZ über den "Heißen Herbst". 2. Aufl. Tübingen: Arbeitskreis Herbstblätter am Ludwig-Uhland-Institut für empirische Kulturwissenschaft 1984. 28 S. D 2416
Vertrauen schaffen! Innere Sicherheit und Friedensbewegung. Analysen und Materialien. Dokumente der Polizei. Interview mit J. Leinen. Göttingen: Atomexpress 1984. 56 S. D 03084
Vorkriegszeit. Hrsg. : AG gegen Kriegsvorbereitung. Hamburg 1983. 112 S. D 3089
Warum ich Pazifist wurde. Hrsg. : H. Albertz. München: Kindler 1983. 175 S. B 50060
Widerstand gegen Atomtod! Stuttgart: Verl. Neuer Weg 1983.
6 Bl. Bc 4405
Gewaltfreier Widerstand gegen Massenvernichtungsmittel. Hrsg. : J. Tatz. Freiburg: Dreisam-Verl. 1984. 222 S. B 53448
Y o u n g , N. : Die neue Friedensbewegung. In: S u. F. Jg. 2, 1984.
Nr. 4. S. 2-11. BZ 05473:2

e. 2 Außenpolitik

bis 1945

G r a m l , H. : Grundzüge nationalsozialistischer Außenpolitik. In:
Das Dritte Reich. München 1983. S. 104-126. B 50114
K l ü v e r , M. : War es Hitlers Krieg? Leoni: Druffel 1984.
447 S. B 54379

Aussenpolitische Beziehungen

B a i r u Tafla: Ethiopia and Germany. Cultural, political and
economic relations, 1871-1936. Wiesbaden: Steiner 1981.
326 S. B 52127
D i c k e l , H. : Die deutsche Aussenpolitik und die irische Frage
1932-1944. Wiesbaden: Steiner 1983. 254 S. B 49900
H ö p f n e r , H. -P. : Deutsch-bulgarische Beziehungen 1919-1933.
Zur Südostpolitik der Weimarer Republik. In: Südostpolitik der
Weimarer Republik. In: Südosteuropa-Mitteilungen. Jg. 24, 1984.
H. 3. S. 48-59. BZ 4725:24
R a k o v a , S. : Vztahy Spojených státu k Německu do přijetí Dawesova
plánu 1920-1924. [Die amerikanisch-deutsche Beziehung vor dem
Dawes Plan. 1920-1924.] In: Československý časopis historický.
Ročnik 32. 1984. Č. 3. S. 356-388. BZ 4466:32
S t e h l i n , S. A. : Weimar and the Vatican 1919-1933. German-Vatican
diplomatic relations in the interwar years. Princeton: Princeton
Univ. Pr. 1983. XVI, 490 S. B 51747

nach 1945

B i r r e n b a c h , K. : Meine Sondermissionen. Düsseldorf:
Econ Verl. 1984. 463 S. B 51545
B r a u c h , H. G. : Sicherheitspolitik am Ende? Eine Bestandsauf-
nahme, Perspektiven und neue Ansätze. Gerlingen: Bleicher 1984.
296 S. B 51952
Denkschrift. Friedensvertrag, deutsche Konföderation, europäisches
Sicherheitssystem. Berlin: Ammon 1985. 59 S. D 3181
F r i e d r i c h , W. -U. : Bestimmungsfaktoren westdeutscher Aussen-
politik und die aktuelle sicherheitspolitische Diskussion. In:
German studies review. Vol. 7, 1984. No. 1. S. 101-129. BZ 4816:7
H a l f m a n n , J. : W a r t m a n n , R. : Das Sicherheitsdilemma. In:
Sozialismus. Jg. 11, 1985. H. 1. S. 29-38. BZ 05393:11
H e i m p e l , C. : Wende in der deutschen Entwicklungspolitik. In:
Jahrbuch Dritte Welt. Jg. 2, 1984. S. 73-84. BZ 4793:2
K o h l , H. : German Policy today. The legacy of Konrad Adenauer.
Adenauer Memorial Lecture, Oxford, 2 May 1984. Bonn: Presse-
und Informationsamt 1984. 39 S. Bc 4529

Lutz, D.S.; Alex, M.; Lauermann, G.: Sicherheitspolitische
Alternativen und die Souveränität der Bundesrepublik Deutschland.
Rechtsfragen. Hamburg: Inst.f. Friedensforschung und
Sicherheitspolitik 1983. 44 S. 09633
Meyer, B.: Der Bürger und seine Sicherheit. Frankfurt:
Campus Verl. 1983. 303 S. B 51145
Schulze-Marmeling, D.: Sicherheitspartnerschaft und NATO-Austritt. In: Moderne Zeiten. Jg. 4, 1984. H. 8. S. 17-23. BZ 05440:4
Seeger, W.: Der Weg zur deutschen Einheit. Wie kann ein drohender Krieg in Europa verhindert werden? Ostbündnis? Westbündnis?
Neutralität? Tübingen: Grabert 1985. 32 S. Bc 4991
Im Spannungsfeld der Weltpolitik: 30 Jahre deutsche Außenpolitik
(1949-1979). W.F. Hanrieder, H. Rühle (Hrsg.) Stuttgart:
Verl. Bonn Aktuell 1981. 359 S. B 52003
Staden, B. von: Perspektiven deutscher Außenpolitik. In: Aussenpolitik. Jg. 36, 1985. 1. S. 11-24. BZ 4457:36
Stützle, W.: Politik und Kräfteverhältnis. Herford: Mittler 1983.
160 S. B 50004
Teltschik, H.: Aspekte der deutschen Außen- und Sicherheitspolitik im Rahmen der Ost-West-Beziehungen. In: Aus Politik und
Zeitgeschichte. 1985. B 7-8. S. 3-13. BZ 05159:1985
Thomas, S.: Außenpolitische Opposition in der Periode 1949-1969.
Entwicklungstendenzen - Gruppierung - Wirkungen. In: Zeitschrift
für Geschichtswissenschaft. Jg. 33, 1985. H. 2. S. 99-116. BZ 4510:33
Weisser, U.: Perspectives of German security policy. In: Naval
war college review. Vol. 37, 1984. No. 6. S. 86-94. BZ 4634:37

Aussenpolitische Beziehungen

Apel, H.: Deutschland-Politik - Möglichkeiten und Grenzen. In:
Europa-Archiv. Jg. 39, 1984. Folge 20. S. 609-616. BZ 4452:39
Asmus, R.: The GDR and the German nation: sole heir or socialist
sibling? In: International Affairs. Vol. 60, 1984. No. 3.
S. 403-418. BZ 4447:60
Barrenechea, C.: Bundesrepublik und Chile. Köln: Pahl-Rugenstein 1984. X, 321 S. B 53849
Beiträge zur deutschen Frage. Historische und rechtliche Aspekte.
Einf.: D. Blumenwitz; Auswahl: G. Zieger. Bonn: Kulturstiftung
der Dt. Vertriebenen 1984. 94 S. Bc 4931
Bentzien, J.F.: Die deutsche Frage in Vergangenheit, Gegenwart
und Zukunft. In: Politik und Kultur. Jg. 11, 1984. H. 6.
S. 58-70. BZ 4638:11
Die Beziehungen der Bundesrepublik Deutschland zu Lateinamerika:
Bestandsaufnahmen und Empfehlungen. Bonn: Friedrich-Ebert-Stiftung 1983. 32 S. Bc 4211
Boutwell, J.: Inner-German relations and "gesamtdeutsche"
security. In: International Journal. Vol. 39, 1984. No. 3.
S. 599-614. BZ 4458:39

BRD - Nicaragua. Die Hilfe bleibt eingefroren. In: Blätter des iz3w.
1985. Nr. 125. S. 39-47. BZ 05130:1985
B r u n s , W.: Deutsch-deutsche Beziehungen. Prämissen, Probleme,
Perspektiven. 4. erw. u. aktual. Aufl. Opladen: Leske & Budrich
1984. 212 S. B 52005
Chronik der deutsch-deutschen Beziehungen seit 1977. In: Weltgeschehen. 1984. H. 3. S. 285-352. BZ 4555:1984
C r a i g , G. A.: Germany and the West. The ambivalent relationship.
London: German Historical Institute 1982. 22 S. Bc 4075
C r a m e r , D.: Ostpolitik auf der Waage. In: Aus Politik und Zeitgeschichte. 1985. B 7-8. S. 14-22. BZ 05159:1985
C y g a ń s k i , M.: Polityka wschodnia RFN wobec Bulgarii i Albanii
w latach 1964-1982. [Die Ostpolitik der BRD zu Bulgarien und
Albanien.] In: Przeglad Stosunków Międzynarodowych. 1984,
Nr. 1-2. S. 35-45. BZ 4777:1984
C y g a ń s k i , M.: Polityka wschodnia RFN wobec Związku Radzieckiego w latach 1978-1982. [Die Ostpolitik der BRD gegenüber
der Sowjetunion.] In: Przeglad Stosunków Międzynarodowych.
1983. Nr. 6. S. 23-46. BZ 4777:6
Faktor Deutschland. Zur Sensibilität der Beziehungen zwischen den
Niederlanden und der Bundesrepublik. Wiesbaden: Steiner 1984.
241 S. Bc 01387
Die Deutschlandfrage und die Anfänge des Ost-West-Konflikts
1945-1949. Berlin: Duncker u. Humblot 1984. 114 S. Bc 4552
Die Deutschlandpolitik Frankreichs und die französische Zone
1945-1949. Hrsg.: C. Scharf und H. -J. Schröder. Wiesbaden:
Steiner 1983. 315 S. B 52313
D i e p g e n , E.: Deutschlandpolitik aus Berliner Sicht. In: Sonde.
Jg. 17, 1984. Nr. 3. S. 29-34. BZ 05259:17
D r e j , B.: Główne tendencje w stosunkach politycznych RFN-Jugosławia po II wojnie światowej (1949-1980). [Haupttendenzen in den
politischen Beziehungen BRD - Jugoslawien nach dem 2. Weltkrieg.]
In: Przeglad Stosunków Międzynarodowych. 1984. Nr. 3.
S. 37-53. BZ 4777:1984
F a l k , R.: Militärische Dimensionen der Bonner Dritte-Welt-Politik.
In: Blätter für deutsche und internationale Politik. Jg. 29, 1984.
H. 8. S. 928-946. BZ 4551:29
F o r b e s , M. H.: Feindstaatenklauseln, Viermächteverantwortung
und Deutsche Frage. Zur Fortgeltung d. Art. 53 und 107 der
Satzung d. Vereinten Nationen. Baden-Baden: Nomos-Verl. Ges.
1983. 101 S. Bc 4307
G a m p e r t , A.: Die Auseinandersetzung um die Entwicklungshilfe
der Bundesrepublik für Nicaragua. Wuppertal: Ed. Nahua 1984.
64 S. Bc 01462
G o t t w a l d , U.: Nicaragua-Solidarität. Schwerpunkt: Auseinandersetzungen um die Miskito-Indianer. Kiel: Magazin Verl. 1984.
47 S. D 3080
G r a d l , J. B.: Was ist mit der Wiedervereinigung? In: Sonde:

Jg. 17, 1984. Nr. 3. S. 3-10. BZ 05259:17
Gumpel, W.: Die Wirtschaftsbeziehungen der Bundesrepublik
Deutschland und Jugoslawien und ihre Entwicklungschancen. In:
Südosteuropa. Jg. 34, 1985. H. 5. S. 235-245. BZ 4762:34
Howe, Sir G.: Grossbritannien und die Bundesrepublik Deutschland
als europäische Partner. In: Europa-Archiv. Jg. 39, 1984.
Folge 21. S. 635-643. BZ 4452:39
Kahn, H. W.: Die Deutschen und die Russen. Köln: Pahl-Rugenstein
1984. 225 S. B 51762
Klein, E.: Die territoriale Reichweite des Wiedervereinigungs-
gebotes. 2. überarb. Aufl. Bonn: Bund d. Vertriebenen 1984.
14 S. Bc 4933
Knopp, G.: Wir und die Russen. Fakten, Chancen, Illusionen.
Aschaffenburg: Pattloch 1983. 184 S. B 52471
Könitz, B.: Gefahren eines deutschen Sonderweges. Deutschlands
Zukunft zwischen Ost und West? Bonn: Dt. Atlantische Gesellschaft
1984. 47 S. Bc 4661
Kohl, H.: 40 Jahre danach: Die Freiheit, Kern der Deutschen Frage.
Bericht d. Bundesregierung zur Lage der Nation im geteilten
Deutschland... 27. 2. 1985. Bonn: Presse-u. Informationsamt der
Bundesregierung 1985. 112 S. Bc 5180
Leggewie, C.: Kofferträger. Das Algerien-Projekt der Linken
im Adenauer-Deutschland. Berlin: Rotbuch-Verl. 1984. 206 SB 51959
Leisler Kiep, W.: The new Deutschlandpolitik. In: Foreign
affairs. Vol. 63, 1984/85. No. 2. S. 316-329. BZ 05149:63
Leisler Kiep, W.: Die Deutsche Frage und der Westen. In:
Sonde. Jg. 17, 1984. Nr. 3. S. 55-61. BZ 05259:17
Lowenthal, R.: The German Question transformed. In: Foreign
affairs. Vol. 63, 1984/85. No. 2. S. 303-315. BZ 05149:63
Mac Cauley, M.: East-West German relations: A turning point?
London: Institute for the Study of Conflict 1984. 19 S. Bc 4078
Materialien zu Deutschlandfragen. Politiker und Wissenschaftler
nehmen Stellung. 1983/84. Bonn: Kulturstiftung der Deutschen
Vertriebenen 1984. 279 S. B 54925
Meier, R.: Die allmähliche Auflösung der deutschen Frage. In:
Europa-Archiv. Jg. 39, 1984. Folge 21. S. 644-654. BZ 4452:39
Neustadt, A.: Die deutsch-israelischen Beziehungen im Schatten
der EG-Nahostpolitik. Frankfurt: Haag u. Herchen 1983.
533, 25 S. B 50303
Ungewöhnliche Normalisierung. Beziehungen d. Bundesrepublik
Deutschland zu Polen. Hrsg.: W. Plum. Bonn: Verl. Neue Ge-
sellschaft 1984. 326 S. B 51650
Page, H.: Reunification and the successor generation in Germany.
In: The Washington quarterly. Vol. 7, 1984. No. 1.
S. 60-68. BZ 05351:7
Schlauch, W.: West Germany: reliable partner? Perspectives on
recent German-American relations. In: German studies review.
Vol. 8, 1985. No. 1. S. 107-125. BZ 4816:8

Schulz, E.; Danylow, P.: Bewegung in der deutschen Frage?
Die ausländischen Besorgnisse über die Entwicklung in den beiden
deutschen Staaten. Bonn: Europa-Union-Verl. 1984.
IV, 166 S. Bc 4582
Schulz, E.: Unfinished business: the German national question and
the future of Europe. In: International Affairs. Vol. 60, 1984.
No. 3. S. 391-402. BZ 4447:60
Die Teilung Deutschlands und Europa. Zusammenhänge, Aufgaben,
Perspektiven. Bonn: Bundesminister für innderdt. Beziehungen
1984. 51 S. Bc 5124
Timmermann, H.: Bundesrepublik - DDR. Grundzüge im Vergleich. Vorgeschichte, Politik, Wirtschaft, Soziales, Recht,
Aussen- und Sicherheitspolitik. Opladen: Leske und Budrich 1984.
175 S. Bc 4553
Über Barrieren der Geschichte hinweg die Zukunft suchen. Das
2. Symposium in Bad Kreuth. Hrsg.: Freie Gesellschaft zur Förderung der Freundschaft mit den Völkern der Tschechoslowakei.
München 1984. 43 S. D 3173
Wagrowska, M.: Pangermanismus? Revisionismus in der Bundesrepublik aus polnischer Sicht. In: Blätter für deutsche und
internationale Politik. Jg. 29, 1984. H. 11. S. 1355-1364. BZ 4551:29
Wilms, P.: Oude bekenden. De Bondsrepubliek Duitsland en de
Volksrepubliek China. In: Internationale Spectator. Jg. 39, 1985.
Nr. 3. S. 168-173. BZ 05223:39
Windelen, H.: Beiträge zur Deutschlandpolitik. Bonn: Bundesministerium f. innderdt. Beziehungen 1983. 58 S. Bc 3988
Wolffsohn, M.: Deutsch-israelische Beziehungen im Spiegel der
öffentlichen Meinung. In: Aus Politik und Zeitgeschichte. 1984.
H. 46/47. S. 19-30. BZ 05159:1984

e. 3 Kolonialpolitik

Graudenz, K.; Schindler, H. M.: Deutsche Kolonialgeschichte
in Daten und Bildern. München: Südwest Verl. 1984. 288 S. B 53486
Haupt, W.: Deutschlands Schutzgebiete in Übersee 1884-1918.
Friedberg: Podzun-Pallas 1984. 160 S. B 51904
Deutscher Kolonialismus. Das Beispiel Deutsch-Ostafrika (1885-1918).
Arbeitsgemeinschaft Afrika und Kolonialismus (AGAK). Kiel:
Magazin-Verl. 1984. 46 S. D 3196
Kolonialrechtswissenschaft, Kriegsursachenforschung, Internationale Angelegenheiten. Materialien u. Interpretationen zur Geschichte d. Instituts f. Internationale Angelegenheiten d. Univ. Hamburg
1923-1983 im Widerstreit d. Interessen, hrsg. aus Anlaß des
60. Jahrestages der Gründung des Instituts für Auswärtige Politik
von Klaus Jürgen Gantzel. Baden-Baden: Nomos 1983.
VI, 506 S. B 51706
Steltzer, H. G.: Die Deutschen und ihr Kolonialreich.

Frankfurt: Societäts-Verl. 1984. 413 S. B 53316
S t e l t z e r , H. G. : Die Deutschen und ihr afrikanisches Kolonialreich, 1884-1919. Bonn: Dt. Afrika-Stiftung 1984. 16 S. Bc 4890
Weiss auf schwarz. 100 Jahre Einmischung in Afrika. Deutscher Kolonialismus und afrikanischer Widerstand. Hrsg. : M. O. Hintz. Berlin: Elefanten-Pr. 1984. 192 S. 09607
W e s t p h a l , W. : Geschichte der deutschen Kolonien. München: Bertelsmann 1984. 367 S. B 51501

f. Wehrwesen

f. 0.1 Wehrpolitik

bis 1945

G o t s c h l i c h , H. : Betrachtungen zur sozialdemokratischen Wehrpolitik in der Weimarer Republik. In: Militärgeschichte. Jg. 23, 1984. 6. S. 521-529. BZ 4527:23
G u t h , E. P. : Der Gegensatz zwischen dem Oberbefehlshaber Ost und dem Chef des Generalstabes des Feldheeres 1914/15. In: Militärgeschichtliche Mitteilungen. 1984. 1. S. 75-111. BZ 05241:1984
S c h m u n d t , R. : Tätigkeitsbericht des Chefs des Heerespersonalamtes General der Infanterie... fortgeführt von Gen. d. Inf. W. Burgdorff. Hrsg. : D. Bradley [u. a.]. Osnabrück: Biblio Verl. 1984. Getr. Pag. 09683
W i l l e m s , E. : Der preußisch-deutsche Militarismus. Köln: Verl. Wiss. u. Politik 1984. 207 S. B 53498

nach 1945

B a r t e l s , W. : Pulverfaß Bundesrepublik. Frankfurt: Verl. Marxist. Blätter 1984. 297 S. B 52193
B ö g e , V. ; W i l k e , P. : Sicherheitspolitische Alternativen für die Bundesrepublik Deutschland. Bonn: DGFK 1984. 31 S. 09665
B r i l l , H. : Der Konflikt um die Innere Führung in der Dienststelle Blank. In: Kampftruppen. Jg. 26, 1984. H. 5. S. 218-222. BZ 05194:26
E m , J. ; P o r t n e r , D. : Sozialstaat und Verteidigung. Sicherheitspolitik. 3. Bonn, Herford: Verl. Offene Worte 1983. 79 S. Bc 4295
G a u s , G. : Deutschland und die NATO. Drei Reden. Reinbek: Rowohlt 1984. 120 S. Bc 4325
G l a s e r , H. ; H o r c h , H. : Neue Waffen - alte Ordnung: Ziele und Hintergründe der "Nach"rüstung. Stuttgart: Alektor-Verl. 1983. 75 S. Bc 3989
G ü n t h e r , I. ; V o l l m e r , G. : Verteidigung statt Vernichtung! Wege aus der atomaren Konfrontation. Vorw. : A. Mechtersheimer. München: ibf-Verl. 1983. 141 S. Bc 4223

Hennes, M.: Vor einer neuen Aufrüstungswelle. Die Bundeswehr-Planung für die 80er und 90er Jahre. In: Blätter für deutsche und internationale Politik. Jg. 30, 1985. H. 4. S. 449-464.   BZ 4551:30

Hubatschek, G.: Deutschland und die militärstrategische Lage. Ein Beitr. zur "Diskussion um den Frieden". Lemgo: Western Goals Europe 1983. 32 S.   Bc 01305

Kohl, H.: Die Bundesrepublik Deutschland 30 Jahre im Nordatlantischen Bündnis. In: NATO Brief. Jg. 33, 1985. Nr. 3. S. 3-9.   BZ 05187:33

Reinfried, H.; Schulte, L.: Die Sicherheit der Bundesrepublik Deutschland. Regensburg: Walhalla und Praetoria Verl. 1985. XVIII, 313 S.   B 34694:1

Schleker, M.: Ernstfall Friede. Sicherheitspolitik und Funktion der Bundeswehr in der Diskussion. Ein Beitr. zur Erforschung der politischen Kultur. Baden-Baden: Nomos Verl. 1984. 227 S.   B 52439

Schmid, G.: Sicherheitspolitik und Friedensbewegung. Der Konflikt um die "Nachrüstung". 4. aktual. Aufl. München: Olzog 1984. 108 S.   Bc 4464

Schmidt, P.: Militärische Sicherheitspolitik zu Beginn der 70er Jahre im Spiegel der Wehrstrukturkommission der Bundesregierung. Bonn: DGFK 1984. 10 S.   09662

Schmidt, P.: Wirkungen der "militärischen Entspannung" auf die Verteidigungspolitik der Natostaaten. Der Fall MBFR. München: tuduv-Verlagsges. 1983. IV, 202 S.   B 50603

Schuster, H.-G.: Unterschiedliche Standpunkte von CDU/CSU und SPD zur Stationierung atomarer Erstschlagswaffen. In: Institut für internationale Politik und Wirtschaft/IPW-Berichte. Jg. 14, 1985. H. 3. S. 28-34; 47.   BZ 05326:14

Steininger, R.: Das Scheitern der EVG und der Beitritt der Bundesrepublik zur NATO. In: Aus Politik und Zeitgeschichte. 1985. B 17/85. S. 3-18.   BZ 05159:1985

Thompson, W.C.; Wittig, P.: The West German defense policy consencus. In: Armed forces and society. Vol. 10, 1983/84. No. 3. S. 327-360.   BZ 4418:10

Brauch, H.G.: Die Raketen kommen! Vom NATO-Doppelbeschluß bis zur Stationierung. Köln: Bund-Verl. 1983. 360 S.   B 50005

Militärland BRD. Atomwaffen, C-Waffen und militärische Anlagen. Bonn: Die Friedensliste 1985. 52 S.   D 03294

Lagerung und Transport von Atomwaffen. Vorw.: A. Mechtersheimer. Verzeichnis aller Atomwaffen-Lagerorte in ganz Deutschland. 3. erw. Aufl. München: Informationsbüro f. Friedenspolitik 1983. 112 S.   Bc 4672

Amerikanische Raketen wider deutsche Interessen. Argumente gegen die Stationierung neuer atomarer Mittelstreckenwaffen mit einer Dokumentation. Hrsg.: R. Seeliger. München: Seeliger 1983. 120 S.   Bc 4398

Risse-Kappen, T.: "Fahrplan zur Abrüstung"? Zur Doppelbeschluß-

Politik der Bundesrepublik Deutschland bis 1983. In: Aus Politik
und Zeitgeschichte. 1985. B 14-15/85. S. 35-46. BZ 05159:1985
Sailer, C.: Verfassungsbeschwerde gegen die Zustimmung der
Bundesregierung zur Dislozierung amerikanischer Mittelstrecken-
raketen in der Bundesrepublik Deutschland. München:
Meyster 1984. 176 S. B 53906
Sonntag, P.: Der Streit um die atomare Bewaffnung. Argumente
der Ära Adenauer. Frankfurt: Haag u. Herchen 1982. 113 S. Bc 4232

f. 0.2 Wehrorganisation / Wehrstruktur

f.1 Heer

Alte Armee, Reichswehr, Wehrmacht

Creveld, M. van: Fighting Power. German and U.S. army per-
formance, 1939-1945. London: Arms and Armour Pr. 1983.
XI, 198 S. B 51735
Einzelprobleme politischer und militärischer Führung. Mit Beitr. von
J.-C. Allmayer-Beck u. a. Herford: Mittler & Sohn 1981.
132 S. B 52019
Krausnick, H.: Die Wehrmacht im nationalsozialistischen Deutsch-
land. In: Das Dritte Reich. München 1983. S. 176-208. B 50114
Lainé, D.: L'Armée allemande en 1914. Paris: Chromos Serv.
1984. 297 S. B 52362
Sperling, H.: Rolle und Funktion des Heereswaffenamts beim
ersten Rüstungsprogramm der Reichswehr. In: Militärgeschichte.
Jg. 23, 1984. H. 4. S. 305-312. BZ 4527:23

Bundeswehr

Altenburg, W.: Las Fuerzas Armadas de la República Federal de
Alemania. In: Tecnologia militar. Año 7, 1985. No. 3.
S. 42-59. BZ 05350:7
Armanski, G.: Junge, komm bald wieder. Von der Bundeswehr.
Reinbek: Rowohlt 1983. 252 S. B 52302
Hegner, K.; Lippert, E.; Wakenhut, R.: Selektion und
Sozialisation. Zur Entwicklung des politischen und moralischen
Bewußtseins in der Bundeswehr. Opladen: Westdeutscher Verl.
1983. XI, 205 S. B 50601
Kielmansegg, J. A. Graf: Gedanken zur Führung der Streitkräfte.
In: Beiträge zur Konfliktforschung. Jg. 14, 1984. H. 4.
S. 5-34. BZ 4594:14
Majeswki, N.; Peyton, J. H.: German army General Staff
officer training. In: Military review.

Vol. 64, 1984. No. 12. S. 23-34. BZ 4468:64
Rücker, B.; Vilmar, F.: Umstellung der Bundeswehr auf strikte
"Defensiv-Verteidigung". In: Kommune. Jg. 3, 1985. Nr. 6.
S. 15-21. BZ 05452:3
Streitkräfte. Hrsg.: Theorie-Friedensgruppe Karlsruhe.
Karlsruhe 1984. Getr. Pag. D 03146
Triebiger, C.: Reisst euch zusammen! Lieber Freund! Diese
Erlebnisse hier bei der Bundeswehr machen mich noch zum Verweigerer. Frankfurt: Eichborn 1984. 92 S. Bc 4411
Walkiewicz, D.: Dezentrale Beschaffung in der Bundeswehr. Mit
einem Grundriss über die zentrale Beschaffung. Heidelberg:
Decker's Verl., Schenck 1984. 133 S. Bc 4757

f. 1.30 Waffengattungen und Dienste

Alte Armee und Reichswehr

Sonderausstellung. - Deutsche Gebirgstruppen vom 1. Weltkrieg bis
zur Gegenwart. Ingolstadt: Bayer. Armeemuseum 1983.
119 S. Bc 4155
Heysing, G.: Alexander-Tradition. (Kaiser-Alexander-Garde-
Grenadier-Rgt. Nr. 1.) In: Deutsches Soldaten-Jahrbuch.
Jg. 33, 1985. S. 169-176. F 145:33
Ludwig, K.: Die deutsche Militärmusik. Koblenz: Bernard u.
Graefe 1984. S. 365-383. Bc 4414
Schulz, S.: Geschichte des Infanterie-Regiments von Courbière
(2. Posensches) Nr. 19. Von 1813 bis 1920. Neubearb. Lübeck:
[Selbstverl.] 1984. 79 S. Bc 01492

Wehrmacht

Bayer, H.: Kavallerie-Divisionen der Waffen-SS im Bild.
Osnabrück: Munin Verl. 1982. 223 S. 09639
Buchner, A.: Gebirgsjäger an allen Fronten. Bericht von den
Kämpfen der dt. Gebirgsdivisionen im 2. Weltkrieg. Berg:
Vowinckel 1984. 316 S. B 52070
Breymayer, H.: Das Wiesel. Geschichte der 125. Infanterie-
Division 1940-1944. 2. Aufl. Langenau-Ulm: Vaas 1983.
125 S. B 50904
Deckenbrock, W.: Die Versorgung der Wehrmacht (Heer und
Luftwaffe) mit Arzneimitteln im Zweiten Weltkrieg. Düsseldorf:
Triltsch 1984. 82 S. Bc 4699
Fürbringer, H.: 9. SS-Panzer-Division Hohenstaufen. Paris:
Heimdal 1984. 551 S. 09840
Gefährten unsrer Jugend. Preussisch Oldendorf: Schütz 1984.
271 S. 09629

Hauschild, R.: Der springende Reiter. 1. Kavallerie-Division - 24. Panzer Division im Bild. Gross-Umstadt: Dohany 1984. Getr. Pag. B 51266

50 Jahre ehem. 11. ostpreussische Infanterie-Division. Geschichte, und Entstehung ihrer Verbände, 1934-1939. Wuppertal: Kameradenkreis... ehem. 11. Inf. Div. 1984. 91 S. Bc 4523

Kaltenegger, R.: Gebirgssoldaten unter dem Zeichen des "Enzian". Schicksalsweg und Kampf der 4. Gebirgs-Division 1940-1945. Graz, Stuttgart: Stocker 1983. 408 S. B 52216

Scheibert, H.: Deutsche 8-Rad-Panzerspähwagen der GS-Baureihe. Sd. Kfz. 231, 232, 263 u. 233. Friedberg: Podzun-Pallas 1985. 48 S. Bc 01517

Scheibert, H.: Deutsche schwere 6-Rad-Panzerspähwagen. Friedberg: Podzun-Pallas 1984. 48 S. Bc 01441

Schrodek, G. W.: Die 11. Panzerdivision "Gespensterdivision". Bilddok. 1940-1945. Friedberg: Podzun-Pallas-Verl. 1984. 527 S. B 53420

Spaeter, H.: Panzerkorps Großdeutschland. Panzergrenadier-Div. Großdeutschland, Panzergrenadier-Div. Brandenburg u. seine Schwesterverbände; Führer-Grenadier-Div., Führer-Begleit-Div., Panzergrenadier-Div. Kurmark und ihre 108 Träger d. Ritterkreuzes. Bilddok. Friedberg: Podzun-Pallas-Verl. 1984. 250 S. B 52032

Stöber, H.: Die Flugabwehrverbände der Waffen-SS. Aufstellung, Gliederung, Luftverteidigung und Einsätze an den Fronten. Preussisch Oldendorf: Schütz 1984. 608 S. B 51354

Tuider, O.; Legler, A.; Wittas, H.-E.: Bibliographie zur Geschichte der Felddivisionen der Deutschen Wehrmacht und der Waffen-SS 1939-1945. T. 1. 2. Wien: Heeresgeschichtliches Museum 1976-1984. 388, III, 590 S. 07225

... und nur dafür! Erinnerungen und Gedanken ehem. Soldaten, die auszogen, um ihr Vaterland zu verteidigen. [o. O.:] Wachter 1984. 192, XII S. Bc 01379

Vopersal, W.: Soldaten, Kämpfer, Kameraden. Marsch und Kämpfe der SS-Totenkopf-Division. Bd 1. 2. Bielefeld: Truppenkameradschaft der 3. SS-Panzer-Div. e. V. 1983-84. Getr. Pag. 09781

Bundeswehr

Bollinger, H.: Festschrift zum 25jährigen Bestehen des Panzerartillerielehrbataillons 345. Feldartilleriebataillon 310 und die 2. Instandsetzungsbataillon 320. Bonn: Mönch 1984. 48 S. Bc 4458

Flume, W.: Die zukünftige Kampfwagenfamilie. In: Wehrtechnik. Jg. 17, 1985. 3. S. 28-35. BZ 05258:17

Lange, W.: Erste Lehren und Erfahrungen aus der Heeresübung "Flinker Igel" 1984. In: Truppenpraxis. 1985. Nr. 1. S. 22-29. BZ 05172:1985

Nowocien, A.: Die Heeresflugabwehr-Schule. In: Wehrtechnik.

Jg. 17, 1985. Nr. 7. S. 24-36. BZ 05258:17
P e i l e r : 25 Jahre Panzer-Bataillon 124. Bonn: Mönch 1984.
36 S. Bc 4460
R o t h e n b e r g e r , R. : Das Ausrüstungskonzept für die gepanzerten
Kampftruppen. In: Wehrtechnik. Jg. 17, 1985. 2. S. 38-50. BZ 05258:17
S c h ä f e r , W. : Gepanzerte Kampftruppen - heute und morgen. In:
Wehrtechnik. Jg. 17, 1985. 2. S. 29-37. BZ 05258:17
W i e s n e r , F. -J. : Einsatzgrundsätze und Ausrüstung der Artillerie
heute und in der nahen Zukunft. In: Kampftruppen. Jg. 26, 1984.
H. 5. S. 186-192. BZ 05194:26

Die deutschen Dienste sind wie ein Sieb". Der Spionage-Skandal. In:
Der Spiegel. Jg. 39, 1985. Nr. 35. S. 17-25. BZ 05140:39
K a h n , D. : The Forschungsamt - Nazi Germany's most secret
communications intelligence agency. In: Cryptologia. Vol. 2, 1978.
No. 1. S. 12-19. BZ 05403:2
Krieg der Maulwürfe. Der Unfug der Geheimdienste. In: Der Spiegel.
Jg. 39, 1985. Nr. 36. S. 19-32. BZ 05140:39
Z o r a t t o , B. : La Guerra segreta fra le due Germanie. Palermo:
Thule 1981. 95 S. Bc 4487

f. 1.40 Militärwesen

B u e h r e r , M. : "Offizier der Bundeswehr": Selbst- und Fremdbild.
Ergebnisse e. empirischen Untersuchung im Herbst 1978.
München: Sozialwissensch. Institut d. Bundeswehr 1983. 114 S. Bc 4158
E m , J.; H u e t h e r , N.; P o r t n e r , D. : Geschichte und Nation im
Europa von heute. Bonn, Herford: Verl. Offene Worte 1984.
104 S. Bc 4873
F i e d l e r , S. : Festvortrag zum Kadettentag in HOS (Heeres-Offiziersschule) Hannover am 7. Sept. 1983. Hannover: HOS 1983.
17 Bl. Bc 01345
F u n k , W. : Wehrtechnik an der Hochschule der Bundeswehr, Hamburg. In: Wehrtechnik. Jg. 17, 1985. 3. S. 49-54. BZ 05258:17
K a m m l e r , J.; P o u l a i n , M. : Ich habe die Metzelei satt und laufe
über... Kasseler Soldaten zwischen Verweigerung u. Widerstand
(1939-1945). Eine Dokumentation. Fuldabrück: Hesse 1985.
270 S. B 56199
R a a b , W. : Bundeswehrfachschule, Wehrmachtfachschule, Heeresfachschule und ihre Vorläufer. Eine historische Darstellung mit besonderer Würdigung der Bundeswehrfachschule Amberg. Amberg:
Bundeswehrfachschule Amberg 1984. 196 S. B 51809
R e e b , H. -J. : Erziehung in den Streitkräften. Eine interdisziplinäre
Analyse geltender Bestimmungen. München: Minerva-Publikation
1983. 184 S. Bc 4148
Soldat heute. Informationen - Tips- Hilfen. Bonn: Der Bundesminister der Verteidigung 1985. 51 S. Bc 4934

Soldaten auf dem Kirchentag. Ansprachen bei dem Sondertreffen "Soldaten und ihre Pfarrer" während des Evang. Kirchentages in München 1959. Bonn: Evang. Kirchenamt für die Bundeswehr 1984. 18 S.   Bc 4673

W a g n e r , R. : Videant consules. Überlegungen zur Verantwortung der Politik in der Bundesrepublik Deutschland für die deutschen Kriegsgräber insbesondere in den Ländern Osteuropas. Schwabmünchen: Selbstverl. 1981. 66 S.   Bc 4215

Standorte

B a c h : Dein Standort Emden. ABC-Abwehrbataillon 110. Koblenz: Mönch 1984. 52 S.   Bc 4657

B a r t h , R. : Standort Germersheim. Informationen für Soldaten und Gäste. 6. Aufl. Bonn: Mönch 1985. 64 S.   Bc 4964

Dein Standort Dillingen. 300 Jahre Garnisonstadt. Koblenz: Mönch-Verl. 1981. 56 S.   Bc 4837

Kerstlingeröder Feld. Militärische Landnahme im Göttinger Wald. Ein Beispiel unter vielen. Hrsg. : Arbeitskreis Kerstlingeröder Feld. Göttingen 1985. 28 S.   D 03269

Schießplatz Gatow. Dokumentation einer Bürgerinitiative. Hrsg. : Bürgerinitiative gegen Schießplatz Gatow. Bd 1. 2. Berlin 1984-85. 48, 65 S.   D 3242

M a n n h a r d t , K. : Stützpunkte für den Krieg - oder Orte des Friedens? Für kommunale und regionale Friedensarbeit. Gegen Militarisierung. Bonn: Die Friedensliste 1985. 61 S.   D 3160

R a b e , K. -K. : Atomwaffen-Standorte in der Bundesrepublik. Kurzstudie... Starnberg: Forschungsinstitut für Friedenspolitik 1984. 12 S.   Bc 01377

S c h i m k u s : Tag der gepanzerten Truppen, 2. -3. Juni 1984. Münsingen. Informationsschrift. Bonn: Mönch-Verl. 1984. 40 S.   Bc 4368

Mit klingendem Spiel. Insterburg 1919-1939. Eine ostpreußische Garnison zwischen den beiden Weltkriegen. Hrsg. : H. F. Zander. Seesen: Gollenberg 1981. 264 S.   B 52444

W e b e r : Dein Standort Idar-Oberstein. Informationsschrift für Gäste und Soldaten. 6. Aufl. Koblenz: Mönch 1984. 72 S.   Bc 4658

Militaria

D a v i s , B. L. : German Combat uniforms of world war two. Vol. 1. 2. London: Arms and Armour Press 1984. 72, 72 S.   Bc 01428

D a v i s , B. L. ; T u r n e r , P. : Deutsche Uniformen im Dritten Reich 1933-1945. München: Heyne 1983. 199 S.   B 56257

H a l c o m b , J. : Uniforms and insignia of the German Foreign Office & government ministries, 1938-1945 to include the Government General of Poland and the Ministry for the Occupied Eastern Territories. Columbia: Agincourt 1984. XII, 233 S.   B 51966

Kraus, J.: Stahlhelme vom Ersten Weltkrieg bis zur Gegenwart.
Friedrich Schwerd, dem Konstrukteur des dt. Stahlhelms zum Ge-
dächtnis. Sonderausstellung. Ingolstadt: Bayer. Armeemuseum
1984. 142 S.   Bc 4531
Ludwig, K.: Die deutsche Militärmusik. In: Jahresbibliographie.
Bibliothek f. Zeitgeschichte. Jg. 55, 1983. S. 365-384.   F 395:55
Michel. Handbuch-Katalog deutsche Feldpost 1937-1945 mit ausführ-
licher Einführung in die Feldpost... München: Schwaneberger Verl.
1983. 332 S.   B 52968
Patzwall, K.D.: Der Narvikschild. Hamburg: Patzwall 1983.
16 S.   Bc 4332
Patzwall, K.D.: Die Ritterkreuzträger des Kriegsverdienstkreu-
zes 1942-1945. Eine Dokumentation in Wort und Bild. Hamburg:
Patzwall 1984. 312 S.   B 52196

f. 1.42 Wehrrecht

Auf der Suche nach Frieden. Beispiel d. Totalverweigerung von
Burkhard Keimburg. [o. O.] 1983. 23 S.   D 3083
Brecht, H.T.: Kriegsdienstverweigerung und Zivildienst. Kriegs-
dienstverweigerungs-Neuordnungsgesetz, Zivildienstgesetz, Wehr-
pflichtgesetz. Textausgabe... mit Erläuterungen. München:
Beck 1984. XII, 248 S.   B 51297
Fahnenflucht - alles klar! Dokumentation einer Totalverweigerung.
Prozess gegen den Fahnenflüchtling Thomas Siepelmeyer.
Münster 1985. 42 S.   D 03194
Finckh, U.: Ein Staatsstreich der Justiz. Das Urteil des Bundes-
verfassungsgerichts vom 24.4.1985. Hrsg.: Zentralstelle für Recht
und Schutz der Kriegsdienstverweigerer aus Gewissensgründen.
Bremen 1985. 20 S.   D 3194
Friedens-Täter. Kriegsdienstverweigerer ber. üb. Verfolgung und
Haft. Hrsg.: C. Rosenthal. Göttingen: Verl. Die Werkstatt 1984.
191 S.   B 52232
Fritz, R.; Baumueller, P.; Brunn, B.: Kommentar zum
Kriegsdienstverweigerungsgesetz vom 1. Januar 1984. Darmstadt:
Luchterhand 1983. 399 S.   B 51072
KDV-Info 1. Klasse. Schriftliches Verfahren - für Wehrpflichtige,
die einen 1. KDV-Antrag stellen und die noch nicht vorbenach-
richtigt oder einberufen sind. 2., veränd. Aufl. Bielefeld: Friedens-
politische Werkstatt 1984. 15 S.   D 3084
Krölls, A.: Kriegsdienstverweigerung. Das unbequeme Grundrecht
2., aktuall. Aufl. unt. Berücksichtigung der zum 1.1.1984 in Kraft
tretenden Neuregelung. Frankfurt: EVA 1983. 330 S.   B 51215
Pfisterer, K.: Beratung von Kriegsdienstverweigerern. Ein Kon-
zept d. DFG-VK, Landesverband Baden-Württemberg.
Karlsruhe 1985. 56 S.   D 03212
Ratgeber für Kriegsdienstverweigerer.

Freiburg: Dreisam-Verl. 1983. 221 S. B 50113
V u l t e j u s , U.: Kampfanzug unter der Robe. Kriegsgerichtsbarkeit des zweiten und dritten Weltkrieges. Hamburg: Buntbuch 1984. 196 S. B 51882
Wehrkraftzersetzung. Offiziere äussern sich zur Heilbronner Erklärung. Hrsg.: F. H. U. Borkenhagen. Reinbek: Rowohlt 1984. 137 S. Bc 4354
Widerstand gegen die Wehrpflicht. Texte und Materialien. Gruppe Kollektiver Gewaltfreier Widerstand gegen Militarismus. (Hrsg.) 6., völlig neu bearb. Aufl. Kassel: Wber, Zucht & Co. 1982. 190 S. B 52331

f. 2 Kriegsmarine

B e t h g e , A.: The naval policy of the Federal Republic of Germany. In: Naval forces. Vol. 5, 1984. No. 6. S. 14-27. BZ 05382:5
The naval Defence industry of the Federal German Republic. In: Maritime defence. Vol. 9, 1984. No. 9. S. 309-338. BZ 05094:9
E w e r t h , H.: Die dritte deutsche U-Bootwaffe. In: Marine Rundschau. Jg. 81, 1984. H. 8. S. 348-358. BZ 05138:81
F l u m e , W.: Die Zerstörerflottille. In: Wehrtechnik. Jg. 17, 1985. 5. S. 14-23. BZ 05258:17
F l u m e , W.: Marinerüstung heute. Der Admiral Marinerüstung im Marineamt. In: Wehrtechnik. Jg. 16, 1984. H. 11. S. 88-96. BZ 05258:16
F r o m m , G.: "Wachsende Bedeutung der Seestreitkräfte im Rahmen der Gesamtverteidigung". In: Wehrtechnik. Jg. 16, 1984. H. 11. S. 28-39. BZ 05258:16
G e f f e r s , H.: Das Marineamt. In: Marine-Rundschau. Jg. 81, 1984. H. 10. S. 444-451. BZ 05138:81
H o g r e b e , V.: Das Flottenkommando. In: Wehrtechnik. Jg. 16, 1984. H. 11. S. 39-42. BZ 05258:16
K r a t z m a i r , H.: Das Marineunterstützungskommando und seine zentralen Aufgaben im logistischen System der Marine. In: Marine-Rundschau. Jg. 81, 1984. H. 11. S. 492-500. BZ 05138:81
Der Marineoffizier als Führer im Gefecht. Vorträge auf der histor.-takt. Tagung der Flotte 1983. Hrsg.: Dt. Marineinstitut. Herford: Mittler 1984. 250 S. B 51216
N e u m a n n , K. P.: Die Flottille der Minenstreitkräfte. In: Marine-Rundschau. Jg. 81, 1984. H. 5. S. 204-212. BZ 05138:81
P r a g e r , H. G.: Wieder Bordflieger in der deutschen Marine. In: Köhlers Flottenkalender. 1985. S. 141-154. F 288:1985
S e l l k e , D.: Fregatte 124. Ein Konzept wird entwickelt. In: Wehrtechnik. Jg. 17, 1985. H. 1. S. 48-53. BZ 05258:17
W e s t w o o d , D.: The type II U-boat. In: Warship. 1984. No. 30. S. 165-170. BZ 4375:1984
W i e r i g , V.: Die Zerstörerflotille. In: Marine Rundschau.

25 Jahre. 5. Schnellbootgeschwader Kappeln-Olpenitz. Koblenz:
Mönch-Verl. 1984. 72 S. Bc 4826
Festschrift anlässlich der 25-Jahr-Feier des Segelschulschiffes
"Gorch Fock" ... 25.11.1983. Hamburg: Blohm u. Voss 1983.
48 S. Bc 3991
Hartmann, H.: Der Untergang des Schweren Kreuzers "Blücher"
am 9. April 1940. Ein Erlebnisbericht. In: Deutsches Soldaten-
Jahrbuch. Jg. 33, 1985. S. 360-368. F 145:33
Whitley, M. J.: "Graf Zeppelin. T. 1. 2. In: Warship. 1984.
No. 31. S. 153-164; 1985. No. 33. S. 29-37. BZ 4375:1985

f. 3 Luftwaffe

Absolon, R.: Rangliste der Generale der Deutschen Luftwaffe
nach dem Stand vom 20. April 1945. Mit e. Stellenbesetzung der
Kommandobehörden der Luftwaffe vom 1. März 1945, Dienstalters-
listen usw. im Generalsrang sowie Kurzbiographie über den
Reichsmarschall und die Generalfeldmarschälle. Friedberg:
Podzun-Pallas 1984. 180 S. B 53642
Kraft, H. D.: Deutsche Luftfahrtabzeichen bis 1945. Hamburg:
Militaria-Archiv Patzwall 1983. 104 S. B 50427
Menger; Waizinger: Aufklärungsgeschwader 51 "Immelmann".
7. Aufl. Bonn: Mönch-Verl. 1984. 104 S. Bc 4455
Müller, W.: Die schwere Flak 1933-1945. 8, 8 cm, 10, 5 cm,
12. 8 cm, 15 cm - mit den Ortungs- und Feuerleitgeräten.
Friedberg: Podzun-Pallas-Verl. 1984. 139 S. 09608
Patzwall, K. D.: Der Ehrenpokal für besondere Leistungen im
Luftkrieg 1940-45. Hamburg: Patzwall 1983. 12 S. Bc 4334
Patzwall, K. D.: Das Gemeinsame Flugzeugführer- und Beobach-
terabzeichen. 1. Modell von 1935. Hamburg: Patzwall 1983.
12 S. Bc 4335
Schlieper, A.: Die Rüstung der Luftwaffe. In: Wehrtechnik.
Jg. 16, 1984. H. 10. S. 46-58. BZ 05258:16
Schnellbacher: Festschrift zum 25jährigen Bestehen des Luft-
waffenversorgungsregiments 3. Landsberg 1959-1984. Bonn:
Mönch 1984. 48 S. Bc 4457

f. 4 Zivilverteidigung/Bevölkerungsschutz

Blau, J.; Pfeiffer, R.: Der Entwurf eines neuen Zivilschutz-
gesetzes. In: Blätter für deutsche und internationale Politik.
Jg. 29, 1984. H. 11. S. 1328-1341. BZ 4551:29
Bunker gegen den Atomtod? Nachdenken über Sicherheit u. Sicherheits-
politik. Siegen: Arbeitsgr. Friedenserziehung 1983. 52 S. D 03295

Kirkskothen, B.; Urban, W.: Die Zivildienst-Überwachung - damit der nächste Krieg auch klappt! Zivildienstleistende! Ehemalige ZDL! Verweigert den Krieg! Ein Beitr. zur Verweigerungskampagne d. Selbstorganisation der ZDL. Marburg 1984. 71 S.   D 3066

Möglichkeiten der Absicherung von Projekten gegen Risiken und Pannen. Materialien aus e. Wehrtechnik-Seminar. Hrsg.: H. F. Walitschek, Bonn: Wehr und Wissen 1985. 71 S.   Bc 01526

Schutz-Räume? Dokumentation e. Veranstaltung. Eigene Beitr. Hrsg.: Friedensinitiative Architekten und Planer. München 1985. 66 S.   D 3164

Der Tag "X" hat schon begonnen... Von der Zivilverteidigung zum totalen Krieg. 2., aktual. u. erw. Aufl. Hamburg: GAL-Fraktion 1985. 59 S.   D 03275

Wir lassen uns nicht aufs Dach steigen. Dokumentation. "Katastrophenschutz" - Übung "Herbstsonne". Hrsg.: Aktionsbündnis gegen Kriegsvorbereitungen. Essen 1985. 51 S.   D 03267

Zivilschutz. Zur Situation der Zivilbevölkerung im Kriegsfall. Mit Fallstudie für Münster. Münster: Gewaltfreie Aktion 1984. 95 S.   D 3106

Zivil- und Katastrophenschutz - Mobilmachung an der Heimatfront. Broschüre mit Dokumentationmaterial. Hrsg.: Landesvorstand der Volksfront Baden-Württemberg, unt. Mitarb. d. Ortsgruppen Stuttgart u. Freiburg. Stuttgart 1985. 23 S.   D 03304

g. Wirtschaft

g.1 Volkswirtschaft

bis 1945

Feldmann, G. D.: Vom Weltkrieg zur Weltwirtschaftskrise. Studien zur deutschen Wirtschafts- und Sozialgeschichte 1914-1932. Göttingen: Vandenhoeck & Ruprecht 1984. 272 S.   B 52200

Hertz-Eichenrode, D.: Wirtschaftskrise und Arbeitsbeschaffung. Frankfurt: Campus Verl. 1982. 317 S.   B 50121

Overy, R. J.: The Nazi economic Recovery, 1932-1938. London: MacMillan Press 1982. 76 S.   Bc 4402

Teichert, E.: Autarkie und Großraumwirtschaft in Deutschland 1930-1939. München: Oldenbourg 1984. 390 S.   B 53863

Werner, W. F.: "Bleib übrig!" Deutsche Arbeiter in der nationalsozialistischen Kriegswirtschaft. Düsseldorf: Schwann 1983. 461 S.   B 52283

nach 1945

Die Bauernschaft. Für Recht und Gerechtigkeit. Organ der Bürger- und Bauerninitiative. 1975-1984. Mohrkirch: Christophersen 1969-1984. Getr. Pag.   DZ 316

K r i e g e l , H. : Schnurstracks in den Unternehmerstaat. In: Konsequent. Jg. 14, 1984. H. 3. S. 18-28.   BZ 4591:14

Mehr Rüstung - weniger Arbeitsplätze! Wir brauchen Produkte für das Leben und nicht Waffen für den Tod. Hrsg. : R. Seeliger. München: Seeliger 1983. 111 S.   Bc 4396

Memorandum '84. Gegen soziale Zerstörung durch Unternehmerherrschaft. Qualitatives Wachstum, 35-Stunden-Woche, Vergesellschaftung. Köln: Pahl-Rugenstein 1984. 475 S.   B 53885

S o l m e c k e , R. ; W o l t e r , H. -J. : Ernährungs-Sicherstellung. Eine Einführung in die Vorsorgemassnahmen der Bundesrepublik Deutschland. Regensburg: Walhalla u. Praetoria-Verl. 1983. XIV, 125 S.   Bc 4626

U f f e l m a n n , U. : Der Frankfurter Wirtschaftsrat 1947-1949. In: Aus Politik und Zeitgeschichte. 1984. H. 37. S. 36-46. BZ 05159:1984

Wirtschaftspolitik im britischen Besatzungsgebiet 1945-1949. Hrsg. : D. Petzina und W. Euchner. Düsseldorf: Schwann 1984. 338 S. B 51943

g. 3 Industrie

bis 1945

B r ü g g e m e i e r , F. -J. : Leben vor Ort. München: Beck 1983. 375 S.   B 49901

Das Drägerwerk - ein Konzern mit zwei Gesichtern. Staubfilter, Volksgasmaske, Narkoseapparat, Heeresatmer, Drägerpark, KZ-Häftlinge. Lübeck: Initiative Atomwaffenfreies Europa 1984. 32 S.   D 3112

G e y e r , M. : Deutsche Rüstungspolitik 1860-1980. Frankfurt: Suhrkamp 1984. 245 S.   B 51233

H e c k e r , G. : "Metallum-Aktiengesellschaft". Industrielle und staatliche Interessenidentität im Rahmen des Hindenburg-Programmes. In: Militärgeschichtliche Mitteilungen. 1984. 1. S. 113-139.   BZ 05241:1984

H e r f , J. : The engineer as ideologue. Reactionary modernists in Weimar and Nazi Germany. In: Journal of contemporary history. Vol. 19, 1984. No. 4. S. 631-648.   BZ 4552:19

M o s c h , K. : Schäferberg. Ein Henschel-Lager für ausländische Zwangsarbeiter. Kassel: Gesamthochschule 1983. 157 S.   Bc 4551

M o s c h -Wicke, K. : Schäferberg. Ein Henschel-Lager für ausländische Zwangsarbeiter. 2. Aufl. Kassel: Gesamthochschulbibliothek 1985. 143 S.   Bc 5191

P o l l a r d , R. D. : Nazi weapons and munitions codes. Pref. :

A. J. R. Cormack. Mesquite: Ida House 1983. 41 S.   Bc 4606
W i s o t z k y , K. : Der Ruhrbergbau im Dritten Reich. Studien zur
Sozialpolitik im Ruhrbergbau und zum sozialen Verhalten der Ruhr-
bergleute in den Jahren 1933-1939. Düsseldorf: Schwann 1983.
370 S.   B 52284

nach 1945

Adressen deutscher Rüstungsfirmen. Auswahl. Frankfurt: Pax
   Christi 1984. 6 S.   D 03266
Atom-Express. Nr. 1-1977-40. 1984. Zeitung d. Initiativen gegen
   Atomenergie. Göttingen: Verein für eine umweltgerechte Energie-
   politik 1977-84. Getr. Pag.   DZ 305
Militärische Aufrüstung und soziale Demontage. Politische und wirt-
schaftliche Alternativen zur Rüstungspolitik der Bundesregierung.
Düsseldorf: WI-Verl. 1984. 76 S.   Bc 4352
B a c h m a n n , G. : Der Schlot muß rauchen. Zum Konflikt um das
Braunkohlekraftwerk Buschhaus. In: Kritisches Gewerkschafts-
jahrbuch 1985. S. 39-48.   BZ 4682:1985
B i e l f e l d t , C. : Möglichkeiten der Rüstungskonversion in der
Bundesrepublik Deutschland. Bonn: Dt. Gesellschaft für Friedens-
und Konfliktforschung 1983. 26 S.   Bc 01313
Das "Bombengeschäft" mit dem Export. AKWs für die Türkei.
Materialslg. zum Atomabkommen mit der Türkei. Bamberg:
Initiative gegen Atomanlagen 1985. Getr. Pag.   D 03231
B u c h , H. C. : Bericht aus dem Inneren der Unruhe. Gorlebener
Tagebuch. Aktualisierte Neuausg. Reinbek: Rowohlt 1984.
377 S.   B 52010
Dokumentation eines Kampfes. Die "Heinze-Frauen". Köln: Demokr.
   Fraueninitiative 1981. Getr. Pag.   D 03175
Entwicklung statt Waffen! Eine Ausstellung über Rüstungsexporte.
Das Begleitheft zur Ausstellung. Hrsg. v. : Arbeitsgemeinschaft
Dritte Welt Läden, Dokumentationsstätte zu Kriegsgeschehen und
üb. Friedensarbeit Sievershausen - Antikriegshaus. Darmstadt,
Lehrte 1985. 39 S.   D 03171
F e y e r a b e n d , J. : Die leisen Milliarden. Das Imperium des
   Friedrich Karl Flick. Düsseldorf: Econ Verl. 1984. 187 S.   B 51368
Gorleben - Ausnahmezustand. Bilddokumente, Gedächtnisprotokolle,
Zeitungsberichte, Presseerklärungen, amtliche Stellungnahmen,
Beschlüsse. 2. Aufl. Lüchow: Bürgerinitiative Umweltschutz
1984. 54 S.   D 3128
Der Griff zur Bombe. Westdeutsche Plutoniumpolitik 1954-1984.
   Lüneburg: KB Gruppe 1984. 35 S.   D 03273
G r u p p , H. ; S c h m a l e n s t r o e r , A. : Atome für den Krieg. Ein
Beitr. z. Zusammenhang der Atomenergie und der Aufrüstung. Ein
Projekt am Institut f. Energie- und Umweltforschung Heidelberg.
Köln: Kölner Volksblatt 1983. 151 S.   Bc 4431
Guten Tag X! Wendland intern. Hamburg: Verl. Libertäre

Assoziation 1983. 13 S. Bc 4881
Nuklearzentrum Hanau. Diese Zeitung wurde gemeinsam erstellt von:
Neue Hanauer Zeitung, Initiativgruppe Umweltschutz Hanau (IUH),
Atom Express u. Atommüllzeitung, Göttingen. Hanau 1984.
73 S. D 03170
H i r c h e , K.: Der Koloß wankt? Düsseldorf; Wien: Econ-Verl. 1984.
224 S. B 52159
K a u t z k y , H.: Sofortmaßnahmen zur Senkung der Luftverschmutzung
durch die Kraftwerke der HEW. Untersuchung f. d. Grün-Alternative
Liste. Hamburg 1984. 31 S. D 3133
M a s u c h , A.: Der Bürger wird beteiligt oder Was sich die Kern-
energiebetreiber unter Demokratie vorstellen. Hannover 1983.
28 S. D 03120
N a u m a n n , K.: Und "gegebenenfalls Gewaltmassnahmen"... Tra-
ditionen des Flick-Konzerns im Umgang mit der Politik. In:
Blätter für deutsche und internationale Politik. Jg. 29, 1984. H. 12.
S. 1459-1471. BZ 4551:29
Perspektiven der Kernenergie. Kernenergiepolitik in der Bundesre-
publik Deutschland, den USA und Japan. Hrsg.: M. Czakainski.
Melle: Knoth 1984. 207 S. B 53814
RWE - ein Riese mit Ausstrahlung. Hrsg.: AG Atomindustrie,
Berlin; Arbeitskreis Chem. Industrie Köln. Köln: Kölner Volksblatt
1984. 190 S. B 53956
S t e i n h i l b e r -Schwab, B.: Die Gefährdung der Bevölkerung in der
Umgebung des Kernkraftwerkes Neckarwestheim. Studie... im Auf-
trag der "Grünen" Baden-Württemberg. Heidelberg: IFEU 1982.
VI, 216 S. Bc 01291
Stellungnahme zum Rüstungshaushalt 1985. Marburg: Bund demokrat.
Wissenschaftler 1983. 35 S. Bc 5179
Gekaufte Vernunft. Ein Lehrstück über Demokratie und Meinungsfrei-
heit bei BMW. Sensbachtal: Komitee für Grundrechte und Demo-
kratie 1985. 107 S. Bc 5183
Wehrtechnik für die Verteidigung. Bundeswehr und Industrie -
25 Jahre Partner für den Frieden (1956-1981). Hrsg.: T. Bennecke
u. G. Schöner. Koblenz: Bernard & Graefe 1984. 410 S. B 53709
W o l l e n b e r g , J.: Die AG "Weser" zwischen Sozialpartnerschaft
und Klassenkampf. Arbeitskämpfe und polit. Streiks der Bremer
Werftarbeiter. Bremen: Jungsozialisten in der SPD 1984.
91 S. Bc 5079

g.5 Verkehr

Flughafenprojekte als Politikum. Die Konflikte in Stuttgart, München
und Frankfurt. Frankfurt; New York: Campus 1984. 373 S. B 51940
100 Jahre Verbands- und Zeitgeschehen. Hamburg: Verband der
Deutschen Schiffbauindustrie 1984. 131 S. 09705
L i c h t e n s t e i n , H.: Mit der Reichsbahn in den Tod. Massentrans-

porte in den Holocaust 1941 bis 1945. Köln: Bund-Verl. 1985.
160 S. Bc 5093
Pohlmann, H.: Chronik eines Flugzeugwerkes 1932-1945.
(Blohm u. Voss.) 2. Aufl. Stuttgart: Motorbuch Verl. 1982.
244 S. B 52885
Raab, A.: Raab fliegt. Erinnerungen eines Flugpioniers. Hamburg:
Konkret Literatur Verl. 1984. 174 S. B 51700
Seiler, O.J.: Brücke über den Atlantik. 135 Jahre Nordamerikafahrt. Hapag-Lloyd 1848-1983. Hamburg, Bremen: Hapag-Lloyd
1984. 78 S. Bc 01467

g. 6 Finanz- und Geldwesen

Mein erstes Geld. Währungsreform 1948. Augenzeugenberichte.
Freiburg: Herder 1985. 128 S. Bc 5023
Hollstein, F.: Wg. Flick. Gestern wie heute - gegen Demokratie
und Frieden. Düsseldorf: Die Friedensliste 1985. 36 S. D 3206
Huffschmid, J.; Voß, W.; Zdrowomyslaw, N.: Die Militarisierung der Staatsausgaben. In: Blätter für deutsche und
internationale Politik. Jg. 30, 1985. Nr. 6. S. 650-667. BZ 4551:30
Kilz, H.W.; Preuss, J.: Flick. Die gekaufte Republik. Reinbek:
Rowohlt 1983. 381 S. B 51372
Ritschl, A.: Die Währungsreform von 1948 und der Wiederaufstieg
der westdeutschen Industrie. In: Vierteljahrshefte für Zeitgeschichte. Jg. 33, 1985. H. 1. S. 136-165. BZ 4456:33
So wurde Hitler finanziert. Die verschollenen Dokumente von Sidney
Warburg über die internat. Geldgeber des Dritten Reiches. Hrsg. u.
eingel.: E. Franke-Gricksch. Leonberg: Verl. Diagnosen 1983.
166 S. B 52254

h. Gesellschaft

h. 0 Sozialwissenschaft

Billstein, R.: Konzepte gesellschaftlicher Neuordnung 1945/46.
In: Blätter für deutsche und internationale Politik. Jg. 30, 1985.
Nr. 6. S. 727-745. BZ 4551:30
Broszat, M.: Grundzüge der gesellschaftlichen Verfassung des
Dritten Reiches. In: Das Dritte Reich. München 1983.
S. 38-63. B 50114
Evers, T.: 'Basisdemokratie' in search of its subject. In: Praxis
international. Vol. 4, 1984. No. 2. S. 137-150. BZ 4783:4
Krysmanski, H.J.: Gesellschaftsstruktur der Bundesrepublik.
Köln: Pahl-Rugenstein 1982. 242 S. B 52212
"Die Menschen machen ihre Geschichte nicht aus freien Stücken,

aber sie machen sie selbst". Berlin, Bonn: Dietz 1984.
267 S. B 52020
Vom "Großen Knast" ins "Paradies"? DDR-Bürger in der Bundesrepublik. Lebensgeschichten. Hrsg.: H.-G. Kessler: J. Miermeister.
Reinbek: Rowohlt 1983. 219 S. B 52303

h. 1 Bevölkerung und Familie

Mein Elternhaus. Ein deutsches Familienalbum. Hrsg.: R. Pörtner.
Düsseldorf usw.: Econ 1984. 336 S. 09611
H e i l e r s , M. B.: Lebensration. Tagebuch einer Ehe 1933 bis 1945.
Frankfurt: Tende 1985. 119 S. Bc 5168
Materialien gegen Bevölkerungspolitik. 2., erw. u. teilw. verb. Aufl.
Hamburg 1984. 70 S. D 03197
W i e s e m a n n , F.: Flüchtlingspolitik und Flüchtlingsintegration in
Westdeutschland. In: Aus Politik und Zeitgeschichte. 1985.
B 23/85. S. 35-44. BZ 05159:1985

Exil in den USA. Mit einem Bericht "Schanghai - eine Emigration am
Rande". E. Middell [u. a.]. 2., verb. u. erw. Aufl. Leipzig: Reclam
1983. 718 S. B 53606
K n a u e r , M.; F r i s c h k n e c h t , J.: Die unterbrochene Spur.
Antifaschistische Emigration in der Schweiz von 1933 bis 1945.
Zürich: Limmat Verl. 1983. 272 S. B 50890
R ö d e r , W.: Emigration nach 1933. In: Das Dritte Reich.
München 1983. S. 231-247. B 50114

Frauenfrage

Auf die Dauer Frauenpauer. Internationaler Frauentag.
Hannover 1982. 23 S. D 03264
Dokumentation eines Kampfes: Die "Heinze-Frauen". Köln:
Demokr. Fraueninitiative 1981. Getr. Pag. D 03175
Frauen hungern nach Gerechtigkeit und Frieden. Ein Rezeptbuch oder
Komp(1)ottbuch. Wir kochen unsere eigene Suppe. Frankfurt:
Christlichen Friedensdienst 1985. 84 S. D 03305
Frauen gegen Militär. Hrsg.: Frauen gegen Militär. Hannover 1983.
72 S. D 2615
Frauen rufen Frauen. Arbeitsgrundlage. 2. Aufl. Köln: Demokr.
Fraueninitiative 1983. 39 S. D 03176
Frauen, wartet nicht auf bessere Zeiten - schafft sie Euch! VDS-
Projekt -Bereich Frauen - Frauen-Konferenz 14.-16. Jan. 1983.
Bonn 1983. 62 S. D 03157
Frauengeschichte. 1933-1945. 2. erw. Aufl. Bearb.: U. Klinke [u. a.].
Bonn: Juso-Hochschulgruppen 1983. 23 S. Bc 01289
Fraueninitiative 6. Oktober. Protokoll des 4. öffentl. Bundeskongresses, 1.-3. Juni 1984 in Bonn. Bonn 1984. 103 S. D 03088

Geborsten und vergiftet ist das Land. Frauen über politische Gewalt.
Köln: Pahl-Rugenstein 1984. 177 S. B 52494

Hermand, J.: All power to the women. Nazi concepts of matriarchy. In: Journal of contemporary history. Vol. 19, 1984. No. 4.
S. 649-667. BZ 4552:19

Herrmann, U.: Sozialdemokratische Frauen in Deutschland im Kampf um den Frieden vor und während des ersten Weltkrieges.
In: Zeitschrift für Geschichtswissenschaft. Jg. 33, 1984. H. 3.
S. 213-230. BZ 4510:33

Hoshino Altbach, E.: The new German Women's movement. In: Signs. Journal of women in culture and society. Vol. 9, 1984. No. 3.
S. 454-469. BZ 4416:9

Jannberg, J.: Ich bin ich! Aufgezeichnet von E. Dessai. 141.-170.
Tsd. Frankfurt: Fischer 1984. 189 S. Bc 4515

Mundzeck, H.: "Als Frau ist es wohl leichter, Mensch zu werden!" Gespräche mit D. Sölle, M. von Trotta, H. Wieczorek-Zeul.
Reinbek: Rowohlt 1984. 155 S. Bc 4323

Pixa-Kettner, U.; Radtke, N.: Tatsächlich ist es umgekehrt.
Über Sprache, HERRschaft und Normalität. Hamburg 1984.
69 S. D 3130

Reader der Grünen Frauen. Von der Erziehung der kleinen Mädchen bis zur Rentenbenachteiligung der Frauen. Ein Diskussionspapier.
Stuttgart: Landes-Frauen-Arbeitskr. d. Grünen 1984. 58 S. D 3202

Reicke, I.: Die grossen Frauen der Weimarer Republik. Erlebnisse im "Berliner Frühling". Freiburg: Herder 1984. 123 S. Bc 4054

Søholm, K.: "En dybt forandret dagligdag". Propaganda, erfaring og bearbejdning. Kvinders krigsoplevelse i Tyskland under
2. Verdenskrig og i dag. In: Den jyske historiker. Årg. 1985.
Nr. 31/32. S. 133-151. BZ 4656:1985

Strecker, G.; Lenz, M.: Der Weg der Frau in die Politik.
5. erw. u. überarb. Aufl. Verantw.: K. Weigelt. Melle: Knoth 1984.
119 S. Bc 4403

Thalmann, R.: Frausein im Dritten Reich. München: Hanser
1984. 307 S. B 53676

Zum Thema: Frauen. Berlin: Die Alternative Liste 1985. 42 S. D 3225

Wiggershaus, R.: Frauen unterm Nationalsozialismus.
Wuppertal: Hammer 1984. 167 S. B 53861

Jugendfrage

Farin, K.; Mueller, L. A.: Die Wende-Jugend. Reinbek:
Rowohlt 1984. 252 S. Bc 5095

Gronefeld, G.: Kinder nach dem Krieg. Mit Texten v. B. Gehring
[u. a.]. Berlin-Kreuzberg: Nishen 1985. 142 S. Bc 5022

Jaide, W.: Jugendarbeitslosigkeit - Bedingungen und Perspektiven.
In: Politik und Kultur. Jg. 12, 1985. H. 2. S. 24-42. BZ 4638:12

"Jugend im NS-Staat". Katalog einer Ausstellung (im Bundesarchiv).
Koblenz 1982: Bochen. 50 S. Bc 5144

Die Kinderbefreiungsfront. Kinderfrühling Berlin. Berlin:
Living Rebell Verl. 1984. 31 S. D 03141

N e u g e b a u e r , R. O. : Identität und historisch-politisches Bewußtsein. Am Beispiel des Arbeiterjugendwiderstandes gegen den Faschismus. Ein Beitrag zur historisch-politischen Didaktik. Frankfurt: Haag und Herchen 1982. 428 S. B 50118

S a u l , K. : Jugend im Schatten des Krieges. In: Militärgeschichtliche Mitteilungen. 1983. H. 2. S. 91-184. BZ 05241:1983

h. 2 Stand und Arbeit

Arbeiterbewegung

Die deutsche und die österreichische Arbeiterbewegung zur Zeit der Zweiten Internationale. Protokoll... Symposium ... 30. 9. -31. 10. 1981 in Linz. Hrsg.: H. Konrad. Wien: Europa-Verl. 1982.
VII, 154 S. Bc 4499

B r u h n , J. : Thesen zum nationalsozialistischen Arbeitsbegriff, seinem historischen Umfeld und seinen Konsequenzen. In: Archiv für die Geschichte des Widerstandes und der Arbeit. Nr. 5, 1982.
S. 57-72. BZ 4698:5

D e p p e , F. : Ende oder Zukunft der Arbeiterbewegung? Köln: Pahl-Rugenstein 1984. 314 S. B 52544

H ö f e l e , K. H. : Im Schatten des Fortschritts. Der deutsche Arbeiter zu Beginn des Industriezeitalters. In: Damals. Jg. 17, 1985.
H. 6. S. 462-478. BZ 4598:17

L u c a s , E. : Vom Scheitern der deutschen Arbeiterbewegung.
Basel, Frankfurt: Stroemfeld/Roter Stern 1983. 202 S. B 52015

L u t z , S. : Du hast ja nix gehabt. Ein Arbeiterleben in Süddeutschland. Erzählt im Gespräch mit D. Michelers. Berlin-Kreuzberg: Nishen 1984. 31 S. Bc 4628

Der Rote Großvater erzählt. Berichte und Erzählungen von Veteranen der Arbeiterbewegung aus der Zeit von 1914-1945. Hrsg.:
E. Schöfer. Berlin: Express Ed. 1983. 247 S. B 52280

S c h a r r e r , M. : Die Spaltung der deutschen Arbeiterbewegung.
Stuttgart: Edition Cordeliers 1983. 361 S. B 51348

S c h ö n e b u r g , K.-H.; S e e b e r , G. : Arbeiterklasse und Parlament. Parlamentarische Traditionen der revolutionären deutschen Arbeiterbewegung 1848-1949. Berlin: Staatsverl. d. DDR 1984.
182 S. B 51755

S t ö c k e r , R. : "Noch bleibt der volle Tag uns zu ersiegen".
1848-1923. Essen: Klartext-Verl. 1984. 277 S. B 51736

S t ö c k e r , R. : Seid einig! 1924-1933. Essen: Klartext-Verl. 1985.
192 S. B 56228

W i c k h a m , J. : Sozialfaschismus und Spaltung der Arbeiterbewegung: Arbeiter und politische Parteien im Raum Frankfurt 1929/30.

In: Archiv für die Geschichte des Widerstandes und der Arbeit.
Nr. 5, 1982. S. 27-56. BZ 4698:5
W i n k l e r , H. A. : Von der Revolution zur Stabilisierung. Bd 1.
Berlin, Bonn: Dietz 1984. 786 S. B 52160

Gewerkschaften

Die Gewerkschaften in den Anfangsjahren der Republik 1919-1923.
Bearb.: M. Ruck. Köln: Bund-Verl. 1985. 1098 S. B 56882
Die Gewerkschaften in Weltkrieg und Revolution 1914-1919. Bearb.:
K. Schönhoven. Köln: Bund-Verl. 1985. 825 S. B 56881
H i l d e b r a n d t , E. : Unsere Produkte fallen uns auf den Kopf. Die
Gewerkschaften vor der ökologischen Herausforderung. In:
Kritisches Gewerkschaftsjahrbuch 1985. S. 49-64. BZ 4682:1985
K e m p e , M. : Öffnung, Integration, Ausgrenzung: offizielle Gewerkschaftspolitik und "grüne Herausforderung". In: Kritisches Gewerkschaftsjahrbuch 1985. S. 65-77. BZ 4682:1985
L e m i n s k y , G.; O t t o , B. : Politik und Programmatik des Deutschen Gewerkschaftsbundes. 2., völlig überarb. Aufl. Köln:
Bund-Verl. 1984. XXVI, 760 S. B 52128
M u e n c h , W. : Deutscher Gewerkschaftsbund: Ordnungsfaktor oder
Gegenmacht? Das Politikverständnis d. DGB... Hrsg.: L. Ulsamer.
Stuttgart: Verl. Gesell. - analysiert 1980. 18 S. Bc 4327
Quellen zur Gewerkschaftsgeschichte der Nahrungs-, Genussmittelarbeiter und Gastwirtsgehilfen. Ein Bestandsverzeichnis der Vorläuferorganisationen der Gewerkschaft Nahrung-Genuss-Gaststätten. Bearb.: A. Bärhausen [u. a.]. Bonn: Archiv der Sozialen
Demokratie 1984. 142 Bl. 09504
Solidarität und Menschenwürde. Etappen der deutschen Gewerkschaftsgeschichte von den Anfängen bis zur Gegenwart. Hrsg.: E. Matthias,
K. Schönhoven. Bonn: Verl. Neue Gesellschaft 1984. 383 S. B 52829
Träumen verboten! Gewerkschaftliche Frauenpolitik für die 90er
Jahre. Hamburg: VSA-Verl. 1984. 240 S. Bc 5247
Auf dem Wege zur Massengewerkschaft. Die Entwicklung der Gewerkschaften in Deutschland und Großbritannien 1880-1914. Hrsg.
W. J. Mommsen [u. a.]. Stuttgart: Klett-Cotta 1984. 510 S. B 51771
W e l s i n g , M. : Die IG-Metall im Konflikt zwischen Einkommens-
und Beschäftigungsziel. Paderborn: Schöningh 1984. 139 S. Bc 5076

H a u p t , W. : Der Reichsarbeitsdienst und sein Einsatz im Krieg.
1939-1945. 1. RAD-Baubataillone der Wehrmacht 1939-1941. In:
Deutsches Soldaten-Jahrbuch. Jg. 33, 1985. S. 82-89. F 145:33
K e i l , G. : Vormarsch der Arbeitslagerbewegung. Geschichte und
Erfahrung der Arbeitslagerbewegung für Arbeiter, Bauern, Studenten 1925-1932. Hrsg. vom Deutschen Studentenwerk. Berlin:
de Gruyter 1932. IX, 133 S. B 51334
S e i d l e r , F. W. : L'Organisation Todt. In: Revue d'histoire de la
2ième guerre mondiale. Année 34, 1984. No. 134. S. 33-58. BZ 4455:34

L'Organisation Todt. In: Revue d'histoire de la 2ième guerre mondiale et des conflits contemporains. Année 34, 1984. No. 134.
S. 33-58.   BZ 4455:34

Arbeitsprobleme

Bäumer, H.: Grünes Arbeitszeitgesetz. Ein Schritt konkrete Utopie. In: Kritisches Gewerkschaftsjahrbuch 1985.
S. 137-147.   BZ 4682:1985
Bartelheimer, P.; Moneta, J.: Das kann doch nicht alles gewesen sein... Der Kampf um 35 Stunden. Frankfurt: isp-Verl.
1984. 159 S.   Bc 4722
Entlassen ins Nichts. Reportagen über Arbeitslosigkeit 1918 bis heute. F.G. Kürbisch (Hrsg.). Berlin: Dietz 1983. 255 S.   B 50058
Fokkink, M.; Haug, W.; Montel, W.: Denk ja nicht, Du bist selber schuld. Arbeitslosigkeit im Ruhrgebiet: Analysen, Erfahrungen, Aktionen. Gelsenkirchen-Buer: Farin & Zwingmann 1980.
180 S.   B 50560
Arbeitsgruppe Alternative Wirtschaftspolitik. - 35 Stunden sind genug! Abbau der Massenarbeitslosigkeit und Verbesserung der Arbeits- u. Lebensbedingungen durch Arbeitszeitverkürzungen.
Köln: Pahl-Rugenstein 1984. 104 S.   Bc 4249
35 Stunden-Woche. - Was haben die Streikkämpfe gebracht? In: Konsequent. Jg. 14, 1984. H. 3. S. 75-85.   BZ 4591:14
Groß, J.: Verkürzung der Arbeitszeit - Grundfrage gewerkschaftlichen Kampfes in der BRD. In: IPW-Berichte. Jg. 13, 1984. H. 10.
S. 26-33.   BZ 05326:13
Hautsch, G.; Pickshaus, K.; Priester, K.: Der 35-Stunden-Kampf. Bedeutung und Bilanz. In: Marxistische Studien. Jg. 7, 1984.
S. 26-59.   BZ 4691:7
Kevelaer, K.H. van; Hinrichs, K.: Arbeitszeit und "Wirtschaftswunder" - Rahmenbedingungen des Übergangs zur 40 Stunden-Woche in der Bundesrepublik Deutschland. In: Politische Vierteljahresschrift. Jg. 26, 1985. H. 1. S. 52-75.   BZ 4501:26
Mayer, G.: Chronik. Arbeitskampf um die 35 Stunden-Woche. In: Marxistische Blätter. 1984. H. 5. S. 76-86.   BZ 4548:1984
Rodejohann, J.; Wellmann, C.; Nikutta, R.: Rüstungsarbeiter und Konversion. Bonn: Dt. Gesellsch. f. Friedens- und Konfliktforschung 1983. 20 S.   Bc 01312
Roßmann, W.: Ohnmacht oder Gegenmacht? In: Blätter für deutsche und internationale Politik. Jg. 29, 1984. H. 8.
S. 946-963.   BZ 4551:29
Schneider, M.: Streit um Arbeitszeit. Geschichte des Kampfes um Arbeitszeitverkürzung in Deutschland. Köln: Bund-Verl. 1984.
286 S.   B 52472
"Wer kämpft, kann verlieren! Wer nicht kämpft, hat schon verloren!" Tagebuch einer Betriebsbesetzung. AG Weser. Hrsg.: H. Ziegenfuß; H. Heseler; H.J. Kröger. Hamburg: VSA 1984. 261 S.   B 51379

h. 5 Gesundheitswesen

Consoli, M.: Homocaust. Il nazismo e la persecuzione degli
omosessuali. Ragusa: La Fiaccola 1984. 95 S.   Bc 5240
Müller-Werthmann, G.: Konzern der Menschlichkeit. Die Geschäfte des Deutschen Roten Kreuzes. Mit Beitr. von R. Neudeck u.
W. Wolfsfellner. Hamburg: Hohenheim Verl. 1984. 253 S.   B 53908
Sauter, W.: Waldsterben im Schnittpunkt von Ökologie, Ökonomie
und Politik. In: Aus Politik und Zeitgeschichte. 1985. B 20/85.
S. 14-30.   BZ 05159:1985

i. Geistesleben

i. 1 Wissenschaft

Ansprachen zur Eröffnung der Ausstellung: Verboten und verbrannt.
Die Bücherverbrennung vom 10. Mai 1933 und ihre Folgen.
Heilbronn: Stadtverwaltung 1983. 40 S.   Bc 01307
Arbeiterkultur in Deutschland. Hamburg: Ergebnisse Verl. 1984.
159 S.   BZ 4700:1984
Ciaravolo, P.: Max Stirner. Per una teoresi dell'Unico.
Roma: Cadmo 1982. 174 S.   B 50652
Dokumentation der Gedenkstunde zur Bücherverbrennung in Deutschland am 10. Mai 1933 veranstaltet von der Friedensgruppe Isny...
Hrsg.: A. Schwarz. Isny: Igel-Laden 1983. 16 Bl.   Bc 4157
Hettlage, R.: Der lange Marsch der Biologie durch die Sozial- und Geisteswissenschaften. In: Zeitschrift für Politik. Jg. 31, 1984.
H. 2. S. 135-174.   BZ 4473:31
Partner für den demokratischen Weg. Die gesellschaftspolitische
Arbeit der Konrad-Adenauer-Stiftung in den Entwicklungsländern.
S. Krieger (Hrsg.). Sankt Augustin: Richarz 1983. 353 S.   B 51336
Sywottek, J.: Die Gleichschaltung der deutschen Volksbüchereien
1933 bis 1937. Frankfurt: Buchhändler-Vereinigung 1983.
Sp. 386-536.   Bc 01411

i. 2 Kunst

Bucher, P.: Wochenschau und Staat 1895-1945. In: Geschichte in
Wissenschaft und Unterricht. Jg. 35, 1984. H. 11.
S. 746-758.   BZ 4475:35
Friedländer, S.: Kitsch und Tod. Der Widerschein des Nazismus.
München, Wien: Hanser 1984. 119 S.   B 51692
Happel, H.-G.: Der historische Spielfilm im Nationalsozialismus.
Frankfurt: Fischer 1984. 103 S.   Bc 4711

Pressespiegel zu dem Film "Fern vom Krieg". Harthausen:
Naturfreundejugend Württemberg 1985. 15 S. D 03216
R i e s e , H. -P. : Der Griff nach der vierten Gewalt. Zur Situation
der Medien in der Bundesrepublik. Köln: Bund-Verl. 1984.
232 S. B 51889
R ü h l e , G. : Zeit und Theater. Ungek. Ausgabe. Bd. 1-6.
Frankfurt: Ullstein 1980. Getr. Pag. B 52140
S t a e c k , K. : Staeck's Umwelt. Texte und politische Plakate.
Göttingen: Steidl 1984. 157 S. B 53087
Antimilitaristisches Theater. Hrsg. v. Antimilitarismus Komitee
Offenbach. 2., aktual. Aufl. Offenbach 1984. 106 S. D 3174
T r a x l e r , H. : GmbH [und] Kohl KG. München: Schirmer-Mosel
1984. Getr. Pag. Bc 4608
W a r d e t z k y , J. : Theaterpolitik im faschistischen Deutschland.
Studien und Dokumente. Berlin: Henschelverl. 1983. 398 S. B 51951

i. 3 Literatur

Zweite Berliner Begegnung. Den Frieden erklären. Protokolle des
zweiten Schriftstellertreffens am 22. /23. April 1983. Darmstadt:
Luchterhand 1983. 197 S. B 49457
B e r n s t o r f , M. : Nach Ihnen, Bundeskanzler! Hamburg: Knaus
1984. 189 S. B 51374
B i t t n e r , W. : Bundestäglich. Herr O. und der Abgeordnete S. Dialoge. Göttingen: Steidl 1984. 109 S. Bc 4706
D a n i m a n n , F. : Flüsterwitze und Spottgedichte unterm Hakenkreuz. Wien, Köln: Böhlau 1983. 208 S. B 51756
E n g e l m a n n , B. : Bernt Engelsmanns bundesdeutsche Heimatkunde.
10 Lektionen für die braven Bürger in diesem unserem Lande.
Göttingen: Steidl 1984. 154 S. Bc 4357
H a n i t z s c h , D. : Wir lassen unseren Kanzler nicht verkohlen.
München: Südt. Verl. 1984. 71 S. B 51651
H u b r i c h t , E. : Buchweiser für das völkisch-religiöse Schrifttum
und dessen Grenzgebiete. [Nachdr. d. Ausg. 1934.] Um ein Autorenreg. erg. Toppenstedt: Berg 1983. 109 S. Bc 4700
K o h l , H. : Bahnbrechende Worte von Kanzler Kohl. K. Staeck (Hrsg.).
Vorw. : D. Hildebrandt. Göttingen: Steidl 1984. 158 S. Bc 4707
Manifeste und Dokumente zur deutschen Literatur 1918-1933. Weimarer Republik. Mit e. Einl. u. Kommentaren hrsg. von A. Kaes.
Stuttgart: Metzler 1983. XVII, 709 S. B 50655
N a u m a n n , U. : Zwischen Tränen und Gelächter. Satirische Faschismuskritik 1933-1945. Köln: Pahl-Rugenstein 1983. 411 S. B 50301
Das Dritte Reich im Jugendbuch. Hrsg. : E. Cloer. Braunschweig:
Agentur Pedersen 1983. 448 S. B 50824
Verzeichnis der Veröffentlichungen von GDS. 1974-1983. Frankfurt:
Gegen die Strömung 1984. 59 S. D 03073
Wagenburg. Standpunkte für Heinz M. Bleicher. Hrsg. : K. Geibel.

Gerlingen: Bleicher 1983. 114 S. B 52463
Wanninger, K. C.: Predigt für Ronald Reagan. Der Präsident und
die Apokalypse. Düsseldorf: Erb 1984. 119 S. Bc 4358
Was tut not? Ein Führer durch die gesamte Literatur der Deutschbewegung. Hrsg.: R. Rüsten. Nachdr. Toppenstedt: Berg 1983.
112 S. Bc 4545
Zammito, J. H.: The great Debate. "Bolshevism" and the literary
left in Germany, 1917-1930. New York: Lang 1984. 208 S. B 55917

i. 4 Presse und Propaganda

Atommüllzeitung. Hrsg.: Arbeitsgruppe Wiederaufbereitungsanlage
Lüneburg. Nr. 17. 1981-27. 1984. Lüneburg: 1981-1984.
Getr. Pag. DZ 11
Chalmers, M.: Anmerkungen zur Nazi-Propaganda. In: Archiv
für die Geschichte des Widerstandes und der Arbeit. Nr. 5, 1982.
S. 73-83. BZ 4698:5
Conflict. Vierteljahresschrift für enttabuisierte Zeitgeschichte.
Hrsg.: H. R. Wilkens. Starnberg 1977-81. Getr. Pag. DZ 348
Frei, N.: Nationalsozialistische Presse und Propaganda. In:
Das Dritte Reich. München 1983. S. 152-175. B 50114
Hummerich, H.: Wahrheit zwischen den Zeilen. Erinnerungen
an Benno Reifenberg und die Frankfurter Zeitung. Freiburg:
Herder 1984. 126 S. Bc 4217
Nordisch-germanischer Jahrweiser. 1985. Hrsg.: A.-W. Priem.
Berlin: Asgard-Bund 1984. 15 S. D 03174
Kuby, E.: Der Fall "stern" und die Folgen. Hamburg: Konkret
Literatur Verl. 1983. 206 S. B 50605
Die Machtergreifung im Spiegel des Segeberger-Kreis- und Tageblattes. 60 Originalnachdrucke. Ausgew. von H. Tschentscher.
Bad Segeberg: Wäser 1983. Getr. Pag. 02425
Manöverbehinderung und Menschennetz im Fulda Gap. Pressespiegel.
Tageszeitung, Fuldaer Zeitung, Frankfurter Rundschau, Kinzigtal
Nachrichten sowie Oberhessische Volkszeitung, Stern, Spiegel und
viele andere. Fulda: Friedensbüro Osthessen 1984.
Getr. Pag. D 03188
Buchenwalder Nachrichten. Nr. 1 (14. April 1945)-Nr. 28(16. Mai 1945)
Hrsg. u. eingel.: B. Ritscher. Unveränd. Nachdr. d. im Archiv der
Nationalen Mahn- und Gedenkstätte Buchenwald befindlichen
Originalexemplare. Weimar-Buchenwald: Nationale Mahn- und
Gedenkstätte 1983. XXV, 74 S. 09766
Nannen, H.: Lieber Sternleser! Briefe an den Leser 1958-1983.
Hamburg: Gruner & Jahr 1984. 575 S. 09625
Sperlich, W.: Journalist mit Mandat. Düsseldorf: Droste 1983.
263 S. B 50761
Stöver, R.: Protestantische Kultur zwischen Kaiserreich und Stalingrad. Porträt der Zeitschrift "Eckart" 1906-1943.

München: Kaiser 1982. 203 S. B 52115
Student. Freiheitliche Zeitschrift für Politik, Kultur und Gesellschaft.
1, 1969-17, 1984. Würzburg 1969-84. Getr. Pag. DZ 281
30 Tricks, um mit der Friedensbewegung fertig zu werden. BILD und
FAZ über den "Heißen Herbst". Hrsg.: Arbeitskreis Herbstblätter
am Ludwig-Uhland-Institut für empirische Kulturwissenschaft.
2. Aufl. Tübingen 1984. 28 S. D 2416
Unger, E.-M.: Illustrierte als Mittel zur Kriegsvorbereitung in
Deutschland. 1933-1939. Köln: Pahl-Rugenstein 1984. 327 S. B 51892

i. 5 Schule und Erziehung

Politische Bildung heute. Mit Beiträgen von H. Bolewski [u. a.].
Hrsg.: U. Benedix-Engler, G. Langguth. Melle: Knoth 1984.
128 S. Bc 4216
Burschenschafter und nationale Identität. Stuttgart: Burschenschaft
Ghibellinia 1984. 142 S. Bc 4996
Erzählte Geschichte. Berichte zur Mitwirkung antifaschistischer
Widerstandskämpfer im Schulunterricht und bei Stadtführungen.
3., erw. Aufl. Hamburg: VVN 1983. 64 S. D 03163
Hochschule und Wissenschaft im Dritten Reich. Frankfurt;
New York: Campus 1984. 188 S. B 53519
Hochschule und Rüstung. Ein Beitr. von Wissenschaftlern d. Techn.
Hochschule Darmstadt zur ("Nach"-)Rüstungsdebatte. Hrsg.:
A. Burkhardt. Darmstadt: Verl. Darmstädter Blätter 1984.
XIII, 253 S. B 52327
Kupffer, H.: Der Faschismus und das Menschenbild der deutschen
Pädagogik. Frankfurt: Fischer 1984. 204 S. Bc 4585
Maslankowski, W.: Der Süd-Süd-Dialog der beruflichen Bildung.
Frankfurt, Bern: Lang 1981. 57 S. Bc 4758
Radikale am Katheder. Was Eltern zu Berufsverboten sagen. Hamburg: Initiative "Weg mit den Berufsverboten" 1985. 40 S. D 3222
Sack, F.; Steinert, H.: Protest und Reaktion. Opladen:
Westdt. Verl. 1984. 603 S. B 53925
Sonnemann, U.: Die Einübung des Ungehorsams in Deutschland.
Frankfurt: Syndikat 1984. 149 S. Bc 4759
Thesen, Dokumente, Unterrichtsmaterialien. Erziehung neben
Raketenrampen? Bildungspolitik im Zeichen der "Rechtswende".
Alternativen der Opposition. Köln: Deutsche Friedens-Union 1985.
94 S. D 03203
Weder Wehrkunde noch Friedenserziehung? Hrsg.: D. S. Lutz.
Baden-Baden: Nomos Verl. Ges. 1984. 478 S. B 51044

i. 6 Kirche und Religion

Barth, F.: Wenn die Freiheit bricht herein. Lebenswerk d. Kriegs-
gefangenen-Pfarrers Theodor Friedrich. Speyer: Evang. Presse-
verband in der Pfalz 1982. 119 S.   Bc 4374

Denzler, G.; Fabricius, V.: Die Kirchen im Dritten Reich.
Bd 1.2. Frankfurt: Fischer 1984. 222, 287 S.   B 53019

Feid, A.: Der Weg der Bischöfe. Friedensbotschaften der Bischöfe
in der USA und der BRD. K. Lübbert: Für Frieden und Abrüstung.
Der heutige Standort der protestantischen Kirchen. Hrsg.:
Komitee für Frieden, Abrüstung und Zusammenarbeit. Köln:
1983. 23 S.   D 3093

Hahn, P.: Pro & contra Franz Alt. An der Bergpredigt scheiden
sich die Geister. Wiesbaden: coprint 1984. 142 S.   B 52087

Handreichung für einen Gottesdienst am Hiroshima-Sonntag am
12.8.1984. Hrsg.: Christen für die Abrüstung. Gelsenkirchen
1984. 20 S.   D 03109

Handreichung für den Gottesdienst am "Tag der Kirchen", 16.10.1983,
im Rahmen der bundesweiten Aktionswoche vom 16.-22.10.1983.
Hrsg.: Christen für die Abrüstung. Gelsenkirchen 1983.
16 S.   D 03108

Ihssen, U.: Anpassung und Widerstand. Evangelische Kirche im
3. Reich. Was haben wir gelernt? Bremen: Bildungswerk evang.
Kirchen im Lande Bremen 1983. 170 S.   Bc 01527

Loth, W.: Katholiken im Kaiserreich. Düsseldorf: Droste 1984.
446 S.   B 51570

Mueller, B.: Fatima. Ein Weg in die Zukunft. Hrsg.: Fatima -
Aktion 77. Kisslegg 1984. 31 S.   D 3129

Priester unter Hitlers Terror. Eine biogr. und statistische Erhebung.
Bearb.: U. von Hehl. Mainz: Matthias-Grünewald-Verl. 1984.
XC, 1630, 107 S.   09691

Prolingheuer, H.: Kleine politische Kirchengeschichte. Fünfzig
Jahre evangelischer Kirchenkampf von 1919 bis 1969. Köln:
Pahl-Rugenstein 1984. 233 S.   B 51888

Recht auf Frieden, Pflicht zum Widerstand. Denkanstösse anlässlich
des 20. Deutschen Evangelischen Kirchentages in Hannover. Mit
Beitr. von J. Redhardt u. S. Romey. Frankfurt: Röderberg 1983.
53 S.   Bc 4363

Reitz, R.: Christen und Sozialdemokratie. Konsequenzen an einem
Erbe. Stuttgart: Radius-Verl. 1983. 342 S.   B 52081

Rosenthal, C.: Totalverweigerung und Kirche. Diskussion und
Dokumentation. Hrsg.: Initiative gegen die Wehrpflicht. 2., völlig
überarb. Aufl. Göttingen 1985. 85 S.   D 3234

Simon, H.: Zwischen Auftrag und Wirklichkeit. Die kath. Kirche in
der Bundesrepublik Deutschland und die Frage der Kriegsdienst-
verweigerung. Würzburg: Selbstverl. 1984. 140, A 17 S.   B 52651

Soden, H. von: Theologie und Kirche im Wirken Hans von Sodens.

Briefe und Dokumente a. d. Zeit d. Kirchenkampfes. Hrsg.:
E. Dinkler [u. a.]. Göttingen: Vandenhoeck & Ruprecht 1984.
403 S. B 52230
V o g t , A.: Religion im Militär. Seelsorge zwischen Kriegsverherr-
lichung und Humanität. Eine militärgeschichtliche Studie.
Frankfurt, Bern: 1984. 951 S. B 53815
Z i m m e r m a n n , W. -D.: Gerechtigkeit für die Väter. Einsichten
und Erfahrungen. Berlin: CVZ-Verl. 1983. 240 S. B 52113

k. Geschichte

k. 0 Allgemeine Geschichte

"Ach, meine lieben Deutschen..." Ein Volk am Ende seiner Tage?
Hrsg.: D. Pfaehler. Bad Neustadt: Selbstverl. 1983. 182 S. B 52321
Geschichte Ideologie Politik. Auseinandersetzungen mit bürgerlichen
Geschichtsauffassungen in der BRD. Berlin: Dietz 1983.
292 S. B 51418
H e u s s , A.: Versagen und Verhängnis. Vom Ruin deutscher Ge-
schichte und ihres Verständnisses. Berlin: Siedler 1984.
213 S. B 51691
K a r p e n , U.: Die geschichtliche Entwicklung des liberalen Rechts-
staates. Vom Vormärz bis zum Grundgesetz. Hrsg.: G. Rüther.
Mainz: v. Hase u. Koehler 1985. 145 S. Bc 4963
W a l e n d y , U.: Strafsache wissenschaftliche Forschung. Vlotho:
Verl. f. Volkstum u. Zeitgeschichtsforschung 1984. 40 S. Bc 01437

k. 4 Weimarer Republik 1919–1933

A r n o l d , V.: Rätebewegung und Rätetheorien in der Novemberre-
volution. Räte als Organisationsformen des Kampfes und der Selbst-
bestimmung. 2., überarb. Aufl. Hamburg: Edition SOAK im Junius
Verl. 1985. 404 S. B 55092
D r a b k i n , J. S.: Die Entstehung der Weimarer Republik. Köln:
Pahl-Rugenstein 1983. 548 S. B 51375
E b e r l e , M.: The Twenties in Germany. Munich: Goethe-Institut
1982. 144 S. Bc 3976
K o l b , E.: Die Weimarer Republik. München: Oldenbourg 1984.
VIII, 274 S. B 51509
L u c a s -Busemann, E.: Hat Friedrich Ebert dem Mechterstädter
Arbeitermord vom 25. März 1920 nachträglich eine legale Grund-
lage zu geben versucht? In: Archiv für die Geschichte des Wider-
standes und der Arbeit. Nr. 5, 1982. S. 13-26. BZ 4698:5
M ö l l e r , H.: Das Ende der Weimarer Demokratie und die national-
sozialistische Revolution von 1933. In: Das Dritte Reich.

München 1983. S. 9-37. B 50114
Die Ruhrkrise 1923. Wendepunkt der internationalen Beziehungen
nach dem Ersten Weltkrieg. Hrsg.: K. Schwabe. Paderborn:
Schöningh 1984. 111 S. Bc 5075
S c h u l z e - Boysen, H.: Gegner von heute - Kampfgenossen von
morgen. Koblenz: Fölbach 1983. 32 S. Bc 5056
S v a n s t r o e m , R.: Weimarrepublikens Tyskland. Fra Ebert til
Hitler 1919-1933. København: Det Sønbergske Forl. 1983.
277 S. B 51910
The Weimar Republic. A historical bibliography. St. Barbara: ABC-
Clio Inf. Serv. 1984. XII, 285 S. B 54008

k. 5 Drittes Reich 1933—1945

A l y , G.; R o t h , K. H.: Die restlose Erfassung. Volkszählen, Iden-
tifizieren, Aussondern im Nationalsozialismus. Berlin:
Rotbuch-Verl. 1984. 157 S. Bc 4205
Der Bund Deutscher Mädel in Dokumenten. Materialsammlung zur
Richtigstellung. Zusammengest.: J. Rüdiger. Lindhorst:
Askania 1984. 364 S. 09645
Deutschland 1933. Machtzerfall der Demokratie und nationalsoziali-
stische "Machtergreifung". Eine Vortragsreihe. Hrsg.: W. Treue
[u. a.]. Berlin: Colloquium Verl. 1984. 175 S. B 51821
D u e r k e f a e l d e n s , K.: "Schreiben, wie es wirklich war..." Auf-
zeichnungen K. Dürkefäldens aus d. Jahren 1933-1945. Hrsg.:
H. u. S. Obenaus. Hannover: Fackelträger-Verl. 1985. 136 S. Bc 5089
F o c k e , H.; S t r o c k a , M.: Alltag der Gleichgeschalteten. Wie
die Nazis Kirche, Kultur, Justiz und Presse braun färbten.
Reinbek: Rowohlt 1985. 266 S. Bc 5038
F o r s c h b a c h , E.: Edgar J. Jung. Ein konservativer Revolutionär,
30. Juni 1934. Pfullingen: Neske 1984. 183 S. B 52985
G a r r i g a - Alemany, R.: El Ocaso de los dioses nazis. Barcelona:
Planeta 1980. 271 S. B 51462
G o s s w e i l e r , K.: Die Röhm-Affäre. Köln: Pahl-Rugenstein 1983.
614 S. B 50309
G r o e h l e r , O.: 1944: Die Krise des deutschen Faschismus. In:
Zeitschrift für Geschichtswissenschaft. Jg. 32, 1984. H. 7.
S. 586-594. BZ 4510:32
H a u s e r , G.: Machtübernahme 1933 im Spiegel der Presse des
Ermstals. Metzingen: Hauser 1983. 366 S. B 52218
H o l z t r ä g e r , H.: Die Wehrertüchtigungslager der Hitlerjugend,
1942-45. Weisbaden: Holzträger 1983. 154 Bl. MS 22
Der 30. Januar 1933. Ursachen und Folgen der nationalsozialistischen
Machtergreifung. Red.: K. Heil, M. Koschig. Bad Kreuznach:
Regionales Pädagog. Zentrum 1983. 94 S. Bc 01396
K ü h n l , R.: Die geschichtliche Bedeutung des Jahres 1945. In:
Blätter für deutsche u. internat. Politik.

Jg. 30, 1985. H. 4. S. 410-420.   BZ 4551:30
Meldungen aus dem Reich 1938-1945. Die geheimen Lagerberichte d.
Sicherheitsdienstes der SS. Hrsg. u. eingel. v. H. Boberach. Bd 1-17.
Herrsching: Pawlak 1984. 226, 6740 S.   B 53816
Petzold, J.: Faschismus. Regime des Verbrechens. Frankfurt:
Röderberg 1984. 166 S.   Bc 4610
Roegele, O. B.; Stuermer, M.; Thamer, H.-U.: Wie konnte
es dazu kommen? Hintergründe der nationalsozialistischen Macht-
ergreifung. München: Bayerr. Landeszentrale für politische
Bildungsarbeit 1981. 48 S.   Bc 4517
Snyder, L. L.: National socialist Germany. Twelve years that
shook the world. Malabar: Krieger 1984. 209 S.   B 52699
Wilder-Smith, B.: The Day Nazi Germany died. An autobiography.
San Diego: Master Books 1982. 124 S.   Bc 4605

k. 5.1 Widerstandbewegung 1933–1945

Bethge, E.; Bethge, R.: Letzte Briefe im Widerstand. Aus dem
Kreis der Familie Bonhoeffer. München: Kaiser 1984. 132 S.B 51669
Cartarius, U.: Forschungsgemeinschaft 20. Juli e. V., Bibliogra-
phie "Widerstand". München, New York: Saur 1984. 326 S.   B 53667
Faller, F.; Faller, E.: Wir trugen die Last, bis sie zerbrach.
Ein deutscher Briefwechsel 1933-1938. Hrsg.: M. Bosch.
Freiburg: Dreisam-Verl. 1983. 167 S.   B 52263
Finker, K.: Politischer Realismus und militärisches Verantwor-
tungsbewußtsein. Einige geschichtliche Erfahrungen aus dem
20. Juli 1944. In: Militärgeschichte. Jg. 23, 1984. H. 3.
S. 195-200.   BZ 4527:23
Fritzsche, H. K.: Ein Leben im Schatten des Verrates. Erinne-
rungen eines Überlebenden an den 20. Juli 1944. Freiburg:
Herder 1984. 126 S.   Bc 4569
Gedanken zum 20. Juli 1944. Hrsg. von der Forschungsgemeinschaft
20. Juli e. V. Mainz: Hase & Koehler 1984. 112 S.   B 53720
Erzählte Geschichte. Berichte zur Mitwirkung antifaschistischer
Widerstandskämpfer im Schulunterricht und bei Stadtführungen.
3., erw. Aufl. Hamburg: VVN 1983. 64 S.   D 03163
Groehler, O.; Drobisch, K.: Der 20. Juli 1944. In: Einheit.
Jg. 39, 1984. H. 7. S. 633-639.   BZ 4558:39
Hoffmann, P.: Warum misslang das Attentat vom 20. Juli 1944.
In: Vierteljahrshefte für Zeitgeschichte. Jg. 32, 1984. H. 3.
S. 441-462.   BZ 4456:32
Hoffmann, P.: Der militärische Widerstand in der zweiten Kriegs-
hälfte 1942-1944/45. In: Dr. Karl Sack. Bad Kreuznach 1985.
S. 93-123.   B 55734
Der 20. Juli 1944. Annäherung an den geschichtlichen Augenblick.
Hrsg. von R. Voss u. G. Neske. Pfullingen: Neske 1984. 254 S.B 53006
Kuropka, J.: Für Wahrheit, Recht und Freiheit - gegen den

Nationalsozialismus. Vechta: Vechtaer Dr. u. Verl. 1983.
154 S. Bc 01460

Large, D. C.: "A gift to the German future?" The anti-Nazi resistance Movement and West German rearmament. In: German studies review. Vol. 7, 1984. Nr. 3. S. 499-529. BZ 4816:7

Markmann, H.-J.: Der deutsche Widerstand gegen den Nationalsozialismus 1933-1945. Modelle für den Unterricht. Mainz:
v. Hase und Koehler 1984. 291 S. B 51039

Mommsen, H.: Der 20. Juli 1944 in der historiographischen Sicht des gespaltenen Deutschlands. In: Politik und Kultur. Jg. 11, 1984. H. 4. S. 9-20. BZ 4638:11

Niekisch, E.: Widerstand. Mit Zeichnungen von A. P. Weber. Krefeld: Sinus-Verl. 1982. 212 S. B 51639

Ochs, E.: Ein Arbeiter im Widerstand. Stuttgart: Ed. co 1984.
151 S. B 52079

Plum, G.: Widerstand und Resistenz. In: Das Dritte Reich.
München 1983. S. 248-273. B 50114

Rabe, B.: Die "Sozialistische Front". Sozialdemokraten gegen den Faschismus 1933-1936. Hannover: Fackelträger-Verl. 1984.
120 S. Bc 4581

Dr. Karl Sack. Ein Widerstandskämpfer aus Bosenheim. Bekenntnis und Widerstand. Bad Kreuznach: Fiedler 1985. 136 S. B 55735

Scheel, H.: Die "Rote Kapelle" und der 20. Juli 1944. In: Zeitschrift für Geschichtswiss. Jg. 33, 1985. Nr. 4. S. 325-337. BZ 4510:33

Scheele, P.-W.; Wittstadt, K.: Georg Häfner. Priester und Opfer. Briefe aus der Haft, Gestapodokumente. Würzburg: Echter 1983. 142 S. B 51344

Geschwister Scholl - Gedenkvorlesung zum Thema "Widerstand in Deutschland". 22. Febr. 1983 Erlangen. Erlangen: Friedr.-Alexander-Univ. 1983. 28 S. Bc 4656

Scholl, H.; Scholl, S.: Briefe und Aufzeichnungen. Hrsg.:
L. Jens. Frankfurt: Fischer 1984. 306 S. B 52978

Steinbach, P.: "Das Schicksal hat bestimmt, dass ich hierbleibe." Zur Erinnerung an Felix Fechenbach, 1894-1933. Mit d. Zusammenstellung d. Artikel von "Nazi-Jüsken". Berlin: Wissenschaftliche Autoren-Verl. 1983. 156 S. Bc 4470

Ueberschär, G. R.: Gegner des Nationalsozialismus 1933-45.
In: Militärgeschichtliche Mitteilungen. 1984. 1.
S. 141-196. BZ 05241:1984

Versöhnung mit der Geschichte. Reden am 20. Juli 1984 in Berlin. Hrsg.: R. von Voss, G. Neske. Pfullingen: Neske 1985. 63 S. Bc 5083

Wegner-Korfes, S.: Graf von der Schulenburg - Mitverschwörer des 20. Juli 1944. In: Zeitschrift für Geschichtswissenschaft.
Jg. 32, 1984. H. 8. S. 681-699. BZ 4510:32

Heimatgeschichtlicher Wegweiser zu Stätten des Widerstandes und der Verfolgung 1933-1945. Bd 1. 2. Köln: Pahl-Rugenstein 1985.
136, 116 S. Bc 01354

Der deutsche antifaschistische Widerstand 1933-1945. In Bildern und

Dokumenten. 3., verb. Aufl. Frankfurt: Röderberg Verl. 1984.
334 S.   09630

Widerstand und Verweigerung in Deutschland 1933 bis 1945. Berlin:
Dietz 1984. 319 S.   B 52201

Ziefle, H.: Eine Frau gegen das Reich. (Maria Ziefle.)
Marburg: Francke 1983. 155 S.   B 51358

k. 6 Geschichte seit 1945

Bausch, H.: 40 Jahre nach der Niederlage des deutschen Faschismus und der Befreiung Europas. Die politischen Grundlagen für einen dauerhaften Frieden auf dem alten Kontinent. Köln:
Deutsche Friedens-Union 1985. 15 S.   D 3163

Borm, W.: Endlich die Lehren aus der deutschen Geschichte ziehen. Gedanken zur 40. Wiederkehr des 8. Mai 1945. In: Blätter für deutsche und internationale Politik. Jg. 30, 1985. H. 4.
S. 397-409.   BZ 4551:30

Brühl, R.: Der 8. Mai 1945 - Ausgangspunkt einer grundlegenden Wende in der Geschichte des deutschen Volkes. In: Zeitschrift für Geschichtswiss. Jg. 33, 1985. Nr. 4. S. 291-301.   BZ 4510:33

Bucerius, G.: Zwischenrufe und Ordnungsrufe. Zu Fragen der
Zeit. Berlin: Siedler 1984. 383 S.   B 51636

Che, Shah, Shit. Die Sechziger zwischen Cocktail und Molotow.
Berlin: Elefanten Pr. 1984. 207 S.   09449

Demokratie. Unser Auftrag. (Drei Jahrzehnte Bundesrepublik
Deutschland.) Bonn: Presse- u. Informationsamt der Bundesregierung 1984. 191 S.   Bc 4080

Ein Denktag. 8. Mai 1945. Informationen und Arbeitshilfen für
Ortsvereine und Unterbezirke. Bonn: SPD 1985. 22 S.   Bc 01531

Die Bundesrepublik Deutschland. Geschichte in drei Bänden. Hrsg.:
W. Benz. Frankfurt: Fischer 1984. 453, 364, 468 S.   B 56275

Dirks, W.; Fabian, W.: Parallelen des Engagements. Sechzig
Jahre in Politik und Gewerkschaft. Ein Gespräch. Köln:
Bund-Verl. 1984. 93 S.   Bc 4246

Ehard, H.: Die deutsche Situation. Vortrag. München: Bayerr.
Staatszeitung 1952. 16 S.   Bc 4829

Eschenburg, T.: Jahre der Besatzung: 1945-1949. Mit e. einl.
Essay von E. Jäckel. Stuttgart Dt. Verl. Anst. 1983.
627 S.   08533:1

Foschepoth, J.: Churchill, Adenauer und die Neutralisierung
Deutschlands. In: Deutschland-Archiv. Jg. 17, 1984. H. 12.
S. 1286-1301.   BZ 4567:17

Fülberth, G.: Leitfaden durch die Geschichte der Bundesrepublik
Deutschland. Köln: Pahl-Rugenstein 1983. 143 S.   B 50295

Geiss, E.: Büßen bis in alle Ewigkeit? Aus Anlaß des 40. Jahrestages der militärischen Kapitulation... 2. Aufl. Reedy: Liberty
Bell Publ. 1985. Getr. Pag.   D 3179

Grebing, H.: Neubeginn oder Wiederaufbau? In: Die neue Gesellschaft, Frankfurter Hefte. Jg. 32,1985.Nr. 5. S. 416-428. BZ 4572:32
Hildebrand, K.: Von Erhard zur Großen Koalition 1963-1969. Mit e. einl. Essay von K. D. Bracher. Stuttgart: Dt. Verl. Anst. 1984. 530 S. 08533:4
Hillenbrand, M. J.: Germany in an era of transition. Paris: The Atlantic Institute for Internat. Affairs 1983. 59 S. Bc 4959
Jacobsen, H.-A.: Zur Lage der Nation - Deutschland im Mai 1945. In: Aus Politik und Zeitgeschichte. 1985. B 13/85. S. 3-22. BZ 05159:1985
Kellmann, K.: Literaturbericht deutsche Geschichte seit 1945. In: Geschichte in Wissenschaft und Unterricht. Jg. 35, 1985. H. 8. S. 582-598. BZ 4475:36
Lehmann, H. G.: Chronik der Bundesrepublik Deutschland 1945/49-1983. 2. aktual. Aufl. München: Beck 1983. 229 S. B 51229
Lölhoeffel, E. von: Briefe aus dem Spatzengarten. Leer: Rautenberg 1983. 223 S. B 50701
Mellbourn, A.: Västtyskland under Helmut Schmidt. Stockholm: Utrikespolitiska Inst. 1981. 32 S. Bc 4792
Narr, W.-D.; Vack, K.: 8. Mai 1945 - 8. Mai 1985. Menetekel oder Chance? Ein Beitrag zur Orientierung. Sensbachtal: Komitee f. Grundrechte u. Demokratie 1985. 26 S. Bc 4994
Neubeginn ohne Neuordnung. Bearb.: R. Billsein. Köln: Pahl-Rugenstein 1984. 351 S. B 53883
1983. Tag für Tag. Hrsg.: M. Rutschky. Frankfurt: Suhrkamp 1984. 299 S. B 51256
Pastusiak, L.: Wielkie Mocarstwa wobec podziału i zjednoczenia Niemiec. [Die Grossmächte zur Frage der Teilung u. Vereinigung Deutschlands.] 2. wyd. Katowice: Śląsk 1983. 351 S. B 51971
Rohlfes, J.: Karl Dietrich Erdmanns GWU-Beiträge 1950-1984. In: Geschichte in Wissenschaft und Unterricht. Jg. 36, 1985. H. 4. S. 236-246. BZ 4475:36
Rovan, J.: L'Allemagne du changement. Paris: Calmann-Lévy 1983. 234 S. B 52334
Rovan, J.: Verändertes Nationalbewusstsein? In: Deutschland-Archiv. Jg. 17, 1984. H. 10. S. 1032-1040. BZ 4567:17
Rüsen, J.: Theory of history in the development of West German historical studies: a reconstruction and outlook. In: German studies review. Vol. 7, 1984. No. 1. S. 11-25. BZ 4816:7
So begann meine Nachkriegszeit. Männer und Frauen erzählen vom Mai 45. Hrsg.: P. Heilmann. Berlin: Wichern-Verl. 1985. 166 S. Bc 5061
Stolze, D.: Die Zukunft wartet nicht. Aufbruch in die neunziger Jahre. München: Droemer Knaur 1984. 246 S. B 53631
Suche nach Deutschland. Hrsg.: K. Lamers. Bonn: Europa Union Verl. 1983. 96 S. Bc 4469
Szabo, S. F.: Brandt's children: the West German successor generation. In: The Washington quarterly.

Vol. 7, 1984. No. 1. S. 50-59.   BZ 05351:7
T e n t , J. F. : Mission on the Rhine. Chicago: Univ. of Chicago Pr.
1982. 369 S.   B 51278
Von der Bizonengründung zur ökonomisch-politischen Westintegration.
Studien zum Verhältnis zwischen Außenpolitik und Aussenwirtschaftsbeziehungen in der Entstehungsphase der Bundesrepublik
Deutschland (1947-1952). Frankfurt: Haag und Herchen 1984.
III, 311 S.   B 52435
W a l e n d y , U. : Die Einheit Deutschlands. Vlotho: Verl. f'. Volkstum
und Zeitgeschichtsforschung 1984. 40 S.   Bc 01327
W e i d e n f e l d , W. : Ratlose Normalität. Die Deutschen auf der Suche
nach sich selbst. Osnabrück: Fromm; Zürich: Interfrom 1984.
86 S.   Bc 4924
W i n d e l e n , H. : Die zwei Staaten in Deutschland. In: Aussenpolitik.
Jg. 35, 1984. H. 3. S. 231-244.   BZ 4457:35
Z e n t n e r , C. : Illustrierte Geschichte der Ära Adenauer. München:
Südwest Verl. 1984. 398 S.   09628

1. Länder

L 130.1 Westdeutsche Länder und Orte

Baden-Württemberg
Dokumentation über die Alarmübungen der Pershing II. Mutlangen.
  Hrsg. : Pressehütte Mutlangen. Mutlangen 1984. 69 S.   D 03133
50 Jahre Stadt Fellbach. Fellbach 1983. Repro-Dr. 152 S.   Bc 01292
Mutlanger Friedenstage. Pfingsten '84. Hrsg. : Aktionsbüro Friedensforum Südwest. Stuttgart 1984. 30 S.   D 03140
Die Grünen Baden-Württemberg. Das Programm. 4. Aufl.
  Stuttgart 1984. 33 S.   D 03253
K a t t e r m a n n , H. : Das Ende einer jüdischen Landgemeinde.
  Nonnenweier in Baden, 1933-1945. Freiburg: Mersch 1984.
  136 S.   B 51580
Das Handbuch aus dem Müll. Hrsg. : Pressehütte Mutlangen.
  Mutlangen 1985. 46 S.   D 03256
H ö p f n e r , E. : Stuttgarter Arbeiterbewegung. Zwischen Republik
  und Faschismus. Stuttgart: Ed. Cordeliers 1984. 109 S.   B 52539
Mit Gott für Wahrheit. Freiheit und Recht. Quellen zur Organisation
  und Politik der Zentrumspartei und des politischen Katholizismus
  in Baden 1888-1914. Hrsg. : J. Schadt. Stuttgart: Kohlhammer
  1983. 322 S.   B 51637
Der Moloch. Eine Dokumentation zum Ausbau des Flughafens
  Echterdingen. Hrsg. : Aktionskreis gegen den Flughafenausbau
  Stuttgart. Stuttgart 1983. 42 S.   D 03315
P a l m e r , H. : Zur Liebe verdammt fürs Schwabenland. Obstbau und

Politik aus Passion. Esslingen: Buchdienst 1984. 364 S.   B 51360
Pressespiegel. Sommeraktion 82 Grossengstingen. Hrsg.: Arbeitskreis Engstingen. Tübingen 1982. 210 S.   D 03238
P u m m , G. : Die baden-württembergische Landtagswahl vom 25. März 1984. In: Zeitschrift für Parlamentsfragen. Jg. 15, 1984. H. 2. S. 254-277.   BZ 4589:15
S c h ä f e r , H. : Regionale Wirtschaftspolitik in der Kriegswirtschaft. Staat, Industrie und Verbände während des Ersten Weltkrieges in Baden. Stuttgart: Kohlhammer 1983. XXXII, 416 S.   B 54192
S p ä t h , L. : Regierungserklärung der Landesregierung für die Legislaturperiode 1984-1988. Rede... 19. 6. 1984. Stuttgart: Landesregierung Baden-Württemberg 1984. 119 S.   Bc 4835
S t e c k m e i s t e r , G. : Loyalitätsdefizite im "Modell Deutschland". Exemplarische Fall-Studie zu einer lokalen Bürgerinitiative. (Tübingen.) Frankfurt: Lang 1984. 164 S.   Bc 4380
S t e p h e n s o n , J. : War and society in Württemberg, 1939-1945: beating the system. In: German studies review. Vol. 8, 1985. No. 1. S. 89-105.   BZ 4816:8
Wer wir sind... was wir wollen. Leitfaden durch grüne Strukturen. Hrsg. : Die Grünen Baden Württemberg. Stuttgart 1985. 37 S. D 3231
W i c k i , H. : Das Königreich Württemberg im Ersten Weltkrieg. Seine wirtschaftliche, soziale, politische und kulturelle Lage. Bern: Lang 1984. 239 S.   B 55916
Der Widerstand im deutschen Südwesten 1933-1945. Hrsg.: M. Bosch [u. a.]. Stuttgart, Berlin: Kohlhammer 1984. 343 S.   B 52153
Z e l z e r , M. : Stuttgart unterm Hakenkreuz. Chronik aus Stuttgart 1933-1945. 2. Aufl. Stuttgart: Edition Cordeliers 1984. 494 S. B 53871

Bayern

Das Ansinnen der Behörden des Freistaates Bayern, Gottes Haus vor dem nächsten Krieg als Kulturgut zu schützen, und was wir darüber denken. Eine Dokumentation. Zsgest. v. Friedensmuseum d. Evang.- Luth. Kirchengemeinde Meeder-St. Laurentius. Meeder 1984. Getr. Pag.   D 03292
Bayerisches Armeemuseum. (Texte von E. Aichner [u. a.]) München: Krauss-Maffei AG 1983. 13 Bl.   Bc 01314
Auf geht's: Rama dama: (München 1945-49.) Hrsg.: M. Schröder. Köln: Bund Verl. 1984. 236 S.   B 51779
Aufbauzeit. Planen und Bauen. München 1945-1950. Hrsg. u. bearb.: W. Nerdinger. München: Beck 1984. 184 S.   B 51721
F r a n k e l , A. : Das Kehlsteinhaus. Von Adolf Hitler bis heute. Neuausgabe. Berchtesgaden: Plenk 1983. 80 S.   Bc 01353
S c h o l l , H. ; S c h o l l , S. : Briefe und Aufzeichnungen. Frankfurt: Fischer 1984. 306 S.   B 52987
S c h u l t h e i s , H. : Juden in der Diözese Würzburg, 1933-1945. Bad Neustadt: Rötter 1983. 32 S.   Bc 4748
S e u s s , S. : Morgenrot und Panzerfaust. Dokumente und Gedanken zur NS-Zeit im Kreis Neustadt-Mellrichstadt. Bischofheim: Kolumbus-Verl. 1983. 61 S.   Bc 01350

Bremen

Bremen - Schlüssel zur Dritten Welt. Hrsg.: Dritte-Welt-Haus Bremen. Bremen: Informationszentrum f. Menchenrechte und Entwicklung 1984. 155 S.   D 3077

Gewollt und durchgesetzt. Die SPD-Bürgerschaftsfraktion des Landes Bremen von der Jahrhundertwende bis zur Gegenwart. Hrsg.: K. Wedemeier. Mit e. Geleitw.: W. Brandt. Opladen: Leske & Budrich 1983. 328 S.   B 52116

Der Kaiser ging, der Führer ging - die Waffenschmieden blieben. Rüstungsproduktion in Bremen vom Kaiserreich bis heute. Bremen: Arbeitsgruppe Abrüstung an der Univ. 1984. 51 S.   D 03168

Roth, R.: Die Bremer Bürgerschaftswahlen vom 25. September 1983. In: Zeitschrift f. Parlamentsfragen. Jg. 15, 1984. H. 2. S. 226-236.   BZ 4589:15

Von der Krise zum Faschismus. Bremer Arbeiterbewegung 1929-33. Frankfurt: Cooperative-Verl. 1983. 160 S.   Bc 01372

Wir kommen! Bremerhaven-Nordenham, 13.-15.10.1983. Dokument. Hamburg: Offentlichkeitsgruppe d. "Unterweserausschusses" 1983. 54 S.   Bc 01358

Hamburg

Davidovič, D. S.: Na barrikadach Gamburga v. 1923 g. [Auf den Barrikaden von Hamburg 1923.] In: Novaja novejšaja istorija. 1984. Nr. 5. S. 149-178.   BZ 05334:1984

Zwischen Demokratie und Diktatur. Nationalsozialistische Machtaneignung in Hamburg - Tendenzen und Reaktionen in Europa. Hamburg: Christians 1984. 166 S.   B 52118

Ditt, K.: Sozialdemokraten im Widerstand. Hamburg in der Anfangsphase des Dritten Reiches. Hamburg: VSA-Verl. 1984. 159 S. Bc 4627

Fünfte Hamburger Frauenwoche. 11.-16.3.1985. Hamburg 1985. 272 S.   D 3135

Gedenken heisst: Nicht schweigen! 11 neue Strassen in Niendorf zu Ehren von Frauen und Männern des Widerstands. Schüler d. Gymnasiums Ohmoor informieren. Hamburg: Arbeits-Gemeinschaft "Strassennamen" 1984. 98 S.   Bc 01454

Die Grün-Alternative Liste informiert. "Knackies in die Parlamente" oder für was tritt die Initiative Solidarität eigentlich ein? Hamburg 1985. 35 S.   D 03195

Hamann, J.: Arbeit im Hafen. Hamburg 1889-1911. Ausgew.: W. Uka. Berlin-Kreuzberg: Nishen 1984. 31 S.   Bc 4612

Hamburg - Tor zur Welt dank "Dritter Welt". Hrsg.: Arbeitsgruppe Stadtrundfahrt Hamburg - "Dritte Welt". Hamburg: Pressestelle d. Universität 1984. 72 S.   D 03181

Heilen und vernichten im Mustergau Hamburg: Hamburg Konkret Lit. Verl. 1984. 215 S.   09612

Kautzky, H.: Sofortmaßnahmen zur Senkung der Luftverschmutzung durch die Kraftwerke der HEW. Untersuchung f. d. Grün-Alternative Liste. Hamburg 1984. 31 S.   D 3133

Rüstung in und um Hamburg. Hrsg.: B. Beier. 3., erw. Aufl.

Hamburg 1982. 48 S. D 3104

S e e l e r , H.-J.: Die Sitzung ist eröffnet. Ein Hamburger Senator erinnert sich. Hamburg: Christians 1983. 189 S. B 52316

Ein Stadtteil wacht auf. Die Niendorfer Baumkapp- u. Fällaktion. Eine Dokumentation d. Arbeitskreises Umweltschutz Niendorf. Hamburg 1981. 31 S. D 03165

S t o b w a s s e r , A.: Die den Roten Winkel trugen... Zur Geschichte d. VVN-Bund d. Antifaschisten - Hamburg. Hamburg: VVN-Bund d. Antifaschisten 1983. 163 S. Bc 4322

Hessen

B ü r k l i n , W. P.; F r a n z , G.; S c h m i t t , R.: Die hessische Landtagswahl vom 25. September 1983. In: Zeitschrift für Parlamentsfragen. Jg. 15, 1984. H. 2. S. 237-253. BZ 4589:15

E i c h l e r , V.: Sozialistische Arbeiterbewegung in Frankfurt am Main 1878-1895. Frankfurt: Kramer 1983. 456 S. B 52106

Frauen im hessischen Landesverband der NPD. Frankfurt: NPD, Landesverband Hessen 1973. Getr. Pag. D 3096

Frieden schaffen ohne Waffen oder Wie es in Wiesbaden gelang, gewaltfrei die Rüstungslobby zu vertreiben. Frankfurt: Haag und Herchen 1981. 182 S. Bc 4239

Nuklearzentrum Hanau. Diese Zeitung wurde gemeinsam erstellt von: Neue Hanauer Zeitung, Initiativgruppe Umweltschutz Hanau (IUH), Atom Express u. Atommüllzeitung, Göttingen. Hanau 1984. 73 S. D 03170

H a s s e l h o r n , F.: Wie wählte Göttingen? Wahlverhalten u. d. soziale Basis der Parteien in Göttingen 1924-1933. Göttingen: Vandenhoeck & Ruprecht 1983. 71 S. B 51260

Hessen unterm Hakenkreuz. Hrsg.: E. Henning [u. a.]. Frankfurt: Insel Verl. 1983. 558 S. B 51153

L e g g e w i e , C.; L e n z , U.; S t e n g e l , E.: Von Türen und Toren. Oder: Wie kritisch darf Kunst am Bau sein? Der Streit ums Göttinger Ratsportal. Göttingen: Steidl 1984. 68 S. Bc 4552

Menschennetz gegen Kriegsmanöver am 29. September 1984 im Fulda Gap. Aktionsleitfaden zum Friedensnetz im Fulda Gap. Bonn: Koordinationsausschuß d. Friedensbewegung 1984. 15 S. D 3055

Nur wer sich bewegt, spürt seine Fesseln. Erfahrungen aus der Bewegung gegen die Startbahn West. Bürgerinitiative gegen die Flughafenerweiterung Frankfurt Rhein-Main (Hrsg.) Offenbach: Verlag 2000 1982. 316 S. B 50059

P o p p i n g a , O.: Bauernland in Junkerhand. (Hessen.) Darmstadt: Werkbund Verl. 1983. 216 S. B 51578

Niedersachsen

Dinslaken in der NS-Zeit. Vergessene Geschichte 1933-1945. Kleve: Boss-Verl. 1983. 312 S. B 54566

G ü n t h e r - A r n d t , H.: Volksschullehrer und Nationalsozialismus. Oldenburg. Landeslehrerverein u. Nationalsozialist. Lehrerbund in d. Jahren d. polit. u. wirtschaftl. Krise. Oldenburg: Holzberg 1983. 117 S. Bc 4564

L e n t , D. : Zur Geschichte und Bevölkerungsbilanz Niedersachsens im Zweiten Weltkrieg. Militärgeographische Situation, Menschenverluste... Hildesheim: Lax 1984. S. 524-544. Bc 4836
Rechtsum zur Bibliothek oder: Ein ganz normaler Fall von Fürsorgepflicht. Der Konflikt um die Abordnung des Studiendirektors Karl-Heinz Kausch... Hannover: ÖTV-Kreisverwaltung 1985. 52 S. Bc 5181
Stoppt die 'L 65 neu'. Ausverkauf d. Weser-Ems-Region. Hrsg.: Bürgerinitiative "Keine Straße durch die Bornhorster Wiesen'. Oldenburg 1985. 30 S. D 03196
W e b e r , W. : Zur Vorläufigen Niedersächsischen Verfassung. Zwei Vorträge. Hannover: Niedersächs. Landtag 1984. 35 S. Bc 4830

Nordrhein-Westfalen

Aspekte der nationalsozialistischen Herrschaft in Köln und im Rheinland. Beiträge u. Quellen. Köln: dme-Verl. 1983. 113 S. Bc 4465
B o g d a l , H. : Rote Fahnen im Vest. Bd 1.2. Essen: Klartext Verl. 1983-84. 131, 156 S. B 50570
D ö p p , A. : Arbeiterbewegung in Solingen, 1918-1920. Reinbek: Einhorn Presse Verl. 1981. 176 S. Bc 4399
Unser kleines Ei. Das Kurzprogramm. Landtagswahl '85. Düsseldorf: Die Grünen 1985. 119 S. D 3244
Frieden. Ein Programm für NRW?! Vorgelegt im Hinblick auf die Landtagswahl NRW im Mai 1985. Düsseldorf: Die Friedensliste NRW 1985. 16 S. D 3243
H e l l f e l d , M. von: Edelweisspiraten in Köln. Jugendrebellion gegen das 3. Reich. Das Beisp. Köln-Ehrenfeld. 2., durchges. u. erw. Aufl. Aufl. Köln: Pahl-Rugenstein 1983. 142 S. Bc 4324
"Hinterher merkt man, daß es richtig war, daß es schiefgegangen ist". Nachkriegserfahrungen im Ruhrgebiet. Hrsg.: L. Niethammer. Berlin: Dietz 1983. 360 S. B 50117
K l ö n n e , A. : Sozialdemokratisches Stammland? (Nordrhein-Westfalen.) In: Sozialismus. Jg. 11, 1985. H. 4. S. 13-20. BZ 05393:11
Der 1. Kongress der Revolutionären Gewerkschafts-Opposition (RGO) im Bezirk Mittelrhein (Raum Aachen-Köln-Koblenz) im Jahre 1930. Reinbek: Einhorn Presse Verl. 1982. 136 S. Bc 4397
N e u f u r t h , B. : Solingen 1929-1933. St. Augustin: Richarz 1984. 226 S. B 52453
Die Rote Ruhrarmee. März 1920. (1923.) Berlin-Kreuzberg: Nishen 1985. 30 S. Bc 5055
S c h w a r z e , G. : Eine Region im demokratischen Aufbau. Der Regierungsbezirk Münster 1945/46. Düsseldorf: Schwann 1984. 376 S. B 51707
S t ö c k e r , R. : Geschichte der Hagener Arbeiterbewegung. Bd 1.2. Essen: Klartext-Verl. 1984-85. 277, 192 S. B 51736
W a g e m a n n , K. : Die Stunde Null - 40 Jahre danach. Zerstörung, Demontage, Wiederaufstieg und Zukunft der Wirtschaft am Beisp. der Region Duisburg. Duisburg: Mercator-Verl. 1984. 168 S. Bc 5090
Was hat die Fred-Meyer-Str[asse] mit der "Reichskristall-Nacht" zu tun? Was hat die Ausländerfeindlichkeit mit der "Reichskristall-

Nacht" zu tun? (Siegen.) Kreuztal: Arbeitsgr. "Reichskristallnacht"
1982. 38 S. Bc 01489
Wuppertal in der Zeit des Nationalsozialismus. Hrsg.: K. Goebel.
Wuppertal: Hammer 1984. 202 S. B 53024
Zivilschutz. Zur Situation der Zivilbevölkerung im Kriegsfall. Mit
Fallstudie f. Münster. Münster: Gewaltfreie Aktion 1984. 95 S. D 3106

Rheinland-Pfalz

Bettinger, D.: Die Zeit von 1933 bis 1945 im Ostertal. In: Westricher Heimatblätter. Jg. 15, 1984. Nr. 1. S. 3-51. Bc 4305
Frauenwiderstand im Hunsrück. Vom 2.7.-31.8.84. Staffhorst
1984. 75 S. D 3073
Kraffert, W.: Die Nagelsäule. Nachdenklicher Führer zu einem
Mainzer Denkmal. Mainz: Krach 1984. 48 S. Bc 5120
Leiwig, H.: Mainz 1933/1948. Mainz: Krach 1984. 155 S. 09684
Notjahre der Eifel 1944-49. Hrsg. v. Arbeitskreis Eifeler Museen
(AEM). Bearb.: K. Ring. Meckenheim: Warlich 1983. 288 S. B 52133

Saarland

Haltet die Saar, Genossen! Antifaschistische Schriftsteller im Abstimmungskampf 1935. Hrsg.: R. Schock. Berlin: Dietz 1984.
359 S. B 52979
Kappmeier, W.: Konfession und Wahlverhalten untersucht am
Beisp. der Bundestagswahl 1976 und der Landtagswahl 1975 im
Saarland. Frankfurt, Bern: Lang 1984. 186 S. B 52182
Kraus, A. H. V.: Vor 50 Jahren: 13. Januar 1935: Entscheidung an
der Saar. In: Damals. Jg. 17, 1985. H. 1. S. 62-84. BZ 4598:17
Paul, G.: Die Saarabstimmung 1935. Determinanten eines verhinderten Lernprozesses über den Faschismus an der Macht. In:
Politische Vierteljahresschrift. Jg. 26, 1985. H. 1. S. 5-28. BZ 4501:26

Schleswig-Holstein

Eintracht drinnen - Frieden draußen. Kriegsvorbereitung einer
"friedlichen" Stadt. Zivilschutz, Militär, Rüstungsindustrie.
Dokumentation zur Ausstellung vom 26.8.83-2.9.83. Lübeck:
Initiative Atomwaffenfreies Europa 1983. 27 S. D 3111
Hoch, G.: Die braune Synode. Ein Dokument kirchlicher Untreue.
(Schleswig-Holstein.) Bad Bramstedt: Roland-Verl. 1982.
72 S. Bc 4365
Kohlsche, A.: Wählerverhalten und Sozialstruktur in Schleswig-Holstein und Hamburg von 1947 bis 1983. Eine methodisch und
methodologisch orientierte Aggregatdatenanalyse. Opladen:
Leske Verl. u. Budrich 1985. VIII, 138 S. Bc 4948
Neo-Nazis in Kiel. Hrsg.: Arbeitskreis Asche-Prozeß.
Kiel 1985. 82 S. D 03306
Wolff, H.: Endstation Schleswig-Holstein. Die Geschichte einer
Vertreibung. Garding: Cobra-Verl. 1983. 91 S. Bc 4433

L 130.0 Berlin

Friedensalmanach. West[-]Berlin. Hrsg.: U. van Acken [u. a.].
Berlin: dvk-Verl. 1982. 203 S. B 50116
Garriga-Alemany, R.: Berlin, años cuarenta. Barcelona:
Planeta 1983. 223 S. B 51443
Gehm, K. H.: Innenansicht einer Stadtpolitik. Der Machtzerfall der
sozialliberalen Koalition in Berlin. Berlin: Berlin Verl. 1984.
363 S. B 52074
Gronefeld, G.: Frauen in Berlin, 1945-1947. Ausgew. v. A. Tröger.
Berlin-Kreuzberg: Nishen 1984. 30 S. Bc 4630
Hess, H.-J.: Innerparteiliche Gruppenbildung. Macht- u. Demokra-
Demokratieverlust einer politischen Partei am Beispiel der
Berliner SPD in den Jahren 1963-1981. Bonn: Verl. Neue
Gesellschaft 1984. 403 S. B 52787
Juling, P.: Lebenswerte Stadt oder "Hongkong in Europa"? Berlin
im Spiegel der Presse. In: Politik und Kultur. Jg. 12, 1985. H. 2.
S. 50-66. BZ 4638:12
Die Kinderbefreiungsfront. Kinderfrühling Berlin. Berlin: Living
Rebell Verl. 1984. 31 S. D 03141
Korrespondenz. Meinungen, Berichte, Dokumente der Berliner
Nationaldemokraten. Berlin 1978-84. Getr. Pag. DZ 94
Alternative Liste für Demokratie und Umweltschutz. Berlin tut gut!
Bevor uns schwarz vor Augen wird: Buntes aus dem Untergrund.
Berlin: Elefanten Press 1985. Getr. Pag. Bc 01529
Pross, C.; Winau, R.: Nicht mißhandeln. (Krankenhaus Moabit.)
Berlin: Hentrich 1984. 263 S. 09689
Römer, W.: Januarkämpfe Berlin 1919. Berlin-Kreuzberg:
Nishen 1984. 31 S. Bc 4225
Römer, W.: Bürgerkrieg in Berlin, März 1919. Berlin-Kreuzberg:
Nishen 1984. 29 S. Bc 4629
Sandberg, K.: Die "Berlin-Blockade". In: Konsequent. Jg. 14, 1984.
H. 2. S. 77-88. BZ 4591:14
See, W.; Weckerling, R.: Frauen im Kirchenkampf. Beisp. aus
der Bekennenden Kirche Berlin-Brandenburg 1933-1945.
Berlin: Wichern-Verl. 1984. 161 S. Bc 4567
Surba, C. F.: The Berlin air lift. In: National defense. Vol. 69,
1984. No. 9. S. 50-56, 101. BZ 05186:69
Viotti, P. R.: Berlin and conflict management with the USSR. In:
Orbis. Vol. 28, 1984. No. 3. S. 575-592. BZ 4440:28
Wahlprogramm der Alternativen Liste. 1985. Berlin 1985.
343 S. D 03278
Wer sich nicht erinnern will ... ist gezwungen die Geschichte noch
einmal zu erleben. Kiezgeschichte Berlin 1933. Berlin: Verl. für
Ausbildung u. Studium in der Elefanten Pr. 1984. 47, 32, 80, 63,
32, 65. 72. 64 S. B 51146

L 130.2 Deutsche Demokratische Republik/DDR

a. Allgemeines

Alltag im anderen Deutschland. Hrsg. W. Filmer [u. a.]. Düsseldorf:
Wien: Econ 1985. 330 S.   B 55842
L o e s e r , F. : Die unglaubwürdige Gesellschaft. Quo vadis, DDR?
Köln: Bund-Verl. 1984. 236 S.   B 53000

c. Biographien

D e r t i n g e r , A. : Dazwischen liegt nur der Tod. (A. Pfülf.)
Berlin: Dietz 1984. 160 S.   B 51572
Erich Honecker in Berlin. Berlin: Dietz 1982. 164 S.   B 51424
K e g e l , G. : In den Stürmen unseres Jahrhunderts. Berlin:
Dietz 1983. 543 S.   B 52275
K u c z y n s k i , J. : 60 Jahre Konjunkturforscher. Erinnerungen und
Erfahrungen u. Bibliogr. der Schriften. . . 1978-1983. Berlin:
Akademie-Verl. 1984. 247 S.   B 53650
R a u , H. : Für die Arbeiter- und Bauern-Macht. Ausgew. Reden und
Aufsätze 1922-1961. Berlin: Dietz 1984. 472 S.   B 52271
S c h i r m , F. : 33 Monate. Erinnerungen an Werner Seelenbinder.
Berlin: Militärverl. d. DDR 1984. 137 S.   Bc 4537
S c h w a r z , H. ; S c h w a r z , W. : Tute Lehmann, ein Berliner Arbeiter. Berlin: Militärverl. d. DDR 1984. 63 S.   Bc 01469
V o ß k e , H. : Wilhelm Pieck und der Friedenskampf. In: Beiträge
zur Geschichte der Arbeiterbewegung. Jg. 26, 1984. H. 5.
S. 593-602.   BZ 4507:26
W e n d t , C. ; J a c o b , O. : Robert Siewert. Halle: Bezirksleitung
der SED 1981. 86 S.   Bc 5153
Wer war Hanns Eisler? Auffassungen aus sechs Jahrzehnten. Ausg. u.
eingel. von M. Grabs. Berlin: deb Verl. 1983. 542 S.   09671

e. Staat/Politik

e. 1 Innenpolitik

Internationale Anhörung über die Menschenrechtssituation in der DDR.
6. -7. Dez. 1984. . . . Bonn. Dokumentation. Frankfurt: Internationale
Gesellsch. f. Menschenrechte 1985. 132 S.   D 03258
F r i c k e , K. W. : Opposition und Widerstand in der DDR. Köln:
Verl. Wissensch. und Politik 1984. 253 S.   B 52470
F r i c k e , K. W. : Die Problematik der Kaderauslese und das

Ministerium für Staatssicherheit in der DDR. In: Beiträge zur
Konfliktforschung. Jg. 14, 1984. 2. S. 23-39. BZ 4594:14

Friedensbewegungen in der DDR. Überlegungen, Darstellung, Dokumente. Frankfurt: DFG-VK 1984. 35 S. D 03282

Die Nationale Front der DDR. Geschichtlicher Überblick. Berlin:
Dietz 1984. 255 S. B 52286

Policymaking in the German Democratic Republic. Ed.: K. von Beyme
and H. Zimmermann. New York: St. Martin's Pr. 1983.
XI, 401 S. B 51958

R a m e t , P.: Disaffection and dissent in East Germany. In: World
Politics. Vol. 37, 1984. No. 1. S. 85-111. BZ 4464:37

S a n d f o r d , J.: The Sword and the ploughshare. Autonomous peace
initiatives in East Germany. London: Merlin Press 1983.
111 S. Bc 4086

e. 1.4 Parteiwesen

B o g i s c h , M.: LDPD im Sozialismus 1961-1971. Dokumente.
Berlin: Der Morgen 1984. 234 S. Bc 5142

B r a n d t , H.-J.; D i n g e s , M.: Kaderpolitik und Kaderarbeit in
den "bürgerlichen" Parteien in der DDR. Berlin: Berlin-Verl. 1984.
88 S. Bc 4366

D o w i d a t , C.: Vom Parlament zur "sozialistischen Volksvertretung". Die Entwicklung der CDUD-Fraktionen in den Landtagen
der SBZ/DDR von 1946 bis 1952. In: Zeitschrift für Parlamentsfragen. Jg. 16, 1985. Nr. 1. S. 57-70. BZ 3589:16

H a g e r , K.: Gesetzmässigkeiten unserer Epoche - Triebkräfte und
Werte des Sozialismus. Rede... 15. u. 16. Dez. 1983. 2. Aufl.
Berlin: Dietz 1984. 77 S. Bc 4723

H e l w i g - W i l s o n , H.-J.: Der Weg in den sozialistischen Einheitsstaat. Die Zwangsvereinigung von SPD und KPD zur SED 1946.
In: Damals. Jg. 17, 1985. H. 9. S. 795-806. BZ 4598:17

Ihr Kampf lebt in unseren Taten! Beiträge zur Geschichte der örtl.
Arbeiterbewegung d. Stadt und des Kreises Zerbst. Zerbst:
SED-Kreisleitung 1981. 57 S. Bc 5145

K o c h , M.: Blockpolitik und Parteiensystem in der SBZ/DDR 1945-
1950. In: Aus Politik und Zeitgeschichte. 1984. H. 37.
S. 3-14. BZ 05159:1984

M ö s c h n e r , G.; G a b e r t , J.: Der historische Platz der 3. Parteikonferenz der SED im Kampf für Frieden und Sozialismus. In:
Beiträge zur Geschichte der Arbeiterbewegung. Jg. 26, 1984. H. 3.
S. 291-303. BZ 4507:26

M ü l l e r , W.: Volksdemokratie für Deutschland? In: Aus Politik
und Zeitgeschichte. 1984. H. 37. S. 15-26. BZ 05159:1984

Sichtagitation. Erfahrungen und Erkenntnisse zur Erhöhung ihrer
Wirksamkeit. Berlin: Dietz 1984. 79 S. Bc 4968

e. 2 Außenpolitik

Die DDR und Japan. Leiter des Autorenkollektivs: H. Modrow.
Berlin: Dietz 1983. 159 S.   Bc 4172
F i s c h e r , H.: DDR - Indien. Ein Diplomat berichtet. Berlin:
Staatsverl. d. DDR 1984. 94 S.   Bc 4593
G r a u , R.; N a u m a n n , G.: Der Beitrag der SED im Ringen der
Bruderparteien der sozialistischen Gemeinschaft für Frieden und
Entspannung in Europa in der zweiten Hälfte der sechziger Jahre.
In: Beiträge zur Geschichte der Arbeiterbewegung. Jg. 26, 1984.
H. 5. S. 614-627.   BZ 4507:26
H ä n i s c h , W.; V o g l , D.: 35 Jahre Außenpolitik der DDR für
Frieden und Sozialismus. In: IPW-Berichte. Jg. 13, 1984. H. 9.
S. 9-14, 38.   BZ 05326:13
K u h r t , E.: Zur Deutschland- und Westpolitik der SED. In: Sonde:
Jg. 17, 1984. Nr. 3. S. 35-43.   BZ 05259:17
Policymaking in the German Democratic Republic.
Ed.: K. von Beyme and H. Zimmermann. New York:
St. Martin's Press 1983. XI, 401 S.   B 51958
R a d d e , H. -J.: Friede und Internationalismus - zur Außenpolitik
der DDR. In: Konsequent. Jg. 14, 1984. H. 3. S. 67-73.   BZ 4591:14
Gegen Rassismus, Apartheid und Kolonialismus. Dokumente der DDR
1977-1982. Berlin: Staatsverlag d. DDR 1983. 566 S.   B 51092
S e i f f e r t , W.: Die Natur des Konflikts zwischen der SED-Führung
und Moskau. In: Deutschland-Archiv. Jg. 17, 1984. H. 10.
S. 1041-1059.   BZ 4567:17

f. Wehrwesen

Fragen und Antworten zum Wehrdienst. Berlin: Militärverl. d. DDR
1984. 256 S.   Bc 5140
G r e e s e , K.; W e n z k e , R.: Die Beziehungen zwischen dem Volk
der DDR und seiner Armee in den Jahren 1956/57. In: Militär-
geschichte. Jg. 23, 1984. H. 5. S. 387-396.   BZ 4527:23
H a u f e , H.: 35 Jahre erfolgreiche Militärpolitik der DDR. In:
Militärwesen. 1984. H. 10. S. 3-9.   BZ 4485:1984
K e u b k e , K. -U.: Einige Grundsätze der Uniformentwicklung der
Nationalen Volksarmee. In: Militärgeschichte. Jg. 23, 1984. H. 5.
S. 397-404.   BZ 4527:23
L e m k e , C.; N e u g e b a u e r , G.: Frauen und Militär in der DDR.
In: Deutschland-Archiv. Jg. 18, 1985. Nr. 4. S. 411-426.   BZ 4567:18
Schulter an Schulter. Plečom k pleču. Berlin: Militär-Verl. d. DDR
1984. 159 S.   09672
S o b i s c h , W.: Leitfaden der Navigation. 3. korr. Aufl. Berlin:
Militär-Verl. d. DDR. 1983. 263 S.   B 51417

g./h. Wirtschaft und Gesellschaft

Badstübner-Peters, E.: Zu den Anfängen gewerkschaftlicher Kulturarbeit nach 1945. In: Zeitschrift für Geschichtswissenschaft. Jg. 32, 1984. H. 7. S. 573-585. BZ 4510:32

Kaiser, M.: Die Zusammenarbeit der SED mit der DBD, CDU, LPDP und NDPD bei der sozialistischen Umgestaltung der Landwirtschaft in der DDR 1958-1960. In: Beiträge zur Geschichte der Arbeiterbewegung. Jg. 26, 1984. H. 5. S. 628-639. BZ 4507:26

Marwege, U.: Neuorientierung im Westhandel der DDR? Die Wirtschaftsbeziehungen mit der Bundesrepublik Deutschland, Frankreich, Japan und Österreich. Bonn: Forschungsinstitut d. Dt. Gesellschaft f. Ausw. Politik 1984. 122 S. Bc 4143

Niedbalski, B.: Die Deutsche Wirtschaftskommission in der SBZ 1947-1949. In: Aus Politik und Zeitgeschichte. 1984. H. 37. S. 27-35. BZ 05159:1984

Thoms, G.: Zur Rolle der Gewerkschaften bei der Festigung der Arbeiter- und-Bauern-Macht 1949/50. In: Beiträge zur Geschichte der Arbeiterbewegung. Jg. 26, 1984. H. 5. S. 603-613. BZ 4507:26

Timm, G.: Einige Aspekte der offiziellen Ökologiedebatte in der DDR. In: Osteuropa-Info. 1984. Nr. 57/58. S. 14-35. BZ 4778:1984

"Verfassungauftrag der DDR: Schutz der Natur zum Wohle der Menschen!" Ein Beitrag aus der DDR. In: Osteuropa-Info. 1984. Nr. 57/58. S. 59-68. BZ 4778:1984

Wernet-Tietz, B.: Bauernverband und Bauernpartei in der DDR. Köln: Verl. Wissensch. u. Politik 1984. 247 S. B 52069

i. Geistesleben

Boris, P.: Satire in der DDR. Über Jahrzehnte hinweg nur Varianten gleicher Themen. In: Beiträge zur Konfliktforschung. Jg. 15, 1985. 1. S. 105-126. BZ 4594:15

Brüsewitz-Zentrum. Presse- und Informationsdienst. Nr. 1/2. 1977-16, 1981. Bad Oeynhausen 1977-81. Getr. Pag. DZ 137

Dähn, H.: Die Kirchen im Spannungsfeld von Loyalität u. Opposition in der DDR. In: Deutsche Studien. Jg. 22, 1984. H. 88. S. 321-341. BZ 4535:22

Henkys, R.: Gottes Volk im Sozialismus. Wie Christen in der DDR leben. Berlin: Wichern-Verl. 1983. 127 S. Bc 4382

Jakobs, K.-H.: Das endlose Jahr. Begegnungen mit Mädchen. Düsseldorf: Claassen 1983. 248 S. B 52320

Knabe, H.: Die ökologische Debatte in den Kirchen der DDR. In: Osteuropa-Info. 1984. Nr. 57/58. S. 36-58. BZ 4778:1984

Kuhrt, E.: Wider die Militarisierung der Gesellschaft: Friedensbewegung und Kirche in der DDR. Melle: Knoth 1984. 189 S. Bc 4488

k. Geschichte

Bahr, G.: Die Gründung der DDR - ein Wendepunkt in der deutschen
  Geschichte. In: Konsequent. Jg. 14, 1984. H. 3. S. 43-55. BZ 4591:14
Zur Geschichte der DDR. T. 1. 2. Bonn: Verl. Neue Gesellschaft 1983.
  61, 46 S. Bc 4393
Heitzer, H.; Schmerbach, G.: Illustrierte Geschichte der
  Deutschen Demokratischen Republik. Berlin: Dietz 1984. 361 S. 09667
Hörnig, H.: Sozialismus und ideologischer Kampf. In: Zeitschrift
  für Geschichtswissenschaft. Jg. 32, 1984. H. 8. S. 667-680. BZ 4510:32
Kuppe, J.: Die Geschichtsschreibung der SED im Umbruch. In:
  Deutschland-Archiv. Jg. 18, 1985. Nr. 3. S. 278-294.   BZ 4567:18
MacCauley, M.: The German Democatic Republic since 1945.
  London: Macmillan 1983. XIV, 282 S. B 51108
Meinicke, W.: Die Entnazifizierung in der sowjetischen Besat-
  zungszone 1945 bis 1948. In: Zeitschrift für Geschichtswissen-
  schaft. Jg. 32, 1984. H. 11. S. 968-979. BZ 4510:32
Merker, W.: Quellen zur Geschichte der SED und des Arbeiter-
  und Bauern-Staates im Zentralen Staatsarchiv. In: Beiträge zur Ge-
  schichte der Arbeiterbewegung. Jg. 26, 1984. H. 5.
  S. 677-684. BZ 4507:26
Sandford, G. W.: From Hitler to Ulbricht. Princeton: Princeton
  Univ. Pr. 1983. XIV, 313 S. B 50766
Schmidt, W.: Zur Entwicklung des Erbe- und Traditionsverständ-
  nisses in der Geschichtsschreibung der DDR. In: Zeitschrift für
  Geschichtswissenschaft. Jg. 33, 1985. H. 3. S. 195-212. BZ 4510:33
Schmidt, W.: Zur Konstituierung der DDR-Geschichtswissen-
  schaft in den fünfziger Jahren. Berlin: Akademie-Verl. 1984.
  30 S. Bc 4592
Unser Staat. DDR-Zeittafel 1949-1983. Hrsg. Akademie für Staats-
  und Rechtswissenschaft der DDR. Berlin: Dietz 1984. 183 S. B 52273
Tjulpanow, S. I.: Erinnerungen an deutsche Freunde und Genossen.
  Berlin, Weimar: Aufbau Verl. 1984. 162 S. Bc 4594
Venohr, W.: 35 Jahre DDR und die nationale Frage. In: Deutsch-
  land-Archiv. Jg. 17, 1984. H. 12. S. 1262-1271. BZ 4567:17
Weber, H.: Die Gründung der DDR. In: Deutschland-Archiv.
  Jg. 17, 1984. Nr. 9. S. 964-877. BZ 4567:17

L 130.3 Ostdeutsche Länder bis 1945

Arndt, W.: Die Flucht und Vertreibung. Friedberg: Podzun-Pallas-
  Verl. 1984. 263 S. B 53419
Breitinger, H.: Als Deutschenseelsorger in Posen und im Warthe-
  gau 1934-1945. Erinnerungen. Mainz: Matthias-Grünewald-Verl.
  1984. XII, 230 S. 09758
Dubiel, J.: Die Umsiedlung der ostdeutschen Bevölkerung am

Ende des Zweiten Weltkriegs. In: Blätter für deutsche und
internationale Politik. Jg. 30, 1985. H. 2. S. 186-197. BZ 4551:30
H e n k e , J.: Flucht und Vertreibung der Deutschen aus ihrer Heimat
im Osten und Südosten 1944-1947. In: Aus Politik und Zeitge-
schichte 1985. B 23/85. S. 15-34. BZ 05159:1985
I g n é e , W.: Masurische Momente. Eine Reise in deutsche Vergan-
genheit. T. 1. 2. In: Damals. Jg. 17, 1985. Nr. 4. S. 314-339;
Nr. 5. S. 407-431. BZ 4598:17
K o r b e l , J.: Problem deklarowanej narodowości emigrantów z
województwa opolskiego do RFN (1975-1979.) [Das Problem der
Volkszugehörigkeitserklärung der Emigranten aus der Wojewod-
schaft Opole in die BRD (1975-1979.)]. In: Studia Śląskie.
Tom 43, 1984. S. 143-151. BZ 4680:1984
K o w a l s k i , Z.: Wysiedlanie ludności niemieckiej ze Śląska
Opolskiego w latach 1945-1948. [Die Aussiedlung der deutschen
Bevölkerung aus Opole Schlesien in den Jahren 1945-1948.] In:
Studia Śląskie. Tom 43, 1984. S. 153-176. BZ 4680:1984
Menschenrechte achten - Vertreibung ächten. Ackermann-Gemeinde -
30 Jahre im Dienste der Menschenrechte. München: Ackermann-
Gemeinde 1982. 88 S. Bc 4973
N i e l s e n , F. W.: Schuld und Schicksal. 1939-1945. Ein Kurzbericht
der Menschenverletzungen im Osten Europas, die zur Vertreibung
führten! Freiburg: Nielsen 1985. 52 S. Bc 5175
R a u p a c h , H.: Der Zusammenbruch des deutschen Ostens. In:
Aus Politik und Zeitgeschichte. 1985. B 23/85.S. 3-14.BZ 05159:1985
Vor dem Sondergericht. Eine Dokumentation zum Kirchenkampf in
Schlesien. Hrsg.: J. Köhler. Hildesheim: Lax 1983. 66 S. Bc 4709
W a r n e c k e , L.: Decke und Brot. (Mecklenburg 1945.) Leer:
Rautenberg 1984. 191 S. B 51534

L 135 Finnland

Uppslagsverket Finland. A-J. Helsingfors: Schildts Förl. 1982.
XII, 718 S. B 51070
H ä g g l u n d , G.: Defence policy: the tasks and the tools. In:
Yearbook of Finnish foreign policy. Jg. 11, 1983. S. 16-22.BZ 4413:11
H a k o v i r t a , H.: Mauno Koivisto's presidency and the question of
changes in Finland's foreign policy. In: Österreichische Zeit-
schrift für Außenpolitik. Jg. 23, 1983. Nr. 2. S. 95-104. BZ 4642:23
I i v o n e n , J.: Finland som model: det finsk-sovjetiske forhold som
et eksempel på fredlig sameksistens. In: Sovjetunionen of freden.
Esbjerg 1983. S. 162-173. B 51927
J ä g e r s k i o e l d , S.: Viimeiset Vuodet. Mannerheim 1944-1951.
Keuruu: Otava 1982. 383 S. B 53354
J a k o b s o n , M.: 38. Kerros. [38. Stockwerk.] Havaintoja ja muisti-
inpanoja vuosilta 1965-1971. Keuruu: Otava 1983. 390 S. B 53353

Jakobson, M.: Den finländska Paradoxen. Linjer i Finlands
utrikespolitik 1953-1965. Stockholm: Norstedt 1982. 320 S. B 51245
Jurell, T.; Palmer, C.: Rött Blod - vit frost. Punaverta val-
koista hallaa. Bromma: Mannerheim och Mannerheim 1984.
Getr. Pag. 09693
Jutikkala, E.; Pirinen, K.: Finlands Historia. 4., omarb. uppl.
Stockholm: Natur och Kultur 1982. 206 S. B 51238
Möttölä, K.: Finnish foreign policy in the Koivisto era - the first
two years. In: Yearbook of Finnish foreign policy. Jg. 11, 1983.
S. 2-10. BZ 4413:11
Nygård, T.: Suomalainen äärioikeisto maailmansotien välillä.
Ideologiset juuret, järjestöllinen perusta ja toimintamuodot. [Die
finnische extreme Rechte zwischen den Weltkriegen. Ideologische
Wurzeln, organisatorische Basis und Formen der Aktivität.].
Jyväskylä: Jyväskylän Yliopisto 1982. VIII, 154 S. 09422
Sundberg, J.: Ethnic maintenance in an integrated mass demo-
cracy. In: West European politics. Vol. 7, 1984. No. 3.
S. 91-108. BZ 4668:7
Vahtola, J.: Valkoisten Toiminta koillisella rintemalla keväällä
1918. [Die Weissen an der Nordostfront im Frühling 1918.] Oulu:
Oulun Yliopisto 1985. S. 309-327. Bc 4883
Valkeapää, N.-A.: Greetings from Lappland. The Sami - Europe's
forgotten people. London: Zed 1983. II, 128 S. B 52641
Visuri, P.: Die Entwicklung der finnischen Verteidigungsdoktrin
nach dem Zweiten Weltkrieg. In: Österreichische militärische
Zeitschrift. Jg. 23, 1985. H. 1. S. 9-16. BZ 05214:23

L 137 Frankreich

c. Biographien

Alberola-Rèche, M.: Des Pieds-noirs dans le jardin Charentais
de François Mitterrand. Suivi de la président dans mon jardin.
Paris: Le Cercle d'Or 1984. 80 S. Bc 5058
Raymond Aron 1905-1983. Paris: Julliard 1985. 540 S. BZ 05426:8
Clemenceau et la justice. Actes du Colloque de décembre 1979...
Paris: Sorbonne 1983. X, 194 S. B 51002
René Coty, 1882-1962. Président de la République 1953-1959.
Exposition commémorative... Paris 1983: Libr.-Impr. Réunies.
31 S. Bc 01382
Desjardins, T.: Un Inconnu nommé Chirac. Paris: Table Ronde
1983. 475 S. B 52158
Durosoy, M.: Lyautey. Maréchal de France 1854-1934. Paris:
Charles-Lavauzelle 1984. 243 S. 09651
Fuchs, G.; Henseke, H.: Georges Clemenceau. Eine politische
Biographie. Berlin: Deutscher Verlag

der Wissenschaften 1983. 183 S. B 51089
Labbe, D.: François Mitterand. Essai sur le discours. Grenoble:
La Pensée Sauvage 1983. 191 S. B 51261
Mathieu, M.: Une Vie exaltante. 2ième ed. Annecy: Gardet 1981.
475 S. B 50310
Morin, J.: Souvenir d'un banquier français (1875-1947). Paris:
Ed. Denoel 1983. 326 S. B 53829
Poidevin, R.: René Mayer et la politique extérieure de la France
(1943-1953). In: Revue d'histoire de la 2ième guerre mondiale et
des conflits contemporains. Année 34, 1984. No. 134.
S. 73-97. BZ 4455:34
Ramspacher, E. G.: Le Général Estienne. Paris: Charles-
Lavauzelle 1983. XIV, 141 S. 09653
Rolland, R.: Das Gewissen Europas. Tagebuch der Kriegsjahre
1914-1919. 2. Aufl. Bd 1. -3. Berlin: Rütten und Loening 1983.
705, 650, 892 S. B 51406
Rothschild, G. de: Contre bonne Fortune... Paris: Belfond 1983.
372 S. B 51028
Sperber, M.; Reinisch, L.: Ein politisches Leben. Gespräche
mit L. Reinisch. Stuttgart: DVA 1984. 116 S. B 51644
Toulat, J.: Combattants de la non-violence. De Lanza del Vasto
au Général de Bollardière. Paris: Éditions du Cerf 1983.
220 S. B 52213

e. Staat/Politik

e. 1 Innenpolitik

Casanova, J.-C.: Apès trois ans... In: Commentaire.
Vol. 7, 1984. No. 27. S. 444-467. BZ 05436:7
DePorte, A. W.: France's new realism. In: Foreign affairs.
Vol. 63, 1984. No. 1. S. 144-165. BZ 05149:63
Derfler, L.: President [and] parliament. A short history of the
French presidency. Boca Raton: Univ. Pr. of Florida 1983.
VIII, 286 S. B 52564
Dollé, J.-P.: Monsieur la Président, il faut que je vous dise...
Paris: Lieu Commun 1983. 155 S. B 52342
Duhamel, A.: La République de Monsieur Mitterand. Paris:
Grasset 1982. 257 S. B 48257
Forget, P.: Le pacifisme en France: ses critiques fondamentales
contre la dissuasion nucléaire. In: Stratégique. 1984. No. 23.
S. 93-120. BZ 4694:1984
Franzén, N.-O.: Dreyfusaffären. Stockholm: Ordfront 1983.
280 S. B 51992
Kahn, J.-F.: Complot contre la démocratie. Paris: Denoel/
Gonthier 1982. 279 S. B 52156

Lancelot, A.: Les élections sous la Cinquième République. Paris:
Presses Univers. de France 1983. 127 S. Bc 4038
Poniatowski, M.: Lettre ouverte au président de la république.
Paris: Michel 1983. 201 S. B 51167
Thuillier, G.: Les cabinets ministériels. Paris: Presses Univers.
de France 1982. 127 S. Bc 4035

e. 1.4 Parteiwesen

Bartolini, S.: Institutional constraints and party competition in
the French party system. In: West European Politics.
Vol. 7, 1984. No. 4. S. 103-127. BZ 4668:7
Becker, J.-J.: La perception de la puissance par le Parti communiste. In: Revue d'histoire moderne et contemporaine. Tome 31,
1984. Oct./Déc. S. 636-642. BZ 4586:31
Becker, J.M.: Die französische Friedensbewegung. In: Aus Politik
und Zeitgeschichte. 1985. B 19/85. S. 37-45. BZ 05159:1985
Bernstein, S.: La perception de la puissance par le Parti radical-socialiste. In: Revue d'histoire moderne et contemporaine.
Tome 31, 1984. Oct./Déc. S. 619-635. BZ 4586:31
Brown, B.E.: Socialism of a different time. Westport: Greenwood
1982. XIV, 201 S. B 50342
Brunet, J.-P.: Le P.P.F. et la notion de puissance nationale
(1936-1939). In: Revue d'histoire moderne et contemporaine.
Tome 31, 1984. Oct./Déc. S. 666-673. BZ 4586:31
Caton : De la reconquête. Paris: Fayard 1983. 269 S. B 52350
Charbonnel, J.: Comment peut-on être opposant? Une nouvelle
espérance. Paris: Laffont 1983. 256 S. B 52336
Delwit, P.; Dewaele, J.-M.: The Stalinists of anti-communism.
In: The socialist register. Vol. 21, 1984. S. 324-348. BZ 4824:21
Douglas, A.: Violence and fascism. The case of the Faisceau.
In: Journal of contemporary history. Vol. 19, 1984. No. 4.
S. 689-712. BZ 4552:19
Fiszbin, H.; Sarazin, M.: Appel à l'autosubversion. Paris:
Laffont 1984. 230 S. B 52348
Garnier, J.-P.; Lew, R.: From 'The Wretched of the Earth' to
the defence of the West. An essay on left disenchantment in France.
In: The socialist register. Vol. 21, 1984. S. 299-323. BZ 4824:21
Jamet, D.: Lettre ouverte à la droite la plus mal à droite du
monde. Paris: Michel 1983. 173 S. B 52332
Kergoat, J.: Le Parti socialiste. Paris: Le Sycomore 1983.
381 S. B 52335
Lebacqz, A.: Journal politique de l'année 1982: les socialistes
face à la crise. Paris: France-Empire 1983. 262 S. B 50998
Memorandum an die französische Linke. Zur friedenspolitischen
Diskussion in Europa. Berlin: Europ. Perspektiven 1984.
19 S. Bc 4375

Mortimer, E.: The Rise of the French Communist Party 1920-47. London: Faber & Faber 1984. 431 S. B 51284

Nord, P. G.: Three views of Christian Democracy en fin de siècle France. In: Journal of contemporary history. Vol. 19, 1984. No. 4. S. 713-727. BZ 4552:19

Petitfils, J.-C.: L'extrême Droite en France. Paris: Presses Univers. de France 1983. 127 S. Bc 4034

Poncins, M. de: Tous Capitalistes ou la réponse au socialisme. Vouillé: Éd. de Chiré 1983. 164 S. B 51186

Roucaute, Y.: La Parti socialiste. Paris: Huisman 1983. 181 S. Bc 4092

Salleron, L.: Le Cancer socialiste. Grez-en-Brouère: Morin 1983. 222 S. B 51263

Sanson, R.: La perception de la puissance par l'Alliance démocratique. In: Revue d'histoire moderne et contemporaine. Tome 31, 1984. Oct./Déc. S. 658-665. BZ 4586:31

Zeraffa, D.: La perception de la puissance dans la formation démocrate chrétienne. In: Revue d'histoire moderne et contemporaine. Tome 31, 1984. Oct./Déc. S. 643-657. BZ 4586:31

e. 2 Außenpolitik

Chehdan-Kalifé, M.: Les Relations entre La France et le Liban, 1958-1978. Paris: Presses Univers. de France 1983. 90 S. Bc 4031

Europäisierung Europas: zwischen französischem Nuklearnationalismus und deutschem Nuklearpazifismus. Materialienband. C. Bourde u. A. Mechtersheimer (Hrsg.). Berlin: Europäische Perspektiven 1984. 192 S. B 52126

George, B.; Marcus, J.: French security policy. In: The Washington quarterly. Vol. 7, 1984. No. 4. S. 148-158. BZ 05351:7

Kodmani-Darwish, B.: Frankreich, ein zuverlässiger Verbündeter Libanons. In: Beiträge zur Konfliktforschung. Jg. 14, 1984. H. 3. S. 77-91. BZ 4594:14

Lacroix-Riz, A.: Négociation et signature des accords Blum-Byrnes. In: Revue d'histoire moderne et contemporaine. Tome 31, 1984. Juillet-Septembre. S. 417-447. BZ 4586:31

Martin, J.: Le rôle du ministère des relations extérieures. In: Défense Nationale. Année 40, 1984. No. 11. S. 45-52. BZ 4460:40

Michael, R.: The Radicals and Nazi Germany. The revolution in French attitudes toward foreign policy, 1933-1939. Washington: Univ. Pr. of America 1982. VI, 141 S. B 51294

Persell, S. M.: The French colonial Lobby. Stanford: Hoover Inst. Pr. 1983. XII, 235 S. B 51192

Poidevin, R.: René Mayer et la politique extérieure de la France (1943-1953). In: Revue d'histoire de la 2ième guerre mondiale. Année 34, 1984. No. 134. S. 73-97. BZ 4455:34

Sammut, C.: L'Imperialisme capitaliste français et le nationalis-

me tunesien (1881-1914). Paris: Publisud 1983. 415 S.   B 52164
Sehfehler links? Über die deutsch-französische Miss-Verständigung.
Hrsg.: C. Alix, L. Baier u. E. Jouhy. Giessen: Focus-Verl. 1985.
130 S.   Bc 5167
Sieberg, H.: Frankreichs Bindungen zur Dritten Welt. Tradition,
Wirtschaftsinteresse, Prestige. In: Aus Politik und Zeitgeschichte.
1985. B 19/85. S. 27-36.   BZ 05159:1985
Wagner, H.: Neues im Westen. Frankreichs späte Hinwendung zu
Europa. In: Zeitschrift für Politik. Jg. 31, 1984. H. 4.
S. 351-364.   BZ 4473:31
Woyke, W.: Frankreichs Außenpolitik nach de Gaulle (1974-1984).
In: Aus Politik und Zeitgeschichte. 1985. B 19/85.
S. 15-26.   BZ 05159:1985

f. Wehrwesen

f. 01 Wehrpolitik

Boyer, Y.: Die französische Verteidigungspolitik und die neue
Mehrheit. Frankfurt: Fischer 1983. 66 S.   Bc 4489
Defence and dissent in contemporary France. Ed.: J. Howorth and
P. Chilton. London: Croom Helm 1984. 264 S.   B 52408
Guilhaudis, J.-F.: France's strategic options. In: Arms control.
Vol. 5, 1984. No. 2. S. 162-175.   BZ 4716:5
Klein, J.: Le débat en France sur la défense de l'Europe. In:
Stratégique. 1984. No. 4. S. 8-29.   BZ 4694:1984
Lacaze, J.: L'avenir de la défense française. In: Défense nationale. Année 41, 1985. No. 7. S. 15-34.   BZ 4460:41
Ordioni, P.: Le Pouvoir militaire en France de Charles VII à
Charles de Gaulle. T. 1. Paris: Albatros 1981. 515 S.   B 52141
Schuetze, W.: Frankreichs Verteidigungspolitik 1958-1983. Eine
Dokumentation. Frankfurt: Haag u. Herchen 1983. 190 S.   Bc 4236
Yost, D. S.: France's deterrent posture and security in Europe.
Pt. 1. 2. London: The Internat. Institute for Strategic Studies 1985.
72, 75 S.   Bc 01491

f. 1 Heer

David, D.: La Force d'action rapide en Europe: Le dire des armes.
Paris: Fondation pour les Etudes de Défense Nationale 1984.
30 S.   Bc 4390
Les Forces françaises dans la lutte contre l'Axe en Afrique. 1.
Pussay: Libr. de l'Armée 1983. 407 S.   B 51265
Gaujac, P.: L'Armée de la victoire. 1. Paris: Charles-
Lavauzelle 1984. 187 S.   09654

Gras, Y.: La 1ère DFL. Les Français libres au combat. Paris:
Presses de la Cité 1983. 449 S. B 52442
Guiard, R.: Anecdotes pittoresques du temps des armes, 1935-57.
Paris: La Pensée Universelle 1983. 128 S. Bc 4033
Mabire, J.: Chasseurs alpins. Des Vosges aux Djebels 1914-1964.
Paris: Presses de la Cité 1984. 453 S. B 52450
Le Proces de Landau. Des soldats pour la paix devant un tribunal
militaire. Montreuil: Ed. La Brèche 1984. 92 S. Bc 4990
Des Soldats et des hommes. Textes: Y. Le Pichon. Paris:
Arthaud 1984. 127 S. 09800

f. 2 Kriegsmarine/Luftwaffe

Bail, R.; Moulin, J.: Les croiseurs "De Grasse" et "Colbert."
Paris: Charles-Lavauzelle 1984. 106 S. 09652
Bigault de Cazanove, P. de: The French navy - plans and strategy.
In: Naval forces. Vol. 5, 1984. No. 5. S. 12-22. BZ 05382:5
Les Casques de combat du monde entier de 1915 à nos jours. T. 1.
Paris: Charles-Lavauzelle 1984. 271 S. 09655
Frélaut, J.; Pierquet, C.-A.: Les "Seafire" dans l'aéronautique navale française. Rennes: Ouest-France 1983. 32 S. Bc 4663
Leenhardt, Y.: Marine d'aujourd'hui et perspectives d'avenir.
In: La nouvelle revue maritime. 1983. No. 382. S. 4-22. BZ 4479:1983
Le Masson, H.: The "Normandie" Class battleships with quadruple turrets. In: Warship international. Vol. 21, 1984. No. 4.
S. 409-419. BZ 05221:21
Masson, P.: Histoire de la marine. T. 1.2. Paris: Lavauzelle
1981-83. 433, 582 S. 09771
The French Naval defence industry. In: Maritime defence.
Vol. 9, 1984. No. 10. S. 361-375. BZ 05094:9

g./h. Wirtschaft und Gesellschaft

Boussard, I.: Principaux aspects de la politique agricole française
pendant la deuxième guerre mondiale. In: Revue d'histoire de la
2ième guerre mondiale. Année 34, 1984. No. 134. S. 1-32. BZ 4455:34
Brécy, R.: Le Mouvement syndical en France 1871-1921. Essai
bibliographique. Nouv. éd. Gif-sur-Yvette: Éditions du Signe 1982.
XXXVI, 217 S. B 52175
Dreyfus, M.: Guide des Centres de documentation en histoire
ouvrière et sociale. Paris: Editions ouvrières 1983. 238 S. B 52147
Guillen, P.: Le rôle politique de l'immigration italienne en France
dans l'entre-deux-guerres. In: Risorgimento. T. 4. 1983. Nos. 1-2.
S. 109-122. BZ 4720:4
Jauch, S.; Morell, R.; Schickler, U.: Gewerkschaftsbewegung in Frankreich und Deutschland. Frankfurt:

Campus Verl. 1984. 189 S.   B 51498
Kiersch, G.; Oppeln, S. von: Kernenergiekonflikte in Frankreich und Deutschland. Berlin: Wissenschaftl. Autoren-Verl. 1983.
137 S.   Bc 4472
Lacroix-Riz, A.: La CGT de la liberation à la scission de 1944-1947. Paris: Éditions sociales 1983. 399 S.   B 51051
Milza, P.: Aspects politiques de l'imigration italienne en France de 1861-1914. In: Risorgimento. T. 4, 1983. Nos. 1-2.
S. 59-75.   BZ 4720:4
Rousseau, R.: Les Femmes rouges. Chronique des années Vermeersch. Paris: Albin Michel 1983. 293 S.   B 52338
Stora, B.: Les Travailleurs indochinois en France pendant la seconde guerre mondial. Paris: C.E.R.M.T.R.I. 1983. 35 S.   09499
Uterwedde, H.: Mitterrands Wirtschaftspolitik - Was bleibt vom Sozialismus. In: Aus Politik und Zeitgeschichte. 1985. B 19/85.
S. 3-13.   BZ 05159:1985
Vernier, C.: Tendre Exil. Souvenirs d'un antinazi en France. Paris: Ed. La Découverte 1983. 187 S.   B 52152
Wurm, C. A.: Die Gewerkschaften in der französischen Politik. In: Politische Vierteljahresschrift. Jg. 25, 1984. H. 2.
S. 188-208.   BZ 4501:25

i. Geistesleben

Documents sur la questionde la laicité. Paris: C.E.R.M.T.R.I. 1984.
61 S.   09518
Monchablon, A.: Histoire de l'UNEF de 1956 à 1968. Paris: Presses Universitaires de France 1983. 205 S.   B 52184
Sommaire des numéros de la revue littéraire "Les Humbles" (1918-1939). Paris: C.E.R.M.T.R.I 1983. 22 S.   09502
Widerstand, Flucht, Kollaboration. Literarische Intelligenz und Politik in Frankreich. Frankfurt, New York: Campus 1984.
220 S.   B 52014

k. Geschichte

Avrich, P.: Die Pariser Kommune und ihr Erbe. In: Archiv für Geschichte des Widerstandes und der Arbeit. Nr. 5, 1982.
S. 85-94.   BZ 4698:5
Blancpain, M.: La Vie quotidienne dans la France du Nord sous les occupations (1814-1944). Paris: Hachette 1983. 413 S.   B 49955
Buton, P.: La France et les français de la liberation 1944-1945. Vers une France nouvelle? Paris: Universités de Paris 1984.
175 S.   09674
Caron, V.: Prelude to Vichy. France and the Jewish refugees in the era of appeasement. In: Journal of contemporary history.
Vol. 20, 1985. No. 1. S. 157-176.   BZ 4552:20

Chapsal, J.: La Vie politique en France de 1940 à 1958. Paris: Presses Universitaires de France 1984. 518 S. B 52167
Chapsal, J.: La Vie politique sous la Ve République. 2. ed. Paris: Pr. Univ. de France 1984. 910 S. B 52168
Claude, H.: L'évêque, le Maréchal, la collaboration, 1940-1945. In: Revue d'histoire de la 2ième guerre mondiale et des conflicts contemporains. Année 34, 1984. No. 135. S. 47-86. BZ 4455:34
Dalloz, J.: La France de la Libération, 1944-1946. Paris: Presses Univ. de France 1983. 127 S. Bc 4039
Duroselle, J.-B.: Les rêves et l'inaction. (Septembre 1939 - mars 1940). Oulu: Yliopisto 1984. S. 226-254. Bc 01440
Frossard, A.: La Maison des otages. Montluc 1944. Nouv. éd. Paris: Fayard 1983. 143 S. B 49984
Klarsfeld, S.: Vichy - Auschwitz. Paris: Fayard 1983. 542 S. B 49981
Marx/Engels et la troisième République (1871-1895)... publ. sous la responsabilité de C. Mainfroy. Paris: Messidor/ Ed. Soc. 1983. 364 S. B 52154
Pennetier, C.: Le Socialisme dans le Cher. 1851-1921. La Charité: Delayance 1982. 306 S. B 50594
Romano, S.: La Francia dal 1870 ai nostri giorni. Un saggio storico-politico. Milano: Mondadori 1981. 254 S. B 51225
Rossi-Landi, G.: Les Hommes qui ont fait la République depuis 1870. Paris: Nathan 1984. 191 S. 09813

l. Länderteil

Baechler, C.: Le Parti catholique alsacien 1890-1939. Du Reichsland à la république jacobine. Paris: Éd. Ophrys 1982. XXI, 764 S. B 50439
Bécamps, P.: Bordeaux sous l'occupation. Rennes: Ouest-France 1983. 125 S. B 52343
Chevalier, L.: Les Relais de mer. (Aiguillon-sur-Mer.) Paris: Fayard 1983. 455 S. B 52344
Roth, F.: Les Lorrains entre la France et l'Allemagne. Metz: Ed. Serpenoise 1981. 216 S. B 53721

L 139 Griechenland

Axt, H.-J.: Wandel und Kontinuität in Griechenland. In: Aus Politik und Zeitgeschichte. 1985. Nr. 26. S. 21-37. BZ 05159:1985
Danopoulos, C. P.: From military to civilian rule in contemporary Greece. In: Armed forces and society. Vol. 10, 1983. 84. No. 2. S. 229-250. BZ 4418:10
Dogo, M.: La Dinamite e la mezzaluna. La questione macedone

nella pubblicistica italiana 1903-1908. Udine: Del Bianco 1983.
221 S. B 51778

Eve, M.: Anti-Communism and American intervention in Greece.
In: The socialist register. Vol. 21, 1984. S. 101-113. BZ 4824:21

Kipuros, D.: Für die Befreiung Griechenlands von den faschistischen Okkupanten. In: Militärgeschichte. Jg. 24, 1985. H. 1.
S. 63-72. BZ 4527:24

Loulis, J.C.: Papandreou's foreign policy. In: Foreign affairs.
Vol. 63, 1984/85. No. 2. S. 375-391. BZ 05149:63

Mackenzie, K.: Greece and Turkey: Disarray on NATO's southern flank. London: Institute for the Study of Conflict 1983. 27 S. Bc 3974

Macridis, R.C.: Greek Politics at a crossroads. What kind of socialism? Stanford: Hoover Institution Press 1984. 72 S. Bc 4864

Manousakis, G.M.: Griechische Militärbibliographie. Koblenz:
Bernard u. Graefe 1983. S. 395-422. Bc 3977

Mavrogordatos, G.T.: The Greek party system. In: West European Politics. Vol. 7, 1984. No. 4. S. 156-169. BZ 4668:7

Meinardus, R.: Der griechisch-türkische Konflikt über den militärischen Status der ost-ägäischen Inseln. In: Europa-Archiv.
Jg. 40, 1983. Folge 2. S. 41-48. BZ 4452:40

Papastratis, P.: British Policy towards Greece during the Second World War 1941-1944. Cambridge: Cambridge Univ. Pr.
1984. VII, 274 S. B 51393

Troebst, S.: Die bulgarisch-jugoslawische Kontroverse um Makedonien 1967-1982. München: Oldenbourg 1983. 249 S. B 52022

L 141 Großbritannien

e. Staat/Politik

e. 1 Innenpolitik

Burkett, T.; Byrne, P.: Politische Entwicklungen in Grossbritannien 1979-1983 und die Unterhauswahlen von 1983. In: Zeitschrift für Parlamentsfragen. Jg. 15, 1984. H. 3.
S. 404-414. BZ 4589:15

Chiappini Bargiela, F.: Il movimento per il disarmo nucleare in Inghilterra (1958-1970). In: Il politico. Anno 48, 1983. No. 4.
S. 727-749. BZ 4541:48

Faslane. Diary of a peace camp. By members of the Faslane Peace Camp. Edinburgh: Polygon Books 1984. 86 S. Bc 4944

Leys, C.: Politics in Britain. An introduction. Toronto: Univ. of Toronto Pr. 1983. X, 350 S. B 51204

Leys, C.: Watching the state. In: New Socialist. 1984. No. 18.
S. 10-17. BZ 05435:1984

MacFadyean, M.; Renn, M.: Thatcher's Reign. A bad case of the blues. London: Chatto and Windus 1984. 128 S. Bc 5130
Manwaring-White, S.: The policing Revolution. Police technology, democracy and liberty in Britain. Brighton: Harvester Pr. 1983. VII, 231 S. B 52649

e. 1.4 Parteiwesen

Bogdanor, V.: Multi Party Politics and the constitution. Cambridge: Cambridge Univ. Pr. 1983. X, 208 S. B 51135
Coker, C.: Naked emperors. The British Labour Party and defense. In: Strategic review. Vol. 12, 1984. No. 4. S. 39-50. BZ 05071:12
Durham, M.: British revolutionaries and the suppreshion of the left in Lenin's Russia, 1918-1924. In: Journal of contemporary history. Vol. 20, 1985. No. 2. S. 203-219. BZ 4552:20
Gaitskell, H.: The Diary of Hugh Gaitskell, 1945-1956. Ed.: P. M. Williams. London: Cape 1983. XVII, 720 S. B 52643
Mitchell, A.: Behind the Crisis in British Stalinism. London: New Park 1984. 126 S. Bc 5243
Norton, P.: Britain: still a two-party system? In: West European politics. Vol. 7, 1984. No. 4. S. 27-45. BZ 4668:7
Oliver, H.: The international anarchist Movement in late Victorian London. London: Croom Helm 1983. 176 S. B 50987
Ross, J.: Thatcher and friends. The anatomy of the Tory Party. London: Pluto Press 1983. 122 S. Bc 4048
Stephenson, H.: Claret and schips. The rise of the SDP. London: Joseph 1982. 201 S. B 52239
Le Thatchérisme. Dectrine et action. Sous la direct.: J. Leruez. Paris: La Documentation Française 1984. 144 S. Bc 5099
Webber, G. C.: Patterns of membership and support for the British Union of Fascists. In: Journal of contemporary history. Vol. 19, 1984. No. 4. S. 576-606. BZ 4552:19
Whiteley, P.: The Labour Party in crisis. London: Methuen 1983. X, 253 S. B 52941
Žigalov, I. I.: Fašizm v Anglii meždu mirovymi vojnami: genezis, charakter, specifika. [Faschismus in England zwischen den Weltkriegen: Ursprung u. Charakter.] In: Voprosy istorii. God 1984. No. 12. S. 32-43. BZ 05317:1984

e. 2 Außenpolitik

Adamthwaite, A.: Britain and the world, 1945-49: the view from the Foreign Office. In: International Affairs. Vol. 61, 1985. No. 2. S. 223-236. BZ 4447:61
Anstey, C.: The projection of British socialism: Foreign Office publicity and American opinion, 1945-50. In: Journal of contem-

porary history. Vol. 19, 1984. No. 3. S. 417-451. BZ 4552:19
Burk, K.: Britain, America and the sinews of war, 1914-1918.
   Boston: Allen & Unwin 1985. X, 286 S. B 55322
Höbelt, L.: Die britische Appeasementpolitik. Entspannung und
   Nachrüstung 1937-1939. Wien: Österr. Bundesverl. 1983.
   232 S. B 51047
Imperialism and nationalism in the Middle East. The Anglo-Egyptian
   experience 1882-1982. Ed.: K. M. Wilson. London: Mansell 1983.
   XIV, 172 S. B 51132
Jones, R. A.: The British diplomatic Service 1815-1914. Waterloo:
   Wilfrid Laurier Univ. Pr. 1983. XIII, 258 S. B 51293
The Foreign Office and the Kremlin. British documents on Anglo-
   Soviet relations 1941-45. Ed. with an introd.: G. Ross. Cambridge:
   Cambridge Univ. Pr. 1984. XI, 303 S. B 51751
Osterhammel, J.: Britischer Imperialismus im Fernen Osten.
   Strukturen der Durchdringung und einheimischer Widerstand auf
   dem chinesischen Markt 1932-1937. Bochum: Studienverl.
   Brockmeyer 1982. 631 S. B 50650
Great Britain. Foreign Office.-Weekly Political-Intelligence-Summa-
   ries. Introd.: C. Child. Repr. ed. Vol. 1-16. Millwood:
   Kraus 1983. Getr. Pag. B 51551
Saville, J.: Ernest Bevin and the Cold War 1945-1950. In: The
   socialist register. Vol. 21, 1984. S. 68-100. BZ 4824:21
Wallace, W.: Britain's bilateral Links within Western Europe.
   London: Routledge and Kegan Paul 1984. 85 S. Bc 4871
Wehner, G.: Großbritannien und Polen 1938-1939. Die britische
   Polen-Politik zwischen München und dem Ausbruch des Zweiten
   Weltkrieges. Frankfurt; Bern: Lang 1983. 312 S. B 51041

f. Wehrwesen

f. 1 Heer

Babington, A.: For the Sake of example. Capital courts-martial
   1914-1920. London: Cooper, Secker & Warburg 1983.
   XII, 238 S. B 55323
Chafer, T.: Politics and the perception of risk: a study of the
   anti-nuclear movements in Britain and France. In: West European
   politics. Vol. 8, 1985. No. 1. S. 5-23. BZ 4668:8
Comerford, P.: Do you want to die for NATO? Dublin, Cork:
   Mercier Press 1984. 104 S. Bc 4950
Dunstan, S.: The modern British Soldier. London: Arms and
   Armour Press 1984. 72 S. Bc 01362
Dunstan, S.: British Army fighting Vehicles 1945 to the present.
   London: Arms and Armour Press 1984. 72 S. Bc 01423
Ferguson, T. G.: British military Intelligence, 1870-1914.

The development of a modern intelligence organization. London:
  Arms and Armour Pr. 1984. XXII, 280 S.   B 51851
Fletcher, D.: Landships. British tanks in the First World War.
  London: Her Majesty's Stat. Office 1984. 60 S.   Bc 01431
Fletcher, D.: Vanguard of victory. The 79th armoured division.
  London: Her Majesty's Stat. Office 1984. 86 S.   Bc 01430
British Intelligence in the second world war. Its influence on
  strategy and operations. Vol. 1-3. London: HMSO 1979-84.
  601, 850, 693 S.   08142
Ladd, J.D.: Inside the Commandos. Annapolis: Naval Inst. Pr.
  1984. 160 S.   09632
Malone, P.: The British nuclear Deterrent. London: Croom Helm
  1984. 200 S.   B 52024
Myers, F.: Conscription and the politics of military strategy in the
  Attlee government. In: The Journal of strategic studies.
  Vol. 7, 1984. No. 1. S. 55-73.   BZ 4669:7
The city of London's Salute to the Task Force. Tuesday, 12th october
  1982. Official programme. London: Harrington Kilbride 1982.
  Getr. Pag.   Bc 4784
SAS land-rovers. The special air-service's pink panther and its
  predecessors. In: Wheels and tracks. 1984. No. 9.
  S. 9-19.   BZ 05456:1984

f. 2 Kriegsmarine

Ball, S.: H.M.S. Bulwark. In: Warship international. Vol. 21, 1984.
  No. 4. S. 352-382.   BZ 05221:21
Eberle, J.: Britaine's naval programme. In: Naval forces.
  Vol. 5, 1984. No. 6. S. 36-46.   BZ 05382:5
Hunt, B.D.: Sailor-scholar. Admiral Sir Herbert Richmond 1871-
  1946. Waterloo; Wilfrid Laurier Univ. Pr. 1982. XII, 259 S. B 51560
Liddle, P.H.: The sailor's War 1914-18. Poole: Blandford 1985.
  224 S.   09761
Pearsall, A.: "Arethusa" class cruisers. Parts 1.2. In:
  Warship. 1984. No. 31. S. 203-211; No. 32. S. 258-265.   BZ 4375:1984
Vicary, A.: Naval Wings. Cambridge: Stephens 1984. 111 S. B 51748
White, C.: The Heyday of steam. Victoria's Navy. Annapolis:
  Naval Inst. Pr. 1983. 176 S.   B 51342

f. 3 Luftwaffe

Gething, M.J.; Peacock, L.T.: RAF air power today.
  London: Arms and Armour Press 1984. 64 S.   Bc 01373
Halpenny, B.B.: Military Airfields of Greater London.
  Cambridge: PSL 1984. 248 S.   B 51738
Halpenny, B.B.: To shatter the sky. Bomber airfield at war.

Cambridge: Stephens 1984. 233 S. B 51734
Jackson, R.: The RAF in action. From Flanders to the Falklands.
Poole: Blandford Pr. 1985. 160 S. 09876
Mason, R. A.: British Air power in the 1980s. The Royal Air
Force. London: Allan 1984. 128 S. 09805
Robertson, B.: Wheels of the RAF. Cambridge: Stephens 1983.
185 S. B 50988
Sweetman, J.: Crucial months for survival: The Royal Air Force,
1918-19. In: Journal of contemporary history. Vol. 19, 1984. No. 4.
S. 529-547. BZ 4552:19

g./h. Wirtschaft und Gesellschaft

Ballauf, H.: "Coal not Dole" - Kohle statt Stempelgeld. Ein Jahr
Bergarbeiterstreik in Großbritannien. In: Blätter für deutsche und
internationale Politik. Jg. 30, 1985. H. 3. S. 351-360. BZ 4551:30
Britain and the refuges-crisis. 1933-1947. London: Imperial War
Museum 1982. 56 S. Bc 3904
Cohen, S. A.: English Zionists and British Jews. The communal
politics of Anglo-Jewry, 1895-1920. Princeton: Princeton Univ. Pr.
1982. XV, 349 S. B 51298
Cook, A.; Kirk, G.: Greenham women everywhere. Dreams,
ideas and actions from the women's peace movement. London:
Pluto Press 1983. 127 S. Bc 4052
Directory of ethnic minority organisations. Midlands [and] Wales.
Repr. London: Comm. for racial equality 1982. 84 S. 09435
Gard, E.: The British Trade Unions. Cambridge: Cambridge
Univ. Press 1983. 48 S. Bc 01284
Land, H.; Parker, R.: La politique de la famille en Grande-
Bretagne et sa dimension idéologique. In: Nouvelles questions
féministes. 1984. No. 6-7. S. 107-154. BZ 4797:1984
Sampson, A.: The changing Anatomy of Britain. New York:
Random House 1982. XV, 476 S. B 52734
Strange, P.: It'll make a man of you. A feminist view of the arms
race. Nottingham: Mushroom 1983. 31 S. Bc 4632
8 Monate Streik britischer Bergarbeiter - und was uns das angeht.
Bremen: Gesellsch. zur Förderung d. Studiums d. Arbeiterbewegung
1984. 15 S. D 03138
Taylor, B.: Eve and the New Jerusalem. Socialism and feminism
in the nineteenth century. New York: Pantheon Books 1983.
XVIII, 394 S. B 52730
Truchanovskij, V. G.: Jadernaja politika Anglii (1979-1984 gg.).
[Englands Nuklear-Politik.] In: Voprosy istorii. God 1985. No. 6.
S. 22-50. BZ 05317:1985
Warwick, P.: Did Britain change? An inquiry into the causes of
national decline. In: Journal of contemporary history. Vol. 20,
1985. No. 1. S. 99-133. BZ 4552:20

The Working class in modern British history. Essays in honour of
Henry Pelling. Ed. : J. Winter. Cambridge: Cambridge Univ. Pr.
1983. XII, 315 S. B 52735

i. Geistesleben

Benn, T. : Parliament, people, and power. Interviews with New
Left Review. London: Verso Ed. 1982. XI, 133 S. B 52609
Brick : Beyond a joke! Cold war cartoons. Nottingham:
Clark 1983. 71 S. Bc 4574
Kyba, P. : Convenants without the sword. Waterloo: Wilfrid Laurier
Univ. Pr. 1983. XIII, 218 S. B 51296
Munton, A. : Young, A. : Seven Writers of the English Left.
New York: Garland 1981. 365 S. B 51526
Pronay, N. ; Taylor, P. M. : 'An improper use of broadcasting..
the British government and clandestine radio propaganda operations
against Germany during the Munich Crisis and after. In: Journal
of contemporary history. Vol. 19, 1984. No. 3. S. 357-384. BZ 4552:19

k. Geschichte

Barker, E. : The British between the superpowers, 1945-50.
Toronto: Univ. of Toronto Pr. 1983. XII, 270 S. B 51562
Camporesi, V. : Arthur Marwick, storico del mutamento. In:
Rivista di storia contemporanea. Anno 13, 1984. No. 4.
S. 606-620. BZ 4812:13
Grafton, P. : You, you and you! The people out of step with world
war II. London: Pluto Press 1983. 169 S. Bc 3971
Kettenacker, L. : Research on British history in the Federal
Republic of Germany, 1978-1983. London: German Historical
Institute 1983. 63 S. Bc 4070

l. Länder/Gebiete

Archer, J. : Constitutionalism and violence: the case of Ireland.
In: The Journal of Commonwealth and comparative politics.
Vol. 22, 1984. No. 2. S. 111-127. BZ 4408:22
Farrell, M. : Arming the protestants. The formation of the Ulster
Special Constabulary and the Royal Ulster Constabulary, 1920-27,
London: Pluto Pr. 1983. VII, 374 S. B 50982
Haupt, M. : Nordirland. Ursachen des anglo-irischen Konflikts.
Koblenz: Bernard u. Graefe 1983. S. 355-394. Bc 3982
Northern Ireland. Ed. : J. Bartlett. New York: Wilson 1983.
167 S. B 52717
Northern Ireland. The background of the conflict. Ed. : J. Darby.

Syracuse: Syracuse Univ. Pr. 1983. 272 S.   B 52573
Irland. Info. Hrsg.: Westdeutsches Irlandsolidaritätskomitee.
   Nr. 8. 1975-14. 1981. Oberursel: Irland-Info 1975-81. Getr. PagDZ 92
Murray, R.: Killings of local security forces in Northern Ireland
   1969-1981. In: Terrorism. Vol. 7, 1984. No. 1. S. 11-52.   BZ 4688:7
Ott, I.: Mit dem Herzen sehen. Ein Jahre Friedensarbeit in Nordirland. Frankfurt: Fischer 1985. 188 S.   Bc 5046
Sands, B.: One day in my life. Introd.: S. MacBride. London:
   Pluto Press 1983. 118 S.   Bc 4084
Schmitt, D. E.: Ethnic minorities and the potential for violence
   and separatist activity: the case of Northern Ireland and the Southwestern United States. In: Current research on peace and violence.
   Vol. 7, 1984. Nos. 1-2. S. 128-148.   BZ 05123:7

L 143   Irland (Eire)

Finnegan, R. B.: Ireland. The challenge of conflict and change.
   Boulder: Westview 1983. 166 S.   B 51521
Gallagher, M.: The Irish Labour Party in transition 1957-82.
   Manchester: Manchester Univ. Pr. 1982. XII, 326 S.   B 52942
MacDonagh, O.: States of mind. A study of Anglo-Irish conflict.
   1780-1980. London: Allen and Unwin 1983. VIII, 151 S.   B 51205
Newsinger, J.: 'In the hunger-cry of the nation's poor is heard
   the voice of Ireland': Sean O' Casey and politics 1908-1916. In:
   Journal of contemporary history. Vol. 20, 1985. No. 2.
   S. 221-240.   BZ 4552:20
Thun-Hohenstein, R. G. Graf von: Irland im Aufruhr! Aus der
   Geschichte des heutigen Bürgerkrieges: Der Einsatz der "Black"
   and "Tans" 1920-1921. In: Damals. Jg. 16, 1984. H. 12.
   S. 1027-1044.   BZ 4598:16

L 145   Italien

c. Biographien

Berneri, C.: Mussolini grande attore. Introd.: P. C. Masini.
   Pistoia: Archivio Famiglia Berneri 1983. 110 S.   Bc 5242
Bombacci, A.: Nicola Bombacci. Rivoluzionario 1910-1921.
   Imola: Santerno 1983. 142 S.   B 51702
Braschi, A.: Mussolini e De Gasperi. Vite divergenti. Bologna:
   Cappelli 1983. 208 S.   B 51954
Bruno Buozzi e l'organizzazione sindicale in Italia. A cura del
   Centro Ricerche e Studi Sindicali [u. a.]. Roma: Ed. Sindicale
   1982. 117 S.   Bc 4717

Eugenio Capitani e le origini del Sindicato scuola Cgil. Pref.:
R. Scheda. Roma: Ed. Sindicale 1982. 119 S. Bc 4091
C a r d i l l o , M.: Il Duce in moviola. Politica e divismo nei cinegiornale e documentari "Luce". Bari: Dedalo 1983. 220 S. B 50883
C a s u l a , C. F.: Guido Miglioli. Fronte democratico popolare e costituente della terra. Roma: Edizioni Lavoro 1981. 179 S. B 51585
C e c c u t i , C.: Mussolini nel giudizio dei primi antifascisti (1921-1925). Pref. di L. Valiani. Firenze: Le Monnier 1983.
XVIII, 279 S. B 51826
C h i a r i n i Scappini, R.: La Storia di "Clara". 3a ed. Milano:
La Pietra 1984. 111 S. Bc 5141
C h i o c c i , F.: Donna Rachele. Roma: Ciarrapico Ed. 1983.
347 S. B 52018
C r o c e , B.; C i a r d o , M.: Lettere di... Bologna: Li Causi 1983.
135 S. B 51067
D u r a n d , J. -D.: Alcide De Gasperi ovvero la politica ispirata.
In: Storia contemporanea. Anno 15, 1984. No. 4. S. 545-591.BZ 4590:15
G a r i b a l d i , L.: Mussolini e il professore. Vita e diari de C. A.
Biggini. Milano: Mursia 1983. 424 S. B 51056
G a t t a , B.: De Gasperi politico, De Gasperi con la folla, De Gasperi con se stesso. Napoli: Edizioni Scientifiche Italiane 1983.
147 S. B 51158
G i u d i c e , G.: Benito Mussolini. [Neudr.] Torino:Unione Tipografico-Editrice Torinese 1983. 708 S. B 51893
L a n d o l f i , E.: Scipio Sighele. Roma: Volpe 1981. 249 S. B 50640
M a c i o t i , M. I.: Ernesto Nathan. Un sindaco che non ha fatto scuola. Roma: Ianua 1983. 158 S. B 51494
M o t t a , A.: Mario Rigoni Stern. Firenze: La Nuova Italia 1982.
103 S. Bc 4062
N i k i t i č , L. A.: Antonio Labriola. Berlin: Dietz 1983. 184 S. B 51419
P i e t r a , I.: Moro, fu vera gloria? 2. ed. Milano: Garzanti 1983.
244 S. B 51634
P i r r o , F.: Il Laboratorio di Aldo Moro. Bari: Ed. Dedalo 1983.
379 S. B 50871
R a i t h , W.: In höherem Auftrag. Der kalkulierte Mord an Aldo Moro.
Berlin: Wagenbach 1984. 206 S. B 52192
R o s s i , L.: Uomini che ho conosciuto: Mussolini. Roma: Trevi
1982. 391, 23 S. B 51937
S a b a , V.: Giulio Pastore, sindacalista. Dalle leghe bianche alla formazione della cisl (1918-1958). Roma: Ed. Lavoro 1983.
524 S. B 51676
Umberto. A cura di S. Bertoldi. Milano: Bompiani 1983.
195 S. B 50115
V e n e z i a n i , M.: Mussolini il politico. Roma: Ciarrapico 1982.
238 S. B 51781
V i l l a , N.: La piccola grande Signora del PCI. (Camilla Ravera.)
Milano: Rizzoli 1983. 201 S. B 51768

e. Staat/Politik

e. 1 Innenpolitik

Ascheri, G.: La Sfida istituzionale nei governi Spadolini (1981-82).
Firenze: Nuovedizioni Vallecchi 1983. 254 S. B 51558
Brusa, C.: Geografia elettorale nell' Italia del dopoguerra.
Milano: Ed. Unipoli 1983. XVI, 163 S. Bc 4094
Favara, M.G.; Giuliano, L.: Immagine dei partiti o partiti dell'
immagine? La rappresentazione sociale della DC, del PCI e del
PSI in un campione di elettori romani. Milano: Angeli 1983.
171 S. Bc 4665
La Magistratura di fronte al terrorismo e all' eversione di sinistra.
Milano: Angeli 1982. 152 S. B 51059
Mancini, G.: 6 Aprile eclisse del diritto. Itinerario di un garantista. Roma: Ed. Lerici 1982. 148 S. Bc 4218
Maresca, A.: Il Parlamento Italiano nella gestione della politica
comunitaria e nei rapporti con il Parlamento Europeo. In: Rivista
di studi politici internazionali. Anno 51, 1984. No. 2.
S. 195-213. BZ 4451:51
Marsico, A. de: Lo Stato nella difesa dalla violenza. Discorsi e
scritti 1961-1974. Roma: Volpe 1982. 268 S. B 50642
Mosca, G.: Scritti politici. A cura di G. Sola. Vol. 1. 2. Torino:
Unione Tipografico-Ed. 1982. 1158 S. B 51592
Palermo, I.: Condanna preventiva. Napoli: Pironti 1982.
161 S. B 51068
Peci, P.: Io, l'infame. (Brigate Rosse.) Milano: Mondadori 1983.
222 S. B 51955
Scaramozzino, P.: Il voto di preferenza nelle elezioni politiche
ed europee del 1979 e nelle elezioni politiche del 1983. In:
Il politico. Anno 48, 1983. No. 4. S. 641-676. BZ 4541:48
Seidelman, R.: Protest theories and the left in power: Italian
cities under communist rule. In: West European politics.
Vol. 7, 1984. No. 3. S. 43-63. BZ 4668:7
Tesio, A.: Italien - netop nu. København: Berlingske Forl. 1981.
105 S. B 51389
Un Tribunal pour les peuples. Sous la direction d'E. Jouve, sous
l'égide de la Fondation Lelio Basso. Paris: Berger-Levrault 1983.
318 S. B 51052
Valiani, L.: I governi Spadolini e la lotta al terrorismo. Roma:
Edizioni della Voce 1983. 267 S. B 51077
Webb, A.J.K.: The evolution of the attitude of the Italian Communist Party towards the European Economic Community. In: Millennium. Vol. 13, 1984. No. 1. S. 45-56. BZ 4779:13
Wieser, T.; Spotts, F.: Der Fall Italien. Dauerkrise einer
schwierigen Demokratie. Frankfurt: Wörner 1983. IX, 228 S. B 52143

e. 1.4 Parteiwesen

Antonio, M. de; Negri, G.: Il Partito politico di fronte allo strato di fronte a se stesso. Raccolta degli statuti dei partiti, ... 2. ed. Milano: Giuffre 1983. VIII, 655 S.   B 51887

Arfè, G.: Autonomia socialista e autonomia comunista con una lettera di Giorgio Napolitano. Venezia: Marsilio 1983. 233 S. B 52068

Belloni, G. A.: Socialismo Mazziniano. A cura di V. Parmentola. Roma: Archivio Trimestrale 1982. XII, 241 S.   B 51683

Berlinguer, E.: Economia, stato, pace: l'iniziativa e le proposte del PCI. Rapporto, conclusioni e documento politico del XVI Congresso. Roma: Ed. Riuniti 1983. 172 S.   B 51164

Bettinelli, E.: All'Origine della democrazia dei partiti. Milano: Edizioni di Comunità 1982. 405 S.   B 51163

Bianchi, G.: Perché e come cadde il fascismo. Rist. 2. ed. Milano: Mursia 1982. XIII, 925 S.   B 51083

Borgese, G. A.: Golia. Marcia del fascismo. Introduzione di M. L. Salvadori, Milano: Mondadori 1983. 423 S.   B 51764

De Orsi, A.: I Nazionalisti. Introd. e cura... Milano: Feltrinelli 1981. 346 S.   B 46488

Essere democristiani oggi. Analisi a quattro voci. Roma: AREL 1980. 53 S.   Bc 4245

Farneti, P.: Il Sistema dei partiti in Italia, 1946-1979. Bologna: Il Mulino 1983. 256 S.   B 51175

Der italienische Faschismus. Probleme und Forschungstendenzen. München, Wien: Oldenbourg 1983. 100 S.   Bc 4436

La Giraffa e il liocorno. A cura di S. Belligni. Milano: Angeli 1983. 382 S.   B 51055

L'Identità comunista. I militanti, la struttura, la cultura del PCI. A cura di A. Accornero, R. Mannheimer, C. Sebastini. Roma: Ed. Riuniti 1983. 551 S.   B 51169

Martino, F. de: Un' Epoca del socialismo. Firenze: La Nuova Italia 1983. 482 S.   B 51777

Matteotti, G.: Scritti sul fascismo. A cura di S. Caretti. Pisa: Nistri-Lischi 1983. 402 S.   B 51079

Mierecker, H.: Der Organisationsapparat der neofaschistischen italienischen Sozialbewegung. Terroristische Funktion und internationale Verbindungen. In: Militärgeschichte. Jg. 23, 1984. H. 5. S. 413-422.   BZ 4527:23

Morlino, L.: The changing relationship between parties and society in Italy. In: West European politics. Vol. 7, 1984. No. 4. S. 46-66.   BZ 4668:7

Noiret, S.: Il PSI e le elezioni del 1919. La nuova legge elettorale. La conquista del Gruppo parlamentare socialista da parte dei massimalisti. In: Storia contemporanea. Anno 15, 1984. No. 6. S. 1093-1146.   BZ 4590:15

Il PCI allo spekchio. A cura di R. Mieli. Milano:

Rizzoli 1983. 806 S. B 51767
Politica e sociologia in Luigi Sturzo. A cura di A. di Giovanni ed
  E. Guccione. Milano: Massimo 1981. 302 S. B 51709
Spadolini, G.: Il Partito della Democrazia. Per una storia della
  "terza forza" da Giovanni Amendola ad oggi. Firenze:
  Passigli 1983. 198 S. Bc 4093
Trentini, G.; Bolla, C.: Il P.R.I. L'immagine psico-sociale di
  un partito politico. Milano: Angeli 1983. 201 S. B 51757
Valiani, L.: Scritti di storia. Movimento socialista e democrazia.
  A cura di F. Marcoaldi. Milano: SurgarCo Ed. 1983. 637 S. B 51696
Webb, A. J. K.: The evolution of the attitude of the Italian Communist Party towards the European Economic Community. In: Millennium. Journal of international studies. Vol. 13, 1984. No. 1.
  S. 45-56. BZ 4779:13
Zaccaria, G.: A Mosca senzo ritorno. Milano: SugarCo 1983.
  135 S. B 50501

e. 2 Außenpolitik

Attorre, P. P. de: Il Piano Marshall. Politica, economia, relazioni internazional nella ricostruzione italiana. In: Passato e presente.
  1985. No. 7. S. 31-63. BZ 4794:1985
Bertuccioli, G.: Italia e Corea. In: Affari esteri. Anno 16, 1984.
  No. 64. S. 474-487. BZ 4373:16
Burgwyn, J. H.: Sonnino e la diplomazia italiana del tempo di guerra nei Balcani nel 1915. In: Storia contemporanea. Anno 16,
  1985. No. 1. S. 113-137. BZ 4590:16
Farraris, L. V.: Italien und Südosteuropa. In: Südosteuropa
  Mitteilungen. Jg. 24, 1984. H. 1-2. S. 3-17. BZ 4725:24
Guariglia, R.: Scritti "storico-eruditi" e documenti diplomatici (1936-1940). Con presentazione di R. Moscati. Napoli: Edizione
  Scientifiche Italiane 1981. XXIII, 426 S. B 51681
Lozzi, C.: Mussolini-Stalin. Storia delle relazioni italo-sovietiche prima e durante il fascismo. Milano: Ed. Domus 1983. 159 S.B 51772
Pastorelli, P.: La politica europeistica dell'Italia negli anni cinquanta. In: Storia contemporanea. Anno 15, 1984. No. 4.
  S. 723-743. BZ 4590:15
Romano, S.: Diplomazia nationale e diplomazia fascista: continuita' e rottura. In: Affari esteri. A. 16, 1984. No. 64. S. 440-454. BZ 4373:16
Santoro, C. M.: La politica estera italiana. una veduta d'insieme.
  In: Politica internazionale. Anno 13, 1985. N. 3-4. S. 5-15. BZ 4828:13
Varsori, A.: L'incerta rinascita di una 'tradizionale amicizia": i colloqui Bevin - Sforza dell' ottobre 1947. In: Storia Contemporanea.
  Anno 15, 1984. No. 4. S. 593-645. BZ 4590:15
Young, R. J.: Soldiers and diplomats. The French embassy and Franco-Italian relations 1935-36. In: The Journal of strategic
  studies. Vol. 7, 1984. No. 1. S. 74-91. BZ 4669:7

f. Wehrwesen

Bonifazi, L.: Quelli della Breccia. La tradizione del Bersaglieri.
Roma: Associazione Nazionale Bersaglieri 1980. 160 S.   Bc 4247
Caligaris, L.: La condizione militare in Italia. In: Affari esteri.
Anno 16, 1984. No. 64. S. 423-439.   BZ 4373:16
Cioci, A.: Il Reggimento "Giovani Fascisti" nella campagna dell'
Africa Settentrionale 1941-1943. Bologna: Elleci 1980. 493 S.   09605
L' Esercito Italiano nella lotta per la liberazione. In: Rivista
militare. 1984. No. 6. S. 73-82.   BZ 05151:1984
Esercito italiano alla vigilia della 2a guerra mondiale. Roma: Stato
Magg. dell' Esercito 1982. 580 S.   B 51359
Frassati, F.; Biagoni, S.: Bibliografia italiana di storia
militare 1978-79-80. Pisa: Centro Univers. di Studi e Ricerche
storico-militare 1984. 87 S.   Bc 01389
Galuppini, G.: L'Accademia navale 1881-1981. Roma: Ufficio
Storico della Marina Militare 1981. 374 S.   09778
Micali Baratelli, F.: La Marina militare italiana nella vita
nazionale (1860-1914). Milano: Mursia 1983. 482 S.   B 51601
Roggiani, F.: Bersaglieri d'Italia dal Ponte di Goito a Beirut.
Presentazione di C. Cesare Secchi. Nuova Ed. riv., corr. e
aggiornata. Milano: Cavalotti Ed. 1983. 465 S.   B 51896
Tribunale speciale per la difesa dello stato. Decisioni emesse nel
1928. T. 1-3. Roma: Stato Magg. dell' Esercito 1981. 1501 S.B 51343

g./h. Wirtschaft und Gesellschaft

Antifascisti romagnoli in esilio. Firenze: La nuova Italia 1983.
VII, 484 S.   B 51714
Antonioli, M.: Sindacato e progresso: la Fiom tra immagine e
realtà (1901-1914). Milano: Angeli 1983. 187 S.   B 51758
Beneventi, U.: Il piccolo Ribelle. Modena: Taic 1981. 64 S. Bc 4865
Bergonzini, L.: Il Volto statistico dell'Italia. Roma: Editori
Riuniti 1984. 136 S.   Bc 5246
Bigaran, M.: Progetti e dibattiti parlamentari sul suffragio
fimminile: Da Peruzzi a Giolitti. In: Rivista di storia contemporanea. Anno 14, 1985. No. 1. S. 50-82. 2.   BZ 4812:14
Cartiglia, C.: Fonti iconografiche e storia del primo movimento
operaio. In: Rivista di storia contemporanea. Anno 13, 1984. No. 4.
S. 526-538.   BZ 4812:13
De Clementi, A.: Politica e società nel sindacalismo rivoluzionario 1900-1915. Roma: Bulzoni 1983. 176 S.   B 51684
Degl'Innocenti, M.: Il comune nel socialismo Italiano. 1892-1922.
In: Italia contemporanea. 1984. No. 154. S. 5-27.   BZ 4489:1984
Gli Ebrei in Italia durante il fascismo. Scritti. Ripr. ed..
Sala Bolognese: Forni 1981. 123 S.   B 51898

Gli Italiani fuori d'Italia. Gli emigrati italiani nei movimenti operai dei paesi d'adozione 1880-1940. A cura di B. Bezza. Milano: Angeli 1983. 922 S. B 51782

Kramer, A.: Antonio Gramsci über das Bündnis zwischen Arbeiterklasse und Intelligenz. In: Beiträge zur Geschichte der Arbeiterbewegung. Jg. 26, 1984. H. 3. S. 313-324. BZ 4507:26

Levi, A.: Ipotesi sull'Italia. Undici diagnosi per una crisi. Bologna: Il Mulino 1983. 221 S. B 51177

Malatesta, E.: Rivoluzione e lotta quotidiana. Scritti scelti a cura di G. Cerrito. Torino: Ed. Antistato 1982. 300 S. B 51262

Manghi, B.: Democrazia minima. Regole e costumi del nostro sindicalismo. Roma: Ed. Lavoro 1981. 59 S. Bc 4219

Apiu 'Mani: Hobbit/Hobbit. Roma: Lede 1982. 236 S. B 51165

La Memoria del sindacato. Guida agli archivi della CGIL. A cura di B. Colarossi e T. Corridori. Roma: Editrice Sindacale Italiana 1981. X, 316 S. B 51891

Moncalvo, G.: Pannella. Il potere della parola. Milano: Sperling & Kupfer 1983. 302 S. B 51770

Ostenc, M.: La conception de la femme fasciste dans l'Italie mussolinienne. In: Risorgimento. Tomo 4, 1983. No. 3. S. 155-174. BZ 4720:4

Perna, C.: Breve Storia del movimento sindicale 1943-1982. Cronologia 1860-1982. Roma: Ediesse 1983. 188 S. Bc 4105

La Politica italiana di cooperazione allo sviluppo. A cura di S. Allessandrini. Milano: Giuffré 1983. VIII, 309 S. B 51780

Quartararo, R.: L'Italia e il piano Marshall (1947-52). In: Storia contemporanea. Anno 15, 1984. No. 4. S. 647-722. BZ 4590:15

Romano, S.: "Biografie" del sistema economico italiano. In: Storia contemporanea. Anno 15, 1984. S. 947-960. BZ 4590:15

Serra, E.: L'emigrazione italiana 1861-1980. In: Risorgimento. T. 4, 1983. Nos. 1-2. S. 5-19. BZ 4720:4

I Sindacati autonomi. Particolarismo e strategie confederali negli anni settanta. Bari: De Donato 1981. 253 S. B 51223

Il Sindacato come esperienza. A cura di M. Caborgnin [u. a.].T. 1. 2. Roma: Ed. Lavoro 1981. 434, 392 S. B 51054

Stato e classe operaia in Italia durante la prima guerra mondiale. A cura di G. Procacci. Milano: Angeli 1983. 340 S. B 51775

Voigt, K.: Gli emigrati in Italia dai paesi sotto la dominazione nazista. Tollerati e perseguitati (1933-1940). In: Storia contemporanea. Anno 16, 1985. No. 1. S. 45-87. BZ 4590:16

i. Geistesleben

Bonetti, P.: Introduzione a Croce. Roma: Laterza 1984. 235 S. B 53912

Bordoni, C.: Fascismo e politica culturale. Arte, letteratura e ideologia in "Critica fascista". Bologna: Brechtiana 1982. 275 S. B 51895

Chiesa, Azione Cattolica e fascismo nel 1931. Atti dell'incontro di
studio tenuto a Roma il 12-13 dicembre 1981. Roma: Ed. A.V.E.
1983. 357 S. B 51761
La Costituente. Problemi, idee, discussioni (1945-1946). Roma:
Archivio Trimestrale 1983. Getr. Pag. B 51155
Durand, J.-D.: Un exemple de l'engagement de l'Eglise dans le
débat politique italien: La "Civiltà Cattolica" et les élections (1945-
1948). In: Risorgimento. T. 4, 1983. No. 3. S. 175-195. BZ 4720:4
Giovannini, F.: I Comunisti e l'università. Il PCI e la questione
universitaria dalla costituente agli anni ottanta. Bari:
Dedalo 1983. 191 S. B 51906
Goglia, L.: La propaganda italiana a sostegno della guerra contro
l'Etiopia svolta in Gran Bretagna nel 1935-1936. In: Storia contemporanea. Anno 15, 1984. No. 5. S. 845-906. BZ 4590:15
Lariccia, S.: Stato e chiesa in Italia 1948-1980. Brescia:
Queriniana 1981. 358 S. B 52089
Müller, R.: "Italien-Bibliographie". Eine Berliner Bestandsaufnahme. Berlin: FB Polit. Wissensch. Freie Univ. 1983. 84 S. 09460
La Stampa politica irpina dal 1860 al 1925. A cura di E. Alifano.
[u. a.]. Napoli: Guida Ed. 1982. 327 S. B 51046

k. Geschichte

Auria, E.d': Gli Anni della "difficile alternativa". Storia della
politica italiana 1956-1976. Napoli: Ed. Scientifiche Italiane 1983.
440 S. B 51698
Capecelatro Gaudioso, D.: L'Italia assassinata. Napoli:
Gallina 1981. 167 S. B 51679
Cordova, F.: Democrazia e repressione nell'Italia di fine secolo.
Roma: Bulzoni 1983. 211 S. B 51685
Dell'Erba, N.: Giornali e gruppi anarchici in Italia (1892-1900).
Milano: Angeli 1983. 190 S. B 51066
Ferrari, F.L.: Il Regime fascista italiano. A cura di G. Ignesti.
Roma: Ed. di Storia e Letteratura 1983. 398 S. B 50907
Frassati, F.; Biagoni, S.: Bibliografia italiana di
storia militare 1978-79-80. Pisa: Centro Univers. di Studi e
Ricerche storico-militari 1984. 87 S. Bc 01389
Guida agli archivi della Resistenza. A cura, coord.: G. Grassi.
Roma 1983: Palombi. XV, 974 S. B 52473
Leone, M.: Le Organizzazioni di soccorso ebraiche in eta' fascista
(1918-1945). Roma: Carrucci 1983. XV, 295 S. B 51042
Pichetto, M. T.: Alle Radici dell'odoi. Milano: Angeli 1983.
148 S. B 51064
Sacerdoti, G.: Ricordi di un ebreo bolognese. Illusioni e delusioni
1929-1945. Roma: Bonacci 1983. 169 S. B 51678
Saracinelli, M.; Totti, N.: L'Italia del Duce. L'informazione,
la scuola, il costume. Rimini: Panozzo Ed. 1983. X, 176 S. B 51173

Sorani, S.: L'Assistenza ai profughi ebrei in Italia (1933-1941).
  Contributo alla storia della Delasem. Roma: Carucci 1983.
  328 S. B 51632
Valiani, L.: L'Italia di De Gasperi (1945-1954). Con una testimo-
  nanza di G. Spadolini. Firenze: Le Monnier 1982.
  XVI, 166 S. B 51827
Vettori, V.: L' Oro dei vinti. Romanzo. Roma: Volpe 1983.
  98 S. Bc 3958
Violenza sociale e violenza politica nell' Italia degli anni ' 70. A cura
  di G. Statera. Milano: Angeli 1983. 289 S. B 51058
Vismara, M.: L' Azione politica delle Nazione Unite 1946-1976.
  Vol. 1. Padova: CEDAM 1983. 1616 S. B 50900

l. Einzelne Gebiete/Orte

Alibrandi, G.: Lotte popolari nel Messinese. Storia del Partito
  Communista attraverso documenti d'archivio e testimonianze
  (1919-1931). Marine di Patti: Pungitopo 1983. 186 S. B 51172
Apartheid in Mitteleuropa? Sprache und Sprachenpolitik in Südtirol. -
  La lingua e la politica delle lingue nel Sudtirolo. P. Bettelheim,
  R. Benedikter (Hrsg. /Edit.), Wien: J & V 1982. II, 253 S. B 53004
Bagnoli, P.: Per un Progetto socialista in Toscana. Firenze:
  La Nuova Italia 1982. 169 S. Bc 4106
Bonanno, A. M.: Sicilia: sottosviluppo e lotta di liberazione
  nazionale. Ragusa: Sicilia Punto L Ed. 1982. 191 S. B 51168
Campagne e fascismo in Basilicata e nel Mezzogiorno. Di A. Arco-
  mano. A cura dell'Istituto Alcide Cervi e della Regione Basilicata.
  Manduria: Lacaita 1981. 404 S. B 51776
Canali, M.: Il Dissidentismo fascista. Pisa e il caso Santini,
  1923-1925. Roma: Bonacci 1983. 159 S. Bc 4042
Depoli, A.: Fiume XXX ottobre 1918. A cura di M. Dassovich.
  Padova: Ed. Promossa 1982. 305 S. B 51503
Ermacora, F.: Südtirol und das Vaterland Österreich. Wien;
  München: Amalthea-Verl. 1984. 544 S. B 52963
Evangelisti, V.; Sechi, S.: Il Galletto rosso. Precariato e
  conflitto di classe in Emilia-Romagna 1880-1980. Venezia:
  Marsilio Ed. 1982. 191 S. B 51166
Fabbroni, F.: Comune di Tavagnacco. - Tavagnacco 1900-1945.
  Storia contemporanea di un comune friulano. Tavagnacco: Istituto
  Friulano per la Storia del Moviemento di Liberazione 1980.
  118 S. Bc 4309
Ferretti, V.: Riformisti di Lenin. Reggio Emilia: Tecnostampa
  Ed. 1982. 255 S. B 51057
Gori, G.; Pivato, S.: Autobiografia di una generazione. Fas-
  cismo e gioventú a Rimini. Santarcangelo: Maggioli 1983.
  78 S. Bc 4756
Guidotti, L.: "Reggiane" 1943-1951. I giorni dell' ira. Reggio

Emilia: Ed. Il Voltone 1983. 182 S. B 52088
Mengozzi, D.: L'Epurazione nella città del "Duce". (Forli.)
(1943-1948.) Roma: Quaderni della FIAP 1983. 169 S. Bc 4248
Paterlini, A.: Il Sacrificio Reggiano per la pace e la libertà
1915-1943. Dati biografici e storici. Reggio Emilia: Edizioni
A.N.P.P.I.A. 1982. 188 S. B 51505
Piro, F.: Comunisti al potere. (Emilia Romagna.) Venezia:
Marsilio 1983. 231 S. B 51156
Scalambra, I.: La Scelta da fare. Dalla clandestinità alla resistenza nel Modenese. Roma: Editori Riuniti 1983. XIX, 390 S. B 51179
Vidali, V.: Ritorno alla città senza pace. (Trieste.) Milano:
Vangelista 1982. 138 S. B 51496

L 147 Jugoslawien

e. Staat/Politik

Haberl, O.N.: Die KPJ und die Komintern. Die nationale Frage
Jugoslawiens als zentrales Problem. In: Südosteuropa-Mitteilungen. Jg. 24, 1984. H. 3. S. 30-38. BZ 4725:24
Jugoslawien. Gewaltlose politische Gefangene. Bonn: amnesty international 1985. 89 S. D 3192
Krstic, M.: Das jugoslawische Stabilisierungsprogramm. Eine
Langzeitstrategie zur Überwindung der Wirtschaftskrise. In:
Südosteuropa-Mitteilungen. Jg. 24, 1984. H. 3. S. 3-14. BZ 4725:24
Pavlowitch, S.: Tito du "Gastarbeiter" au monarque divinisé.
In: Commentaire. Vol. 7, 1984. No. 26. S. 243-252. BZ 05436:7
Pejanović, M.: Velika Igra z Dražem Mihailovićem. [Das grosse
Spiel um D. Mihailović.] 2. izd. Ljubljana: Založba Borec 1982.
430 S. B 51973
Šepić, D.: Vlada Ivana Šubašića. [Ivan Šubašića's Regierung.]
Zagreb: Globus 1983. 422 S. B 51537
Tito, J.B.: Vojna Misao i djelo. Izbor iz Vojnih djela. 1936-1979.
[Milit. Gedanken u. Werke. Auswahl aus milit. Werken.]
Beograd: VIZ 1982. 433 S. B 52791
Jugoslovenske Vlade u izbeglištvu 1943-1945. Dokumenti. [Die jugosl.
Regierung in d. Emigration. Dokum.] Zagreb: Arhiv Jugoslavije
1981. 447 S. B 52101

k. Geschichte

Bianchini, S.: Nazionalismo croato e autogestione. La crisi
croata del 1971 e i suoi riflessi sull'autogestione. Milano:
La Pietra 1983. 101 S. Bc 4771
Ciliga, A.: Il Labirinto jugoslavo. Passato e futuro delle nazioni

balcaniche. Milano: Jaca Book 1983. 263 S.   B 53890
Cohen, L.; Warwick, P.: Political Cohesion in a fragile mosaic. The Yugoslav experience. Boulder: Westview 1983. XII, 201 S. B 51724
Dragnich, A. N.: The first Yugoslavia. Stanford: Hoover Inst. Pr. 1983. 182 S.   B 51392
Knežević, Z. L.: Pokušaj odlaska oficira kod Mihailovića s proleća ća 1943 i likvidacija režima od 27. marta. [Abreiseversuch des Offiziers neben Mihailović im Frühling 1943 u. Liquidation des Regimes ab 27. März.] In: Glasnik. 1983. Sv. 50-51. S. 25-58., 36-47.   BZ 4620:1983
Krizman, B.: Ustaše i Treći Reich. [Ustascha und das Dritte Reich.] 1. 2. Zagreb: Globus 1983. 386, 450 S.   B 51535
Milovanović, N.: Kontrarevolucionarni Pokret Draže Mihailovicá. [Draže Mihailović's kontrarevolutionäre Bewegung.] Bd. 1-4. Beograd: Slovo Ljubve 1983. Getr. Pag.   B 51805
Petešić, C.: Katoličko Sveénstvo u NOB-u 1941-1945. [Der kath. Klerus im Volksbefreiungskreig .] Zagreb: VPA 1982. 276 S. B 51980
Rakočević, N.: Politički Odnosi Crne Gore i Srbije 1903-1938. [Polit. Verhältnisse in Montenegro u. Serbien.] Cetin'e: Obod 1981. 314 S.   B 52119
Reuter, J.: Politik und Wirtschaft in Kosovo. In: Südosteuropa. Jg. 34, 1985. H. 1. S. 10-23.   BZ 4762:34
Vojnić, D.: Einige Grundprobleme der sozialwirtschaftlichen Entwicklung Jugoslawiens. In: Europäische Rundschau. Jg. 12, 1984. H. 4. S. 103-124.   BZ 4615:12

L 157 Luxemburg

Gallo, B.: Le rôle de l'immigration italienne au Grand-Duché de Luxembourg de 1922 au lendemain de la deuxième guerre mondiale. In: Risorgimento. Tomo 4, 1983. Nos. 1-2. S. 123-137.   BZ 4720:4
Koch-Kent, H.: Vu et entendu. Souvenirs d'une époque controversée 1912-1940. Luxembourg 1983: Hermann. 366 S.   B 50692

L 163 Niederlande

Blocq van Kuffeler, F. de: Netherlands Navy. Update on construction. In: Navy international. Vol. 90, 1985. No. 1. S. 16-22.   BZ 05105:90
Tussen Droom en daad. D'66 en de politieke crisis... Door J. Backer. Barn: In den Toren 1983. 163 S.   B 52208
Grünfeld, F.: Nederland en het Midden-Oosten. In: Internationale Spectator. Jg. 38, 1984. H. 8. S. 453-464.   BZ 05223:38
Hillesum, E.: An interrupted Life. The diaries of Etty Hillesum,

1941-1943. New York: Pantheon Books 1983. XIV, 226 S. B 51310
J o n g e , A. A. de: Crisis en critiek der democratie. Utrecht:
   HES Uitgev. 1982. 428 S. B 50933
J o o s t e n , L. M. H. : Katholieken en fascisme in Nederland 1920-1940.
   2e dr. Utrecht: HES Publ. 1982. 457 S. B 50930
K e i z e r , M. de: Appeasement en aanpassing. s'Gravenhage:
   Staatsuitgev. 1984. 234 S. B 52426
K r i j n e n , P. : "Zonodig met behulp van wapens."(Geschiedenis van
   rechtse paramilitaire organisaties in Nederland.) Amsterdam:
   SUA 1983. 144 S. Bc 4377
Kunst en communistische Beweging '20-'40. Amsterdam: IPSO
   1983. 175 S. Bc 4438
R a v e n , G. J. A. : That expensive asset. A short history of Nether-
   lands naval personnel. In: Revue international d'histoire militaire
   1984. No. 58. S. 167-185. BZ 4454:1984
R a v e n , G. J. A. : A summary of the development of Netherlands
   naval organization. In: Revue internationale d'histoire militaire.
   1984. No. 58. S. 155-165. BZ 4454:1984
R o o n , G. van: Zwischen Nautralismus und Solidarität. Die evange-
   lischen Niederlande und der deutsche Kirchenkampf 1933-1942.
   Stuttgart: DVA 1983. 294 S. B 49858
R o s t van Tonningen-Heubel, F. S. : Wir haben den Nationalsozialis-
   mus erlebt. Mohrkirch: Kritik-Verl. 1983. 22 S. Bc 4459
S c h u l t e n , C. M. : The Netherlands and its army (1900-1940). In:
   Revue internationale d'histoire militaire. 1984. No. 58.
   S. 73-95. BZ 4454:1984

L 165 Norwegen

e. Staat/Politik

Venstres hundre År. Red. : O. Grepstad, J. Nerbøvik. Oslo:
   Gyldendal Norsk Forl. 1984. 303 S. B 52049
B u l l , E. : Kriseforliket mellom Bondepartiet og det norske Arbei-
   derparti i 1935. In: Tidsskrift for arbeiderbevegelsens historie.
   Årg. 10, 1985. Nr. 2. S. 51-70. BZ 4660:10
B u l l , T. : På tvert. Oslo: Cappelen 1983. 273 S. B 53325
Dynamitt og hestehov. Reiulf Steen femti år. Red. : av M. Nedregaard.
   Oslo: Tiden Norsk Forl. 1983. 243 S. B 52060
E r i k s e n , K. E. ; N i e m i , E. : Den finske Fare. Sikkerhetsproble-
   mer og minoritetspolitikk i nord 1860-1940. Oslo: Univ. -Forl.
   1981. 470 S. B 50826
H a g e l u n d , K. E. : Israel - elsket og hatet. Norske holdninger
   gjennom 35 år. Oslo: Gyldendal Norsk Forl. 1983. 203 S. B 52040
H a l v o r s e n , T. : Enhet med "socialfascistene"? In: Tidsskrift for
   arbeiderbevegelsens historie. Årg. 10, 1985. Nr. 2.

S. 139-156. BZ 4660:10
Halvorsen, T.: NKP i krise. Om "oppgjøret med det annet
sentrum" 1949-50. Oslo: Gyldendal Norsk Forl.1982. 279 S. B 51251
Joergensen, N.-J.: Norge mot Europa? EF's utvikling og norsk
Europa-politikk etter folkeavstemningen. København: Forl.
Europa 1982. 250 S. B 50550
Lorenz, E.: Det er ingen sak å få partiet lite. NKP 1923-1931.
Oslo: Pax Forl. 1983. 300 S. B 51920
Maskene faller. Kritiske artikler om politikk og samfunn. Thomas
Mathiesen 50 år. Red.: O. J. Bae, S. Ekeland og A. Heli. Oslo:
Pax Forl. 1983. 243 S. B 51916
Moerck, S.: Ingen røyk uten ild. Debatt, dikt og noveller om
ytringsfrihet, kunnskap, kjønnsroller, datateknikk, militarisme,
oljeindustri og Rafnes. Oslo: Aschehoug 1982. 173 S. B 51252
Olsen, J. P.: Organized Democracy. Political institutions in a
welfare state - the case of Norway. Bergen: Univ.-Forl. 1983.
246 S. B 51917
Rommetvedt, H.: Borgerlig Samarbeid. Sprikende staur eller
laftet tømmer? Stavanger: Univ.-Forl. 1984. 117 S. Bc 4766

f. Wehrwesen

Ausland, J. C.: Norge og en tredje verdenskrig. En kritikk av
norsk sikkerhetspolitikk. Oslo: Univ.-Forl. 1983. 125 S. B 53328
The Defence of Norway. In: Military technology. Vol. 8, 1984. No. 11.
S. 15-25. BZ 05107:8
The Norwegian Defence industry. In: Military technology.
Vol. 8, 1984. No. 11. S. 39-76. BZ 05107:8
Flykatalog. Forsvarsmuseet; Flysamlingen Gardermoen. Oslo:
Forsvarsmuseet 1984. 67 S. Bc 4483
Haugan, A.: Minner och tanker. Oslo: Tiden Norsk Forl. 1983.
295 S. B 52036
Karstad, O.: Sivilt Beredskap - et skuebrød? Oslo: Univ.-Forl.
1983. 157 S. Bc 4615
Knudsen, T.: Informasjon om forsvars - og sikkerhetspolitikken.
Prinsipper og praksis. In: Norsk militaert tidsskrift. Årg. 154, 198,
H. 12. S. 489-498. BZ 05232:154
The Norwegian Navy. In: Navy international. Vol. 89, 1984. No. 11.
S. 647-654. BZ 05105:89
Rolstad, L. C.: Tysklandsbrigaden. Redskap for haerens faglige
gjenreisning. 2. oppl. Oslo: Aschehoug 1984. 336 S. B 52045
Sjaastad, A. C.: Truselutvikling og forsvar. In: Norsk militaert
tidsskrift. Årg. 155, 1985. H. 2. S. 53-62. BZ 0523

g./h. Wirtschaft und Gesellschaft

Bergesen, H.O.; Malnes, R.: Norge som oljeland. Lilleputt
  eller stormakt? Oslo: Univ.-Forl. 1984. 105 S.   Bc 4787
Bjørgum, J.: LO og NAF 1899-1940. In: Tidsskrift for arbeider-
  bevegelsens historie. Årg. 10, 1985. Nr. 2. S. 85-114.   BZ 4660:10
Bjørgum, J.: Det nasjonale spørsmål i norsk arbeiderbevegelse.
  In: Tidsskrift for arbeiderbevegelsens historie. Årg. 10, 1985. Nr. 1.
  S. 99-130.   BZ 4660:10
Bjørnhaug, I.: Kortere arbeidstid - hvorfor og for hvem? In:
  Tidsskrift for arbeiderbevegelsens historie. Årg. 10, 1985. Nr. 2.
  S. 9-50.   BZ 4660:10
Caspari Agerholt, A.: Den norske kvinnebevegelses Historie. Ny
  utg. med innledning av K. Skjønsberg. Oslo: Gyldendal Norsk Forl.
  1980. 305 S.   B 52039
Hoel, M.: Den kvinnelige Arbeiderklassen. Oslo Univ.-Forl.
  1983. 213 S.   B 53323
Jensen, L.-A.; Damslora, S.: Bildet som våpen. Norsk arbei-
  derbevegelses bruk av bildet i kamp og agitasjon. Oslo: Tiden
  Norsk Forl. 1984. 233 S.   09680
Mathiesen, T.: Timeglasset. Fire essays om profesjoner.
  Oslo: Pax Forl. 1983. 143 S.   B 51933
Noreng, O.: Olje-Norge. Det bevisstløse eksperiment. Oslo:
  Aschehoug 1984. 166 S.   B 52043
Olsen, O.J.: Makt mot klassesolidaritet. Om streiken på Torp
  Bruk i 1954 og hvordan støtte til den blei forhindret. In: Tidsskrift
  for arbeiderbevegelsens historie. Årg. 10, 1985. Nr. 2.
  S. 157-170.   BZ 4660:10

k. Geschichte

Cartfjord, S.: Farvel til føderalismen. Arbeiderbevegelsen i
  Trøndelag 1918-1923. Oslo: Tiden Norsk Forl. 1983. 220 S. B 52037
Grell, D.: Die Auflösung der Schwedisch-Norwegischen
  Union 1905 im Spiegel der Europäischen Grossmachtpolitik.
  Essen: Verl. Die blaue Eule 1984. 171 S.   Bc 4750
Grimnes, O.K.: Overfall. Oslo: Aschehoug 1984.
  255 S.   09675
Slik vi så det. 50 år gjennom kameraøyet. Billedred.:
  M. Rødland, E. Skau. Tekst: B. Bjørnsen. Oslo: Cappelen 1983.
  160 S.   09596

L 171 Österreich

c. Biographien

Fritz Bock - Zeitzeuge. M. Sporrer, H. Steiner (Hrsg.). Wien,
München: Europaverl. 1984. 175 S.   B 52448
Carsten, C.: Der Fall Ottillinger. Eine Frau im Netz politischer
Intrigen. Wien; Freiburg: Herder 1983. 175 S.   B 52217
Kaiser Franz Joseph I. und sein Hof. Erinnerungen u. Schilderungen
a. d. nachgelassenen Papieren e. persönl. Ratgebers. Übers. u. hrsg.
von J. Schneider. Wien: Zsolnay 1984. 283 S.   B 51645
Reichmann, H.: Vom Fremdenlegionär zum Botschafter beim
Hl. Stuhl. Wien: Geyer 1982. 200 S.   B 50878
Roeder, A.: Walther Haberl zum Gedenken. 6. März 1908-2. Nov.
1984. Schwarzenborn: Dt. Bürgerinitiative 1985. 12 S.   D 3142
Schenz, M.: Bundespräsident Rudolf Kirchschläger. Wien:
Böhlau 1984. 118 S.   09799
Weissensteiner, F.: Franz Ferdinand. Der verhinderte Herrscher. Wien: Österr. Bundesverl. 1983. 246 S.   B 50591

e. Staat/Politik

Amann, K.: P.E.N. Politik - Emigration - Nationalsozialismus.
Ein österreichischer Schriftstellerclub. Wien; Köln: Böhlau 1984.
173 S.   B 53001
Barfuss, W.: Die rechtlichen Konsequenzen des Atomsperrgesetzes. Vortrag... 18. 3. 1982 in Zwentendorf. St. Pölten: Verl.
NÖ-Pressehaus 1982. 15 S.   Bc 4395
Chaloupek, G.: The Austrian parties and the economic crisis.
In: West European politics. Vol. 8, 1985. No. 1. S. 71-81.   BZ 4668:8
Dokumente des Kampfes gegen den KPÖ-Revisionismus 1963-1971.
Wien: ZK d. MLPÖ 1984. 354 S.   09669
Koalitionsregierungen in Österreich. Ihr Ende 1920 und 1966. Protokoll d. Symposiums "Bruch der Koalition", Wien, 28. 4. 1980.
München: Oldenbourg 1985. 106 S.   Bc 5035
Leser, N.: Von der Ärs Kreisky zur Ära nach Kreisky. In: Europäische Rundschau. Jg. 11, 1983. Folge 3. S. 3-12.   BZ 4615:11
Die Europäische Menschenrechtskonvention in der Rechtsprechung
der österreichischen Höchstgerichte. Hrsg.: F. Ermarcora [u. a.].
Wien: Braumüller 1983. 732 S.   B 49614
Mussi, I.: Grundlagen der österreichischen Europapolitik. Rede...
Wien: Verl. f. Geschichte und Politik 1983. 17 S.   Bc 4367
Austromarxistische Positionen. Hrsg. u. eingel.: G. Mozetič. Wien:
Böhlau 1983. 519 S.   B 51731
Schöler, U.: Otto Bauer - nein danke? Austromarxismusdiskussion

und histor. Bezüge f. e. Standortbestimmung marxist. Sozialdemokraten. Bremen: Bremer Juso-Hochschulgruppen 1984. 89 S. Bc 5080

Vetschera, H.; Rocca, J.V.: Österreich in den Ost-West-Beziehungen. Die sicherheitspolitische Dimension. In: Österreichische militärische Zeitschrift. Jg. 23, 1985. H. 4.
S. 298-305. BZ 05214:23

f. Wehrwesen

Aichinger, W.: Österreichs wehrpolitische Lage in der Zwischenkriegszeit. In: Österreichische militärische Zeitschrift.
Jg. 23, 1985. H. 2. S. 112-121. BZ 05214:23

Benfield, Baron G. von: Der Adler von Triest. Komm. von
G. Martin. Graz: Styria 1984. 159 S. B 51652

Bilzer, F.F.: Die Torpedoboote der k.u.k. Kriegsmarine von 1875-1918. Graz: Weishaupt 1984. 200 S. 09592

Danspeckgruber, W.: Militärische Landesverteidigung Österreichs. In: Internationale Wehrrevue. Jg. 17, 1984. Nr. 6.
S. 721-731. BZ 05263:17

Ermacora, F.; Kopf, O.; Neisser, H.: Das österreichische Wehrrecht samt einschl. Gesetzen... 2. völl. neubearb. Aufl. T. 1-3.
Wien: Manz 1980. Getr. Pag. B 39832

Haubner, F.: Die Flugzeuge der österreichischen Luftstreitkräfte vor 1938. The aircrafts of the Austrian Air Force before 1938.
Graz: Weishaupt 1982. 245 S. B 50887

Hötzl, F.: Das österreichische Verteidigungsbudget. In: Österreichische militärische Zeitschrift. Jg. 23, 1985. H. 2.
S. 97-103. BZ 05214:23

Neuhuber, W.: Die Entwicklung der umfassenden Landesverteidigung Österreichs unter besonderer Berücksichtigung der wirtschaftlichen und geistigen Landesverteidigung. Salzburg:
Univ. 1982. 311 S. 09547

Sieche, E.; Baumgartner, L.; Pawlik, G.: Die "Radetzky"-Klasse. Österreich-Ungarns letzte Vor-Dreadnoughts. Graz:
Weishaupt 1984. 118 S. 09694

Sommer, G.: Das Militärkommando Wien. In: Österreichische Militärische Zeitschrift. Jg. 22, 1984. H. 5. S. 431-438. BZ 05214:22

Wer sichert unseren Frieden? Wien: Multiplex Media Verl. 1982.
227 S. B 50757

g./h. Wirtschaft und Gesellschaft

Czasny, K.; Kende, R.: Lehrjahre bei Bau-Holz. Erfahrungen in einer Gewerkschaftszentrale. Wien: Verl. f. Gesellschaftskritik 1985. 148 S. Bc 5244

Fireder, H.: Reichswerke "Hermann Göring" in Österreich

(1938-1945). Wien: Geyer-Edition 1983. 303 S. B 52108
Garamvölgyi, J.: Betriebsräte und sozialer Wandel in Österreich 1919/1920. München: Oldenbourg 1983. 296 S. B 50832
Der Verfassungstreue Großgrundbesitz 1880-1899. Hrsg., eingel. u. komm. von E. Rutkowski. München: Oldenbourg 1983.794 S. B 50938:1
Karlhofer, F.: "Wilde" Streiks in Österreich. Entstehungs- und Verlaufsbedingungen industrieller Konflikte in den siebziger Jahren. Wien; Köln: Böhlau 1983. 158 S. B 52980
Scheuringer, B.: Dreißig Jahre danach - Die Eingliederung der volksdt. Flüchtlinge u. Vertriebenen in Österreich. Wien: Braumüller 1983. 581 S. B 52449
Sturm, H.: Die Lebensgeschichte einer Arbeiterin. Vom Burgenland nach Ravensbrück. 2. Aufl. Wien: Verl. f. Gesellschaftskritik 1982. XXI, 349 S. B 50872
Thurner, E.: Nationalsozialismus und Zigeuner in Österreich. Wien: Geyer 1983. VI, 235, 58 S. B 52110

k. Geschichte

Baryli, A.; Neubauer, M.: Der österreichische Staatsvertrag von 1955. Österreichs Weg in die Unabhängigkeit und Neutralität. In: Geschichte. Nr. 63, 1985. S. 12-19. BZ 05043:63
Kindermann, G.-K.: Hitlers Niederlage in Österreich. Bewaffneter NS-Putsch, Kanzlermord und Österreichs Abwehrsieg von 1934. Hamburg: Hoffmann und Campe 1984. 279 S. B 53002
Kuehnelt-Leddihn, E.: Austria Infelix oder Die Republik der Neidgenossen. Wien; Köln: Böhlau 1983. 218 S. B 52454
Malina, P.; Holzbauer, R.; Czipke, G.: Zeitgeschichte. Wien: Böhlau 1984. 413 S. B 53945
Österreich 1945. Zeugen der Zeit berichten. [Versch. Beitr.]. In: Zeitgeschichte. Jg. 12, 1985. H. 7. S. 233-307. BZ 4617:12
Reichhold, L.: Kampf um Österreich. Die Vaterländische Front und ihr Widerstand gegen den Anschluß 1933-1938. Eine Dokumentation. M. e. Einl. v. F. Bock. Wien: Österr. Bundesverl. 1984. 424 S. B 51689
Simon, W. B.: Österreich 1918-1938. Ideologien und Politik. Wien, Köln: Böhlau 1984. 183 S. B 51704

l. Länderteil u. Orte

Frei, A. G.: Rotes Wien. Austromarxismus und Arbeiterkultur. Sozialdemokratische Wohnungs- und Kommunalpolitik 1919-1934. Berlin: DVK-Verl. 1984. 179 S. B 52315
Friedensmarsch der 70.000. 15. Mai 1982 Wien. Hrsg.: Künstler für den Frieden. Wien: Löcker 1982. 167 S. Bc 01286
Hedenquist, G.: Undan Förintelsen. Svensk hjälpverksamhet i

Wien under Hitlertiden. Älvsjö: Verbum 1983. 112 S. B 53341
Kaut, J.: Der steinige Weg. (Salzburg.) 2. Aufl. Salzburg:
Graphia Druck- u. Verl. Anst. 1982. 281 S. B 52207
Pregnanstvo in upor. Vertreibung und Widerstand. 1942-1982.
Klagenfurt: Verb. ausgesiedelter Slowenen 1982. 63 S. Bc 3965
Veselsky, O.: Bischof und Klerus der Diözese Seckau unter nationalsozialistischer Herrschaft. Graz: dbv Verl. 1981.
XXXIX, 484 S. B 51582
Widerstand und Verfolgung in Tirol 1934-1945. Eine Dokumentation.
Bearb.: P. Eppler [u. a.],Vol. 1. 2. Wien: Österr. Bundesverl. 1984.
XIX, 662; VIII, 658 S. B 51653

L 174 Polen

c. Biographien

Dewar, D.: Saint of Auschwitz. The story of Maksymilian Kolbe.
Repr. London: Darton, Longman and Todd 1983. XIII, 146 S. B 52306
Jędrzejewicz, W.: Piłsudski: a life for Poland. New York:
Hippocrene Books 1982. 385 S. B 50688
Meyer, F.: "Ein Mord als kleineres Übel." Prozess gegen die
Popieluszko-Mörder. In: Der Spiegel. Jg. 39, 1985. Nr. 5.
S. 106-117. BZ 05138:39
Mossmaier, E.: Pater Anizet Koplin. Der Vater der Armen von
Warschau. Auschwitz-Häftling Nr. 20376. Stein: Christiana-Verl.
1983. 79 S. Bc 4386
Polcuch, V.: Nach dem Verlassen der Steppe. Hamburg:
Knaus 1984. 268 S. B 51407
Reller, G.: Maksymilian Kolbe. Guardian von Niepokalanów und
Auschwitzhäftling Nr. 16670. 3. erg. Aufl. Berlin: Union Verl. 1984.
31 S. Bc 4596
Rhode, G.: József Pilsudski, 1867-1935. Sozialist-Revolutionär-Staatsmann. Mainz: Johannes Gutenberg-Univ. 1982.
S. 117-145. Bc 4066
Schubert, G.: Stolz, die Rüstung der Schwachen. Polnische Lebensläufe zwischen Weiß und Rot. Köln: Bund-Verl. 1984. 232 S. B 51643
Zymierski, M.: Marszałek Polski. Michał Zymierski. [Marschall
von Polen.] Warszawa: Wyd. MON 1983. 269 S. B 51806

e. Staat/Politik

Bingen, D.: Möglichkeiten und Grenzen einer Stabilisierung in
Polen. In: Europa-Archiv. Jg. 39, 1984. Folge 23.
S. 717-726. BZ 4452:39
Hirszowicz, M.: Das Handbuch des polnischen Zensors.

In: Befreiung. 1983. No. 27. S. 51-60. BZ 4349:1983
K o e n e n, G.: Positionen und politische Strömungen in der "Gesellschaft im Untergrund". In: Osteuropa-Info. 1984. H. 2.
S. 7-21. BZ 4778:1984
L i n o w s k i, J.: Stosunki polsko-brytyjskie w okresie pomonachijskim (październik 1938-marzec 1939 r.) [Die polnisch-britischen Beziehungen im Zeitabschnitt nach München (Okt.1938-März 1939.)]
In: Dzieje Najnowsze. Rok 16, 1984. Nr. 3-4. S. 59-76. BZ 4685:16
M l y n a r, Z.: Möglichkeiten einer Stabilisierung des sozialpolitischen Systems in Polen. Laxenburg: Austrian Institute for International Affairs 1984. 61 S. Bc 5119
Infobrief Polen. Nr. 1-15. Frankfurt: Internationale Gesellschaft für Menschenrechte 1982-83. Getr. Pag. DZ 427
R a c h w a l d, A. R.: Poland between the Superpowers. Boulder: Westview 1983. XI, 154 S. B 52546
S a n f o r d, G.: Polish Communism in crisis. Beckenham: Croom Helm 1983. 249 S. B 51106
S t r o b e l, G. W.: Die Entwicklung in Polen und die politische Konzeptfindung des Westens. In: Beiträge zur Konfliktforschung.
Jg. 14, 1984. Nr. 2. S. 83-100. BZ 4594:14
T e r r y, S. M.: Poland's Place in Europe. Princeton: Princeton Univ. Pr. 1983. XVI, 394 S. B 48717

f. Wehrwesen

D a b r o w s k i, A. J.: Historia 10 pułku ułanów Litewskich. [Geschichte des 10. Litauischen Ulanen-Regiments.] Londyn: Inst.
J. Pilsudski 1982. 380 S. B 51573
K ł o s s o w s k i, J.: Organizacja Marynarki Wojennej w okresie dwudziestolecia miedzywojennego. [Aufbau der Kriegsmarine während der zwanzigjährigen Unabhängigkeit Polens zwischen den beiden Weltkriegen.] In: Wojskowy Przegląd Historyczny.
Rok 29, 1984. Nr. 3. S. 140-155. BZ 4490:29
K o l i ń s k i, I.: Przejscie lotnictwa polskiego na stopę pokojową w latach 1945-1947. [Die Umbildung der poln. Luftwaffe.] In: Wojskowy Przegląd Historyczny. Rok. 29, 1984. Nr. 1.
S. 3-38. BZ 4490:29
M i s z t a l, Z.: Udział Wojska Polskiego w kształtowaniu ludowej państwowości i odbudowie zycia gospodarczego na ziemiach wyzwolonych w 1944 r. [Anteil d. poln. Armee an der Gestaltung d. Volksstaates u. am Wiederaufbau des wirtschaftl. Lebens in den befreiten Gebieten im Jahre 1944.] In: Wojskowy Przegląd Historyczny. Rok 29, 1984. Nr. 3. S. 34-57. BZ 4490:29
N a ł ę c z, T.: Polska Organizacja Wojskowa 1914-1918. [Polnische Militär-Organisation 1914-1918.] Wrocław: Wydawn. Polskiej Akad. Nauk 1984. 256 S. B 53426
P e r t e k, J.: Druga mała Flota. [Die zweite Kleine Flotte.] Wyd. 4.

popr. i uzup. Poznań: Wydawn. Poznańskie 1983. 527 S. B 51794
Pomnik Armii "Poznań" w Poznaniu. Kronika budowy i uroczystości odsłonięcia. [Denkmal der Armee "Poznań". Chronik des Baus und der Denkmalenthüllung.] Red. M. Olszewski. Warszawa: Państwowe Wydawn. 1983. 120 S. B 51799
Rzepniewski, A.: L'Alliance militaire polono-française de 1939: Genese, possibilites, attentes polonaises et realité. Montpellier: 1981. S. 757-770. Bc 4842
Szubanski, R.: Produkjcy pojazdów pancernych w II Rzeczypospolitej. [Herstellung von Panzerfahrzeugen in der II. Rep. Polens.] In: Wojskowy Przegląd Historyczny. Rok 29, 1984. Nr. 3.
S. 156-168. BZ 4490:29

g./h. Wirtschaft und Gesellschaft

Antisemitismus im heutigen Polen. In: Osteuropa-Info. Jg. 12, 1984.
H. 55. S. 74-84.34. BZ 4778:12
Die polnische Arbeiterbewegung 1970-1981. Referate u. Diskussionen d. wissenschaftl. Kolloquiums am 22. 6. 1982. Bochum:
Ruhr-Universität 1983. 60 S. Bc 4321
Asselhoven, D.; Kunz, N.; Straesser, M.: Solidarität mit NZS und Solidarność. Hrsg.: Köln: AStA Univ. 1982. 132 S. D 03246
Beijbom, A.: "Än är Polen ej förlorat". Kyrkan och Solidaritet i kamp för demokratin. Vällingby: Harriers 1982. 125 S. Bc 4117
Böhm, E.: Polens Wirtschaftslage 1983/84: Die Talfahrt ist vorerst gestoppt. In: Osteuropa-Info. 1984. H. 2. S. 65-74. BZ 4778:1984
Fallenbuchl, Z. M.: Polen: Reform oder Stagnation. In: Europäische Rundschau. Jg. 12, 1984. H. 4. S. 125-142. BZ 4615:12
Józefiak, C.: Wirtschaftsreform in Polen auf halbem Weg steckengeblieben. In: Europäische Rundschau. Jg. 13, 1985. Nr. 1.
S. 37-62. BZ 4615:13
Kumos, Z.: Związek Patriotów Polskich. [Verband polnischer Patrioten.] Warszawa: Wydawn. Min. Obrony Narodowej 1983.
269 S. B 51987
Lipski, J. J.: Die polnischen Juden. In: Osteuropa-Info.
Jg. 12, 1984. H. 55. S. 55-60. BZ 4778:12
Mackenbach, W.: Die Realität der Solidarność und des gesellschaftlichen Widerstandes. In: Osteuropa-Info. 1984. H. 2.
S. 22-39. BZ 4778:1984
Matusak, P.: Ruch oporu w przemyśle wojennym okupanta hitlerowskiego na ziemiach polskich w latach 1939-1945. [Widerstandsbewegung in der von den Nazis besetzten Rüstungsindustrie auf poln. Gebieten.] Warszawa: MON 1983. 411 S. B 51798
Schubert, G.: Stolz, die Rüstung der Schwachen. Polnische Lebensläufe zwischen Weiß und Rot. Köln: Bund-Verl. 1984. 232 S. B 51643
Solidarity. The analysis of a social movement. Poland 1980-1981.
Cambridge: Cambridge Univ. Pr. 1983. XVI, 203 S. B 52305

k. Geschichte

Ash, T. G.: Under western eyes: Poland, 1980-1982. In: The
Washington quarterly. Vol. 7, 1984. No. 2. S. 120-134. BZ 05351:7
Bollmann, K.; Joergensen, B.; Joergensen, N.: Kirken i
den polske klassekamp. Beskrivelse og dokumentation. Aarhus:
FK-Tryk 1982. 186 S. B 51930
Kalendarium der politischen Repression in Polen. Dezember 1982 bis
August 1984. In: Osteuropa-Info. 1984. H. 2. S. 40-49. BZ 4778:1984
Ławrowski, A.: Od nadziei do rozczarowań. Zachód wobec spraw
polskich w latach 1969-1983. [Von der Hoffnung bis zur Enttäuschung.] Warszawa: Wydawn. MON 1983. 358 S. B 51793
McGregor, J. P.: Polish public opinion in a time of crisis. In:
Comparative politics. Vol. 17, 1984/85. No. 1. S. 17-35. BZ 4606:17
Pachet, P.: Le Voyageur d'occident. (Pologne, oct. 1980.)
Paris: Gallimard 1982. 171 S. B 52170
Schaff, A.: Polen heute. Wien, München: Europaverl. 1984.
236 S. B 51694
Staniszkis, J.: Poland's self-limiting Revolution. Princeton:
Princeton Univ. Pr. 1984. XII, 352 S. B 52029

l. Länderteil

Kersten, K.: Kielce - 4. Juli 1946. In: Osteuropa-Infor. Jg. 12,
1984. H. 55. S. 61-73. BZ 4778:12
Kociszewski, J.: Zasiedlanie i zagospodarowanie Dolnego
Śląska w latach 1945-1949 ze szczególnym uwzględnieniem regionu
sudeckiego. [Die Besiedlung u. Bewirtschaftung Niederschlesiens
... unt. Berücksichtigung d. sudetischen Region.] Wrocław: Zaklad
Narodowy im Ossolińskich 1983. 193 S. B 51543
Kranitz-Sanders, L.: Twelve who survived. An oral history of the
Jews of Lodz, Poland 1930-1954. New York: Irvington Publ. 1984.
164 S. B 51730

L 175 Portugal

Brochado de Miranda, J. M.: The need for integrated air defence.
In: NATO's sixteen nations. Vol. 29, 1984. No. 4. S. 67-71. BZ 05457:29
Cunhal, A.: X. Parteitag der Portugiesischen Kommunistischen
Partei, 15.-18. Dezember 1983. Rede. Berlin: Dietz 1984.
74 S. Bc 4790
Ferreira, J. M.: Estudos de estratégia e relações internacionales.
Lisboa: Imprensa Nacional-Casa de Moeda 1981. 158 S. Bc 4197
Portugal aktuell. Hrsg.: Liga gegen den Imperialismus. Köln:

Verl. -Ges. f. Internat. Solidarität 1975-76. Getr. Pag. DZ 74
Portugal-Nachrichten. Zeitschrift für ein sozialistisches Portugal.
Nr. 1, 1975-32, 1976. Frankfurt: 1975-76. Getr. Pag. DZ 136
Rêgo, P.: Militares, clérigos e paisanos. Ou a militarismo e
outras forças de violência na Sociedade Portuguesa. Lisboa: Perspectivas y Realidades 1981. 129 S. Bc 4176
Rother, B.: Wirtschaftspolitik von Sozialisten in der Krise: Der
Fall Portugal. In: Politische Vierteljahresschrift. Jg. 25, 1984. H. 2.
S. 156-168. BZ 4501:25
Talon, V.: 1974-1984: Diez años de politica militar. In: Defensa.
Año 7, 1984. No. 75. S. 30-35. BZ 05344:7

L 177 Rumänien

Deputatii socialişti in Parlamentul román. Discursuri 1888-1899;
1919-1921. [Die soz. Abgeordneten in dem rumänischen Parlament.
Reden.] Red. V. Niculae. Bucuresti: Ed. Politica 1983. 363 S. B 52507
The Romanian Commission of Military History. - The international
Echo of the revolution of August 1944 and of Romania's contribution to the antihitlerite war. Bucharest: Ed. Politica 1984.
219 S. Bc 5019
Gabrisch, H.; Tuitz, G.: Rumänien und der RGW. In: Osteuropa-Info. 1985. Nr. 60. S. 73-91. BZ 4778:1985
Genocide and retribution. The Holocaust in Hungarian-ruled Northern
Transylvania. Ed.: R. L. Braham. Boston: Kluwer-Nijhoff 1983.
XI, 260 S. B 52520
Georgescu, M.: "Elisabeta". In: Warship international.
Vol. 21, 1984. No. 2. S. 158-167. BZ 05221:21
Ghermani, D.: Konstanten der rumänischen Sicherheitspolitik.
In: Südosteuropa. Jg. 33, 1984. H. 10. S. 561-569. BZ 4762:33
Greger, R.: "Elisabeta" and her armament. In: Warship international. Vol. 21, 1984. No. 2. S. 189-191. BZ 05221:21
Hamelet, M. P.: La vrai Roumanie de Ceausescu. Préf.: A. Poher.
Paris: Nagel 1983. 171 S. Bc 4500
Hausleitner, M.: Diskriminierung und Verfolgung der Juden in
Rumänien im 19. und 20. Jahrhundert. In: Osteuropa-Info.
Jg. 12, 1984. H. 55. S. 98-109. BZ 4778:12
Petrescu, B.: Die rumänische Wirtschaft im Zeichen der Erneuerung. In: Europäische Rundschau. Jg. 13, 1985. Nr. 1.
S. 143-150. BZ 4615:13
La Romania negli anni del socialismo 1948-1978. Roma: Ed. Riuniti
1982. 446 S. B 52506
Sampson, S.: Rumours in socialist Romania. In: Survey.
Vol. 28, 1984. No. 4. S. 142-164. BZ 4515:28
Turcu, C. I.; Voicu, I.: Nicolae Titulescu in universul diplomaţiei pacii. [N. Titulescu im Dienst der universellen Friedens-

diplomatie.] Bucuresti: Ed. Politică 1982. 449 S.   B 52815
Tutu, D.: Les actions de l'armée roumaine en Transylvanie au cours des années 1918-1919. In: Revue roumaine d'histoire. Tome 24, 1985. No. 1/2. S. 101-123.   BZ 4577:24
Watts, L.: Romanian autonomy and military policy. In: Südost-Europa. Jg. 34, 1985. H. 2. S. 67-82.   BZ 4762:34

L 179 Rußland/Sowjetunion/UdSSR

a./d. Allgemeines

Crome, E.; Quilitzsch, S.: Sozialistische Weltmacht UdSSR. Berlin: Staatsverl. d. DDR 1984. 128 S.   Bc 4791
Garrison, J.; Shivpuri, P.: Die russische Bedrohung. Mythos oder Realität. München: Bertelsmann 1983. 445 S.   B 55020
McCrea, B. P.; Plano, J. C.; Klein, G.: The Soviet and Eastern Europe political Dictionary. Santa Barbara: ABC Clio Information Services 1984. XX, 367 S.   B 52096
Shipler, D. K.: Russia. Broken idols, solemn dreams. New York: Times Books 1983. XII, 404 S.   B 52922
Solženicyn, A.: Nos Pluralistes. Paris: Fayard 1983. 80 S. Bc 4437
Sperling, V.: Fra stormagtens Baggårde. Om konflikten imellem drøm og virkelighed i sovjetisk hverdag. København: Vindrose 1983. 212 S.   B 50862
UdSSR. Hundert Fragen und Antworten. Moskau: APN-Verl. 1983. 131 S.   Bc 4068
Wixmann, R.: The People of the USSR. An ethnographic handbook. Armonk: Sharpe 1984. XVIII, 230 S.   B 52611

Volkstum/Nationalitäten

Bunzl, J.: Antisemitismus in Rußland und der Sowjetunion. In: Osteuropa-Info. Jg. 12, 1984. H. 55. S. 7-23.   BZ 4778:12
Korey, W.: Jackson-Vanik and Soviet jewry. In: The Washington quarterly. Vol. 7, 1984. No. 1. S. 116-128.   BZ 05351:7
Krepp, E.; Econ, M.: Mass deportations of population from the Soviet occupied Baltic states. Stockholm: Estonian Information Centre, Latvian National Foundation 1981. 40 S.   Bc 4071
Lightle, S.; Mühlan, E.: Der II. Exodus. Norden, gib heraus! 3. Aufl. Asslar: Schulte & Gerth 1983. 174 S.   B 52174
Mitzka, H.: Zur Geschichte der Massendeportationen von Ostdeutschen in die Sowjetunion im Jahre 1945. Ein historisch-polit. Beitrag. Einhausen: Hübner 1985. 53 S.   Bc 4893
Mitzka, H.: Meine Brüder hast du ferne von mir getan. Beitrag zur Geschichte d. ostdeutschen "Reparationsdeportierten" von 1945 in der Sowjetunion. Einhausen: Hübner 1983. 161 S.   Bc 4501

c. Biographien

Agosti, A.: Stalin. Roma: Ed. Riuniti 1983. 160 S. Bc 4760
Agursky, M.: Stalin's ecclesiastical background. In: Survey.
   Vol. 28, 1984. No. 4. S. 1-14. BZ 4515:28
Brahm, H.; Vogel, H.: Gorbatschow vor großen Aufgaben. In:
   Aus Politik und Zeitgeschichte. 1985. B 21-22/85.
   S. 3-13. BZ 05159:1985
Haupt, W.: Das sogenannte "Zaren-Archiv" in der Bibliothek für
   Zeitgeschichte. In: Jahresbibliographie. Bibliothek für Zeitge-
   schichte. Jg. 55, 1983. S. 339-364. F 395:55
Heller, M.: Gorbachov for beginners. In: Survey. Vol. 29, 1985.
   No. 1. S. 12-18. BZ 4515:29
Hyde, H. M.: Stalin. The history of a dictator. Repr. New York:
   Da Capo Pr. 1982. XV, 679 S. B 52946
Iovčuk, M.; Kurbatova, I.: Georgi Plechanow. Berlin:
   Dietz 1983. 331 S. B 51420
Krushchev and the communist world. Ed.: R. F. Miller [u. a.].
   London: Croom Helm 1984. 243 S. B 51270
Lenin, V. I.: Die letzten Briefe und Artikel. Berlin: Dietz 1982.
   120 S. Bc 4849
"Ein roter Star steigt auf im Osten!" (Michail Gorbatschow.) In:
   Der Spiegel. Jg. 39, 1985. Nr. 12. S. 142-156. BZ 05138:39
Schneider, E.: Social Background and careers of the members of
   the Council of Ministers of the USSR. Empirical study. Köln:
   Bundesinst. f. Ostwiss. u. Internat. Studien 1983. VIII, 77 S. 09535
Suvorov, V.: The Liberators. My life in the Soviet Army.
   New York: Norton 1983. VI, 202 S. B 52526
Tatu, M.: Konstantin Tschernenko und seine Politik. In: Europäi-
   sche Rundschau. Jg. 12, 1984. H. 3. S. 29-39. BZ 4615:12
Der lächelnde Zar, mit eisernen Zähnen. (Michail Gorbatschow.) In:
   Der Spiegel. Jg. 39, 1985. Nr. 28. S. 86-96. BZ 05140:39

e. Staat/Politik

e. 1 Innenpolitik

e.1.1 Staat und Recht

Dunlop, J. B.: The Faces of contemporary Russian nationalism.
   Princeton: Princeton Univ. Pr. 1983. XII, 363 S. B 52502
Ford, R. A. D.: The Soviet Union: the next decade. In: Foreign
   affairs. Vol. 62, 1983-84. No. 5. S. 1132-1144. BZ 05149:62
Handbuch der Sowjetverfassung. Red. von M. Fincke. Bd 1. 2.

Berlin: Duncker & Humblot 1983. 1336 S.   B 51228
Hassner, P.: Der totalitäre Spiegel. Der sowjetische Totalitarismus in westlicher Sicht. In: Europäische Rundschau. Jg. 12, 1984.
H. 4. S. 15-28.   BZ 4615:12
Pipes, R.: Can the Soviet Union reform? In: Foreign affairs.
Vol. 63, 1984. No. 1. S. 47-61.   BZ 05149:63
Politics and participation under communist rule. Ed.: P. J. Potichnyj [u. a.]. New York: Praeger 1983. XVII, 282 S.   B 52678
Ulam, A. B.: Vom Wesen der Sowjetpolitik. In: Europäische Rundschau. Jg. 11, 1983. H. 3. S. 43-57.   BZ 4615:11

Dissidenten, Strafrecht, Haftanstalten

Hoffmann, M.: Wie lange noch Sowjetherrschaft? Wesen und Chancen d. Opposition gegen den Kommunismus. Tübingen: Grabert 1983. 71 S.   Bc 4409
Meney, P.: Les Mains coupées de la Taiga. Document. Paris: Ed. de la Table Rond 1984. 248 S.   B 53828
Orlowa-Kopelew, R.: Die Türen öffnen sich langsam. Hamburg: Knaus 1984. 223 S.   B 51646
Orsoni, C.: De la Dissidence. Le régime idéologique sovietique et la dissidence. Paris: Nautilus 1983. 21 S.   Bc 4786
La Plate-Forme politique de l'opposition russe de 1927. Paris: C.E.R.M.T.R.I. 1984. 48 S.   09503
Christian Prisoners in the USSR, 1983-4. 4th rev. and upd. ed. Keston: Keston College 1983. 72 S.   Bc 4088
Troisième Procès de Moscou. Le procès du "Bloc des droitiers et des Trotskistes" antisoviétique. Compte-rendu sténographique des débats du 2 au 13 mars 1938 publié par le Commissariat du Peuple de la Justice de l'URSS. Présentation inédite de P. Broué. Rééd. T. 1. 2. Paris: Ed. d' Aujourd' hui 1983. VII, 849 S.   B 52491

e. 1.2 Regierung / Verwaltung / Polizei

IZTOK. Notes sur l'anarchisme en U.R.S.S. de 1921 à nos jours. Saint-Denis: LeVent du Ch'min 1983. 65 S.   Bc 4104
Soviet local Politics and government. Ed.: E. M. Jacobs. London: Allen & Unwin 1983. 225 S.   B 51103
Swain, G.: Russian Social Democracy and the legal labour movement, 1906-14. London: MacMillan 1983. XIV, 239 S.   B 53397

Barron, J.: KGB today. The hidden hand. New York: Reader's Digest Pr. 1983. 487 S.   B 52685
Das Geständnis einer GPU-Spionin. Essen: Gervinus Verl. 1984. 39 S.   Bc 01518
Knight, A. W.: The KGB's special departments in the Soviet Armed Forces. In: Orbis. Vol. 28, 1984. No. 2. S. 257-280.   BZ 4440:28

Vins, G. P.: KGB (Staatssicherheitsdienst der UdSSR) in Pastorenrolle. Elkhart 1985. 18 S. D 3214

e. 2 Außenpolitik

Bärwald, H.: Missbrauchte Friedenssehnsucht. Ein Kapitel kommunistischer Bündnispolitik. Bonn: Osang 1983. 190 S. Bc 4360
Griffiths, F.: The sources of American conduct. Soviet perspectives and their policy implications. In: International security. Vol. 9, 1984. No. 2. S. 3-50. BZ 4433:9
Halliday, F.: Chernenko's inheritance: the parameters of Soviet foreign policy. In: Millennium. Journal of international studies. Vol. 13, 1984. No. 1. S. 27-44. BZ 4779:13
Hart, D. M.: Soviet approaches to crisis management: the military dimension. In: Survival. Vol. 26, 1984. No. 5. S. 214-223. BZ 4499:26
Haslam, J.: Soviet foreign Policy, 1930-33. The impact of the depression. London: Macmillan 1983. XII, 172 S. B 53589
Huyn, H. Graf : Sieg ohne Krieg. München: Universitas 1984. 407 S. B 53653
Jervas, G.: Konfrontation eller avspänning? Sovjets globala strategi. Stockholm: Ordfront 1983. 171 S. B 51991
Jung, L.: Sowjetische Aussenpolitik im Umbruch? In: Deutsche Studien. Jg. 23, 1985. H. 89. S. 29-45. BZ 4535:23
Jung, L.: Bestimmungsfaktoren und Tendenzen sowjetischer Aussenpolitik in den achtziger Jahren. In: Aus Politik und Zeitgeschichte. 1985. B 21-22/85. S. 14-31. BZ 05159:1985
Kuckenburg, M.: Sowjetunion. Weder "Friedensmacht" noch "imperialitische Supermacht mit Weltherrschaftsplänen". Sindelfingen 1981. 16 S. D 03067
Kuckenburg, M.: Die Außenpolitik der Sowjetunion von der Oktoberrevolution bis zum 2. Weltkrieg. Ein hist. Überblick. Ulm 1984. 27 S. D 03187
Laboor, E.: Kalter Krieg oder Entspannung? Die Außenpolitik der Sowjetunion im Kampf um die kollektive Sicherung des Friedens in Europa 1954/55. Berlin: Akademie-Verl. 1983. 316 S. B 51752
Leonhard, W.: Dämmerung im Kreml. Wie eine neue Ostpolitik aussehen müßte. Stuttgart: Dt. Verl. Anst. 1984. 320 S. B 51635
Makinsky, M.: La fonction propaganda et la stratégie globale de l'URSS. In: Défense nationale. Année 41, 1985. No. 7. S. 75-92. BZ 4460:41
Meissner, B.: Sowjetpolitik: Von Andropow zu Tschernenko. In: Aussenpolitik. Jg. 35, 1984. H. 3. S. 245-264. BZ 4457:35
Mitchell, R. J.: Ideology of a superpower. Stanford: Hoover Inst. Pr. 1982. XIV, 159 S. B 51285
Sovetsko-anglijskie Otnošenija vo vremja Velikoj Otečestvennoj vojny. 1941-1945. [Die sowjet. - engl. Beziehungen während des Grossen Vaterländ. Krieges.] Tom 1-2.

Moskva: Politizdat 1983. 541, 495 S. B 51541
Leninskaja vnešnjaja Politika i razvitie meždunarodnych otnošenij.
[Die leninist. Aussenpolitik und die Entwicklung der internat. Beziehungen.] Pod. red. V. V. Aleksandrova. Moskva: Meždunar.
Otnošenija 1983. 288 S. B 51979
Ra'anan, G. D.: International Policy Formation in the USSR.
Factional "debates" during the Zhdanovschina. Hamden: Archon
Books 1983. X, 248 S. B 52580
Sewostjanow, P. P.: Sowjetdiplomatie gegen faschistische Bedrohung 1939-1941. Frankfurt: Verl. Marxist. Bl. 1984. 288 S. B 52277
Snyder, J.: Richness, rigor, and relevance in the study of Soviet
foreign policy. In: International security. Vol. 9, 1984/85.
No. 3. S. 89-108. BZ 4433:9
Sovjetunionen og freden. En debatbog. Red.: C. Mailand-Hansen og
O. Nørgaard. Esbjerg: Sydjysk Univ.-Forl. 1983. 176 S. B 51927
Tatu, M.: Die Welt aus der Sicht des Kremls. In: Europäische
Rundschau. Jg. 13, 1985. Nr. 2. S. 61-72. BZ 4615:13
Wettig, G.: Der sicherheitspolitische Aspekt der sowjetischen
Westpolitik. In: Deutsche Studien. Jg. 23, 1985. H. 89.
S. 17-28. BZ 4535:23
Wohin entwickelt sich die Sowjetunion? Zur aussenpolitischen Relevanz innenpolitischer Entwicklungen. Hrsg.: H. J. Veen.
Melle: Knoth 1984. 336 S. B 53813
Zeebroek, X.: Soviet expansionism and expansive anti-Sovietism.
In: The socialist register. Vol. 21, 1984. S. 278-298. BZ 4824:21

Aussenpolitische Beziehungen

Carrère d'Encausse, H.: Le grand Frère. L'Union soviétique et
l'Europe soviétisée. Paris: Flammarion 1983. 381 S. B 52349
Chaigneau, P.: La stratégie soviétique en Afrique. In: L'Afrique
et l'Asie modernes. 1984. No. 143. S. 99-115. BZ 4689:1984
Chubin, S.: Die Sowjetunion und der Iran. In: Europäische Rundschau. Jg. 11, 1983. Nr. 3. S. 107-135. BZ 4615:11
Duncan, W. R.: Soviet interests in Latin America. New opportunities and old constraints. In: Journal of Interamerican Studies.
Vol. 26, 1984. No. 2. S. 163-198. BZ 4608:26
Hutchings, R. L.: Soviet-East European Relations. Consolidations
and conflict 1968-1980. Madison: Univ. of Wisconsin Pr. 1983.
XVI, 314 S. B 52601
The Soviet Impact in Africa. Ed.: R. C. Nation [u. a.]. Lexington:
Lexington Books 1984. XII, 275 S. B 54735
Joergensen, J.: Sovjetunionen og Østeuropa efter 1945. 1. udg.,
2. opl. København: Gyldendal 1982. 114 S. Bc 4340
Khalilzad, Z.: Soviet dilemmas in Khomeini's Iran. In: Australian
outlook. Vol. 38, 1984. No. 1. S. 1-8. BZ 05446:38
Kimura, H.: Soviet policy toward Japan. In: The Washington
quarterly. Vol. 7, 1984. No. 3. S. 21-37. BZ 05351:7

Libal, M. : Interessen und Ideologie in der Dritte-Welt-Politik der
Sowjetunion. In: Europa-Archiv. Jg. 40, 1985. Folge 7.
S. 195-204. BZ 4452:40
Meissner, B.: Die DDR im sowjetischen Bündnissystem. In:
Aussenpolitik. Jg. 35, 1984. H. 4. S. 373-393. BZ 4457:35
Miljukova, V. I. : Otnošenija SSSR-FRG i problemy evropejskoj
bezopasnosti. [Beziehung USSR-BRD und die Probleme der europäischen Sicherheit. 1969-1982.] Moskva: Nauka 1983. 302 S. B 51788
Njoroge, L. M. : The Japan-Soviet Union territorial dispute. In:
Asian survey. Vol. 25, 1985. No. 5. S. 499-511. BZ 4437:25
Petracchi, G. : Le relazioni tra l'Unione Sovietica e il Regno del
Sund. Una riconsiderazione della politica sovietica in Italia (1943-1944). In: Storia contemporanea. Anno 15, 1984. No. 6.
S. 1171-1204. BZ 4590:15
Ramet, P. : Soviet-Libyan relations under Qaddafi. In: Survey.
Vol. 29, 1985. No. 1. S. 96-112. BZ 4515:29
Rosenfeld, G. : Sowjetrussland und Deutschland 1917-1922. 2. Aufl.
Köln: Pahl-Rugenstein 1984. XI, 407 S. B 51633
Rosenfeld, G. : Sowjetunion und Deutschland 1922-1933. Köln: '
Pahl-Rugenstein 1984. 512 S. B 55282
The Soviet Union and East Asia in the 1980s. Ed. : Jae Kyu Park,
M. Ha. Boulder: Westview 1983. 284 S. B 51727
The Soviet Union and the Middle East in the 1980s. Opportunities,
constraints, and dilemmas. Ed. : M. V. Kauppi [u. a.]. Lexington:
Lexington Books 1983. IX, 292 S. B 52947
Vásquez de Aquino, S. T. : Repercussões militares da expansão
Soviética na Africa. In: Revista marítima Brasileira.
Vol. 104, 1984. Nos. 4-7. S. 51-61. BZ 4630:104
Vukadinović, R. : Die sowjetische Mittelmeerpolitik. In: Europäische Rundschau. Jg. 12, 1984. H. 3. S. 41-50. BZ 4615:12
Yodfat, A. Y. : The Soviet Union and the Arabian Peninsula. Soviet
policy towards the Persian Gulf and Arabia. London:
Croom Helm 1983. 191 S. B 51210
Yodfat, A. Y. : The Soviet Union and revolutionary Iran. London:
Croom Helm 1984. 168 S. B 51209
Zagoria, D. S. : The USSR and Asia in 1984. In: Asian survey.
Vol. 25, 1985. No. 1. S. 21-32. BZ 4437:25

f. Wehrwesen

f 0.1 Wehrpolitik

Bergquist, M. : Moskvas syn på kriget: hur skall Sovjets militära
doktrin tolkas? In: Kungliga Krigsvetenskapsakademiens
tidskrift. Årg. 189, 1985. H. 2. S. 37-51. BZ 4718:189
Brzoska, M.; Henneke, F.; Nikutta, R. : Falsche Gewichte.

Zur Problematik von Datenangaben... Die Beispiele taktischer
Nuklearwaffen u. sowjetischer Militärausgaben. Frankfurt:
Haag u. Herchen 1983. 124 S. Bc 4235
Chabaud, J.: Les Soviétiques et l'arme nucléaire de Staline à
Brejnev. In: Défense nationale. Année 41, 1985. No. 1.
S. 35-44. BZ 4460:41
Soviet Decisionmaking for national security. Ed.: J. Valenta [u. a.].
London: Allen and Unwin 1984. XIV, 319 S. B 51883
Donnelly, C. N.: The human factor in Soviet military policy. In:
Military review. Vol. 65, 1985. No. 3. S. 11-22. BZ 4468:65
Gormley, D. M.; Hart, D. M.: Soviet Views on Escalation. In:
The Washington quarterly. Vol. 7, 1984. No. 4. S. 71-84. BZ 05351:7
Hart, D. M.: The hermeneutics of Soviet military doctrine. In:
The Washington quarterly. Vol. 7, 1984. No. 2. S. 77-88. BZ 05351:7
Hines, J. G.; Petersen, P. A.: The Soviet conventional offensive
in Europe. In: Military Review. Vol. 64, 1984. H. 4.
S. 2-29. BZ 4468:64
Kolkowicz, R.: Die politische Rolle des sowjetischen Militärs.
In: Aussenpolitik. Jg. 35, 1984. H. 4. S. 357-372. BZ 4457:35
Laurent, J.: Évolution de la doctrine militaire soviétique? In:
Stratégique. 1984. No. 4. S. 63-83. BZ 4694:1984
Laurent, J.: Un outil pour la pensée militaire soviétique. In:
Stratégique. 1984. No. 23. S. 43-91. BZ 4694:1984
Lebow, R. N.: The Soviet offensive in Europe. The Schlieffen Plan
revisited? In: International security. Vol. 9, 1984/85. No. 4.
S. 44-78. BZ 4433:9
Ogarkow, N. W.: Erfahrungen der Geschichte und Gegenwart.
Ein Interview. In: Beiträge zur Konfliktforschung. Jg. 14, 1984.
H. 4. S. 59-70. BZ 4594:14
Petersen, P. A.; Hines, J. G.: Le role de la puissance militaire
dans la stratégie soviétique contre L'O.T.A.N. In: Stratégique.
1984. Sommaire. S. 31-49. BZ 4694:1984
Rekkedal, N. M.: Sovjetiske doktriner for bruk av militaer makt.
In: Norsk militaert tidsskrift. Årg. 155, 1985. H. 6.
S. 297-312. BZ 05232:155
Rühle, M.: Die sowjetische Militärmacht in amerikanischer Perspektive. In: Beiträge zur Konfliktforschung. Jg. 14, 1984. H. 3.
S. 51-75. BZ 4594:14
Sharp, J. M. O.: Are the Soviets still interested in arms control?
In: World policy journal. Vol. 1, 1984/85. No. 4. S. 813-849. BZ 4822:1
Sorrels, C. A.: Soviet propaganda campaign against NATO.
Washington: US Arms Control and Disarmament Agency 1983.
42, 11 S. Bc 4069
Tangac, R.: Pour une nouvelle approche de la stratégie soviétique.
Pt. 1. 2. In: Stratégique. 1984. S. 69-87; 121-158. BZ 4694:1984
Vigor, P. H.: Soviet Blitzkrieg theory. Repr. London:
Macmillan 1984. X, 218 S. B 52136

f. 0. 2 Wehrorganisation

f. 1 Heer

Akhmedov, I.: In and out of Stalin's GRU. A Tatar's escape from
Red Army intelligence. London: Arms and Armour Pr. 1984.
XV, 222 S. B 51857
Benvenuti, F.: I Bolscevichi e l'Armata Rossa 1918-1922.
Napoli: Bibliopolis 1982. 303 S. B 51675
Časovye sovetskich granic. Kratkij očerk pograničnych vojsk SSSR.
[Die Wachtposten der sowjet. Grenzen. Kurzer Abriss d. Grenztruppen.] 2. izd. Moskva: Politizdat 1983. 318 S. B 51978
Currie, K.: Soviet general staff's new role. In: Military review.
Vol. 64, 1984. No. 10. S. 61-74. BZ 4468:64
Meyer, S. M.: Soviet theatre nuclear forces. Pt. 1. 2. London:
Internat. Institute for Strategic Studies 1983. 51, 63 S. Bc 01303
Krasnoznamennyj Belorusskij voennyj okrug. [Mit dem Rotbanner-Orden ausgezeichneter Beloruss-Militärbezirk.] 2. izd. Red.: E. F.
Ivanovskij. Moskva: Voenizdat 1983. 405 S. B 52120
Krasnoznamennyj Uralskij. Istorija krasnoznamennogo ural'skogo
voennogo okruga. [Geschichte d. mit dem Rotbannerorden ausgezeichneten Ural-Militärbezirks.] Red. E. L. Kovarskij.
Moskva: Voenizdat 1983. 282 S. B 51792
Paparella, I.: Les organes politiques des forces armées soviétiques des forces armées soviétiques. In: Défense nationale.
Année 41, 1985. No. 4. S. 59-70. BZ 4460:41
Pons Alcoy, J.: La cúspide militar sovietica. In: Defensa.
Año 7, 1984. No. 78. S. 16-24. BZ 05344:7
Ideologičeskaja Rabota v Vooružennych Silach SSSR. [Die ideologische
Arbeit in den Streitkräften der SU.] Red. A. A. Epiševa.
Moskva: Voenizdat 1983. 343 S. B 51538
Simpkin, R.: Red Armour. An examination of the Soviet mobile
force concept. Oxford: Brassey's Defence Publ. 1984.
XVIII, 253 S. 09615
Tarasulo, Y.: A profile of the Soviet soldier. In: Armed forces
and society. Vol. 11, 1985. No. 2. S. 221-234. BZ 4418:11
Urban, M. L.: Soviet Land Power. London: Allan 1985.
119 S. 09787
Verna, R.: I missili da crociera Sovietici e l'SS- NX-21. In:
Rivista marittima. Anno 117, 1984. No. 10. S. 19-34; No. 11.
S. 41-55. BZ 4453:117
Der Verteidigungsrat der U(nion) d(er) S(ozialistischen) S(owjet)-
R(epubliken). Verantw.: N. Nor-Mesek, W. Rieper. Frankfurt:
Institut f. Sowjet-Studien 1984. 49 S. Bc 01374

f. 2 Kriegsmarine

Breemer, J.S.: Soviet Navy. Submarine missile developments, 1947-62. In: Navy international. Vol. 90, 1985. No. 3. S. 171-179. BZ 05105:90

Breyer, S.: Neue Entwicklungen der sowjetischen Kriegsmarine 1983/84. In: Marine-Rundschau. Jg. 81, 1984. H. 11. S. 501-509. BZ 05138:81

Coutau-Bégarie, H.: La Puissance maritime soviétique. Paris: Economica 1983. 198 S. B 51226

Etzold, T.H.: The Soviet Union in the Mediterranean. In: Naval War College Review. Vol. 32, 1984. No. 4. S. 4-22. BZ 4634:32

Garde, H.: Østersøen - den sovjetiske flades første og største baseområde. In: Tidsskrift for søvaesen. Årg. 156, 1985. Nr. 2. S. 66-80. BZ 4546:156

Jordan, J.: Soviet torpedo attack submarines. Parts I-IV. In: Jane's defence weekly. Vol. 2, 1984. Nos. 11, 14, 15, 17. Getr. Pag. BZ 05465:2

Moore, J.: Soviet aubmarines set the pace. In: Jane's naval review. Vol. 3, 1983/84. S. 110-121. BZ 05470:3

O'Ballance, E.: Underwater hide-and-seek. In: Military Review. Vol. 64, 1984. No. 4. S. 64-74. BZ 4468:64

Rielle, P.: Créateur de la marine soviétique: Serguei Georgevitch Gochkov. In: La nouvelle Revue maritime. 1984. No. 390. S. 6-23. BZ 4479:1984

Rühl, L.: Die sowjetische maritime Bedrohung und mögliche Optionen einer strategischen Erwiderung. In: Marineforum. Jg. 59, 1984. H. 10. S. 325-332. BZ 05170:59

Schulz-Torge, U.-J.: Die sowjetische Seekriegsflotte 1984. In: Österreichische Militärische Zeitschrift. Jg. 22, 1984. H. 5. S. 410-421. BZ 05214:22

Sollie, F.: Sovjetisk sjømakt. Trekk og tendenser i russisk maritim strategi. In: Norsk militaert tidsskrift. Årg. 154, 1984. H. 7/8. S. 289-304. BZ 05232:154

Spano, L.: Forze anfibie della marina sovietica. In: Rivista marittima. Anno 117, 1984. Agosto-Settembre. S. 19-30. BZ 4453:117

Spano, L.: "Nanuchka". Una classe di unità dalla vita breve e travagliata. In: Rivista marittima. Anno 118, 1985. No. 1. S. 59-68. BZ 4453:118

Tarsky, Y.: The Soviet Navy. Moscow: Novosti 1982. 35 S. Bc 4125

Vego, M.: L'attacco strategico nella marina sovietica. In: Rivista marittima. Anno 118, 1985. No. 5. S. 17-38. BZ 4453:14

Vego, M.: Combat Support of submarines. Part I: Theory and combat intentions. Part II: Defence and logistic support. In: Navy international. Vol. 89, 1984. No. 8. S. 492-499; 9. S. 559-565. BZ 05105:89

Vego, M.: La portaerei nella marina sovietica. teoria e pratica. In: Rivista marittima. Anno 117, 1984. N. 11. S. 73-93. BZ 4453:117

Weiss, K.G.: The naval dimension of the Sino-Soviet rivalry.
In: Naval War College Review. Vol. 38, 1985. No. 1.
S. 37-52. BZ 4634:38
Wieck, H.-G.: The Soviet threat. In: U.S. Naval Institute.
Proceedings. Vol. 110, 1984. No. 12, Suppl. S. 26-35. BZ 05163:110

f. 3 Luftwaffe

The Soviet Air Forces. Ed.: P.J. Murphy. Jefferson: McFarland
1984. VIII, 375 S. B 52559
Burton, C.: The myth and reality of the Soviet paratrooper. In:
Military Review. Vol. 65, 1985. No. 1. S. 26-42. BZ 4468:65
Sachurin, A.I.: Kryl'ja Pobedy. [Sieg in der Luft.] Moskva:
Politizdat 1983. 238 S. B 52831
Sovair: the new wave. In: Air international. Vol. 27, 1984. No. 3.
S. 131-142. BZ 05091:27
Whitton, T.L.: The changing role of air power in Soviet combined-arms doctrine. In: Air university review. Vol. 34, 1983. No. 3.
S. 36-49. BZ 4544:34

g. Wirtschaft

Breyer, S.: Soviet naval exports. In: Naval forces. Vol. 5, 1984.
No. 5. S. 24-33. BZ 05382:5
Brus, W.: Wirtschaftsreformen in der Sowjetunion. In: Europäische Rundschau. Jg. 13, 1985. Nr. 1. S. 15-36. BZ 4615:13
Heuler, W.: Herrschaft über die Natur oder ökologischer Pazifismus? Umweltdiskussion in der Sowjetunion. In: Osteuropa-Info.
1984. Nr. 57/58. S. 74-92. BZ 4778:1984
Kingston-Mann, E.: Lenin and the problem of marxist peasant
revolution. New York: Oxford Univ. Pr. 1983. 237 S. B 52532
Munting, R.: Lend-lease and the Soviet war effort. In: Journal of
contemporary history. Vol. 19, 1984. No. 3. S. 495-510. BZ 4552:19
Nove, A.: Whither the Soviet economy? In: The Washington
quarterly. Vol. 7, 1984. No. 2. S. 89-99. BZ 05351:7
Parrott, B.: Politics and technology in the Soviet Union.
Cambridge: The MIT Pr. 1983. 428 S. B 51550
Schulz-Torge, U.-J.: Soviet naval industry. In: Naval forces.
Vol. 5, 1984. No. 6. S. 58-65. BZ 05382:5
Valkenier, E.K.: The Soviet Union and the Third World. An
economic bind. New York: Praeger 1983. XIV, 188 S. B 52672
Zukunftsperspektiven der Sowjetunion. Hrsg.: B. Dietz.
München: Beck 1984. 199 S. B 51508

h. Gesellschaft

Beyrau, D.: Militär und Gesellschaft im vorrevolutionären
Rußland. Köln, Wien: Böhlau 1984. 504 S.   B 52816
Bonnell, V. E.: Roots of rebellion. Workers'politics and organi-
zations in St. Peterburg and Moscow, 1900-1914. Berkeley:
Univ. of California Pr. 1983. XXI, 560 S.   B 53277
Gabbert, M. A.: Stalinism, Soviet society and the "Workers'State":
Trotsky's theory reexamined. In: Contemporary crises. Vol. 9,
1985. No. 2. S. 169-182.   BZ 4429:9
Rabočij-klass Rossii 1907-fevral' 1917 g. [Russlands Arbeiterklasse
1907- Febr. 1917.] Red.: V. J. Laveryčev. Moskva: Nauka 1982.
462 S.   B 52372
Schlögel, K.: Der renitente Held. Arbeiterprotest in der Sowjet-
union 1953-1983. Hamburg: Junius Verl. 1984. 323 S.   B 52253
Schlögel, K.: Ökologiediskussion und Umweltschutzmaßnahmen in
der Sowjetunion. In: Aus Politik und Zeitgeschichte. 1985.
B 21-22/85. S. 32-46.   BZ 05159:1985
The Soviet Union: Socialist or socialimperialist? Essays toward the
debate on the nature of Soviet society. Comp. by the editors of
The Communist. Chicago: RCP Publ. 1983. 210 S.   B 52706
Teckenberg, W.: Organisation und Funktion sowjetischer Sozio-
logie. Erforschung oder Leitung der Gesellschaft? In: Beiträge
zur Konfliktforschung. Jg. 14, 1984. H. 4. S. 35-58.   BZ 4594:14
Thorez, P.: Les Enfants modèles. Paris: Lieu-Commun 1982.
198 S.   B 49570

i. Geistesleben

Crouch, M.; Porter, R.: Understanding Soviet politics through
literature. A book of readings. London: Allen & Unwin 1984.
XI, 207 S.   B 51745
Hopkins, M.: Russiá's Underground press. The Chronicle of
current events. Chronika Tekuscich Sobytij. New York: Praeger
1983. XX, 203 S.   B 52625
Levšin, B. V.: Sovetskaja Nauka v gody Velikoj Otečestvennoj
vojny. [Die sowjet. Wissenschaft in d. Jahren des Grossen Vaterländ.
Krieges.] Moskva: Nauka 1983. 381 S.   B 51789
Das Zentrale Museum der Streitkräfte der UdSSR. Museumsführer.
Zsgest.: N.G. Aleksejewa [u.a.]. Moskau: Raduga 1983.223 S.B 51975
Stus, W.: Ein Dichter im Widerstand. Aus dem Tagebuch.
Hamburg: Gerold u. Appel 1984. 47 S.   Bc 4667
Suvorov, L. N.: Marxist Philosophy at the Leninist stage.
Moscow: Progress Publ. 1982. 244 S.   B 51339
Woll, J.; Treml, V. G.: Soviet dissident Literature. A critical
guide. Rev. ed. Boston: Hall 1983. XLVIII, 241 S.   B 51569

k. Geschichte

k. 1 Geschichte bis 1917

Girault, R.; Ferro, M.: De la Russie à l'U.R.S.S. L'histoire de la Russie de 1850 à nos jours. Nouv. éd. mise en jour et augmentée. Paris: Nathan 1983. 239 S. B 52339

Johannesen, B.: Den russiske Kontrarevolutionen. Leninistisk mytologi og historisk virkelighed. København: Gyldendal 1983. 240 S. B 52057

Lieven, D. C. B.: Russia and the origins of First World War. London: Macmillan 1983. 213 S. B 51128

McCauley, M.: Octobrists to Bolsheviks. Imperial Russia 1905-1917. London: Arnold 1984. X, 226 S. B 53401

Mandel, D.: The Petrograd workers and the fall of the old regime. From the February revolution to the July days. 1917. London: MacMillan 1983. XII, 210, 10 S. B 53583

Miliukov, P. N.: The Russian Revolution. [Übers. a. d. Russ.]. Vol. 1. 2. Gulf Breeze: Acad. Internat. Pr. 1978-1984. XXV, 227; XVII, 263 S. B 51416

Nielsen, J. P.: Var Oktoberrevolusjonen en sosialistisk revolusjon? Et essay om 100 års russisk marxisme. In: Tidsskrift for arbeiderbevegelsens historie. Årg. 1985. H. 1. S. 131-153. BZ 4660:1985

Sayn-Wittgenstein, K.: Als unsere Welt unterging. Tagebuch der Prinzessin Katharina Sayn-Wittgenstein aus den Tagen der Russischen Revolution. Berlin: Siedler 1984. 303 S. B 51553

Schapiro, L.: 1917. Hounslow: Maurice Temple Smith 1984. 239 S. B 53588

k. 3 Geschichte seit 1917

Andropov, J. V.: Sixtieth Anniversary of the USSR. Moscow: Novosti 1983. 39 S. Bc 4123

Brucan, S.: The Post-Brezhnev Era. New York: Praeger 1983. 126 S. B 52683

Guerra, A.: Dopo Brežnev. E riformabile il socialismo sovietico? Roma: Ed. Riuniti 1983. 201 S. B 51176

Hendrikse, H.: Terugblik bij een officieel Russisch feest. De opkomst van de Sovjetunie als wereldmacht. In: Internationale Spectator. Jg. 39, 1985. Nr. 1. S. 8-20. BZ 05223:39

Meyer, F.: Weltmacht im Abstieg. München: Bertelsmann 1984. 320 S. B 53102

The Soviet Union, 1917-1939. Ed.: D. Cameron Watt. Pt. 1-5. Frederick: Univ. Publ. of America 1984. Getr. Pag. 09697

Die Sowjetunion im Übergang von Breschnew zu Andropow. Berlin:
Duncker u. Humblot 1983. 131 S. Bc 4089
T a r s k i j , J. S. : They helped to win the war. Moscow: Novosti 1983.
83 S. Bc 4128

l. Einzelne Gebiete/Orte

Christen im Baltikum. 1985. Dokumentation. Frankfurt: Internationale Gesellsch. für Menschenrechte 1985. 52 S. D 03268
D o t s e n k o , P. : The Struggle for a democracy in Siberia, 1917-20.
Eyewitness account of a contemporary. Stanford: Hoover Inst.
Pr. 1983. 178 S. B 51885
H o v a n n i s i a n , R. G. : The Republic of Armenia. Vol. 2. Berkeley:
The Univ. of Cal. Pr. 1982. XV, 603 S. B 50957
I g n a t s , U. : Estland mot en ny vår. Stockholm: Askelin &
Hägglund 1981. 142 S. Bc 4739
K o l y c h a l o v a , T. F. : Social-demokratičeskoe Dviženie na Amure
v period revoljucionnoj borby s samoderžaviem 'janvar' 1905-
fevral 1917'. [Sozialdemokr. Bewegung am Amur in d. Periode der
revolut. Kämpfen gegen d. absolutist. Herrschaft.] Tomsk:
Izd. Tomsk. Universiteta 1979. 258 S. B 52363
K o s t i a i n e n , A. : Dominating Finnish minority? On the background
of the nationality problem in Soviet Karelia in the 1930's. Oulo:
Oulon Yliopisto 1985. S. 341-366. Bc 4884
K r e p p , E. ; E c o n , M. : Mass deportations of population from the
Soviet occupied Baltic states. Stockholm: Estonian Information
Centre, Latvian National Foundation 1981. 40 S. Bc 4071
L i m b e r g , F. ; K o p p e l , T. : Estonian Army uniforms and insignia,
1936-44. Bennington: Internat. Graphics Corp. 1983. 27 S. Bc 01482
M a c e , J. E. : Communism and the dilemmas of national liberation.
National communism in Soviet Ukraine, 1918-1933. Cambridge:
Harvard Univ. Pr. 1983. XIV, 334 S. B 51957
S t o w a s s e r , H. : Die Machnotschina. 3. Aufl. Wetzlar: An-Archia-
Verl. ; Anzhausen: Winddruck-Verl. 1982. 122 S. Bc 4311
These ruins accuse. A record of religious suppression of the Evangelical Lutheran Church in occupied Latvia. Stockholm: Latvian
National Foundation 1983. 24 S. Bc 01288

L 183 Schweden

e. Staat/Politik

Berendt, M.: Tilfaeldet Sverige. København: Erichsen 1983.
174 S. B 51911
Bistånd i kris. En bok om svensk u-landspolitik. Red.: C. Andersson,
L. Heikensten, S. de Vylder. Stockholm: Liber 1984. 240 S. B 51886
Bohman, G.: Så var det. Gösta Bohman berättar. Stockholm:
Bonniers 1983. 356 S. B 53324
Carlgren, W. M.: The emergence of Sweden's policy of neutrality.
In: Revue internationale d'histoire militaire. 1984. No. 57.
S. 11-33. BZ 4454:1984
Ehnmark, A.: Arvskifte. 5 politiska memoarer. Stockholm:
Norstedts 1983. 201 S. B 53322
Eriksson, P. -O.: Regeringsmakt - men se'n...? Stockholm.
LTs Förl. 1983. 64 S. Bc 4616
Gahrton, P.: Riksdagen inifrån. En studie av parlamentarisk
handfallenhet inför ett samhälle i kris. Stockholm: Prisma 1983.
362 S. B 53347
Haegglöf, G.: Det kringrända Sverige. Stockholm: Norstedts
1983. 370 S. B 53340
Hellberg, L.: Det nye Sverige. "Folkhemmet" i krise. Oslo:
Cappelen 1981. 97 S. B 51239
Hermansson, C. H.: Socialism på svenska. Om behovet av
realistiska utopier. Stockholm: Arbetarkultur 1983. 132 S. Bc 4296
Höjer, S.: I ett vaknande Afrika. Stockholm: LTs Förl. 1983.
138 S. B 53335
Höjer, S.: Mitt i Livet. Stockholm: LTs Förl. 1982. 220 S. B 53338
Jarring, G.: Rikets Förhållande till främmande makt. Memoarer
1952-1964. Stockholm: Bonniers 1983. 232 S. B 53346
Johansson, A. W.: Aspekter på svensk utrikespolitik under andra
världskriget. In: Kungliga Krigsvetenskapsakademiens tidskrift.
Årg. 188, 1984. H. 5. S. 235-250. BZ 4718:188
Johansson, A. W.; Norman, T.: The Swedish policy of neutra-
lity in a historical perspective. In: Revue internationale d'histoire
militaire. 1984. No. 57. S. 69-94. BZ 4454:1984
Misgeld, K.: Sozialdemokratie und Außenpolitik in Schweden.
Sozialistische Internationale, Europapolitik und die Deutschland-
frage 1945-1955. Frankfurt: Campus 1984. 563 S. B 52430
Myrdal, J.: En illojal europés Bekännelser. Stockholm:
Norstedts 1983. 245 S. B 53332
Nyström, P.: I folkets Tjänst. Historikern, journalisten och
ämbetsmannen. Artiklar 1927-83 i urval av Anders Björnsson i
samarb. m. förf. Utg. till Per Nyströms 80-årsdag den 21 nov. 1983.
Stockholm: Ordfront 1983. 308 S. B 51989

Strandh, S.: Alfred Nobel. Mannen, verket, samtiden.
Sockholm: Natur och Kultur 1983. 339 S. B 53333
Sundelius, B.: Förutsättningar och vägval för vår säkerhetspolitik. In: Kungliga Krigsvetenskapsakademiens tidskrift.
Årg. 188, 1984. H. 4. S. 153-163. BZ 4718:188
Värna yttrandefriheten. Betänkande ab yttrandefrihetsutredningen.
Stockholm: Liber/Allmänna Förl. 1983. 431 S. B 52059
Wermelin, A.: Kan sparsamhet rädda proletariatet? In: Marx i
Sverige. Stockholm 1983. S. 45-59. B 51928

f. Wehrwesen

Agrell, W.: Sveriges cicila Säkerhet. Suveränitet, stabilitet och
anpassningsförmåga som samhällsmål. Stockholm: Liber 1984.
159 S. Bc 4999
Andolf, G.: The social origins of the Swedish officer corps during
the twentieth century. In: Revue internationale d'histoire
militaire. 1984. No. 57. S. 187-214. BZ 4454:1984
Böhme, K.-R.: The principal features of Swedish defence policy
1925-1945. In: Revue internationale d'histoire militaire.
1984. No. 57. S. 119-134. BZ 4454:1984
Bojerud, S.: Krigserfarenheter, ekonomi och marint nytänkande.
Lätt flotta 1945-1963. In: Tidskrift i sjöväsendet. Årg. 147, 1984.
Nr. 2. S. 73-110. BZ 4494:147
Cronenberg, A.: The armed forces as instruments of security
policy. In: Revue internationale d'histoire militaire. 1984.
No. 57. S. 135-186. BZ 4454:1984
Fredh, T.: Utanför Spärren. D. 1-4. Lysekil: Fredh 1981-84.
Getr. Pag. B 53348
Hellberg, A.; Jörle, A.: Ubåt 137. Tio dagar som skakade
Sverige. Stockholm: Atlantis 1984. 316 S. B 53351
Huldt, B. K. A.: Swedish disarmament and security policy from
the 1920's to the 1980's. In: Revue internationale d'histoire
militaire. 1984. No. 57. S. 35-57. BZ 4454:1984
Hur bevara Sveriges frihet och fred. Kungliga Krigsvetenskapsakademiens studie 1983-84. Stockholm: Kungliga Krigsvetenskapsakademien 1984. 124 S. Bc 4932
Informationsberedskap. Promemoria med principbetänkande avgiven
av informationsberedskapsutredningen. Stockholm: Liber/
Allmänna Förl. 1983. 251 S. B 52048
Molin, K.: Hemmakriget. Om den svenska krigsmaktens åtgärder
mot kommunister under andra världskriget. Stockholm:
Tiden 1982. 279 S. B 53329
Kompletterande Motståndsformer. Betänkande av motståndsutredningen. Stockholm: Liber/Allmänna Förl. 1984. 207 S. Bc 4362
Nordbeck, L.: PM om militär direktivrätt. Stockholm:
Liber/Allmänna Förl. 1983. 47 S. Bc 4339

Totalförsvarets Samordning. Betänkande avgivet av Utredningen om ledning och samordning av totalförsvaret inom regeringskansliet. Stockholm: Liber/Allmänna Förl. 1983. 66 S. Bc 4341

Tjänstgöring i fred för hemvärnet. Delbetänkande av utredningen om tillträdesskydd. Stockholm: Liber/Allmänna Förl. 1983. 101 S. Bc 4344

g./h. Wirtschaft und Gesellschaft

Arbetsmarknadsstriden. En kartläggning av arbetsmarknadskonflikter i det moderna samhället. 1. 2. Stockholm: Liber/ Allmänna Förl. 1984. Getr. Pag. Bc 4361

Det var här det började. Glimtar ur arbetarrörelsens historia i Malmö. Malmö: Perfekta 1981. 125 S. Bc 4927

Elden är lös. Kampen om Brandstationen Jönköping 1982. Jönköping: Förl. Initiativ 1982. 112 S. Bc 01416

Fjellström, P.; Ring, B.: Rödluvan behöver inga råd, sa vargen. En orättvis betraktelse över konsumentpolitiken. Stockholm: Prisma 1982. 196 S. B 51250

Folket i Bild - tidningen som var en folkrörelse. Urval och inledning: I. Öhman [u. a.]. Bd 1. 2. Stockholm: Tiden 1984. 251, 252 S. 09692

Grassman, S.: Makten över våra tankar. Tjugo brev till en svensk arbetare. Stockholm: Ordfront 1983. 156 S. B 51990

Hultén, G.; Samuelsson, J.: Mediavänstern. En närbild av den dolda åsiktsproduktionen i Sverige. Stockholm: Bonnier Fakta 1983. 136 S. B 53334

Jinadu, L. A.: The political economy of Sweden's development policy in Africa. In: Cooperation and conflict. Vol. 19, 1984. No. 3. S. 177-196. BZ 4605:19

Johansson, L.: Från förtryck till frihet. Om kvinnors kunskap och kraft. Stockholm: Prisma 1982. 191 S. B 51242

Marx i Sverige. 100 år med Marx i svensk historia, vetenskap och politik. Red. av L. Vikström. Stockholm: Arbetarkultur 1983. 258 S. B 51928

Talonen, J.: Lestadiolaisuus ruotsalaisessa yhteiskunnassa vuosina 1900-40. [Laestadianismus in der schwedischen Gesellsch. 1900-40.] Oulu: Yliopisto 1984. S. 208-224. Bc 01438

L 185 Schweiz

e. Staat/Politik

Altermatt, U.; Preiswerk, R.; Ruh, H.: Formen schweizerischer Friedenspolitik. Referate. Genf: Nationalkommitee Iustitia et Pax 1982. 115 S.   Bc 4060
Aubert, J.-F.: So funktioniert die Schweiz. 4. überarb. Aufl. Muri b. Bern: Cosmos Verl. 1984. 307 S.   B 51687
Cantini, C.: Le Colonel fasciste. Suisse, Arthur Fonjallaz. Lausanne: Favre 1983. 216 S.   B 51363
Einblick in die schweizerische Aussenpolitik. Zum 65. Geburtstag von Staatssekretär Raymond Probst. Zürich: Verl. Neue Zürcher Zeitung 1984. 469 S.   B 52446
Die Friedensbewegung der 80er Jahre und die Sicherheitspolitik der Schweiz. In: Allgemeine Schweizerische Militärzeitschrift. Jg. 151, 1985. H. 1. Beil. S. 1-14.   BZ 05139:151
Furgler, K.: Die Totalrevision der Bundesverfassung. [Dt. und franz. Text.] Aarau: Sauerländer 1982. 48 S.   Bc 4058
Sigg, O.: Die politischen Institutionen der Schweiz. 2. Aufl. Zürich: Pro Helvetia 1982. 58 S.   Bc 4350
Von der freien Gemeinde zum föderalistischen Europa. Festschr. f. Adolf Gasser zum 80. Geburtstag. Hrsg.: F. Esterbauer [u. a.]. Berlin: Duncker & Humblot 1983. 652 S.   B 52077

f. Wehrwesen

1883-1983. 150 Jahre Schweizerische Offiziersgesellschaft. SOG, SSO, SSU. Frauenfeld: ASMZ 1983. 96 S.   Bc 01308
Unser Alpenkorps. Notre Corps alpin. Il nostro Corpo d'Armato alpino. Nies Corps alpin. 2. Aufl. Hrsg. Gebirgsarmeekorps 3. Zug: Selbstverl. 1984. 322 S.   09557
The Defence Forces of Switzerland. Devon: Army Quarterly and Defence Journal 1983. 132 S.   Bc 4072
Din, A. M.; Diezi, J.: Nuclear War effects in Switzerland. Basel: Physicians for Social Responsibility 1984. 43, 33 S.   Bc 4987
Fischer, K.: La fanteria oggi e domani. In: Rivista militare della Svizzera italiana. Anno 57, 1985. N. 2. S. 91-112.   BZ 4502:57
Gross, P.: Einsatz der Artillerie im Mittelland - ein Erfahrungsbericht. Zürich: Beer 1982. 48 S.   Bc 01528
Militärverweigerer-Report. Betroffene Frauen und Männer berichten. Bern: Militärverweigerer-Beratung 1984. 76 S.   Bc 4698
Näf, B.: Anfang und erste Entwicklung einer schweizerischen Strategie (Sicherheitspolitik) 1969-1973. In: SAMS-Informationen. Vol. 8, 1984. Nr. 1. S. 51-146.   BZ 4820:8

Riedmatten, C. de : Général Henri Guisan. Autorité et démocratie.
Ou la question de l'inspecteur et celle de la démocratisation dans
l'armée 1939-1947. Fribourg: Inst. d'hist. moderne et contemporaine 1983. IX, 230 S. B 52204
Schumacher, E.: Brevier des Offiziers. Zitate und Texte,
ausgew. u. bearb.: D. Wetter. Frauenfeld: Huber 1983. 112 S. Bc 4040
Waechter, H.: Chronik der schweizerischen Artillerie von 1963
bis 1981. Zürich: Beer 1981. 36 S. Bc 01376

g./h. Wirtschaft und Gesellschaft

Aubry, G.: Nationalrätin: Alibifrau? Tavannes: Verl. Agecopresse
1983. 114 S. B 52206
Kriesi, H.: Die Zürcher Bewegung. Bilder, Interaktionen, Zusammenhänge. Frankfurt; New York: Campus 1984. 267 S. B 51686
Levy, R.; Duvanel, L.: Politik von unten. Bürgerprotest in der
Nachkriegsschweiz. Basel: Lenos 1984. 333 S. B 52104
Luchsinger, F.: Realitäten und Illusionen. NZZ-Leitartikel zur
internationalen Politik 1963-1983. Zürich: Neue Zürcher Zeitung
1983. 424 S. B 51036
Ribbe-Ochsner, E.: Der schweizerische Gewerkschaftsbund und
seine Verbände. Bibliographie d. Zeitungen, Zeitschriften, Tätigkeitsberichte, Protokolle u. Schriftenreihen. Zürich: Schweizerr.
Sozialarchiv 1980. IV, 120, 10 S. Bc 4381
Rotzler, W.; Wobmann, K.: Political and social Posters of
Switzerland. A historical cross-section. Politische und soziale
Plakate der Schweiz. Ein historischer Querschnitt. Affiches
politiques et sociales de la Suisse. Un aperçu historique.
Zürich: ABC Verl. 1985. 155 S. 09789
Waffenplatz Schweiz. Beitr. z. schweizerischen Rüstungsindustrie u.
Waffenausfuhr. Bern: AG f. Rüstungskontrolle und Waffenausfuhrverbot 1983. 183 S. B 52666
Vogler, R. U.: Die Wirtschaftsverhandlungen zwischen der Schweiz
und Deutschland 1940 und 1941. Zürich: Schweiz. Nationalbank
1983. 240 S. B 52646
Wecker, R.: Frauen in der Schweiz. Von den Problemen einer
Minderheit. [Nebst:] Ergänzungen. Zug: Klett u. Balmet 1983.
80, 65 S. Bc 4055

k. Geschichte

Abschreckung statt Asyl. Am Beispiel Freiburg. Die schweizerische
Flüchtlingspolitik, 40 Jahre danach. Bericht e. Untersuchungskommission... Basel: Atel. Populaire Internat. 1984. 65 S. Bc 5121
Dejung, C.: Schweizer Geschichte seit 1945. Frauenfeld:
Huber 1984. 228 S. B 51356

Feral, T.: La Suisse au temps du nazisme. Suivi de notes sur l'imperialisme allemand. Tarascon: Ed.: du Devès 1982. 77 S.   Bc 4065

Goldner, F.: Flucht in die Schweiz. Die neutrale Schweiz. Die neutrale Schweiz und die österreichische Emigration 1938 bis 1945. Wien; München: Europa Verl. 1983. 174 S.   B 51647

L 193 Spanien

c. Biographien

Alarcon-Benito, J.: Francisco Franco y su tiempo. 2. ed. Madrid: Ed. Fraile 1983. 231 S.   B 53763

Alvarez-González, F.: El Pensamiento de Ortega y Gasset. San José: Ed. Costa Rica 1980. 210 S.   B 52744

Arce-Robledo, C. de: Los Generales de Franco. Barcelona: Ed. Mitre 1984. 324 S.   B 54837

Azaña, M.: Antología. 1.2. Madrid: Alianza Ed. 1982. 327. 290 S.   B 52402

Campo-Vidal, M.: Información y servicios secretos en el atentado al Presidente Carrero Blanco. Barcelona: Ed. Argos/Vergara 1983. 150 S.   B 53738

Carabantes, A.; Cimorra, E.: Un Mito llamado Pasionaria. Barcelona: Planeta 1982. 334 S.   B 47934

Fernández-Santander, C.: El general Franco. 2. ed. rev. Barcelona: Argos Vergara 1983. 339 S.   B 52376

Franco visto por sus ministros. 2. ed. Coordinación, recopilación y prólogo de A. Bayod. Barcelona: Planeta 1981. 459 S.   B 47929

Fuente, I.; García, J.; Prieto, J.: Golpe mortal. Assesinato de Carrero y agonía del franquismo. 4. ed. Madrid: PRISA 1984. 374 S.   B 52398

Gil, V.: Cuarenta Años junto a Franco. Barcelona: Planeta 1981. 220 S.   B 47927

Maura-Gamazo, M.: Así cayó Alfonso XIII... 6. ed. Barcelona: Ed. Ariel 1981. 350 S.   B 47935

Primo de Rivera, J.A.: Textos revolucionarios. Barcelona: Ed. 29, 1984. 230 S.   B 54852

Rivas-Cherif, C. de: Retrato de un desconocido. Vida de Manuel Azaña (seguido por el epistolario de Manuel Azaña con Cipriano de Rivas Cherif de 1921 à 1937). 2. ed. Barcelona: Ed. Grijalbo 1981. 706 S.   B 51836

e. Staat/Politik

e.1 Innenpolitik

Alzaga, O.: Un Año de socialismo. Barcelona: Ed. Argos/Vergara
1984. 301 S. B 54823
Attard-Alonso, E.: Vida y muerte de UCD. Barcelona: Ed.
Planeta 1983. 303 S. B 53747
Bar, A.: The emerging Spanish party system. In: West European
Politics. Vol. 7, 1984. No. 4. S. 128-155. BZ 4668:7
Beneyto, J.: Las Autonomías. El poder regional en España.
Madrid: Siglo XXI 1980. 325 S. B 44339
Carbone, E.: José Antonio y la Falange Española. La Paz: Ed.
Cortesemente Patrocinate dal Comitato Tricolore-Bolivia
"Julius Evola" 1982. 64 S. Bc 4270
Chueca- Rodríguez, R.: El Fascismo en los comienzos del régimen
de Franco. Un estudio sobre FET-JONS. Madrid: Centre de
Invest. Sociológicas 1983. 548 S. B 53772
Clark, R. P.: Patterns in the lives of ETA members. In: Terrorism.
Vol. 6, 1983. No. 3. S. 423-454. BZ 4688:6
Fraga-Iribarne, M.; Chamorro, E.: El Cañón giratorio. Conversaciones con E. Chamorro. Barcelona: Argos/Vergara 1982.
207 S. B 51435
Fraga-Iribarne, M.: La leal Oposición. Barcelona: Planeta 1983.
233 S. B 53745
Herzog, W.: Spanien. Die zerbrechliche Einheit. Zürich:
Orell Füssli 1982. 256 S. B 51035
La Cierva, R. de : Historia del socialismo en España 1879-1983.
Barcelona: Planeta 1983. 279 S. B 51858
López-Garrido, D.: La Guardia Civil y los orígenes del estado
centralista. Barcelona: Ed. Crítica 1982. 220 S. B 51838
El Marxismo en España. Madrid: Fundacion de Invest. Marxistas
1984. 209 S. B 53760
Melloni, A.; Peña-Marín, C.: El Discurso político en la prensa
madrileña del franquismo. Roma: Bulzoni 1980. 270 S. B 51472
Picò i López, J.: El Franquisme. València: Inst. Alfonso el
Magnànim 1982. 104 S. Bc 3393
Share, D.: Two transitions: democratisation and the evolution of
the Spanish socialist left. In: West European politics.
Vol. 8, 1985. No. 1. S. 82-103. BZ 4668:8
Soluciones para una decada. Libro blanco de Alianza Popular. 2. ed.
corr. y aum. T. 1-2. Madrid: Alianza Popular 1982.
549, 662 S. B 51845
Spain, conditional democracy. Ed. : C. Abel and N. Torrents.
London: Croom Helm 1984. 198 S. B 51207
Vizcaíno-Casas, F.; Vizcaíno de Sas, C.: Viva Franco! Con
perdón. 8. ed. Barcelona: Ed. Planeta 1981. 199 S. B 53769

e. 2 Außenpolitik

Díaz-Plaja, F.: Francofiles y germanofilos. Madrid: Alianza Ed.
1981. 433 S. B 51829
Einhorn, M.: Wer half Franco? Spanien in der Politik Großbritanniens und der USA 1939-1953. Berlin: Akad.-Verl. 1983.
171 S. B 50370
Marquina-Barrio, A.: La Diplomacia vaticana y la España de
Franco. 1936-1956. Madrid: CSIC 1983. 710 S. B 53749
Pereira, J.C.: Introducción al estudio de la política exterior de
España. Siglos XIX y XX. Madrid: Akal 1983. 254 S. B 51449
Quiñonero-Martínez, J.P.: La gran Mutación. Europa-España.
Barcelona: Planeta 1982. 218 S. B 51439

f. Wehrwesen

Artabro : Los destructores de origen Estadounidense. In:
Defensa. Año 7, 1984. No. 80. S. 6-17. BZ 05344:7
Canga, B.: Cartilla de las fuerzas armadas. Madrid: Ed.
San Martín 1984. 78 S. Bc 4708
Cardona, G.: El Poder militar en la España contemporanea hasta
la Guerra Civil. México: Siglo XXI 1983. 332 S. B 52389
Espinosa Rodríguez, M.: Memorias de un Agregado Naval.
In: Revista general de marina. Tomo 207, 1984. No. 7.
S. 73-85. BZ 4619:207
Los Estudios de Oficial de Aviación. Madrid: Fundación Universidad
1981. 85, LXIV S. Bc 3286
Farre Albiñana, J.: La solocion polivalente como política de
defensa nacional. In: Defensa. Año 7, 1984. No. 75.
S. 20-26. BZ 05344:7
Fernández-Santander, C.: Los Militares en la transición política.
Barcelona: Ed. Argos/Vergara 1982. 348 S. B 51444
García-Parreño y Kaden, J.: Las Armas navales españoles.
Madrid: Bazán 1982. 310 S. 09444
Historia del Ejército español. T. 1. 2 ed. Madrid: Servicio Historico
Militar 1983. 445 S. B 52093
Muñoz Escribano, J.: El Ejército español en los primeros pasos
del plan Meta. In: Tecnologia militar. Año 7, 1985. No. 4.
S. 28-37. BZ 05350:7
Núñez-Lacaci, F.; Torrente-Sánchez, F.: La Armada. Esa
desconocida. Posibilidades y cometidos de la marina de guerra.
Madrid: Ed. San Martín 1983. 493 S. B 53757
Paricio, J.M.: Para conocer a nuestros militares. Madrid:
Ed. Tecnos 1983. 165 S. Bc 4902
La Razón de la fuerza. La amenaza de guerra en Europa. Política
revolucionaria y violencia en Occidente. Ejército y política en

el Estado español. Madrid: Ed. Revolución 1982. 212 S.   B 51440
Reales Ordenanzas del Ejército de Tierra. Con notas, concordancias,... Madrid: Lamruja 1983. 132 S.   Bc 4687
Salas-Larrazábal, R.; Schwartz, P.: La Defensa nacional. Madrid: Unión Editorial 1981. 108 S.   Bc 3394
Shubert, A.: The military threat to Spanish democracy. In: Armed forces and society. Vol. 10, 1983/84. No. 4. S. 529-542.   BZ 4418:10

k. Geschichte

Abellán-Garcia, J. L.: De la Guerra Civil al exilio republicano. 1936-1977. Madrid: Mezquita 1983. 226 S.   B 51448
Ballbé, M.: Orden publico y militarismo en la España constitucional 1812-1983. Madrid: Alianza Ed. 1983. 488 S.   B 53758
Bernecker, W. L.: Spaniens Geschichte seit dem Bürgerkrieg. München: Beck 1984. 291 S.   B 51506
Casassas-Ymbert, J.: La Dictatura de Primo de Rivera. 1923-1930. Textos. Barcelona: Anthropos 1983. 339 S.   B 51456
La Década del terror. 1973-1983. Madrid: Dyrsa 1984. 1045 S.   09774
Del Rosal-Díaz, A.: 1934. Movimiento revolucionario de octubre. Madrid: Akal Ed. 1983. 329 S.   B 54830
Díaz-García, E.: Pensamiento español en la era de Franco. 1939-1975. Madrid: Ed. Tecnos 1983. 219 S.   B 52383
Ferrando-Badía, J.: El Régimen de Franco. Un enfoque político-juridico. Madrid: Ed. Tecnos 1984. 299 S.   B 54004
C. Krasser, J. Schmück, Hrsg.- Frauen in der Spanischen Revolution, 1936-1939. Berlin: Libertad-Verl. 1984. 112 S.   Bc 4716
Gómez-Parra, R.: La Guerilla antifranquista. 1945-1949. Madrid: Ed. Revolución 1983. 244 S.   B 51450
Jáuregui-Campuzano, F.; Vega-San Martín, P.: Crónica del antifranquismo. 1. Barcelona: Ed. Argos/Vergara 1983. 318 S.   B 53770
La Cierva, R. de: Historia básica de la España actual. (1800-1980.). 12. ed. Barcelona: Ed. Planeta 1981. 591 S.   B 46675
Martín-Prieto, J. L.: Técnica de un golpe de estado. El juicio del 23 febr. Barcelona: Grijalbo 1982. 385 S.   B 51482
Núñez-Florencio, R.: El Terrorismo anarquista. 1888-1909. México: Siglo XXI 1983. 250 S.   B 52385
Pradas Martínez, E.: 1936. Holocausto en La Rioja. Logroño: Cuadernos Riojanos 1982. 153 S.   B 51461
Vigil i Vázquez, M.: Aquellos Gritos de clandestinidad. Hoy normas del gobierno de la Monarquía española. Barcelona: Planeta 1983. 316 S.   B 53743

1. Einzelne Gebiete/Orte

B r u de Sala, X.: Espriu, Duran Farell, Rigol, Benet i el futur de
Catalunya. Barcelona: La Llar del Llibre 1983. 158 S.   Bc 4684
D í a z-del Moral, J.: Historia de las agitaciones campesinas
andaluzas - Córdoba. Antecedentes para una reforma agraria.
4. ed. Madrid: Alianza Ed. 1984. 518 S.   B 53759
M o r á n, G.: Los Españoles que dejaron de serlo. Euskadi, 1937-
1981. Barcelona: Planeta 1982. 412 S.   B 51839
La Polemica nuclear. Comité Antinuclear de Catalunya. Madrid:
Ed. Revolución 1984. 116 S.   Bc 4818
R e i n a r e s -Nestares, F.: Violencia y política en Euskadi.
Bilbao: Desclée de Brouwer 1984. 254 S.   B 54381
S a s t r e, A.: Escrito en Euskadi. Revolución y cultura. 1976-1982.
Madrid: Ed. Revolución 1982. 245 S.   B 51459

La Descolonización de Gibraltar. Madrid: Inst. de Cuestiones
Internacionales 1981. 110 S.   Bc 3293
L e v i e, H. S.: The Status of Gibraltar. Boulder: Westivew Pr. 1983.
258 S.   B 52567
S a l g a d o Alba, J.: El estrecho Gibraltar, corazon de la estrategia
española. In: Revista general de marina. Tomo 207, 1984. No. 12.
S. 627-641.   BZ 4619:207

L 195 Tschechoslowakei

e. Staat/Politik

B o e h m, J. K.: Ist die Katastrophe noch zu vermeiden? Reaktionen
auf die Umweltzerstörung in der Tschechoslowakei. In: Ost-
europa-Info. Jg. 12, 1984. H. 57/58. S. 121-128.   BZ 4778:1984
B o e h m, J. K.: Die Rolle des Antisemitismus in der politischen
Verfolgung in der Tschechoslowakei. In: Osteuropa-Info.
Jg. 12, 1984. H. 55. S. 89-97.   BZ 4778:12
Dějiny komunistické strany Československa v datech. [Geschichte
der tschechosl. Kommunist. Partei in Daten.] Red.: M. Bouček.
Praha: Nakladatelstvi svoboda 1984. 965 S.   B 53424
H a v e l, V.: Briefe an Olga. Identität und Existenz. Betrachtungen
aus dem Gefängnis. Reinbek: Rowohlt Verl. 1984. 325 S.   B 52969
L isty. Zeitschrift der tschechoslowakischen sozialist. Opposition.
Hrsg.: Gruppe Listy. Köln: Index 1980-82. Getr. Pag.   DZ 127
S e e b e r o v á, E.: Vítězné velmoci a suverenita narodu na konci
druhé světové války. (Na příkladu srovnáni správnich úprav v
Francii, Itálii a Československu.) [Die siegreichen Grossmächte
u. d. Souveränität d. Völker am Ende des 2. Weltkrieges.] In:

Československý časopis historický. Ročník 32. 1984. C. 3-4.
S. 324-339; 500-521. BZ 4466:32
Über Barrieren der Geschichte hinweg die Zukunft suchen. Das 2.
Symposium in Bad Kreuth. München: Freie Gesellschaft zur Förderung d. Freundschaft mit d. Völkern d. Tschechoslowakei 1984.
43 S. D 3173

k. Geschichte

Der erste Angriff des Kommunismus gegen die Tschechoslowakei vor 65 Jahren. Die Slowakische Räterepublik von 1919. München: Freie Gesellsch. z. Förderung d. Freundschaft... 1984. 42 S. Bc 4834
Budapest, Prague, Varsovie. Le Printemps de Prague quinze ans après. Sous la dir.: Z. Mlynar et J. Pelikan. Paris: La Decouverte/ Maspero 1983. 221 S. B 52173
Ein neues Europa aus Erfahrungen der Schicksalsjahre 1918, 1938, 1948, 1968. Ein Symposium über d. verunglückte Zusammenleben im Viel-Völkerstaat Tschechoslowakei. München: Freie Gesellsch. z. Förderung d. Freundschaft... 1983. 83 S. Bc 4302
Der "Prager Frühling". Hrsg.: Z. Mlynár. Köln: Bund Verl. 1983. 323 S. B 49902
Deutsche Gesandtschaftsberichte aus Prag. Ausgew., eingel., u. komm. von M. Alexander. T. 1. 1918-21. München: Oldenbourg 1983. 751 S. B 49964
Rupnik, J.: Tschechoslowakei: Von der Normalisierung einer Krise zur Krise einer "Normalisierung". In: Europäische Rundschau. Jg. 13, 1985. Nr. 1. S. 3-14. BZ 4615:13
Von der Staatsgründung bis zum ersten Kabinett Beneš 1918-1921. Ausgew., eingel., u. komm. von M. Alexander. München: Oldenbourg 1983. 751 S. B 49964:1

Deutsche in der Tschechoslowakei. Fortdauernde Diskriminierung - trotz Helsinki. München: Freie Gesellsch. z. Förderung d. Freundschaft mit d. Völkern d. Tschechoslowakei 1981. 19 S. D 3208
Zur Erinnerung an Oskar Schindler, dem unvergesslichen Lebensretter 1200 verfolgter Juden. Dokumentation. Frankfurt: Ackermann-Gemeinde Hessen 1985. 52 Bl. Bc 01490
Habel, F. P.: Dokumente zur Sudetenfrage. München: Langen-Müller 1984. XXI, 503 S. 09702

L 198 Ungarn

Cohen, A.: La résistance des "Haloutzim" en Hongrie. In: Revue
d'histoire de la 2ième guerre mondiale. Année 34, 1984. No. 134.
S. 59-72.   BZ 4455:34
Huber, M.: Der XIII. Parteitag der Ungarischen Sozialistischen
Arbeiterpartei. In Südosteuropa. Jg. 34, 1985. H. 5.
S. 255-269.   BZ 4762:34
Kovács, A.: Judenfrage und Antisemitismus in Ungarn nach dem
Zweiten Weltkrieg. In: Osteuropa-Info. Jg. 12, 1984. H. 55.
S. 110-128.   BZ 4778:12
Lukács, G.: Revolutionäres Denken: Georg Lukács. Eine Einführung in Leben und Werk. Hrsg. u. eingel.: F. Benseler.
Darmstadt: Luchterhand 1984. 327 S.   B 53095
Magyarország Külpolitikája a nyugati hadjárattól a Szovjetunió
megtámadásaig 1940-1941. [Ungarns Aussenpolitik vom Westfeldzug bis zum Angriff auf d. Sowjetunion.] Összeáll. J. Gyula.
Budapest: Akad. Kiad. 1982. 1426 S.   B 51673
Marer, P.: Ungarns Wirtschaftsreform 1957-1985. In: Europäische
Rundschau. Jg. 13, 1985. Nr. 1. S. 63-88.   BZ 4615:13
Thamm, E.: Ungarns Wirtschaftsreform, Herrschaftsabsicherung
und die RGW-Zusammenarbeit. In: Osteuropa-Info. 1985. Nr. 60.
S. 93-106.   BZ 4778:1985

L 200 Asien

L 203 Ostasien

Chu Sung-Po: Northeast Asia. Taipei: World-Anti-Communist
 League 1985. 45 S. Bc 5309
Höpp, G.; Robbe, M.: Geistige Auseinandersetzungen in Asien u.
 Afrika. Nichtproletarische Ideologie im Kampf f. nationale und
 soziale Befreiung. Berlin: Dietz 1983. 220 S. Bc 4083
Löfström, T.: Den långa Resan till Lhasa. Stockholm: Wahlström
 & Widstrand 1983. 248 S. B 53343
Olsen, E. A.: Security in Northeast Asia. A trilateral alternative.
 In: Naval War College Review. Vol. 38, 1985. No. 1.
 S. 15-24. BZ 4634:38
Vnešnjaja Politika stran Azii. [Aussenpolitik Asiens.] Moskva:
 Meždunarodnoe otnošenija 1983. 284 S. B 52371
Rahul, R.: Struggle for Central Asia. New Delhi: Vikas 1982.
 102 S. B 51594
Security in East Asia. Ed.: R. O'Neill. Aldershot: Gower 1984.
 IX, 195 S. B 52355
Threats to security in East Asia: Pacific. National and regional
 perspectives. Ed.: C. E. Morrison. Lexington: Lexington Books
 1983. XIX, 221 S. B 52944
Wessels, D. J.: Human Rights in East Asia. In: Internationales
 Asienforum. Jg. 15, 1984. H. 1/2. S. 21-38. BZ 4583:15

L 204 Südostasien

Chicherov, A. I.: South Asia and the Indian Ocean in the 1980s. In:
 Asian survey. Vol. 24, 1984. No. 11. S. 1117-1130. BZ 4437:24
Chin Kin Wah: Regional attempts at international order: ASEAN.
 In: Australian outlook. Vol. 38, 1984. No. 1. S. 16-20. BZ 05446:38
Crone, D. K.: The ASEAN States. Coping with dependence.
 New York: Praeger 1983. X, 230 S. B 53063
Estanislao, J. P.; Aquino, A. A.: An economic overview of
 ASEAN. In: Southeast Asian affairs. 1983. S. 27-41. BZ 05354:1983
Khalilzad, Z.: The Security of Southwest Asia. Aldershot:
 Gower 1984. 191 S. B 53023
Luhulima, C. P. F.: Political aspects of ASEAN-EC cooperation.
 In: Asia Pacific Community. 1984. No. 26. S. 31-45. BZ 05343:1984
Pretzell, K. -A.: Sicherheitspolitische Züge der ASEAN.

In: Südostasien aktuell. Jg. 4, 1985. H. 1. S. 52-62. BZ 05498:4
R i c h a r d s o n , M.: The influence of the ASEAN community of
 Australian-American security relations. In: Australian outlook.
 Vol. 38, 1984. No. 3. S. 192-199. BZ 05446:38
S a r d e s a i , D. R.: Southeast Asia. Past and present. New Delhi:
 Vikas 1981. X, 485 S. B 51614
Southeast Asia. Realm of contrasts. Ed.: A. K. Dutt. 3. rev. ed.
 Boulder: Westview 1985. XIII, 268 S. 09776
T i l m a n , R. O.: The Enemy beyond. External threat perceptions in
 the ASEAN region. Singapore: Institute of Southeast Asian Studies
 1984. 51 S. Bc 5327
W i r s i n g , R. G.: The arms race in South Asia. In: Asian survey.
 Vol. 25, 1985. No. 3. S. 265-291. BZ 4437:25
W u l f f , O.: Die Rechtsbeziehungen zwischen der Europäischen Ge-
 meinschaft und den ASEAN-Ländern. In: Asien. 1985. Nr. 14.
 S. 58-70. BZ 4760:1985

L 211 Afghanistan

Afghanistan. Der Kampf im fünften Jahr. Bonn: U. S. Information
 Service, Embassy of the U.S.A. 1984. 36 S. Bc 4824
Afghanistan. The struggle in its fifth year. Washington: United States
 Information Agency 1984. 32 S. Bc 4389
Demokratische Republik Afghanistan. Ein Kurzbericht von amnesty
 international. Bonn: amnesty international 1984. 31 S. D 3091
Afghanistan-Blätter. Hrsg.: Komitee zur Unterstützung der politi-
 schen Flüchtlinge in Afghanistan. Nr. 0. 1980-5. 1982. Berlin:
 KUPFA 1980-1982. Getr. Pag. DZ 559
Afghanistan-Chronik. 1978-1984. Aus d. Sicht d. Widerstandes.
 Zsgest. u. komm. auf d. Grundlage d. Berichte v. Flüchtlingen,
 internat. Rundfunksendern u. d. Auswertungen d. internat. Presse.
 Bonn 1984. 22 S. D 03220
A r n o l d , A.: Afghanistan's two-party Communism: Parcham and
 Khalq. Stanford: Hoover Inst. Pr. 1983. XVIII, 242 S. B 51740
B e n n i g s e n , A.; L e m e r c i e r -Quelquejay, C.: La guerre d' Af-
 ghanistan et l' Asie centrale soviétique. In: Politique étrangère.
 Année 49, 1984. No. 3. S. 623-634. BZ 4449:49
C h r i s t e n s e n , H.: Sustaining Afghan refugees in Pakistan. Report
 on the food situation and related social aspects. Geneva: United
 Nations Research Institute 1983. 69 S. Bc 4064
C o l d r e n , L. O.: Afghanistan in 1984. In: Asian survey. Vol. 25,
 1985. No. 2. S. 169-179. BZ 4437:25
Der Freiheitskrieg in Afghanistan - Geschichte, Hintergründe,
 Aktionen. Bonn: Friedensforum 1984. 117 S. Bc 4832
G e l o k , C. H.: Guerrilla in Afghanistan. In: Militaire Spectator.
 Jg. 153, 1984. No. 7. S. 300-311. BZ 05134:153

Hyman, A.: Afghan Resistance: Danger from disunity. London:
  Institute for the Study of Conflict 1984. 24 S. Bc 4278
Münnich, R.: Afghanistan seit dem Sturz der Monarchie 1973.
  Koblenz: Bernard u. Graefe 1984. S. 385-402. Bc 4416
Quassem Reshtia, S.: The Price of liberty. The tragedy of Afghanistan. Roma: Bardi 1984. 141 S. Bc 5077
Ritgen, U.: Perspektiven zum Krisenherd Afghanistan. In:
  Deutsches Soldaten-Jahrbuch. Jg. 33, 1984. S. 307-329. F 145:33
Roskoschny, H.: Afghanistan und seine Nachbarländer. Unveränd.
  Nachdr. Kirchheim: Spieth 1982. 336 S. 09539
Titelverzeichnis der Bibliothek des Afghanistan-Zentrums.
  Bonn: Afghanistan-Zentrum 1985. 31 S. D 03219

L 213   Arabische Staaten

Bar-Zohar, M.; Haber, E.: The Quest for the red prince. (Ali
  Hassan Salameh.) New York: Morrow 1983. 232 S. B 52772
Political Behavior in the Arab states. Ed.: T. E. Farah. Boulder:
  Westview 1983. XV, 208 S. B 51559
Ciampi, A. O.: La penisola Arabica. Panorama politico-militare.
  In: Rivista marittima. Anno 118, 1985. No. 7. S. 41-58. BZ 4453:118
Gallisot, R.; Person, Y.: Der Sozialismus in den arabischen
  Ländern (Syrien, Libanon, Irak, Palästina, Ägypten, Maghreb) und
  in Schwarz-Afrika. 1919-1945. Frankfurt; Berlin: Ullstein 1984.
  112 S. B 20466:16
Islam in foreign policy. Ed.: A. Dawisha. Cambridge: Cambridge
  Univ. Pr. 1983. IX, 191 S. B 52235
Liga der Arabischen Staaten. Anl. d. 37. Jahrestages d. Gründung der
  Liga der Arabischen Staaten. Bonn: Selbstverl. 1982. 46 S. Bc 4637
Arab-Latin-American Relations. Ed.: F. Saddy. New Brunswick:
  Transaction Books 1983. XIV, 143 S. B 52588
Solh, R. el: La politica interaraba e il detonatore OPL. In: Politica
  internazionale. Anno 13, 1985. N. 3-4. S. 88-96. BZ 4828:13

1. Länderteil

Ebraheem, H. A. al-: Kuwait and the Gulf. London: Canberra 1984.
  117 S. B 50989
Heard-Bey, F.: From Trucial States to United Arab Emirates. A
  society in transition. London: Longman 1982. XXVI, 522 S. B 52312
Jenner, M.: Bahrain. Gulf heritage in transition. London:
  Longman 1984. XVIII, 123 S. 09718
Maamiry, A. H. al-: Oman and East Africa. 2., rev. ed. New Delhi:
  Lancers Publ. 1980. 151 S. B 51603

Abir, M.: Saudi security and military endeavour. In: The Jerusalem
Quarterly. No. 33, 1984. S. 79-94. BZ 05114:33

Berger, J.; Reichel, U.: Die Aufrüstung Saudi-Arabiens. Regionalmacht oder Stützpunkt? Frankfurt: Haag u. Herchen 1984.
119 S. Bc 4330

Gray, S.: Hinter dem Schleier. Alltag in Saudi-Arabien.
Düsseldorf, Wien: Econ 1984. 346 S. B 52976

Islami, A. R. S.; Kavoussi, R. M.: The political Economy of
Saudi Arabia. Seattle, London: University of Washington Press
1984. 124 S. Bc 4857

Olsen, G. R.: Saudi Arabia: the form of regime, its social basis
and political change. In: Cooperation and conflict. Vol. 19, 1984.
No. 3. S. 197-206. BZ 4605:19

Tibi, B.: Vom "Zentrum der Revolution" zum "Zentrum des Petro-
Dollars". Ägypten und Saudi-Arabien in der Neuen Arabischen
Sozialordnung. In: Beiträge zur Konfliktforschung. Jg. 14, 1984. 2.
S. 101-128. BZ 4594:14

Tolotti, S.: L'Arabie saoudite, nouveau centre du monde arabe?
In: L'Afrique et l'Asie modernes. 1984. No. 143.
S. 70-83. BZ 4689:1984

L 215 Bangladesch

Bertocci, P. J.: Bangladesh in 1984. In: Asian survey. Vol. 25,
1985. No. 2. S. 155-168. BZ 4437:25

Bhuiyan, M. A. W.: Emergence of Bangladesh and role of Awami
League. New Delhi: Vikas 1982. VI, 288 S. B 51625

Castel, A. du: Bangladesh - A l'avant des Pays les Moins
Avancés. In: L'Afrique et l'Asie modernes. 1984. No. 143.
S. 31-46. BZ 4689:1984

Heinz, W.: Menschenrechte und Minderheiten in Bangladesh.
In: Internationales Asienforum. Jg. 15, 1984. H. 1/2.
S. 71-87. BZ 4583:15

Juergensen, H.; Nebelung, M.: Wille zum Überleben. Jugend
im ländlichen Bangladesh. Aachen 1984. 38 S. D 3191

Rahman, M. H.: Delimitation of maritime boundaries. A survey of
problems in the Bangladesh case. In: Asian survey. Vol. 24, 1984.
No. 12. S. 1302-1317. BZ 4437:24

L 218 Burma

Burma. The struggle for independence 1944-1948. Doc. from official
and private sources. Ed.: H. Tinker. Vol. 1. 2. London: Her
Majesty's Stat. Off. 1983-1984. CXXXV, 1078; CXI, 947 S. 09322

MacDougall, H.; Wiant, J.A.: Burma in 1984. In: Asian survey. Vol. 25, 1985. No. 2. S. 241-256.   BZ 4437:25
Maung Maung, U.: From Sangha to Laity. Nationalist movements of Burma 1920-1940. New Delhi: Manohar 1980. XVI, 311 S.   B 51629
Maung Maung Gyi: Burmese political Values. The socio-political roots of authoritarianism. New York: Praeger 1983. XIII, 274 S.   B 53067
Sola, R.: Birmanie: par-delà le rideau de bambou. Pt. 1. 2. In: Défense nationale. Année 41, 1985. No. 1. S. 101-116; No. 2. S. 89-100.   BZ 4460:41
Taylor, R.H.: Burma's foreign relations since the third Indochina conflict. In: Southeast Asian affairs. 1983. S. 102-112. BZ 05354:1983

L 221 China

c. Biographien

Cadart, C.; Yingxiang, C.; Shuzhi, P.: L'Envoi du communisme en Chine. Mémoires. (Peng Shuzhi.) Paris: Gallimard 1983. 490 S.   B 52148
Die Einschätzung Mao Tse-tungs und der Kampf zur Verteidigung des Marxismus-Leninismus. Frankfurt: Gegen die Strömung 1981. 21 S.   D 03107
Feigon, L.: Chen Duxiu, founder of the Chinese communist party. Princeton: Princeton Univ. Pr. 1983. XV, 279 S.   B 52503
Heng, L.; Shapiro, J.: Ich, Liang Heng, Sohn der Revolution. München: Kindler 1984. 378 S.   B 51581
Kalain, R.: Mao Tse Tung's 'Bukharinist' phase. In: Journal of contemporary Asia. Vol. 14, 1984. No. 2. S. 147-155.   BZ 4671:14
Machetzki, R.; Schier, P.: Zum achtzigsten Geburtstag Deng Xiaopings. In: China aktuell. Jg. 13, 1984. Nr. 8. S. 445-450.   BZ 05327:13
Shambaugh, D.L.: The Making of a premier. Zhao Ziyang's provincial career. Boulder: Westview Press 1984. XVII XVII, 157 S.   Bc 5051
Tan, F.: My second Letter to Teng Hsiao-Ping. Taipei: Kuang Lu Publ. 1984. 77 S.   Bc 4258
Wang Fanxi: Erinnerungen eines chinesischen Revolutionärs (1919-1949). Frankfurt: isp-Verl. 1983. 329 S.   B 52325
Wu, T.: Lin Biao and the Gang of Four. Contra-Confucianism in historical and intellectual perspective. Carbondale: Southern Illinois Univ. Pr. 1983. XI, 283 S.   B 52529

e. Staat/Politik

e. 1 Innenpolitik

Amin, S.: The Future of Maoism. New York: Monthly Review Pr.
1983. 154 S. B 53076
Chang Chen-pong; Hsu Li-kung; Kan Tang: The 6th national
people's political consultative conference of Communist China.
Taipeh: World Anti-Communist League 1983. 49 S. Bc 4073
Cheng Chu-yuan : Mainland China - why still backward? Taipeh:
Kuang Lu Publ. 1983. 48 S. Bc 4095
Fung, E. S. K.: Anti-imperialism and the left Guomindang. In:
Modern China. Vol. 11, 1985. No. 1. S. 39-76. BZ 4697:11
Gardner, J.: Chinese Politics and the succession to Mao.
New York: Holmes & Meier 1982. 217 S. B 52499
Kirchrue, E. R.: Verschlussache: Wahlkampf 1980. Ein interner
Bericht zur Lage der Studentenbewegung in China. In: Internatio-
nales Asienforum. Jg. 15, 1984. 3/4. S. 301-324. BZ 4583:15
Moody, P. R.: Political liberalization in China: a struggle between
two lines. In: Pacific Affairs. Vol. 57, 1984. No. 1.
S. 26-44. BZ 4450:57
Phillips, D.: China's modernisation: Prospects and problems for
the West. London: The Institute for the Study of Conflict 1984.
34 S. Bc 4122
Robertson, R. T.: The cultural revolution (1966-1978) in maoist
and dengist strategies of development. In: Journal of contempo-
rary Asia. Vol. 14, 1984. No. 3. S. 325-342. BZ 4671:14
Schram, S. R.: "Economics in command?" Ideology and policy
since the third plenum, 1978-84. In: The China quarterly. 1984.
No. 99. S. 417-461. BZ 4436:1984
Shaw, Y.: The current anti-communist Struggle on the Chinese
mainland. Taipei: World Anti-Communist League 1984.
59 S. Bc 4674
State and society in contemporary China. Ed.: V. Nee [u. a.].
Ithaca: Cornell Univ. Pr. 303 S. B 53140
Thurston, A. F.: Victims of China's cultural revolution. The
invisible wounds. Pt. 1. In: Pacific affairs. Vol. 57, 1984/85.
No. 4. S. 599-620. BZ 4450:57
Weggel, O.; Bürokratie contra Reform? Hypotheken und Chancen
des nachmaoistischen Reformkurses. In: China aktuell.
Jg. 14, 1985. H. 5. S. 303-317. BZ 05327:14
Weggel, O.: Sozialismus - oder was sonst? Eine Vorausschau auf
das Jahr 2000. In: China aktuell. Jg. 14, 1985. H. 7. S. 432-447;
H. 8. S. 510-533. BZ 05327:14
Wessels, D. J.: Human Rights in East Asia. In: Internationales
Asienforum. Jg. 15, 1984. H. 1/2. S. 21-38. BZ 4583:15

e. 2 Außenpolitik

Chaudhuri, S.: Beijing-Washington-Islamabad entente. Genesis and development. New Delhi: Sterling 1982. XIII, 168 S. B 51620
Cheng, J. Y. S.: China's Japan policy in the 1980s. In: International Affairs. Vol. 61, 1984. No. 1. S. 91-108. BZ 4447:61
Cheng, J. Y. S.: Sino-Soviet relations in the 1980s. In: Asia Pacific Community. No. 27, 1985. S. 44-62. BZ 05343:27
Cursi, G.: I confini nella disputa cino-sovietica. In: Rivista di studi politici internazionali. Anno 51, 1984. N. 2. S. 231-248. BZ 4451:51
Ghosh, P. S.: Sino-Soviet Relations. US perceptions and policy responses 1949-1959. New Delhi: Uppal 1981. 341 S. B 51598
Kim, S. S.: Chinese world policy in transition. In: World policy journal. Vol. 1, 1984/85. No. 3. S. 603-633. BZ 4822:1
Maccotta, G. W.: La Cina e il Giappone sulla scena mondiale. In: Rivista marittima. Anno 117, 1984. No. 11. S. 9-18. BZ 4453:117
Raube, G.: Peking hintertreibt Abrüstung. Berlin: Staatsverl. der DDR 1982. 78 S. Bc 4082
Seth, S. P.: Sino-Indian relations: Problems and prospects. In: Asia Pacific Community. 1984. No. 26. S. 66-85. BZ 05343:1984
Suharchuk, G. D.: Modernization in China and foreign policy. In: Asian survey. Vol. 24, 1984. No. 11. S. 1157-1162. BZ 4437:24
Thalberg, H.: On Chinese Foreign Policy. In: Österreichische Zeitschrift für Außenpolitik. Jg. 23, 1983. Nr. 2. S. 87-94. BZ 4642:23
Weggel, O.: Kaleidoskop der deutsch-chinesischen Beziehungen. Eine Zwischenbilanz anläßlich der Visite Zhao Ziyangs. In: China aktuell. Jg. 11, 1985. H. 5. S. 363-374. BZ 05327:14
Yahuda, M.: Towards the end of isolationism: China's foreign policy after Mao. London: Macmillan 1983. XIV, 279 S. B 53086
Yin Ching-yao: Red China's Foreign Policy at the present stage. Taipei: World Anti-Communist League 1985. 60 S. Bc 5308
Yin Ching-yao: Red China's Relations with the Soviet Union. Evolutions and prospects. Taipei: World Anti-Communist League 1984. 84 S. Bc 4518

f. Wehrwesen

Bartke, W.; Schier, P.: Die militärische Führung der Volksrepublik China. In: China aktuell. Jg. 13, 1984. Nr. 8. S. 450-455. BZ 05327:13
China - Streitkräfte und Modernisierung. In: Österreichische militärische Zeitschrift. Jg. 23, 1985. H. 1. S. 28-35. BZ 05214:23
Comtois, C.: L'armée chinoise face à la négation de son rôle pendant la révolution culturelle. In: Défense nationale. Année 41, 1985. No. 4. S. 113-126. BZ 4460:41

Coutau-Begarie, H.: La Stratégie navale Chinoise contre l'encerclement soviétique. In: Stratégique. 1984. No. 4.
S. 47-62. BZ 4694:1984

The Chinese Defense Establishment. Continuity and Change in the 1980s. Ed.: P. H. B. Godwin. Boulder: Westview 1983.
X. 197 S. B 51404

Dreyer, J. T.: Civil-military relations in the People's Republic of China. In: Comparative Strategy. Vol. 5, 1985. No. 1.
S. 27-50. BZ 4686:5

Jacobs, G.: China's coastal naval forces. In: Jane's defence weekly. Vol. 3, 1985. No. 11. S. 450-458. BZ 05465:3

Jacobs, G.: China's submarine force. In: Jane's defence weekly. Vol. 3, 1985. No. 6. S. 220-224. BZ 05465:3

Johnston, A. I.: Changing party-army relations in China, 1979-1984. In: Asian survey. Vol. 24, 1984. No. 10.
S. 1012-1039. BZ 4437:24

Muller, D. G.: China as a maritime power. Boulder: Westview 1983. XVIII, 227 S. B 51396

Muller, D. G.: A Chinese blockade of Taiwan. In: U. S. Naval Institute Proceedings. Vol. 110. No. 9. S. 51-55. BZ 05163:110

Schier, P.: Eine umfassende Reform der Chinesischen Volksbefreiungsarmee. Die Beschlüsse der erweiterten Sitzung der ZK-Militärkommission (23. Mai bis 6. Juni 1985). In: China aktuell.
Jg. 11, 1985. H. 5. S. 376-382. BZ 05327:14

Schlomann, F. W.: Rotchinas Streitkräfte im Umbruch. In: Allgemeine Schweizerische Militärzeitschrift. Jg. 151, 1985. Nr. 11.
S. 639-644. BZ 05139:151

Tan Eng Bok, G.: La Modernisation de la defense chinoise et ses principales limites 1977-1983. Paris: Stratégique 1984.
X, 383 S. B 52414

Wang, R. S.: China's evolving strategic doctrine. In: Asian survey. Vol. 24, 1984. No. 10. S. 1040-1055. BZ 4437:24

g./h. Wirtschaft und Gesellschaft

Halpern, N. P.: Learning from abroad. Chinese views of the East European economic experience, January 1977- June 1981.
In: Modern China. Vol. 11, 1985. No. 1. S. 77-109. BZ 4697:11

Keller, H.: Chinas neue Wirtschaftsreform. Abkehr von der Planwirtschaft sowjetischer Herkunft. In: Geschichte. Nr. 63, 1985.
S. 4-11. BZ 05043:63

Kueh, Y. Y.: The economics of the "Second Land Reform" in China.
In: The China quarterly. 1985. No. 101. S. 122-131. BZ 4436:1985

Louven, E.: Wirtschaftsreformen in der VR China. In: Jahrbuch Dritte Welt. 3, 1985. S. 212-223. BZ 4793:3

Munson, K.: China - the dragon spreads its wings. In: Jane's aviation review. 3, 1983/84. S. 123-131. BZ 05468:3

Stone, B.: An analysis of Chinese data on root and tuber crop production. In: The China quarterly. 1984. No. 99. S. 594-630. BZ 4436:1984
Stone, B.: The basis for Chinese agricultural growth in the 1980s and 1990s: a comment of document No. 1, 1984. In: The China quarterly. 1985. No. 101. S. 114-121. BZ 4436:1985
Economic Structure Reform of the Chinese communists. Taipeh: World-Anti-Communist League 1985. 77 S. Bc 4921
Wang Shao-nan : Chinese communist Development of nuclear science. Taipei: Kuang Lu Publ. Service 1983. 152 S. Bc 4220
Weggel, O.: Das chinesische Außenhandelssystem im Umbruch. In: China aktuell. Jg. 14, 1985. H. 3. S. 159-183. BZ 05327:14

Andors, P.: The unfinished Liberation of Chinese women, 1949-1980. Bloomington: Indiana Univ. Pr. 1983. IX, 212 S. B 51120
Judd, E. R.: Working class intellectuals in China. In: Journal of contemporary Asia. Vol. 14, 1984. No. 2. S. 156-170. BZ 4671:14
Robinson, J. C.: Of women and washing machines: employment, housework, and the reproduction of motherhood in socialist China. In: The China quarterly. 1985. No. 101. S. 32-57. BZ 4436:1985
Shan, F.: Mainland China's Population and socialproblems. Taipei: World Anti-Communist League 1985. 51 S. Bc 5358
Spengler, T.: Sozialismus für ein neues China - wirtschafts- und gesellschaftspolitische Themen in der Auseinandersetzung zwischen Reformen und Revolutionären gegen Ende des letzten Kaiserreiches. München: GBI-Verl. 1983. 228 S. B 52977
Stacey, J.: Patriarchy and socialist revolution in China. Berkeley: Univ. of California Pr. 1983. XI, 324 S. B 53148

k. Geschichte

Bernstein, T. P.: China in 1984. The year of Hong Kong. In: Asian survey. Vol. 25, 1985. No. 1. S. 33-50. BZ 4437:25
Donato, M. C.: Italiani in Cina contro i Boxers. In: Rivista di storia contemporanea. Anno 14, 1985. No. 2. S. 169-206. BZ 4812:14
Gatu, D.: Toward Revolution. War, social change and the Chinese communist party in North China 1937-45. Stockholm: Almqvist & Wiksell Internat. 1983. III, 353 S. B 53356
Hsü, I. C.: China without Mao. Oxford: Oxford Univ. Pr. 1982. X, 212 S. B 52574
Kaminski, G.: Chinesische Zeitgeschichte in Bildern Friedrich Schiffs. Wien: Europa Verl. 1983. 168 S. B 51511
Kaplan, F. M.; Sobin, J. M.: Encyclopedia of China today. 3. ed. New York: Harper & Row 1981. 446 S. 09593
Lawson, D.: The Long March. Red China under Chairman Mao. New York: Crowell 1983. 181 S. B 53035
Leutner, M.: Geschichtsschreibung zwischen Politik und

Wissenschaft. Wiesbaden: Harrassowitz 1982. 379 S.   B 48994
Munthe-Kaas, H.: Kinesiske Naerbilder. Oslo: Gyldendal Norsk
   Forl. 1983. 171 S.   B 52051
Pfennig, W.; Franz, H.; Barthel, E.: Volksrepublik China.
   Eine politische Landeskunde. Berlin: Colloquium Verl. 1983.
   152 S.   Bc 4163
Terzani, T.: Fremder unter Chinesen. Hamburg: Spiegel-Verl.
   1984. 253 S.   B 52659

l. Länderteil

Artelt, J.: Tsingtau. Deutsche Stadt und Festung in China 1897-
   1914. Düsseldorf: Droste 1984. 316 S.   B 52004
Fewsmith, J.: In search of the Shanghai Connection. In: Modern
   China. Vol. 11, 1985. No. 1. S. 111-144.   BZ 4469:11
McMillen, D.H.: Xinjiang and Wang Enmao. New directions in
   power, policy and integration? In: The China quarterly. 1984.
   No. 99. S. 569-593.   BZ 4436:1984
Myrdal, J.: Kinesisk By 20 år senare. Rapport med frågetecken.
   G. Kessle (foto). Stockholm: Norstedt 1983. 143 S.   B 53345
Sullivan, L.R.: Reconstruction and rectification of the Communist
   Party in the Shanghai underground: 1931-34. In: The China quarter-
   ly. 1985. No. 101. S. 78-97.   BZ 4436:1985

Benton, G.: The Hongkong crisis. London: Pluto Press 1983.
   114 S.   Bc 3967
China - Grossbritannien. Das Abkommen über die Zukunft Hongkongs.
   In: Weltgeschehen. 1985. Bd 1. S. 59-80.   BZ 4555:1985
China und Hong Kong. The economic nexus. Ed.: A. J. Youngson.
   Hongkong: Oxford Univ. Pr. 1983. XI, 315 S.   B 52569
Corneli, A.: L'accordo su Hong Kong realismo e diplomazia.
   In: Rivista marittima. Anno 118, 1985. No. 3. S. 17-30.   BZ 4453:118
Dunn, L.: Hong Kong after the Sino-British declaration. In: Inter-
   national Affairs. Vol. 61, 1985. No. 2. S. 197-204.   BZ 4447:61
Johnson, C.: The mousetrapping of Hong Kong. In: Asian survey.
   Vol. 24, 1984. No. 9. S. 887-909.   BZ 4437:24

L 225   Indien

c. Biographien

Das, H.H.: Subhas Chandra Bose and the Indian National Movement.
   New Delhi: Sterling 1983. 404 S.   B 51618
Godoy, E.: Mahatma Gandhi. 7. ed. México: Ed. Diana 1984.
   320 S.   B 54849

Grabner, S.: Mahatma Gandhi. Politiker, Pilger und Prophet.
Biografie. Berlin: Verl. Neues Leben 1983. 360 S. B 51086
Grenier, R.: The Gandhi nobody knows. Nashville: Nelson 1983.
118 S. Bc 4556
Katari, R. D.: A Sailor remembers. New Delhi: Vikas 1982.
X, 179 S. B 51616
Maass, C. D.: Indira Gandhis Ermordung. Die Antwort auf die Erstürmung des Goldenen Tempels in Amritsar. In: Europa-Archiv.
Jg. 39, 1984. Folge 22. S. 669-674. BZ 4452:39
Nehru, J.: Jawaharlal Nehru. An anthology. Ed.: S. Gopal.
Delhi: Oxford Univ. Pr. 1980. XXI, 662 S. B 51627
Schorr, B.; Hafner, A.; Heidrich, P.: Jawaharlal Nehru.
Berlin: VEB Dt. Verl. d. Wissenschaften 1985. 43 S. Bc 01538
Woodcook, G.: Der gewaltlose Revolutionär. Leben und Wirken
Mahatma Gandhis. Kassel: Zündhölzchen-Verl. 1983. 122 S. Bc 4764

e. Staat/Politik

e. 1 Innenpolitik

Borgohain, R.: The Indian National Congress. A study of its
decision-making process (1947-1955). New Delhi: Intellectual Publ.
House 1982. XII, 191 S. B 51617
Collotti Pischel, E.: Il sistema politico e il lungo predominio del
Congresso. In: Politica internazionale. Anno 13, 1985. N. S. No. 5.
S. 65-78. BZ 4828:13
Kohli, A. B.: Councils of Ministers in India 1947-1982. New Delhi:
Gitanjali 1983. XVI, 188 S. B 52492
Maaß, C. D.: The 1984 LOK Sabha elections: verdict for India's
federal unity. In: Asien. 1985. Nr. 15. S. 13-32. BZ 4760:1985
Mayer, P. B.: Congress (I), emergency (I): interpreting Indira
Gandhi's India. In: The Journal of Commonwealth and comparative
politics. Vol. 22, 1984. No. 2. S. 128-150. BZ 4408:22
Mishra, B. K.: The Cripps Mission. A reappraisal. New Delhi:
Concept 1982. VIII, 204 S. B 51624
Patil, S. H.: The Congress Party and princely states. Bombay:
Himalaya Publ. House 1981. 182 S. B 53098
Rothermund, D.: Indien 1985 - Eine innenpolitische Bilanz. In:
Aus Politik und Zeitgeschichte. 1985. B 10/85. S. 3-12. BZ 05159:1985

e. 2 Außenpolitik

Bindra, S. S.: Indo-Pak relations. Tashkent to Simla agreement.
New Delhi: Deep & Deep 1981. 300 S. B 51607
Dokumente zu den Beziehungen zwischen Indien, Pakistan und

Bangladesh. 1971-1978. Spezialbibliographie. Berlin:
Universitätsbibliothek 1983. 26 S.   Bc 4213
Dutt, S.: India and the Third World. Altruism or hegemony?
London: Zed Books 1984. XIII, 184 S.   B 52131
Jaisingh, H.: India and the non-aligned world. Search for a new
order. New Delhi: Vikas 1983. IX, 155 S.   B 51605
Tharoor, S.: Reasons of state. Political development and India's
foreign policy under Indira Gandhi 1966-1977. New Delhi:
Vikas 1982. XII, 438 S.   B 51612
Toscano, A.: Il non allineamento come guida della politica estera.
In: Politica internazionale. Anno 13, 1985. N.S. No. 5.
S. 97-102.   BZ 4828:13

f. Wehrwesen

Elkin, J.F.; Ritezel, W.A.: The debate on restructuring India's
higher defense organization. In: Asian survey. Vol. 24, 1984. No. 10.
S. 1069-1085.   BZ 4437:24
Kapur, T.B.: Regimental Colours and ceremonials in the Indian
army. New Delhi: Vikas 1983. X, 208 S.   B 51200
Praval, K.C.: The Red Eagles. A history of the Fourth Division of
India. New Delhi: Vision Books 1982. XII, 447 S.   B 51595
Sethna, A.M.; Katju, V.: Traditions of a regiment. The story of
the Rajputana Rifles. New Delhi: Lancers Publ. 1983.
XIV, 243 S.   B 51628
Sinha, B.M.: The Samba spying case. New Delhi: Vikas 1981.
VI, 216 S.   B 51600

g./h. Wirtschaft und Gesellschaft

Dhanagare, D.N.: Peasant Movements in India, 1920-1950. Delhi:
Oxford Univ. Pr. 1983. XIII, 254 S.   B 52476
Hart, D.: Nuclear Power in India: a comparative analysis.
New Delhi: Selectbook 1983. XIV, 159 S.   B 51596

k. Geschichte

Collins, L.; Lapierre, D.: Mountbatten and the partition of
India. 1.2. Singapore: Trans-East Distr. Comp. 1982.
Getr. Pag.   B 51611
Das, M.N.: Partition and independence of India. Inside story of the
Mountbatten days. New Delhi: Vision Books 1982. 344 S.   B 51593
Gwin, C.; Veit, L.A.: The Indian miracle. In: Foreign Policy.
No. 58, 1985. S. 79-98.   BZ 05131:58
Hardgrave, R.L.: India in 1984. In: Asian survey.

Hoering, U.; Wichterich, C.: Indien ohne Gandhi. Wuppertal: Hammer 1984. 207 S. B 53858

Krüger, H.: Indische Nationalisten und Weltproletariat. Der nationale Befreiungskampf in Indien und die internationale Arbeiterbewegung vor 1914. Berlin: Akademie-Verl. 1984. 486 S. B 51753:1

Page, D.: Prelude to partition. The Indian Muslims and the imperial system of control 1920-1932. Delhi: Oxford Univ. Pr. 1982. XIII, 288 S. B 51621

1. Länderteil

Dietrich, A.: Dharam Yudh. Fundamentalist ramifications of Sikh autonomy demands in the Punjab. In: Internationales Asienforum. Jg. 15, 1984. H. 3/4. S. 195-217. BZ 4583:15

Leaf, M. J.: The Punjab Crisis. In: Asian survey. Vol. 25, 1985. Nr. 5. S. 475-498. BZ 4437:25

Maass, C. D.: The Assam conflict. In: Internationales Asienforum. Jg. 15, 1984. H. 3/4. S. 219-252. BZ 4583:15

Maass, C. D.: Die Krise im Punjab - Zerreißprobe für die Indische Union? In: Jahrbuch Dritte Welt. 3, 1985. S. 138-153. BZ 4793:3

Cremer, R. D.: Wirtschaft und Politik in Macau. In: Asien. 1985. Nr. 15. S. 77-93. BZ 4760:1985

L 231 Irak

Arif, I. al-: Iraq reborn. A firsthand account of the July 1958 revolution and after. New York: Vantage Pr. 1982. XIV, 117 S. B 52629

Saddam Hussein im Licht der Ereignisse des Koshtapa Camp. Ein Tatsachenbericht über d. Situation d. Barzani-Kurden unter dem irakischen Präsidenten Saddam Hussein. Erstellt und veröffentlicht durch d. Sozialist. Organisation Kurdischer Studenten in Europa. Germering: SOKSE 1985. 14 S. D 03231

Irak Info. Vereinigung Irakischer Studenten in der Bundesrepublik und in West-Berlin. Berlin 1985. 10 S. D 03235

Schröder, G.: Aus der Verborgenheit ins Abseits. In: Blätter des iz3w. 1984. Nr. 121. S. 19-27. BZ 05130:1984

L 233 Iran

e. Staat/Politik

Aloalmoki, N.: Iranian opposition to Khomaini and the Islamic
Republic. In: Australian outlook. Vol. 38, 1984. No. 2.
S. 99-105. BZ 05446:38
Entessar, N.: Changing patterns of Iranian-Arab relations. In:
The Journal of social, political and economic studies. Vol. 9, 1984.
No. 3. S. 341-358. BZ 4670:9
Gurdon, H.: Iran - the continuing struggle for power. Outwell:
Menas Press Ltd. 1984. 88 S. Bc 4869
Ilzad, D.: Chomeini und sein Strafgesetz. Barbarei oder Gerechtig-
keit? Köln: Media Pro Verl. 1984. 70 S. Bc 5188
Kritik am Programm der KP Irans. (Mai 1982.) Thesen. Hrsg.:
Gegen die Strömung. Frankfurt 1984. 18 S. D 3232
Mahrad, A.: Iran nach dem Sturz des Schahs. Die provisorische
Revolutionsregierung Bazargans. Frankfurt: Campus Verl. 1983.
395 S. B 52431
Radjavi, K.: La Révolution iranienne et les Moudjahédines. Paris:
Ed. Anthropos 1983. 257 S. B 52166
Rosen, B.; Rosen, B.; Feifer, G.: The destined Hour.
The hostage crisis and one family's ordeal. Garden City:
Doubleday 1982. 328 S. B 51884

g./h. Wirtschaft und Gesellschaft

Kooroshy, J.: Islamische Wirtschaftsordnung im Iran? In:
Aus Politik und Zeitgeschichte. 1984. H. 42. S. 16-27. BZ 05159:1984
Meyer, L.: Die Wirtschaft Irans seit der Revolution. In: Aussen-
politik. Jg. 35, 1984. H. 3. S. 299-314. BZ 4457:35

Benard, C.; Schlaffer, E.: Der Islamacho. Apartheid der
Geschlechter nach d. Islamischen Revolution. Frankfurt: Autonome
Iran. Frauenbewegung im Ausland 1983. 16 S. D 3170
Ein Brief. Von einer iranischen Frauengruppe über die Lage im Iran.
T. 1. 2. Frankfurt: Autonome Iran. Frauenbewegung im Ausland
1983-84. 13 S. D 03227
Nahid, A. H.: Die Frauen des Iran in der Verfassungsbewegung.
1890-1931. Frankfurt: Autonome Iran. Frauenbewegung im Ausland
1982. II, 88 S. D 3168
Navabachsch, A.: Frau vor und nach dem Islam im Iran.
Frankfurt: Autonome Iran. Frauenbewegung im Ausland 1983.
27 S. D 3171
Schuckar, M.; Gholamasad, M.: Frauenkämpfe im Iran.

1979. Frankfurt: Autonome Iran. Frauenbewegung im Ausland
1983. 39 S. D 3169
Women and revolution in Iran. Ed.: G. Nashat. Boulder:
Westview 1983. IX, 301 S. B 52570

k. Geschichte

A g a e v , C. L.: Zigzagi iranskoj revoljucii. [Zickzacklinie der
iranischen Revolution.] In: Voprosy istorii. God 1985. No. 1.
S. 43-59. BZ 05317:1985
B o g n e r , H. D.: Iran. Eine Revolution und ihr Selbstverständnis.
Puchheim: IDEA 1983. 224 S. B 52319
F ü r t i g , H.: Die Rolle der iranischen Armee vor und während der
Revolution von 1978/79. In: Militärgeschichte. Jg. 23, 1984. Nr. 6.
S. 490-497. BZ 4527:23
G r e e n , J. D.: Countermobilization as a revolutionary form. In:
Comparative politics. Vol. 16, 1984. No. 2. S. 153-169. BZ 4606:16
H i c k m a n , W. F.: Ravaged and reborn: The Iranian army, 1982.
Washington: Brookings Inst. 1982. VIII, 33 S. Bc 4602
Kurdistan - die zweite Front. In: Blätter des iz3w. 1984. Nr. 120.
S. 43-48. BZ 05130:1984
M a h r a d , A.: Die deutsche Pénétration pacifique des iranischen
Pressewesens 1909-1936. Frankfurt: Lang 1983. 101 S. Bc 4057
N i m a , R.: The Wrath of Allah. Islamic revolution and reaction in
Iran. London, Sydney: Pluto Press 1983. 169 S. Bc 4047

L 235 Israel

c. Biographien

B e n - C h o r i n , S.: Mein Glaube - mein Schicksal. Jüdische Er-
fahrungen mitgeteilt im Gespräch mit K. -H. Fleckenstein.
Freiburg: Herder 1984. 126 S. Bc 4107
C a r p i , D.: The Mufti of Jerusalem, Amin el-Husseini, and his
diplomatic activity during world war II, oct. 1941 - july 1943.
Jerusalem 1983. S. 101-131. Bc 4878
K e r e n , M.: Ben Gurion and the intellectuals. Dekalb: Northern
Illinois Univ. Pr. 1983. 210 S. B 52907
Der Mann, der Friede heißt. Begegnungen, Texte, Bilder für
Schalom Ben-Chorin. Hrsg. u. eingel. von H. M. Bleicher.
Gerlingen: Bleicher 1983. 151 S. B 52464

e. Staat/Politik

The Begin era. Issues in contemporary Israel. Ed.: S. Heydemann.
Boulder, London: Westview Press 1984. XI, 137 S.   Bc 5071
Bollo-Muro, J.: El Sionismo, una forma del imperialismo.
Madrid: Akal 1982. 207 S.   Bc 4174
Klein, C.: Le Système politique d'Israel. Paris: Presse Univ. de
France 1983. 226 S.   B 50873
Roman, J. H.: Neue Entwicklungen in Israels Parteienlandschaft.
In: Aus Politik und Zeitgeschichte. 1984. H. 46/47.
S. 3-13.   BZ 05159:1984
Schocken, G.: Israel in election year 1984. In: Foreign affairs.
Vol. 63, 1984. No. 1. S. 77-92.   BZ 05149:63
Shalom. Israels Friedensbewegung. Reinbek: Rowohlt 1983.
180 S.   Bc 4162

e. 2 Außenpolitik

Caplan, N.; Black, I.: Israel and Lebanon: Origins of a
relationship. Documents. In: The Jerusalem Quarterly.
No. 27, 1983. S. 48-58.   BZ 05114:27
Chomsky, N.: The fateful Triangle. The United States, Israel and
the Palestinians. London: Pluto Pr. 1983. 481 S.   B 51211
Codo, L. C.: Israel et l'Afrique Noire (aspects récents). In:
Le mois en Afrique. Année 20, 1985. Pt. 1. No. 233/234. S. 3-24;
Pt. II. No. 235/236. S. 36-50.   BZ 4748:20
Ferrari, S.: La S. Sede, Israele e la questione di Gerusalemme
(1943-1984). In: Storia contemporanea. Anno 16, 1985. No. 1.
S. 139-157.   BZ 4590:16
Israel und Südafrika. Eine Dokumentation ihrer Zusammenarbeit.
Hrsg.: A. Hürter. Bonn: Informationsstelle Südl. Afrika 1983.
69 S.   Bc 4313
Jackson, E.: Middle East Mission. New York: Norton 1983.
124 S.   B 52548
Kaufman, E.: The view from Jerusalem. In: The Washington
quarterly. Vol. 7, 1984. No. 4. S. 40-51.   BZ 05351:7
Konzelmann, G.: Der unheilige Krieg.
Krisenherde im Nahen Osten. Hamburg: Hoffmann
& Campe 1985. 505 S.   B 54901
Oded, A.: Israel und Afrika, 1973-1983. Bonn: Deutsche Afrika-
Stiftung 1984. 16 S.   Bc 4651
Regan, G.: Israel and the Arabs. Cambridge: Cambridge Univ.
Press 1984. 48 S.   Bc 01485
Town arrest orders in Israel and the occupied territories. (Excerpt.)
In: Journal of Palestine studies. Vol. 14, 1985. No. 2.
S. 186-196.   BZ 4602:14

f. Wehrwesen

Giudici, E.: Aspetti dell' Esercito israeliano. In: Rivista militare della Svizzera italiana. Anno 57, 1984. No. 2. S. 121-134. BZ 4502:57
Jonas, G.: Die Rache ist unser. München: Droemer Knaur 1984. 509 S. B 53007
Naaman, S.: Die israelische Kriegsschiffbau-Industrie. In: Marine-Rundschau. Jg. 81, 1984. H. 8. S. 373-379. BZ 05138:81
Nederveen Pieterse, J.: Israel's role in the third world. Exporting West Bank expertise. In: Race and class. Vol. 26, 1984/85. No. 3. S. 9-30. BZ 4811:26
Shahak, I.: Israel's global Role: Weapons for repression. Introd.: N. Chomsky. Belmont: Assoc. of Arab-American Univers. Graduates 1982. 59 S. Bc 4507
Ulanoff, S. M.; Eshel, D.: The fighting Israeli Air Force. New York: Arco 1985. IX, 208 S. 09804

g./h. Wirtschaft und Gesellschaft

Ben-Rafael, E.; Konopnicki, M.; Rambaud, P.: Le Kibboutz. Paris: Presses Univers. de France 1983. 127 S. Bc 4108
Busch- Lüty, C.: Der israelische Kibbutz heute. - Vom Siedlungspionier zum Schrittmacher sozialer Innovationen. In: Aus Politik und Zeitgeschichte. 1984. H. 46/47. S. 31-46. BZ 05159:1984
Dib Nakkara, H.: Israeli land seizure under various defense and emergency regulations. In: Journal of Palestine studies. Vol. 14, 1985. No. 2. S. 13-34. BZ 4602:14
The military, economic and political Implications of Israel's Lavie jet project. New York: Executive Intell. Review 1983. 65 S. 09614
The Kibbutz. A bibliography of scientific and professional publications in English. Norwood: Norwood Ed. 1983. IX, 103 S. B 51315
Near, H.: Experiment and survival. The beginnings of the kibbutz. In: Journal of contemporary history. Vol. 20, 1985. No. 1. S. 177-197. BZ 4552/20

k. Geschichte

Kimmerling, B.: Zionism and territory. The socio-territorial dimensions of zionist politics. Berkeley: Univ. of Calif. 1983. XII, 289 S. B 53070
Oz, A.: In the Land of Israel. New York: Harcourt Brace Jovanovich 1983. 257 S. B 51530
Rolef, S. H.: The political Geography of Palestine: A history and definition. New York: American Academic Association

for Peace in the Middle East 1983. 39 S.   Bc 4887
Rowley, G.: Israel into Palestine. London: Mansell 1984.
XX, 176 S.   B 51118
Shlaim, A.: Israel between war and peace. In: Nato's sexteen
nations. Vol. 29, 1984. No. 3. S. 28-33.   BZ 05457:29
Siebecke, H.: Operation Oase. Die wahre Geschichte der "Exodus".
München: List 1984. 267 S.   B 52998
Wallach, J. L.: "...Und mit der anderen hielten sie die Waffe".
Die Kriege Israels. Koblenz: Bernard & Graefe 1984. 174 S. B 51995

1. Einzelne Gebiete/Orte

Awad, M. E.: Non-violent resistance. A strategy for the occupied
territories. In: Journal of Palestine studies. Vol. 13, 1984/85.
No. 4. S. 22-36.   BZ 4602:13
Benvisti, M.: The West Bank data project. A survey of Israel's
policies. Washington: American Enterprise Inst. f. Public Policy
Res. 1984. X, 97 S.   09714
Bunzl, J.: Israel und die Palästinenser. Die Entwicklung eines
Gegensatzes. 2., erg. Aufl. Wien: Braumüller 1983. 187 S.   B 52225
Cohen, E. R.: International Criticism of Israeli security measures
in the occupied territories. Jerusalem: Hebrew University 1984.
44 S.   Bc 4463
Dieckhoff, A.: a propos des territoires arabes occupes. In:
L' Afrique et l' Asie modernes. 1984. No. 141. S. 47-55. BZ 4689:1984
Falah, G.: How Israel controls the Bedouin in Israel. In: Journal of
Palestine studies. Vol. 14, 1985. No. 2. S. 35- 51.   BZ 4602:14
Gichon, M.: The History of the Gaza strip: a geo-political and
geo-strategic perspective. Jerusalem: Yad Izhak Ben Zwi Institute
1982. S. 282-317.   Bc 4841
Haim, Y.: Abandonment of illusions. Zionist political attitudes
toward Palestinian Arab nationalism, 1936-1939. Boulder:
Westview 1983. IX, 173 S.   B 51729
Israel und die besetzten Gebiete. Dokumente, Berichte und Kommen-
tare 1967-1983. Berlin: Dt.-israel. Arbeitskreis für Frieden im
Nahen Osten 1983. 115 S.   Bc 4312
Israel and Palestine. Human rights in Israel and in the occupied
territories. Nottingham: The Spokesman 1985. 108 S.   Bc 4943
Newman, D.: Jewish Settlement in the West Bank. The role of
Gush Emunim. Durham: University 1982. III, 91 S.   Bc 4511
Rockwell, S.: Palestinian women workers in the Israeli-occupied
Gaza Strip. In: Journal of Palestine studies. Vol. 14, 1985.
No. 2. S. 114-136.   BZ 4602:14
Touma, E.: The political coming-of-age of the
"national minority". In: Journal of Palestine studies.
Vol. 14, 1985. No. 2. S. 74-83.   BZ 4602:14

L 237 Japan

e. Staat/Politik

Akaha, T.: Japan's nonnuclear policy. In: Asian survey.
Vol. 24, 1984. No. 8. S. 852-877. BZ 4437:24
Betricau, A.: Japan: Sécurité nationale, influence internationale.
In: Politique étrangère. Année 50, 1985. No. 1. S. 23-34. BZ 4449:50
Hartmann, R.: Japan. Gesellschaft, Politik, Wirtschaft. Köln:
Pahl-Rugenstein 1983. 274 S. B 51759
Kasza, G. J.: Fascism from below? A comparative perspective on
the Japanese right, 1931-1936. In: Journal of contemporary history.
Vol. 19, 1984. No. 4. S. 607-629. BZ 4552:19
Masuzoe, Y.: La politique extérieure japonaise et les contraintes
internes. In: Politique étrangère. Année 50, 1985. No. 1.
S. 85-94. BZ 4449:50
Matsuyama, Y.: A Japanese Journalist looks at U.S.-Japan
relations. Boulder, London: Westview 1984. 44 S. Bc 4971
Thayer, N. B.: Japan in 1984. The Nakasone era continues. In:
Asian survey. Vol. 25, 1985. No. 1. S. 51-64. BZ 4437:25

f. Wehrwesen

Hock, G. D.: Militarization and language: the case of Japan. In:
Current research on peace and violence. Vol. 7, 1984. Nos. 1-2.
S. 90-104. BZ 05123:7
Hoyt, E. P.: The Kamikazes. New York: Arbor House 1983.
333 S. B 52198
Ichiyo, M.: Class struggle on the shopfloor - the Japanese case
(1945-84). In: AMPO. Vol. 16, 1984. No. 3. S. 38-49. BZ 05355:16
Jackson, P.: Reluctant Samurai. In: Air international. Vol. 29,
1985. No. 2. S. 65-74; No. 3. S. 123-128; S. 143-146. BZ 05091:29
Jane, F. T.: The imperial Japanese Navy. Repr. London:
Conway Maritime Pr. 1984. 423 S. B 51575
Kroeger, J.: Geschichte eines japanischen Zerstörers. (Akizuki.)
In: Hamburger Rundbrief. Jg. 15, 1984. H. 3. S. 38-56. BZ 05320:15
Lacroix, E.: "A class" cruisers in the Imperial Japanese Navy.
Part VII. In: Warship international. Vol. 21, 1984. No. 3.
S. 246-305. BZ 05221:21
Lengerer, H.; Rehm-Takahara, T.: The Japanese aircraft
carriers Junyo and Hiyo. In: Warship. 1985. No. 33.
S. 9-19. BZ 4375:1985
Lengerer, H.; Rehm-Takahara, T.: Japanese 'Kaibokan'
Escorts. Parts 2, 3. In: Warship. 1984. No. 31. S. 171-184.;
No. 32. S. 244-257. BZ 4375:1984

Lengerer, H.; Kobler-Edamatsu, S.; Rehm-Takahara, T.: Strategische und taktische Planung der kaiserlich-japanischen Marine für die Entscheidungsschlacht gegen die amerikanische Marine. In: Marineforum. Jg. 60, 1985. H. 1/2. S. 17-26. BZ 05170:60
Lengerer, H.; Rehm-Takahara, T.; Wünschmann, M.: Die japanischen Schweren Kreuzer "Tone" und "Chikuma". In: Marine-Rundschau. Jg. 82, 1985. H. 1. S. 28-38. BZ 05138:82
Modly, T. B.: The rhetoric and realities of Japan's 1,000-mile sea-lane defense policy. In: Naval War College Review. Vol. 38, 1985. No. 1. S. 25-36. BZ 4634:38
Nakagawa, Y.: The WEPTO option. In: Asian survey. Vol. 24, 1984. No. 8. S. 828-839. BZ 4437:24
Panda, R.: Japan's security. Challenges and Response. In: IDSA journal. Vol. 15, 1983. No. 3. S. 443-462. BZ 4841:15
Tow, W. T.: Japan's rearmament: The ASEAN factor. In: Asia Pacific Community. No. 23, 1984. S. 11-28. BZ 05343:1984
Young, P. L.: Japanese defence. Hurdles to accomplishing a major task. In: Canadian defence quarterly. Vol. 14, 1984/85. No. 3. S. 17-25. BZ 05001:14

g./h. Wirtschaft und Gesellschaft

Braddon, R.: The other Hundred Years War. Japan's bid for supremacy 1941-2041. London: Collins 1983. 246 S. B 51579
Hofuku, N.: Arbeiterbewegung in Japan. Aufschwung und Krise in der Nachkriegsperiode 1945-1952. Marburg: Verl. Arbeiterbewegung u. Gesellschaftswissenschaft 1984. 149 S. Bc 4061
Ichiyo, M.: Ideology of Aid and People's Solidarity. In: AMPO: Japan-Asia Quaterly Review. Vol. 15. Nos. 3, 4. S. 14-24. BZ 05355:15
Pauer, E.: Japans Aufstieg zur Weltwirtschaftsmacht. In: Der Bürger im Staat. Jg. 35, 1985. H. 1. S. 33-42. BZ 05147:35
Japan's economic Security. Ed.: N. Akao. Aldershot: Gower 1983. XII, 279 S. B 51107
Takeo, T.: Japan's overseas "aid" paves the way for a new "greater East Asia Co-prosperity sphere". In: AMPO: Japan-Asia Quaterly Review. Vol. 15, 1983. Nos. 3/4. S. 25-45. BZ 05355:15

k. Geschichte

The Japanes colonial Empire, 1895-1945. Ed. by R. H. Myers [u. a.]. Princeton: Princeton Univ. Pr. 1984. X, 540 S. B 51701
Istorija Japonii 1945-1975. [Japans Geschichte 1945-1975.] Red. S. I. Verbickij. Moskva: Nauka 1978. 540 S. B 52364
Toten, M.: My thirty-three years' Dream. Princeton: Princeton Univ. Pr. 1982. 298 S. B 51574
"Wir haben nicht nur für Japan gekämpft." Die besiegten Sieger -

wie Japan seine Niederlage von 1945 verkraftet. In: Der Spiegel.
Jg. 39, 1985. Nr. 35. S. 116-129. BZ 05140:39
Zahl, K. F.: Der Wandel des japanischen Geschichtsbildes nach
dem Zweiten Weltkrieg. Hamburg: Institut für Asienkunde 1983.
89 S. Bc 4566

L 239 Jemen

Bidwell, R. L.: The two Yemens. Harlow: Longman 1983.
XVII, 350 S. B 51514
Bollinger, R. E.: Revolution zur Einheit. Jemens Kampf um die
Unabhängigkeit. Hamburg: Hoffmann u. Campe 1984. 352 S. B 52972
Kostiner, J.: The Struggle for South Yemen. London: Croom Helm
1984. 195 S. B 52877
Rouaud, A.: Al-Mutawakkil Ala Allah Yahay. Fondateur du Yemen
moderne. In: L'Afrique et l'Asie modernes. 1984. No. 141.
S. 56-73. BZ 4689:1984

L 241 Jordanien

Cordesman, A. H.: Jordanian Arms and the Middle East balance.
Washington: Middle East Institute 1983. V, 186 S. Bc 01324
Dann, U.: Studies in the history of Transjordan, 1920-1949: The
making of a state. Boulder, London: Westview 1984.
X, 127 S. Bc 5003
Hünseler, P.: Jordaniens Stellung im Nahost-Konflikt. Bonn:
Europa-Union-Verl. 1984. III, 81 S. Bc 4482
Khairy, M. O.: Jordan and the world system. Development in the
Middle East. Frankfurt: Lang 1984. 119 S. Bc 4940

L 243 Khmer/Kambodscha

Bekaert, J.: Kampuchea. The year of the nationalists? In:
Southeast Asian affairs. 1983. S. 164-180. BZ 05354:1983
Chandler, D. P.: A History of Cambodia. Boulder: Westview
1983. XVI, 337 S. B 51518
Chufrin, G. I.: Five years of the people's revolutionary power in
Kampuchea. In: Asian survey. Vol. 24, 1984. No. 11.
S. 1143-1150. BZ 4437:24
Eiland, M.: Kampuchea in 1984. Yet further from peace. In:
Asian survey. Vol. 25, 1985. No. 1. S. 106-113. BZ 4437:25
Kampuchea-Informationen. Nr. 1-14. Köln: Kampuchea-

Solidaritätskomitee 1979-1983. Getr. Pag.   DZ 497
Pretzell, K.-A.: ASEAN: Neue Entwicklung in der Kambodscha-
politik. In: Südostasien aktuell. Jg. 4, 1985. H. 3.
S. 261-266.   BZ 05498:4
Revolution and its aftermath in Kampuchea: Eight essays. Ed.: D. P.
Chandler and B. Kiernan. New Haven: Yale Univ. 1983.
X, 319 S.   B 52774

L 245 Korea

Charvin, R.: La République populaire démocratique de Corée.
Avec la collab.: M. Fragnol-Simon. Paris: Librairie Generale de
Droit et de Jurisprudence 1984. 184 S.   Bc 5065
Child of conflict. The Korean-American relationship, 1943-1953.
Ed.: B. Cumings. Seattle: Univ. of Washington Pr. 1983.
XIV, 335 S.   B 52628
Cumings, B.: Ending the Cold War in Korea. In: World policy
journal. Vol. 1, 1984/85. No. 4. S. 769-791.   BZ 4822:1
Hoivik, T. H.: Korea: is peaceful reunification still possible? In:
The Washington quarterly. Vol. 7, 1984. No. 1. S. 77-84.   BZ 05351:7
Kahng, K.-S.: Will South Korea be another Vietnam? Offenbach:
Korea Forschungsgemeinschaft 1984. 28 S.   Bc 01465
Kim, C. I. E.: Civil-military relations in the two Koreas. In:
Armed forces and society. Vol. 11, 1984/85. No. 1.
S. 9-31.   BZ 4418:11
Kim Dae Jung: On Korea. In: World policy journal. Vol. 1, 1983/84.
No. 1. S. 217-235.   BZ 4822:1
Kim il Sung: Antworten auf Anfragen des Direktors und Chefre-
dakteurs des jugoslawischen Verlages für internationale Politik.
28. 12. 1984. Pjongjang: Verl. f. fremdsprach. Literatur 1985.
12 S.   Bc 5373
Kim il Sung: Über den Kampf des koreanischen Volkes für die
Durchsetzung der Dschutsche-Ideologie. Pjongjang: Verl. für
fremdsprachige Literatur 1983. 55 S.   Bc 4212
Kim il Sung: On the Occasion of a Japan Socialist Party delegation's
visit to the DPRK. Pyongyang: Foreign Languages Publ. House
1985. 23 S.   Bc 5127
Lee, C.-J.: South Korea in 1984. Seeking peace and prosperity.
In: Asian survey. Vol. 25, 1985. No. 1. S. 80-89.   BZ 4437:25
Olsen, E. A.: The evolution of the ROK's foreign policy. In:
The Washington quarterly. Vol. 7, 1984. No. 1. S. 69-76.   BZ 05351:7
Eine Reise in das Land der Morgenfrische. In: Blätter des iz3w.
1985. Nr. 127. S. 28-36.   BZ 05130:1985
The Republic of Korea and president Chun Doo Hwan. Seoul: Korean
Overseas Information Service 1983. 125 S.   09706
Suh, D.-S.: Korean Communism 1945-1980. A reference guide

to the political system. Honolulu: Univ. Pr. of Hawaii 1981.
XV, 592 S. B 52086
T a i Sung An : North Korea in transition. From dictatorship to
dynasty. Westport: Greenwood 1983. 212 S. B 53139
Y o u n g Choi : The North Korean military buildup and its impact on
North Korean military strategy in the 1980s. In: Asian survey.
Vol. 25, 1985. No. 3. S. 341-355. BZ 4437:25
Y o u n g Whan Kihl : North Korea in 1984. "The Hermit Kingdom"
turns outward! In: Asian survey. Vol. 25, 1985. No. 1.
S. 65-79. BZ 4437:25
Z o e In Su : Kim Dschong Il: Führer des Volkes. Pjongjang: Verl.
f. fremdsprachige Literatur 1983. 382 S. B 51337

L 247 Laos

A v i m o r , S.: Laos im neuen Indochina. In: Asien. 1985. Nr. 15.
S. 48-75. BZ 4760:1985
D o m m e n , A. J.: Laos in 1984. The year of the Thai border. In:
Asian survey. Vol. 25, 1985. No. 1. S. 114-121. BZ 4437:25

L 249 Libanon

Unterbelichtete Aspekte im Libanonkonflikt. Gründe, Einschätzungen,
Perspektiven. Hamburg: Informationsbüre Nahost - IBNO
1985. 41 S. D 03252
Die syrische Besatzung im Libanon. Analyse eines Völkerrechts-
bruchs. Bonn: Résistance Libanaise 1983. 52 S. Bc 4584
B r i è r e , C.: Liban, guerres ouvertes 1920-1985. Paris:
Ramsay 1985. 227 S. B 56722
J a h e l , S.: Baschir Gemayel. Vom Widerstandskämpfer zum
Präsidenten. Bonn: Résistance Libanaise 1983. 47 S. Bc 4526
Die Kirche und der Libanon. Dokumente. Bonn: Résistance
Libanaise 1984. 35 S. Bc 4528
K o n z e l m a n n , G.: Der unheilige Krieg. Krisenherde im Nahen
Osten. Hamburg: Hoffmann & Campe 1985. 505 S. B 54901
Libanon. Schlaglichter auf die Geschichte eines Volkes. Bonn:
Résistance Libanaise 1983. 61 S. Bc 4524
P o t t , M. ; S c h i m k o r e i t -Pott, R.: Beirut. Zwischen Kreuz und
Koran. Braunschweig: Westermann 1985. 342 S. B 55672
S a l a m é , G.: Gli attori locali: comunità, subnazioni e classi.
In: Politica internazionale. A. 13, 1985. N. 3-4. S. 65-78. BZ 4828:13
S c a n d a r , G.: 88. Dt. Katholikentag München. 4.-8. Juli 1984. -
Christen in den politischen und sozialen Konflikten des Libanon.
Dokumente. München: Dt. Katholikentag 1984. 32 S. Bc 4654

L 251 Malaysia

Ahmad, Z. H.: Malaysia in 1984. In: Asia survey. Vol. 25, 1985.
No. 2. S. 206-213. BZ 4437:25
Barraclough, S.: Political Participation an its regulation in Malaysia. In: Pacific Affairs. Vol. 57, 1984. No. 3.
S. 450-461. BZ 4450:57
Gullick, J.: Malaysia: economic expansion and national unity.
London: Benn 1981. XIII, 290 S. B 52647
Lent, J. A.: Human rights in Malaysia. In: Journal of contemporary Asia. Vol. 14, 1984. No. 4. S. 442-458. BZ 4671:14
Yeo Kim Wah: The Politics of decentralization. Colonial controversy in Malaya 1920-1929. Kuala Lumpur: Oxford Univ. Pr. 1982.
XIV, 395 S. B 52248

Pohl, M.: Die singapurische Armee (SAF). In: Südostasien aktuell.
Jg. 4, 1985. H. 2. S. 149-159. BZ 05498:4
Quah, J. S. T.: Singapore in 1984. In: Asian survey. Vol. 25, 1985.
No. 2. S. 220-232. BZ 4437:25

L 253 Mandschurei

Lee, C. -S.: Revolutionary Struggle in Manchuria. Chinese communism and Soviet interest, 1922-1945. Berkeley: Univ. of California Pr. 1983. XV, 366 S. B 52621

L 255 Mongolische Volksrepublik

Sanders, A. J. K.: Mongolia in 1984. From Tsedenbal to Batmönh.
In: Asian survey. Vol. 25, 1985. No. 1. S. 122-130. BZ 4437:25
Boevoe Sodružestvo. O sovetsko-mongol'skom boevom sodružestve.
[Sowjet. -mongolische Waffenbrüderschaft.] Red. P. A. Žilin.
Moskva: Voenizdat 1983. 334 S. B 53431

L 257 Nepal

Khanal, Y. N.: Nepal in 1984. In: Asian survey. Vol. 25, 1985.
No. 2. S. 180-186. BZ 4437:25
Sola, R.: Népal: les faiblesses du pouvoir absolu. In: Défense nationale. Année 41, 1985. No. 7. S. 111-126. BZ 4460:41

Wang Hong-Wei : Sino-Nepal relations in the 1980's. In: Asian
survey. Vol. 25, 1985. No. 5. S. 512-520. BZ 4437:25

L 259 Pakistan

Braun, D.: Pakistan zwischen den Mächten. Bestimmungsfaktoren
der Aussen- und Sicherheitspolitik. In: Europa-Archiv.
Jg. 40, 1985. Folge 15. S. 475-484. BZ 4452:40
Cloughley, B. W.: Pakistan: Dismal prospects for peace on sub-
continent. In: Pacific defence reporter. Vol. 11, 1984. No. 3.
S. 37-44, 53. BZ 05133:11
Howarth, H. M. F.: Die Wehrindustrie Pakistans. Streben nach
Autarkie. In: Internationale Wehrrevue. Jg. 18, 1985. Nr. 6.
S. 939-943. BZ 05263:18
Kamal, K. L.: Pakistan. The Garrison state. New Delhi:
Intellectual Publ. House 1982. 160 S. B 51604
Kukreja, V.: The military in Pakistan. In: IDSA journal.
Vol. 15, 1983. No. 3. S. 423-441. BZ 4841:15
Richter, W. L.: Pakistan in 1984. In: Asian survey. Vol. 25, 1985.
No. 2. S. 145-154. BZ 4437:25
Sinha, P. B.; Subramanian, R. R.: Nuclear Pakistan. Atomic
threat to South Asia. New Delhi: Vision Books 1980.
VII, 164 S. B 51626
Vollmer, F.-J.: Die Afghanischen Flüchtlinge in Pakistan. In:
Internationales Asienforum. Jg. 15, 1984. H. 1/2. S. 99-115.BZ 4593:15
Wriggins, H. W.: Pakistan's Search for a foreign policy after the
Invasion of Afghanistan. In: Pacific Affairs. Vol. 57, 1984. No. 2.
S. 284-303. BZ 4450:57
Ziring, L.: From islamic republic to islamic state in Pakistan.
In: Asian survey. Vol. 24, 1984. No. 9. S. 931-946. BZ 4437:24

L 266 Sri Lanka

Betz, J.: Verfolgung der Tamilen auf Sri Lanka. In: Jahrbuch
Dritte Welt. Jg. 2, 1984. S. 143-158. BZ 4793:2
Kearney, R. N.: Sri Lanka in 1984. In: Asian survey. Vol. 25, 1985.
No. 2. S. 257-262. BZ 4437:25
Obeyesekere, G.: Political violence and the future of democracy
in Sri Lanka. In: Internationales Asienforum. Jg. 15, 1984.
H. 1/2. S. 39-60. BZ 4583:15
Piyadasa, L.: Sri Lanka: The holocaust and after. London:
Marram Books 1984. 129 S. Bc 5402
Sivanandan, A.: Sri Lanka: racism and the politics of underdeve-
lopment. In: Race and Class. Vol. 26, 1984. No. 1. S. 1-37. BZ 4811:26

Söhnlein, K.: Zur Geschichte der Arbeiterbewegung Sri-Lankas.
Köln: Pahl-Rugenstein 1984. 201 S. B 53857
Sri Lanka. Zeugen sagen aus. Witnesses state. Meschenrechtsverletzungen in Sri Lanka von März bis November 1984. ...E. Dokum.
d. Südasienbüros. Wuppertal 1984. 76 S. D 03185
Sri Lanka - "Paradise" in ruins. Anti-Tamil riots in July/August 1983. Kassel: Sri Lanka Coordination Centre 1983. 28 S. D 03147
Sri Lanka - in quest of a solution? Jaffna in March/April 1984.
A documentation by South Asia-Bureau. Wuppertal 1984. 22 S.D 03148
Sri Lanka Info. 1-4. Wuppertal: Südasien-Büro 1981-1984.
Getr. Pag. DZ 491
Der autoritäre Staat. Die Institutionalisierung von Gewalt in Sri Lanka. Eine Dokumentation d. Südasien-Büro. Wuppertal 1985.
22 S. D 03265

L 267 Syrien

Bar-Siman-Tov, Y.: Linkage Politics in the Middle East. Boulder: Westview 1983. IX, 176 S. B 51397
Nehme, M.: Le Parti Communiste syrien: de la strategie "internationaliste" à la contestation "nationaliste". In: L'Afrique et l'Asie modernes. 1985. No. 144. S. 17-34. BZ 4689:1985
Nehme, M.: La politique Syrienne au Liban. In: L'Afrique et l'Asie modernes. 1984. No. 142. S. 53-62. BZ 4689:1984

L 268 Taiwan

Greenhalgh, S.: Networks and their nodes: urban society on Taiwan. In: The China quarterly. 1984. No. 99.
S. 529-552. BZ 4436:1984
Hsiung, J.C.: Taiwan in 1984. Festivity, new hope and caution. In: Asian survey. Vol. 25, 1985. No. 1. S. 91-96. BZ 4437:25
Myers, R.H.: The economic transformation of the Republic of China on Taiwan. In: The China quarterly. 1984. No. 99.
S. 500-528. BZ 4436:1984
Summary Record. 1983 captive nations week. Forum on defeat of Marxism-Leninism. Taipei: World Anti-Communist League 1983.
64 S. Bc 4076
Thompson, S.E.: Taiwan. Rural society. In: The China quarterly. 1984. No. 99. S. 553-568. BZ 4436:1984
Wang Chang-ling: The Way toward reunification of China under San Min Chu I. Taipei: Kuang Lu Publ. Serv. 1984. 106 S. Bc 4257
Weng, B.S.J.: Taiwan's international status today. In: The China quarterly. 1984. No. 99. S. 462-480. BZ 4436:1984

Winckler, E.A.: Institutionalization and participation on Taiwan. In: The China quarterly. 1984. No. 99. S. 481-499. BZ 4436:1984

L 269 Thailand

Fistié, P.: Les crises politiques de l'année 1984 en Thailande: Vers un nouvel équilibre des forces internes? In: Défense nationale. Année 41, 1985. No. 3. S. 93-112. BZ 4460:41

Kroef, J.M. van der: Thailand's refugee dilemma. In: Internationales Asienforum. Jg. 15, 1984. H. 1/2. S. 117-136. BZ 4593:15

Reflections on counterinsurgency in Thailand. In: World affairs. Vol. 146, 1983/84. No. 3. S. 257-262. BZ 4773:146

Suksamran, S.: Military Elite in Thai politics. Brief biographical data on the officers in the Thai legislature. Singapore: Institute of Southeast Asian Studies 1984. 90 S. Bc 5325

Szaz, Z.M.: Stability and instability in Thailand. In: The Journal of social, political and economic studies. Vol. 9, 1984. No. 3. S. 359-375. BZ 4670:9

Vichit-Vadakan, J.: Thailand in 1984. In: Asian survey. Vol. 25, 1985. No. 2. S. 232-241. BZ 4437:25

L 275 Türkei

e. Staat/Politik

Das "Bombengeschäft" mit dem Export. AKWs für die Türkei. Materialslg. z. Atomabkommen m. d. Türkei. Hrsg.: Bamberger Initiative gegen Atomanlagen. Bamberg: BIGA 1985. Getr. Pag. D 03231

Bozdemir, M.: Das Wirtschaftsimperium der türkischen Armee: OYAK. Frankfurt: Dagyeli 1985. 49 S. Bc 5384

Coufoudakis, V.: Greek-Turkish relations, 1973-1983. The view from Athens. In: International security. Vol. 9, 1984/85. No. 4. S. 185-217. BZ 4433:9

Dokumente - Türkei. Bd 1-4. Saarbrücken: Deutsch-Türkische Freundschaftsgesellschaft 1980-1982. Getr. Pag. DZ 248

Egitkhanoff, M.A.; Wilson, K.: Escape. A sequel to terror by night and day. Mountain View: Pacific Press Publ. Assoc. 1982. 124 S. Bc 4604

Erol, A.: Neue Gewerkschaftsgesetze der faschistischen Diktatur in der Türkei. Hrsg. v. d. Bulletin für die "Solidarität mit der Türkei". Düsseldorf: FIDEF 1983. 34 S. D 3154

Frieden vor dem Militär-Tribunal. Der Prozess gegen d. Friedensverein der Türkei. Düsseldorf: FIDEF (Föderation der Arbeiter-

vereine der Türkei in der BRD) 1984. 106 S.   D 3153
Hasselt, F.G. van: Turkije stelt teleur. In: Internationale
    Spectator. Jg. 39, 1985. Nr. 1. S. 32-37.   BZ 05223:39
Hubel, H.: Die Türkei nach der Parlamentswahl von 1983. In:
    Europa-Archiv. Jg. 40, 1985. Folge 6. S. 211-218.   BZ 4452:40
Scheinhardt, S.: Frauen, die sterben, ohne dass sie gelebt hätten.
    Einf.: S. Gieschler. Berlin: EXpress Ed. 1983. 91 S.   Bc 4407
Political Structure of Turkey. Ankara: Directorate general of Press
    and Information 1984. 108 S.   Bc 5254
Tachau, F.; Heper, M.: The state, politics and the military in
    Turkey. In: Comparative politics. Vol. 16, 1983. No. 1.
    S. 17-33.   BZ 4606:16
Türkei. Folter und andere Menschenrechtsverletzungen. Bonn:
    amnesty international 1985. 63 S.   D 3212
Türkei im Kampf. Informationen, Berichte und Kommentare über d.
    Kampf d. Volkes der Türkei gegen Faschismus u. Imperialismus.
    Nr. 1. 1980-11. 1982. Frankfurt 1980-82. Getr. Pag.   DZ 289
Türkiye. Aydinlar yargilaniyor. Uluslararas dayanisma. Belgeler,
    imzalar, kronoloji. Hrsg.: Initiative für Solidarität mit 1256
    Intellektuellen in der Türkei. Marburg 1985. 60 S.   D 03296
Die Unterdrückung des Türkischen Friedensvereins. Ein Bericht d.
    Gruppe Internationale Dokumentation im Arbeitskreis Atomwaffen-
    freies Europa. Berlin 1985. 30 S.   D 3215

k. Geschichte

Avakian, A.: Pouvoir et Islam en Turquie de 1919 à 1960. In:
    Revue d'histoire de la 2ième guerre mondiale. Année 35, 1985.
    No. 137. S. 85-108.   BZ 4455:35
Hubel, H.: Türkei und Mittelost-Krisen. Die türkische Interessen-
    lage gegenüber amerikanischen u. westeuropäischen Bemühungen...
    Bonn: Verl. Europa-Union 1984. III, 85 S.   Bc 4960
Landau, J.M.: [Munis] Tekinalp, Turkish patriot 1883-1961.
    Istanbul: Nederl. Histor. -Archaeolog. Inst. 1984. IX, 362 S.   09764
Türkei-Infodienst. T. 1-5. Hamburg; Herford: Alternative
    Türkeihilfe 1981-85. Getr. Pag.   DZ 573
Turkey. The Voice of the revolution. News Bulletin of the Revolutio-
    nary Communist Party of Turkey. Nr. 1-13. Köln; Degenhart;
    Dortmund: Verl. Roter Morgen 1979-80. Getr. Pag.   DZ 295
Modern Turkey: Continuity and change. Hrsg.: A. Evin. Mit Beitr.
    von E. Özbudun [u. a.]. Opladen: Leske Verl. u. Budrich 1984.
    164 S.   Bc 4544

1. Länderteil

Besikçi, I.: Wir wollen frei und Kurden sein! Briefe an die
UNESCO. Frankfurt: isp-Verl. 1984. 77 S. Bc 4718
Köhler, G.; Nogga-Weinall, D.: Azade. Vom Überleben kurdischer Frauen. Bremen: Edition CON 1984. 152 S. Bc 4770

Armenians in the Ottoman Empire and modern Turkey, 1912-1926.
Istanbul: Boğaziçi University 1984. 104 S. Bc 4782
Ataoev, T.: An Armenian Author on "Patriotism perverted".
Ankara: Özde 1984. 25 S. Bc 5174
Ataoev, T.: The Andonian "Documents" attributed to Talat Pasha are forgeries! Ankara: Universitesi Siyasal Birgiler Fakültesi 1984. 43 S. Bc 4779
Ataoev, T.: An Armenian source: Hovhannes Katchaznouni.
Ankara: Özde 1984. 49 S. Bc 5173
Ataoev, T.: A "statement" wrongly attributed to Mustafa Kamâl Atatürk. Ankara: Univ. Siyasal Bilgiler Fakültesi 1984. 47 S. Bc 4781
Lang, D. M.: The Armenians. A people in exil. 2nd impr.
London: Allen and Unwin 1982. XI, 203 S. B 51121
Lang, D. M.; Walker, C. J.: Die Armenier. Bearb. i. Auftr. der Dt, -armenischen Gesellschaft. Oldenburg: Holzberg 1985.
30 S. Bc 01601
Ter-Minassian, A.: La Question arménienne. Roquevaire: Ed. Paranthèses 1983. 239 S. B 51001
Armenian Terrorism and the Paris Trial. Ankara: Ankara University 1984. 48 S. Bc 4456

L 277 Vietnam

Buro, A.; Grobe, K.: Vietnam! Vietnam! Die Entwicklung der Sozialistischen Republik Vietnam nach dem Fall Saigons.
Frankfurt: Suhrkamp 1984. 238 S. B 51258
Duiker, W. J.: Vietnam in 1984. Between ideology and pragmatism.
In: Asian survey. Vol. 25, 1985. No. 1. S. 97-105. BZ 4437:25
Gras, Y.: L'Indochine française et le nationalisme vietnamien (de la conquête à 1939). In: Revue historique des armées.
1984. No. 4. S. 31-42. BZ 05443:1984
Indochina: Der permanente Konflikt? W. Draguhn, P. Schier (Hrsg.).
Hamburg: Inst. f. Asienkunde 1981. 299 S. B 52929
Kosel, W.: Vietnam - von der Angstrevolution zur vollständigen Befreiung. In: Konsequent. Jg. 15, 1985. Nr. 1. S. 111-120. BZ 4591:15
Lamant, P. L.: La révolution nationale dans l'Indochine de l'amiral Decoux. In: Revue d'histoire de la Deuxième Guerre Mondiale et des conflits contemporains.

Année 38, 1985. No. 138. S. 21-41. BZ 4455:35
L é v y , A. M. : Fortell meg om Vietnam. Oslo: Aschehoug 1983.
165 S. B 52042
N g u y e n Duc Binh: Der sozialistische Aufbau in Vietnam. In:
Probleme des Friedens und des Sozialismus. Jg. 28, 1985. Nr. 3.
S. 351-358. BZ 4504:28
N g u y e n Van Canh ; C o o p e r , E. : Vietnam under communism,
1975-1982. Stanford: Hoover Inst. Pr. 1983. XVI, 312 S. B 51282
P i r a , G. la: Il Vietnam diece anni dopo: la faticosa conquista della
pace. In: Politica internazionale. Anno 13, 1985. N. S. No. 5.
S. 27-37. BZ 4626:15
S t e r n , L. M. : The Overseas Chinese in the Socialist Republic of
Vietnam, 1979-82. In: Asian survey. Vol. 25, 1985. No. 5.
S. 521-536. BZ 4437:25
T h a y e r , C. A. : Vietnam's two strategic tasks. Building socialism
and defending the fatherland. In: Southeast Asian affairs.
1983. S. 299-324. BZ 05354:1983
T r u o n g Buu Lâm ; M a i v â n Lâm : Resistance, rebellion,
revolution. Popular movements in Vietnamese history. Singapore:
Institute of Southeast Asian Studies 1984. 54 S. Bc 5328
10 Jahre befreites Vietnam. [Versch. Beitr.]. In: Antiimperialisti-
sches Informationsbulletin. Jg. 16, 1985. Nr. 4. S. 16-42. BZ 05283:16
Viet Nam-Kurier. Jg. 1977-81. Hrsg.: Gesellschaft für die Freund-
schaft zwischen den Völkern der Bundesrepublik Deutschland
und der Sozialistischen Republik Vietnam. Düsseldorf 1977-81.
Getr. Pag. DZ 385

L 279 Zypern

B r u c e , L. H. : Cyprus: A last chance. In: Foreign Policy.
No. 58, 1985. S. 115-133. BZ 05131:58
G r a n d i , B. : Profili internazionali della questione di Cipro.
Milano: Giuffrè 1983. VIII, 410 S. B 51897
M e i n a r d u s , R. : Der Zypern-Konflikt. Zehn Jahre nach der
türkischen Invasion. In: Orient. Jg. 25, 1984. H. 3.
S. 376-390. BZ 4663:25

L 300 Afrika

a./d. Allgemeines

Gherari, H.: Les frontières maritimes des États africains.
In: Le mois en Afrique. Année 20, 1984/85. No. 229/230.
S. 23-36. BZ 4748:20
Goudou, T.: L'O.U.A.: Rétrospective et perspective politiques.
In: Le mois en Afrique. Année 20, 1984/85. No. 227-232.
Getr. Pag. BZ 4748:20
Holl, N. H.: Organisation der Afrikanischen Einheit (OAE) - politische und institutionelle Aspekte. In: Afrika-spectrum.
Jg. 20, 1985. H. 1. S. 5-20. BZ 4614:20
Kalambay, E.: Comment sortir l'O.U.A. de l'engrenage actuel?
In: Le mois en Afrique. Année 20, 1984. No. 225-226.
S. 3-14. BZ 4748:20
Schatten, F.: Afrikanische Macht - Afrikanische Ohnmacht. In:
Aus Politik und Zeitgeschichte. 1985. Nr. 27. S. 27-39. BZ 05159:1985
Sesay, A.; Ojo, O.; Fasehun, O.: The OAU (Organisation of African Unity) after twenty years. Boulder: Westview Press 1984.
133 S. Bc 5155

e. Staat/Politik

Politisches Lexikon Afrika. Hrsg.: R. Hofmeier u. M. Schönborn.
München: Beck 1984. 510 S. B 52973
Babacar, S.: Le Marxisme devant les societés africaines
contemporaines. Paris: Présence Africaine 1983. 202 S. B 52256
Babu, A. R. M.: African Socialism or socialist Africa? Repr.
London: Zed Pr. 1983. XVI, 174 S. B 51134
Biyoya Makutu, B. K.: Réflexions sur la course aux armements
en Afrique. In: Le mois en Afrique. Année 20, 1984. Nos. 225-226.
S. 37-54. BZ 4748:20
Hassel, K.-U. von: Europa und Afrika, 1884-1984. Ansprache...
Bad Lauterberg... am 13.10.1984. Berlin: Trad. Verb. ehem.
Schutz- u. Überseetruppen... 1984. 32 S. Bc 4896
Howard, R.: Evaluating human rights in Africa. In: Human
rights quarterly. Vol. 6, 1984. No. 2. S. 160-179. BZ 4753:6
Die Hungernden sind die Nahrung der Macht. Hintergründe u. Hungersnot in Afrika. Bielefeld: Dritte Welt Haus 1985. 80 S. D 03201

Lisette, G.: Le Combat du Rassemblement Démocratique Africain
  pour la décolonisation pacifique de L'Afrique noire. Paris:
  Prés. Africaine 1983. 398 S.   B 52250
Mahoney, R. D.: J[ohn] F[itzgerald] K[ennedy]: Ordeal in Africa.
  New York: Oxford Univ. Pr. 1983. VIII, 338 S.   B 52578
Martens, G.: L'Afrique:a-t-elle besoin des syndicats? In:
  Le mois en Afrique. Tome 19, 1984. No. 219-220. S. 51-66;
  No. 221-222. S. 50-69.   BZ 4748:19
Okere, O.: The protection of human rights in Africa and the African
  Charter on Human and Peoples' Rights: a comparative analysis
  with the European and American system. In: Human rights
  quarterly. Vol. 6, 1984. No. 2. S. 141-159.   BZ 4753:6
Phillips, C. S.: The African political Dictionary. Santa Barbara:
  ABC-CLIO Information Serv. 1984. XXVIII, 245 S.   B 52095
Proletarinization and class-struggle in Africa. Ed.: B. Magubane
  [u. a.]. San Francisco: Synthesis Publ. 1983. 182 S.   B 52768
Sangmeister, H.: Grundbedürfnisbefriedigung in afrikanischen
  Ländern südlich der Sahara. In: Afrika-spectrum. Jg. 19, 1984.
  H. 2. S. 109-134.   BZ 4614:19
African Security issues: sovereignity. stability, and solidarity. Ed.:
  B. E. Arlinghaus. Boulder: Westview 1984. X, 229 S.   B 52409
Thom, W. G.: Sub-Saharan Africa's changing military environment.
  In: Armed forces and society. Vol. 11, 1984/85. No. 1.
  S. 32-58.   BZ 4418:11
Vilby, K.: Afrika i misvaekst. Udviklingens og bistandens krise i
  et stadigt fattigere Afrika. 2. opl. København: Vindrose 1983.
  159 S.   B 50858

k. Geschichte

Afrika. Geschichte von den Anfängen bis zur Gegenwart. T. 1-4.
  Köln: Pahl-Rugenstein 1979-1985. Getr. Pag.   B 54568
Arms for Africa. Ed.: B. E. Arlinghaus. Lexington: Lexington Books
  1983. XIV, 271 S.   B 50799
Benchenane, M.: Les Coups d'état en Afrique. Paris: Publisud
  1983. 196 S.   B 52183
Cortes-Lopez, J. L.: El Golpismo en Africa Negra. Madrid:
  CIDAF 1982. 305 S.   B 51451
La Descolonización de Africa. Africa austral y el cuerno de Africa.
  Paris: Serbal 1983. 197 S.   B 51457
Esedebe, P. O.: Pan-Africanism. The idea and the movement,
  1776-1963. Washington: Howard Univ. Pr. 1982. XV, 271 S.   B 51290
Fetter, B.: Colonial Rule and regional imbalance in Central Africa.
  Boulder: Westview 1983. XV, 223 S.   B 52512
MacEvedy, C.: Atlas of the African history. Repr. ed.
  New York: Facts on File 1982. 142 S.   B 51517
MacFarlane, S. N.: Africa's decaying security system and

the rise of intervention. In: International security. Vol. 8, 1983/84.
No. 4. S. 127-151. BZ 4433:8
Moser, B.: Ethnischer Konflikt und Grenzkriege. Ursachen innen-
und außenpolitischer Konflikte in Afrika. Diessenhofen:
Rüegger 1983. 376 S. B 50881
Pabanel, J.-P.: Les Coups d'état militaires en Afrique noire.
Paris: L'Harmattan 1984. 188 S. B 52176
Simensen, J.: Afrikas Historie. Nye perspektiver. Oslo:
Cappelen 1983. 474 S. B 53326
Touré, B. Y.: Afrique. L'épreuve et l'independance. Paris:
Pr. Univ. de France 1983. 160 S. B 50877
Afrikas Völker zwischen Reform und Revolution. München:
Olzog 1981. 172 S. Bc 4250
Weiss, R.; Mayer, H.; Martin, A.: Afrika den Europäern!
Von der Berliner Kongokonferenz 1884 ins Afrika der neuen
Kolonisation. Wuppertal: Hammer 1984. 222 S. 09579
Wiking, S.: Military Coups in Sub-Saharan Africa. How to justify
illegal assumptions of power. Uppsala: Scandinavian Institute of
African Studies 1983. 144 S. Bc 4287

L 301 Nordafrika

Rondot, P.: Le grand Maghreb arabe. Projet et perspectives.
In: L'Afrique et l'Asie modernes. 1984. No. 143.
S. 47-60. BZ 4689:1984

1. Länderteil

Decraene, P.: La politique africaine du Maroc. In: L'Afrique
et l'Asie modernes. 1984. No. 143. S. 3-10. BZ 4689:1984
Del Pino, D.: La última Guerra con Marruecos. Ceuta y Melilla.
Barcelona: Argos Vergara 1982. 294 S. B 53735

Salem, N.: Habib Bourguiba, islam and the creation of Tunisia.
London: Croom Helm 1984. 270 S. B 52864

L 303 Ostafrika

Calchi Novati, G.: Nazioni, esperienze rivoluzionarie e conflitti
locali nel Corno d'Africa. In: Politica internazionale. Anno 13,
1985. N. S. No. 5. S. 51-62. BZ 4828:13
Makinda, S.: Shifting alliances in the Horn of Africa. In:
Suvival. Vol. 27, 1985. No. 1. S. 11-19. BZ 4499:27

1. Länderteil

Michel, P.: Kenya sensibilité aux actions extérieures. In:
Stratégique. 1984. Sommaire. S. 89-105. BZ 4694:1984
Nyongo, A.: The decline of democracy and the rise of authoritarian and factionalist politics in Kenya. In: Horn of Africa.
Vol. 6, 1983/84. No. 3. S. 16-24. BZ 05380:6

Reyntjens, F.: Les élections Rwandaises du 26 décembre 1983: considérations juridiques et politiques. In: Le mois en Afrique.
Année 20, 1984. Nos. 223-224. S. 18-28. BZ 4748:20

Talon, V.: Con las Espadas en Alto. Somalia. In: Defensa.
Año 8, 1985. No. 81. S. 35-41. BZ 05344:8

Gurdon, C.: Sudan at the crossroads. Cambridgeshire: Middle East and North African Studies Pr. Ltd. 1984. 128 S. Bc 4754
Renzo, A. di: La fine del "regno" di Nimeiri. In: Politica.
internazionale. Anno 13, 1985. N. S. No. 5. S. 17-26. BZ 4828:13

Bosshard, F.: Tansania als unabhängiger Staat seit 1961. In:
Geschichte. Nr. 62. 1985. S. 43-48. BZ 05043:62
Arbeitsgemeinschaft Afrika und Kolonialismus (AGAK). - Deutscher Kolonialismus. Das Beisp. Deutsch-Ostafrika (1885-1918). Kiel:
Magazin-Verl. 1984. 46 S. D 3196
Schroeder, H.: Ostafrikas dreissig deutsche Jahre. Bonn:
Dt. Afrika-Stiftung 1984. 10 S. Bc 4889

Gupta, V.: Obote. Second liberation. New Delhi: Vikas 1983.
196 S. B 51597
Uganda's first Republic: chiefs, administrators and politicians, 1967-1971. Ed.: A. F. Robertson. Cambridge: African Studies Centre 1982. VII, 189 S. B 52308

Parpart, J. L.: Labor and capital on the African copperbelt.
Zambia. Philadelphia: Tempre Univ. Pr. 1983. XV, 233 S. B 52586

L 305 Südafrika

Geldenhuys, D.: Die Zukunft Südafrikas aus deutscher Sicht.
In: Aussenpolitik. Jg. 36, 1985. H. 1. S. 80-98. BZ 4457:36
Organisations-Komitee der Afrika-Solidaritätsgruppen. Rundbrief..
Nr. 3-38. Bochum 1979-1985. Getr. Pag. DZ 468
Changing Realities in Southern Africa. Implications for American policy. Berkeley: Univ. of Calif. 1982. XI, 318 S. B 53073

Ropp, K. Frhr. von der : Afrikas Süden im Zeichen der Pax Pretoriana. In: Aussenpolitik. Jg. 35, 1984. H. 4. S. 419-433. BZ 4457:35
Saxena, S.C.: Foreign Policy of African states. Politics of dependence and confrontation. New Delhi: Deep & Deep 1982. 227 S. B 51608

l. Länderteil

Parson, J.: Botswana. Liberal democracy and the labor reserve in Southern Africa. Boulder: Westview 1984. X, 145 S. B 55200
Southall, R.: Botswana as a host country for refugees. In: The Journal of Commonwealth and comparative politics. Vol. 22, 1984. No. 2. S. 151-179. BZ 4408:22

L 307 Westafrika

Ekoko, E.: British war plans against Germany in West Africa, 1903-14. In: The Journal of strategic studies. Vol. 7, 1984. No. 4. S. 441-456. BZ 4669:7
South-south Relations in a changing world order. Ed.: J. Carlsson. Uppsala: Scandinavian Inst. of African Studies 1982. 166 S. B 53352

l. Länderteil

Zoctizoum, Y.: Histoire de la Centrafrique. T. 1. 2. Paris: L'Harmattan 1983-1984. 300, 382 S. B 51000

Houndjahoue, M.: Bénin: révolution socialiste et politique étrangère a l'ère de la Diplomatique Nouvelle. In: Le mois en Afrique. Année 20, 1984. No. 225-226. S. 31-36. BZ 4748:20

Chazan, N.: An Anatomy of Ghanaian politics. Managing political recession, 1969-1982. Boulder: Westview 1983. XVII, 429 S. B 51402

Cabral, A.: Die Theorie als Waffe. Schriften zur Befreiung in Afrika. Hrsg. von der Amilcar Cabral-Gesellschaft. Bremen: Edition CON 1983. 321 S. B 52352
Davidson, B.: No fist is big enough to hide the sky. The liberation of Guine and Cap Verde. Aspects of an African revolution. London: Zed Books 1984. XVIII, 187 S. Bc 5321
McCulloch, J.: In the Twilight of revolution. The political theory of Amilcar Cabral. London: Routledge and Kegan Paul 1983. 159 S. B 51117

Mbome, F.: Réflexions sur la réforme constitutionelle du 18
novembre 1983 au Cameroun. In: Le mois en Afrique. Année 20.
No. 227-228. S. 20-36. BZ 4748:20

Oyono, D.: Le coup d'état manqué du 6 avril 1984 et les enga-
gements de politique étrangère du Cameroun. In: Le mois en
Afrique. Année 20, 1984. Nos. 223-224. S. 49-56. BZ 4748:20

Gershoni, Y.: Black Colonialism. The Americo-Liberian scram-
ble for the Hinterland. Boulder: Westview Press 1985.
XIII, 134 S. Bc 5307

Fuglestad, F.: A History of Niger - 1850-1960. Cambridge:
Cambridge Univ. Pr. 1983. VII, 275 S. B 51138

Okolo, J. E.: Nigeria's military capabilities. In: The Journal of
social, political and economic studies. Vol. 9, 1984. No. 4.
S. 413-436. BZ 4670:9

Voß, H.: Nigeria - Ende der Demokratie? In: Jahrbuch Dritte Welt.
Jg. 2, 1984. S. 178-192. BZ 4793:2

Hodges, T.: Western Sahara. The roots of a desert war.
Westport: Hill 1983. XII, 388 S. B 42477
La RASD. Un estado. El derecho de un pueblo. Madrid:
IEPALA 1983. 125 S. Bc 01119

Gibour, J.: Le Conflit du Tchad. In: Défense nationale.
Année 41, 1985. No. 6. S. 127-140. BZ 4460:41
Lemarchand, R.: Aux origines de la guerre civile. Les emeutes
de Fort-Lamy (1946) et Fort-Archambault (1947). In: Le mois en
Afrique. Année 20, 1984/85. Nos. 231/232. S. 3-15. BZ 4748:20

L 311 Abessinien / Äthiopien

Abate, Y.: Civil-military relations in Ethiopia. In: Armed forces
and society. Vol. 10, 1983/84. No. 3. S. 380-400. BZ 4418:10
Abbink, J.: 'Militair socialisme' - De politieke verhoudingen
in Ethiopie. In: Internationale Spectator. Jg. 39, 1985. Nr. 2.
S. 65-72. BZ 05223:39
Belay, G.: Die "Äthiopisierung" der Hungerberichterstattung. In:
Blätter des iz3w. 1985. Nr. 124. S. 46-51. BZ 05130:1985
Beltrami, V.; Beltrami, G. M.: Una breve Illusione.
Palermo: Sellerio 1983. 81 S. Bc 4669
Brüne, S.: Äthiopien - Zehn Jahre Revolution. In: Jahrbuch
Dritte Welt. 3, 1985. S. 184-198. BZ 4793:3
Checole, K.: The emperor. In: Horn of Africa. Vol. 6, 1983/84.
No. 1. S. 15-20. BZ 05380:6

Daffa, P.: Oromo: Beiträge zur politischen Geschichte Äthiopiens.
Saarbrücken: Breitenbach 1984. 121 S.   Bc 4701
Dummer, E.: Äthiopien im Aufbruch. Berlin: Dietz 1984.
141 S.   Bc 4244
Immagine coordinata per un impero. Etiopia 1935-1936. A cura di
  A. Mignemi. Torino: Gruppo Ed. Forma 1984. 250 S.   09648
Kapuściński, R.: König der Könige. Eine Parabel der Macht.
Köln: Kiepenheuer & Witsch 1984. 190 S.   B 55251
Kapuściński, R.: Il Negus. Milano: Feltrinelli 1983.
155 S.   B 51060
Mährdel, C.: Ohne Kaiser - mit dem Volk. Äthiopiens Revolution.
Berlin: Staatsverl. d. DDR 1984. 109 S.   Bc 5136
Marcus, H. G.: Ethiopia, Great Britain, and the United States,
1941-1974. The politics of Empire. Berkeley: Univ. of California
Pr. 1983. XII, 205 S.   B 52620
Yared, M.-J.: Dix ans après la chute de l'empire:l'Ethiopie
convalescente s'aligne sur Moscou. In: L'Afrique et l'Asie
modernes. 1984. No. 142. S. 87-92.   BZ 4689:1984

Cahsai, B.: Une étude politique et juridique de la question
érythréenne. In: Le mois en Afrique. Tome 19, 1984. No. 217-218.
S. 3-30.   BZ 4748:19
Eritrea Hilfswerk in Deutschland e. V. Mein Eritrea - unser Eritrea!
Katalog einer Ausstellung im Bremer Übersee-Museum.
Bremen: Verl. Roter Funke 1982. 96 S.   Bc 3150
Fessehatzion, T.: The international dimensions of the Eritrean
question. In: Horn of Africa. Vol. 6, 1983/84. No. 2.
S. 7-24.   BZ 05380:6
Gebre-Medhin, J.: European colonial rule and the transformation
of Eritrean rural society. In: Horn of Africa. Vol. 6, 1983/84.
No. 2. S. 50-60.   BZ 05380:6
Harnet, M.: Reflections on the Eritrean revolution. In: Horn of
Africa. Vol. 6, 1983/84. No. 3. S. 3-15.   BZ 05380:6
Taddia, I.: Intervento pubblico e capitale privato nella Colonia
Eritrea. In: Rivista di storia contemporanea. Anno 14, 1985.
No. 2. S. 207-242.   BZ 4812:14
Tseggai, A.: Independent Eritrea - Economically viable? In:
Horn of Africa. Vol. 6, 1983/84. No. 2. S. 39-49.   BZ 05380:6
Wolde-Giorgis, K.: Äthiopien - Der Eritrea-Konflikt. In:
Internationales Afrikaforum. Jg. 20, 1984. H. 4.
S. 387-398.   BZ 05239:20

L 313 Ägypten

Barthorp, M.: War on the Nile. Britain, Egypt and the Sudan 1882-1898. Poole: Blandford Pr. 1984. 190 S. 09748
Friedlander, M. A.: Sadat und Begin. The domestic politics of peacemaking. Boulder: Westview 1983. 338 S. B 52563
Heikal, M.: Sadat. Das Ende eines Pharao. Düsseldorf: Econ 1984. 320 S. B 51548
Koch, H.-J.: Vier Schritte vor, drei zurück. Wahlen in Ägypten. In: Blätter des iz3w. 1984. Nr. 8. S. 8-17. BZ 05130:1984
Koszinowski, T.: Der Demokratisierungsprozess in Ägypten: Die Politik Mubaraks im Lichte der Parlamentswahlen vom Mai 1984. In: Orient. Jg. 25, 1984. H. 3. S. 335-360. BZ 4663:25
Krämer, G.: Ägyptische Aussenpolitik unter Präsident Mubarak. In: Europa-Archiv. Jg. 40, 1985. Folge 12. S. 357-366. BZ 4452:40
Sawant, A. B.: Egypt's Africa policy. New Delhi: National 1981. XIV, 285 S. B 51619
Schlicht, A.: Egypte: des élections sans importance? In: L'Afrique et l'Asie modernes. 1984. No. 142. S. 14-32. BZ 4689:1984
Waterbury, J.: The Egypt of Nasser and Sadat. The political economy of two regimes. Princeton: Princeton Univ. Pr. 1983. XXIV, 475 S. B 51853

L 315 Algerien

Fémont, A.: Algérie - el Djazair. Les carnets de guerre et de terrain d'un géographe. Paris: Maspero 1982. 277 S. B 52165
Gherari, H.: Démarcation et bornage des frontières algériennes. In: Le mois en Afrique. Année 20, 1984. No. 225-226. S. 15-30. BZ 4748:20
Hundt, W.: Die Streitkräfte in der algerischen Revolution (1947-1983). In: Militärgeschichte. Jg. 23, 1984. H. 5. S. 405-412. BZ 4527:23
Kebir, S.: Frauenalltag in Algerien. In: Sozialismus. Jg. 11, 1985. Nr. 5. S. 27-34. BZ 05393:11
Leggewie, C.: Kofferträger. Das Algerien-Projekt in den 50er und 60er Jahren und die Ursprünge des "Internationalismus" in der Bundesrepublik. In: Politische Vierteljahresschrift. Jg. 25, 1984. H. 2. S. 169-187. BZ 4501:25
Mebarek, M.: L'Algerie. De la guerre de libération au processus du développement global. In: El Djeich. Année 21, 1984. No. 258. S. 86-89. BZ 05076:21
Peret, J.-C.; Adiba, G.: L'Algérie vingt ans déjà. Le Coteau: Horvath 1984. 193 S. B 52222
Vaisse, M.: 1961. Alger le Putsch. Bruxelles: Ed. Complexe 1983. 186 S. B 52169

L 316 Angola

Hüncker, H.: Angola: Krieg ohne Ende? In: Blätter des iz3w.
1985. Nr. 126. S. 42-48.   BZ 05130:1985
Iwiński, T.: Ruch narodowowyzwoleńczy w Angoli,(1956-1976.)
[Nationale Freiheitsbewegung in Angola.] In: Z pola walki.
Roc. 28, 1984. Nr. 3. S. 29-50.   BZ 4559:28
Kress, A.; Petzold, S.: Volksrepublik Angola. Aufbruch in
eine neue Zeit. Berlin: Staatsverl. d. DDR 1985. 221 S.   Bc 5133
Somerville, K.: Angola, Soviet client state or state of socialist
orientation? In: Millenium. Vol. 13, 1984/85. No. 3.
S. 292-310.   BZ 4779:13

L 343 Libyen

Kadhafi, M. el-: Muammar el-Qadhafi. The Leader Speech. ...
in the first international symposium on the thought of Muammar
el-Qadhafi. Benghazi, 7-15 April 1983. Tripoli: World Center f. the
Study and Res. of the Green Book 1983. 27 S.   Bc 4160
Kriegsgefahr! US-Manöver in d. Syrte. Hrsg.: Presseabt. im Volks-
büro d. Sozialisti. Libysch-arabischen Volksjamahiria.
Bonn 1982. 6 ungez. Bl.   D 03138
Libya: Still a threat to Western interests? Ed.: W. Gutteridge.
London: Institute for the Study of Conflict 1984. 25 S.   Bc 4251
Libya since independence. Economic and political development. Ed.:
J. A. Allan. London: Croom Helm 1982. 187 S.   B 52238
Mattes, H.: Die Grundzüge der libyschen Aussenpolitik. Ein Über-
blick. In: Orient. Jg. 25, 1984. H. 2. S. 189-203.   BZ 4663:25
Neuberger, B.: Involvement, invasion and withdrawal: Qadhafi's
Libya and Chad, 1969-1981. Tel-Aviv: Tel-Aviv Univ. 1982.
78 S.   Bc 5394
Possarnig, R.: Gaddafi. Enfant terrible der Weltpolitik.
Hamburg: Hoffmann und Campe 1983. 225 S.   B 51554

L 353 Moçambique

Graf, H.; Joseph, D.: Volksrepublik Moçambique. Werden und
Wachsen eines jungen Staates. Berlin: Staatsverl. d. DDR 1984.
284 S.   B 52760
Hüncker, H.: Der Nkomati-Vertrag und nun? In: Blätter des iz3w.
1984. Nr. 121. S. 13-18.   BZ 05130:1984

Images of a revolution. (The murals of Maputo. By A. Sachs.)
Harare: Zimbabwe Publ. House 1983. Getr. Pag. Bc 01536
Isaacman, A.; Isaacman, B.: Mozambique: from colonialism
to revolution, 1900-1982. Boulder: Westview 1983.
XII, 235 S. B 51529
Munslow, B.; O'Keefe, P.: Rethinking the revolution in Mozambique. In: Race and class. Vol. 26, 1984. No. 2. S. 15-31. BZ 4811:26
Weimer, B.: Die mozambiquanische Aussenpolitik 1975-1982.
Baden-Baden: Nomos Verl. Ges. 1983. 213 S. B 51259

L 354 Namibia

Cleary, S.: Namibia - Konfrontation mit der Realität. Bonn:
Dt. Afrika-Stiftung 1984. 12 S. Bc 4891
Ermacora, F.: Namibia Südwestafrika. München: Bayer. Landeszentrale f. polit. Bildung 1981. 187 S. B 49626
Moorsom, R.: Walvis Bay, Namibia's port. London: Internat.
Defence and Aid Fund for Southern Africa... 1984. 93 S. Bc 4870
Namibia. Hrsg.: Antiimperialistisches Solidaritätskomitee f. Afrika,
Asien und Lateinamerika. Frankfurt 1984. 32 S. D 3100
Ndonde, E. C.: Die Namibia-Frage und die Entwicklung im südlichen Afrika. In: Blätter für deutsche und internationale Politik.
Jg. 30, 1985. H. 1. S. 60-74. BZ 4551:30
Saxena, S. C.: Military build-up in Namibia. In: IDSA Journal.
Vol. 15, 1985. No. 4. S. 497-532. BZ 4841:15

Drechsler, H.: Aufstände in Südwestafrika. Der Kampf der
Herero und Nama 1904 bis 1907 gegen die deutsche Kolonialherrschaft. Berlin: Dietz 1984. 179 S. Bc 5382
Lohse, V.: Ludwig Schlüter, ein Reiter in Deutsch-Südwest.
Berlin: Trad. Verb. ehem. Schutz- u. Überseetruppen 1984.
36 S. Bc 4690
Melber, H.: "In Treue fest, Südwest!" Eine ideologiekritische
Dokumentation... Unt. Mitarb.: M. Melber u. W. Hillebrecht.
Bonn: Ed. Südliches Afrika 1984. 188 S. Bc 01613
Lernbuch Namibia. Wuppertal: Hammer 1984. 263 S. 09577

L 367 Senegal

Desouches, C.: Le Parti démocratique sénégalais. Une opposition
légale en Afrique. Paris: Berger-Levrault 1983. 241 S. B 51050
Fall, M.: La question islamique au Sénégal. La religion contre
l'État? In: Le mois en Afrique. Année 20, 1984/85. No. 229/230.
S. 37-46. BZ 4748:20

Actuel tekruur. - Quelle démocratie pour le Sénégal? Débat avec la
participation de Boubacar Gueye [u. a.]. Ed. : P. Diagne.
Sankore: PFD 1984. 122 S. Bc 4378

L 375 Südafrikanische Republik

e. Staat/Politik

Aasland, T. : Det sørlige Afrika - konfrontasjon eller ordnet overgang til flertallstyre? Oslo: Norsk Utenrikspolitisk Inst. 1980.
31 S. Bc 01272
Adams, J. : The unnatural Alliance. London: Quartet Books 1984.
218 S. B 51737
Botha, P. W. : Friedensinitiativen im südlichen Afrika. Bonn: Dt.
Afrika-Stiftung 1984. 10 S. Bc 4653
Breytenbach, W.; Cloete, G. S. F. : Südafrika: Die neue Verfassung. Bonn: Dt. Afrika-Stiftung 1984. 28 S. Bc 4888
The Constitution of the Republic of South Africa. 1983. Bonn:
Dt. Afrika-Stiftung 1984. 48 S. Bc 4652
Geisler, W.; Wellmer, G. : DM-Investitionen in Südafrika.
Bonn: Informationsstelle Südliches Afrika 1983. 320 S. B 51967
Kalinna, H. E. J. : Südafrika im Bann? Zur Kirchenpolitik der EKD
im südlichen Afrika. Bonn: Dt. Afrika-Stiftung 1985. 17 S. Bc 5178
Kühne, W. : Südafrika und seine Nachbarn. Stabilität durch Hegemonie? In: Aus Politik und Zeitgeschichte. 1985. B 12/85.
S. 3-12. BZ 05159:1985
Naidoo, I.; Sachs, A. : Insel in Ketten. Bericht aus Südafrika.
(Robben Island.) Bornheim-Merten: Lamuv Verl. 1984.280 S. B 52002
Ostrowsky, J. : Eine neue Republik. In: AIB. Die Dritte-Welt-
Zeitschrift. Jg. 15, 1984. H. 10. S. 25-28. BZ 05283:15
Razumovsky, A. : Südafrika und der freie Westen. In: Europäische
Rundschau. Jg. 13, 1985. Nr. 2. S. 99-108. BZ 4615:13
South Africa. The limits of reform politics. Ed. : H. Adam.
Leiden: Brill 1983. 115 S. Bc 5073
South Africa in Southern Africa. Ed. : T. M. Callaghy. New York:
Praeger 1983. VIII, 420 S. B 52677
Spandau, A. : Südafrika und der Westen. Reutlingen: Harwalik
1983. 62 S. Bc 4210
Südafrika. Auslands-Information. Hrsg. : Aktionskomitee
Internationalismus. Stuttgart: Allg. Studenten-Ausschuss
der Universität 1985. 22 S. D 03228
Tutu, D. : "Gott segne Afrika!" Texte und Predigten des Friedensnobelpreisträgers. Reinbek: Rowohlt 1984. 155 S. Bc 5045
Zehender, W. : Ökonomische Beziehungen im Südlichen Afrika.
In: Aus Politik und Zeitgeschichte. 1985. B 12/85.
S. 21-33. BZ 05159:1985

Apartheid. The facts. London: Internat. Defence and Aid Fund for
  Southern Africa 1983. 112 S. Bc 01499
Apartheid is a heresy. Grand Rapids: Eerdmans 1983.
  XX, 184 S. B 52587
Braun, G.: Schwarze Opposition in Südafrika. In: Aus Politik und
  Zeitgeschichte. 1985. B 12/85. S. 35-46. BZ 05159:1985
Braun, G.; Kühne, W.: Südafrikas unerklärter Krieg. In:
  Jahrbuch Dritte Welt. Jg. 2, 1984. S. 116-129. BZ 4793:2
Frauen unter Apartheid. Photographien und Texte. Trier: Ed. Trèves
  1984. Getr. Pag. Bc 01333
Frauen in Südafrika. Bonn: ANC Vertretung 1985. 39 S. D 3253
Guitard, O.: L'apartheid. Paris: Presses Univers. de France
  1983. 127 S. Bc 4037
Hättig, W.: Zwangsumsiedlung - die häßlichste Seite der Apartheid.
  In: Blätter des iz3w. 1985. Nr. 126. S. 32-37. BZ 05130:1985
Lodge, T.: Black Politics in South Africa since 1945. London:
  Longman 1983. X, 389 S. B 52547
Mzimela, S. E.: Apartheid: South African nazism. New York:
  Vantage Pr. 1983. XIII, 245 S. B 52724
Nordholt, H.-H.: Apartheid und Reformierte Kirche. Dokumente
  e. Konflikts. Neukirchen-Vluyn: Neukirchn. Verl. 1983. 96 S. Bc 4385
Opfer des Polizeiterrors in Südafrika. Bericht üb. d. Verhalten der
  Polizei während d. Proteste in d. schwarzen Townships. Aug. -Nov.
  1984. Zsgest. u. veröffentl. v. d. Kath. Bischofskonferenz d. südlichen
  Afrika. Frankfurt: Pax Christi 1985. 54 S. D 3233
Rich, P. B.: White Power and the liberal conscience. Racial segre-
  gation and South African liberalism 1921-60. Manchester:
  Manchester Univ. Pr. 1984. VIII, 192 S. B 52598
Ross, R.: Cape of torments. Slavery and resistance in South Africa.
  London: Routledge & Kegan 1983. XI, 160, 14 S. B 52514

f. Wehrwesen

Chandhok, N.: The Armament Corporations and the UN arms
  embargo against South Africa. In: IDSA Journal. Vol. 15, 1983.
  No. 3. S. 463-483. BZ 4841:15
Jooste, L.: The Art of war. An introduction to military art in
  South Africa. Cape Town: Perskor 1983. 36 S. Bc 01287
Keine westeuropäischen Truppen ins südliche Afrika. Abdr. d. Reden
  e. Veranstaltung d. Arbeitskreises zur Unterstützung der unabhäng.
  schwarzen Gewerkschaften in Azania (Südafrika) in Hamburg.
  Hamburg 1984. 22 S. D 3076
Puddu, F.: Suid Afrikaanse vloot. La Marine sudafricana, ieri e
  oggi. In: Rivista marittima. Anno 118, 1985. No. 7.
  S. 17-32. BZ 4453:118

Reichel, U.: Militär und Gewalt im südlichen Afrika. Frankfurt: Haag u. Herchen 1980. 116 S.   Bc 4229
Der Rüstungskonzern Rheinmetall. Militärische u. nukleare Zusammenarbeit d. Bundesrepublik mit Südafrika. Reader z. Vorbereitung auf den Evang. Kirchentag 1985. Frankfurt: Pax Christi 1985. VI, R 15, 18 S.   D 03286
Visser, J. A.: Die Suid-Afrikaanse Weermag se bydrae tot die ontwikkeling van Suidwes-Afrika. Pretoria: Militêre Informasieburo 1983. 35 S.   Bc 01476

k. Geschichte

Breyer, K.: Südafrikas Sonderweg. Von der Burenrepublik zum Staat der Heimatländer. Kiel: Arndt 1984. 158 S.   B 52652
Hättig, W.; Brückner, R.: Der Apartheidstaat 1985. Wirtschaftskrise, "Reformen", Bürgerkrieg. In: Blätter des iz3w. 1985. Nr. 126. S. 20-27.   BZ 05130:1985
Kadt, R. H. J. de : Die jüngsten politischen Entwicklungen in Südafrika. In: Politische Vierteljahresschrift. Jg. 25, 1984. H. 2. S. 216-228.   BZ 4501:25
Leonhard, R.: South Africa at war. White power and the crisis in Southern Africa. Westport: Hill 1983. X, 280 S.   B 53172
Menaul, S.: The Border wars: South Africa's response. London: The Institute for the Study of Conflict 1983. 19 S.   Bc 3972
Mungazi, D. A.: To honor the sacred trust of civilization: history, politics, and education in Southern Africa. Cambridge: Schenkman 1983. 318 S.   B 52739
Portisch, H.: Kap der letzten Hoffnung. 2. erw. Aufl. Wien: Kremayr & Scheriau 1984. 397 S.   B 51656
Schneider, K.-G.; Wiese, B.: Südafrika. Fakten und Probleme. Stuttgart: Seewald 1983. 187 S.   B 52660
Südafrika. Auslandsinfo. Hrsg.: AK Internationalismus. Stuttgart: AStA d. Univ. Stuttgart 1985. 22 S.   D 03228

L 377 Südafrikanische Gebiete

Beinart, W.: The political Economy of Pondoland. 1860-1930. Cambridge: Cambridge Univ. Pr. 1982. XI, 220 S.   B 52249
Booth, A. R.: Swaziland. Tradition and change in a Southern African kingdom. Boulder: Westview 1983. XI, 156 S.   B 52603
Massacre at Maseru. South African agrression against Lesotho. London: International Defence and Aid Fund 1985. 36 S.   Bc 5401
Southall, R. J.: South Africa's Transkei. The political economy of an 'independent' Bantustan. New York: Monthly Review Pr. 1983. XII, 338 S.   B 53028

L 391 Zaire

Doyle, A.C.: Das Congoverbrechen. Hrsg.: G. Demarest.
  Frankfurt: Syndikat 1985. 165 S.   Bc 5040
Piame-Ololo, N.L.: Le maréchal Mobutu du Zaire à l'an vingt de
  son pouvoir. Démocratie, légalisme, opposition. In: Le mois en
  Afrique. Année 20, 1984/85. No. 229/230. S. 47-56.   BZ 4738:20
Schuemer, M.: Zaire und der Westen. Die amerikanische Zaire-
  Politik 1975-1983. Bonn: Europa-Union-Verl. 1984.
  VII, 145 S.   Bc 4481
Wright, J.B.: Zaire since independence. London: Institute for the
  Study of Conflict 1983. 18 S.   Bc 3973
Zaire. Engaño y corrupción internacional. Madrid: IEPALA 1981.
  112 S.   Bc 01120

L 398 Zimbabwe

Berner, O.T.: Schweizer im einstigen Rhodesien. Biogr. Notizen.
  Basel: Basler Afrika Bibliographien 1985. 80 S.   Bc 5387
Herlitz, G.: Dagbok från Zimbabwe. Rapport från en stats
  födelse. Uppsala: Nordiska Afrikainst. 1981. 127 S.   Bc 4929
Njor, J.: Fra Rhodesia til Zimbabwe. København:
  Munksgaard 1980. 61 S.   Bc 01317
Zimbabwe aktuell. Nr. 1-3. Neresheim: Dt. Zimbabwe-Gesellschaft
  1979-81. Getr. Pag.   DZ 441
Zimbabwe-Zirkular. Nr. 26-32. Berlin: amnesty international
  1978-80. Getr. Pag.   DZ 405

L 400 Amerika

L 402 Lateinamerika

e. Staat/Politik

Allende, B.: La International Socialista y América Latina. Pasado y presente de una relación difícil. Santiago de Chile: Inst. Latinoamer. de Estudios Transnacionales 1983. 185 S.   B 54854

Aricó, J.: Marx y América Latina. Lima: Centro de Estudios para el Desarrollo y la Participacion 1980. 179 S.   B 51480

COSECH, Coordinación solidaridad europea con Chile. Tercer Congreso de familiares de detenidos desaparecidos. Federación latinoamericana de familiares de detenidos desaparecidos -FEDEFAM, Lima 4. -8. Nov. 1982. Bochum 1982. 24 S.   D 3085

Democracy and dictatorship in Latin America. A special publication devoted entirely to the voices and opinions of writers from Latin America. New York: Foundation for the Intependent Study of Social Ideas 1982. 88 S.   Bc 01415

Dix, R. H.: Incumbency and electoral turnover in Latin America. In: Journal of Interamerican Studies. Vol. 26, 1984. No. 4. S. 435-448.   BZ 4608:26

Es gibt mehr Ameisen als Elefanten. Ein Bericht üb. d. Arbeit von Servicio Paz y Justicia en América Latina (SERPAJ - AL) - Dienst für Frieden und Gerechtigkeit in Lateinamerika. Trier: Arbeitsgemeinschaft Frieden, AG Servicio 1984. 26 S.   D 3116

Falcón, J.: Mariátegui. Marx - Marxismus. Lima: Amauta 1983. 103 S.   Bc 4795

Franco, C.: Del marxismo eurocéntrico al marxismo latinoamericano. Lima: CEDEP 1981. 112 S.   Bc 3679

Hammergren, L. A.: Development and the politics of administrative reform. Boulder: Westview 1983. XVI, 212 S.   B 51401

Koschel, A.: Aktive Gewaltfreiheit. Lateinamerika als Beispiel. Frankfurt: Dt.-Pax-Christi-Sekretariat 1984. 64 S.   D 3102

Lateinamerika-Nachrichten. 5, 1977-11. 1984. Hrsg.: Forschungs-u. Dokumentationszentrum Chile-Lateinamerika. Berlin: FDCL 1977-84. Getr. Pag.   DZ 30

Lateinamerika-Report. Analysen, Berichte, Hintergründe 1981-1984. München: Internat. -Arbeitsgemeinschaft "Freiheit und Demokratie" 1981-84. Getr. Pag.   DZ 90

Livingstone, N.C.: Death Squads. In: World affairs. Vol. 146,
1983/84. No. 3. S. 239-248. BZ 4773:146
Löwy, M.: El Marxismo en América Latina. De 1909 a nuestros
días. Antología. México: Ed. Era 1982. 430 S. B 51866
Löwy, M.: Marxismus in Lateinamerika. 1905-1979. Frankfurt:
isp-Verl. 1984. 80 S. Bc 4719
Oblitas-Fernández, E.: Geopolítica y geofagia en América Latina.
Cono Sur. Sucre: Ed. "Tupac Katari" 1983. 90 S. Bc 4676
La Política internacional de los años 80. Una perspectiva latino-
americana. Buenos Aires: Ed. Belgrano 1982. 322 S. B 53999
Latin-American Politics. St. Barbara: ABC-Clio Pr. 1984.
VIII, 290 S. 09742
Serrano, J.; Barudy, J.; Martens, J.: El Mundo del exilado
político latinoamericano. Reflexiones preliminares. Leuven:
Colectivo Latinoamericano de Trabajo Psico-Social [o. J.].
11 S. Bc 01169
Terán, O.: Aníbal Ponce: ¿El marxismo sin nación? México:
Pasado y Presente 1983. 251 S. B 54824
Viñas, D.: Anarquistas en América Latina. México: Ed. Katún
1983. 203 S. Bc 4445

Blasier, C.: The giant's Rival. The USSR and Latin America.
Pittsburgh: Univ. of Pittsburgh Pr. 1983.XVI, 213 S. B 52713
Blockfreiheit in Nicaragua und Lateinamerika. Machtloses Prinzip
oder Chence gegen die US-Intervention? Wuppertal:
Ed. Nahua 1983. 44 S. Bc 01301
Boersner, D.: Relaciones internacionales de América Latina.
Breve historia. Caracas: Nueva Sociedad 1982. 378 S. B 51872
Caputo, O.; Pizarro, R.: Dependencia y relaciones internacio-
nales. 2. ed. San José: EDUCA 1982. 278 S. B 51846
Díaz-Mueller, L.: América Latina y el nuevo orden internacional.
México: Ed. Grijalbo 1982. 153 S. Bc 4280
Drekonja-Kornat, G.: Die Contadora-Gruppe im Mittelamerika-
Konflikt. In: Blätter für deutsche und internationale Politik.
Jg. 29, 1984. H. 10. S. 1232-1242. BZ 4551:29
Hübner, P.: Die Contadora - Das Ende einer Initiative. In:
Blätter des iz3w. 1985. Nr. 123. S. 30-41. BZ 05130:1985
Luers, W.H.: The Soviets and Latin America: A three decade
U.S. policy tangle. In: The Washington quarterly.
Vol. 7, 1984. No. 1. S. 3-32. BZ 05351:7
Medina-P., M.E.; Rumrrill, R.: Acerca del Pacto Amazónico.
Lima: CIPA 1982. 79 S. Bc 4260
Petras, J.: Capitalismo, socialismo y crisis
mundial. Madrid: Editorial Revolución 1984.
286 S. B 54399
Rama, C.M.: La Imagen de los Estados Unidos en la América
Latina. De Simón Bolívar a Salvador Allende.
México: Sepsetentas Diana 1981. 219 S. Bc 3410

f. Wehrwesen

English, A.: Latin American marines. In: Navy international.
  Vol. 90, 1985. No. 1. S. 39-42; No. 2. S. 121-122.   BZ 05105:90
Gastos militares y desarrollo en América del Sur. Lima: CIESUL
  1980. 312 S.   B 52289
Middendorf, J. W.: The USN's Latin American partners. In:
  Jane's naval review. Vol. 3, 1983/84. S. 28-35.   BZ 05470:3
Reif, L. L.: Seizing control: Latin American military motives,
  capabilities, and risks. In: Armed forces and society. Vol. 10,
  1983/84. No. 4. S. 563-582.   BZ 4418:10

g./h. Wirtschaft und Gesellschaft

Calvet de Montes, F. D.: Importancia geopolítica de la integración
  latinoamericana. Buenos Aires: Adrogué Gráfica 1982.
  176 S.   B 52299
Díaz-Mueller, L.; Gutiérrez-Pantoja, G.: América Latina.
  Integracion y crisis mundial. México: Presencia Latinoamericana
  1983. 230 S.   B 54861
Godio, J.: Sindicalismo y política en América Latina. Caracas:
  ILDIS 1983. 315 S.   B 53742
Latin America in the world economy: new perspectives. Ed. by
  D. Tussie. Contrib.: C. F. Díaz Alejandro [u. a.]. New York:
  St. Martin's Pr. 1983. XII, 238 S.   B 52929
Luddemann, M. K.: Nuclear power in Latin America. In: Journal
  of interamerican studies. Vol. 25, 1983. No. 3. S. 337-415.   BZ 4608:25

Butler Flora, C.: Socialist feminism in Latin America. In:
  Women and politics. Vol. 4, 1984. No. 1. S. 69-93.   BZ 4763:4
Graciarena, J.; Franco, R.: Formaciones sociales y estructuras de poder en America Latina. Madrid: Centro de Investigaciones Sociológicas 1981. 261 S.   B 51458
Pollman, U.: Keine Zeit - kein Spiel. Kindheit im Armenhaus
  Lateinamerikas. Reinheim: Verl. Jugend u. Politik 1984.
  115 S.   Bc 4774
Resolutionen des 1. Kongresses der Indianerbewegungen. Ollantaytambo, 27. Febr. -3. März 1980. Genf: DOCIP 1980. 23 Bl.   Bc 01203

La Batalla de Puebla. Barcelona: Laia 1980. 275 S.   B 52394
Aktuelle Nachrichten aus den Kirchen in Lateinamerika. T. 1-4.
  Essen: Evang. Studentengemeinde 1980-81. Getr. Pag.   DZ 563
Silva-Gotay, S.: El Pensamiento cristiano revolucionario en
  América Latina y el Caribe. Implicationes de la teología. . . .
  Salamanca: Ed. Sígueme 1981. 393 S.   B 51478

Weber, W.: Kirche und Politik in Lateinamerika. In: Politische
  Studien. Jg. 35, 1984. H. 277. S. 464-483. BZ 4514:35

k. Geschichte

America Latina 80. Democracía y movimiento popular. Lima:
  DESCO 1981. 508 S. B 47931
Boer, H. A. de: Entscheidung für die Hoffnung. Wuppertal:
  Hammer 1984. 171 S. B 51549
Chrenko, W.: Lateinamerika. Neue Etappe im Ringen um nationale
  und soziale Befreiung. Berlin: Dietz 1984. 150 S. Bc 4970
D'Elía, G.: América Latina. De la crisis del 29 a la Segunda
  Guerra Mundial. Montevideo: Ed. de la Banda Oriental 1982.
  96 S. Bc 4265
Grabendorff, W.: Interstate conflict behavior and regional potential for conflict in Latin America. In: Journal of interamerican
  studies. Vol. 24, 1982. No. 3. S. 267-294. BZ 4608:24
Halperin-Donghi, T.: Historia contemporánea de América Latina.
  10. ed. Madrid: Alianza Ed. 1983. 548 S. B 54847
Hoffnung in der Hölle. Lateinamerikanische Skizzen. Hrsg.:
  J. Walter. Nürnberg: Konter-Verl. 1982. 160 S. Bc 4467
Iglesias, E. V.: Debiti e crisi in America Latina. In: Affari
  esteri. Anno 16, 1984. N. 64. S. 413-422. BZ 4373:16
Lateinamerika vor der Entscheidung. Ein Kontinent sucht seinen
  Weg. T. Ginsburg, M. Ostheider (Hrsg.). Frankfurt:
  Fischer Verl. 1984. 287 S. B 52997
Rama, C. M.: Nacionalismo e historiografía en América Latina.
  Madrid: Tecnos 1981. 175 S. Bc 4269
Solari-Yrigoyen, H.: Los Años crueles. 4. ed. Buenos Aires:
  Bruguera 1984. 223 S. B 53991

l. Länderteil

Hintzen, P. C.; Premdas, R. R.: Race, ideology, and power in
  Guyana. In: The Journal of Commonwealth and comparative politics.
  Vol. 21, 1983. No. 2. S. 175-194. BZ 4408:21

L 409 Mittelamerika

e. Staat/Politik

America Central. Textos y declaraciones de Consejo Mundial de Iglesias, Iglesias Latinoamericanas. Ginebra: Consejo Mundial de Iglesias 1981. 68 S. 09510
Cajías, L.: Centroamérica. El presente es de lucha, el futuro nuestro. La Paz: Ed. Aquí 1983. 112 S. Bc 4798
Drekonja-Kornat, G.: Die Contadora-Gruppe im Mittelamerika-Konflikt. In: Blätter für deutsche und internationale Politik. Jg. 29, 1984. H. 10. S. 1232-1242. BZ 4551:29
Gorostíaga, X.: Geopolítica de la crisis regional. Apuntes sobre el marco stratégico de la alternativa regional para Centroamérica y el Caribe. Managua: INIES. -Dif. 1984. 59 S. Bc 01473
El Juego de los reformismos frente a la revolución en Centroamérica. 2. ed. San José: Departamento Ecuménico de Investigaciones 1983. 181 S. Bc 4686
Krämer, R.: Mittelamerika: Volkskampf contra USA-Gewaltpolitik. Berlin: Staatsverl. d. DDR 1984. 111 S. Bc 4969
LaFeber, W.: Inevitable Revolutions. The United States in Central America. New York: Norton 1983. X, 357 S. B 52549
Lohmann, J.: Den mellemamerikanske Drøm. Mellemamerika mellem storpolitik og revolution. København: Vindrose 1984. 184 S. B 51925
Petras, J.: Capitalismo, socialismo y crisis mundial. Madrid: Ed. Revolución 1984. 286 S. B 54399
La Política de Reagan y la crisis en Centroamérica. Present. y Selec. de L. Maira. San José: EDUCA 1982. 389 S. B 51484
El Reto democrático en Centro América. Entre lo inédito y lo viable. Ed.: R. Sol. San José: DEI 1983. 378 S. B 52386
Seidelmann, R.: Die Sozialistische Internationale in Mittelamerika. Erfolg oder Scheitern einer Parteiföderation? In: Europa-Archiv. Jg. 40, 1985. Folge 5. S. 145-152. BZ 4452:40
Silber, J.R.: Central America and the War Powers Act - an emerging constitutional crisis. In: NATO's sixteen nations. Vol. 29, 1984. No. 7. S. 26-30. BZ 05457:29
Trouble in our backyard. Central America and the United States in the eighties. Ed.: M. Diskin. New York: Pantheon Books 1983. XXXV, 264 S. B 51561
Vanderlaan, M.: The dual strategy myth in Central American policy. In: Journal of Interamerican Studies. Vol. 26, 1984. No. 2. S. 199-224. BZ 4608:26
Whitehead, L.: The international aspect of the Central American crisis. In: Millennium. Journal of international studies. Vol. 13, 1984. No. 2. S. 184-193. BZ 4779:13

Woodward, R. L. : The rise and decline of liberalism in Central America. Historical perspectives on the contemporary crisis. In: Journal of Interamerican Studies. Vol. 26, 1984. No. 3. S. 291-312. BZ 4608:26

k. Geschichte

Barry, T.; Wood, B.; Preusch, D. : Dollars and dictators. London: Zed Pr. 1982. VI, 263 S. B 51110
Calloni, S.; Cribari, R. : La "Guerra incubierta" contra Contadora. Centroamérica, enero - diciembre de 1983. Panamá: Centro de Capacitación Social 1984. 301 S. B 53997
Centroamérica. Cristianismo y revolución. Documentos de algunas organizaciones... San José: DEI 1980. 62 S. Bc 4268
Centroamérica. Más allá de la crisis. Coord. y comp. por D. Castillo Rivas. México: SIAP 1983. 423 S. B 54398
García, G. : Páginas de lucha. Tegucigalpa: Ed. Guaymuras 1981. 101 S. Bc 4806
Grabendorff, W. : The Central American crisis: is there a role for Western Europe? In: Millennium. Journal of international studies. Vol. 13, 1984. No. 2. S. 205-217. BZ 4779:13
Kassebeer, F. : Die Tränen der Hoffnung. Machtkampf in Mittelamerika. München, Zürich: Piper 1984. 157 S. Bc 5085
Krise in Mittelamerika. Nikaragua. El Salvador. Guatemala. In: AIB. Jg. 16, 1985. Nr. 6. S. 14-44. BZ 05283:16
Mittelamerika. Dokumentation. Beiträge, Interviews, Resolutionen, Friedensinitiativen. München: Mundis Verl. Ges. 1983. 107 S. Bc 4364
Mittelamerika aktuell. Hrsg. : Internationale Arbeitsgemeinschaft 'Freiheit und Demokratie'. München 1982-84. Getr. Pag. DZ 102
Revolution and intervention in Central America. Ed. : M. Dixon and S. Jonas. New rev. ed. San Francisco: Synthesis Publ. 1983. II, 344 S. B 53165
Salkin, Y. : L'Amérique centrale... en attente. In: Défense nationale. Année 41, 1985. No. 1. S. 7-24. BZ 4460:41

l. Länderteil

Thorndike, T. : Belizean political parties: the independence crisis and after. In: The Journal of Commonwealth and comparative politics. Vol. 21, 1983. No. 2. S. 195-211. BZ 4408:21

Graham, T. : The "Interests of civilization"? : Reaction in the United States against the "seizure" of the Panama Canal Zone, 1903-1904. Stockholm: Esselte Studium 1983. 281 S. B 53331

L 421 Argentinien

c. Biographien

Alonso, B.: La Presidencia de Alvear. Las presidencias radicales.
  Buenos Aires: Centro Ed. de América Latina 1983. 139 S.   Bc 4803
Deheza, J. A.: Isabel Perón: ¿Inocento o culpable? Buenos Aires:
  Ed. Cuenca del Plata 1983. 202 S.   B 54002
Etchepareborda, R.: Biografía Yrigoyen. 1. 2. Buenos Aires:
  Centro Ed. de América Latina 1983. 313 S.   Bc 4800
Arturo Frondizi. Historia y problemática de un estadista. T. 1.
  Buenos Aires: Depalma 1983. XXXIII, 445 S.   B 54416
Gambini, H.: La primera Presidencia de Perón. Testimonios y
  documentos. Buenos Aires: Centro Ed. de América Latina 1983.
  155 S.   Bc 4452
Maceyra, H.: Campora/Perón/Isabel. Las presidencias peronistas.
  Buenos Aires: Centro Ed. de América Latina 1983. 167 S.   B 53994
Perón, J. D.: Conceptos políticos. Buenos Aires: Ed. Volver 1982.
  158 S.   B 52296
Sánchez, P.: La Presidencia de Illia. Las presidencias radicales.
  Buenos Aires: Centro Ed.de América Latina 1983. 167 S.   Bc 4801
Sonntag, G.: Eva Perón. Books, articles and other sources of
  study. An annotated bibliography. Madison: Seminar on the Acquisi-
  tion of Latin American Library Materials 1983. 54 S.   Bc 01412

e. Staat/Politik

Alfonsín, R.: Ahora. Mi propuesta política. 4. ed. Buenos Aires:
  Sudamericana/Planeta 1984. 247 S.   B 54387
Azaretto, R.: Historia de las fuerzas conservadoras. Buenos
  Aires: Centro Ed. de America Latina 1983. 155 S.   Bc 4447
Barulich, C.: Las Listas negras. Reportajes. 2. ed.
  Buenos Aires: El Cid 1983. 173 S.   Bc 4804
Bidart-Campos, G. J.: Los Valores de la democracia argentina.
  Buenos Aires: Ed. Universitaria de Buenos Aires 1983. 182 S.B 52391
Cafiero, A.: Desde que grité ¡Viva Perón! Buenos Aires:
  Pequén 1983. 198 S.   B 52412
Delfico, A.: Ni Yankis ni marxistas. Buenos Aires: El Cid 1983.
  80 S.   Bc 4449
Del Mazo, G.: La primera Presidencia de Yrigoyen. Buenos
  Aires: Centro Ed. de América Latina 1983. 215 S.   B 52411
Dromi, J. R.: Democracias frustradas y revoluciones inconclusas.
  Mendoza: Ed. Ciudad Argentina 1983. 107 S.   Bc 4726
Duhalde, E. L.: El Estado terrorista argentino. Barcelona:
  Ed. Argos Vergara 1983. 265 S.   B 52399

Feinmann, J.P.: Estudios sobre el peronismo. Historia, método,
   proyecto. 2. ed. Madrid: Ed. Legasa 1984. 189 S.   B 54001
Gallo, R.: Balbin, Frondizi y la division del radicalismo.
   1956-1958. Buenos Aires: Ed. de Belgrano 1983. 188 S.   B 52403
Haffa, A.: Wahlen und Redemokratisierungsprozess in Argentinien.
   Bericht zu d. Wahlen am 30.10.1983. Freiburg: Arnold Bergstraesser Institut 1984. 42 S.   Bc 01323
Introducción a la geopolítica argentina. Buenos Aires: Ed. Pleamar
   1983. 316 S.   B 52380
Isaacson, J.: La Argentina como pensamiento. 2. ed. Buenos
   Aires: Marymar 1983. 101 S.   Bc 4796
Kristiansen, F.: Argentina. København: Munksgaard 1980.
   60 S.   Bc 01318
Luna, F.: Golpes militares y salidas electorales. Buenos Aires:
   Ed. Sudamericana 1983. 175 S.   B 52390
Oddone, J.: Historia del socialismo argentino. T. 1. Buenos Aires:
   Centro Ed. de América Latina 1983. 159 S.   Bc 4450
Palacio, J.M.: La Revolución peronista. Buenos Aires:
   Ed. Temática 1983. 134 S.   Bc 4729
Paso, L.: Historia de los partidos políticos en la Argentina.
   1900-1930. Buenos Aires: Ed. Directa 1983. 574 S.   B 52379
Riz, L. de: Retorno y derrumbe. El último gobierno peronista.
   México: Folios Ed. 1981. 151 S.   Bc 4189
Rubeo, L.: Cómo es el peronismo. Buenos Aires: El Cid 1983.
   63 S.   Bc 4812
Schumacher, E.: Argentina and democracy. In: Foreign affairs.
   Vol. 62, 1983-84. No. 5. S. 1070-1095.   BZ 05149:62
Sebreli, J.J.: Los Deseos imaginarios del Peronismo. Madrid:
   Ed. Legasa 1983. 213 S.   B 52381
Sidicaro, R.: Kontinuität und Wandel im argentinischen Parteiensystem. In: Lateinamerika. Analysen, Daten, Dokumentation.
   1984. Nr. 1. S. 17-29.   BZ 05479:1984
Varela-Cid, E.: Los Deseos reales del justicialismo.
   Cordoba: El Cid 1984. 147 S.   Bc 4821
Vicens, L.: El Loperreguismo. Buenos Aires: El Cid 1983.
   202 S.   Bc 4474

Campobassi, J.S.: Argentina en el Atlantico. Chile en el
   Pacifico. Buenos Aires: Ed. Libreria 1981. 99 S.   Bc 3289
Davérède, A.L.: La Plataforma continental. Los intereses
   argentinos en el nuevo derecho del mar. Buenos Aires: Ed.
   Universitaria 1983. 206 S.   B 51833
Escudé, C.: Gran Bretaña, Estados Unidos y la declinacion
   argentina. 1942-1949. Buenos Aires: Ed. de Belgrano 1983.
   399 S.   B 52377
Ferrari, G.: Esquema de la política exterior argentina. Buenos
   Aires: Ed. Universitaria 1981. 137 S.   Bc 3674
Lanús, J.A.: De Chapultepec al Beagle. Política exterior.

1945-1980. Buenos Aires: Emecé 1984. 571 S. B 53995
Malvinas, Georgias y Sandwich del Sur. Diplomacia argentina en
Naciones Unidas. T. 2. Buenos Aires: C.A.R.J. 1983. 387 S. B 52400
M e i s t e r , J. : Der argentinisch-chilenische Streit um den "Beagle"-
Kanal. In: Marine-Rundschau. Jg. 81, 1984. H. 7.
S. 318-326. BZ 05138:81
Paz y Figueroa, R. A. de: El Conflicto pendiente. 2. ed. 1. 2.
Buenos Aires: Ed. Universitaria 1981. 207, 358 S. B 51487
P e r ó n , J. D. : Los Estados Unidos de América del Sur. Buenos
Aires: Corregidor 1982. 192 S. B 52300
S c e n n a , M. : Argentina - Chile. Una frontera caliente. Buenos
Aires: Belgrano 1981. 340 S. B 48568
V i g n e s , A. J. : Dos Años de política internacional argentina.
1973-1975. Buenos Aires: Ed. Pleamar 1982. 195 S. B 52294

f. Wehrwesen

B a u d i s s i n , W. Graf von: Fuerzas Armadas y democracia.
Buenos Aires: El Cid 1982. 176 S. B 49678
E h r k e , M. : Die Krise der Streitkräfte und die Voraussetzungen für
eine Neuordnung der militärisch-zivilen Beziehungen. In: Latein-
amerika. Analysen, Daten, Dokumentationen. 1984. Nr. 1.
S. 31-44. BZ 05479:1984
F e l d m a n , D. L. : Argentina, 1945-1971. Military assistance,
military spending and the political activity of the armed forces.
In: Journal of Interamerican studies. Vol. 24, 1982. No. 3.
S. 321-336. BZ 4608:24
G o n z á l e z -Lomzieme, E. : Historia del Centro Naval en su cente-
nario. Buenos Aires: Inst. de Publ. Navales 1983. 180 S. B 52466
G u e v a r a , C. N. A. ; A r c o s , R. A. de: La Problemática marítima
argentina. T. 1-3. Buenos Aires: Fundacion Argentina de
Estudios Marítimos 1981. Getr. Pag. B 51433
K o h e n , A. : Crisis política y poder armado. Buenos Aires:
Ed. Anteo 1983. 151 S. Bc 4984
M o n e t a , C. J. : The Malvinas conflict. Some elements for an analy-
sis of the Argentine military regime's decision-making process,
1976-82. In: Millenium. Vol. 13, 1984/85. No. 3.
S. 311-324. BZ 4779:13
P e r i n a , R. M. : Onganía, Levingston, Lanusse. Los militares en la
política argentina. Buenos Aires: Ed. de Belgrano 1983.
267 S. B 52396
R o d g r í g u e z Molas, R. E. : El Servicio Militar Obligatorio.
Buenos Aires: Centro Ed. de América Latina 1983. 189 S. Bc 4802
V i o l a , O. L. : La Derrota diplomatica y militar de la
Republica Argentina en la guerra de las Islas Malvinas.
2. ed. Buenos Aires: Tinta Nueva 1983. 251 S. B 52382

g./h. Wirtschaft und Gesellschaft

Di Tella, T. S.: Política y clase obrera. 2. ed. rev. y ampl.
Buenos Aires: Centro Ed. de América Latina 1983. 128 S.   Bc 4814
Dos Santos, E.: Las Mujeres peronistas. Buenos Aires: Centro
Ed. de América Latina 1983. 122 S.   Bc 4805
Marini, J. F.; Bandini, R.: Desarollo y seguridad de la Argentina el marco geopolítico internacional. Buenos Aires:
Hachette 1980. 237 S.   B 48067
Problemas argentinos y sus soluciones. T. 1. 2. Buenos Aires:
Pleamar 1975-1980. 339, 222 S.   B 31002
Torre, J. C.: Los Sindicatos en el gobierno. 1973-1976. Buenos
Aires: Centro Ed. de América Latina 1983. 166 S.   B 53993
Zorrilla, R. H.: El Liderazgo sindical argentino. Desde sus
orígenes hasta 1975. Buenos Aires: Ed. Siglo Veinte 1983.
167 S.   B 54005

k. Geschichte

Argentinien: Der Übergang zur Demokratie von der Niederlage im
Falkland-Krieg bis zur Amtseinführung von Präsident Alfonsin.
In: Weltgeschehen. 1985. Bd 1. S. 6-27.   BZ 4555:1985
Ciria, A.: Política y cultura popular. La Argentina peronista
1946-1955. Buenos Aires: Ed. de la Flor 1983. 357 S.   B 52401
Del Barco, R.: El Régimen peronista. 1946-1955. Buenos Aires:
Ed. de Belgrano 1983. 217 S.   B 52393
Ehrke, M.: Argentinien. Dauerkrise als Normalzustand. In:
Jahrbuch Dritte Welt. 3, 1985. S. 119-137.   BZ 4793:3
Los Golpes de Estado. Buenos Aires: El Cid 1982. 63 S.   Bc 3693
Steinsleger, J.: La Batalla de Argentina. 1974-1982. Quito:
El Conej 1983. 233 S.   B 53992

L 423 Bolivien

e. Staat/Politik

Bieber, L. E.: Las Relaciones económicas de Bolivia con Alemania
1880-1920. Berlin: Colloquium Verl. 1984. 134 S.   B 51719
Canelas - López, R.: Dictatura y democracia en Bolivia.
Cochabamba: Ed. Recan 1981. 168 S.   Bc 3290
González -Deza, F. W.: Historia del petróleo y su defensa en la
Guerra del Chaco. La Paz: [o. V.] 1981. 109 S.   Bc 4429
Lora, G.: Co-gobierno. Traición al pueblo. [o. O.] :

Ed. Masas 1983. 29 S. Bc 4681
Morales - Dávila, M. : Yo acuso las militares. [o. O.]: Frente
  Revolucionario de Izqierda 1983. 56 S. Bc 4728
Narcotráfico y política. Militarismo y mafia en Bolivia. Madrid:
  IEPALA 1982. 168 S. B 51844
Navia - Ribera, C. : Los Estados Unidos y la revolución nacional.
  Entre el pragmatismo y el sometimiento. Cochabamba:
  CIDRE 1984. 177 S. Bc 4979
El Poder de las regiones. F. Calderón Gutierrez (comp.).
  Cochabamba: CERES 1983. 271 S. B 53748
Quiroga Santa Cruz, M. : Derechos humanos y liberacion nacional.
  Una sola lucha. [o. O. u. Verl.] 1982. Getr. Pag. Bc 4266
Rivadeneira -Prada, R. : El Laberinto político de Bolivia.
  La Paz: CINCO 1984. 129 S. Bc 4680
SAGO-Informationsblatt Bolivien. Hrsg. : SAGO-Informationszentrum
  Bolivien. 1978-81. Heidelberg: Informationszentrum Bolivien
  1981-1984. Getr. Pag. DZ 408
Salinas - Pérez, R. : La Reconquista de la democracia. La Paz:
  Ed. Amerindia 1983. 550 S. B 51849
Taboada -Teran, N. : La Guerra de clases ha comenzado.
  Cochabamba: Inst. de Formación y Capacitación 1983. 172 S.Bc 01446
Valencia -Vega. A. : Geopolítica en Bolivia. 6. ed. La Paz:
  Libr. Ed. Juventud 1983. 380 S. B 52287
Villegas, J. E. : El Fracaso de la democracia. En los paises del
  Tercer Mundo. Caso tipico Bolivia. La Paz: Ed. "El Siglo" 1983.
  173 S. Bc 4822

k. Geschichte

Alcaraz del Castillo, I. : El Prisionero de palacio. 2. ed. La Paz:
  Ed. Los Amigos del Libro 1984. 245 S. B 54397
Gueiler - Tejada, L. : La Mujer y la revolución. 2. ed. La Paz:
  Ed. Los Amigos del Libro 1983. 270 S. B 53746
Prado -Salmon, G. : Poder y Fuerzas Armadas. 1949-1982.
  La Paz: Ed. Los Amigos del Libro 1984. 518 S. B 53739
Ramos -Sánchez, P. : Radiografía de un golpe de Estado. (1980.)
  Otra vez la democracia en peligro. 3. ed. La Paz: Puerta del Sol
  1983. 189 S. Bc 4682
Taboada Terán, N. : El Signo escalonado. 2. ed. Cochabamba:
  Ed. Los Amigos del Libro 1982. 284 S. B 49145
Tierra de dolor y esperanza. Testimonios. Bolivia 1976-1981.
  Lima: Centro de Estudios y Publ. CEP 1981. 233 S. B 54395
Vargas -Valenzuela, O. : La Verdad sobre la muerte del General
  Barrientos. A la luz de investigaciones policiales, tecnicas y
  esotericas. La Paz: Los Amigos del Libro 1983. 250 S. B 53744
Żavaleta - Mercado, R. : La Masas en noviembre. (1979.)
  La Paz: Libr. Ed."Juventud" 1983. 115 S. Bc 4799

L 425 Brasilien

e. Staat/Politik

Barros e Silva; D. de: Der Nordosten Brasiliens. Aspekte einer Politik der nationalen Entwicklung. Erlangen-Nürnberg: Universität 1984. 147 S.   Bc 5026

Brasilien. Hrsg.: Brasilieninitiative. Freiburg 1985. 22 S.   D 3039

Brasilien - Polen: Kirchliche Solidarität mit streikenden Arbeitern. Hrsg.: H. A. Ederer, S. Pater. Mettingen: Brasilienkunde-Verl. 1984. 114 S.   Bc 4773

Brasilienzeitung der Brasilienwoche 1984 des St. Viti-Gymnasiums, Zeven. Würzburg 1984. 47 S.   D 3220

Dassin, J. R.: The Brazilian press and the politics of "abertura". In: Journal of Interamerican Studies. Vol. 26, 1984. No. 3. S. 385-414.   BZ 4608:26

Dulles, J. W. F.: Brazilian Communism, 1935-1945. Repression during world upheaval. Austin: Univ. of Texas Pr. 1983. IX, 289 S.   B 53031

Jesus, C. M. de: Das Haus aus Stein. Bornheim-Merten: Lamuv Verl. 1984. 205 S.   B 53764

Mainwaring, S.: The Catholic Church, popular education, and political change in Brazil. In: Journal of Interamerican Studies. Vol. 26, 1984. No. 1. S. 97-124.   BZ 4608:26

Marconi, P.: A Censura política na imprensa brasileira. 1968-1978. 2. ed. rev. São Paulo: Global Ed. 1980. 312 S.   B 54390

Moura, G.: Autonomia na dependência. A política externa brasileira de 1935-1942. Rio de Janeiro: Nova Fronteira 1980. 194 S.   B 52288

Wesson, R.; Fleischer, D. V.: Brazil in transition. New York: Praeger 1983. VIII, 197 S.   B 53066

Wöhlcke, M.: Brasilien 1983: Ambivalenzen seiner politischen und wirtschaftlichen Orientierung. Baden-Baden: Nomos Verl. Ges. 1983. 121 S.   Bc 4118

Young, J. M.: Brazil: Emerging world power. Malabar: Krieger 1982. 242 S.   B 52572

f. Wehrwesen

Latin America's largest Air arm. Emphasis placed on equipment "Brazilianization". In: Air international. Vol. 28, 1985. No. 5. S. 217-225; 250.   BZ 05091:28

Da Silva Fonseca, M. E.: Brasiliens Marine auf dem Wege zur Unabhängigkeit. In: Marine-Rundschau. Jg. 82, 1985. Nr. 3. S. 138-146.   BZ 05138:82

Ensaio de avaliação da mentalidade maritima Brasileira. In:
Revista maritima Brasileira. Ano 104, 1984. No. 7.
S. 13-35. BZ 4630:104

Markoff, J.; Baretta, S. R. D.: Professional ideology and
military activism in Brazil. Critique of a thesis of Alfred Stepan.
In: Comparative politics. Vol. 17, 1984/85. No. 2.
S. 174-191. BZ 4606:17

Thomas, T.: Brasilianische Militärherrschaft 1964-1979.
Mettingen: Brasilienkunde Verl. 1985. 131 S. Bc 5359

Turrini, A.: I sommergibili Brasiliani costruiti in Italia
(1910-1937). In: Rivista marittima. Anno 118, 1985. No. 7.
S. 77-86. BZ 4453:118

L 427 Chile

Campero C., G.: Die chilenische Gewerkschaftsbewegung unter
dem Militärregime (1973-1984). In: Lateinamerika. Analysen,
Daten, Dokumentationen. 1984. Nr. 2. S. 21-28. BZ 05479:1984

Chile. Comite de defensa de los derechos del pueblo. Hamburg:
Komitee zur Verteidigung d. Rechte des Volkes 1982. 52 S. D 3078

Chile-Informationen. Hrsg.: Chile-Hilfe für politisch Verfolgte.
Bonn 1974-1980. Getr. Pag. DZ 38

Eßer, K.: Chile - Zehn Jahre Militärdiktatur und Neoliberalismus.
In: Jahrbuch Dritte Welt. Jg. 2, 1984. S. 159-169. BZ 4793:2

Gamboa, A.: Eine Reise durch die Hölle. Neukirchen:
Neukirchener Verl. 1985. 192 S. Bc 5087

Garretón M., M. A.: Die politischen Parteien in der Phase des
Übergangs und der Konsolidierung der Demokratie in Chile. In:
Lateinamerika. Analysen, Daten, Dokumentationen. 1984. Nr. 2.
S. 11-19. BZ 05479:1984

Garretón M., M. A.; Moulian, T.: La Unidad Popular y el con-
flicto político en Chile. Santiago: Minga 1983. 168 S. Bc 4678

Gebauer, T.; Gebauer, M.-L.: Zwischen Aufstand und Aus-
gangssperre. Aufzeichnungen aus Chile. Frankfurt:
Medico International 1984. 85 S. Bc 4747

Zehn Jahre danach... [Beitr.:] C. Müller Plantenberg, F. Mires,
J. Rojas. Dokumente zur Diskussion. Essen: Forum für internat.
Friedensarbeit 1983. 56 S. Bc 01420

López, P.; Alarcon, I.: Ich suche ihn, er ist mein Sohn, ein
verschwundener Gefangener in Chile. In diesem Chile, das vor-
läufig mit Generalen und Gefängnissen uniformiert ist.
Bochum: Ed. Concepción 1985. 143 S. Bc 5141

Mit dem Kopf hier - mit dem Herzen in Chile. Hrsg.: F. Balke [u. a.].
Reinbek: Rowohlt 1983. 222 S. B 50433

Moret, G.: Cile. Dieci anni di dittatura. Bologna:
E. M. I. 1983. 149 S. Bc 4291

Silva, P.: Defensieuitgaven onder het Chileens militair regime.
In: Internationale Spectator. Jg. 39, 1985. Nr. 3.
S. 157-167. BZ 05223:39
La Tortura en Chile. Informe de Amnistía Internacional. Madrid:
Ed. Fundamentales 1983. 152 S. Bc 4442
Valenzuela-Morales, A. A.; González, M.: Chile: Ein Folterer packt aus. Interview mit..., Mitglied d. Geheimpolizei d. chilenischen Luftwaffe. Übers. u. hrsg. v. Chile-Solidaritätskomitee und Vereinigung für die Verschwundenen und polit. Gefangenen in Chile. Hamburg 1985. Getr. Pag. D 3175

L 429 Costa Rica

Arias-Sánchez, O.: Grupos de presión en Costa Rica. 5. ed.
San José: Ed. Costa Rica 1983. 124 S. Bc 4904
Ernst, M.: Costa Rica - die Schweiz Mittelamerikas: Mythos und Realität. Zu den strukturellen Voraussetzungen kapitalistischer Entwicklungsstrategie am Beisp. Costa Ricas seit 1948. Hamburg: Informationsstelle Lateinamerika 1984. 229 S. B 54239
Romero-Pérez, J. E.: La Socialdemocracia en Costa Rica. 2. ed.
San José: EUNED 1982. 228 S. B 54851
Sojo, A.: Estado empresario y lucha política en Costa Rica.
San José: EDUCA 1984. 297 S. B 54832
Vega, M.: El Estado costarricense de 1974 a 1978. CODESA y la fraccion industrial. San José: Ed. Hoy 1982. 184 S. Bc 4809

L 431 Ecuador

Mercado-Jerrín, E.: El Conflicto con Ecuador. Lima: Ed. Rikchay 1981. 155 S. Bc 3678
Velasco-Abad, F.: Ecuador. Subdesarrollo y dependencia. 2. ed.
Quito: El Conej 1983. 239 S. B 54835
Equatorial Wings. Ecuador hones its top cover. In: Air international.
Vol. 28, 1985. No. 1. S. 14-23. BZ 05091:28

L 433 El Salvador

e. Staat/Politik

Die Arbeiterbewegung El Salvadors. Köln: Sistema Radio Venceremos 1985. 78 S. D 3187

Cayetano-Carpio, S.: Secuestro y capucha. 6. ed. San José: EDUCA 1982. 238 S. B 52298

Didion, J.: Salvador. Köln: Kiepenheuer und Witsch 1984. 106 S. B 51671

El Salvador al filo de la esperanza. Quito: Fund. Fernando Velasco 1982. 111 S. B 51492

Feldt, H.; Peltzer, R.: Nicht nur ein Bürgerkrieg. Neuere politische Tendenzen in El Salvador. In: Blätter des iz3w. 1985. Nr. 126. S. 11-19. BZ 05130:1985

Hamer, P.: Wahlen in El Salvador. 1984. Hrsg.: Christl. Initiative El Salvador. Münster 1984. 43 S. D 3197

Heckhorn, M.: Die Enkel des Jaguar. El Salvador. Einblicke in ein kleines Land. Berlin: Rotbuch-Verl. 1983. 167 S. Bc 4422

Extralegale Hinrichtungen in El Salvador. Bericht üb. eine Mission von amnesty international zur Überprüfung v. Obduktions- u. Ermittlungsverfahren bei polit. Morden 1.bis 6. Juli 1983. Bonn: amnesty international 1985. 64 S. D 3146

Huston, H. G.: Are the Salvadoran armed forces ready to fold. In: World affairs. Vol. 146, 1983/84. No. 3. S. 263-271. BZ 4773:146

Manjívar-Larin, R.: Formacion y lucha del proletariado industrial salvadoreño. 2. ed. San José: EDUCA 1982. 175 S. Bc 4424

Die Präsidentschaftswahlen in El Salvador. 25. März 1984. Bericht d. unabhängigen Beobachterdelegation im Auftr. d. Christl. Initiative El Salvador, Münster, medico intern., Frankfurt u. Terre des hommes Deutschland, Osnabrück. Münster 1984. 30 S. D 3198

Human Rights in El Salvador: San Salvador: The Archbishop Oscar Romero Christian legal aid service 1985. 38 S. Bc 01515

Sharpe, K. E.; Diskin, M.: Facing facts in El Salvador. Reconciliation or war. In: World policy journal. Vol. 1, 1984/85. No. 3. S. 517-547. BZ 4822:1

Radio Venceremos, Informationsmittel der FMLN, politisches Projekt des Volkes. Köln: Sistema Radio Venceremos 1985. 24 S. D 3144

Villalobos, J.: Die revolutionäre Strategie gegen die US-Intervention. Politisch-militärische Analyse des salvadorianischen Volkskriegs. Köln: Ed. Sistema Radio Venceremos 1985. 29 S. D 3216

Young, Earl J.: El Salvador: communist blueprint for insurgency in Central America. In: Conflict. Vol. 5, 1984/85. No. 4. S. 307-336. BZ 4687:5

k. Geschichte

Alegría, C.; Flakoll, D. J.: No me agarran viva. La mujer
  salvadoreña en lucha. México: Era 1983. 146 S. Bc 4453
Caburrús - P., C. R.: Génesis de una revolución. Análisis del surgimiento y desarrollo de la organización campesina en El Salvador.
  México: Ed. de la Casa Chata 1983. 411 S. B 52387
CIES-Kampagne gegen die Bombardements in El Salvador. Eine
  Kurzdokumentation. Münster: Christl. Initiative El Salvador 1984.
  19 S. D 3105
El Salvador. Der Aufschrei des Volkes. Mit e. Vorw. von A. Rivera
  Damas. Mainz: Grünewald 1984. 163 S. B 53909
El Salvador. La larga marcha de un pueblo. 1932-1982. Madrid:
  Ed. Revolución 1982. 284 S. B 51491
El Salvador heute. Nr. 1-7. Hrsg.: Christl. Initiative El Salvador.
  Münster 1981-1984. Getr. Pag. DZ 613
El Salvador-Jahreschronik. 1984. Hrsg.: Mittelamerika Informationsdienst. Bonn 1985. 20 S. D 03222
Estudio y lucha. Studium und Kampf für ein freies El Salvador. Hrsg.:
  VDS - Vereinigte Dt. Studentenschaften u. AGEUS- Allg. Assoziation
  d. salvadorean. Studenten. Asociación General de Estudiantes Universitarios Salvadoreños. Bonn 1982. 15 S. D 03180
Flores-Macal, M.: Origen, desarrollo y crisis de las formas de
  dominación en El Salvador. San José: SECASA 1983. 137 S. Bc 4820
Gills, B. K.: El Salvador in crisis: Indigenous conflict and foreign
  intervention. In: Millennium. Journal of international studies.
  Vol. 13, 1984. No. 2. S. 129-152. BZ 4779:13
La Intervención nortearmericana en El Salvador. San Salvador:
  Univ. Centroamericana José Simeón Cañas 1983. S. 391-594. Bc 01470
Keogh, D.: The myth of the liberal coup: the United States and the
  15 october 1979 coup in El Salvador. In: Millennium. Journal of
  international studies. Vol. 13, 1984. No. 2. S. 153-183. BZ 4779:13
Lleras, J. R.; Caballero Jurado, C.: Catorce meses de guerra
  en El Salvador. In: Defensa. Año 7, 1984. No. 71. S. 22-31 BZ 05344:7
McClintock, M.: US military assistance to El Salvador. From
  indirect to direct intervention. In: Race and class. Vol. 26, 1984/85.
  No. 3. S. 63-82. BZ 4811:26
Menéndez-Rodríguez, M.: El Salvador. Una auténtica guerra
  civil. 2. ed. San José: EDUCA 1981. 226 S. Bc 4901
Sol, R.: Para entender El Salvador. San José: DEI 1980.
  179 S. Bc 4197
Ungo, G. M.: The people's struggle. In: Foreign policy. 1982/83.
  No. 52. S. 51-63. BZ 05131:1982/83
Villalobos, J.: El Salvador. Bestimmende Elemente für die
  Weiterentwicklung der revolutionären Situation. Interview. Köln:
  Ed. Sistem Radio Venceremos 1985. 17 S. D 3219
Villalobos, J.: Die revolutionäre Strategie gegen die

US-Intervention. Politisch-militärische Analyse des salvadorian. Volkskriegs. Köln: Es. Sistema Radio Venceremos 1985. 29 S. D 3216
Young, Earl J.: El Salvador: communist blueprint for insurgency in Central America. In: Conflict. Vol. 5, 1984/85. No. 4.
S. 307-336.　　　　　　　　　　　　　　　　　　　　BZ 4687:5

L 435　Guatemala

Berryman, P.: Christians in Guatemala's struggle. London: Catholic Institute for International Relations 1984. 75 S.　　Bc 4945
Bowen, G. L.: U.S. policy toward Guatemala 1954-1963. In: Armed forces and society. Vol. 10, 1983/84. No. 2. S. 165-191.　　BZ 4418:10
Burgos, E.: Rigoberta Menchú. Leben in Guatemala. Bornheim-Merten: Lamuv Verl. 1984.　　　　　　　　　　　　　　B 51502
Christoffersen, P.: Guatemala. Ferienparadies zwischen Massengräbern. Warum man am Atitlán-See keine Touristen mehr trifft. Bremen: Ed. CON 1983. 82 S.　　　　　　　　　Bc 4432
Falla, R.: Rote Blume aus Patzún. Über den Völkermord an Indianern in Guatemala. Frankfurt: Dt. Pax-Christi-Sekretariat 1985. 16 S.　　　　　　　　　　　　　　　　　　　　D 3228
Falla, R.: Völkermord in Guatemala. Das Massaker auf dem Landgut San Francisco vom 17. Juli 1982. Bern: amnesty international 1983. 44 S.　　　　　　　　　　　　　　　　D 3229
Guatemala. Hrsg.: Mittelamerika-AK des 3. Weltladens in der Arbeitsgemeinschaft Frieden. Trier 1984. 26 S.　　　　D 3189
Guatemala. Medizinische Notversorgung in Guatemala. Frankfurt: Medico international 1983. 23 S.　　　　　　　　　　D 3117
Kirche in Guatemala. Materialien zur neueren Entwicklung der Kirche in Guatemala. Bonn: Informationsstelle Guatemala 1985. 15 S.　　　　　　　　　　　　　　　　　　　　D 3230
Die Menschenrechte in Guatemala. Bericht veröffentl. in Zus. -arb. mit dem Weltrat der Kirchen. [o. O.]: Komitee Pro Justitia y Paz von Guatemala 1984. 33 S.　　　　　　　　　　　　09560
Morir y despertar en Guatemala. Lima: CEP 1981. 181 S.　Bc 4908
Moyer, C.; Padilla, D.: Executions in Guatemala as decreed by the courts of special jurisdiction in 1982-83: a case study. In: Human rights quarterly. Vol. 6, 1984. No. 4. S. 507-520.　BZ 4753:6
Payeras, M.: Wie in der Nacht die Morgenröte. Tagebuch e. guatemaltekischen Guerilla. 1972-1976. Zürich: Rotpunktverl. 1985. 141 S.　　　　　　　　　　　　　　　　　　　　Bc 4938
Petras, J. F.; Morley, M. H.: Anti-communism in Guatemala. Washington's alliance with generals and death squads. In: The socialist register. Vol. 21, 1984. S. 261-277.　　　BZ 4824:21
Reader zum Seminar: Guatemala. "Demokratische Öffnung und Militarisierung des Landes". Bonn 13.-15. Sept. 1985. Veranstaltet von d. Informationsstelle Guatemala... Bonn 1985. 50 S.　D 03285

Schlesinger, S.; Kinzer, S.: Bananenkrieg. CIA-Putsch in
  Guatemala. Hamburg: Kabel 1984. 271 S. B 51667
Skauen, P.: Guatemala 1984. Report on a project visit to Central
  America, 19-29 january 1984. Geneva: World Council of Churches
  1984. 11 Bl. Bc 01391

L 439 Honduras

Fonseca, G.: Cuatro Ensayos sobre la realidad política de
  Honduras. Tegucigalpa: Ed. Universitaria 1982. 134 S. Bc 4727
Honduras. Enclave USA contra Nicaragua. Madrid: IEPALA 1982.
  15 S. Bc 01320
MacCameron, R.: Bananas, labor, and politics in Honduras.
  1954-1963. Syracuse: Syracuse Univ. 1983. 166 S. B 52954
Meza, V.: Antología de documentos sobre la situación y evolución
  del movimiento obrero en Honduras. 1970-1979. Tegucigalpa:
  Ed. Universitaria 1981. 619 S. B 54006
Ruhl, J.M.: Agrarian structure and political stability in Honduras.
  In: Journal of Interamerican Studies. Vol. 26, 1984. No. 1.
  S. 33-68. BZ 4608:26
Shepherd, P.L.: The tragic course and consequences of U.S.
  policy in Honduras. In: World policy journal. Vol. 2, 1984/85.
  No. 1. S. 109-154. BZ 4822:2
Verschwunden in Honduras. Hamburg: Honduras-Komitee 1984.
  10 S. D 03240

L 441 Kanada

e. Staat/Politik

Barrett, S.R.: Fascism in Canada. In: Contemporary crises.
  Vol. 8, 1984. No. 4. S. 345-377. BZ 4429:8
Ferns, H.S.: Reading from left to right: one man's political history.
  Toronto: Univ. of Toronto Pr. 1983. 374 S. B 51515
Geschichte der Kommunistischen Partei Kanadas 1921-1976.
  Berlin: Dietz 1984. 335 S. B 52269
Ollivant, S.: Canada: How powerful an ally? London: The Institute
  for the Study of Conflict 1984. 20 S. Bc 4180
Ross, J.M.: Limitations on human rights in international law:
  their relevance to the Canadian Charter of Rights and Freedoms.
  In: Human rights quarterly. Vol. 6, 1984. No. 2.
  S. 180-223. BZ 4753:6
Taylor, C.: Radical Tories. The conservative tradition in
  Canada. Toronto: Anansi 1982. 231 S. B 52716

f. Wehrwesen

Archer, R.F.: The Canadian patrol frigate. In: Canadian defence quarterly. Vol. 14, 1984. No. 2. S. 13-20. BZ 05001:14
Blais, J.-J.: The 1984 defence budget. In: Canadian defence quarterly. Vol. 14, 1984/85. No. 1. S. 8-12. BZ 05001:14
Bunten, K.: Canadian defence review. In: NATO's sixteen nations. Vol. 29, 1984. No. 6. S. 55-64. BZ 05457:29
English, J.A.: The Canadian Combat Training Centre. In: Jane's military review. Vol. 3, 1983/84. S. 34-51. BZ 05469:3
Friedman, N.: Die kanadische Patrouillenfregatte. In: Internationale Wehrrevue. Jg. 17, 1984. Nr. 6. S. 765-774. BZ 05263:17
Hatch, F.J.: The Aerodome of democracy: Canada and the British Commonwealth air training plan, 1939-1945. Ottawa: Department of National Defense 1983. XIX, 223 S. B 51810
Shadwick, M.: The Canadian Army today and tomorrow. In: Military technology. Vol. 9, 1984. No. 4. S. 14-26. BZ 05107:9
Shadwick, M.: The Canadian Low Level Air Defence programme. In: Military technology. Vol. 9, 1985. No. 3. S. 16-26. BZ 05107:9
Sokolsky, J.J.; Jockel, J.T.: Canada: the not so faithful ally. In: The Washington quarterly. Vol. 7, 1984. No. 4. S. 159-169. BZ 05351:7

L 443 Kolumbien

Colombia's Air arm. In: Air international. Vol. 27, 1984. No. 4. S. 174-189. BZ 05091:27
Botero-Montoya, M.: La Caida del Partido Liberal. 1982. Bogotá: Ed. Tercer Mundo 1983. 53 S. Bc 4917
Colombia. Derechos humanos y militarización. Durante el gobierno de Belisario Betancourt. Madrid: IEPALA 1982. 29 S. Bc 01339
Cruz Benedetti, A.: Linksparteien zwischen Unterentwicklung und Armut. Kolumbiens Linke und ihr Verhältnis zu Basisbewegungen. Frankfurt: Lang 1985. 198 S. Bc 5397
Dobrycki, W.: Polityka zagraniczna Kolumbii. [Kolumbiens Aussenpolitik.] In: Sprawy Międzynarodowe. Rok 38, 1985. Nr. 1. S. 51-68. BZ 4497:38
Drekonja-Kornat, G.: Colombia. Política exterior. Bogotá: Univ. de los Andes 1982. 186 S. Bc 4198
Drekonja-Kornat, G.: Colombia - learning the foreign policy process. In: Journal of Interamerican studies. Vol. 25, 1983. No. 2. S. 229-250. BZ 4608:25
Drekonja-Kornat, G.: Retos de la política exterior colombiana. 2. ed. corr., act. y aum. Bogotá: Fondo Ed. CEREC 1983. 232 S. B 54391

Gori, J. J.: Derechos de Colombia en el Canal de Panamá.
Bogotá: Ed. Temis 1982. 69 S. Bc 4532
Hartlyn, J.: Military governments and the transition to civilian
rule. The Colombian experience of 1957-1958. In: Journal of
Interamerican Studies. Vol. 26, 1984. No. 2. S. 245-281. BZ 4608:26
Kline, H. F.: Colombia. Portr. of unity and diversity. Boulder:
Westview 1983. XV, 169 S. B 51527
Lozano de Rey, E.; Marulanda de Galofre, P.: Como se hace
la política exterior en Colombia. Bogotá: Ed. Tercer Mundo 1982.
141 S. B 52754
Moßmann, P.: Frieden in Kolumbien? In: Jahrbuch Dritte Welt.
3, 1985. S. 199-211. BZ 4793:3
Represión y tortura en Colombia. Informes internacionales y testi-
monios nacionales. Bogotá: Fondo Ed. Suramerica 1980.
368 S. B 54392
Restrepo-Moreno, L. A.: Interview. Nürtingen: Kolumbiengruppe
Tübingen 1985. 32 S. D 03249
Umaña-Luna, E.: La Violencia y la paz. Los delitos políticos, las
amnistías, y los presos políticos. Bogotá: Ed. Tercer Mundo 1982.
142 S. B 52753
Wir wollen nicht Gewalt, wir wollen nur unser Land. Die Geschichte
der Katio-Indianer. Ein Beisp. aus Kolumbien. Nürtingen:
Kolumbiengruppe 1984. 39 S. D 2846

L 445 Mexiko

e. Staat/Politik

Análisis de algunos problemas fronterizos y bilaterales entre
México y los Estados Unidos. Coordinador: V. D. García Moreno.
México: Univ. Nacional Autonoma 1982. 158 S. Bc 4279
Arnaud, P.: Estado y capitalismo en América Latina. Casos de
México y Argentina. México: Siglo XXI 1981. 248 S. B 52406
Bartra, R.: Campesinado y poder político en México. México:
Ed. Era 1982. 127 S. Bc 4911
Castañeda, J.: México y el orden internacional. 1. reimp.
México: El Colego de México 1981. 245 S. B 51869
Cockcroft, J. D.: Mexico. Class formation, capital accumulation,
and the state. New York: Monthly Review Pr. 1983.
VIII, 384 S. B 53029
Durán, E.: Mexiko unter Präsident de la Madrid. Wirtschaftlicher
Realismus und politische Effizienz. In: Europa-Archiv.
Jg. 40, 1985. Folge 10. S. 297-306. BZ 4452:40
Ferris, E. G.: The politics of asylum. Mexico and the Central
American refugees. In: Journal of Interamerican Studies.
Vol. 26, 1984. No. 3. S. 357-384. BZ 4608:26

Herrera, R.; Ojeda, M.: La Política de México hacia Centroamérica. 1979-1982. México: El Colegio de México 1983.
111 S. Bc 4897
Hipólito, S.: Guerrero, amnistia y represión. México:
Grijalbo 1982. 170 S. Bc 4900
Lecturas de política exterior mexicana. México: El Colegio de
México 1979. 452 S. B 51867
Medin, T.: Ideología y praxis política de Lázaro Cárdenas. 10. ed.
México: Siglo XXI 1983. 237 S. Bc 4898
Mexiko. Armes Mexiko - so fern vom lieben Gott, so nah an den
Vereinigten Staaten. Hamburg: Atkonszentrum 3. Welt. 1984.
28 S. D 03274
México - Estados Unidos. 1982. México: El Colegio de México 1982.
145 S. Bc 4817
Notas sobre las políticas del estado mexicano hoy. México: Centro
de Investig. y Estudios Sup. en Antropología Social 1983.
87 S. Bc 01498

k. Geschichte

Flores-Tapia, O.: José Lopez Portillo y yo. Historia de una
infamia política. 8. ed. México: Ed. Grijalbo 1982. 165 S. Bc 4899
Garfias-M, L.: Verdad y leyenda de Pancho Villa. Vida y hechos
del famoso personaje de la Revolución Mexicana. 2. ed.
México: Panorama Ed. 1982. 165 S. B 51871

Durán, E.: Mexiko unter Präsident de la Madrid.
Wirtschaftlicher Realismus und politische Effizienz.
In: Europa-Archiv. Jg. 40, 1985. Folge 10. S. 297-306. BZ 4452:40
Garcés-Contreras, G.: México. 50 años de política internacional.
México: Inst. de Capacitacion Política 1982. 460 S. B 49191
Garfias M., L.: La Revolución mexicana. Compendio histórico
político militar. México: Panorama Ed. 1980. 222 S. B 51483
Levy, D.C.; Székely, G.: Mexico. Paradoxes of stability and
change. Boulder: Westview 1983. XIII, 287 S. B 52692
Medin, T.: Ideología y praxis política de Lázaro
Cárdenas. (1910-1940.) 10. ed. México: Siglo XXI
1983. 237 S. Bc 4898
Mora, J. M. de: Traicionará el presidente? Una novela que padría
ser historia. México: Ed. Asociados Mexicanos 1982. 172 S. Bc 4533
Orozco, E. M.; Platas, A. R.: Bibliografía general de historia
de México: SEP INAH 1979. 142 S. 09445

L 447 Nicaragua

a./d. Allgemeines

Cortázar, J.: Nicaragua tan violentamente dulce. Managua:
Nueva Nicaragua-Monimbó 1983. 108 S.   Bc 4444
"Dank sei Gott und der Revolution." Hrsg.: D. Sölle [u. a.],Mit Fotos
von C. Dilg. Hamburg: Rowohlt 1984. 211 S.   B 52661
Ferlinghetti, L.: Seven Days in Nicaragua libre. San Francisco:
City Lights Books 1984. Getr. Pag.   Bc 5156
Fücks, R.: Nicaragua von außen. In: Kommune. Jg. 2, 1984. Nr. 10.
S. 20-22; Nr. 11. S. 9-12.   BZ 05452:2
Kéraly, H.: S.O.S. Nicaragua. Voyage au pays du communisme à
langage chrétien. Grez-en-Bouère: Morin 1985. 133 S.   Bc 5386
Lappé, F. M.; Collins, J.: Now we can speak. A journey through
the new Nicaragua. San Francisco: Food First 1982. 128 S.   Bc 4618
Perales, I.: Nicaragua, valientemente libre. Contiene entrevista
con Tomás Borge. Madrid: Ed. Revolución 1984. 174 S.   B 54865

e. Staat/Politik

Boletin de la defensa nacional. Dir.: F. Turcios. Tegucigalpa:
Ed. Guaymuras 1980. 225 S.   B 54401
Coraggio, J. L.; Irvin, G.: Revolution and pluralism in
Nicaragua. In: Millennium. Journal of international studies.
Vol. 13, 1984. No. 2. S. 194-204.   BZ 4779:13
Cruz, A. J.: Nicaragua: the Sandinista regime at a watershed.
In: Strategic review. Vol. 12, 1984. No. 2. S. 11-23.   BZ 05071:12
Fonseca-Amador, C.: Ideario político del General Augusto
César Sandino. Managua: Unidad Editorial 1981. 37 S.   Bc 3376
Introducción al pensamiento sandinista. Managua: Dios Muñoz 1981.
164 S.   Bc 3373
Nicaragua. Stimmen der Freiheit. Dekrete und Bestimmungen der
gegenwärtigen Gesetzgebung in Nicaragua, die gegen die Menschenrechte verstoßen. 3., überarb. Aufl. Bonn: Nicaragua-Gesellschaft
1985. 45 S.   D 3238
Niess, F.: Nicaragua nach den ersten freien Wahlen. In: Blätter
für deutsche und internationale Politik. Jg. 29, 1984. H. 12.
S. 1472-1485.   BZ 4551:29
Pane, D. W.: The "Mantos" of Sandinista deception. In: Strategic
review. Vol. 13, 1985. No. 2. S. 9-20.   BZ 05071:13
Rosset, P.; Vandermeer, J.: The Nicaragua Reader.
New York: Grove 1983. 359 S.   B 53147
Sánchez, N. D.: Revolutionary Change and the Nicaraguan people.
In: Strategic Review. Vol. 12, 1984. No. 3. S. 17-22.   BZ 05071:12

El Sandinismo. Documentos básicos. Recopilación de Inst. de Estudio
del Sandinismo. Managua: Nueva Nicaragua 1983. 286 S.   B 54389

Nicaraguas Aufrüstung und Unterstützung subversiver Aktivitäten in
Mittelamerika. Eine Hintergrundstudie. Washington: Aussen- und
Verteidigungsministerium d. USA 1984. 61 S., 14 Bl.   Bc 01433
B o l a ñ o s , P. : Génesis de la intervención norteamericana en
Nicaragua. Managua: Nueva Nicaragua 1984. 101 S.   Bc 4813
Gegen Ronald Reagan und andere! (Ed. :) Center for constitutional
rights (CCR), New York. Wuppertal: Ed. Nahua 1983. 42 S. Bc 01302
G o r d o n , D. R. ; M u n r o , M. M. : The external dimension of civil
insurrection. In: Journal of Interamerican studies. Vol. 25, 1983.
No. 1. S. 59-80.   BZ 4608:25
G u t m a n , R. : Nicaragua: America's diplomatic charade. In:
Foreign Policy. No. 56, 1984. S. 3-23.   BZ 05131:56
M i n k n e r , M. : Nicaragua: ein zweites Grenada? In: Jahrbuch
Dritte Welt. Jg. 2, 1984. S. 85-98.   BZ 4793:2
Nicaragua. Intervención militar USA. Madrid: IEPALA 1982.
42 S.   Bc 01321

g./h. Wirtschaft und Gesellschaft

Nicaragua: Aufbruch in Abhängigkeiten. Fünf Jahre sandinistische
Wirtschaftspolitik. Erw. Neuaufl. Wuppertal: Ed. Nahua 1985.
127 S.   Bc 5377
P a u l , R. : Zwischen den Jahren. Mit den Arbeitsbrigaden in
Nicaragua. Göttingen: Die Werkstatt 1984. 156 S.   B 52231
W h e e l o c k , J. : Nicaragua - Die grosse Herausforderung.
Frankfurt: isp-Verl. 1984. 116 S.   Bc 4721

Gemeinsam werden wir siegen! Arbeitsbrigaden in Nicaragua.
Hrsg. v. Teilnehmern d. Brigade "Todos juntos venceremos" und d.
Informationsbüro Nicaragua, Wuppertal. Wuppertal: Ed. Nahua
1984. 73 S.   D 3182
Der Konflikt um Nicaraguas Miskito-Indianer. Zur Instrumentali-
sierung e. Menschenrechtsfrage. Wuppertal: Ed. Nahua 1985.
152 S.   Bc 01501
Miskitos und FSLN. Die Politik der Sandinisten gegenüber den Mis-
kito-Indianern in Nicaragua. 2., überarb. Aufl. Berlin: Alternative
Liste 1984. 22 S.   D 03158
Nicaragua. Combate de un pueblo. Presencia de los cristianos.
Lima: Centro de Estudios y Publicaciones 1980. 119 S.   Bc 3287
Patria libre o morir! Göttingen: AStA d. Univ. 1984.
26 S.   D 03245
R o s s e t , P. ; V a n d e r m e e r , J. : The Nicaragua
Reader. New York: Grove 1983.
359 S.   B 53147

k. Geschichte

Appunn, D. von; Röder, H.-J.: Nicaragua. Revolution ohne Ende. München: Mundis Verl. 1984. 248 S. B 53959

Barreto, P. E.: El Repliegue. La Managua a Masaya. México: Ed. Cartago 1980. 166 S. Bc 4282

Belli, H.; López Trujillo, A.; Obando y Bravo, M.: Kirche in Nicaragua. 2. erw. Aufl. München: Mundis Verl. Ges. 1984. 100 S. Bc 5018

Blandón, J. M.: Entre Sandino y Fonseca Amador. 2. ed. Managua 1980. 224 S. Bc 4810

Borge, T.: El Axiome de la esperanza. Bilbao: Desclée de Brouwer 1984. 181 S. Bc 4915

Borge Martínez, T.: Die Revolution kämpft gegen die Theologie des Todes. Reden... Vorw.: U. Molina. Freiburg, Münster: Ed. Exodus 1984. 120 S. Bc 4939

Castro, H.: Nicaragua. La lucha popular que cambió su historia. México: Ed. Cartago de México 1979. 31 S. Bc 3377

Cortázar, J.: Nicaragua, so gewaltsam zärtlich. Vorw.: T. Borge. Wuppertal: Hammer 1984. 126 S. Bc 4704

Fredsvagt - øjenvidneberetninger fra Nicaragua. Århus: Modtryk 1984. 103 S. Bc 4743

Gadea-Mantilla, F.: Nicaragua. Ayer y hoy. 2. ed. San Jose: Editoriales 1982. 196 S. Bc 4261

Girardi, G.: Fe en la revolución. Revolución en la cultura. Managua: Ed. Nueva Nicaragua-Monimbo 1983. 74 S. Bc 4797

Informationsmappe zur Städtepartnerschaft zwischen Nürnberg und San Carlos (samt Region) in Nicaragua. Nürnberg: Initiative Städtepartnerschaft Nürnberg-San Carlos 1983. 23 S. D 03299

Jacobs, K.: Nikaragua - Revolution im "Vorhof" der USA. In: Konsequent. Jg. 14, 1984. H. 2. S. 45-53. BZ 4591:14

Mariño, G.: Nicaragua. Reportaje a la revolución. Lima: CELADEC 1982. 159 S. B 51474

Nicaragua. El pueblo vence a la dinastía. 2. ed. act. Madrid: IEPALA 1979. 113 S. Bc 01338

Nicaragua. Überarb. Neuaufl. Hrsg.: Gesellschaft für entwicklungspolitische Bildung. Freiburg 1985. 36 S. D 03215

Nicaragua-Jahreschronik. 1985. Bonn: Mittelamerika-Informationsdienst 1985. 15 S. D 03223

Ramírez, S.: Mit den Waffen der Zukunft. Texte zur sandinistischen Revolution in Nicaragua. Wuppertal: Hammer 1984. 109 S. Bc 4703

Der Wiener Schiedsspruch von 1881. Eine Dokumentation zur Schlichtung des Konfliktes zwischen Großbritannien und Nicaragua um Mosquitia. Eingel. u. hrsg. von G. Kahle unter Mitw. von B. Potthast. Köln; Wien: Böhlau 1983. XCVII, 276 S. B 52455

Strebe, B.: Fünf Jahre sandinistische Revolution in Nicaragua.

Eine solidarische Zwischenbilanz. Wuppertal: Ed. Nahua 1984.
94 S. Bc 4749
Tirado, M.: La Revolución sandinista. México: Ed. Nuestro
Tiempo 1983. 196 S. Bc 4451
Trobo, C.: Lo que pasa en Nicaragua. México: Siglo XXI 1983.
252 S. B 54393

L 451 Paraguay

Geschichte Paraguays und der Stroessner-Diktatur. Hrsg.: Aktion
  Selbstbesteuerung, Stuttgart u. Paraguay-Arbeitsgemeinschaft,
  Mönchengladbach. Stuttgart 1984. 21 S. D 03225
Jóver-Peralta, A.: El Paraguay revolucionario. Asunción:
  Ed. la República 1982. 72 S. Bc 4978
Paraguay. Kurzinformation. Mönchengladbach: Paraguay-Arbeits-
  gemeinschaft 1985. 10 S. D 3113
Sánchez-Quell, H.: Historia de las relaciones entre Francia y
  Paraguay. De Napoleon III y Solano Lopez a de Gaulle y
  Stroessner. Asunción: Casa América 1980. 204 S. B 45047
Seiferheld, A. M.: Estigarribia. Veinte años de política paraguaya.
  Asunción: Ed. Laurel 1983. 458 S. B 51876
Stroessner, A.: Mensajes y discursos del Excelentísimo Señor
  Presidente de la Republica del Paraguay General de Ejército Don
  Alfredo Stroessner. Vol. 1-4. Asunción: Presidencia de la Repu-
  blica, Subscretaría de Informaciones y Cultura 1979.
  Getr. Pag. B 51467
Velilla Laconich de Arréllaga, J.: Paraguay. Un destino geo-
  político. Asunción: Inst. Paraguayo de Estudios Geopolíticos y
  Relaciones Internacionales 1982. 315 S. B 51877
Volta-Gaona, E.: La Revolución del 47. Asunción: [o. V.] 1982.
  285 S. B 51874

L 453 Peru

e. Staat/Politik

Campos-Céspedez, C. O.; Mariátegui, J. C.: Citas de José
  Carlos Mariátegui. San Martín de Perras: Ed. "Chispa" 1980.
  122 S. Bc 3295
Chavarría, J.: José Carlos Mariátegui and the rise of modern
  Peru. 1890-1930. Albuquerque: Univ. of New Mexico Pr. 1979.
  247 S. B 51468
Falcón, J.: Mariátegui. Arquitecto sindical. Lima: Ed. Amauta
  1980. 358 S. B 51488

Flores-Galindo, A.: La Agonía de Mariátegui. La polémica con la
 Komintern. Lima: DESCO 1980. 134 S. Bc 3288
Quijano, A.: Reencuentro y debate. Una introducción a Mariátegui.
 Lima: Mosca Azul Ed. 1981. 117 S. B 51486

Barba-Caballero, J.: Aprismo o marxismo. Disyunctiva latino-
 americana. Lima: Ed. Universo 1982. 158 S. Bc 4418
Basomblío-Iglesias, C.; Sagástegui-Lozada, W.: El
 El Movimiento obrero. Historia gráfica. No. 1-3. Lima: TAREA
 1981. 70. 70, 70 S. Bc 01043
Borea-Odria, A.: Qué ha hecho el APRA por el Perú. Lima:
 Ed. Atlantida 1980. 354 S. B 52290
Castro-Arenas, M.: Aprismo, marxismo, eurocomunismo.
 Lima: Miranda Iturrino 1980. 266 S. B 47937
Davies, T. M.; Villanueva, V.: Secretos electorales del APRA.
 Correspondencia y documentos de 1939. Lima: Ed. Horizonte 1982.
 156 S. Bc 4794
Entwickelt den Guerillakrieg! Hrsg. v. Zentralkomitee d. Kommuni-
 stischen Partei Peru. Wenn die Anden donnern. Hrsg.: Partizan
 (Marxistisch-Leninistische Zeitschrift aus der Türkei). [o. O.]
 1985. 25 S. D 03243
Frauen. Hamburg: Peru Gruppe 1980. 19 S. D 03199
García-Bedoya, C.: Política exterior peruana. Teoría y práctica.
 Lima: Mosca Azul 1981. 144 S. Bc 4196
Goldberg, B.: 50 Jahre Partido Aprista Peruano (PAP) 1930-1980.
 Saarbrücken: Breitenbach 1983. IX, 660 S. B 53851
Haya de la Torre, V. R.: 130 articulos y una sola idea sobre el
 APRA. Lima 1981. 544 S. B 51828
Mercado-Ulloa, R.: Algo mas sobre Sendero. Teoria y tactica.
 Violencia, represion y desaparecidos. Lima: Ed. de Cultura
 Popular 1983. 104 S. Bc 4895
Mercado-Ulloa, R.: El Partido Comunista del Peru. Sendero
 luminoso. 2. ed. Lima: Ed. de Cultura Popular 1982. 82 S. Bc 4419
Morales Davila, M.: Proceso a los militares. Dos cartas.
 Cochabamba: Frente Revolucionario de Izqzierda 1983. 103 S.Bc 4277
Nieto-Montesinos, J.: Izquierda y democracia en el Perú.
 1975-1980. Lima: DESCO 1983. 124 S. Bc 4454
Partido revolucionario y democracia directa en el Peru. Lima:
 Ed. Sociedad y Política 1983. 43 S. Bc 4816
Peru. "Verschwindenlassen" und politischer Mord durch Regierungs-
 kräfte in dem unter Ausnahmezustand stehenden Andengebieten.
 Bonn: amnesty international 1985. 76 S. D 3180
Prado-Redondez, R.: El Marxismo de Mariátegui. Lima:
 Amaru 1982. 109 S. Bc 4425
Military Reformism and social classes. London:
 Macmillan 1983. XIII, 210 S. B 52875
Thorndike-Losada, G.: Uchuraccay. Testimonio de una masacre.
 Lima: Labrusa 1983. 94 S. Bc 01378

k. Geschichte

El Balance de la defensa en 1983. In: Defensa. Año 7, 1984. No. 71.
S. 34-39. BZ 05344:7
Cusco. Hamburg: Peru Gruppe 1983. 10 Bl. D 3136
Quintanilla, L.: Andahuaylas. La lucha por la tierra. Testimonio
de un militante. Lima: Mosca Azul Ed. 1981. 155 S. Bc 4910
Thorndike, G.; Domínguez, C.: 1980. El año decisivo.
Lima: Ed. EIRL 1980. 152 S. Bc 01042
Thorndike-Losada, G.: La República militar. 1930 - Perú - 1980.
Lima: Ed. Universo 1979. 176 S. Bc 01097
Thorndike-Losada, G.: Uchuraccay. Testimonio de una masacre.
Lima: Ed. Labrusa 1983. 94 S. Bc 01378

L 455 Uruguay

Hümmelchen, G.: Die Marine von Uruguay seit 1945. In: Marine-
Rundschau. Jg. 82, 1985. Nr. 3. S. 165-169. BZ 05138:82
Jacob, R.: El Uruguay de Terra. 1931-1938. Una crónica del
Terrismo. Montevideo: Ed. de la Banda Oriental 1983.
140 S. Bc 4909
Militärgefängnis für Frauen - Punta de Rieles. Freiburg:
amnesty international 1984. 10 Bl. D 3115
Uruguay. Ein Weg zur Demokratie. Frankfurt: Arbeitskreis
Uruguay 1984. 82 S. D 1980

L 457 Venezuela

Ewell, J.: The development of Venezuelan geopolitical analysis
since World War II. In: Journal of Interamerican studies.
Vol. 24, 1982. No. 3. S. 295-320. BZ 4608:24
MacBeth, B. S.: Juan Vincente Gomez and the oil companies in
Venezuela, 1908-1935. Cambridge: Cambridge Univ. Pr. 1983.
XI, 275 S. B 51136
Peña, A.: Corrupción y golpe de estado. Caracas: Ed. Ateneo de
Caracas 1980. 176 S. Bc 3408
Taibo Arias, J.: La fuerza aerea. In: Defensa. Año 7, 1984.
No. 71. S. 45-50. BZ 05344:7

L 460 Vereinigte Staaten (USA)

a./d. Allgemeines

Keefe, W. J.: Parties, politics, and public policy in America.
4th ed. New York: Holt, Rinehart and Winston 1984.
X, 198 S. Bc 5053
Kleinsteuber, H. J.: Die USA: Politik, Wirtschaft, Gesellschaft.
Völlig überarb. Neuausg. Hamburg: Hoffmann & Campe 1984.
308 S. B 51657
Shuster, B.: Believing in America. New York: Morrow 1983.
268 S. B 52727

Volkstum/Nationalitäten

Batterson, R. F.: America's post-war immigration policy. In:
The Journal of social, political and economic studies.
Vol. 9, 1984. No. 3. S. 311-340. BZ 4670:9
Bayes, J. H.: Minority politics and ideologies in the United States.
Novato: Chandler and Sharp 1982. 130 S. Bc 4121
Handlin, M. E.; Layton, M. S.; Casserd, R.: Let me hear
your voice. Portr. of aging immigrant jews. Seattle: Univ. of
Washington Pr. 1983. 110 S. 09606
Heilbut, A.: Exiled in paradise. German refugee artists and
intellectuals in America, from the 1930s to the present. New York:
Viking Pr. 1983. XIV, 506 S. B 52575
Karenga, M.: Introduction to Black studies. 2. pr. Los Angeles:
Kawaida Publ. 1983. XV, 376 S. B 52515
Maldonado-Denis, M.: Puerto Rico y Estados Unidos. Emigración
y colonialismo. 3. ed. aum. México: Siglo XXI 1982. 197 S. Bc 4283
Martire, G.; Clark, R.: Anti-semitism in the United States.
A study of prejudice in the 1980s. New York: Praeger 1982.
XII, 171 S. B 53065
The Politics of indifference. A documentary history of Holocaust
victims in America. Ed.: M. N. Dobkowski. Washington: Univ. Pr.
of America 1982. XII, 473 S. B 51287
Strauss Feuerlicht, R.: The Fate of the Jews. A people torn
between Israeli power and Jewish ethics. New York:
Times Books 1983. 324 S. B 53060
Taylor, J. R.: Fremde im Paradies. Emigranten in Hollywood
1933-1950. Berlin: Siedler 1984. 337 S. B 53251
"Wenn ich schon ein Fremder sein muß..." Deutsch-jüdische Emigranten in New York. Hrsg.: H. J. Hempel. Frankfurt:
Ullstein 1984. 252 S. B 51648
German Workers in industrial Chicago 1850-1910. A comparative
perspective. DeKalb: Northern Ill. Univ. Pr. 1983. VII, 252 S. B 52906

c. Biographien

Best, G. D.: Herbert Hoover. The postpresidential years 1933-64.
Vol. 1. 2. Stanford: Hoover Inst. Pr. 1983. XVI, 522 S. B 51190
Bornet, V. D.: The Presidency of Lyndon B. Johnson. Lawrence:
Univ. Pr. of Kansas 1983. XVI, 415 S. B 52522
Brzezinski, Z.: Power and principle. Memoirs of the National
Security Adviser 1977-1981. (Z. Brzezinski.) New York:
Farrar 1983. XVII, 587 S. B 52619
Burns, R. D.: Harry S. Truman: a bibliography of his times and
presidency. Wilmington: Scholarly Resources 1984.
XLVIII, 297 S. 09698
Caldwell, L. T.; Legvold, R.: Reagan through Soviet eyes.
In: Foreign policy. 1982/83. No. 52. S. 3-21. BZ 05131:1982/83
Carlson, P.: Roughneck. The life and times of Big Bill Haywood.
New York: Norton 1983. 352 S. B 52530
Danziger, J.: The complete Reagan diet. New York:
Quill, Morrow 1983. Getr. Pag. Bc 4513
Davison, J.: Oswald's Game. (Lee Harvey Oswald murder of
J. F. Kennedy.) New York: Norton 1983. 343 S. B 52566
Gadney, R.: [John Fitzgerald] Kennedy. London: Rainbird Publ.
1983. 176 S. 09598
Goldman, E.: Red Emma speaks. An Emma Goldman reader.
Comp. and ed.: A. K. Shulman. New York: Schocken Books 1983.
X, 460 S. B 53144
Green, M.; MacColl, G.: Reagan sieht rot. Die abenteuerliche
Welt des 40. US-Präsidenten. Göttingen: Steidl 1984. 190 S. Bc 4221
Hagerty, J. C.: The Diary of ... Eisenhower in mid-course,
1954-1955. Ed.: R. H. Ferrell. Bloomington: Indiana Univ. Pr.
1983. XVI, 269 S. B 52554
Hanloser, M.: Das verdrängte Erbe. Zum vierzigsten Todestag
Franklin Delano Roosevelts. In: Blätter für deutsche und internationale Politik. Jg. 30, 1985. H. 4. S. 479-489. BZ 4551:30
Hooberman, M.; Wilkins, R.; Jackson, J.: Jesse Jackson
in person. In: New socialist. 1985. No. 24. S. 34-38. BZ 05435:1985
Johnson, D. E.; Johnson, J. R.: A Funny thing happened on
the way to the White House. New York: Beaufort Books 1983.
224 S. B 52615
Kahl, M.: Ballot Box 13. How Lyndon Johnson won his 1948 Senate
race by 87 contested votes. Jefferson: McFarland 1983.
IX, 272 S. B 52604
Henry Kissinger. His personality and policies. Ed.: D. Caldwell.
Durham: Duke Univ. Pr. 1983. XIII, 144 S. B 52694
Leamer, L.: Make believe. The story of Nancy & Ronald Reagan.
New York: Harper & Row 1983. XII, 395 S. B 52927
Miller, J. E.: Governor Philip F[oy] LaFollette, the Wisconsin
Progressives, and the New Deal.

Columbia: Univ. of Missouri Pr. 1982. 229 S.   B 51666
Moss, A.: La fable de la "conspiration" de Dallas. (J. F. Kennedy.)
In: Commentaire. Vol. 7, 1984. No. 26. S. 214-222.   BZ 05436:7
Oates, S. B.: Let the trumpet sound. The life of Martin Luther
King, jr. New York: Harper & Row 1982. XIII, 560 S.   B 51566
Ollman, B.: Class struggle is the name of the game. True confessions of a marxist businessman. New York: Morrow 1983.
288 S.   B 52616
O'Reilly, K.: Hoover and the Un-Americans. The FBI, HUAC, and the red menace. Philadelphia: Temple Univ. Pr. 1983.
XIII, 411 S.   B 52523
Oshinsky, D. M.: A Conspiracy so immense. (J. McCarthy.)
New York: The Free Pr. 1983. IX, 597 S.   B 53159
Parmet, H. S.: JFK. The presidency of John F. Kennedy.
New York: The Dial Pr. 1983. VIII, 407 S.   B 51217
Puryear, E. F.: George S[cratchley] Brown. General, U. S. Air
Force. Novato: Presidio Pr. 1983. XIV, 306 S.   B 53149
Reagan, R.: A Time for choosing. The speaches of Ronald Reagan
1961-1982. Chicago: Regnery Gateway 1983. 369 S.   B 52516
Reed, D.: General Claire Lee Chennault. A guide to his papers in
the Hoover Institution Archives. Ed.: R. Hessen. Stanford:
Hoover Institution Pr. 1983. 29 S.   Bc 4539
The Roosevelt Presidency. Four intimate perspectives of FDR.
Washington: Univ. of America Pr. 1982. XIII, 85 S.   B 50929
Rusk, D.: The Winds of freedom. Selections from the speeches
and statements of Secretary of State Dean Rusk, January 1961-
August 1962. Ed. and with an introd.: E. K. Lindley. Boston:
Beacon 1963. XII, 363 S.   B 52418
Salvatore, N.: Eugene V. Debs. Citizen and socialist. Urbana:
Univ. of Illinois Pr. 1982. XIV, 437 S.   B 52935
Schneiderman, W.: Dissent on trial: the story of a political life.
Minneapolis: MEP Publ. 1983. 250 S.   B 53049
Schott, R. L.; Hamilton, D. S.: People, positions, and power.
The political appointments of Lyndon Johnson. Chicago: The Univ.
of Chicago Pr. 1983. X, 245 S.   B 52623
Spies, A. V. T.: Reminiscenzen. Nachdr. Ausg. 1888. New York:
Lang 1984. 181 S.   B 52155
Szep, P.: To a different Drummer. (Our president Ronald
Reagan.) Comics. Forew.: M. Barnicle. Lexington:
The Lewis Publication Comp. 1981. 102 S.   Bc 4558
There he goes again: Ronald Reagan's reign of error. Ed.:
M. Green [u. a.]. New York: Pantheon Books 1983. 127 S.   B 51295
Tolley, K.: Caviar and commissars. (My life in Russia,
1941-1945.) Annapolis: Naval Institute Press 1983.
XII, 289 S.   B 51403
Ward, E. E.: The gentle Dynamiter. A biogr. of Tom Mooney.
Palo Alto: Ramparts Pr. 1983. 302 S.   B 52669

e. Staat/Politik

e. 1 Innenpolitik

e. 1.1 Staat und Recht

Cohen, J.; Rogers, R.: On Democracy. Repr. ed. Harmondsworth: Penguin Books 1984. 240 S. B 52690
Elusive Equality. Liberalism, affirmative action, and social change in America. Port Washington: Assoc. Faculty Pr. 1983. 157 S.B 52613
The Future of American democracy. Views from the left. Ed.:
M. E. Kann. Philadelphia: Temple Univ. Pr. 1983. XIV, 305 S.B 52510
Governance in the Western hemisphere. Ed.: V. P. Vaky. Publ. with the Aspen Inst. for Humanistic Studies. New York: Praeger 1983. XXIV, 532 S. B 52729
Harris, F. R.: America's Democracy. The ideal and the reality. 2. ed. Glenview: Scott, Foresman and Comp. 1983. 683 S. B 53061
Jensen, R.J.; Piott, S.L.; Gibbs, C.C.: Grass Roots Politics. Westport: Greenwood 1983. VIII, 180 S. B 53164
Schwarz, J.E.: America's hidden Success. New York: Norton 1983. 208 S. B 52607
Turner, R. F.: The War Powers Resolution: its implementation in theory and practice. 2. pr. Philadelphia: Foreign Policy Res. Inst. 1983. XVII, 147 S. B 52527

Civil Actions against state government. Colorado Springs: McGraw-Hill 1982. XXXIV, 939 S. 09736
Beardslee, W. R.: The Way out must lead in. 2. ed. Westport: Hill 1983. XXVIII, 193 S. B 53170
Dinges, J.; Landau, S.: Assassination on Embassy Row. New York: McGraw-Hill 1980. 411 S. B 56787
Irons, P. H.: Justice at war. New York: Oxford Univ. Pr. 1983. XIII, 407 S. B 52579
Kinoy, A.: Rights on trial. Cambridge: Harvard Univ. Pr. 1983. 340 S. B 52595
Maechling, C.: Human rights dehumanized. In: Foreign policy. 1982/83. No. 52. S. 118-135. BZ 05131:1982/83
Pflüger, F.: US-Menschenrechtspolitik - von Carter zu Reagan. In: Aussenpolitik. Jg. 35, 1984. H. 4. S. 335-356. BZ 4457:35
Pumphrey, D.; Pumphrey, G.: Ghettos und Gefängnisse. Rassismus und Menschenrechte in den USA. Köln: Pahl-Rugenstein 1982. 256 S. B 52215
Human Rights in our time. Essays in memory of Victor Baras. Ed. M. F. Plattner. Boulder: Westview 1984. XIV, 161 S. B 52475
Smith, M. J.: Watergate: an annotated bibliography of sources

in English, 1972-1982. Metuchen: Scarecrow Pr. 1983.
XIII, 329 S. B 51311
Thornsohn, S.: "...imens jeg venter på imorgen... eller var det
igår?" Århus: Fenris 1982. 144 S. B 50846
Wright, J.D.; Rossi, P.H.; Daly, K.; Under the Gun. Weapons,
crime, and violence in America. With the assistance of E. Weber-
Burdin. New York: Aldine 1983. XVIII, 342 S. B 52926
Zum Tode verurteilt in den USA. 2., aktual. Aufl. Bonn:
amnesty international 1985. 39 S. D 3213

Bartels, T.: Abrüstung von unten. Die amerikanische Friedens-
bewegung. Hrsg.: G. Erler. Mit e. Vorw. von D. Sölle u. e. Beitr. von
R.V. Dellums. Freiburg: Dreisam Verl. 1983. 174 S. B 52229
Brown, V.: Prevent Doomsday! An anti nuclear anthology. Impera-
tive essays on the nuclear nightmare. Brooklin Village: Branden
Press 1983. 85 S. Bc 4587
Ellsberg, D.: Aufruf zur Meuterei. Dokumente. Starnberg:
Forschungsinstitut f. Friedenspolitik 1985. 51 S. Bc 01530
Friedens-Bewegung in den USA. Berichte aus den Jahren 1981 und
1982. Frauenfeld: Schweizer. Versöhnungsbund 1983. 48 S. Bc 5338
Mitchell, H.: We would not kill. Richmond: Friends United Pr.
1983. XXII, 263 S. B 52585
American Peace directory. 1984. Ed.: M. Fine and P.M. Steven.
Cambridge: Ballinger 1984. IX, 225 S. 09741
Price, J.: The antinuclear Movement. Boston: Twayne 1982.
207 S. B 51291
You can't hug with nuclear arms! Ed.: J. Warburg, D. Lowe.
Photos from June 12th... Dobbs Ferry: Morgan and Morgan 1982.
Getr. Pag. Bc 01384
Zahn, F.: Deserter from violence: Experiments with Gandhi's
truth. New York: Philosophical Libr. 1984. 272 S. B 52536

e. 1.2 Regierung /Verwaltung /Polizei

Beukel, E.: The Reagan Administration, the Soviet Union and
nuclear arms. In: Cooperation and conflict. Vol. 19, 1984. No. 1.
S. 15-38. BZ 4605:19
Craig, B.H.: The legislative Veto. Congressional control of
regulation. Boulder: Westview 1983. XVIII, 176 S. B 52622
Gellner, C.R.; Rusten, L.F.: The United States: Arms control
and Disarmament Agency: data and management, personnel,
budget, status and related matters 1981-83. In: Arms control.
Vol. 5, 1984. No. 2. S. 128-147. BZ 4716:5
Hall, K.L.: A comprehensive Bibliography of American consti-
tutional and legal history, 1896-1979. Vol. 1-5. Millwood:
Kraus Internat. Publ. 1984. Getr. Pag. 09745
Cumulated Indexes to the Public Papers of the presidents of

the United States. Jimmy Carter 1977-1981. Milwood:
Kraus 1983. 391 S. 09600
Leuchtenburg, W. E.: In the Shadow of FDR. From Harry
Truman to Roland Reagan. 2.pr. Ithaca: Cornell Univ. Pr. 1984.
XII, 346 S. B 53043
Monroe, K. R.: Presidential Popularity and the economy.
New York: Praeger 1984. XXIII, 289 S. B 52626
Packard, J. M.: American Monarchy. A social guide to the
presidency. New York: Delacorte Pr. 1983. XI, 223 S. B 52631
Pattke, H.: Wie wird man USA-Präsident? Amerika zwischen
Weissem Haus und Kapitol. Ein Tatsachenbericht. Leipzig:
Urania-Verl. 1984. 142 S. Bc 4536
Peters, C.: How Washington really works. Ch. Peters, ed. -in-
chief. Rev. ed. Reading: Addison-Wesley Publ. Comp. 1983.
148 S. Bc 4561
Presidents and their parties. Leadership or neglect? Ed.: R. Harmel.
New York: Praeger 1984. IX, 274 S. B 52624
Intergovernmental Relations in the 1980s. Ed.: R. H. Leach.
New York: Dekker 1983. X, 102 S. B 53052
Schulze, P. W.: Reaganism. Die Aufkündigung des Konsensus?
Bonn: Friedrich Ebert Stiftung 1982. 48 S. Bc 3975
Schuman, D.; Felts, A. A.: American Government. The rules
of the game. New York: Random House 1984. XIV, 367 S. B 52543
Shull, S. A.: Domestic Policy Formation. Estport: Greenwood
1983. XV, 218 S. B 53167
Wasser, H.: Präsidentschaft und Kongress in der Ära Reagan.
In: Aus Politik und Zeitgeschichte. 1984. H. 43/84.
S. 14-25. BZ 05159:1984
What Reagan is doing to us. Ed.: A. Gartner, C. Greer and F. Riess-
man. New York: Harper & Row 1982. IX, 320 S. B 51749
White, T. H.: America in search of itself. The making of the
president 1956-1980. Repr. New York: Warner Books 1983.
VIII, 465 S. B 53046

e. 1.3 Parlamentswesen / Wahlwesen

Arico, S. M.: Trends in the 1980 congressional elections. A con-
ference report. Washington: The Free Congress Research and
Education Foundation 1981. 91 S. Bc 4120
Brinkmann, H. U.: Interessengruppeneinflüsse auf den amerikani-
schen Kongress. In: Politische Vierteljahresschrift. Jg. 25, 1984.
H. 3. S. 255-274. BZ 4501:25
Brinkmann, H. U.: Nominierungswahlkämpfe in den USA. In:
Zeitschrift für Politik. Jg. 31, 1984. H. 2. S. 175-191. BZ 4473:31
Candidates ' 84. Washington: Congressional Quarterly Inc. 1984.
135 S. Bc 4885
Choosing the president 1984. By the League of Women Voters,

Education Fund. New York: Nick Lyons Books, Schocken Books
1984. 112 S.   Bc 4856
DiClerico, R.E.; Uslaner, E.M.: Few are chosen. Problems
in presidential selection. New York: McGraw-Hill 1984.
XII, 225 S.   B 52627
Drescher, A.; Fach, W.: Die teilbare Nation. Amerikas Wahl in
der Wahl (1984). In: Politische Vierteljahresschrift. Jg. 26, 1985.
H. 2. S. 129-145.   BZ 4501:26
The presidential Election and transition 1980-1981. Ed.: P.T. David.
Carbondale: Southern Ill. Univ. Pr. 1983. VII, 258 S.   B 52552
Lammers, A.: "Strong wings on weary hearts": Reagans Amerika
aan de vooravond van de presidentsverkiezingen. In: Internationale
Spectator. Jg. 38, 1984. H. 8. S. 437-444.   BZ 05223:38
Selection/election: a forum on the American presidency. R.S. Hirsch-
field, ed. New York: Aldine 1982. XXVIII, 195 S.   B 52932
Stockton, R.R.; Wayman, F.W.: A Time of turmoil. Values
and voting in the 1970's. East Lansing: The Michigan State Univ.
Pr. 1983. 201 S.   B 53040
Thompson, K.H.: The voting Rights act and black electoral
participation. Washington: Joint Center for Political Studies 1982.
VIII, 45 S.   Bc 5343
Welz, W.: Auswahl und Nominierung der amerikanischen Präsident-
schaftskandidaten. In: Aus Politik und Zeitgeschichte. 1984.
H. 43/84. S. 3-13.   BZ 05159:1984

e. 1.4 Parteiwesen

Alternatives. Proposals for America from the democratic left. Ed.:
I. Howe. Essays. New York: Pantheon Books 1984. 136 S.   Bc 4859
Bunzel, J.H.: New Force on the left. Tom Hayden and the
campaign against corporate America. Stanford: Hoover Inst.
Pr. 1983. 131 S.   B 51213
Donno, A.: La "Questione comunista" negli Stati Uniti. Il Commu-
nist Party dal Fronte Popolare alla guerra fredda (1935-1954).
Lecce: Milella 1983. 207 S.   B 51710
Feulner, E.J.: Conservatives stalk the House. The Republican
Study Committee 1970-1982. Ottawa: Green Hill Publ. 1983.
253 S.   B 53055
The Founding of the Socialist Workers Party. Minutes and resolutions
1938-39. Ed.: G. Breitman. New York: Monad Pr. 1982.
395 S.   B 52518
Harmel, R.; Janda, K.: Parties and their environments. Limits
to reform? New York: Longman 1982. X, 176 S.   B 52635
Johnson, D.B.: National Party platforms of 1980. Supplement to
National Party platforms 1840-1976. Urbana: University of Illinois
Pr. 1982. 232 S.   Bc 01352
Kolkey, J.M.: The new Right, 1960-1968 with epilogue, 1969-1980.

Washington: Univ. Pr. of America 1983. XI, 403 S. B 51705
Naison, M.: Communists in Harlem during the depression.
Urbana: Univ. of Illinois Pr. 1983. XXI, 355 S. B 52938
The democratic and republican Parties in America. A historical
bibliography. St. Barbara: ABC-Clio Inf. Serv. 1984.
XII, 219 S. B 51394
Ribuffo, L. P.: The old christian Right. The protestant far right
from the Great Depression to the Cold War. Philadelphia:
Temple Univ. Pr. 1983. XIX, 369 S. B 52508
Rothman, S.; Lichter, S. R.: Roots of radicalism. Jews,
christians and the new left. New York: Oxford Univ. Pr. 1982.
XIV, 466 S. B 52576
Wolfe, A.: Why is there no green party in the United States? In:
World policy journal. Vol. 1, 1983/84. No. 1. S. 159-180. BZ 4822:1

e. 2 Außenpolitik

Ambrose, S. E.: Rise to globalism. American foreign policy since
1938. 3. rev. ed. Harmondsworth: Penguin Books 1983. 448 S. B 52695
Bacchus, W. I.: Inside the legislative process. The passage of the
foreign service act of 1980. Boulder: Westview 1984.
XXII, 148 S. Bc 4359
Bagby, W. M.: Contemporary international Problems. Chicago:
Nelson-Hall 1983. X, 240 S. B 52762
Berding, A. H. T.: The Making of foreign policy. Washington:
Potomac Books 1966. V, 95 S. B 52423
Bergmann, H.: Die Eingreifer. Hintergründe der USA-Interventionspolitik. Leipzig, Jena, Berlin: Urania-Verl. 1984.
144 S. Bc 4607
Berry, H.: Pathways to restoration. The revitalization of American
spirit. Southport: Greenfield Pr. 1983. 143 S. B 52708
Bruhn, J.: Schlachtfeld Europa oder Amerikas letztes Gefecht.
Gewalt und Wirtschaftsimperialismus in der US-Außenpolitik seit
1840. Berlin: Dietz Nachf. 1983. 224 S. B 51231
Bush, G.: The honorable Georg Bush remarks on Crosscurrent
Diplomacy. Washington: Hoover Institution 1983. 12 S. Bc 4146
Czempiel, E.-O.; Schweitzer, C.-C.: Weltpolitik der USA
nach 1945. Einführung und Dokumente. Opladen: Leske & Budrich
1984. 477 S. B 52012
Dallek, R.: The American Style of foreign policy. Cultural politics
and foreign affairs. New York: Knopf 1983. XX, 313 S. B 52732
Destler, I. M.; Alterman, E. R.: Congress and Reagan's
foreign policy. In: The Washington quarterly. Vol. 7, 1984.
Nr. 1. S. 91-101. BZ 05351:7
Eagle fediant. United States foreign policy in the 1980s. Ed.: K. A.
Oye, R. J. Lieber, D. Rothchild. Boston: Little, Brown and Company 1983. VIII, 404 S. B 51565

Falk, R.: Die Nord-Süd-Politik der Reagan-Administration. In: Blätter für deutsche und internationale Politik. Jg. 30, 1985. Nr. 1. S. 28-45. BZ 4551:30

Feinberg, R. E.: The intemperate Zone. The Third World challenge to U.S. foreign policy. New York: Norton 1983. 287 S. B 52531

Grunwald, H.: Foreign policy under Reagan II. In: Foreign affairs. Vol. 63, 1984/85. No. 2. S. 219-239. BZ 05149:63

Haig, A. M.: Caveat. Realism, Reagan, and foreign policy. New York: Macmillan 1984. XIII, 367 S. B 52360

Haig, A. M.: Geisterschiff USA. Stuttgart: Klett-Cotta 1984. 426 S. B 53096

Hersh, S. M.: The Price of power. New York: Summit Books 1983. 698 S. B 51098

Hoffmann, S.: Dead Ends. American foreign policy in the new cold war. Cambridge: Ballinger 1983. VIII, 301 S. B 53037

Cumulated Index to the U.S. Department of State papers relating to the foreign relations of the United States 1939-1945. Introd. by f. Aandahl. Vol. 1-2. Milwood: Kraus 1980. CXCIX, 1029 S. B 51665

Interaction: foreign policy and public policy. By F. B. Feigert. Ed.: D. C. Piper and R. J. Terchek. Washington: American Enterprise Inst. f. Public Policy Res. 1983. 235 S. B 52528

Jablon, H.: Crossroads of decision. The State Department and foreign policy, 1933-1937. Lexington: Univ. Pr. of Kentucky 1983. IX, 182 S. B 52939

Killen, L.; Lael, R. L.: Versailles and after. An annotated bibliography of American foreign relations, 1919-1933. New York: Garland 1983. XVI, 469 S. B 53072

Kirkpatrick, J. J.: The Reagan Phenomenon - and other speeches on foreign policy. Washington: Am. Enterpr. Inst. f. Publ. Policy Res. 1983. XV, 230 S. B 52696

Kirkpatrick, J. J.: The superpowers: is there a moral difference? In: World Affairs. Vol. 147, 1984. No. 1. S. 24-36. BZ 4773:147

Kalter Krieg, Dritte Welt. Nachrüstung. 2., erw. Aufl. Düsseldorf: Demokratische Sozialisten 1984. 19 S. D 3126

Lynn-Jones, S. M.: A quiet success for arms control. Preventing incidents at sea. In: International security. Vol. 19, 1984/85. No. 4. S. 154-184. BZ 4433:9

MacGhee, G. C.: Envoy to the Middle World. New York: Harper & Row 1983. XXI, 457 S. B 52565

Mel'nikov, J. M.: Imperskaja Politika SŠA: istoki i sovremennost' [Die imperialist. Politik der USA: Anfang und Gegenwart.] Moskva: Meždunar. Ontošenija 1984. 256 S. Bc 4850

American public Opinion and U.S. foreign policy 1983. Ed.: J. E. Rielly. Chicago: The Chicago Council on Foreign Relations 1983. 38 S. Bc 01383

Plischke, E.: American Ambassadors - An obsolete species? Some alternatives to traditional diplomatic representation. In:

World Affairs. Vol. 147, 1984. No. 1. S. 2-23. BZ 4773:147
Sovremannaja vnešnjaja Politika SŠA. [Gegenwärtige Aussenpolitik
d. USA.] Tom. 1-2. Red. G. A. Arbatov. Moskva: Nauka 1984.
458, 477 S. B 52798
Reagan, R.: Bipartisan foreign policy. In: The Washington
quarterly. Vol. 7, 1984. White paper. S. 5-13. BZ 05351:7
Reagan-Politik: Herausforderung der Menschheit. USA-Aussenpolitik
in der Gegenwart. Autorenkoll. Berlin: Staatsverl. d. DDR 1984.
240 S. Bc 4589
Rourke, J. T.: Congress and presidency in U. S. foreign policy-
making. Boulder: Westview 1983. XVII, 441 S. B 53529
Sanders, J. W.: Breaking out of the containment syndrome. In:
World policy journal. Vol. 1, 1983/84. No. 1. S. 101-125. BZ 4822:1
Sanders, J. W.: Security and choice. In: World policy journal.
Vol. 1, 1984/85. No. 4. S. 677-722. BZ 4822:1
The State Department Policy Planning Staff Papers 1947-1949.
Vol. 1-3. New York: Garland 1983. Getr. Pag. B 52557
Stohl, M.; Carleton, D.; Johnson, S. E.: Human Rights and
U. S. foreign assistance from Nixon to Carter. In: Journal of
peace research. Vol. 21, 1984. No. 3. S. 215-226. BZ 4372:21
Taylor, W. J.: The Future of conflict. U. S. interests.
Washington: Praeger 1983. XV, 95 S. Bc 4514
Unterwanderung. Die Destabilisierungsstrategie der USA von
Nicaragua bis Angola. R. Dhunjibhoy, K. L. Hübener (Hrsg.).
Wuppertal: Hammer 1983. 189 S. B 50170
Vorkriegszeit. Hrsg.: AG gegen Kriegsvorbereitung.
Hamburg 1983. 112 S. D 3089
Wolfe, A.: The irony of anti-communism. Ideology and interest
in post-war American foreign policy. In: The socialist register.
Vol. 21, 1984. S. 214-229. BZ 4824:21

Aussenpolitische Beziehungen

Afrika
Baatz, W.: Die politische und militärische Strategie des USA-
Imperialismus gegen die Völker Afrikas in den siebziger Jahren.
In: Militärgeschichte. Jg. 23, 1984. H. 3. S. 201-210. BZ 4527:23
Houndjahoue, M.: Le différend américano-béninois: genèse,
évolution et fin d'un malentendu, 1976-1983. In: Le mois en
Afrique. Tome 19, 1984. H. 219-220. S. 25-31. BZ 4748:19
Kitchen, H.: U. S. Interests in Africa. New York: Praeger 1983.
VI, 106 S. Bc 4562
Ogene, F. C.: Interest groups and the shaping of foreign policy.
Four case studies of United States African policy. New York:
St. Martin's Pr. 1983. 224 S. B 52931
Rothchild, D.; Ravenhill, J.: From Carter to Reagan: the
global perspective on Africa becomes ascendant. In: Eagle defiant.
Boston 1983. S. 337-365. B 51565

Amerika
The Caribbean Challenge. U.S. Policy in a volatile region. Ed.:
  H. M. Erisman. Boulder: Westview 1984. XIII, 208 S.   B 52589
Domínguez, J.I.: U.S. Interests and policies in the Caribbean
  and Central America. Washington, London: American Enterprise
  Institute... 1982. 55 S.   Bc 01385
Douglas, H.E.: The United States and Mexico: conflict and
  comity. In: Strategic review. Vol. 13, 1985. No. 2.
  S. 21-30.   BZ 05071:13
Ezcurra, A.M.: La Ofensiva neoconservadora. Las iglesias de
  U.S.A. y la lucha ideologica hacia América Latina. Madrid:
  IEPALA 1982. 259 S.   B 51848
Fagen, R.R.: United States policy in Central America. In: Millen-
  nium. Journal of international studies. Vol. 13, 1984. No. 2.
  S. 105-115.   BZ 4779:13
Farer, T.J.: Breaking the deadlock in Central America. In: The
  Washington quarterly. Vol. 7, 1984. No. 2. S. 100-113.   BZ 05351:7
Farer, T.J.: Manage the revolution? In: Foreign policy. 1982/83.
  No. 52. S. 96-117.   BZ 05131:1982/83
La Guerra total. La política exterior del gobierno de Ronald Reagan.
  2. ed. Quito: El Conejo 1983. 322 S.   B 51834
Hayes, M.D.: Latin America and the U.S. national interest: a basis
  for U.S. foreign policy. Boulder: Westview 1984. XV, 295 S. B 52307
Konzeption der Lateinamerika-Politik der USA für die 80er Jahre.
  Geheimdokument des Santa-Fe-Komitees für den interamerikani-
  schen Sicherheitsrat... Frankfurt: Verl. f. interkulturelle
  Kommunikation 1983. 40 S.   Bc 01535
Konzeption der Lateinamerika-Politik der USA für die 70er Jahre.
  The Rockefeller Report on quality of life in the Americas. State-
  ment by president Nixon... Frankfurt: Verl. f. interkulturelle
  Kommunikation 1983. 49 S.   Bc 01534
LeoGrande, W.M.: Through the looking glass. The Kissinger
  Report on Central America. In: World policy journal.
  Vol. 1, 1984/85. No. 2. S. 251-284.   BZ 4822:1
Lowenthal, A.F.: Change the agenda. In: Foreign policy.
  1982/83. No. 52. S. 64-77.   BZ 05131:1982/83
Lowenthal, A.F.: Ronald Reagan and Latin America: Coping
  with hegemony and decline. In: Eagle defiant. Boston 1983.
  S. 311-335.   B 51565
Niess, F.: Der Koloß im Norden. Geschichte der Lateinamerika-
  politik der USA. Köln: Pahl Rugenstein 1984. 398 S.   B 52211
Report of the national bipartisan commission on Central America.
  Jan. 1984. Washington: [Selbstverl.] 1984. 132 S.   09668
Report on Cuba. Findings of the Study Group on United States -
  Cuban relations. Central American and Caribbean program.
  Boulder: Westview Press 1984. X, 36 S.   Bc 5340
Romero, A.: The Kissinger Report and the restoration of US
  hegemony. In: Millennium. Journal of international

studies. Vol. 13, 1984. No. 2. S. 116-128. BZ 4779:13
Silber, J.R.: The Kennedy doctrine. Principles for a settlement
in Central America. In: Strategic review. Vol. 12, 1984. No. 4.
S. 13-21. BZ 05071:12
Trask, R.R.: Spruille Braden versus George Messersmith. World
War II, the Cold War, and Argentine policy, 1945-1947. In:
Journal of Interamerican Studies. Vol. 26, 1984. No. 1.
S. 69-95. BZ 4608:26
U.S. policy in Central America and its international implications.
Symposium held at Stanford University May 16, 1981. 2nd ed,.
2nd pr. Stanford: SCAAN 1981. IV, 64 S. 09427

Asien

Aruri, N.H.; Moughrabi, F.; Stork, J.: Reagan and the
Middle East. Belmont: Assoc. of Arab-American University
Graduates 1983. V, 95 S. Bc 4504
Atherton, A.L.: Arabs, Israelis - and Americans. In: Foreign
affairs. Vol. 62, 1983-84. No. 5. S. 1194-1209. BZ 05149:62
Ball, G.: America in the Middle East: a breakdown in foreign policy.
In: Journal of Palestine studies. Vol. 13, 1984. No. 3.
S. 3-15. BZ 4602:13
Bradley, C.P.: Recent United States Policy in the Persian Gulf, ,
1971-82. Grantham: Tompson and Rutter 1982. 148 S. Bc 4044
Chadda, M.: The strategy of preponderance. Reagan policy in the
Middle East. In: IDSA Journal. Vol. 15, 1985. No. 4.
S. 580-597. BZ 4841:15
Cosmo, N. di : I rapporti tra Stati Uniti e Cina (1944-47) nella
storiografia americana. In: Rivista di storia contemporanea.
Anno 13, 1984. No. 4. S. 578-605. BZ 4812:13
Dokumente zur Asienpolitik des amerikanischen Imperialismus
1945 - 1980. Spezialbibliographie. Berlin: Universitätsbibliothek
1983. 87 S. Bc 4214
Downen, R.L.: The tattered China card. Reality or illusion in
United States strategy? Washington: Council for Social and
Economic Studies 1984. 128 S. Bc 4872
Fifield, R.H.: The Reagan Administration and Southeast Asia.
In: Southeast Asian affairs. 1983. S. 42-50. BZ 05354:1983
Garrett, B.: China policy and the constraints of triangular logic.
In: Eagle defiant. Boston 1983. S. 237-271. B 51565
Gomane, J.-P.: L'anticolonialisme dans la politique étrangère
des Etats-Unis, spécialement dans le Pacifique: un point de vue
européen. In: L'Afrique et l'Asie modernes. 1985. No. 145.
S. 19-32. BZ 4689:1985
Hacke, C.: Triumph und Tragik der amerikanischen Iran-Politik.
In: Beiträge zur Konfliktforschung. Jg. 15, 1985. Nr. 1.
S. 63-88. BZ 4594:15
Hakwon Sunoo, H.: 100 Years of U.S.-Korea relationship.
Offenbach: Korea Forschungsgemeinschaft 1985. 34 S. Bc 01541
Kreisberg, P.H.: The United States and Asia in 1984.

In: Asian survey. Vol. 25, 1985. No. 1. S. 1-20. BZ 4437:25
K r e m e n j u k , V. A.: Bor' ba Vašingtona protiv revoljucii v Irane.
[Washingtons Kampf gegen die Revolution In Iran.] Moskva:
Meždunarodnye otnošenija 1984. 173 S. Bc 4693
L a t y s h e v , I. A.: Soviet-U.S. differences in their approaches to
Japan. In: Asian survey. Vol. 24, 1984. No. 11.
S. 1163-1173. BZ 4437:24
N e u m a n n , R. G.: Versäumnisse und Perspektiven amerikanischer
Nahost-Politik. In: Europa-Archiv. Jg. 40, 1985. Folge 7.
S. 185-194. BZ 4452:40
P i p e s , D.: Breaking all the rules. American debate over the Middle
East. In: International security. Vol. 9, 1984. No. 2.
S. 124-150. BZ 4433:9
R e i c h , B.: United States Middle East policy in the Carter and
Reagan administrations. In: Australian outlook. Vol. 38, 1984. No. 2.
S. 72-80. BZ 05446:38
U. S. -Korean Relations 1882-1982. Ed.: Tae-Hwan Kwak [u. a.].
Boulder: Westview 1982. XIV, 433 S. B 51212
R u b i n , B.: The Reagan administration in the Middle East. In:
Eagle defiant. Boston 1983. S. 367-389. B 51565
S u t t e r , R. G.: The China Quandary: Domestic determinants of U.S.
China policy, 1972-1982. Boulder: Westview 1983. 194 S. B 51399
The U.S. -South Korean alliance. Evolving patterns in security
relations. Ed.: G. L. Curtis, Sung-joo Han. Lexington:
Lexington Books 1983. VII, 245 S. B 52945
V a l e t t e , J.: Le gouvernement des Etats-Unis et L'Indochine
1940-1945. In: Revue d'histoire de la Deuxième Guerre Mondiale
et des conflits contemporains. Année 35, 1985. No. 138.
S. 43-62. BZ 4455:35
V e n k a t a r a m a n i , M. S.: The American Role in Pakistan, 1947-
1958. New Delhi: Radiant Publ. 1982. XII, 480 S. B 51613
Z h a n g Jia-Lin : The new romanticism in the Reagan administra-
tion' s Asia policy. In: Asian survey. Vol. 24, 1984. No. 10.
S. 997-1011. BZ 4437:24
Europa
Allianz im Umbruch? Das Verhältnis zwischen Europa und Amerika.
Hrsg.: T. Sommer. München: Heyne 1982. 432 S. B 49935
B a r n e t , R. J.: Why trust the Soviets? In: World policy journal.
Vol. 1, 1984/85. No. 3. S. 461-482. BZ 4822:1
B o r i s o v , A. J,: SSSR i SŠA: Sojuzniki v gody vojny 1941-1945.
[USSR und die USA: Verbündete in den Kriegsjahren 1941-1945.]
Moskva: Meždunarod. otnošenija 1983. 288 S. B 51972
Beyond Containment. Ed.: A. Wildavsky. San Francisco:
ICS Pr. 1983. XI, 264 S. B 51281
D a l l i n , A.; L a p i d u s , G. W.: Reagan and the Russians: United
States policy toward the Soviet Union and Eastern Europe. In:
Eagle defiant. Boston 1983. S. 191-236. B 51565
Der Plan Euroshima. Aus Reden und Schriften von R. Reagan...

Hrsg.: G.Neuberger. 2.erw. Aufl. Köln: Pahl-Rugenstein 1982.
238 S. B 52228
H a t y s , S. : Strategia i taktyka administracji Cartera wobec europejskich krajów socjalistycznych. [Strategie und Taktik der Carter-Administration im Bezug auf die sozialist. Länder in Europa.] In:
Sprawy Międzynarodowe. Rok 37, 1984. No. 9. S. 41-58. BZ 4497:1984
K a h l e r , M. : The United States and Western Europe: The dimplomatic consequences of Mr. Reagan. In: Eagle defiant.
Boston 1983. S. 273-309. B 51565
K e l l e h e r , C. M. : America looks at Europe: change and continuity in the 1980s. In: The Washington quarterly. Vol. 7, 1984. No. 1.
S. 33-49. BZ 05351:7
K n a p p , M. : Sorgen unter Partnern. Zum Verhältnis zwischen den USA und der Bundesrepublik Deutschland. Hannover: Niedersächs.
Landeszentrale f. polit. Bildung 1984. 79 S. Bc 4958
M i l l e r , J. E. : Strategie della stabilizzazione. Gli Stati Uniti d l'Italia: 1917-1950. In: Storia contemporanea. Anno 15, 1984. No. 4.
S. 745-779. BZ 4590:15
N i t z e , P. H. : Living with the Soviets. In: Foreign affairs. Vol. 63,
1984/85. No. 2. S. 360-374. BZ 05149:63
P a r k s , J. D. : Culture, conflict and coexistence. American-Soviet cultural relations, 1917-1958. Jefferson: Mc Farland 1983.
VII, 231 S. B 52558
R o s t o w , W. W. : Open Skies. Eisenhower's proposal of July 21, 1955.
Austin: Univ. of Texas Pr. 1982. XIV, 224 S. B 51276
S a w y e r , H. L. : Soviet Perceptions of the oil factor in U. S. foreign policy. The Middle East-Gulf region. Boulder: Westview 1983.
XV, 183 S. B 51722
T a l b o t t , S. : The Russians and Reagan. Forew. : C. R. Vance.
New York: Vintage Books 1984. 140 S. Bc 4753
T h o m p s o n , J. E. : United States - Northern Ireland relations. In:
World affairs. Vol. 146, 1984. No. 4. S. 318-339. BZ 4773:146
U. S. Dimplomats in Europe, 1919-1941. Ed. : K. P. Jones [u. a.].
Repr. ed. with new introd. Santa Barbara: ABC-Clio
XXIII, 240 S. B 51197
V o l k o v a , E. D. : Vašington i Vostočnaja Evropa. [Washington und Osteuropa.] Moskva: Nauka 1984. 318 S. B 53429
W a r n e r , G. : The United States and the rearmament of West Germany, 1950-1954. In: International Affairs. Vol. 61, 1985. No. 2.
S. 279-286. BZ 4447:61

f. Wehrwesen

f. 0.10 Wehrpolitik

Aldridge, R. C.: The Counterforce Syndrome: A guide to U. S. nuclear weapons and strategic doctrine. 3rd print. Washington: Institute for Policy Studies 1983. 85 S. Bc 4085

Nuclear America. A historical bibliography. St. Barbara: ABC-Clio Inf. Services 1984. XIII, 183 S. B 51390

Bitzel, U.; Zellner, W.: Welche Lehren die US-Army aus Hitlers "Blitzkrieg"-Strategie zieht. In: Blätter für deutsche und internationale Politik. Jg. 30, 1985. H. 2. S. 152-169. BZ 4551:30

Brown, H.: The Strategic Defense Initiative: defensive systems and the strategic debate. In: Survival. Vol. 27, 1985. No. 2. S. 55-64. BZ 4499:27

Bunn, G.: US law of nuclear weapons. In: Naval War College Review. Vol. 32, 1984. No. 4. S. 46-62. BZ 4634:32

Bussard, R. W.: Freedom, safety and survival in the nuclear age. In: The Journal of social, political and economic studies. Vol. 9, 1984. No. 2. S. 164-179. BZ 4670:9

Cancian, M. F.: PPBS: Rude awakening. In: U. S. Naval Institute. Proceedings. Vol. 110, 1984. No. 11. S. 44-52. BZ 05163:110

Dahlitz, J.: Security implications of the US nuclear umbrella for America's allies: an Australian view. In: Australian outlook. Vol. 38, 1984. No. 3. S. 169-177. BZ 05446:38

David, D.: Regards sur une logique: Les Etats-Unis et la sécurité de l'Europe. In: Stratégique. 1984. No. 4. S. 85-108. BZ 4694:1984

Drell, S. D.; Farley, P. J.; Holloway, D.: Preserving the ABM treaty. A critique of the Reagan Strategic Defense Initiative. In: International security. Vol. 9, 1984. No. 2. S. 51-91. BZ 4433:9

Dunn, K. A.; Staudenmaier, W. O.: Strategy for survival. In: Foreign policy. 1982/83. No. 52. S. 22-41. BZ 05131:1982/83

Foster, G. D.; McPherson, K. A.: Mobilization for low intensity conflict. In: Naval War College review. Vol. 38, 1985. No. 3. S. 49-64. BZ 4634:38

Glaser, C.; Why even good defenses may be bad. In: International security. Vol. 9, 1984. No. 2. S. 92-123. BZ 4433:9

Grasnick, G.; Pirsch, H.: Zur Rolle des psychologischen Krieges in der Reaganschen Konfrontationspolitik. In: IPW-Berichte. Jg. 13, 1984. H. 10. S. 8-13. BZ 05326:13

Graves, E.: U. S. security assistance in the 1980s. In: The Washington quarterly. Vol. 7, 1984. No. 1. S. 145-155. BZ 05351:7

Heisbourg, F.: L'Europe face à la politique militaire américaine. In: Politique étrangère. Année 49, 1984. No. 3. S. 571-588. BZ 4449:49

The strategic Imperative. New policies for American security. Ed.: S. P. Huntington. Cambridge: Ballinger 1982. 360 S. B 51218

Johansen, R. C. : How to start ending the arms race. In: World
policy journal. Vol. 1, 1983/84. No. 1. S. 71-100.   BZ 4822:1
Kaltefleiter, W. : Politische Implikationen strategischer Vertei-
digung. In: Zeitschrift für Politik. Jg. 32, 1985. Nr. 1.
S. 8-26.   BZ 4473:32
Kanter, H. : Defense economics: 1776 to 1983. In: Armed forces
and society. Vol. 10, 1983/84. No. 3. S. 426-448.   BZ 4418:10
Killebrew, R. B. : Developing Military Strategists. In: Military
Review. Vol. 64, 1984. No. 9. S. 45-55.   BZ 4468:64
Korb, L. J. ; Brady, L. P. : Rearming America. The Reagan
Administration defense program. In: International security.
Vol. 9, 1984/85. No. 3. S. 3-18.   BZ 4433:9
Kubbig, B. W. : Gleichgewicht oder Überlegenheit. Amerikanische
Rüstungskontrollpolitik und das Scheitern von SALT II. Frankfurt;
New York: Campus 1983. 225 S.   B 51586
Lucentini, M. : Gli Stati Uniti e la ripresa dei negoziati sul
disarmo. In: Affari Esteri. Anno 17, 1985. No. 65.
S. 3-12.   BZ 4373:17
The Race against reason. Moscow: Novosti 1983. 15 S.   Bc 4130
Rearden, S. L. : The Evolution of American strategic doctrine.
Paul H. Nitze and the Soviet challenge. Boulder, London:
Westview Press 1984. 131 S.   Bc 5004
Sincere, R. E. : Civil defense. A moral, political, and strategic
approach. In: The Journal of social, political and economic
studies. Vol. 9, 1984. No. 4. S. 437-452.   BZ 4670:9
Sloan, S. R. ; Gray, R. C. : Nuclear Strategy and arms control.
Challenges for U.S. policy. New York: Foreign Policy Assoc.
1983. 80 S.   Bc 4557
Slyck, P. van: Strategies for the 1980s. Lessons of Cuba, Vietnam,
and Afghanistan. Oxford: Clio Pr. 1981. XVI, 108 S.   B 51340
Staudenmaier, W. O. ; Sabrosky, A. N. : A strategy of counter-
revolutionary war. In: Military review. Vol. 65, 1985. No. 2.
S. 2-15.   BZ 4468:65
Stoertz, H. : Monitoring a nuclear freeze. In: International
security. Vol. 8, 1983/84. No. 4. S. 91-110.   BZ 4433:8
Sundaram, G. S. : Militärische Weltraumprogramme der USA.
In: Internationale Wehrrevue. Jg. 17, 1984. Nr. 8.
S. 1019-1030.   BZ 05263:17
Winding down. The price of defense. By the Boston Study Group. Repr.
San Francisco: Freeman 1982. XIX, 359 S.   B 53054

f. 0.20 Wehrorganisation

Barbati, V. : Installazioni e basi degli Stati Uniti. In: Rivista
marittima. Vol. 118, 1985. No. 3. S. 33-48.   BZ 4453:118
Bartlett, H. C. : Approaches to force planning. In: Naval War
College review. Vol. 38, 1985. No. 3. S. 37-48.   BZ 4634:38

Coker, C.: U.S. Military Power in the 1980s. London:
  Macmillan 1983. XI, 163 S. B 53548
Cordier, S.S.: U.S. military Power and rapid deployment
  requirements in the 1980s. Boulder: Westview Press 1983.
  IX, 155 S. Bc 5054
Crochet, B.: Les arsenaux américains dans la Deuxième Guerre
  Mondiale. In: La Nouvelle Revue Maritime. 1985. No. 392.
  S. 72-81. BZ 4479:1985
Glenn, J.; Carter, B.E.; Komer, R.W.: Rethinking Defense
  and conventional Forces. Introd.: W. Christopher. Washington:
  Center for National Policy 1983. 58 S. Bc 01417
Justus, K.B.: The Military Order of the World Wars. A living
  history. Decade of the 1970s. Washington: The Military Order
  of the World Wars 1982. X, 291 S. 09613
Luttwak, E.N.: The Pentagon and the art of war. New York:
  Simon & Schuster 1984. 333 S. B 56045
O'Rourke, J.S.: Military leadership for the 1990s and beyond.
  In: Military review. Vol. 65, 1985. No. 2. S. 16-28. BZ 4468:65
Dritte Welt im Dritten Weltkrieg. US-Basen in den Philippinen,
  Posten im Pazifik. Hrsg.: Aktionsgruppe Philippinen Polch, Arbeits-
  beitsgemeinschaft Dritte Weltläden Darmstadt. Polch 1984.
  48 S. D 03153
Williams, P.: US-Troops in Europe. London: Routledge and
  Kegan Paul 1984. 87 S. Bc 4941
Yarmolinsky, A.; Foster, G.D.: Paradoxes of power. The
  military establishment in the eighties. Bloomington: Indiana Univ.
  Pr. 1983. 154 S. B 52534
Zelikow, P.D.: Force without war, 1975-82. In: The Journal of
  strategic studies. Vol. 7, 1984. No. 1. S. 29-54. BZ 4669:7

Gates, E.A.; Casida, G.V.: Wartime military justice. In:
  Military Review. Vol. 64, 1984. No. 5. S. 2-16. BZ 4468:64
Munster, J.H.; Larkin, M.A.: Military Evidence. Indianapolis:
  Bobbs-Merrill 1959. XIX, 562 S. 09710

Bancroft, M.: Autobiography of a spy. (M. Bancroft.) New York:
  Morrow 1983. 300 S. B 52617
Ege, K.: Ein Handbuch der CIA für die "Contras" in Nicaragua.
  In: Blätter für deutsche und internationale Politik. Jg. 29, 1984.
  H. 11. S. 1309-1319. BZ 4551:29
Johnson, L.K.: Decision costs in the intelligence cycle. In: The
  Journal of strategic studies. Vol.7,1984. No. 3. S. 318-335. BZ 4669:7
Lindsey, R.: The Flight of the falcon. (Ch. J. Boyce.) New York:
  Simon & Schuster 1983. 316 S. B 53160
McGehee, R.W.: Deadly Deceits. My 25 years in the CIA.
  New York: Sheridan Square Publ. 1983. VII, 231 S. B 53050
Smith, B.F.: The Shadow Warriors. CIA. London: Deutsch 1983.
  XVI, 507 S. B 51130

f. 1 Heer

The Army. Washington: Headquarters Departm. of the Army 1981.
26 S. Bc 01494
Gabriel, R. A.: To serve with honour. Westport: Greenwood
1982. XVIII, 243 S. B 51391
Giglia, P.: Self-Help handbook for Vietnamveterans. - A Time for
heroes. Buffalo: Giglia 1983. 163 S. Bc 5345
Goldich, R. L.: Military nondisability retirement "reform",
1969-1979. In: Armed forces and society. Vol. 10, 1983/84. No. 1.
S. 59-85. BZ 4418:10
Jacobs, J. B.; McNamara, D.: Selective service without a draft.
In: Armed forces and society. Vol. 10, 1983/84. No. 3.
S. 361-379. BZ 4418:10
Lockman, R. F.; Quester, A. O.: The AVF: outlook for the
eighties and nineties. In: Armed forces and society. Vol. 11, 1985.
No. 2. S. 169-182. BZ 4418:11
Moore, R. L.: Military capability - the US Army's progress since
1980. In: Military technology. Vol. 8, 1984. No. 10.
S. 14-21. BZ 05107:8
Stanton, S. L.: Order of battle. U. S. Army, World War II. Novato:
Presidio Pr. 1984. XIV, 620 S. 09767
North American fighting Uniforms. An illustrated history since
1756. Ed.: M. Bowers. Poole, Blandford Pr. 1984. 128 S. 09751

f. 1.30 Waffengattungen und Dienste

Achaiya, A.: The Rapid Deployment Force and the US military
build-up in the Persian Gulf region. A critical perspective. In:
Australian outlook. Vol. 38, 1984. No. 2. S. 90-98. BZ 05446:38
Albrecht-Heide, A.; Bujewski, U.: Frauen im Militär. Dokumentiert am Beisp. der Vereinigten Staaten von Amerika.
Frankfurt: Haag u. Herchen 1981. 90 S. Bc 4230
Ambrose, A.: Central Command - America's conveyor belt.
In: Jane's naval review. Vol. 3, 1983/84. S. 48-57. BZ 05470:3
Amos, J. W.; Magnus, R. H.: Regional perceptions of the
American Central Command (CENTCOM). In: Conflict.
Vol. 5, 1984/85. No. 4. S. 337-353. BZ 4687:5
Baily, C. M.: Faint Praise. American tanks and tank destroyers
during World War II. Hamden: Archon Books 1983.
XII, 196 S. B 52731
Beckwith, C. A.: Delta Force. San Diego: HBJ 1983.
X, 310 S. B 51525
Cragg, D.: The Guide to military installations. Harrisburg:
Stackpole Books 1983. XXVII, 468 S. B 52700
Crutchley, M.; Lynn, D.: The Rapid Deployment Force.

In: NATO's sixteen nations. Vol. 30, 1985. No. 4.
S. 32-40. BZ 05457:30

Eshel, D.: The U.S. Rapid Deployment Forces. New York:
Arco Publ. 1983. 208 S. 09868

Forty, G.: United States tanks of World War II in action. Poole:
Blandford 1983. 160 S. 09827

Franks, K.A.: Citizen Soldiers. Oklahoma's National Guard.
Oklahoma City: Norman 1984. XIII, 234 S. 09866

Isby, D.C.: Low-intensity conflict and US special Operation
Forces. Challenge and response. In: Jane's military review.
Vol. 3, 1983/84. S. 100-108. BZ 05469:3

Mahon, J.K.: History of the Militia and the National Guard.
New York: Macmillan 1983. VII, 374 S. B 51306

Nordeen, L.: The US Army's light infantry division: a new rapidly
deployable peace-keeping force. In: Military technology.
Vol. 8, 1984. No. 10. S. 53-61. BZ 05107:8

Partlow, F.A.: Womanpower for a superpower: the national
security implications of women in the United States Army. In:
World Affairs. Vol. 146, 1984. No. 4. S. 290-317. BZ 4773:146

Snyder, W.P.: Officer recruitment for the all-volunteer forces:
trends and prospects. In: Armed forces and society. Vol. 10,
1983/84. No. 3. S. 401-425. BZ 4418:10

Stein, G.J.: State Defense Forces. In: Military Review.
Vol. 64, 1984. No. 9. S. 2-16. BZ 4468:64

Thompson, L.: US Special Forces 1945 to the present. London:
Arms and Armour Press 1984. 72 S. Bc 01424

Thompson, L.: US. Special forces of world war two. London:
Arms and Armour Press 1984. 68 S. Bc 01359

Tidman, K.R.: The Operations Evaluation Group. Annapolis:
U.S. Naval Inst. 1984. XIII, 359 S. B 52662

Wass de Czege, H.: Challenge for the future: Educating field garde
battle leaders and staff officers. In: Military Review.
Vol. 64, 1984. No. 6. S. 2-13. BZ 4468:64

Zaloga, S.J.; Green, M.: US Infantry combat vehicles today.
London: Arms and Armour Press 1984. 72 S. Bc 01484

f. 2 Kriegsmarine

Barnett, R.W.: The U.S. navy's role in countering maritime
terrorism. In: Terrorism. Vol. 6, 1983. No. 3. S. 469-480. BZ 4688:6

Beigel, H.M.: The battle fleet's home port. 1919-1940. In:
U.S. Naval Inst. Proceedings. Vol. 111, 1985. No. 3. Suppl. March.
S. 54-63. BZ 05163:111

Bertini, M.: Le Marine degli Stati Uniti e dell'URSS negli anni
'80. In: Rivista marittima. Anno 117, 1984. 7. S. 53-68. BZ 4453:117

Bowen, A.M.: US naval strategy - matching means to ends. In:
Naval forces. Vol. 5, 1984. No. 5. S. 34-47. BZ 05382:5

Breemer, J.S.: U.S. naval Developments. Annapolis: The Nautical & Aviation Publ. 1983. XIV, 194 S.   B 53146

Browning, R.S.: Two if by sea. The development of American coastal defense policy. Westport: Greenwood 1983. XII, 210 S.   B 53156

Clark, C.E.: My fifty Years in the Navy. 2.pr. Annapolis: Naval Inst. Pr. 1984. XXVIII, 190 S.   B 52665

Friedman, N.: Das Minenabwehrprogramm der USA. In: Internationale Wehrrevue. Jg. 17, 1984. H. 9. S. 1259-1268.   BZ 05263:17

Friedman, N.: U.S. cruisers. An illustrated design history. Ship plans by A. D. Baker and A. Raven. Annapolis: Naval Inst. Pr. 1984. 496 S.   09687

Humble, R.: United States fleet carriers of World War II. 'In action'. Poole: Blandford Pr. 1984. 160 S.   09829

Jones, L.S.: U.S. naval Fighters. Rev. ed. Fallbrook: Aero Publ. 1983. 351 S.   09585

Jordan, J.: An illustrated Guide to modern US Navy. New York: Arco Publ. 1982. 159 S.   B 52913

Ladd, J.D.: US Marine Corps. Amphibious role in American strategy. In: Navy international. Vol. 90, 1985. No. 2. S. 97-102.   BZ 05105:90

Leibstone, M.: The US Marine Corps and amphibious warfare. In: Military technology. Vol. 9, 1985. No. 8. S. 22-33.   BZ 05107:9

Mannix, D.P.: The old Navy. 4th. ed. New York: Macmillan 1983. 294 S.   B 53173

Mersky, P.B.: U.S. Marine Corps aviation. 1912 to present. Annapolis: The Nautical & Aviation Publ. Comp. of America 1983. X, 310 S.   B 51301

Mine warfare. The US Navy reacts. In: Navy international. Vol. 90, 1985. No. 1. S. 35-38.   BZ 05105:90

Modernisierung des US-Marine-Korps. [Verschiedene Beiträge.] In: Internationale Wehrrevue. Jg. 18, 1985. Nr. 7. S. 1121-1146.   BZ 05265:18

Polmar, N.: That she still blows. In: U.S. Naval Institute. Proceedings. Vol. 110, 1984. No. 12. S. 77-89.   BZ 05163:110

The Reserves. In: U.S. Naval Institute. Proceedings. Vol. 110, 1984. No. 10. S. 32-108.   BZ 05163:110

Stern, R.C.: U.S. Battleships in action. Pt. 1. 2. Ill.: D. Greer. Carrolton: Suadron-Signal Publ. 1984. 50, 50 S.   Bc 01466

Sweetman, J.: American naval History. Annapolis: Naval Inst. Pr. 1984. XII, 331 S.   09682

Terzibaschitsch, S.: The U.S. Navy's aircraft carriers: a pictorial report. In: Warship international. Vol. 22, 1985. No. 1. S. 32-51.   BZ 05221:22

Tolley, K.: Caviar and commissars. Annapolis: Naval Inst. Pr. 1983. XII, 289 S.   B 51403

Tolley, K.: Yangtze Patrol. The U.S. Navy in China. 2.pr. Annapolis: Naval Inst. Pr. 1984. VII, 343 S.   B 52664

Williams, J.A.: The U.S. and Soviet navies. In: Armed forces
and society. Vol. 10, 1983/84. No. 4. S. 507-528.　　　　　BZ 4418:10

f. 3 Luftwaffe

Bell, D.: USAF today. London: Arms and Armour Press 1984.
72 S.　　　　　　　　　　　　　　　　　　　　　　　　Bc 01426
Crawford, W.R.; Crawford, L.A.C.: Military Space-A Air
Opportunities around the world. 4th pr. Arlington: Military
Living Publ. 1984. XVI, 343 S.　　　　　　　　　　　　B 52777
Dörfer, I.: Arms deal. The selling of the F-16. New York:
Praeger 1983. XVIII, 287 S.　　　　　　　　　　　　　B 53069
Freeman, R.A.: Mighty Eighth War Manual. With drawings by
N. Ottaway. 2. impr. London: Jane's 1985. 320 S.　　　　09864
Gaston, J.C.: Planning the American air war. Four men and nine
days in 1941. An inside narrative. Washington: National Defense
University Press 1982. 121 S.　　　　　　　　　　　　Bc 01329
Shadwick, M.: North American air defence modernisation. In:
Military Technology. Vol. 9, 1985. No. 9. S. 16-24.　　BZ 05107:9
Simonsen, E.: US Spyplanes. London: Arms and Armour Press
1985. 72 S.　　　　　　　　　　　　　　　　　　　　Bc 01502
Skinner, M.: Air combat for the '80s. - Red Flag. Photography:
G. Hall. London: Arms and Armour Pr. 1984. 134 S.　　Bc 01334
Yenne, B.: A Primer of modern strategic airpower. S.A.C.
London: Arms and Armour Press 1984. 138 S.　　　　　Bc 01579

Kerr, T.J.: Civil Defense in the U.S.: Bandaid for a Holocaust?
Boulder: Westview 1983. XIV, 268 S.　　　　　　　　　B 51400
Nieman, T.F.: Better red than dead. 3. rev. ed. Boulder:
Paladin Pr. 1983. IX, 207 S.　　　　　　　　　　　　　09588

g./h. Wirtschaft und Gesellschaft

Bowles, S.; Gordon, D.M.; Weisskopf, T.E.: Beyond the
waste Land. Garden City: Anchor Pr./Doubleday 1983.
XII, 465 S.　　　　　　　　　　　　　　　　　　　　B 52608
Chester, E.W.: United States Oil Policy and diplomacy. Westport:
Greenwood 1983. XIV, 399 S.　　　　　　　　　　　　B 53158
Gowa, J.: Closing the Gold Window. Ithaca: Cornell Univ. Pr. 1983.
208 S.　　　　　　　　　　　　　　　　　　　　　　　B 51523
Gran, G.: Development by people. New York: Praeger 1983.
XXIV, 480 S.　　　　　　　　　　　　　　　　　　　B 52675
Hertsgaard, M.: Nuclear Inc. The Men and money behind
nuclear energy. New York: Pantheon Books 1983. 339 S.　B 52610
Hilgartner, S.; Bell, R.C.; O'Connor, R.: Nukespeak.
Harmondsworth: Penguin Books 1983. XIV, 282 S.　　　B 52026

Kimzey, B. W.: Reagonomics. St. Paul: West Publ. Comp. 1983.
117 S. Bc 4575
The Making of the New Deal. Cambridge: Harvard Univ. Pr. 1983.
368 S. B 52600
Nash, A.: The Union steward: duties, rights, and status. 2nd ed.,
rev. Ithaca: ILR Press 1983. 62 S. Bc 01398
Olvey, L. D.; Golden, J. R.; Kelly, R. C.: The Economics of
national security. Wayne: Avery 1984. IX, 404 S. 09713
Owen, H.: The world economy. The dollar and the summit. In:
Foreign affairs. Vol. 63, 1984/85. No. 2. S. 344-359. BZ 05149:63
Reaganomics. A midterm report. Ed.: C. Stubblebine [u. a.].
San Francisco: ICS Pr. 1983. X, 232 S. B 52599
Reich, R. B.: The next American Frontier. New York:
Times Books 1983. 324 S. B 52925
Rostow, W. W.: The barbaric Counter-revolution. Cause and cure.
Austin: Univ. of Texas Pr. 1983. XI, 126 S. B 51309
Shaffer, E.: The United States and the control of world oil.
New York: St. Martin's Pr. 1983. 246 S. B 53044

Bitar, S.: United States - Latin American relations. Shifts in
economic power and implications for the future. In: Journal of
Interamerican Studies. Vol. 26, 1984. No. 1. S. 3-31. BZ 4608:26
Brogan, P.; Zarca, A.: Deadly Business. Sam Cummings, Inter-
arms, and the arms trade. New York: Norton 1983. 384 S. B 52498
Feazel, M.: U. S. technology transfer practices will guide Euro-
pean reaction to SDI. In: Aviation week and space technology.
Vol. 122, 1985. No. 22. S. 125-133. BZ 05182:122
Krč, M.: Vývoz amerických zbraní a vojenské techniky. [Waffen- u.
Kampftechnikexport der USA.] In: Historie a vojenstvi. Roč. 33,
1984. Nr. 6. S. 117-130. BZ 4526:33
Scherpenberg, J. van: Die Außenhandelspolitik der USA zwischen
Freihandel und Protektionismus. In: Aus Politik und Zeitge-
schichte. 1985. B 17/85. S. 19-35. BZ 05159:1985
Weintraub, S.: U. S. - Canada free trade. What's in it for the
U. S. ? In: Journal of Interamerican Studies. Vol. 26, 1984. No. 2.
S. 225-244. BZ 4608:26

Aronowitz, S.: Working class hero. A new strategy for labor.
New York: Pilgrim Pr. 1983. XVIII, 229 S. B 52733
Fink, L.: Workingman's Democracy. The Knights of Labor and
American politics. Urbana: Univ. of Ill. Pr. 1983. XVI, 249 S. B 52614
A History of the American worker. Ed.: R. B. Morris. Repr.
Princeton: Princeton Univ. Pr. 1983. 251 S. B 52504
Schlüter, H.: Die Anfänge der deutschen Arbeiterbewegung in
Amerika. [1907]. Repr. New York: Lang 1984. 214 S. B 52157
Workers'Struggles, past and present. A "Radical America" reader.
Ed.: J. Green. Philadelphia. Temple Univ. Pr. 1983.
IX, 410 S. B 52511

Worker participation and ownership. Cooperative strategies for
   strengthening local economics. By W. F. White. Ithaca: ILR Pr.
   1983. X, 152 S. B 52943

The Culture of consumption. Critical essays in American history,
   1880-1980. Ed.: R. W. Fox and T. J. J. Lears. New York:
   Pantheon Books 1983. XVII, 236 S. B 51313
The great Depression. A historical bibliography. Santa Barbara:
   ABC-Clio Information Services 1984. XII, 260 S. B 51739
Eisler, B.: Class Act, America's last dirty secret. New York:
   Watts 1983. 352 S. B 52671
Foner, E.: Why is there no Socialism in the United States? In:
   History Workshop. Vol. 17, 1984. Spring. S. 57-80. BZ 4726:17
Jezer, M.: The dark Ages. Life in the United States 1945-1960.
   Boston: South End Pr. 1982. 335 S. B 52712
Mosdorf, S.: Die Reagan-Bilanz: Neue Armut und neuer Reichtum.
   In: Aus Politik und Zeitgeschichte. 1984. H. 43/84.
   S. 26-34. BZ 05159:1984
Ronald Reagan and the American environment. An indictment,
   alternate proposal and citizen's guide to action. San Francisco:
   Friends of the Earth 1982. 142 S. Bc 01406

Conover, P. J.; Gray, V.: Feminism and the New Right. Con-
   flict over the American family. New York: Praeger 1983.
   XV, 253 S. B 53121
Davis, A.: Women, race and class. Repr. London: Women's Pr.
   1984. 271 S. B 52237
Eisenstein, S.: Give us bread but give us roses. Working
   women's consciousness in the United States, 1890 to the First
   World War. London: Routledge and Kegan Paul 1983. 207 S. B 51194
Foner, P. S.: Women and the American labor movement. From the
   first trade unions to the present. New York: The Free Pr. 1982.
   XI, 612 S. B 53042
Pollock Petchevsky, R.: : L'antiféminisme et la montée de la
   Nouvelle Droite aux États-Unis. In: Nouvelles questions fémi-
   nistes. 1984. No. 6-7. S. 55-104. BZ 4797:1984

i. Geistesleben

Aufbau - 50 years, 1934-1984. Eine Ausstellung des Aufbau...
   Red.: W. Schaber u. G. Niers. New York: Aufbau Heritage
   Foundation 1984. 63 S. Bc 5355
Bagley, P.: "We survive world war three, and you give us light
   beer?" Life after Megadeath. Cartoons. Salt Lake City:
   Smith 1983. Getr. Pag. Bc 4620
Blum, P. von; Resnick, M.: The critical Vision. A history of
   social and political art in the U. S. Boston:

South End Pr. 1982. XVIII, 169 S. 09734
Carter, P. A.: Another Part of the fifties. New York: Columbia
Univ. Pr. 1983. XII, 328 S. B 52719
Cornebise, A. E.: The Stars and Stripes. Doughboy journalism in
World War I. Westport: Greenwood 1984. XIII, 221 S. B 54169
Military Intelligence and the universities. A study of an ambivalent
relationship. Ed.: B. W. Watson and P. M. Dunn. Boulder:
Westview Pr. 1984. XI, 95 S. Bc 5341
Kessler, L.: The Dissident Press. Alternative journalism in
American History. Beverly Hills: Sage 1984. 160 S. B 52882
Langer, V.; Thomas, W.: The Nuclear War Fun Book. Ill.:
B. Richardson. New York: Holt, Rinehart and Winston 1982.
128 S. Bc 01418
Mickelson, S.: America's other Voice. The story of Radio Free
Europe and Radio Liberty. New York: Praeger 1983.
XII, 269 S. B 53068
Munnik, L.: Nothing to laugh about. New York: Pilgrim Press
1983. Getr. Pag. Bc 01386
Rubin, S. J.: Combat Films. American realism: 1945-1970.
Jefferson: McFarland 1981. XII, 233 S. B 56789
Schuffert, J.: "No sweat" - "here's Jake". A collection of military cartoons. Harrisburg: Stackpole Books 1983. 156 S. B 52509
Szep, P.: To a different Drummer. Forew.: M. Barnicle.
Lexington: The Lewis Publ. Comp. 1981. 102 S. Bc 4558
Trever, J.: Trever's first Strike. A former minuteman launch
officer zeros in on the arms race. Text: G. Copeland. Andover:
Brick House Publ. Comp. 1983. Getr. Pag. Bc 4600
Wurth-Hough, S.: Network news coverage of terrorism. In:
Terrorism. Vol. 6, 1983. No. 3. S. 403-421. BZ 4688:6

American Church politics and the Middle East. B. K. Nijim, ed.
Belmont: Association of Arab-American University Graduates
1982. V, 156 S. B 52517
Davidson, D. L.: Nuclear Weapons and the American churches.
Ethical positions on modern warfare. Boulder: Westview 1983.
XVI, 204 S. B 51728
Feid, A.: Der Weg der Bischöfe. Friedensbotschaften der Bischöfe
in den USA und der BRD. Konrad Lübbert: Für Frieden und Abrüstung. Der heutige Standort d. protestantischen Kirchen. Köln:
Komitee f. Frieden, Abrüstung u. Zus.-Arbeit 1983. 23 S. D 3093
Libby, R. T.: Listen to the bishops. In: Foreign policy. 1982/83.
No. 52. S. 78-95. BZ 05131:1982/83

k. Geschichte

Breen, W.J.: Uncle Sam at home. Civilian mobilization, wartime federalism, and the Council of National Defense, 1917-1919. Westport: Greenwood 1984. XVII, 279 S. B 54164

Clecak, P.: America's Quest for the ideal self. New York: Oxford Univ. Pr. 1983. 395 S. B 52545

Langley, L.D.: The Banana wars. An inner history of American Empire 1900-1934. Lexington: Univ. Pr. of Kentucky 1983. VIII, 255 S. B 52937

Schachtman, T.: Decade of shocks. (1961-1974.) New York: Poseidon Pr. 1983. 332 S. B 53171

Sohn, S.: Korstog for demokratiet. Traek af USAs historie under den kolde krig. Århus: Historisk Revy 1983. 176 S. B 50844

DiLeo, M.; Smith, E.: Two Californias. Covelo: Island Pr. 1983. 250 S. B 53681

Duerksen, C.J.: Dow vs. California: a turning point in the envirobusiness struggle. Washington: The Conservation Foundation 1982. XIV, 151 S. B 53057

Fridlund, P.: Two Fronts. A small town at war. (Prosser.) Fairfield: Ye Galleon 1984. 196 S. 09772

Hine, R.V.: Califronia's utopian Colonies. Repr. ed. 1953. With new pref. Berkeley: Univ. of California Pr. 1983. XVIII, 209 S. B 52765

Hirsch, A.R.: Making the second ghetto. Race and housing in Chicago, 1940-1960. Repr. Cambridge: Cambridge Univ. Pr. 1984. XV, 362 S. B 52710

Morris, R.: The devil's Butcher Shop. The New Mexico prison uprising. New York: Watts 1983. 260 S. B 53741

L 490 Westindien / Antillen

The newer Caribbean. Decolonization, democracy, and development. Ed.: P. Henry [u.a.]. Philadelphia: Inst. for the Study of Human Iss. 1983. XV, 348 S. B 52583

Crisis in the Caribbean. Ed.: F. Ambursley and R. Cohen. New York: Monthly Review Pr. 1983. XI, 271 S. B 53025

Emmanuel, P.A.M.: Revolutionary theory and political reality in the Eastern Caribbian. In: Journal of Interamerican studies. Vol. 25, 1983. No. 2. S. 193-227. BZ 4608:25

Johnson, H.: The Anglo-American Caribbean Commission and the extension of American influence in the British Caribbean 1942-1945. In: The Journal of Commonwealth and comparative politics. Vol. 22, 1984. No. 2. S. 180-215. BZ 4408:22

Mandle, J.R.: Patterns of Caribbean development. An interpretive

essay on economic change. New York: Gordon & Brach 1982.
XI, 156 S. B 52940
Payne, A. J. : The international Crisis in the Caribbean. London:
Croom Helm 1984. 177 S. B 52850

1. Länderteil

Dominikanische Republik
Cassa, R. : Capitalismo y dictatura. Santo Domingo:
Ed. Univ. Autónoma 1982. 794 S. 09490
Mejía - Ricart, G. M. : Teoria policia y economica "a la dominicana".
Santo Domingo: Ed. Alfa y Omega 1982. 312 S. B 51875
Vargas, M. : Testimonio historico. Junio 1959. 2. ed.
Santo Domingo: Ed. Cosmos 1981. 151 S. Bc 3375

Grenada
Grenada und die Probleme bei der "Wiederherstellung der Demokratie". 1 Jahr unter US-Besatzung. Hamburg: Karibik Informationszentrum 1984. 31 S. D 03112
Grenada-documents: an overview and selection. Ed. : M. Ledeen and
H. Romerstein. Washington: Department of State; Department of
Defense 1984. Getr. Pag. 09624
1983 Grenada - 1984: Nicaragua? Castro zu Grenada (Rede in
Havanna, 14. 11. 1983). Frankfurt: isp-Verl. 1984. 48 S. Bc 4294

Guadeloupe
Cherdieu, P. : L' échec d' un socialisme colonial: la Guadeloupe
(1891-1914). In: Revue d' histoire moderne et contemporaine.
Tome 31, 1984. No. 4-6. S. 308-333. BZ 4586:31

Haiti
Haiti. Gewaltlose politische Gefangene, Haft ohne Gerichtsverfahren,
Folter, Mißhandlung von Gefangenen, politische Morde durch
Regierungskräfte, "Verschwindenlassen". Bonn:
amnesty international 1985. 48 S. D 3145

Jamaica
Bulletin. Deutsch-Jamaikanische Gesellschaft. (Nr. 4, 1979-12. 1982:
Bulletin der Deutsch-Jamaikanischen Gesellschaft.) Nr. 2. 1978-
12. 1982. Bonn: Bulletin Dt. -Jamaikan. Gesell. 1978-1982.
Getr. Pag. DZ 258
Jamaica. Der Versuch eines Landes der 3. Welt, sich aus der Unterentwicklung zu befreien. 2., erw. Aufl. Bonn: Deutsch-Jamaikanischen Gesellschaft 1981. 90 S. D 03308
Jamaica - the death penalty. Report of an amnesty international
mission to Jamaica. London: amnesty International 1984.
63 S. Bc 4765
Lewis, V. A. : The small state alone. (Jamaica.) In: Journal of
Interamerican studies. Vol. 25, 1983. No. 2. S. 139-169. BZ 4608:25
Payne, A. : The Rodney Riots in Jamaica: the background and
significance of the events of october 1968. In: The Journal of

Commenwealth and comparative politics. Vol. 21, 1983.
No. 2. S. 158-174. BZ 4408:21
Trinidad/Tobago
La Guerra, J. G.: The general elections of 1981 in Trinidad and
Tobago. In: The Journal of Commenwealth and comparative
politics. Vol. 21, 1983. No. 2. S. 133-157. BZ 4408:21
Parris, C. D.: Personalization of power in an elected government.
Eric Williams in Trinidad and Tobago, 1973-1981. In: Journal
of Interamerican studies. Vol. 25, 1983. No. 2. S. 171-191. BZ 4608:25
Sutton, P.: Black power in Trinidad and Tobago: the 'crisis' of
1970. In: The Journal of Commonwealth and comparative politics.
Vol. 21, 1983. No. 2. S. 115-132. BZ 4408:21

L 494 Kuba

e. Staat/Politik

Castro, F.: Grenada 1983-1984! Nicaragua? (Rede 14. 11. 1983.)
Frankfurt: isp-Verl. 1984. 48 S. Bc 4294
Castro, F.: Socialismo y comunismo. Un proceso único. 5. ed.
México: Ed. Diógenes 1982. 208 S. B 51865
Gonzales, E.: Cuba: confrontation or Finlandization. In: The
Washington quarterly. Vol. 7, 1984. No. 4. S. 28-39. BZ 05351:7
Historia de una usurpacion. La base naval de Estados Unidos en la
bahía de Guantánamo. La Habana: Ed. Política 1982. 84, 24 S. Bc 4190
Mencía, M.: La Prisión fecunda. La Habana: Ed. Política 1980.
292 S. B 51473
Montaner-Suris, C. A.: Cuba. Claves para una conciencia en
crisis. 2. ed. Madrid: Ed. Playor 1983. 173 S. B 53737
The new Cuban Presence in the Caribbean. Ed.: B. B. Levine.
Boulder: Westview 1983. XII, 274 S. B 51528
El Presidio político en Cuba comunista. Testimonio. Caracas:
ICOSOCV Ed. 1982. 511 S. B 53996
Report on Cuba. Findings of the Study Group on United States -
Cuban relations. Central American and Caribbean program.
Boulder: Westview 1984. X, 36 S. Bc 5340
Respuesta de Cuba. Reagan ante el consejo de la OEA. La Habana:
Ed. Política 1982. 64 S. Bc 4426

Barceló-Fundora, N.: Lydia la mensajera. Santiago de Chile:
Ed. Oriente 1980. 87 S. Bc 4193
Frauen in Cuba. Interviews, Berichte, Aufsätze. Zürich:
Rotpunktverlag 1984. 171 S. Bc 4609
Randell, M.: Mujeres en la revolución. Margaret Randall
conversa con mujeres cubanas. 5. ed. México:
Siglo XXI, 1980. 375 S. B 51864

k. Geschichte

Barceló-Fundora, N.: Lydia la mensajera. 1953-1958.
Santiago de Chile: Ed. Oriente 1980.
87 S. Bc 4193
Delmas, C.: 1961-1962. Crises à Cuba. Bruxelles:
Ed. Complexe 1983. 217 S. B 52163
Fernández, M.: Religión y revolución en Cuba. Veinticinco
años de lucha ateísta. Miami: Saeta Ed. 1984. 247 S. B 53990
Guevara-Lynch, E.: Mi Hijo el Ché. Barcelona: Planeta 1981.
344 S. B 47928
Historia de una usurpacion. La base naval de Estados Unidos
en la bahía de Guantánamo. La Habana: Ed. Política 1982.
84, 24 S. Bc 4190
25. Jahrestag der cubanischen Revolution. Jubiläumsgabe Cuba-Sí.
Bern: Vereinigung Schweiz-Kuba, Nationalkomitee 1984.
112 S. Bc 01544
López-Segrera, F.: Raíces históricas de la Revolución Cubana.
1868-1959. Introducción al estudio de las clases sociales en
Cuba. La Habana: Ed. Unión 1980. 526 S. B 52309
Lubian y Arias, R.: Martí en los campos de Cuba Libre. 2. ed.
corr. y aum. Santo Domingo: Montalvo 1982. 186 S. B 52295
Moncada. Antecedentes y preparativos. T. 1. La Habana:
Ed. Política 1980. 315 S. B 51832
Montaner, C.A.: Fidel Castro y la revolución cubana.
Barcelona: Plaza y Janes 1983. 280 S. B 53740
Núñez-Jiménez, A.: En Marcha con Fidel. T. 1. Cuba:
Ed. Letras Cubanas 1982. 473 S. B 51830
Pade, W.: Einige Aspekte der Entstehung und Entwicklung
der bewaffneten Kräfte der kubanischen Revolution bis 1962.
In: Militärgeschichte. Jg. 22, 1983. Nr. 6. S. 665-673. BZ 4527:22
Pavón-Tamayo, E.: Dos Siglos de agresiones. Reportaje
histórico-cultural. P. 1. Santiago de Chile:
Ed. Oriente 1981. 301 S. B 51842
Prendes, A.L.: Piloto de guerra. Crónicas de un aviador.
La Habana: Ed. Unión 1981. 480 S. B 51479
Randell, M.: Mujeres en la revolución.
Margaret Randall conversa con mujeres cubanas. 5. ed.
México: Siglo XXI 1980. 375 S. B 51864
Rodríguez-Herrera, M.: Ellos lucharon con el Ché.
La Habana: Ed. de Ciencias 1982. 138 S. Bc 4263
Valdés Vivó, R.: 25 Jahre Arbeitermacht in Kuba.
In: Probleme des Friedens und des Sozialismus.
Jg. 27, 1984. Nr. 1. S. 84-92. BZ 4505:27
Soviet Views on the Cuban missile crisis. Myth and reality in
foreign policy analysis. Ed. with comment. and annot. by R. Pope.
Washington: Univ. Pr. of America 1982. XI, 285 S. B 51305

L 500 Australien und Ozeanien

L 510 Australien

e. Staat/Politik

Boyce, P.J.: The influence of the United States on the domestic debate in Australia. In: Australian outlook. Vol. 38, 1984. No. 3.
S. 159-162. BZ 05446:38
Joint Committee on Foreign Affairs and Defence. - The Gulf and Australia. Canberra: Australian Government Publ. Service 1982.
95 S. Bc 01294
Krosigk, F. von: Vom britischen Antipoden zur pazifischen Regionalmacht. In: Asien. 1984. Nr. 13. S. 9-29. BZ 4760:1984
Millar, T.B.: Emerging bipartisanship in Australian foreign policy.
In: Asia Pacific Community. No. 27, 1985. S. 1-15. BZ 05343:27
Pugh, M.: Australien und Neuseeland: Neue Wege in der Sicherheitspolitik. In: Europa-Archiv. Jg. 40, 1985. Folge 6.
S. 175-184. BZ 4452:40
Ross, E.: Of Storm and struggle. Pages from labour history.
Sydney: Alternative Publ. Co-operative 1982. 188 S. B 50869

f. Wehrwesen

Bell, C.: Australian defence and regional security: the American effect and the future. In: Australian outlook. Vol. 38, 1984. No. 3.
S. 207-214. BZ 05446:38
Critch, M.: Our Kind of war. Perth: Artlook Books 1981.
211 S. B 51140
Hinge, A.J.: Active Defence in Depth (ADD). In: Defence forces journal. Jg. 1984. No. 47. S. 52-62. BZ 4438:1984
Horner, D.M.: High command - the Australian experience. In:
Defence force journal. 1984. No. 48. S. 11-18. BZ 4438:1984
Kerstges, A.: Australische Sicherheitspolitik im Wandel. Eine europäische Enklave im asiatisch-pazifischen Raum. In: Aus Politik und Zeitgeschichte. 1984. B 10/85. S. 13-25. BZ 05159:1985
Mordike, J.L.: Lord Kitchener's Memorandum on the Defence of Australia, 1910. In: Defence Force Journal. 1985. No. 46.
S. 3-14; No. 47, S. 43-51. BZ 4438:1984

Smith, M. G.: Australian military aid. Appraisal and verdict. In:
Defence Force Journal. 1984. No. 49. S. 5-16.   BZ 4438:1984
Welborn, S.: Lords of death. Fremantle: Fremantle Arts Centre
Pr. 1982. VIII, 223 S.   B 51139

k. Geschichte

Phillips, D. H.: Cold War two and Australia. Sidney: Allen &
Unwin 1983. XI, 122 S.   B 49399
Splivalo, A.: The Home Fires. Fremantle: Arts Centre Pr. 1982.
225 S.   B 51141
The big Strikes, Queensland 1889-1965. Ed.: D. J. Murphy. St. Lucia:
Univ. of Queensland Pr. 1983. XIV, 303 S.   B 52636
What rough beast? The state and social order in Australian history.
Sydney: Allen and Unwin 1982. 282 S.   B 53155

L 520 Neuseeland

Beaglehole, J. H.: New Zealand: highly professional, but upgrading a slow process. In: Pacific defence reporter. Vol. 11, 1984-85.
No. 1. S. 15-20.   BZ 05133:11
Oswald, F.: Wird der Südpazifik atomwaffenfrei? In: Blätter für
deutsche und internationale Politik. Jg. 29, 1984. H. 11.
S. 1365-1374.   BZ 4551:29
Young, P. L.: The Royal New Zealand Navy. In: Navy international.
Vol. 90, 1985. No. 3. S. 148-152.   BZ 05105:90

L 531 Indonesien

Habir, A. D.: Indonesia in 1982. Economic realities and political
consolidation. In: Southeast Asian affairs. 1983.
S. 115-135.   BZ 05354:1983
Heinzlmeir, H.: Militärs und Technokraten in Indonesien. Anmerkungen zur Innen- und Wirtschaftspolitik. In: Asien. 1985.
Nr. 15. S. 33-47.   BZ 4760:1985
Josephs, H. A.: Indonesia: Complex requirements and a huge task.
In: Pacific defence reporter. Vol. 11, 1985. No. 9.
S. 16-23.   BZ 05133:11
Kroef, J. M. van der: Indonesiens regionale Sicherheitspolitik. In:
Europa-Archiv. Jg. 40, 1985. Folge 11. S. 317-328.   BZ 4452:40
Properjohn, T. J.: The attitude of the Indonesian army to Indonesia's three overseas campaigns. In: Defence Forces Journal.
1984. No. 48. S. 23-35.   BZ 4438:1984
Sambal. Indonesischer Pfeffer (Nr. 3,1978 ff: über Indonesien). 1-5.

Berlin 1978-82. Getr. Pag. DZ 439
S c h i l l i n g e r , H.: Sündenbock und Milchkuh. Die chinesische Minderheit in Indonesiens "Neuer Ordnung". In: Blätter des iz3w.
1984. Nr. 120. S. 10-14. BZ 05130:1984
T ö r n q u i s t , O.: Marxistisk Barlast. Varför misslyckades världens tredje största kommunistparti? De indonesiska kommunisternas strategiska problem 1952-1965 och konsekvenser för gängse teser om kampen i tredje världen. Stockholm: Symposium Bokförl. 1982. 342 S. B 53319
W e a t h e r b e e , D. E.: Indonesia in 1984. In: Asian survey.
Vol. 25, 1985. No. 2. S. 187-197. BZ 4437:25

L u d w i g , K.; H o r t a , K.: Osttimor - Das vergessene Sterben. Indonesischer Völkermord unter Ausschluss der Weltöffentlichkeit. Vorw.: F. Kamphaus. Göttingen: Gesellsch. für bedrohte Völker 1985. 149 S. Bc 5329
Menschenrechtsverletzungen in Osttimor. Extralegale Hinrichtungen, "Verschwindenlassen", Folter und politische Haft. Bonn: amnesty international 1985. 96 S. D 3218
Ost-Timor aktuell. 1, 1976-5, 1980. Giessen: Ost-Timor Solidatitätskomitee 1977-1980. Getr. Pag. DZ 331

L 530 Ozeanien

C h r i s t m a n n , H.: Der Aufstand auf Ponape 1910-11. Schwäbisch Gmünd: Christmann 1984. 18 Bl. Bc 01478
V i n k e , H.: Wir sind wie die Fische im Meer. Mikronesien: verseucht, verplant, verdorben. Zürich: Arche 1984. 175 S. B 52962

K r o e f , J. M. van der: Indonesia and Irian Jaya: the enduring conflict. In: Asien. 1985. Nr. 16. S. 31-51. BZ 4760:1985
M a c c o t t a , G. W.: Il problema della Nuova Caledonia. In: Rivista marittima. Anno 188, 1985. No. 5. S. 9-16. BZ 4453:118
S i e m e r s , G.: Militär in Papua-Neuguinea. In: Südostasien akutell. Jg. 4, 1985. H. 2. S. 160-165. BZ 05498:4
Y o u n g , P. L.: The coming years of crisis in New Caledonia. In: Pacific defence reporter. Vol. 10, 1983-84. No. 12.
S. 11-14. BZ 05133:10

L 532 Philippinen

Bananen und asiatische Frauen - exotische Bereicherungen unseres
Marktes? Hrsg.: Hiroshima Information Deutschland.
Bremen 1984. 96 S.   D 3201

Bello, W.: Philippine Elections: made in the U.S.A. In:
Counterspy. Vol. 8, 1984. Nr. 4. S. 34-41.   BZ 05447:8

Hanisch, R.: Abenddämmerung des Marcos-Regimes? In: Jahrbuch
Dritte Welt. Jg. 2, 1984. S. 130-142.   BZ 4793:2

Kessler, R.J.: Politics Philippine style, circa 1984. In: Asian
survey. Vol. 24, 1984. No. 12. S. 1209-1228.   BZ 4437:24

Lindsey, C.W.: Economic crisis in the Philippines. In: Asian
survey. Vol. 24, 1984. No. 12. S. 1185-1208.   BZ 4437:24

Malin, H.S.: The Philippines in 1984. In: Asian survey.
Vol. 25, 1985. No. 2. S. 198-205.   BZ 4437:25

Manning, R.A.: The Philippines in crisis. In: Foreign affairs.
Vol. 63, 1984/85. No. 2. S. 392-410.   BZ 05149:63

Risse im Paradies. Philippinen heute: Menschenrechte und Widerstand. Hrsg.: Task Force Detainees of the Philippines. Wuppertal:
Hammer 1984. 158 S.   B 53082

Terzani, T.: "Seit zehn Jahren in einem Gefängnis." Politischer
und wirtschaftlicher Verfall der Philippinen. In: Der Spiegel.
Jg. 39, 1985. Nr. 14. S. 160-180.   BZ 05140:39

Werning, R.: US-Imperialismus auf den Philippinen. D. Mindanao-Konflikt. Münster: Wurf Verl. 1983. 226 S.   B 52429

L 600 Polargebiet

Coutau-Begarie, H.: L'Antarctique, dernière terre à prendre.
 In: Défense Nationale. Année 40, 1984. No. 12. S. 85-98.   BZ 4460:40
Le Marchand, T. M.: Under ice operations. In: Naval War
 College review. Vol. 38, 1985. No. 3. S. 19-27.   BZ 4634:38
Pharand, D.: The legal régime of the Arctic: some outstanding
 issues. In: International Journal. Vol. 39, 1984. No. 4.
 S. 742-799.   BZ 4458:39
Shusterich, K. M.: The Antarctic treaty system: history, substance, and speculation. In: International Journal. Vol. 39, 1984.
 No. 4. S. 800-827.   BZ 4458:39
Zartmann, C. E.: Die antarktischen Operationen der argentinischen Marine. In: Marine-Rundschau. Jg. 81, 1984. H. 5.
 S. 216-221.   BZ 05138:81

Kalaallit Nunaat - på vej hvorhen? Udvikling i Grønland.
 Roskilde: GeoRuc 1982. 31 S.   Bc 01346
Orvik, N.: Greenland: the politics of a new northern nation.
 In: International Journal. Vol. 39, 1984. No. 4. S. 932-961. BZ 4458:39
Ydegaard, T.: Die Nachkommen der Riesenmöwe. Über die
 strategische Bedeutung Grönlands in den Kriegsplänen der Supermächte. In: Kommune. Jg. 3, 1985. Nr. 2. S. 5-14.   BZ 05452:3

L 700 Weltmeere und Inseln

L 710 Europäische Randmeere

Garde, H.: Østersjøen - den sovjetiske flåtens første og største
baseområde. In: Norsk militaert tidsskrift. Årg. 155, 1985.
H. 2. S. 63-72. BZ 05232:155
Kampe, H.: Zur maritimen Situation im Bereich der Ostseezugänge. In: Marine-Rundschau. Jg. 82, 1985. H. 1. S. 2-10.BZ 05138:82
Klenberg, J.: Den militära situationen på Östersjön. In: Tidsskrift for søvaesen. Årg. 156, 1985. Nr. 2. S. 59-65. BZ 4546:156

Garde, H.: Alliance navies and the threat in the northern waters.
In: Naval War College review. Vol. 38, 1985. No. 2.
S. 43-52. BZ 4634:38
Mabesoone, W. C.: Maritime strategic aspects of the North See.
In: RUSI. Journal of the Royal United Services Institute for defence
studies. Vol. 129, 1984. No. 3. S. 12-17. BZ 05161:129
Umweltthema: Nordsee. Seetransport gefährlicher Güter, Verschmutzung durch die Schiffahrt. Wilhelmshaven: Bürgerinitiative
Umweltschutz (BUW) 1984. 123 S. D 03162

Giorgerini, G.: Mediterraneo centrale. In: Rivista marittima.
Anno 118, 1985. No. 5. S. 39-53. BZ 4453:14

L 730 Atlantischer Ozean

Breemer, J. S.: Offshore energy terrorism. In: Terrorism.
Vol. 6, 1983. No. 3. S. 455-468. BZ 4688:6
Halstead, J. G. H.: The Atlantic: the linchpin. In: U. S. Naval
Institute. Proceedings. Vol. 110, 1984. Suppl. No. 12.
S. 18-25. BZ 05163:110
Max, A.: Wetterleuchten am Südatlantik. Neuer Krisenherd der
Weltpolitik zwischen Karibik und Feuerland. Tübingen:
Grabert 1983. 124 S. Bc 4400
Schulze-Marmeling, D.: Der Südatlantik im Fadenkreuz imperialistischer Interessen. In: AIB. Die Dritte-Welt-Zeitschrift. Jg. 15,
1984. Nr. 9. S. 36-40; Nr. 10. S. 20-23. BZ 05283:15

L 739 Inseln im Atlantik

Bittner, D. F.: The Lion and the white falcon. Britain and Iceland in the World War II era. Hamden: Archon Book 1983.
XI, 207 S.   B 52582

Seidenmann, P.; Spanovich, D. J.: Iceland. The North Atlantic factor. In: National defense. Vol. 69, 1985. No. 408.
S. 63-70.   BZ 05186:69

Berger, M.: El Rescate de las Malvinas. 2. ed. Buenos Aires: Bruguera 1982. 208 S.   Bc 4262

Caillet-Bois, R. R.: Una Tierra argentina. Las Islas Malvinas. Buenos Aires: [o. V.] 1982. 453 S.   B 52310

Cura, M. R.; Bustinza, J. A.: Islas Malvinas, Georgias, Sandwich del Sur y Antárctida Argentina. Buenos Aires: A-Z Ed. 1982. 94 S.   Bc 01471

Del Carril, B.: El Futuro de las Malvinas. Buenos Aires: Emecé Ed. 1982. 82 S.   Bc 4903

Destéfani, L. H.: Las Malvinas en la época hispána. 1600-1811. Buenos Airos: Ed. Corregidor 1981. 424 S.   B 51859

Estrada, M. de: Una Verdad sobre las Malvinas. Buenos Aires: Ed. Culturales Argentinas 1982. Getr. Pag.   Bc 4428

Gamba, V.: Malvinas confidencial. Ed. por el Comité Pro Soberanía de las Malvinas. Buenos Aires: [o. V.]1982. 40 S. Bc 4807

Hope, A. F. J.: Soberanía y descolonización de las Islas Malvinas (Falkland Islands). Newton Centre: Boston College, Law School 1983. S. 391-445.   Bc 4373

Malvinas. La Trampa del imperio. Quito: El Conej 1982. 135 S.   Bc 4446

Moreno, J. C.: Síntesis histórica de las Malvinas. Ayer y hoy. Buenos Aires: Sainte-Claire 1983. 29 S.   Bc 4811

Puig, J. C.: Malvinas y régimen internacional. Buenos Aires: Ed. Depalma 1983. 244 S.   B 51835

Reimann, E.: Las Malvinas. Traicion made in USA. México: Ed. El Caballito 1983. 142 S.   Bc 4914

R-Lallemant, J.: Malvinas. Norteamérica en guerra contra Argentina. Proyecto colonialista... Buenos Aires: Ed. Avanzar 1983. 143 S.   B 54093

Ruiz-Moreno, I. J.: El Derecho de soberania a las Islas Malvinas y adyacencias de la Republica Argentina. Buenos Aires: Universidad 1982. 15 S.   Bc 4484

Santillán de Andrés, S.; Ortíz, J. P.: Notas geográficas sobre Malvinas, Georgias y Sandwich del Sur. Tucumán: Univ. Nacional 1982. 50 S.   Bc 4194

Santos-Martínez, P.: Pasado y presente de las Malvinas e islas del Atlantico Sur. Breve historia de la soberanía argentina.

Madrid: Inst. Español Sanmartiniano 1982. 56 S.   Bc 4178
Silenzi de Stagni, A.: Las Malvinas y el petróleo. Vol. 1. 2.
   Buenos Aires: El Cid 1982-83. 175, 200 S.   B 51861
Stahel, A. A.: Der Konflikt um die Falkland Islands und ihrer De-
   pendencies - Seestrategische Ursachen und Auswirkungen. In:
   SAMS-Informationen. Vol. 8, 1984. Nr. 1. S. 147-160.   BZ 4820:8

L 740   Indischer Ozean

Andersen, W. K.: Soviets in the Indian Ocean. In: Asian survey.
   Vol. 24, 1984. No. 9. S. 910-930.   BZ 4437:24
Bukarambe, B.: The Indian Ocean: a zone of peace or strategic
   primacy. In: Horn of Africa. Vol. 6, 1983/84. No. 1.
   S. 21-28.   BZ 05380:6
Chopra, M. K.: India and the Indian Ocean. New horizons.
   New Delhi: Sterling Publ. 1982. X, 232 S.   B 51606
Hensel, H. M.: Superpower interests and naval missions in the
   Indian Ocean. In: Naval War College Review. Vol. 38, 1985. No. 1.
   S. 53-74.   BZ 4634:38

Charpantier, J.: Le régime d'Ali Soilih Moroni, 1975-1978.
   In: Le mois en Afrique. Année 19, 1984. No. 219-220. S. 32-50;
   No. 221-222. S. 3-22; No. 223-224. S. 29-47.   BZ 4748:19
Jawatkar, K. S.: Diego Garcia in international diplomacy.
   Bombay: Popular Prakashan 1983. XV, 360 S.   B 51609
Ramgoolam, S.: Our Struggle. 20th century Mauritius.
   New Delhi: Vision Books 1982. 208 S.   B 51602

L 743   Persischer Golf

Bill, J. A.: Resurgent Islam in the Persian Gulf. In: Foreign
   affairs. Vol. 63, 1984. No. 1. S. 108-127.   BZ 05149:63
El Golfo Arábico/Pérsico. Hacia un nuevo equilibrio de poder.
   Madrid: Inst. Hispano-Arabe de Cultura 1981. 71 S.   Bc 3294
Il Golfo della crisi. Ipalmo-Istuto. Milano: Angeli 1983.
   346 S.   B 51065
Ispahani, M. Z.: Alone together. Regional security arrangements
   in Southern Africa and the Arabian Gulf. In: International
   security. Vol. 8, 1983/84. No. 4. S. 152-175.   BZ 4433:8
Parsons, A.: The shaken kaleidoscope - the Gulf States in the
   world. In: NATO's sixteen nations. Vol. 30, 1985. No. 4.
   S. 17-22.   BZ 05457:30
Sreedhar : The Gulf. Scramble for security. New Delhi:
   ABC 1983. XIII, 199 S.   B 51615
Stauffer, T. R.: Wirtschaftskrieg am Persischen Golf.

In: Österreichische militärische Zeitschrift. Jg. 23, 1985.
Nr. 3. S. 245-254. BZ 05214:23
Superpower Intervention in the Persian Gulf. Ed. : R. B. Byers,
D. Leyton-Brown. Toronto: The Canadian Institute of Strategic
Studies 1982. 92 S. Bc 4858
Taha, A. : Die Entwicklung der Seestreitkräfte im Gebiet des
Persischen Golfs. I-III. In: Marine-Rundschau. Jg. 81, 1984.
H. 7-10. Getr. Pag. BZ 05138:81

L 750 Pazifischer Ozean

Arbatov, A. G. : Arms limitation and the situation in the Asian-
Pacific and Indian-Ocean regions. In: Asian survey.
Vol. 24, 1984. No. 11. S. 1108-1116. BZ 4437:24
Social Democracy in the South Pacific. Ed. : P. Davis. Takapuna:
Ross 1983. 181 S. B 51302
Herr, R. A. : The American impact on Australian defence relations
with the South Pacific Islands. In: Australian outlook. Vol. 38,
1984. No. 3. S. 184-190. BZ 05446:38
Moore, J. : The pressure of the Pacific. In: Jane's naval review.
Vol. 3, 1983/84. S. 164-175. BZ 05470:3
Schultz-Naumann, J. : Zur Geopolitik des Pazifischen Raumes.
Vortrag... 24. 3. 1983 in München. München: Clausewitz-Gesellsch.
1983. 30 Bl. Bc 01290
Siemers, G. : Südpazifik - Entkolonialisierung und neue Identität.
In: Aus Politik und Zeitgeschichte. 1985. B 10/85.
S. 26-39. BZ 05159:1985
Till, G. : The United States and the Pacific... Wartime missions.
Part 1-3. In: Navy international. Vol. 89, 1984.
No. 6-8. Getr. Pag. BZ 05105:89

II
FORSCHUNGS-
UND LITERATURBERICHTE

1. Buck, G.: Kriegswochenschauen im Archiv der Bibliothek für Zeitgeschichte 355

2. Žilin, P. A.: Der Erste Weltkrieg. Bibliographie der neueren russischen Literatur 363

3. Haupt, M.: Die Katholische Kirche im Deutschen Widerstand 1933 - 1945 399

4. Düsel, H. H.: Die Flugblätter des Nationalkomitees „Freies Deutschland" 1943 - 1945 433

5. Rohwer, J.: Der 16. Internationale Kongress der Geschichtswissenschaften 1985 in Stuttgart 453

KRIEGSWOCHENSCHAUEN IM ARCHIV
DER BIBLIOTHEK FÜR ZEITGESCHICHTE

von Gerhard Buck

I. Einführung

Die Bibliothek für Zeitgeschichte sammelt nicht nur sämtliche Buch- und Zeitschriften-Literatur zur Geschichte des 20. Jahrhunderts mit Schwerpunkt Friedens- und Konfliktforschung, sondern verwahrt außerdem in ihrem Archiv umfangreiche Sondersammlungen. Es wurde über die Bestände des Archivs in den jährlich erscheinenden "Jahresbibliographien der Bibliothek für Zeitgeschichte" ab Jahrgang 52, 1980 ausführlich berichtet. Neben diesen Beständen verfügt die Bibliothek weiter über eine grössere Sammlung von Kriegswochenschauen und Schmalfilm-Magazinen aus den Jahren 1939 bis 1945.

Zusätzlich wurden in den vergangenen Jahren von der Bibliothek eine Reihe der vom Handel vertriebenen 8 mm (Super 8) Filme erworben. Diese Filme enthalten Zusammenschnitte aus den Original-Kriegswochenschauen und behandeln einzelne Feldzüge des Zweiten Weltkrieges.

II. Geschichte der Kriegswochenschauen

Eines der wirksamsten Instrumente der Kriegspropaganda des Dritten Reiches im Zweiten Weltkrieg war die "Deutsche Wochenschau", die während des Krieges bis zum April 1945 jede Woche in allen Filmtheatern des Deutschen Reiches zur Vorführung kam.

Das Bildmaterial dazu lieferten die an allen Fronten eingesetzten Filmberichter-Trupps der Propagandakompanien von Heer, Luftwaffe, Kriegsmarine und Waffen SS.

Die Propagandatruppe wurde 1937 in nicht immer ganz reibungslosem Zusammenwirken zwischen Reichsministerium für Volksaufklärung und Propaganda und dem Reichskriegsministerium aufgebaut und 1938 dem Oberkommando der Wehrmacht als Abteilung Wehrmacht-Propaganda unterstellt.

Das von den Filmberichtern der Propagandakompanien abgelieferte Filmmaterial wurde von der Deutschen Wochenschauzentrale beim

Reichspropagandaministerium im Zusammenwirken mit der Abteilung Wehrmacht-Propaganda geprüft und für die Wochenschau zusammengestellt. Noch Anfang 1945 gingen wöchentlich 20 000 Meter belichteten Filmmaterials in Berlin ein.

Die "Deutsche Wochenschau" dokumentierte den Einsatz der deutschen Wehrmacht zu Lande, zu Wasser und in der Luft, und vermittelt so, abgesehen von ihrem propagandistischen Charakter, eine bildliche Geschichte des Zweiten Weltkrieges.

III. Lagerung und Ausleihe

Es muß darauf hingewiesen werden, daß die Filme nur entliehen werden können, wenn glaubhaft der Nachweis erbracht wird, daß sie fachgerecht vorgeführt und ausschliesslich für historische Arbeiten benötigt werden.

Die Landesbildstelle Württemberg hat auf Bitten der Bibliothek die vorliegenden Filmbände "Deutsche Wochenschau" gesichtet, geordnet, neu geschnitten und in Kassetten verpackt. Es muss dem Benutzer dieser Kassetten bekannt sein, dass die Original-Wochenschauen eine Filmbreite von 16 mm besassen und die Bilder seitenverkehrt waren, so dass zur Vorführung der Original-Wochenschauen nur ältere Vorführgeräte benutzt werden konnten.

Einzelheiten über Erwerb und Aufbewahrung der Filme sind in dem von Werner Haupt in der "Jahresbibliographie der Bibliothek für Zeitgeschichte", Jahrgang 36, 1964, veröffentlichten Aufsatz über die Kriegswochenschauen enthalten.

IV. Inhalt der Kriegswochenschauen

Die nachfolgend aufgeführten Kriegswochenschauen und Filme wurden chronologisch durchnummeriert und können deshalb leicht in der Landesbildstelle Württemberg, Stuttgart, und im Archiv der Bibliothek eingesehen werden.

Die Inhaltsangaben geben dabei nur grob den Gehalt der einzelnen Wochenschauen an.

Ein genaues - bis ins Detail gehendes - Inhaltsverzeichnis wurde 1964 von Dr. Pfleiderer, Landesbildstelle Württemberg, vorgenommen. Dieses 41seitige Inhaltsverzeichnis - von dem anschliessend eine Probeseite folgt - liegt zur Einsichtnahme in der Landesbildstelle Württemberg und in der Bibliothek für Zeitgeschichte vor.

V. Probeseite der Inhaltsangabe zu lfd. Nr. 7

"Rückkehr der Bevölkerung in die Grenzgebiete nach dem Sieg über Frankreich - Oberbefehlshaber des Heeres besucht Verwundete - General Dietl auf dem Berghof - Pariser Elendsviertel - U-Boote und Schnellbooteinsatz."
(Ufa-Schmalfilmmagazin Nr. 44, 1940)

"Szenenfolge und Kernsätze aus dem Kommentar:

Nach dem siegreichen Abschluß des Frankreichfeldzuges: Rückführung der Bevölkerung in die evakuierten westlichen Grenzgebiete - Bahnhof Saarbrücken: Empfang durch Bergmanns-Kapelle - HJ hilft, das Gepäck in Postomnibusse zu verladen, die die Menschen in ihre Heimat bringen sollen. BdM macht in den Wohnungen sauber, damit die Hausfrauen alles in bester Ordnung vorfinden, wie sie es verlassen haben - "Rückkehr des Saarbrücker Regiments von der Front wird zu einem Festtag für die ganze Stadt!"

Generalfeldmarschall von Brauchitsch besucht verwundete Soldaten - "und überbringt den Dank des Führers und den Gruß der Kameraden."

Der "Sieger von Narvik", General Dietl, auf dem Berghof bei Berchtesgaden - "Er berichtet dem Führer von den heldenhaften Kämpfen der deutschen Truppen" - Gauleiter Überreither, der als Kriegsfreiwilliger in Norwegen dabei war - Am Kartentisch.

"Die sogenannte Lichterstadt Paris einmal von einer anderen Seite: Slums in Paris" - "Der Glanz kann nicht das soziale Elend des französischen Volkes wenden!" - "Die vielgerühmte verblendete Demokratie ist in den 20 Jahren des Siegesrausches nicht in der Lage, solche Elendsquartiere zu beseitigen"- Als Kontrast: saubere Siedlungen in Hitlerdeutschland, Schulen, Kindergärten, Gesundheitsbetreuung - Spielende glückliche Kinder.

Deutsche U-Boote von Feindfahrt zurück - "Sie haben nun ihre Stützpunkte direkt vor der Küste Englands!" - "Im Zeitraum von 3 Tagen wurden etwa 100 000 to feindlichen Schiffsraums versenkt" - Flottenchef Admiral Lütjens begrüßt siegreiche Besatzungen - Auszeichnung zweier Schnellbootkommandanten mit dem Ritterkreuz des Eisernen Kreuzes - "Diese Waffe wurde in kurzer Zeit zum Schrecken Englands!"- Torpedoboote legen ab - Flaggensignale - In der schnellen Fahrt heben sich die Boote immer höher aus dem Wasser - "Dreimal äußerste Kraft voraus!" - "Torpedoklappen auf!"- Abschuß von Torpedos in voller Fahrt.

VI. Liste der Wochenschauen und Filme

1. Wochenschauen

1939

1. Deutsche Zerstörer führen Handelskrieg in der Nordsee - Kptl. Prien in Scapa Flow - Empfang der U-Bootbesatzung in der Reichskanzlei - Erste Kampfhandlungen im Westen - Der "Sitzkrieg am Westwall".
   (Ufa-Schmalfilm-Magazin 1939/40) 21 Min.
2. Aufbau der deutschen Luftwaffe - Luftverteidigung - Luftaufklärung - Handelskrieg aus der Luft.
   (Ufa-Schmalfilm-Magazin Nr. 38, 1939/40) 14 Min.

1940

3. Großkundgebung im Berliner Sportpalast - Deutsche und italienische Kampfflugzeuge im Einsatz gegen Malta - Deutsches U-Boot als Handelsstörer im Südatlantik.
   (Deutsche Wochenschau 1940) 13 Min.
4. Kriegsschauplatz Norwegen - Englands Schuld.
   (Deutsche Wochenschau 1940) 22 Min.
5. Die große Schlacht in Frankreich - Einnahme von Paris - Frontalangriff auf die Maginotlinie - Mussolini und Hitler in München - Waffenstillstand im Wald von Compiègne.
   (Deutsche Wochenschau 1940) 22 Min.
6. Der große Empfang für Adolf Hitler nach der siegreichen Beendigung des Westfeldzuges.
   (Deutsche Wochenschau 1940) 12 Min.
7. Rückkehr der Grenzbevölkerung in ihre Heimat - Oberbefehlshaber des Heeres besucht Verwundete - General Dietl auf dem Berghof - Pariser Elendsviertel - U-Boot und Schnellbooteinsatz.
   (Ufa Schmalfilm-Magazin Nr. 44, 1940) 11 Min.
8. Angriff der italienischen Luftwaffe auf Britisch Somaliland - Deutsche Fernartillerie - Luftkrieg gegen England.
   (Deutsche Wochenschau 1940) 11 Min.
9. Winter in Norwegen - Minensuchboote im Kanal - Luftkrieg gegen England - Zerstörungen in London.
   (Ufa-Schmalfilm-Magazin Nr. 48, 1940) 13 Min.

1941

10. Deutsche Hilfskreuzer im Atlantik - Deutsche Flieger auf Sizilien.
    (Deutsche Wochenschau 1941) 14 Min.
11. Vormarsch des deutschen Afrikakorps - Besuch des japanischen Außenministers in Berlin - Beginn des Balkanfeldzuges.

    (Ufa-Schmalfilm-Magazin 1941)   15 Min.
12. Vormarsch auf Benghasi - U-Boote vor der USA-Küste.
    (Ufa-Schmalfilm-Magazin)   11 Min.
13. Deutsche Truppen in Bulgarien - Ausbildung der Infanterie - Luftabwehr.
    (Ufa-Schmalfilm-Magazin)   10 Min.
14. Der Balkan-Feldzug 1941.
    (Ufa-Schmalfilm-Magazin)   16 Min.
15. Kriegsende in Griechenland - Vormarsch auf Tobruk.
    (Deutsche Wochenschau)   20 Min.
16. Kampf und Sieg auf Kreta.
    (Ufa-Schmalfilm-Magazin Nr. 53)   12 Min.
17. Die große Umfassungsschlacht von Kiew.
    (Deutsche Wochenschau)   10 Min.
18. Von Smolensk nach Nowgorod - Umfassungsschlacht von Gomel.
    (Deutsche Wochenschau)   20 Min.
19. An der Kanalküste - Im Führerhauptquartier - Krieg in Finnland - Kampf vor Leningrad und Kaluga.
    (Deutsche Wochenschau)   10 Min.
20. Schlacht um Moskau - Die Eroberung von Charkow.
    (Deutsche Wochenschau)   17 Min.
21. Staatsbegräbnis für Udet und Mölders - Unterzeichnung des Antikominternpaktes - Vormarsch auf der Krim - Kampf um Leningrad - Sturm auf Tobruk.
    (Ufa-Schmalfilm-Magazin 1941)   17 Min.
22. Deutscher Geleitzug im Kanal - An der finnischen Kampffront - Vor Leningrad - Der Winter steht bevor.
    (Ufa-Schmalfilm-Magazin 1941)   10 Min.
23. Wiedereingliederung der Kriegsversehrten in den Produktionsprozeß - Winterkrieg vor Leningrad.
    (Ufa-Schmalfilm-Magazin Nr. 60, 1941/42)   8 Min.
24. Japanischer Angriff auf Pearl Harbour - Die Eroberung der britischen Inselfestung Hongkong.
    (Ufa-Schmalfilm-Magazin Nr. 66, 1941/42)   10 Min.

<u>1942</u>

25. Winterschlacht im Osten - Flottendurchbruch durch den Kanal.
    (Deutsche Wochenschau)   12 Min.
26. Im Führerhauptquartier - Empfang von Marschall Mannerheim durch Hitler - Frühjahrskämpfe an der nördlichen Ostfront-Wolchow-Kessel.
    (Deutsche Wochenschau)   10 Min.
27. Vormarsch zum Kaukasus.
    (Deutsche Wochenschau)   13 Min.
28. Sommeroffensive 1942 im Osten - Schlacht am Don - Offensive im Kaukasus.
    (Deutsche Wochenschau)   13 Min.

29. Die vernichtende Niederlage der britisch-amerikanischen Landungstruppen bei Dieppe.
    (Ufa-Schmalfilm-Magazin Nr. 68, 1942) 10 Min.
30. Verwundete zur Erholung in Kärnten - Britischer Landungsversuch bei Tobruk - Im Kaukasus - Kampf um die Festung Stalingrad.
    (Deutsche Wochenschau) 19 Min.

1943

31. Terrorangriff auf Köln - Unternehmen Zitadelle - Kämpfe zwischen Orel und Bjelgorod.
    (Ufa-Schmalfilm-Magazin Nr. 78, 1943) 12 Min.
32. Italienische Front - Monte Cassino, Nettuno, Anzio-Schnellboote im Einsatz.
    (Ufa-Schmalfilm-Magazin 1943) 10 Min.

1944

33. Kämpfe an der italienischen Front - Monte Cassino, Nettuno, Anzio - Abwehrschlacht an der Narwa - Kampf auf der Krim.
    (Deutsche Wochenschau) 15 Min.
34. Das Attentat am 20. Juli 1944 - Neue Waffen - Verteidigungskampf an der Ostfront - Kampf in der Normandie - V-Waffen gegen England.
    (Deutsche Wochenschau) 17 Min.

2. Filme

1933

AF 1 Der Tag von Potsdam (März 1933).

1939

AF 2 Der Angriff auf Polen (September).

AF 3 Der Feldzug in Polen (September).

1940

AF 4 Der Einmarsch in Dänemark und Norwegen (April).

AF 5 Der Einmarsch in Luxemburg, Holland und Belgien (Mai).

AF 6 Der Einmarsch in Belgien und Frankreich (Mai).

AF 7 Die Schlacht in Flandern (Mai).

AF 8 Der Abschluß des Waffenstillstandes mit Frankreich
       in Compiègne (21./22.6.1940).

1941

AF 9 Die Seeschlacht im Eismeer (Winter 1941).

AF 10 Der Winter 1941/42 an der Ostfront.

1942

AF 11 Die Schlacht um die Krim und die Einnahme
       von Kertsch (Mai).

AF 12 Der Kampf um Sewastopol (Juni).

AF 13 Die Einnahme von Sewastopol (Juli).

AF 14 Der Durchbruch der deutschen Schlachtschiffe durch
       den Kanal im Februar 1942.

1944

AF 15 Die Invasion in Frankreich (Juni).

AF 16 Die Ardennenoffensive (Dezember).

1945

AF 17 Die deutsche Kapitulation (Mai).

PERVAJA MIROVAJA VOJNA 1914-1918 gg.

Der Erste Weltkrieg 1914-1918

von Pavel A. Žilin

0. VORBEMERKUNGEN

Die nachfolgende Bibliographie wurde aufgrund des Vortrags des Verfassers anlässlich des "Internationalen Historikerkongresses 1985 in Stuttgart" angeregt und vom Autor im Kriegsgeschichtlichen Institut des Verteidigungsministeriums der UdSSR in Moskau bearbeitet.

Die bibliographische Anordnung erfolgte nach den Richtlinien der bisher in der "Jahresbibliographie der Bibliothek für Zeitgeschichte" veröffentlichten Literaturberichte. Es ergaben sich folgende Abweichungen:

Die Anordnung und Reihenfolge der Titel geschah nach dem russischen Alphabet. Auf Seitenangaben wurde verzichtet, Verlage sind bei Buchtitel weggelassen, bei Aufsätzen Verlagsort und Verlag. Serientitel und Buchtitel bei genannten Kapiteltitel finden sich vor dem Verlagsort.

Die Übersetzung und Transkription des russischen Originals besorgte Theodor Fuchs, München.

I. VERÖFFENTLICHUNG VON DOKUMENTEN UND MATERIALIEN

Bor'ba pol'skogo naroda protiv nemeckich okkupantov v period pervoj mirovoj vojny. [Der Kampf des polnischen Volkes gegen die deutschen Besatzungskräfte während des Ersten Weltkrieges.] In: Novaja i novejšaja istorija. 1964, Nr. 3.

Varšavsko-Ivangorodskaja operacija. Sbornik dokumentov mirovoj imperialističeskoj vojny na russkom fronte (1914-1917 gg). [Die Operation bei Warschau und Iwangorod. Dokumentensammlung über den imperialistischen Weltkrieg an der russischen Front (in den Jahren 1914-1917).] Moskva 1938.

Versal'skij mirnyj dogorov. [Der Versailler Friedensvertrag]. Moskva 1925.

Verchovnoe komandovanie v pervye dni revoljucii. [Das Oberkommando in den ersten Revolutionstagen.] In: Krasnyj archiv. 1924. T. 5.

Voennye postavki SŠA, Anglii i Francii Rossii pri vremennom pravitel'stve (mart-oktjabr 1917 g.). Publikacija dokumentov. [Die Lieferungen von Kriegsmaterial an Rußland durch die Vereinigten Staaten von Amerika, England und Frankreich in der Zeit der Interimsregierung (März-Oktober 1917). Veröffentlichung der Dokumente.] In: Istoričeskij archiv. 1955, Nr. 3.

Vostočno-Prusskaja operacija. Sbornik dokumentov mirovoj imperialističeskoj vojny na russkom fronte (1914-1917 gg.) [Die Operation in Ostpreußen. Dokumentensammlung über den imperialistischen Weltkrieg an der russischen Front (in den Jahren 1914-1917).] Moskva 1941.

Gorlickaja Operacija. Sbornik dokumentov mirovoj imperialističeskoj vojny na russkom fronte (1914-1917 gg). [Die Operation von Gorlice. Dokumentensammlung über den imperialistischen Weltkrieg an der russischen Front (in den Jahren 1914-1917).] Moskva 1941.

Gosudarstvennoe soveščanie. [Der Staatsrat]. Moskva, Leningrad 1930.

Dnevnik ministerstva inostrannych del za 1915-1916 gg. [Das Tagebuch des Außenministeriums während der Jahre 1915-1916.] In: Krasnyj archiv. 1928. T. 6, 1929. T. 1.

Doklad Osoboj pravitel'stvennoj komissii, naznačennoj v 1914 g. dlja rassledovanija uslovij i pričin gibeli 2-j armii generala Samsonova v Vostočnoj Prussii osen'ju 1914 g. [Bericht der im Jahr 1914 eingesetzten Besonderen Regierungskommission zur Untersuchung der Umstände und Gründe für den Untergang der 2. Armee des Generals Samsonow im Herbst 1914 in Ostpreußen.] In: Voenno-istoričeskij bjulleten'. Moskva-Leningrad 1935. Nr. 2, 3.

Dokumenty A. A. Brusilova. (Publikacija i predislovie: G. Belov i Ju. Sikolov.) [Die Dokumente A. A. Brusilows. Hrsg. u. Vorw. G. Below, Ju. Sokolow.] In: Voenno-Istoričeskij Žurnal. 1935. Nr. 2, 3.

Dokumenty vnešnej politiki SSSR. [Dokumente der Außenpolitik der UdSSR]. Moskva 1957. T. 1.

Evropejskie deržavy i Grecija v épochu mirovoj vojny. Po sekretnym materialam byvsego Ministerstva inostrannych del. [Die europäischen Mächte und Griechenland während des Weltkrieges. Aufgrund von Geheimmaterial des früheren Außenministeriums.] Moskva 1922

Erusalemskij, A. S. : Vopros ob otvetstvennosti za vojnu. (Dokumenty po istorii mirovoj vojny, kak orudie političeskoj bor' by.) [Die Frage der Kriegsschuld. (Dokumente zur Geschichte des Weltkrieges als Waffe des politischen Kampfes.) In: Istorik-marksist. 1932. T. 1-2.

Zagovor protiv mira. Kak byla razjazana imperialistami vojna v 1914 g. Fakty i dokumenty. [Verschwörung wider den Frieden. Wie im Jahr 1914 der Krieg durch die Imperialisten entfesselt wurde. Fakten und Dokumente.] Moskva 1934.

Zapiski generala A. M. Zajončkovskogo o Dobrudžanskoj operacii v 1916 g. [Die Aufzeichnungen des Generals A. M. Zajontschkowskij über die Operation in der Dobrudscha 1916.] In: Krasnyj archiv, 1933. T. 3.

Zverstva nemcev v vojnu 1914-1918 gg. (Iz dokumentov pervoj mirovoj vojny.) [Die Greuel der Deutschen im Krieg 1914-1918. (Aus Dokumenten des Ersten Weltkrieges).] Leningrad 1943.

Iz istorii podgotovki carizma k pervoj mirovoj vojne. (Publikacija i predislovie A. L. Siderova.) [Aus der Geschichte der Vorbereitung des zaristischen Regimes auf den Ersten Weltkrieg. (Hrsg. u. Vorw. A. L. Sidorow.] In: Istoričeskij archiv. 1962. Nr. 2.

Internacional i mirovaja vojna. [Die Internationale und der Weltkrieg.] Petrograd 1919.

K voprosu o podgotoveke mirovoj vojny. (Iz dokumentov russkoj voenno-političeskoj razvedki 1913-1914.) [Zur Frage der Vorbereitung des Weltkrieges. Aus Dokumenten der russischen militärpolitischen Aufklärung in den Jahren 1913-1914.] In: Krasnyj archiv. 1934. T. 3.

K istorii potoplenija Černomorskogo flota v 1918 g. (Publikacija dokumentov.) [Zur Geschichte der Versenkung der Schwarzmeerflotte im Jahr 1918. (Veröffentlichung von Dokumenten.)]. In: Istoričeskij archiv. 1960. Nr. 2.

Ključnikov, Ju. V. , Sabanin, A. : Meždunarodnaja politika novejšego vremeni v dogovorach, notach i deklaracijach. [Die internationale Politik der jüngsten Zeit in Gesprächen, Noten und Erklärungen.] Č. 1-2. Moskva 1925-1926.

Konstantinopol' i prolivy. Po sekretnym dokumentam byvšego Ministerstva inostrannych del. [Konstantinopel und die Meerengen. Nach geheimen Dokumenten des früheren Ministeriums für auswärtige Angelegenheiten.] T.1-2. Moskva 1925-1926.

Konferencija sojuznikov v Petrograde v 1917 g. [Die Konferenz der Alliierten in Petrograd im Jahr 1917.]

In: Krasnyj archiv. 1927. T. 1.
Lodzinskaja operacija. Sbornik dokumentov mirovoj imperialističeskoj vojny na russkom fronte (1914-1917 gg.) [Die Operation bei Lodz. Sammlung von Dokumenten über den imperialistischen Weltkrieg an der russischen Front (1914-1917.)] Moskva-Leningrad 1936.
Materialy po istorii franko-russkich otnošenii za 1910-1914 gg. Sbornik sekretnych diplomatičeskich dokumentov byvšego imperatorskogo rossijskogo Ministerstva inostrannych del. [Material zur Geschichte der französisch-russischen Beziehungen in den Jahren 1910-1914. Sammlung geheimer diplomatischer Dokumente des damaligen kaiserlich russischen Außenministeriums.] Moskva 1922.
Meždunarodnye otnošenija v èpochu imperializma. Dokumenty iz archivov carskogo i Vremennogo pravitel'stv. 1878-1917. [Die internationalen Beziehungen in der Epoche des Imperialismus. Dokumente aus den Archiven der zaristischen und Interimsregierung. 1878-1917.] Serija 2: 1900-1903. T. 18-20; Serija 3: 1914-1917. T. 1-10. Moskva 1931-1940.
Mir v Neji. [Der Friede zu Neuilly.] Moskva 1926.
Missija v Angliju i Franciju po voprosu snabženija Rossii predmetami vooruženija. Vvodnaja stat'ja A. L. Sidorova. [Die Gesandtschaft nach England und Frankreich wegen der Frage der Versorgung Rußlands mit Kriegsmaterial. Einf. A. L. Sidorow.] In: Istoričeskij archiv. 1949. Nr. 4.
Monarchija pered krušeniem. 1914-1917. Bumagi Nikolaja II i drugie dokumenty. [Die Monarchie vor dem Zusammenbruch. 1914-1937. Die Akten Nikolaus II. und andere Dokumente.] Moskva-Leningrad 1927.
Nakanune peremirija. (Stavka i Antanta). [Am Vorabend des Waffenstillstandes. (Stavka und Entente.).] In: Krasnyj archiv. 1927. T. 4.
Nastuplenie Jugo-Zapadnogo Fronta v mae-ijune 1916 goda. Sbornik dokumentov mirovoj imperialističeskoj vojny na russkom fronte (1914-1917 gg.). [Die Offensive der Heeresgruppe Südwestfront im Mai und Juni 1916. Sammlung von Dokumenten über den imperialistischen Weltkrieg an der russischen Front in den Jahren 1914-1917.] Moskva 1940.
Načalo vojny 1914 g. Podennaja zapis' byvšego Ministerstva inostrannych del. [Kriegsbeginn 1914. Tagesnotiz des damaligen Außenministeriums.] In: Krasnyj archiv. 1923. T. 4.
Notovič, F. I. : Obvinitel'nyj akt protiv imperialističeskoj bor'by za razdel mira. (Sovetskoe izdanie dokumentov "Meždunarodnye otnošenija. . .") [Anklageschrift gegen den imperialistischen Kampf um die Aufteilung der Welt. (Sowjetische Herausgabe von Dokumenten über "Internationale Beziehungen in der Epoche des Imperialismus" und ausländische Veröffentlichungen.)] In: Istorik-marksist. 1934. Kn. 1.
Oktjabr'skij perevorot i Stavka. [Die Oktoberrevolution und die

Stavka.] In: Krasnyj archiv. 1925. T. 1. 2.
Oktjabr'skij revoljucija i armija. Sbornik dokumentov. 25 oktjabrja 1917 g - mart 1918 g. [Die Oktoberrevolution und die Armee. Dokumentensammlung. 25. Oktober 1917 bis März 1918.] Moskva 1973.
O popytkach Vremennogo pravitel'stva Rossii reorganizovat' armiju. (Publikacija dokumentov i predislovie D. V. Oznobišina.) [Über die Versuche der Interimsregierung Rußlands zur Reorganisation der Armee. (Veröffentlichung von Dokumenten u. Vorw. D. W. Oznobischin.)]. In: Istoričeskij archiv. 1961. Nr. 4.
Padenie carskogo režima. Stenografičeskie otčety doprosov i pokazanij, dannych v 1917 g. v Črezvyčajnoj sledstvennoj komissii Vremennogo pravitel'stva. [Der Sturz des zaristischen Regimes. Stenografische Berichte über die Verhöre und Zeugenaussagen, die von der Außerordentlichen Untersuchungskommission der Interimsregierung durchgeführt bzw. vor ihr im Jahr 1917 gemacht wurden.] T. 1-7. Moskva-Leningrad 1924-1927.
Pervye dni mirovoj vojny. [Die ersten Tage des Weltkrieges.] In: Krasnyj archiv 1934. T. 4-5.
Perepiska Vil'gel'ma II s Nikolaem II. 1894-1914 gg. [Der Briefwechsel Wilhelms II. mit Nikolaus II. 1894-1914.] Moskva-Petrograd 1923.
Perepiska V. A. Suchomlinova s N. N. Januškevičem [Der Briefwechsel W. A. Suchomlinows mit N. N. Januschkewitsch.] In: Krasnyj archiv 1922. T. 1-3.
Pisarev, Ju, A.: Novye dokumenty i starye vymysly o roli Balkan v vozniknovenii pervoj mirovoj vojny. [Neue Dokumente und alte Lügen über die Rolle des Balkans bei der Entstehung des Ersten Weltkrieges.] In: Voprosy istorii. 1984. Nr. 7.
Pisarev, Ju. A.: Jugoslavskie publikacii i archivy po pervoj mirovoj vojne. [Jugoslawische Veröffentlichungen und Archive über den Ersten Weltkrieg.] In: Meždunarodnye svjazi stran Central'noj, Vostočnoj i Jugo-Vostočnoj Evropy i slavjano-germanskie otnošenija. [Die internationalen Beziehungen der Länder Mittel-, Ost- und Südosteuropas und das slawisch-germanische Verhältnis.] Moskva 1968.
Razdel Aziatskoj Turcii. Po sekretnym dokumentam byvšego Ministerstva inostrannych del. [Die Aufteilung der asiatischen Türkei. Nach Geheimdokumenten des früheren Ministeriums für auswärtige Angelegenheiten.] Moskva 1924.
Razloženie armii v 1917 g. [Der Zerfall der Armee im Jahr 1917.] Moskva-Leningrad 1925.
Revoljucionnoe dviženie v armii i na flote v gody pervoj mirovoj vojny (1914 - fevral' 1917 g.) [Die Revolutionsbewegung in Armee und Flotte in den Jahren des Ersten Weltkrieges 1914 - Februar 1917.] Sbornik dokumentov. [Dokumentensammlung.] Moskva 1966.
Revoljucionnoe dviženie v russkoj armii (27 fevralja - 24 oktjabrja 1917 g.) [Die Revolutionsbewegung in der russischen Armee

(27. Februar - 24. Oktober 1917.)] Sbornik dokumentov. [Dokumentensammlung.] Moskva 1968.

Russko-germanskie otnošenija. Dokumenty iz sekretnogo archiva byvšego Ministerstva inostrannych del. [Die russisch-deutschen Beziehungen. Dokumente aus dem Geheimarchiv des früheren Außenministeriums.] Moskva 1922.

Sbornik dogovorov Rossii s drugimi gosudarstvami (1856-1917). [Sammlung von Verträgen Rußlands mit anderen Staaten 1856-1917.] Moskva 1952.

Sbornik sekretnych dokumentov iz archiva byvšego Ministerstva inostrannych del. [Sammlung von Geheimdokumenten aus dem Archiv des früheren Außenministeriums] Vyp. 1-7. Petrograd 1917-1918.

Sevrskij mirnyj dogovor i akty, podpisannye v Lozanne. [Der in Lausanne unterschriebene Friedensvertrag von Sèvres.] Moskva 1927.

Sen-Žermanskij mirnyj dogovor. [Der Friedensvertrag von St-Germain.] Moskva 1925.

Sovetsko-germanskie otnošenija ot peregovorov v Brest-Litovske do podpisanija Rapall'skogo dogorova. [Die deutsch-sowjetischen Beziehungen von den Unterhandlungen von Brest-Litowsk bis zur Unterzeichnung des Vertrages von Rapallo).] Sbornik dokumentov. [Dokumentensammlung.] T. 1. Moskva 1968.

Stavka i Ministerstvo inostrannych del. [Die Stavka und das Außenministerium.] In: Krasnyj archiv. 1928. T. 1, 2, 4, 5.

Taktika vysšego komandovanija v fevral'skoj revoljucii. [Die Taktik des Oberkommandos während der Februarrevolution.] In: Krasnyj archiv. 1929. T. 4.

Trianonskij mirnyj dogovor. [Der Friedensvertrag von Trianon). Moskva 1926.

Fevral'skaja revoljucija 1917 g. (Dokumenty Stavki verchovnogo glavnokomandujuščego i štaba glavnokomandujuščego armijami Severnogo Fronta.) [Die Februarrevolution 1917. (Dokumente der Stavka des Obersten Befehlshabers und des Stabes des Oberbefehlshabers der Heeresgruppe Nordfront).]   In: Krasnyj archiv. 1927. T. 2, 3.

Carskaja Rossija v mirovoj vojne. [Das zaristische Rußland im Weltkrieg.] T. 1. Leningrad 1925.

Ėkonomičeskoe položenia Rossii nakanune Velikoj Oktjabr'skoj socialističeskoj revoljucii. Dokumenty in Materialy. [Die Wirtschaftslage Rußlands am Vorabend der Großen Sozialistischen Oktoberrevolution. Dokumente und Materialien.] Č. 1-3. Moskva-Leningrad 1961.

II. MEMOIRENLITERATUR

Bonč-Bruevič, M. D.: Vsja vlast' sovetam. [Alle Macht den Räten.]
  Moskva 1964.
Brusilov, A. A.: Moi vospominanija. [Meine Erinnerungen.] Izd. 6-2.
  Moskva 1983.
Verchovskij, A. I.: Na trudnom perevale. [Auf schwierigem Grat.]
  Moskva 1959.
Vojtolovskij, L.: Po sledam vojny. [Auf den Spuren des Krieges.]
  Izd. 2-e. Leningrad 1934.
Gerasimov, M. V.: Probuždenie. [Das Erwachen.] Moskva 1965.
Žmurov, N. N.: Memuarnye istočniki po istorii organizacii i
  dejatel'nosti Stavki verchovnogo glavokomandujuščego v gody
  pervoj mirovoj vojny (ijul'1914- fevral'1917 g.) [Quellen der
  Erinnerung an die Geschichte der Gliederung und Tätigkeit der
  Stavka des Höchsten Oberbefehlshabers in den Jahren des Ersten
  Weltkrieges (Juli 1914- Februar 1917.)] Istoriografija i istočniki
  gosudarstvennych učreždenij i obščestvennych organizacii SSSR.
  [Historiographie und Quellen der Staatsgründung und der gesell-
  schaftlichen Gliederung der UdSSR.] Moskva 1983.
Ignat'ev, A. A.: Pjatdesjat let v stroju. [Fünfzig Jahre im Dienst.]
  T. 1-2. Moskva 1952.
Izvol'skij, A. P.: Vospominanija. [Erinnerungen.] Petrograd-
  Moskva 1924.
Kareev, P.: Ékspedicionnyj korpus. [Das Expeditionskorps.]
  Petrograd-Moskva 1924.
Kozlov, A.: Prodannye za snarjady. [Verkaufte für Geschosse.]
  Leningrad 1931.
Krylenko, N. V.: Cmert' staroj armii. [Der Tod der alten Armee.]
  In: Voenno-istoričeskij žurnal. 1964, Nr. 11, 12.
Lemke, M.: 250 dnej v carskoj stavke. (25 sentjbarja 1915 - 2 ijulja
  1916.)[250 Tage in der Stavka des Zaren vom 25.September 1915 -
  2. Juli 1916.] Petrograd 1920.
Lunačarskij, A. V.: Evropa v pljaske smerti. [Europa im Totentanz.]
  Moskva 1967.
Malinovskij, R. Ja.: Soldaty Rossii. [Die Soldaten Rußlands.]
  Moskva 1969.
Miljukov, P. N.: Dnevnik. [Tagebuch.] In: Krasnyj archiv. 1932.
  T. 5-6.
(Nikolaj Michajlovič). Vel. kn., Zapiski N. M. Romanova. [Großfürst
  Nikolaus Michailowitsch, Die Aufzeichnungen des N. M. Romanow.]
  In: Krasnyj archiv. 1932. T. 4-5, 6.
Pavlovič, M. P.: Francija nakanune mirovoj vojny. (Otryvki iz
  dnevnik politčeskogo emigranta.) [Frankreich am Vorabend des
  Weltkrieges. Fragmente aus dem Tagebuch eines politischen
  Emigranten.] Moskva 1918.

Perepiska Nikolaja i Aleksandry Romanovych. [Der Briefwechsel von Nikolaus und Alexandra Romanow.] T. 3-5. Moskva-Leningrad 1923-1927.

Petrenko, A. K. : V nebe staroj i novoj Rossii. Vospominanija letčika. [Am Himmel des alten und neuen Rußlands. Erinnerungen eines Fliegers.] Moskva 1952.

Polivanov, A. A. : Iz dnevnikov i vospominanija po dolžnosti voennogo ministra i ego pomošnika 1907-1916. [Aus den Tagebüchern und Erinnerungen an das Amt des Kriegsministers und seines Gehilfen in den Jahren 1907-1916.] T. 1. Moskva 1924.

Rodzjanko, M. V. : Krušenie imperii. [Der Zusammenbruch des Kaiserreiches.] Leningrad 1927.

Rostunov, I. I. : Memuary Brusilova kak istoričeskij istočnik. [Die Memoiren Brusilows als historische Quelle.] In: Voenno-istoričeskij žurnal. 1972. Nr. 8.

Samojlo, A. : Dve žizni. [Zwei Leben.] Izd. 2-e. Leningrad 1963.

Suchomlinov, V. A. : Vospominanija. [Erinnerungen.] Moskva-Leningrad 1926.

Fedorov, V. G. : V poiskach oružija. [Auf der Suche nach Waffen.] Moskva 1964.

Šaevskij, D. : Russkie soldaty na Balkanach (Vospominanija učastnika pervoj mirovoj vojny). [Russische Soldaten auf dem Balkan . Erinnerungen eines Teilnehmers am Ersten Weltkrieg.] In: Voenno-istoričeskij žurnal. 1964. Nr. 10.

Šapošnikov, A. A. : Vospominanija. [Erinnerungen.] Baku 1944.

Šul'gin, V. V. : Dni (Vospominanija). [In jenen Tagen (Erinnerungen).] Leningrad 1927.

III. ALLGEMEINE WERKE ÜBER DIE GESCHICHTE DES KRIEGES

Avetjan, A. S. : Germanskij imperializm na Bližnem i Srednem Vostoke. Kolonial'naja politika germanskogo imperializma i missija Limana fon Sandersa. [Der deutsche Imperialismus im Nahen und Mittleren Osten. Die Kolonialpolitik des deutschen Imperialismus und die Mission Liman von Sanders.] Moskva 1966.

Adamovič, A. A. : K voprosu "o pomošči" sojuznikov Rossii v gody pervoj mirovoj vojny. [Zur Frage der "Hilfe"für Rußland durch die Alliierten in den Jahren des Ersten Weltkrieges.] In: Nekotorye voprosy vseobščej istorii. [Einige Fragen der ganz allgemeinen Geschichte.] Vyp. 16. Čeljabinsk 1965.

Adamovič, A. A. : Obostrenie russko-germanskich protivirečij nakanune pervoj mirovoj vojny i pozicija Francii. [Die Verschärfung des russisch-deutschen Gegensatzes am Vorabend des Ersten Weltkrieges und die Haltung Frankreichs.] Učenye zapiski

Permskogo gosudarstvennogo universiteta. Nr. 194. [Forschung der staatlichen Universität. Nr. 149.] Perm 1966.

Alekseeva, I. V.: K predistorii kontrrevoljucionnoj politiki buržuazii po voprosu o vojne i mire (poezdka russkoj parlamentskoj delegacii v Angliju i Franciju v 1916 g.). [Zur Vorgeschichte der konterrevolutionären Politik der Bourgeoisie um die Frage von Krieg und Frieden. Die Fahrt der russischen parlamentarischen Delegation nach England und Frankreich im Jahre 1916.] In: Oktjabr' skoe vooružennoe vosstanie v Petrograde. [Der bewaffnete Oktoberaufstand in Petrograd.] Moskva 1980.

Aliev, G. Z.: Turcija v period pravlenija mladoturk (1908-1918 gg.). [Die Türkei in der Regierungszeit der Jungtürken in den Jahren 1908-1918.] Moskva 1972.

Alksnis, Ja. Ja.: Podgotovska k vojne i voprosy komplektovanija armii. [Die Vorbereitung auf den Krieg und die Fragen der Auffüllung der Armee .] In: Vojna i revoljucija. 1927. Nr. 6.

Ajrapetjan, M. E.; Kabanov, P. F.: Pervaja mirovaja imperialističeskaja vojna 1914-1918 gg. [Der Erste imperialistische Weltkrieg 1914-1918.] Moskva 1964.

Anan'ič, B. V.: Rossijskoe samoderžavie i vyvoz kapitalov 1895-1914 gg. [Die russische Autokratie und die Verschiebung des Vermögens ins Ausland in den Jahren 1895-1914.] Leningrad 1975.

Antjuchina-Moskovčenko, V. I.: Istorija Francii 1870-1918. [Geschichte Frankreichs 1870-1918.] Moskva 1963.

Astaf' ev, I. I.: Po povodu zapiski Verchovnoj sledstvennoj komissii o krizise vooruženija russkoj armii v period pervoj mirovoj voiny. [Anläßlich der Aufzeichnung der Obersten Untersuchungskommission über die Krise bei der Bewaffnung der russischen Armee in der Zeit des Ersten Weltkrieges.] Trudy gosudarstvennogo istoričeskogo muzeja 1976, vyp. 46. [Die Werke des staatlichen historischen Museums 1976. Ausgabe 46.] Moskva 1976.

Astaf' ev, I. I.: Russko-germanskie diplomatičeskie otnošenija 1905-1911 gg. (Ot portsmutskogo mira do Potsdamskogo soglašenija.) [Die russisch-deutschen diplomatischen Beziehungen 1905-1911. Vom Frieden von Portsmouth zur Potsdamer Übereinkunft.] Moskva 1972.

Achtamzjan, A.: Ot Bresta do Kila. Proval antisovetskoj politiki germanskogo imperializma v 1918 g. [Von Brest bis Kiel. Der Fehlschlag der antisowjetischen Politik des deutschen Imperialismus im Jahre 1918.] Moskva 1963.

Amurkov, V. N.: Vvedenie avtomatičeskogo oružija v russkoj armii. (Voennoe vedomstvo i koncerna "Vikkers-Maksim".) [Die Einführung der automatischen Waffen bei der russischen Armee. Die Militärverwaltung und der Konzern Vickers-Maxim.] In: Iz istorii Tul' skogo kraja. [Aus der Geschichte der Tulaer Gegend.] Tula 1972.

Babičev, D. S.: Russko-anglijskoe soglašenie o morskich perevozkach 1916 g. [Die russisch-englische Übereinkunft über den

Seetransport vom Jahre 1916.] Učenye zapiski Rostova-na-Donu gosudarstvennogo universiteta. Trudy istoričesko-filologičeskogo fakulteta. [Forschungen der staatlichen Universität zu Rostow am Don.] Vyp. 6, T. 45. Rostov 1958.

Babičev, D. S. : Rossija na Parižskoj sojuzničeskoj konferencii 1916 g. po ėkonomičeskim voprosam. [Rußland auf der Konferenz der Alliierten zu Paris über Wirtschaftsfragen im Jahre 1916.] In: Istoričeskie zapiski. 1969. T. 83. Moskva 1969.

Badaljan, Ch. I. : Turecko-germanskaja ėkspansija v Zakavkaz'e 1914-1918. [Die türkisch-deutsche Expansion im Transkaukasus 1914-1918.] Erevan 1980.

Balobaev, A. I. : Vopros o voennoj gotovnosti Germanii v svjazi s obsuždeniem v rejchstage v aprele 1913 g. zakonoproekta ob uveličenii voennych raschodov. [Die Frage der Kriegsbereitschaft Deutschlands in Verbindung mit der Beurteilung der Gesetzesvorlage über die Erhöhung der Militärausgaben im Reichstag im April 1913.] Trudy Tomskogo gosudarstvennogo universiteta. 1968. T. 195. [Die Werke der staatlichen Universität.] Tomsk 1968.

Balobaev, A. I. : Militaristskaja propaganda v Germanii v 1908-1909 gg. [Die militaristische Propaganda in Deutschland in den Jahren 1908-1909.] Trudy Tomskogo gosudarstvennogo universiteta. 1968. T. 195. [Die Werke der staatlichen Universität Tomsk.] Tomsk 1968.

Bacis, P. E. : Rossija i nejtral'naja Norvegija (1914-1917 gg.). [Rußland und das neutrale Norwegen (1914-1917).] In: Novaja i novejšaja istorija. 1972. Nr. 6. Moskva 1972.

Barsukov, E. : Podgotovka Rossii k mirovoj vojne v artillerijskom otnošenie. [Die Vorbereitung Rußlands auf den Weltkrieg in artilleristischer Beziehung.] Moskva-Leningrad 1926.

Beljakevič, I. I. : Turcija i popytki Germanii izbativit'sja ot russkogo fronta v period pervoj mirovoj vojny. [Die Türkei und Deutschlands Versuche im Ersten Weltkrieg, sich von der russischen Front zu lösen]. Trudy Vostočno-Sibirskogo gosudarstvennogo universiteta. T. 2. Vyp. 4. [Die Werke der ostsibirischen staatlichen Universität.] Irkutsk 1944.

Berežnoj, A. F. : Russkaja legel'naja pečat' v gody mirovoj vojny. [Die russische legale Presse in den Jahren des Weltkrieges.] Leningrad 1975.

Bestužev, I. V. : Bor'ba v Rossii po voprosam vnešnej politiki nakanune pervoj mirovoj vojny (1910-1914 gg.). [Der Kampf um die Fragen der Außenpolitik in Rußland am Vorabend des Ersten Weltkrieges (1910-1914).] In: Istoričeskie zapiski 1965. T. 75. Moskva 1965.

Bovykin, V. I. : Iz istorii vozniknovenija pervoj mirovoj vojny. Otnošenija Rossii i Francii v 1912-1914 gg. [Aus der Geschichte der Entstehung des Ersten Weltkrieges. Die Beziehungen Rußlands und Frankreichs 1912-1914.] Moskva 1961.

Bovykin, V. I. : Očerki istorii vnešnej politiki Rossii. Konec XIX v. -

1917. [Skizzen aus der Geschichte der russischen Außenpolitik. vom Ende des 19. Jahrhunderts - 1917.] Moskva 1960.

Boev, Ju. A.: Bližnij Vostok vo vnešnej politike Francii (1898-1914 gg.). Očerki istorii diplomatičeskoj bor'by Francii za Bližnij Vostok. [Der Nahe Osten in der Außenpolitik Frankreichs 1898-1914. Skizzen zur Geschichte des diplomatischen Kampfes Frankreichs um den Nahen Osten.] Kiev 1964.

Boltin, E.; Veber, Ju.: Očerki mirovoj voiny. 1914-1918 gg. [Anmerkungen zum Weltkrieg 1914-1918.] Moskva 1940.

Bor'ba bol'ševikov za armiju v trech revoljucijach. [Der Kampf der Bolschewisten um die Armee in drei Revolutionen.] Moskva 1969.

Brjunin, V. G.: Vnutripolitičeskaja bor'ba v Germanii letom i osen'ju 1917 g. [Der innenpolitische Kampf in Deutschland im Sommer und Herbst 1917.] Leningrad 1965.

Brjunin, V. G.: Političeskij krizis v Germanii v sentjabre- oktjabre 1918 g. [Die politische Krise in Deutschland im September-Oktober 1918.] Učenye zapiski Leningradskogo gosudarstvennogo universiteta imena A. A. Ždanova. 1951. Vyp. 18. [Forschungen der Leningrader staatlichen Shdanov-Universität.] Leningrad 1951.

Bukšpan, Ja. M.: Voenno-chozjajstvennaja politika. Formy i organy regulirovanija narodnogo chozjajstva vo vremja mirovoj vojny 1914-1918 gg. [Die Kriegswirtschaftspolitik. Formen und Organe der Regelung der Volkswirtschaft in der Zeit des Weltkrieges 1914-1918.] Moskva 1929.

Burdžalov, É. N.: Vtoraja russkaja revoljucija. Moskva. Front. Pereferija. [Die zweite russische Revolution. Moskau. Die Front. Die Provinz.] Moskva 1971.

Valentinov, N.: Snošenija s sojuznikami po voennym voprosam vo vremja vojny 1914-1918 gg. [Die Verbindungsaufnahmen zu den Alliierten bei militärischen Fragen in der Kriegszeit 1914-1918.] Č. 1. Moskva 1920.

Vasjukov, V. S.: Vnešnjaja politika Vremennogo pravitel'stva. [Die Außenpolitik der Interimsregierung.] Moskva 1966.

Vasjukov, V. S.: K voprosu o separatnom mire nakanune fevral'skoj revoljucii. [Zur Frage eines Separatfriedens am Vorabend der Februarrevolution.] In: Istoričeskie zapiski 1982. T. 107. Moskva 1982.

Vasjukov, V. S.: Popytki imperialističeskogo sgovora Antanty i četvernogo sojuza osen'ju 1917 g. K voprosu o mire za sčet Rossii. [Nachgiebigkeitsversuche der imperialistischen Entente und des Viererbundes im Herbst 1917. Zur Frage eines Friedens auf Kosten Rußlands.] In: Istoričeskie zapiski. 1964. T. 76. Moskva 1965.

Veržchovskij, D. V.: Pervaja mirovaja vojna 1914-1918 gg. [Der Erste Weltkrieg 1914-1918.] Moskva 1954.

Veržchovskij, D. V.; Ljachov, V. F.: Pervaja mirovaja vojna 1914-1918 gg. [Der Erste Weltkrieg 1914-1918.] Moskva 1964.

Vinogradov, V. N.: Rumynija v gody pervoj mirovoj vojny.

[Rumänien im Ersten Weltkrieg.] Moskva 1969.
Vinogradov, K. B. : Bosnijskij krizis 1908-1909 gg. Prolog pervoj mirovoj vojny. [Die bosnische Krise 1908-1909. Prolog zum Ersten Weltkrieg,] Leningrad 1964.
Vinogradov, K. B. : Děvid Llojd Džordž. [David Lloyd George.] Moskva 1970.
Voenno-istoričeskij sbornik. Trudy komissii po issledovaniju i ispol'zovaniju opyta vojny 1914-1918 gg. [Kriegsgeschichtliche Sammlung. Die Arbeiten der Kommission zur Erforschung und Ausnutzung der Erfahrungen des Krieges 1914-1918.] Vyp 1-4. Moskva 1919-1921.
Voennye voprosy v rešenijach KPSS. 1903-1917. [Militärfragen in den Beschlüssen der KPSS. 1903-1917.] Moskva 1960.
Voennye organizacii rossijskogo proletariata i opyt ege vooruženoj bor'by 1903-1917 gg. [Die militärischen Organisationen des russischen Proletariats und die Erfahrungen bei seinem bewaffneten Kampf 1903-1917.] Moskva 1974.
Vojna i toplivo. 1914-1917 gg. [Der Krieg und das Brennmaterial 1914-1917.] Moskva-Leningrad 1930.
Vol'pe, A. : Korni operativnogo plana vojny. Vlijanie političeskich faktorov na strategičeskoe razvertyvanie Germanii, Francii i Rossii v 1914 g. [Die Wurzeln des strategischen Kriegsplanes. Der Einfluß der politischen Faktoren auf den strategischen Aufmarsch Deutschlands, Frankreichs und Rußlands im Jahr 1914.] Moskva 1975.
Voronkova, S. V. : Materialy Osobogo soveščanija po oborone gosudarstva 1915-1917. [Materialien der Sonderkonferenz zur Verteidigung des Staates 1915-1917.] In: Vojna i revoljucija. Nr. 1. [Krieg und Revolution.] Moskva 1930.
Voroncov, G. F. : Voennye koalicii i koalicionnye vojny. [Militärische Koalitionen und Koalitionskriege.] Moskva 1976.
Vostočnyj vopros vo vnešnej politike Rossii. Konec XVIII-načalo XX v. [Die Ostfrage in der Außenpolitik Rußlands Ende 18.bis zum Anfang des 20. Jahrhunderts.] Moskva 1978.
Galkin, I. S. : Diplomatija evropejskich deržav v svjazi s osvoboditel'nym dviženiem narodov Evropejskoj Turcii v 1905-1912 gg. [Die Diplomatie der europäischen Mächte im Zusammenhang mit den Befreiungsbewegungen der Völker der Europäischen Türkei in den Jahren 1905-1912.] Moskva 1960.
Ganelin, R. Š. : Rossija i SŠA 1914-1917 gg. Očerki istorii russkoamerikanskich otnošenij. [Rußland und die Vereinigten Staaten von Nordamerika in den Jahren 1914-1917. Anmerkungen zur Geschichte der russisch-amerikanischen Beziehungen.] Leningrad 1969.
Ganelin, R. Š. : Storonniki separatnogo mira s Germaniej v carskoj Rossii. [Die Anhänger eines Separatfriedens mit Deutschland im zaristischen Rußland.] In: Problema istorii meždunarodnych otnošenij. Leningrad 1972.

Ganelin, R. Š.: Carizm, buržuazija i amerikanskij kapital pered fevral'skoj revoljuciej 1917 g. [Der Zarismus, die Bourgeoisie und das amerikanische Kapital vor der Februarrevolution 1917.] In: Istoričeskie zapiski. 1968. T. 81. Moskva 1968.

Gerčikova, V. V.: Bor'ba v pravjaščich krugach Germanii po voprosam političeskogo soglašenija c Angliej i usilenija stroitel'stva voenno-morskogo flota v 1912 g. [Der Kampf in den rechtsgerichteten Kreisen Deutschlands um die Fragen einer politischen Übereinstimmung mit England und die Verstärkung der Kriegsmarine im Jahr 1912.] In: Voprosy istorii meždunarodnych otnošenij. Vyp. 4. [Fragen zur Geschichte der internationalen Beziehungen.] Tomsk 1972.

Golovačev, F. F.: Rabočee dviženie i social-demokratija Germanii v gody pervoj mirovoj vojny. (Avgust 1914 - oktjabr' 1918 g.) [Die Arbeiterbewegung und die Sozialdemokratie Deutschlands in den Jahren des Ersten Weltkrieges, August 1914 - Oktober 1917.] Moskva 1960.

Geršov, Z. M.: Vudro Vil'sen. [Woodrow Wilson.] Moskva 1984.

Geršov, Z. M.: "Nejtralitet" SŠA v gody pervoj mirovoj vojny. [Die "Neutralität" der USA in den Jahren des Ersten Weltkrieges.] Moskva 1962.

Golikov, A. G.: Pervaja mirovaja vojna i rossijskie monopolii. [Der Erste Weltkrieg und die russischen Monopole.] In: Voprosy istorii, 1981. Nr. 6.

Gukovskij, A.: Razgrom Germanii v 1918 g. i podgotovka intervencii stran Antanty protiv Strany Sovetov. [Der Zusammenbruch Deutschlands im Jahr 1918 und die Vorbereitung zur Intervention der Länder der Entente gegen das Sowjetland.] In: Istorik-marksist. 1937. kn. 3.

Golub, P. A.: Bol'ševiki i armija v trech revoljucijach. [Die Bolschewiki und die Armee in drei Revolutionen.] Moskva 1977-1979.

Golub, P. A.: Sovetskaja istoriografija o slome staroj armii i otvoevanii soldatskich mass pod znamja Oktjabrja 1917-1968. [Die sowjetische Geschichtsschreibung über die Auflösung der alten Armee und die Rückgewinnung der soldatischen Masse unter der Fahne des Oktobers 1917-1968.] In: Voenno istoričeskij zurnal. 1970. Nr. 10, 11.

Danilov, A. I.: Nemeckie buržuaznye istoriki "liberal'nogo" napravlenija vo vremja pervoj mirovoj vojny i revoljucii 1918-1919 gg. [Die deutschen bürgerlichen Historiker der "liberalen" Richtung im Ersten Weltkrieg und während der Revolution 1918-1919.] In: Novaja i novejšaja istorija 1958. Nr. 5.

Dzeniskevič, A. R.: Brest-Litovskij mir vo francuzskoj buržuažnoj istoriografii. [Der Friede von Brest-Litowsk in der französischen bürgerlichen Geschichtsschreibung.] Trudy Leningradskogo otdelenija Instituta istorii AN SSSR. Vyp. 3. [Werke der Leningrader Abteilung des AN-Instituts für Geschichte der UdSSR.] Leningrad 1961.

Derenkovskij, G. M.: Franko-russkaja voenno-morskaja konvencija 1912 g., anglo-russkie morskie peregovory nakanune pervoj mirovoj vojny. [Die französisch-russische Flottenkonvention vom Jahr 1912, die englisch-russischen Flottenunterhandlungen am Vorabend des Ersten Weltkrieges.] In: Istoričeskie zapiski. 1949. T. 29.

Drabkin, Ja. S.: Legenda ob udare kinžalom v spinu. [Die Dolchstoßlegende.] In: Novaja i novejšaja istorija. 1964. Nr. 1.

Drabkin, Ja. S.: Nojabr'skaja revoljucija v Germanii. [Die Novemberrevolution in Deutschland.] Moskva 1967.

Djakin, V. S.: Germanskie kapitaly v Rossii: Elektroindustrija i električeskij transport. [Deutsches Kapital in Rußland: Die Elektroindustrie und der elektrische Transport.] Leningrad 1975.

Djakin, V. S.: K voprosu o "zagovore carizma" nakanune fevral'skoj revoljucii, [Zur Frage der "Verschwörung des Zarismus" am Vorabend der Februarrevolution.] In: Vnutrennjaja politika carizma (seredina XVI - načalo XX v.), [Die Innenpolitik des Zarentums (Mitte des 16. Jahrhunderts bis Anfang des 20. Jahrhunderts.)] Leningrad 1967.

Djakin, V. S.: Russkaja buržuazija i carizm v gody pervoj mirovoj vojny (1914-1918). [Die russische Bourgeoisie und der Zarismus in den Jahren des Ersten Weltkrieges 1914-1918.] Leningrad 1967.

Evdokimova, N. P.: Problema separatnych peregovorov o mire meždu Germaniej i Rossiej v gody pervoj mirovoj vojny v rabotach sovetskich istorikov. [Das Problem der separaten Friedensverhandlungen zwischen Deutschland und Rußland in den Jahren des Ersten Weltkrieges in den Arbeiten der sowjetischen Historiker]. In: Sovetskaja i zarubežnaja istoriografija novoj i novejšej istorii. Vyp. 6. [Die sowjetische und ausländische Historiografie der neuen und neuesten Geschichte.] Leningrad 1981.

Emec, V. A.: O roli russkoj armii v pervyj period mirovoj vojny 1914-1918 gg. [Über die Rolle der russischen Armee in der ersten Periode des Weltkrieges.] In: Istoričeskie zapiski. 1965. T. 77.

Emec, V. A.: Očerki vnešnej politiki Rossii v period pervoj mirovoj vojny. 1914-1917 gg. [Anmerkungen zur Außenpolitik Rußlands während des Ersten Weltkrieges. 1914-1917.] Moskva 1977.

Emec, V. A.: Petrogradskaja konferencija 1917 g. i Francija. [Die Petrograder Konferenz von 1917 und Frankreich.] In: Istoričeskie zapiski 1969. T. 83.

Emec, V. A.: Pozicija Rossii i ee sojuznikov v voprose o pomošči Serbii osen'ju 1915 g. [Die Haltung Rußlands und seiner Verbündeten in der Frage der Hilfeleistung an Serbien im Herbst 1915.] In: Istoričeskie zapiski. 1965. T. 75.

Emec, V. A.: Sovetskaja istoriografija proischoždenija Pervoj mirovoj vojny. [Die sowjetische Geschichtsschreibung über die Entstehung des Ersten Weltkrieges.] In: Pervaja mirovaja vojna 1914-1918 gg. [Der Erste Weltkrieg 1914-1918.] Moskva 1968.

Erofeev, N. A.: Anglo-amerikanskie otnošenija i sojuznaja blokada v 1914-1915 gg. [Die britisch-amerikanischen Beziehungen und die alliierte Blockade in den Jahren 1914-1915.] In: Istoričeskie zapiski. 1947. T. 21.

Erofeev, N. A.: Blokada i anglijskaja diplomatija v gody pervoj mirovoj vojny. [Die Blockade und die englische Diplomatie in den Jahren des Ersten Weltkrieges.] In: Novaja i novejšaja istorija. 1963. Nr. 1.

Erusalimskij, A. S.: Vnešnjaja politika i diplomatija germanskogo imperializma v konce XIX v. [Die Außenpolitik und Diplomatie des deutschen Kaiserreiches am Ende des XIX Jahrhunderts.] Izd. 2-e. Moskva 1951.

Erusalimskij, A. S.: Germanskij imperializm: istorija i sovremennost'. [Der deutsche Imperialismus: Geschichte und Gegenwart.] Moskva 1964.

Efremov, P. N.: Vnešnjaja politika Rossii (1907-1914 gg.), [Die Außenpolitik Rußlands 1907-1914.] Moskva 1961.

Žigur, Ja.: Operativnyj plan vojny Šliffena i sovremennaja dejstvitel'nost'. [Der operative Kriegsplan Schlieffens und die damalige Wirklichkeit.] In: Vojna i revoljucija. 1929. Nr. 6, 7.

Žilin, A.: Bolšaja programma po usileniju russkoj armii. (Nakanune pervoj mirovoj vojny.) [Das große Programm zur Verstärkung der russischen Armee am Vorabend des Ersten Weltkrieges.] In: Voenno-istoričeskij žurnal. 1974. Nr. 7.

Žogov, P. V.: Diplomatija Germanii i Avstro-Vengrii i pervaja Balkanskaja vojna 1912-1913 gg. [Die Diplomatie Deutschlands und Österreich-Ungarns und der Erste Balkankrieg 1912-1913.] Moskva 1969.

Zajončkovskij, A. M.: Mirovaja vojna 1914-1918 gg. [Der Weltkrieg 1914-1918.] Izd. 3-e. T. 1-3. Moskva 1938.

Zajončkovskij, A. M.: Podgotovska Rossii k imperialističeskoj vojne. Očerki voennoj podgotovki i pervonačal'nych planov. [Die Vorbereitung Rußlands auf den imperialistischen Krieg. Anmerkungen zur militärischen Vorbereitung und den ursprünglichen Plänen.] Moskva 1926.

Zajončkovskij, A. M.: Podgotovka Rossii k mirovoj vojne v meždunarodnom otnošenii. [Die Vorbereitung Rußlands zum Weltkrieg in den internationalen Beziehungen.] Moskva 1926.

Zajončkovskij, P. A.: Oficerskij korpus russkoj armii pered pervoj mirovoj vojnoj. [Das Offizierskorps der russischen Armee vor dem Ersten Weltkrieg.] In: Voprosy istorii. 1981. Nr. 4.

Zastenker, N. E.: Vejmarskie mify o pričinach poraženija Germanii v vojne 1914-1918 gg. [Die Weimarer Mythen über die Niederlage Deutschlands im Krieg 1914-1918.] In: Voprosy istorii. 1945. Nr. 2.

Zacharov, S.: Anglija vo vremja pervoj mirovoj vojny. [England während des Ersten Weltkrieges.] In: Istorik-marksist. 1939. Kn. 5-6; 1940. Kn. 2.

Zvavič, A. I.: Obostrenie protivorečij meždu imperialističeskimi
  deržavami nakanune pervoj mirovoj vojny. [Die Zuspitzung der
  Gegensätze unter den imperialistischen Mächten am Vorabend des
  Ersten Weltkrieges.] Moskva 1961.
Zemskov, V. I.: Osnovnye čerty pervoj i vtoroj mirovych vojn.
  [Grundzüge des Ersten und Zweiten Weltkrieges.] Moskva 1977.
Zubok, L. I.: Očerki istorii SŠA 1877-1918. [Anmerkungen zur
  Geschichte der USA 1877-1918.] Moskva 1956.
Ignat'ev, A. V.: Vnešnjaja politika Vremennogo pravitel'stva.
  [Die Außenpolitik der Interimsregierung.] Moskva 1974.
Ignat'ev, A. V.: Russko-anglijskie otnošenija nakanune pervoj
  mirovoj vojny 1908-1914 gg. [Die russisch-englischen Be-
  ziehungen am Vorabend des Ersten Weltkrieges. 1908-1914.]
  Moskva 1962.
Ioffe, A. E.: Russko-francuzskie otnošenija v 1917 g. fevral'-oktjabr.'
  [Die russisch-französischen Beziehungen im Jahr 1917. Februar-
  Oktober.] Moskva 1958.
Ioffe, Ja.: Blokada i narodnoe chozjajstvo v mirovuju vojnu. [Die
  Blockade und die Volkswirtschaft im Weltkrieg.] Moskva-
  Leningrad 1929.
Islamov, T. M.: Političeskaja bor'ba v Vengrii nakanune pervoj
  mirovoj vojny 1906-1914 gg. [Der politische Kampf in Ungarn am
  Vorabend des Ersten Weltkrieges. 1906-1914.] Moskva 1972.
Istorija Bolgarii. [Geschichte Bulgariens.] T. 1-2. Moskva 1954-55.
Istorija Velikoj Oktjabr'skoj socialističeskoj revoljucii. [Ge-
  schichte der Großen Sozialistischen Oktoberrevolution.]
  Moskva 1967.
Istorija Vengrii. [Geschichte Ungarns.] T. 2-3. Moskva 1972.
Istorija Vtorogo Internacionala. [Geschichte der Zweiten Internatio-
  nale.] T. 1-2. Moskva 1965-1966.
Istorija vnešnej politiki SSSR. [Geschichte der Außenpolitik der
  UdSSR.] T. 1. Moskva 1966.
Istorija graždanskoj vojny v SSSR. [Geschichte des Bürgerkrieges
  in der UdSSR.] Izd. 2-e. T. 1. Moskva 1939.
Istorija diplomatii. [Geschichte der Diplomatie.] Izd. 2-e. T. 2-3.
  Moskva 1963-1965.
Istorija Kommunističeskoj partii Sovetskogo Sojuza. [Geschichte
  der Kommunistischen Partei der Sowjetunion.] T. 2 - 3, Kn. 1.
  Moskva 1966-1967.
Istorija pervoj mirovoj vojny 1914-1918 gg. [Geschichte des Ersten
  Weltkrieges 1914-1918.] T. 1-2. Moskva 1975.
Istorija Pol'ši. [Geschichte Polens.] T. 2-3. Moskva 1955-1958.
Istorija Rumynii 1848-1917. [Geschichte Rumäniens.] Moskva 1971.
Istorija Rumynii 1918-1970. [Geschichte Rumäniens 1918-1970.]
  Moskva 1971.
Istorija SSSR s drevnejših vremen do našich dnej. [Geschichte
  der UdSSR von den ältesten Zeiten bis zu unseren Tagen.]
  Moskva 1967-1968.

Istorija Francii. [Geschichte Frankreichs.] T. 2. Moskva 1973.
Istorija Čechoslovakii. [Geschichte der Tschechoslowakei.] T. 2-3.
   Moskva 1959-1960.
Istorija Jugoslavii. [Geschichte Jugoslawiens.] T. 1-2.
   Moskva 1963.
Istrati, E. N. : Demokratičeskoe dviženie za mir na Rumynskom
   fronte v 1917 godu. [Die demokratische Bewegung für den
   Frieden an der rumänischen Front im Jahr 1917.] Kišinev 1973.
Istjagin, L. G. : Germanskoe proniknovenie v Turciju i krizis
   russko-germanskich otnošenij zimoj 1913/14 g. [Die deutsche
   Einmischung in der Türkei und die Krise der russisch-deutschen
   Beziehungen im Winter 1913/14.] In: Učenye zapiski Instituta
   meždunarodnych otnošenij. 1962. Vyp. 8.
Itogi i zadači izučenija vnešnej politiki Rossii. [Ergebnisse und Aufgaben des Studiums der Außenpolitik Rußlands.] Sovetskaja istoriografija. Moskva 1981.
Iščhanjan, B. : Razvitie militarizma i imperializma v Germanii.
   (Istoriko-ėkonomičeskoe issledovanie.) [Die Entwicklung von
   Militarismus und Imperialismus in Deutschland. Eine wirtschaftsgeschichtliche Untersuchung.] Petrograd 1917.
Kaverin, I. N. : Za kulisami anglijskoj blokada. (Iz istorii pervoj
   mirovoj vojny.) [Hinter den Kulissen der englischen Blockade.
   (Aus der Geschichte des Ersten Weltkrieges.)] Moskva 1955.
Kavtaradza, A. : Iz istorii russkogo Gerneral' nogo štaba. [Aus der
   Geschichte des russischen Generalstabes.] In: Voenno-istoričeskij žurnal. 1972. Nr. 7.
Kapustin, M. N. : Zagovor generalov. (Iz istorii kornilovščiny i ee
   razgroma.) [Die Verschwörung der Generale. (Aus der Geschichte der Kornilow-Bewegung und ihrer Zerschlagung.)]
   Moskva 1968.
Karlinger, M. : Anglija i Petrogradskaja konferencija Antanty 1917 g.
   [England und die Petrograder Konferenz der Entente im Jahr
   1917.] In: Meždunarodnye otnošenija. Politika, Diplomatija.
   XVI-XX vv. [Internationale Beziehungen. Politik. Diplomatie.
   16. -20. Jahrhundert.] Moskva 1964.
Karlinger, M. M. : Rabočee dviženie v Anglii v gody pervoj mirovoj
   vojny. [Die Arbeiterbewegung in England in den Jahren des
   Ersten Weltkrieges 1914-1918.] Moskva 1961.
Kirova, K. E. : Revoljucionnoe dviženie v Italii 1914-1917 gg. [Die
   Revolutionsbewegung in Italien in den Jahren 1914-1917.]
   Moskva 1962.
Kobljakov, I. K. : Ot Bresta do Rapallo. Očerki istorii sovetsko-
   germanskich otnošenij s 1918 po 1922 g. [Von Brest bis Rapallo.
   Geschichtliche Anmerkungen zu den sowjetisch-deutschen Beziehungen von 1918 bis 1922.] Moskva 1954.
Kozlov, A. I. : Na istoričeskom povorote. [An der historischen
   Wende.] Rostov na Donu 1977.
Krupina, T. D. : Rossija i Francija i mežsojuzničeskie voenno-

ėkonomičeskie otnošenija v gody pervoj mirovoj vojny (1914 - na načalo 1917). [Rußland und Frankreich und die kriegswirtschaftlichen Beziehungen unter den Alliierten in den Jahren des Ersten Weltkrieges (1914 - Anfnng 1917).] In: Franko-russkie ėkonomičeskie svjazi. [Die französisch-russischen Wirtschaftsverbindungen.] Moskau-Paris 1970.

Lebedev, V. V.: K istoriografii problemy vychoda Rossii iz vojny nakanune fevral' skoj revoljucii. [Zur Geschichtsschreibung über das Problem des Kriegsaustritts Rußlands am Vorabend der Februarrevolution.] In: Voprosy istorii. 1971. Nr. 8.

Lebedev, V. V.: Russko-amerikanskie ėkonomičeskie otnošenija 1900-1917. [Die russisch-amerikanischen Wirtschaftsbeziehungen 1900-1917.] Moskva 1964.

Ljachov, V.: Ob iskaženijach v ocenke role russkogo fronta v pervoj mirovoj vojne. [Über die Entstellungen bei der Beurteilung der Rolle der russischen Front im Ersten Weltkrieg.] In: Voenno-istoričeskij žurnal. 1960. Nr. 10.

Majorov, S. M.: Bor' ba Sovetskoj Rossii za vychod iz imperialističeskoj vojny. [Der Kampf Sowjetrußlands um den Austritt aus dem imperialistischen Krieg.] Moskva 1959.

Naročnickij, A. A.: Velikie deržavy i Serbija v 1914 g. [Die Großmächte und Serbien im Jahr 1914.] In: Novaja i novejšaja istorija 1976. Nr. 4.

Notovič, F. I.: Fašistskaja istoriografija o "vinovnikach" mirovoj vojny. [Die faschistische Geschichtsschreibung über die "Urheber" des Weltkrieges.] In: Protiv fašistskoj fal' šifikacoi istorii. Sbornik statej. [Gegen die faschistischen Geschichtsfälschungen. Artikelsammlung.] Moskva-Leningrad 1939.

Petrjaev, K. D.: Mifi i dejstvitel' nost' v "kritičeskom peresmotre" prošlogo. Očerki buržuaznoj istoriografii FRG. [Mythen und Wirklichkeit in der "kritischen Durchsicht" der Vergangenheit. Anmerkungen zur bürgerlichen Geschichtsschreibung der Bundesrepublik Deutschland.] Kiev 1969.

Proėktor, D. M.: Oruženoscy tret' ego rejcha. Germanskij militarizm 1919-1939 gg. [Die Waffenträger des Dritten Reiches. Der deutsche Militarismus 1919-1939.] Moskva 1971.

Rostunov, I. I.: Nekotorye voprosy izučenija istorii pervoj mirovoj vojny. [Einige Fragen zum Studium der Geschichte des Ersten Weltkrieges.] In: Vestnik voennoj istorii. Naučnye zapiski. Vyp. 1.

Smol'nikov, A. S.: Armija pobedivšej revoljucii: Sovetskaja istoriografija bol' ševizacii armii v period podgotovki i provedenija Velikoj Oktrjabr' skoj Socialističeskoj revoljucii. [Die Armee der siegreichen Revolution: Die sowjetische Geschichtsschreibung zur Bolschewisierung der Armee während der Vorbereitung und Durchführung der Großen Sozialistischen Oktoberrevolution.] Moskva 1984.

Salov, V. I.: Covremennaja zapadnogermanskaja buržuaznaja istoriografija. [Die zeitgenössische westdeutsche bürgerliche Geschichts-

schreibung.] Moskva 1968.
Somov, S. A. : O "Majskom" osobom soveščanii 1915 g. [Über die besondere "Mai"-Konferenz im Jahr 1915.] In: Istorija SSSR. 1973. Nr. 3.
Strokov, A. A. : Vooružennye sily i voennoe iskusstvo v pervoj mirovoj vojne. [Die Streitkräfte und die Kriegskunst im Ersten Weltkrieg.] Moskva 1974.
Tabagua, I. M. : Ob otvetstvennocti germanskogo imperializma v razvjazyvanii pervoj mirovoj vojny. [Über die Verantwortlichkeit des deutschen Imperialismus an der Entfesselung des Ersten Weltkrieges.] In: Izvestija AN SSSR. 1976. Nr. 1.
Tabagua, I. M. : Rossija i zapadnye deržavy v pervoj polovine 1916 g. [Rußland und die Westmächte in der ersten Hälfte des Jahres 1916.] In: Izvestija AN SSSR 1980. Nr. 1.
Tekut'eva, E. T. : Russko-japonskie otnošenija v period pervoj mirovoy vojny (1915-1916 gg.) [Die russisch-japanischen Beziehungen während des Ersten Weltkrieges (1915-1916).] In: Moskovskij pedagogičeskij institut imena Lenina. Učenye Zapiski. T. 109, Vyp. 6. [Das Moskauer pädagogische Lenin-Institut. Forschungen.] Moskva 1957.
Čubar'jan, A. O. : Brestskij mir v amerikanskoj i anglijskoj buržuaznoj istoriografi. [Der Friede von Brest in der amerikanischen und englischen bürgerlichen Geschichtsschreibung.] In: Voprosy istorii. 1962. Nr. 3.
Šacillo, K. F. : K popytkam separatnych peregovorov vo vremja pervoj mirovoj vojny (mart - maj 1915 g.). [Zu den Versuchen separater Unterhandlungen in der Zeit des Ersten Weltkrieges März - Mai 1915.] In: Voprosy istorii. 1970. Nr. 9.
Šacillo, K. F. : O disproporcii v razvitii vooružennych sil Rossii nakanune pervoj mirovoj vojny (1906-1914 gg.). [Über das Missverhältnis beim Aufbau der Streitkräfte Rußlands am Vorabend des Ersten Weltkrieges 1906-1914.] In: Istoričeskie zapiski, 1969. T. 83.
Šacillo, K. F. : Podgotovka carizmon vooružennych sil k pervoj mirovoj vojne. [Die Vorbereitung der Streitkräfte auf den Ersten Weltkrieg durch das zaristische Regime.] In: Voenno-istoričeskij žurnal. 1974. Nr. 9.

a. Militärische Operationen auf dem westeuropäischen Kriegsschauplatz

Bazarevskij, A. : Mirovaja vojna 1914-1918 gg. Kampanija 1918 g vo Francii i Bel'gii. [Der Weltkrieg 1914-1918. Der Feldzug in Frankreich und Belgien 1918.] T. 1-2. Moskva-Leningrad 1927.
Borisov, A. D. : Am'enskaja operacija. [Die Operation bei Amiens.] In: Voennaja mysl'. 1939. Nr. 8.

Varfolameev, N.: Udarnaja armija 1918 g. na Zapodnom fronte mirovoj imperialističeskoj vojny. [Die Stoßarmee 1918 an der Westfront des imperialistischen Weltkrieges.] Moskva 1933.

Vladislavskij-Krekšin, N. A.: Nastuplenie francuzov vesnoj 1917 g. (Sraženie na reke Ena.) [Die Offensive der Franzosen im Frühjahr 1917. Die Schlacht an der Aisne.] In: Voennaja nauka i revoljucija. 1922. Nr. 1.

Galaktionov, M.: Marnskoe sraženie. [Die Marneschlacht.] Moskva 1938.

Galaktionov, M.: Tempy operacij. [Operationszeiten.] Č. 1. Moskva 1937.

Derenkovskij, G. M.: Vosstanie russkich soldat vo Francii v 1917 g. [Der Aufstand der russischen Soldaten in Frankreich 1917.] In: Istoričeskie zapiski. 1951. T. 38.

Isserson, A. K.: Martovskoe nastuplenie germancev v Pikardii v 1918 g. [Die Märzoffensive der Deutschen in der Picardie im Jahr 1918.] Strategičeskij ètjud. Moskva 1926.

Kolenkovskij, A. K.: Martovskoe nastuplenie v Pikardii v 1918 g. [Die Märzoffensive in der Picardie 1918.] Moskva 1938.

Korsun, N G.: Zaključitel'noe nastuplenie sojuznikov i kaptuljacija Germanii. Sentjabr'-nojabr' 1918 g. [Die Schlußoffensive der Verbündeten und die Kapitulation Deutschlands. September-November 1918.] Moskva 1939.

Lisovenko, F. A.: Ich choteli lišit' Rodiny. [Ihnen wollten sie die Heimat rauben.] Moskva 1969.

Makšeev, F. A.: Artillerija v vojnu 1914-1918 gg. na franko-germanskom fronte. [Die Artillerie im Kriege 1914-1918 an der französisch-deutschen Front.] Petrograd 1921.

Melikov, V.: Vtoraja Marna. (Ijul'-avgust 1918 g.) [Die zweite Marneschlacht (Juli-August 1918).] In: Vojna i revoljucija. 1931. Nr. 5.

Melikov, V.: Marna - 1914 g. Visla - 1920g.Smirna - 1922 g. [Die Marne - 1914, Die Weichsel - 1920, Smyrna - 1922.] Moskva-Leningrad 1928.

Milkovskij, A. I.: Avtomobil'nye perevozki po opytu Zapadnogo fronta imperialističeskoj vojny 1914-1918 gg. [Der Kraftfahrzeugtransport aufgrund der Erfahrungen der Westfront im imperialistischen Krieg 1914-1918.] Moskva 1934.

Movčin, N.: Posledyvatel'nye operacii po opytu Marny i Visly. [Verfolgungsoperationen aufgrund der Erfahrungen an der Marne und Weichsel.] Moskva-Leningrad 1928.

Novickij, V. F.: Mirovaja vojna 1914-1918 gg. Kampanija 1914 g. v Bel'gii i Francii. [Der Weltkrieg 1914-1918. Der Feldzug 1914 in Belgien und Frankreich.] Izd. 2-e. T. 1-2. Moskva 1938.

Oberjuchtin, V.: Operacija pod Kombre v 1917 g. [Die Operation bei Cambrai im Jahr 1917.] Moskva 1936.

Popov, V. T.: Boi za Verden. [Der Kampf um Verdun.] Moskva 1939.

Prigraničnoe sraženie na Zapadnom fronte v 1914 g. Po nemeckim

materialam. [Die Grenzschlacht an der Westfront 1914. Nach deutschen Unterlagen.] Kiew 1936.
Revoljucionnoe dviženie vo francuzskoj armii v 1917 g. (Sbornik statej). [Die Revolutionsbewegung im französischen Heer im Jahr 1917. Artikelsammlung.] Moskva-Leningrad 1934.
Sraženie na Marne v 1914 g. Po nemeckim materialam. [Die Marneschlacht 1914. Nach deutschen Unterlagen.] Kiew 1936.
Jakovlev, N. N.: Tonnel'nye raboty na zapadnoevropejskich frontach v imperialističeskuju vojnu 1914-1918. [Minierarbeiten an den westeuropäischen Fronten im imperialistischen Krieg. 1914-1918.] Moskva 1933.

b. Militärische Operationen auf dem osteuropäischen Kriegsschauplatz

Achun, M. I.; Petrov, B. A.: Carskaja armija v gody imperialističeskoj vojny. [Die Armee des Zaren in den Jahren des imperialistischen Krieges.] Moskva 1929.
Bazarevskij, A.: Nastuplenaja operacija 9-i russkoj armii. Ijun' 1916 g. Proryv ukreplennoj polosy i forsirovanie reki. [Die Angriffsoperation der 9. russischen Armee. Juni 1916. Durchbruch durch eine befestigte Zone und Angriff über einen Fluß.] Moskva 1937.
Beloj, A.: Galicijskaja bitva. [Die Schlacht in Galizien.] Moskva-Leningrad 1929.
Bol'šakov, I.: Russkaja razvedka v pervoj mirovoj vojne 1914-1918 godov. [Die russische Aufklärung im Ersten Weltkrieg in den Jahren 1914-1918.] In: Voenno-istoričeskij žurnal. 1964. Nr. 5.
Bonč-Bruevič, M. D.: Potera naši Galicii v 1915 g. Č. 1-2. [Der Verlust unseres Galiziens.] Moskva 1920-1926.
Borisov, A. D.: Karpatskaja operacija. [Die Operation in den Karpaten.] In: Voennaja mysl'. 1940. Nr. 3.
Borisov, A. D.: Prasnyšskaja operacija 1915 g. [Die Operation bei Prasnych 1915.] In: Voenno-istoričeskij žurnal. 1941. Nr. 3.
Brank, V.: V grozach sraženij. Opisanie choda vojny na Rižskom fronte v 1914-1918 gg. Izd. 2-e. [Im Schlachtgewitter. Schilderung des Kriegsverlaufs an der Rigaer Front in den Jahren 1914-1918.] Riga 1964.
Vacetis, I. I.: Boevye dejstvija v Vostočnoj Prussii v ijule, avguste i v načale sentrjabrja 1914 g. Strategičeskij očerk. [Die Kämpfe in Ostpreußen im Juli, August und Anfang September 1914. Ein strategischer Abriß.] Moskva 1923.
Vacetis, I. I.: Operacii na vostočnoj granice Germanii v 1914 g. [Die Operationen an der Ostgrenze Deutschlands 1914.] Č. 1. Moskva-Leningrad 1929.
Veber, Ju.: Brusilovskij proryv. [Der Druchbruch Brusilows.] Moskva 1941.

Vetošnikov, L. M.: Brusilovskij proryv. Operativno-strategičeskij očerk. [Der Durchbruch Brusilows. Ein operativ-strategischer Abriß.] Moskva 1940.

Gavrilov, L. M.; Kutusov, V. V.: Perepis' russkoj armii 25 oktjabrja 1917 g. [Das Verzeichnis der russischen Armee vom 25. Oktober 1917.] In: Istorija SSSR. 1964. Nr. 2.

Gavrilov, L. M.: Sostojanie rezervov fronta nakanune Oktjabrja. [Der Zustand der Reserven für die Front am Vorabend des Oktobers.] In: Istorija SSSR, 1967. Nr. 4.

Gavrilov, L. M.: Čislennost' russkoj dejstvujuščej armii v period fevral'skoj revoljucii. [Die zahlenmäßige Stärke der russischen Feldarmee während der Februarrevolution.] In: Istorija SSSR. 1972. Nr. 3.

Gil'čevskij, K. L.: Boevye dejstvija vtoroočerednych častej v mirovuju vojnu. [Die Kampftätigkeit der Truppenteile des zweiten Aufgebots im Weltkrieg.] Moskva-Leningrad 1928.

Golovanov, N. I.: O role imperialistov SŠA i Antanty v ijun'skom nastuplenie russkoj armii v 1917 g. [Über die Rolle der Imperialisten der USA und der Entente bei der Juni-Offensive der russischen Armee im Jahr 1917.] In: Istorija SSSR. 1960. Nr. 4.

Gorodeckij, E.: Vostočnyj front v 1918 g. [Die Ostfront 1918.] In: Voprosy istorii. 1947. Nr. 9.

Gukovskij, A.: Vtorženie nemcev v Stranu Sovetov v 1918 g. [Die Invasion der Deutschen in das Land der Sowjets im Jahr 1918.] In: Istoričeskie zapiski. 1942. T. 13.

Danilov, N. A.: Smešannaja operacija v Rižskom Zalive v ijune-avguste 1916 g. [Die kombinierte Operation der Deutschen im Rigaer Meerbusen im Juni-August 1916.] Leningrad 1927.

De-Lazari, A. N.: Aktivnaja oborona korpusa. [Die aktiv geführte Verteidigung eines Korps.] Moskva-Leningrad 1930.

Evseev, N. F.: Avgustovskoe sraženie 2-j russkoj armii v Vostočnoj Prussii (Tannenberg) v 1914 g. [Die Augustschlacht der 2. russischen Armee in Ostpreußen (Tannenberg) im Jahr 1914.] Moskva 1936.

Evseev, N. F.: Svencjanskij proryv (1915 g.) Voennye dejstvija na Vostočnom fronte mirovoj vojny v sentjabre-oktjabre 1915 g. [Der Durchbruch bei Swenzjansk (im Jahr 1915). Die Kämpfe an der Ostfront im Weltkrieg im September-Oktober 1915.] Moskva 1936.

Emec, V. A.: O roli russkoj armii v pervoj mirovoj vojny 1914-1918 gg. [Über die Rolle der russischen Armee im Ersten Weltkrieg.1914-1918.] In: Istoričeskie zapiski. 1965. T. 77.

Žilin, A. P.: Nastuplenie russkoj armii letom 1917 goda v voenno-političeskich planach Antanty. [Die Offensive der russischen Armee im Sommer 1917 im Rahmen der militärpolitischen Pläne der Entente.] In: Voenno-istoričeskij žurnal. 1982. Nr. 3.

Žilin, A. P.: Poslednee nastuplenie ijun'1917 goda. [Die letzte Offensive, Juni 1917.] Moskva 1983.

Žurin, B. I.: Vzaimodejstvie artillerii s drugami rodami vojsk pri proryve ukreplennoj polosy 8-j russkoj armiej u Stanislavuva. [Das Zusammenwirken der Artillerie mit den anderen Waffengattungen beim Durchbruch durch eine befestigte Zone mit der 8. russischen Armee bei Stanislowów.] Moskva 1943.

Zajončkovskij, A. M.: Mirovaja vojna. Manevrennyj period 1914-1915 gg. na russkom (evropejskom) teatre. [Der Weltkrieg. Die Zeit des Bewegungskrieges 1914-1915 auf dem russischen(europäischen) Kriegsschauplatz!] Moskva-Leningrad 1929.

Isserson, G.: Kanny mirovoj vojny.(Gibel' armii Samsonova). [Das Cannae des Weltkrieges. Der Untergang der Armee Samsonow.] Moskva 1926.

Kavtaradze, A.: Iz istorii russkogo general'nogo štaba (avgust 1914 goda - maj 1918 goda). [Aus der Geschichte des russischen Generalstabes. (August 1914- Mai 1918.) In: Voenno-istoričeskij žurnal. 1976. Nr. 1.

Kavtaradze, A.: Oktjabr' i likvidacija kontrrevoljucionnoj stavki, [Der Oktober und die Liquidierung der konterrevolutionären Stawka.] In: Voenno-istoričeskij žurnal. 1968. Nr. 4.

Kavtaradze, A.: Rižskaja operacija 1917 g. [Die Operation bei Riga 1917.] In: Voenno-istoričeskij žurnal. 1967. Nr. 9.

Manenskij, M. P.: Gibel' 20-go korpusa 8 (21) fevralja 1915 g. (Po archivnym materialam štaba 10-j armii). [Die Niederlage des XX. Korps am 8.(21.) Februar 1915. Nach Archivunterlagen des Stabes der 10. Armee.] Petrograd 1921.

Kapustin, M. I.: Zagovor generalov. Iz istorii kornilovščiny. [Die Verschwörung der Generale. Aus der Geschichte der Kornilow-Bewegung.] Moskva 1968.

Kapustin, M. I.: K voprosu o sdače Rige v avguste 1917 g. [Zur Frage der Kapitulation Rigas im August 1917.] In: Istoričeskie zapiski. 1954. T. 46.

Kapustin, M. I.: Soldaty Severnogo fronta v bor'be za vlast' Sovetov. [Die Soldaten der Nordfront im Kampf um die Macht der Räte.] Moskva 1957.

Kljackin, S. M.: Na zaščite Oktjabrja. [Zum Schutz des Oktobers.] Moskva 1965.

Kolenkovskij, A.: Zimnjaja operacija v Vostočnoj Prussi v 1915 g. [Die Winteroperation in Ostpreußen 1915.] Moskva-Leningrad 1927.

Korablev, Ju.: V. I. Lenin i organizacija otpora vojskam germanskogo imperializma v fevrale-marte 1918 g. [W. I. Lenin und die Organisation des Widerstands gegen die Truppen des deutschen Imperialismus im Februar-März 1918.] In: Voenno-istoričeskij žurnal. 1968. Nr. 1.

Korzun, L.: Razvedka v russkoj armii v pervoj mirovoj vojne. [Die Aufklärung in der russischen Armee im Ersten Weltkrieg.] In: Voenno-istoričeskij žurnal. 1981. Nr. 4.

Korkodinov, P.: Lodzinskaja operacija 1914 goda. [Die Operation bei Lodz im Jahr 1914.] In: Voenno-istoričeskij žurnal. 1964.Nr.11.

Korol'kov, G.: Varšavsko-Ivangorodskaja operacija. [Die Operation von Warschau und Iwangorod.] Moskva 1923.

Korol'kov, G.: Lodzinskaja operacija. 2 nojabrja - 19 dekabrja 1914 g. [Die Operation bei Lodz. 2. November - 19. Dezember 1914.] Moskva 1934.

Korol'kov, G.: Nesbyvšiecja Kanny. (Neudavšijcja razgrom russkich letom 1915 g.) [Die bei Cannae versagt haben. Die fehlgeschlagene Vernichtung der Russen im Sommer 1915.] Moskva 1926.

Korol'kov, G.: Prasnyšskoe sraženie. Ijul' 1915. Taktičeskoe issledovanie. [Die Schlacht bei Prasnyk. Juli 1915. Eine taktische Untersuchung.] Moskva-Leningrad 1928.

Korol'kov, G.: Sraženie pod Šavli. [Die Schlacht vor Schaulen.] Moskva-Leningrad 1926.

Kratkij strategičeskij očerk vojny 1914-1918 gg. Russkij front. [Kurzer strategischer Abriß des Krieges 1914-1918. Die russische Front.] Vyp. 1-2. Moskva 1918-1919.

Kuznecov, F. E.: Brusilovskij proryv. [Der Durchbruch Brusilows.] Moskva 1944.

Lelevič, G.: Okrtjabr' v Stavke. [Der Oktober in der Stawka.] Gomel' 1922.

Livčak, B. F.: Gosudarstvennoe opolčenie v sisteme vooružennych sil Rossii v period pervoj mirovoj vojny. [Die Reichswehr im Rahmen der Streitkräfte Rußlands während des Ersten Weltkrieges.] In: Sverdlovskij juridičeskij institut. Sb. učenych trudov. Vyp. 44. Sverdlovsk 1975.

Litvinov, A. I.: Majskij proryv IX. armii v 1916 g. [Der Durchbruch der 9. Armee im Mai 1916.] Petrograd 1923.

Ludskij proryv. Trudy i materiali k operacii Jugo-Zapadnogo fronta v mae-ijune 1916 g. [Der Durchbruch bei Luck. Werke und Material zur Operation der Südwestfront im Mai-Juni 1916.] Moskva 1924.

Ljachov, V.: Brusilovskij proryv. K 50-letiju nastupatel'noj operacii Jugo-Zapadnogo fronta. [Der Durchbruch Brusilows. Zum fünfzigjährigen Jahrestag der Offensive der Südwestfront.] In: Voenno-istoričeskij žurnal. 1966. Nr. 6.

Ljachov, V.: Proryv russkogo fronta v 1915 g. K 50-letiju Gorlickoj operacii. [Der Durchbruch der russischen Front. 1915. Zum fünfzigsten Jahrestag der Operation bei Gorlice.] In: Voenno-istoričeskij žurnal. 1965. Nr. 6.

Nazin, I. ; Barakov, I.: Latyšev, A.: Aviacija v Brusilovskom proryve. [Die Fliegerkräfte beim Durchbruch Brusilows.] In: Voenno-istoričeskij žurnal. 1940. Nr. 12.

Ogorodnikov, F.: K kritike sosredotočenija russkich armij v 1914 g. [Zur Kritik des Aufmarsches der Russischen Armeen im Jahr 1914.] In: Vojna i revoljucija. 1926. Nr. 9.

Podorožnyj, N. E.: Naročskaja operacija v marte 1916 g. na russkom fronte mirovoj vojny. [Die Operation am Narocz-See im März 1916 an der russischen Front im Weltkrieg.] Moskva 1938.

Popov, V.: Operacii v Transil'vanii osen'ju 1916 g. [Boevye dejstvija v gorach.) [Die Operationen in Transsylvanien im Herbst 1916. Kampf im Gebirge.] In: Voenno-istoričeskij žurnal. 1940. Nr. 7.

Radus-Zenkovič: Očerk vstrečnogo boja. Po opytu Gumbinenskoj operacii v avguste 1914 g. Kritiko-istoričeskoe issledovanie. [Ablauf eines Begegnungsfechtes. Nach den Erfahrungen bei Gumbinnen im August 1914. Eine kritische geschichtliche Untersuchung.] Moskva 1920.

Rogvol'd, V.: Konnica 1-j russkoj armii v Vostočnoj Prussii. (Avgust-sentjabr' 1914 g.) [Die Kavallerie der 1. russischen Armee in Ostpreußen (August-September 1914).] Leningrad-Moskva 1926.

Roždestvenskij, M.: Luckij proryv. [Der Durchbruch bei Luck.] Moskva 1938.

Rostunov, I. I.: General Brusilov. [General Brusilow.] Moskva 1964.

Rostunov, I. I.: Russkij front pervoj mirovoj vojny. [Die russische Front im Ersten Weltkrieg.] Moskva 1976.

Rotèrmel', A.: Tannenberg s točki zrenija okruženija i bor'by s nym. [Tannenberg vom Gesichtspunkt der Einkreisung und des Kampfes dagegen.] In: Vojna i revoljucija. 1931. Nr. 12.

Rybin, D.: Lodzinskaja operacija na russkom fronte mirovoj vojny v 1914 g. [Die Operation bei Lodz an der russischen Front des Ersten Weltkrieges im Jahr 1914.] Moskva 1938.

Seleznev, K. A.: Propaganda bol'ševistskoj partii sredi nemeckich soldat na russkom fronte v 1914-1918 gg. [Die Propaganda der bolschewistischen Partei unter den deutschen Soldaten an der russischen Front 1914-1918.] In: Ežegodnik germanskoj istorii. [Jahresschrift für deutsche Geschichte.] Moskva 1971.

Strategičeskij očerk vojny 1914-1918 gg. [Strategischer Abriß des Krieges 1914-1918.] Č. 1-7. Moskva 1920-1923.

Strategičeskij očerk vojny 1914-1918 gg. Rumynskij front. [Strategischer Abriß des Krieges 1914-1918. Die rumänische Front.] Moskva 1922.

Trutko, I.: Podgotovka tyla Jugo-Zapadnogo fronta (1914 g.). [Die Vorbereitung der rückwärtigen Dienste der Südwestfront 1914.] In: Voenno-istoričeskij žurnal. 1939. Nr. 3.

Chmel'kov, S. A.: Bor'ba za Osovec. [Der Kampf um Osowec.] Moskva 1939.

Chramov, F.: Vostočno-Prusskaja operacija 1914 g. Operativno-strategičeskij očerk. [Die ostpreußische Operation 1914. Ein operativ-strategischer Abriß.] Moskva 1940.

Frajman, A. L.: Revoljucionnaja zaščita Petrograda v fevrale-marte 1918 g. [Die revolutionäre Sicherung Petrograds im Februar-März 1918.] Moskva-Leningrad 1964.

Frenkin, M. S.: Revoljucionnoe dviženie na Rumynskom fronte (1917-mart 1918). [Die Revolutionsbewegung an der rumänischen Front 1917 - März 1918.] Moskva 1965.

Čerepanov, A. I.: V bojach roždennaja. [In Kämpfen geboren.]

Moskva 1970.
Čerepanov, A. I. : Pod Pskovom i Narvoj. Fevral' 1918 g. [Bei
 Pskow und Narwa. Februar 1918.] Izd. 2-e, Moskva 1963.
Čerkasov, P. : Šturm Peremyšlja 7 oktjabja (24 sentjabrja) 1914 g.
 [Der Sturmangriff auf Przemysl am 7. Oktober (24. September)
 1914.] Leningrad 1927.
Šejdeman, E. : Dejstvija srtillerii na fronte 10 armii 6-10 ijulja
 1917 g. [Die Tätigkeit der Artillerie an der Front der 10. Armee
 6. -10. Juli 1917.] In: Voennaja mysl i revoljucija, 1923. Nr. 4.
Šurygin, F. A. : Revoljucionnoe dviženie soldatskich mass Severnogo
 fronta v 1917 g. [Die Revolutionsbewegung der soldatischen
 Massen der Nordfront 1917.] Moskva 1958.
Ėjdeman, R. ; Melikov, V. : Armija v 1917 g. [Die Armee im Jahr
 1917.] Moskva-Leningrad 1927.
Ėstrejcher-Egorov, R. A. : Gumbinenskoe sraženie. (Aktivnaja
 oborona v armejskoj operacii.) [Die Schlacht bei Gumbinnen. Die
 aktiv geführte Verteidigung bei der Operation in Armeestärke.]
 Moskva 1933.
Jakovlev, V. : Inženernoe obespečenie Brusilovskogo proryva (1916.).
 [Die Sicherstellung des Durchbruchs Brusilows durch die Pioniere
 im Jahr 1916.] In: Voenno-istoričeskij žurnal. 1940. Nr. 8.
Jakupov, N. M. : Bor'ba za armiju 1917 g. Dejatel'nost' bol'ševikov
 v prifrontovych okrugach. [Die Kämpfe um die Armee im Jahr
 1917. Die Tätigkeit der Bolschewisten in den zur Front führenden
 Bezirken.] Moskva 1975.

c. Militärische Operationen auf anderen Kriegsschauplätzen

Arutjunjan, A. O. : Kavkazskij front 1914-1917 gg. [Die Kaukasusfront
 1914-1917.] Erevan 1971.
Badaljan, Ch. A. : Turecko-germanskaja ėkspansija v Zakavkaz'e
 1914-1918. [Die türkisch-deutsche Expansion im Transkaukasus
 1914-1918.] Erevan 1980.
Vinogradov, V. N. : Rumynija v gody pervoj mirovoj vojny. [Rumänien
 in den Jahren des Ersten Weltkrieges.] Moskva 1969.
Gotovcev, A. : Važnejšie operacii na bližnevostočnom teatre v
 1914-1918 gg. [Die wichtigsten Operationen auf dem nahöstlichen
 Kriegsschauplatz 1914-1918.] Moskva 1941.
Grigor'ev, S. G. : Vlijanie Velikoj oktjabr'skoj socialističeskoj
 revoljucii na pod'em revoljucionnogo dviženija v bolgarskoj armii
 (1914-1918 gg.). [Der Einfluß der Großen Sozialistischen Oktober-
 revolution auf den Aufstieg der Revolutionsbewegung in der bul-
 garischen Armee (1914-1918).] In: Učenye zapiski dal'nevostoč-
 nogo gosudarstvennogo universiteta. T. 18, 1968.
Kaporetto. Razgrom ital'janskoj armii na r. Izonco v Oktjabre 1917 g.
 [Die Vernichtung der italienischen Armee am Isonzo im Oktober
 1917.] Moskva 1938.

Korsun, N. G.: Alaškertskaja i Chamadanskaja operacija na Kavkazskom fronte mirovoj vojny v 1915 g. [Die Operation bei Alaschkert und Chadaman an der Kaukasusfront des Weltkrieges im Jahr 1915.] Moskva 1940.

Korsun, N. G.: Pervaja mirovaja vojna na Kavkazskom fronte. Operativno-strategičeskij očerk. [Der Erste Weltkrieg an der Kaukasusfront. Ein operativ-strategischer Abriß.] Moskva 1946.

Korsun, N. G.: Balkanskij front mirovoj vojny 1914-1918 gg. [Die Balkanfront des Weltkrieges 1914-1918.] Moskva 1939.

Korsun, N. G.: Sarykamyšskaja operacija na Kavkazskom fronte mirovoj vojny v 1914-1915 gg. [Die Operation bei Sarykamysch an der Kaukasusfront des Weltkrieges in den Jahren 1914-1915.] Moskva 1937.

Korsun, N. G.: Érzerumskaja operacija na Kavkazskom fronte mirovoj vojny v 1915-1916 gg. [Die Operation bei Erzerum an der Kaukasusfront des Weltkrieges in den Jahren 1915-1916.] Moskva 1938.

Ludšuvejt, E. F.: Turcija v gody pervoj mirovoj vojny 1914-1918 gg. [Die Türkei in den Jahren des Ersten Weltkrieges 1914-1918.] Moskva 1966.

Ljubin, V. P.: Italija nakanune vstuplenija v pervuju mirovuju vojnu. Na puti k krachu liberal' nogo gosudarstva. [Italien am Vorabend des Eintritts in den Ersten Weltkrieg: Auf dem Weg in den Zusammenbruch des liberalen Staates.] Moskva 1982.

Miller, A. F.: Vstuplenie Turcii v pervuju mirovuju vojnu. [Der Eintritt der Türkei in den Ersten Weltkrieg.] In: Izvestija AN SSSR. Serija istorii i filosofii 1946. Nr. 4.

Pisarev, Ju. A.: Voennoe sotrudničestvo Rossii s Serbiej i Černogoriej v 1915 g. [Die militärische Zusammenarbeit Rußlands mit Serbien und Montenegro 1915.] In: Istoričeskie zapiski 1981. T. 106.

Pisarev, Ju. A.: Russkie vojska na Salonikskom fronte 1916-1918 gg. [Russische Truppen an der Front von Saloniki in den Jahren 1916-1918.] In: Istoričeskie zapiski. 1966. T. 79.

Pisarev, Ju. A.: Germano-avstrijskie plany na Balkanach v gody pervoj mirovoj vojny. [Die deutsch-österreichischen Pläne auf dem Balkan im Ersten Weltkrieg.] In: Novaja i novejšaja istorija. 1973. Nr. 2.

Pisarev, Ju. A.: Serbija i Černogorija v pervoj mirovoj vojne. [Serbien und Montenegro im Ersten Weltkrieg.] Moskva 1968.

Sokolovskij, O. V.: Otkrytie Salonikskogo fronta deržavami Antanty osen'ju 1915 g. i Grecija. [Die Öffnung der Front von Saloniki durch die Mächte der Entente im Herbst 1915 und Griechenland.] In: Sovetskoe slavjanovedenie. 1977. Nr. 6.

Terechov, M. V.: Razloženie bolgarskoj armii v konce pervoj mirovoj vojny. [Die Auflösungserscheinungen bei der bulgarischen Armee am Ende des Ersten Weltkrieges.] In: Učenye zapiski Akademii obščestvennych nayk. 1948. Vyp. 2.

V. TEILSTREITKRÄFTE UND WAFFENGATTUNGEN

a. Die Landstreitkräfte

Barsukov, E. Z.: Artillerija russkoj armii (1900-1917). [Die Artillerie des russischen Heeres (1900-1917).] T. 1-4. Moskva 1948-1949.
Barsukov, E. S.: Russkaja artillerija v mirovuju vojnu 1914-1918 gg. [Die russische Artillerie im Weltkrieg 1914-1918.] T. 1-2. Moskva 1938-1940.
De-Lazari, A. N.: Chimičeskoe oružie na frontach mirovoj vojny 1914-1918 gg. [Chemische Waffen an den Fronten des Weltkrieges. 1914-1918.] Moskva 1935.
Kirpičnikov, A.: Konnye maccy v razvitii proryva. [Kavalleriemassen zur Erweiterung und Ausnutzung eines Durchbruchs.] In: Voenno-istoričeskij žurnal. 1940. Nr. 8.
Krupčenko, I.: Tanki v pervoj mirovoj vojne. [Kampfpanzer im Ersten Weltkrieg.] In: Voenno-istoričeskij žurnal. 1964. Nr. 9.
Snitko, N.: Sljachter, Ja.: Ispol'zovanie vojsk,Č. 1. Germanskaja armija v 1914-1918 gg. [Der Einsatz der Truppen. Teil 1: Das deutsche Heer in den Jahren 1914-1918.] Moskva 1930.

b. Die Luftstreitkräfte

Vozdušnaja razvedka. Sbornik voenno-istoričeskich primerov. [Die Luftaufklärung. Eine Sammlung militärgeschichtlicher Beispiele.] Sostavitel' A. N. Lapčinskij. [Zusammengestellt von A. N. Laptschinskij.] Moskva 1938.
Vozdušnyj flot v mirovoj vojne. Očerki i epizody vozdušnoj vojny 1914-1918 gg. [Die Luftflotte im Weltkrieg. Skizzen und Episoden aus dem Luftkrieg 1914-1918.] Pod redakciej K. E. Vejgelina. [Unter der Redaktion von K. E. Wejgelin.] Moskva 1926.
Denisov, V. A.: Dejstvija aviacii po železnym dorogam. [Die Wirkund von Luftangriffen auf Eisenbahnlinien.] Moskva 1939.
Ionov, P.: Rol' aviacii v nastupatel'nych operacijach suchoputnych sil 1918 g. i sovremennoj vojny. [Die Rolle der Luftstreitkräfte bei Angriffsoperationen von Landstreitkräften im Jahr 1918 und im heutigen Krieg.] In: Vestnik vozdušnogo flota. 1938. Nr. 4.
Minov, I.: Primenenie parašjutov v russkoj armii v period pervoj mirovoj vojny. [Die Verwendung von Fallschirmen in der russischen Armee während des Ersten Weltkrieges.] In: Voennoistoričeskij žurnal. 1976. Nr. 8.
Mosolov, I.: Boevoe sodružestvo russkich i francuzskich letčikov v pervoj mirovoj vojne. [Die Waffenbrüderschaft russischer und französischer Flieger im Ersten Weltkrieg.] In: Voenno-

istoričeskij žurnal. 1973. Nr. 6.

Trunov, K. : Istorija razvitija vozdušnogo boja v imperialističeskuju vojnu 1914-1918 gg. Period s momenta načala imperialističeskoj vojny do oseni 1915 g. [Die Geschichte der Entwicklung des Luftkampfes im imperialistischen Krieg 1914-1918. Der Zeitraum vom Augenblick des Anfangs des imperialistischen Krieges bis zum Herbst 1915.] In: Vestnik vozdušnogo flota, 1938. Nr. 4.

Trunov, K. : Istorija razvitija vozdušnogo boja v mirovuju vojnu 1914-1918 gg. (Period s oseni 1915 g. do boev na Somme - Ijul' 1916 g.). [Die Geschichte der Entwicklung des Luftkampfes im Weltkrieg 1914-1918. Der Zeitraum vom Herbst 1915 bis zu den Kämpfen an der Somme im Juli 1916]. In: Vestnik vozdušnogo flota. 1938. Nr. 5.

c. Die Seestreitkräfte

Aleksandrov, A. P. ; Isakov, I. S. : Belli, V. A. : Operacii podvodnych lodok. [Die Operationen der U-Boote.] T. 1. Leningrad 1938.

Andreev, V. I. : Bor' ba na okeanskich kommunikacijach. (Po opytu dvuch mirovych vojn.) [Der Kampf um die Überseeverbindungen. Nach den Erfahrungen zweier Weltkriege.] Moskva 1961.

Baltijskij flot. Istoričeskij očerk. [Die Baltische Flotte. Ein historischer Abriß.] Moskva 1960.

Bykov, P. D. : Voennye dejstvija na Severnom russkom morskom teatre v imperialističeskuju vojnu 1914-1918 gg. [Das Kriegsgeschehen auf dem nördlichen russischen Seekriegsschauplatz im imperialistischen Krieg 1914-1918.] Leningrad 1939.

Voenno-morskaja komissija po issledovaniju i ispol' zovaniju opyta vojny 1914-1918 gg. na more. [Die Kommission der Kriegsmarine zur Untersuchung und Auswertung der Kriegserfahrungen 1914-1918 zur See.] Sb. 1-2. Petrograd 1920-1922.

V' junenko, N. : Dejstvija podvodnych lodok v pervoj mirovoj vojne. [Die Tätigkeit der U-Boote im Ersten Weltkrieg.] In: Voennoistoričeskij žurnal. 1975. Nr. 11.

Gel' mersen, P. V. : Morskaja blokada. [Die Seeblockade.] Leningrad 1925.

Gončarov, L. G. : Denisov, B. A. : Ispol' zovanie min v mirovuju vojnu 1914-1918 gg. [Der Einsatz von Minen im Weltkrieg 1914-1918.] Moskva-Leningrad 1940.

Denisov, A. P. ; Perečnev, Ju. G. : Russkaja beregovaja artillerija. Istoričeskij očerk. [Die russische Küstenartillerie. Ein historischer Abriß.] Moskva 1956.

Eremeev, L. : Nabegovye operacii legkich sil flota. (Liderov i minonoscev.) [Überfallartige Operationen der leichten Kräfte der Flotte. (Zerstörer und Torpedoboote.).] In: Morskoj sbornik. 1939. Nr. 9.

Zalesskij, N. A. : Flot russkogo Severa v gody pervoj mirovoj i graždanskoj vojn. [Die russische Nordflotte im Ersten Weltkrieg und im Bürgerkrieg.] In: Letopis' Severa. Sb. 6. Moskva 1972.

Zernov, M. ; Truchin, N. : Služba svjazi v russkom flote v gody pervoj mirovoj vojny. [Der Fernmeldedienst in der russischen Flotte während des Ersten Weltkrieges.] In: Voenno-istoričeskij žurnal. 1966. Nr. 3.

Isakov, I. : Operacija japoncev protiv Cindao v 1914 g. [Die Operation der Japaner gegen Tsingtau 1914.] Izd. 3-e. Moskva-Leningrad 1941.

Istorija voenno-morskogo iskusstva. [Geschichte der Seekriegskunst.] T. 3. Moskva 1953.

Kireev, I. A. : Tralenie v Baltijskom more v vojnu 1914-1917 gg. [Minenräumen in der Ostsee im Krieg 1914-1918.] Moskva-Leningrad 1936.

Kodola, D. : Ideja boja na minno-artillerijskoj pozicii v russkom flote. Po opytu boevych dejstvij Baltijskogo flota v pervoj mirovoj vojne. [Die Vorstellung vom Kampf um durch Minen verstärkte Artilleriestellungen in der russischen Flotte. Nach den Erfahrungen der Kampftätigkeit der Baltischen Flotte im Ersten Weltkrieg.] In: Morskoj sbornik. 1953. Nr. 3.

Kodola, D. : Jutlandskoe sraženie. [Die Schlacht vor Jütland. (Skaggerak.)] In: Voenno-istoričeskij žurnal. 1966. Nr. 4.

Kozlov, A. : Bor' ba partii bol' ševikov za predotvraščenie zachvata Černomorskogo flota germanskimi imperialistami. [Der Kampf der Partei der Bolschewisten um die Verhinderung der gewaltsamen Aneignung der Schwarzmeerflotte durch die deutschen Imperialisten.] In: Voenno-istoričeskij žurnal. 1970. Nr. 7.

Kozlov, I. : Dejstvija russkogo Černomorskogo flota na morskich soobščenijach v pervuju mirovuju vojnu. [Der Kampf der russischen Schwarzmeerflotte um die Seeverbindungen im Ersten Weltkrieg.] In: Morskoj sbornik. 1951. Nr. 10.

Kozlov, I. : Minnye postanovki russkogo flota v južnoj časti Baltijskogo morja v 1914-1915 gg. [Das Verlegen von Minen durch die russische Flotte im südlichen Teil der Ostsee während der Jahre 1914-1915.] In: Morskoj Sbornik. 1950. Nr. 1.

Kozlov, I. A. : Slomin, V. S. : Severnyj flot. [Die Nordmeerflotte.] Moskva 1966.

Kolenkovskij, A. : Dardanel'skaja operacija. [Die Operation an den Dardanellen.] Izd. 2-e. Moskva 1938.

Kosinskij, A. M. : Moonzundskaja operacija Baltijskogo flota 1917 g. [Die Operation der Baltischen Flotte im Moonsund 1917.] Leningrad 1928.

Krovjakov, N. S. : "Ledovyj pochod" Baltijskogo flota v 1918 g. (K istorii pervoj strategičeskoj operacii Sovetskogo Voenno-Morskogo Flota.) [Der "Eisfeldzug" der Baltischen Flotte im Jahr 1918. Zur Geschichte der ersten strategischen Operation der Sowjetflotte.] Moskva 1955.

Matveev, A. I. : V bojach za Moonsund. [In den Kämpfen um den Moonsund.] Moskva 1957.

Moiseev, S. P. : Spisok korablej russkogo parovogo i bronenosnogo
   flota (c 1861 po 1917). [Schiffsregister der russischen Dampf- und
   Panzerflotte (von 1861 bis 1917).] Moskva 1948.
Novikov, N. : Boj Černomorskogo flota s "Gebenom" u Bosfora.
   [Der Kampf der Schwarzmeerflotte mit der "Goeben" im Bosporus.]
   In: Morskoj sbornik. 1935. Nr. 9.
Novikov, N. : Operacija na Černom more i sovmestnye dejstvija
   armii i flota na poberež'e Lazistana. [Die Operation im Schwarzen
   Meer und die gemeinsamen Operationen von Armee und Flotte im
   Küstengebiet von Lazistan.] Izd. 3-e. Moskva 1938.
Novikov, N. : Operacii flota protiv berega na Černom more v 1914 -
   1917 gg. [Die Flottenoperationen gegen die Schwarzmeerküste
   1914-1917.] Moskva 1937.
Panteleev, Ju. : Protivolodočnaja oborona Kol'skoga zaliva v impe-
   rialističeskuju vojnu 1914-1918 gg. [Die U-Boot-Abwehr in der
   Kola-Bucht im imperialistischen Krieg 1914-1918.] In: Morskij
   sbornik. 1940. Nr. 6.
Petrov, M. : Istoričeskaja spravka o beregovoj oborone Baltijskogo
   morja v mirovuju vojnu. [Historische Angaben über die Küsten-
   verteidigung an der Ostsee im Weltkrieg.] In: Morskoj sbornik.
   1926. Nr. 3.
Petrovskij, V. : Zakuporočnye operacii. [Sperroperationen.]
   Leningrad 1937.
Puchov, A. S. : Moonsundskoe sraženie. Revoljucionnye morjaki
   Baltiki na zaščite Petrograda v 1917 g. [Die Schlacht im Moonsund.
   Revolutionäre Matrosen der Baltischen Flotte beim Schutz
   Petrograds 1917.] Leningrad 1957.
Sapožnikov, V. I. : Podvig baltijcev v 1918 g. [Die Heldentat der
   Männer der Baltischen Flotte 1918.] Moskva 1954.
Silin, A. S. : Begstvo "Gebena" i "Breslau" v Dardanelly v 1914 g.
   [Die Flucht der "Goeben" und "Breslau" in die Dardanellen 1914.]
   In: Novaja i novejšaja istorija. 1983. Nr. 3.
Simonenko, V. : Organy upravlenija russkogo flota v pervuju miro-
   vuju vojnu. [Die Führungsorgane der russischen Flotte im Ersten
   Weltkrieg.] In: Voenno-istoričeskij žurnal. 1975. Nr. 9.
Sirčenko, I. T. : Pogibaju. no ne sdajus'! [Ich gehe unter, aber ich
   ergebe mich nicht!] Krasnodar 1969.
Stoljarenko, M. A. : Značenie severnych morskich soobščenij i
   portov v gody pervoj mirovoj vojny. [Die Bedeutung der Nordmeer-
   verbindungen und -häfen in den Jahren des Ersten Weltkrieges.]
   In: Zapiski central'nogo voenno-morskogo muzeja. Nr. 2.
   Leningrad 1960.
Tomaševič, A. V. : Podvodnye lodki v operacijach russkogo flota na
   Baltijskom more v 1914-1915 gg. [U-Boote bei den Operationen
   der russischen Flotte in der Ostsee 1914-1915.] Moskva-
   Leningrad 1939.
Traviničev, A. : Očerki o bor'be s podvodnymi lodkami. Imperiali-
   stičeskaja vojna 1914-1918 gg. [Skizzen über den Kampf mit

U-Booten. Der imperialistische Krieg 1914-1918.] Moskva 1938.
Trajnin, P. : Zeebrjugskaja operacija. [Die Operation von Zeebrügge.] Moskva-Leningrad 1939.
Flot v pervoj mirovoj vojne. [Die Flotte im Ersten Weltkrieg.]
  T. 1-2. Moskva 1964.
Chesin, S. S. : Moonsundskoe sraženieii podgotovka Oktjabr'skogo vooružennogo vosstanija. [Die Schlacht im Moonsund und die Vorbereitung der bewaffneten Oktobererhebung.] In: Oktjabr'skoe vooružennoe vosstanie v Petrograde. Moskva 1980.
Chesin, S. S. : Oktjabr'skaja revoljucija i flot. [Die Oktoberrevolution und die Flotte.] Moskva 1971.
Černomorskij flot. Istoričeskij očerk. [Die Schwarzmeerflotte. Ein historischer Abriß.] Moskva 1967.
Šacillo, K. F. : Russkij imperialzm i razvitie flota nakanune pervoj mirovoj vojny (1906-1914 gg.). [Der russische Imperialismus und der Aufbau der Flotte am Vorabend des Ersten Weltkrieges. 1906-1914.] Moskva 1968.
Ševčenko, V. : Imenem revoljucii. K 60-letiju geroičeskoj oborony Moonsunda revoljucionnymi morjakami Baltijskogo flota v 1917 g. [Im Namen der Revolution. Zur 60-Jahrfeier der heldenhaften Verteidigung des Moonsunds durch die revolutionären Matrosen der Baltischen Flotte 1917.] In: Morskoj sbornik. 1977. Nr. 9.
Štal', A. V. : Razvitie metodov operacij podvodnych lodok v vojnu 1914-1918 gg na osnovnych morskich treatrach. [Die Entwicklung der Operationsmethoden der U-Boote im Krieg 1914-1918 auf den wichtigsten Seekriegsschauplätzen.] Izd. 2-e. Moskva 1937.
Štal', A. : Sovmestnaja rabota vysšego morskogo i verchnovnogo komandovanija v Rossii v mirovuju vojnu. [Die Zusammenarbeit der höheren Seekriegsleitung und des Oberkommandos in Rußland im Weltkrieg.] In: Voennaja mysl' i revoljucija. 1924. Nr. 4.

d. Die Luftverteidigungskräfte PWO

Komarov, N. Ja. : Voennaja aviacija i sredstva PVO Rossii v gody pervoj mirovoj vojny. [Die Luftstreitkräfte und die Mittel der Luftverteidigungskräfte Rußlands PWO im Ersten Weltkrieg.] In: Voprosy istorii. 1974. Nr. 8.

e. Die rückwärtigen Dienste

Vasil'ev, N. : Transport Rossii v vojne 1914-1918 gg. [Das Transportwesen Rußlands im Kriege 1914-1918.] Moskva 1939.
Voronkova, S. V. : Materialy Osobogo soveščanie po oborone gosudarstva (1915-1917). [Unterlagen der Sonderkonferenz zur Verteidigung des Staates (1915-1917).] Moskva 1975.

Karaev, G.: Transportnye sredstva v vojne 1914-1918 gg. [Die Transportmittel im Krieg 1914-1918.] In: Voenno-istoričeskij žurnal. 1941. Nr. 1.

Kričevskij, Ja. N.: Sanitarnaja služba gosudarstvennogo opolčenija Rossii perioda pervoj mirovoj vojny. [Der Sanitätsdienst der Reichswehr Rußlands in der Zeit des Ersten Weltkrieges.] In: Pravovye idei i gosudarstvennye učreždenija. Sverdlovsk 1980.

Manikovskij, A. A.: Boevoe snabženie russkoj armii v mirovuju vojnu. [Die Versorgung der russischen Armee im Weltkrieg.] Izd. 3-e. Moskva 1937.

Poljakov, N.: Snabženie russkoj armii medicinskim imuščestvom (vo vremja pervoj mirovoj vojny). [Die Versorgung der russischen Armee mit medizinischen Mitteln und Gerät.] In: Voenno-istoričeskij žurnal. 1981. Nr. 11.

Puti soovščenija na teatre vojny 1914-1918 gg. Č. 1. Kratkij očerk Upravlenija putej soobščenija pri štabe Verchovnogo glavnokomandujuščego. [Die Verkehrswege auf dem Kriegsschauplatz 1914-1918. T. 1. Kurzer Abriß der Leitung der Verkehrswege beim Stabe des Höchsten Oberbefehlshabers.] Moskva 1919.

Sidorov, A. L.: Ékonomičeskoe položenie Rossii v gody pervoj mirovoj vojny. [Die Wirtschaftslage Rußlands in den Jahren des Ersten Weltkrieges.] Moskva 1973.

Šifman, M. S.: Vojna i ékonomika.(Vooružennoe vozdejstvie na ékonomiku vojujuščich stran v pervoj i vtoroj mirovych vojnach.) [Der Krieg und die Wirtschaft. Die Einwirkung der Rüstung auf die Wirtschaft der kriegführenden Länder im Ersten und Zweiten Weltkrieg.] Moskva 1964.

VI. KRIGSWISSENSCHAFT UND KRIEGSKUNST

Alafusov, V. A.: Doktriny germanskogo flota. [Die Führungsgrundsätze der deutschen Kriegsmarine.] Moskva 1956.

Belickij, S.: Strategičeskie rezervy. [Strategische Reserven.] Moskva-Leningrad 1930.

Veličko, K. I.: Kreposti do i posle mirovoj vojny 1914-1918 gg. [Festungen bis zum und nach dem Weltkrieg 1914-1918.] Moskva 1922.

Viktorov, Z.: O charaktere načal'nogo perioda v dvuch mirovych vojnach. [Über das Wesen der Anfangsperiode in zwei Weltkriegen.] In: Voenno-istoričeskij žurnal. 1960. Nr. 4.

Voennaja strategija. [Militärstrategie.] Pod red.: V. D. Sokolovskogo. Izd. 3-e. Moskva 1968.

Vol'pe, A.: Frontal'nyj udar. Evoljucija form operativnogo manevra v pozicionnyj period mirovoj vojny. [Der frontale Großangriff. Die Evolution der Formen des operativen Manövers im Stellungskrieg während des Weltkrieges.] Moskva 1931.

Voprosy strategii i operativnogo iskusstva v sovetskich voennych trudach (1917-1940 gg.). [Die Fragen der Strategie und der operativen Kunst in den sowjetischen militärischen Werken 1917-1940.] Moskva 1965.

Voprosy taktiki v sovetskich voennych trudach 1917-1940. [Die Fragen der Taktik in den sowjetischen militärischen Werken 1917-1940.] Moskva 1970.

Isserson, G. : Évoljucija operativnogo iskusstva. [Die Evolution der operativen Kunst.] Moskva 1932.

Kazakov, M. : Ispol'zovanie rezervov russkoj armii v pervoj mirovoj vojne. [Der Einsatz der Reserven der russischen Armee im Ersten Weltkrieg.] In: Voenno-istoričeskij žurnal. 1971. Nr. 12.

Kapustin, N. : Operative iskusstvo v pozicionnoj vojne. [Die operative Kunst im Stellungskrieg.] Moskva-Leningrad 1927.

Kirej, V. : Artillerija ataki i oborony. Vyvody iz primenenija artillerii na russkom fronte v 1914-1917 gg. [Die Artillerie in Angriff und Verteidigung. Schlußfolgerungen aus dem Einsatz der Artillerie an der russischen Front 1914-1917.] Izd. 2-e. Moskva 1936.

Knjazev, M. S. : Bor'ba v pozicionnych uslovijach. [Der Kampf um und aus Stellungen.] Izd. 2-e. Moskva 1941.

Kozlov, S. : Voennaja nauka i voennye doktriny v pervoj mirovoj vojne. [Die Kriegswissenschaft und die Führungsgrundsätze im Ersten Weltkrieg.] In: Voenno-istoričeskij žurnal. 1964. Nr. 2.

Kozlov, S. : K voprosu o razvitii russkoj voennoj nauki v chode pervoj mirovoj vojne. [Zur Frage der Entwicklung der russischen Kriegswissenschaft im Laufe des Ersten Weltkrieges.] In: Voenno-istoričeskij žurnal. 1970. Nr. 9.

Kozlov, S. : Nekotorye voprosy strategičeskogo razvertyvanija po opytu dvuch mirovych vojn. [Einige Fragen zum strategischen Aufmarsch nach den Erfahrungen zweier Weltkriege.] In: Voenno-istoričeskij žurnal. 1959. Nr. 12.

Kolguškin, A. ; Beršadskij, I. : O načal'nom periode minuvšej vojny. (Otklik na stat'ju general-majora I. Ruchle.) [Über die Anfangsperiode des vergangenen Krieges. (Eine Antwort auf die Abhandlung von Generalmajor I. Ruchle.] In: Voenno-istoričeskij žurnal. 1960. Nr. 8.

Korkodinov, P. : O sposobach rešenija strategičeskich zadač v pervoj mirovoj vojne. [Über die Arten der Lösung strategischer Aufgaben im Ersten Weltkrieg.] In: Voenno-istoričeskij žurnal. 1964. Nr. 7.

Krasil'nikov, S. N. : Organizacija krupnych obščevojskovych soedinenij. (Prošedšee, nastojaščee i buduščee.) [Die Gliederung von Großverbänden aller Waffen. (In Vergangenheit, Gegenwart und Zukunft.] Moskva 1933.

Melikov, V. A. : Strategičeskoe razvertivanie. (Po opytu pervoj mirovoj imperialističeskoj vojny 1914-1918 gg. i graždanskoj vojny v SSSR.) [Der strategische Aufmarsch. (Nach Erfahrungen des imperialistischen Ersten Weltkrieges 1914-1918 und des Bürgerkrieges in der UdSSR.] T. 1. Izd. 2-e. Moskva 1939.

Mernov, V.: O soderžanii načal' nogo perioda mirovych vojn. [Über das Wesen der Anfangsperiode der Weltkriege.] In: Voenno-istoričeskij žurnal. 1964. Nr. 9.

Pavlenko, N.: Iz istorii razvitija strategii. [Aus der Geschichte der Entwicklung der Strategie.] In: Voenno-istoričeskij žurnal. 1964. Nr. 10.

Petrov, M.: Morskaja oborona beregov v opyte poslednich vojn Rossii. [Die Küstenverteidigung von See her nach den Erfahrungen der letzten Kriege Rußlands.] Leningrad 1927.

Postunov, I. I.: V. I. Lenin o vojnach épochi imperializma. [W. I. Lenin über die Kriege der Epoche des Imperialismus.] In: Sbornik statej po voennomu iskusstvu. Moskva 1921.

Svečin, A.: Iskusstvo voždenija polka po opytu vojny 1914-1918 gg. [Die Kunst der Führung eines Regiments nach den Erfahrungen des Krieges 1914-1918.] T. 1. Moskva-Leningrad 1930.

Svečin, A.: Strategija. [Die Strategie.] Izd-2-e. Moskva 1927.

Smirnov, P. S.: Proryv ukreplennoj polosy. [Der Durchbruch durch eine befestigte Zone.] Moskva 1941.

Solov'ev, I.: Nekotorye voprosy russkogo voenno-morskogo iskusstva v pervoj mirovoj vojne. [Einige Fragen der Kunst der russischen Seekriegführung im Ersten Weltkrieg.] In: Morskoj sbornik. 1953. Nr. 8.

Talenskij, N.: Nekotorye vyvody iz opyta vojny 1914-1918 gg. [Einige Schlußfolgerungen aus den Erfahrungen des Krieges 1914-1918.] Moskva 1931.

Triandafilov, V. K.: Charakter operacij sovremennych armij. [Das Wesen der Operationen von heutigen Armeen.] Izd. 2-e. Moskva 1937.

Fedorov, V. G.: Oružejnoe delo na grani dvuch époch. (Raboty oružejnika 1900-1935 gg.) [Die Waffeninstandsetzung an der Grenze zweier Epochen. (Die Arbeit des Waffenmeisters 1900-1935.)] Č. 2 Leningrad 1939.

Figurovskij, N. A.: Očerk razvitija russkogo protivogaza vo vremja imperialističeskoj vojny 1914-1918 gg. [Abriß der Entwicklung des russischen Gasschutzes in der Zeit des imperialistischen Krieges 1914-1918.] Moskva-Leningrad 1942.

Frolov, B.: Razvitie taktiki nastupatel' nogo boja russkoj armii v pervuju mirovuju vojnu. [Die Entwicklung der Taktik des Angriffsgefechtes bei der russischen Armee im Ersten Weltkrieg.] In: Voenno-istoričesij žurnal. 1981. Nr. 6.

Carev, N. T.: Ot Šliffena do Gindenburga. (O provale voennoj doktriny kajzerovskoj Germanii.) [Von Schlieffen bis Hindenburg. (Über den Fehlschlag der militärischen Lehren des kaiserlichen Deutschlands.)] Moskva 1956.

Šul'c, Ju.: Analiz poter' boevych flotov v mirovuju imperialističeskuju vojnu 1914-1918 gg. [Eine Analyse der Verluste der Kriegsflotten im imperialitischen Ersten Weltkrieg. 1914-1918.]

In: Morskij sbornik. 1940. Nr. 9.
Jakovlev, V. V. : Šmakov, N. I. : Dolgovremennye fortifikacionnye
formy k načalu i vo vremja imperialističeskoj vojny 1914-1918 gg.
[Die Arten der ständigen Befestigungen am Anfang und während
des imperialistischen Krieges. 1914-1918.] Moskva 1936.

VII. BIBLIOGRAPHISCHE REGISTER UND HANDBÜCHER

Veržchovskij, D. ; Ljakov, V. : Sovetskaja istoričeskaja literatura
o pervoj mirovoj vojne. [Die sowjetische historische Literatur
über den Ersten Weltkrieg.] In: Voenno-istoričeskij žurnal.
1964. Nr. 12.
Vinogradov, K. B. : Buržuaznaja istoriografija pervoj mirovoj vojny.
Proischoždenie vojny i meždunarodnye otnošenija v 1914-1917 gg.
[Die bürgerliche Geschichtsschreibung über den Ersten Weltkrieg.
Die Entstehung des Krieges und die internationalen Beziehungen in
den Jahren 1914-1917.] Moskva 1962.
Vinogradov, K. B. : Nakanune pervoj mirovoj vojny. Nekotory itogi
novych issledovanij. [Am Vorabend des Ersten Weltkrieges. Einige
Gesamtergebnisse neuer Untersuchungen.] In: Novaja i novejšaja
istorija. 1973. Nr. 1.
De Lazari, A. N. : Mirovaja imperialističeskaja vojna 1914-1918 gg.
[Der imperialistische Weltkrieg 1914-1918.] Atlas schem.
Moskva 1934.
Istorija SSSR. Ukazatel' sovetskoj literatury za 1917-1952 gg. [Geschichte der UdSSR. Verzeichnis der sowjetischen Literatur
während der Jahre 1917-1952.] T. 2. Moskva 1958.
Krasnyj archiv. Istoričeskij žurnal 1922-1941. Annotirovannyj
ukazatel' soderžanija. [Rotes Archiv. Historisches Journal 1922-
1941. Inhaltsverzeichnis mit Anmerkungen.] Moskva 1960.
Mirovaja vojna v cifrach. [Der Weltkrieg in Zahlen.] Moskva-
Leningrad 1934.
Narodnaja chozjajstvo i vojna. Bibliografičeskij spravočnik. [Die
Volkswirtschaft und der Krieg. Bibliographisches Handbuch.]
Moskva 1927.
Rossija v mirovoj vojne 1914-1918 gg. (V cifrach.) [Rußland im
Weltkrieg 1914-1918.] Moskva 1925.
Chmelevskij, G. : Mirovaja imperialističeskaja vojna 1914-1918 gg.
Sistematičeskij ukazatel' knižnoj i statejnoj voenno-istoričeskoj
literatury za 1914-1935 gg. [Der imperialistische Weltkrieg
1914-1918. Systematisches Verzeichnis der militärgeschichtlichen Buch- und Aufsatzliteratur während der Jahre 1914-1935.]
Moskva 1936.

DIE KATHOLISCHE KIRCHE IM DEUTSCHEN WIDERSTAND 1933-1945

von Michael Haupt

> "Wir beklagen es zutiefst: Viele Deutsche auch
> aus unseren Reihen, haben sich von den falschen
> Lehren des Nationalsozialismus betören lassen,
> sind bei den Verbrechen gegen menschliche Frei-
> heit und menschliche Würde gleichgültig ge-
> blieben; viele leisteten durch ihre Haltung den
> Verbrechen Vorschub, viele sind selber Ver-
> brecher geworden..."
>
> Hirtenbrief der deutschen Bischöfe,
> 23. August 1945

I. Geschichtliche Darstellung

1. Zur Einführung

Bei der Diskussion über das Thema Nationalsozialismus stellt sich immer wieder die Frage nach der Rolle der Kirchen, die diese in der betreffenden Zeit, zwischen 1933-1945, gespielt haben. Wie weit waren sie "Kirchen der Anpassung" oder "Kirchen des Widerstandes"? Haben die Kirchen alles Mögliche getan, um ungerecht verfolgten Menschen zu helfen, oder haben sie durch Schweigen zur Ausbreitung der nationalsozialistischen Ideologie beigetragen?

Entsprechend dem Thema der Bibliographie soll anhand von ausgewählten Monographien exemplarisch die Haltung und Stellung der römisch-katholischen Kirche aufgezeigt werden. Auf Zeitschriften- und Zeitungsartikel, sowie Aufsätzen aus Büchern wurde bewußt verzichtet, da der Umfang von vornherein begrenzt war.

2. Nationalsozialismus und Christentum

Die Haltung des Staates gegenüber den Kirchen, gemeint sind die evangelische und katholische, war zu Beginn des Dritten Reiches noch relativ neutral. Zwar sieht Hitler in seinem Buch "Mein Kampf"

(1925-27, S. 379) "in den beiden religiösen Bekenntnissen gleich wertvolle Stützen für den Bestand unseres Volkes..." Seinem Bekunden nach sei es Pflicht der NSDAP, "...diejenigen Parteien (zu bekämpfen), die dieses Fundament einer sittlich religiösen und moralischen Festigung unseres Volkskörpers zum Instrument ihrer Parteiinteressen herabwürdigen wollen" (S. 379 f).

Aber diese wohlwollenden Worte waren nur gedacht, um die künftigen Wähler seiner Partei und Interessen nicht zu vertreiben. Daß er von Anfang an seiner "politischen Laufbahn" ein entschiedener Gegner jeglicher Religion und Weltanschauung war, wird in einem Gespräch mit dem Senatspräsidenten von Danzig, Hermann Rauschning, deutlich. "Mit den Konfessionen", so Hitler, "ob nun diese oder jene: das ist alles gleich. Das hat keine Zukunft mehr. Für die Deutschen jedenfalls nicht." Für ihn sei es entscheidend, ob das deutsche Volk dem jüdischen Christenglauben und seiner weichlichen Mitleidsmoral anhänge, oder einem starken und heldenhaften Glauben an den Gott in der Natur, am Gott im eigenen Volke und Blute. "Eine deutsche Kirche, ein deutsches Christentum ist Krampf. Man ist entweder der Christ oder Deutscher. Beides kann man nicht sein... Die katholische Kirche ist schon etwas Großes... Aber nun ist ihre Zeit um! Das wissen die Pfaffen selbst" (vgl. Rauschning, H.: Gespräche mit Hitler, Zürich 1940, S. 50-53). 1.)

3. Das Reichskonkordat von 1933 und Papst-Enzyklika 1937

Trotz der vermehrt einsetzenden kirchenfeindlichen Aktionen der NSDAP, nun mit 43,9 % der Stimmen Regierungspartei, führten die neue Reichsregierung und der Vatikan ihre Verhandlungen zum Abschluß des Konkordates fort. Am 20. Juli 1933 unterzeichneten für die Reichsregierung Vizekanzler Franz von Papen und als Vertreter des Hl. Stuhls, Kardinalstaatssekretär Eugenio Pacelli, den Vertrag, dessen Text im wesentlichen von Pacelli stammt, als er noch Apostolischer Nuntius in Deutschland (1925-37) war. Zu den Forderungen von kirchlicher Seite zählten eine staatliche Garantie für jegliche Freiheiten der Kirche bei der Erfüllung ihrer seelsorgerischen Aufgaben und das Recht auf Erteilung von Religionsunterricht an Bekenntnisschulen. Die Bedingungen des Staates lagen auf einer Beschränkung katholischer Verbände und Vereine auf karitative und rein religiöse Aufgaben, sowie einem Verbot jeglicher politischer Betätigung von Geistlichen. Selbst der Münchener Kardinal-Erzbischof von Faulhaber begrüßte noch in seinem Brief vom 24. Juli an Hitler die Unterzeichnung des Konkordates mit den Worten: "Was die alten Parlamente und Parteien in 60 Jahren nicht fertigbrachten, hat ihr staatsmännischer Weitblick in sechs Monaten weltgeschichtlich verwirklicht. Für Deutschlands Ansehen nach Osten und Westen und vor der ganzen Welt bedeutet dieser Handschlag mit dem Papsttum, der größten sittlichen Macht der Weltgeschichte, eine Großtat von unermeßlichem Segen... Gott erhalte unserem Volk unseren Reichskanzler" (vgl. Müller, H.: Katholische Kirche und Nationalsozialismus, 1963, S. 170 f.).

Die Parteiführung war sich damals, zu Beginn der dreißiger Jahre, noch durchaus bewußt, daß der christliche Teil der Bevölkerung ein nicht zu unterschätzender Machtfaktor bei Wahlen war. Ein offensiver Kampf gegen die Kirchen von Anfang an, mußte daher jedem mit dem Untergang der NSDAP ersichtlich sein. Nach der erfolgreichen Reichstagswahl von 1933 noch bekundete Hitler in seiner Regierungserklärung: "Die nationale Regierung sieht in den beiden christlichen Konfessionen wichtige Faktoren der Erhaltung unseres Volkstums." Aber der Kampf gegen das Christentum und die Kirchen hatte längst begonnen, auch wenn dies von den Kirchen, so auch den deutschen Bischöfen, nicht oder zu spät erkannt worden war.

Selbst die Bischöfe gehen noch in ihrer, am 28. März 1933 herausgegebenen Erklärung davon aus, daß sie in der neuen Reichsregierung die Religionsfreiheit gewährleistet sehen. Sie sprechen von Anerkennung gegenüber "dem höchsten Vertreter der Reichsregierung", der in seiner Regierungserklärung, "der Unverletzlichkeit der katholischen Glaubenslehre und den dort veränderlichen Aufgaben und Rechten der Kirche Rechnung getragen habe".

Der bis jetzt noch relativ im Verborgenen geführte Kampf um die Ausschaltung und Verfolgung der Kirche brach nun im März 1937 mit der Verkündigung der Enzyklika "Mit brennender Sorge" offen aus. Da den staatlichen Sicherheitsbehörden der Tag der Kanzelverlesung und der Plan für die Enzyklika insgesamt im wesentlichen nicht bekannt war, war die Reaktion entsprechend hart. Es begannen nun verstärkt und öffentlich die Sittlichkeits- und Devisenprozesse gegen Ordensangehörige, die Beschlagnahme von Kircheneigentum und die Auflösung der Klöster.

Den Plan zu dieser Enzyklika faßte Papst Pius XI., als die deutschen Kardinäle Konrad Bertram (Breslau), Michael von Faulhaber (München) und Karl Joseph Schulte (Köln), mit den Bischöfen von Galen (Münster) und von Preysing-Lichtenegg-Moos (Berlin) zu Konsultationen in Rom waren, um dem Papst über die Lage der katholischen Kirche in Deutschland Bericht zu erstatten.

Als maßgeblicher Verfasser der Enzyklika gilt der Kardinal-Erzbischof von München, von Faulhaber. Er legte binnen drei Tagen eine vorläufige Fassung des Textes vor, den dann der Papst im Text verschärft um fast das Doppelte erweitert, verkündete. Die päpstliche Enzyklika beginnt in eindringlicher Form mit den Worten: "Mit brennender Sorge und steigendem Befremden beobachten Wir seit geraumer Zeit den Leidensweg der Kirche, die wachsende Bedrängnis der ihr in Gesinnung und Tat treubleibenden Bekenner und Bekennerinnen inmitten des Landes und Volkes, dem Bonifatius einst die Licht- und Frohbotschaft von Christus und dem Reiche Gottes gebracht hat". 2.)

4. Der Widerstand

Lange Zeit hindurch konnten sich die Bischöfe nicht auf einen gemeinsamen Kurs gegenüber dem Nationalsozialismus einigen. So standen auf der einen Seite diejenigen Bischöfe, die versuchten, Kirche und Nationalsozialismus zu vereinbaren, zu ihnen gehörten der Erzbischof von Freiburg Conrad Gröber, Kardinal Bertram von Breslau, Bischof Berning von Osnabrück und auch der Augsburger Weihbischof Eberle. Auf der anderen Seite die entschiedenen Gegner des Nationalsozialismus, die Bischöfe von Preysing (Berlin) und von Galen (Münster), sowie der Erzbischof von Köln (ab 1942) Frings. Zu den umstrittensten kirchlichen Persönlichkeiten gehörten der ehemalige Benediktinerabt Schachleiter, dem 1937 sogar ein Staatsbegräbnis zuteil wurde, der Rektor des Priesterkollegs S. Maria dell'Anima, Weihbischof Alois Hudal, der 1952 auf Druck des Vatikans auf seine Bischofswürde verzichten mußte, sowie nach dem "Anschluß" Österreichs, der Kardinal-Erzbischof von Wien, Innitzer. Die Rolle des Kardinals von Faulhaber in dieser Zeit ist bis heute nicht endgültig geklärt.

Stellvertretend für die vielen Geistlichen, die aktiv Widerstand leisteten und dafür Verhaftung, Internierung und sogar die Hinrichtung erdulden mußten, mögen hier nur genannt werden: der Franziskanerpater Maximilian M. Kolbe, der Dompropst zu St. Hedwig Bernhard Lichtenberg, der Berliner Dominikanerpater Odilo Braun oder auch der Gründer des Friedensbundes Deutscher Katholiken, der badische Priester Max Josef Metzger. Allein für das Bistum Berlin mußten 58 Geistliche und Ordensangehörige Verfolgung erleiden. Zehn von ihnen mußten ihren Glauben mit dem Leben bezahlen. Unbekannt ist die Zahl derer, die um ihres Glaubens willen verfolgt wurden, fast vergessen die Namen derjenigen, die das Martyrium erdulden mußten. In Zahlen ausgedrückt sind fast ein Drittel aller katholischen Geistlichen und knapp ein Fünftel aller Ordensgeistlichen Deutschlands von 1933-45 von Zwangsmaßnahmen des NS-Regimes getroffen worden. 3.)

In seiner Ansprache an das Kardinalskollegium vom 2. Juni 1945 erinnerte Papst Pius XII. an die während des Naziregimes verfolgten Geistlichen, "deren einziges Vergehen in der Treue zu Christus und zum Glauben der Väter oder in der mutigen Erfüllung der pristerlichen Pflichten bestand".

Die deutsche Bischofskonferenz dankte in ihrem ersten Hirtenbrief nach dem Kriege vom 23. August 1945 "all den Priestern und all den Laien, die so zahlreich und so unerschrocken für Gottes Gesetz und Christi Lehre eingetreten sind. Viele sind im Kerker und durch Mißhandlungen wahre Bekenner geworden und viele haben für ihre Überzeugung das Leben geopfert".

Die Frage nach der Mitschuld der Kirche wird sich wohl nie endgültig klären lassen, auch wenn die Bischöfe selbst sagen: "Wir wissen, daß es auch in der Kirche Schuld gegeben hat" (Erinnerung und Verantwortung, 1983, S. 22 f).

5. Zeittafel

1919
- 5. 1. Gründung der Deutschen Arbeiterpartei (1920 umbenannt in Nationalsozialistische Deutsche Arbeiterpartei [NSDAP])
- 30. 6. Beginn der diplomatischen Beziehungen zwischen Vatikan und Deutschem Reich

1924
- 29. 3. Konkordat zwischen Vatikan und Bayern

1929
- 14. 6. Konkordat zwischen Vatikan und Preußen

1930.
- 14. 9. Reichstagswahl: NSDAP 18,3 % der Stimmen

1931
- 10. 2. Bayerische Bischofskonferenz bestraft aktive Mitgliedschaft in der NSDAP mit Exkommunikation
- 15. 8. Fuldaer Bischofskonferenz verbietet aktive Mitgliedschaft in der NSDAP

1932
- 31. 7. Reichstagswahl: NSDAP 37,3 % der Stimmen
- 12. 10. Konkordat zwischen Vatikan und Baden
- 6. 11. Reichstagswahl: NSDAP 33,1 % der Stimmen

1933.
- 30. 1. Ernennung Hitlers zum Reichskanzler
- 5. 3. Reichstagswahl: NSDAP 43,9 % der Stimmen
- 23. 3. Regierungserklärung Hitlers
- 28. 3. Aufhebung des NSDAP-Verbotes durch die Bischöfe
- 14. 7. Inkrafttreten des Gesetzes zur Verhütung erbkranken Nachwuchses
- 20. 7. Konkordatsunterzeichnung Vatikan - Deutsches Reich
- 24. 7. Glückwunschschreiben Faulhabers an Hitler zum Konkordat

1935
20. 8. Denkschrift der Bischöfe an Hitler

1936
4. 11. Treffen Hitlers mit Kardinal von Faulhaber auf dem Obersalzberg

1937
14. 3. Enzyklika Pius' XI. "Mit brennender Sorge"
17. 10. Denkschrift Bischof von Preysings an Kardinal Bertram, die Bischöfe mögen aktiven Widerstand leisten

1938.
15. 3. Treffen Hitlers mit Kardinal Innitzer in Wien
18. 3. "Anschluß"-Erklärung der österreichischen Bischöfe
6. 4. "Römische" Erklärung der österreichischen Bischöfe
19. 8. Hirtenschreiben der deutschen Bischöfe
Sept. Enzyklika Pius' XI. gegen den Rassismus und Antisemitismus (nicht veröffentlicht)
9./10.11. Reichskristallnacht

1939
10. 2. Tod Pius' XI.
2. 3. Wahl Eugenio Pacellis zum Papst (Pius XII.)
1. 9. Beginn des Zweiten Weltkrieges
1. 9. Verordnung über die "Ausmerzung lebensunwerten Lebens"
20. 10. Rundschreiben Pius' XII. "Summi pontificatus"

1940
10. 4. Glückwunschschreiben von Kardinal Bertram zu Hitlers 51. Geburtstag
1. 12. Brief von Faulhabers an Pius XII. wegen der Euthanasie
2. 12. Erklärung des Hl. Offiziums über die Euthanasie-Verordnung

1941
13. 1. Bormanns Geheimerlaß zum Klostersturm
3. 8. Bischof von Galens Predigt gegen die Euthanasie-Aktion
1. 9. Verordnung über das Tragen des gelben Judensterns
12. 12. Denkschrift Bischof von Preysings an Hitler, daß der NS-Staat die Grundrechte der Menschen mißachte

1942
20. 1. Wannsee-Konferenz zur Endlösung der Judenfrage

1945.
9. 5. Kapitulation des Reiches
2. 6. Ansprache Pius' XII. an das Kardinalskollegium

| 23. 8. | Erklärung der deutschen Bischöfe (Schuldfrage) |
| 1.11. | Dankschreiben Pius' XII. an die deutschen Bischöfe für deren Widerstand |

<u>1979</u>
| 27. 8. | Erklärung der Bischöfe zum 40. Jahrestag des Kriegsausbruches |

<u>1983</u>
| 24. 1. | Erklärung der Bischofskonferenz: "30.1.1933-30.1.1983" |

<u>1985</u>
| 8. 5. | "Geistliches Wort zum 8. Mai 1985" der Bischöfe |

1.) Nach neuesten Forschungen - siehe Karl-Heinz Janßen: Kümmerliche Notizen, in: Die Zeit, Jg. 40, 1985, Nr. 30 vom 19.7.1985 - sind die Aussagen von Rauschning mit "Vorsicht", evtl. als unwahr zu betrachten und zu werten.

2.) Eine Bibliographie zum Reichskonkordat 1933 wurde nicht erstellt, da diese nicht zum Inhalt dieser Arbeit gehört, dagegen wurden Beiträge zur Enzyklika "Mit brennender Sorge..." im Kapitel VII dieser Arbeit in Auswahl angegeben.

3.) Bei der nachfolgenden Bibliographie wurden im Kapitel VIII (Widerstand, Märtyrer) nur Geistliche genannt. Die Aufzählung von einzelnen Laien als Widerstandskämpfer und Märtyrer musste aufgrund des vom Herausgeber vorgegebenen Raumes entfallen. (Hierzu u.a. vgl. die Arbeit von E. Fleischhack über die Widerstandsbewegung "Weisse Rose" in Jahresbibliographie der Bibliothek für Zeitgeschichte, Jg. 42, 1970, u.a.m.)

II. Bibliographie

Wie bereits erwähnt, fanden in der nachfolgenden Bibliographie nur Monographien eine Aufnahme. Aus der Vielzahl der vorhandenen Titel mußte ausgewählt werden, so konnten besonders bei den Punkten III. und VIII. teilweise nur einzelne Titel aufgenommen werden. Für ein eingehenderes Studium von Originaldokumenten sei auf das "Dokumentenverzeichnis 1933-1945" der Kommission für Zeitgeschichte und den Band 2 (Dokumente) von Denzler/Fabricius, Kirche im Dritten Reich verwiesen.

Punkt III. verzeichnet nur Biographien über Geistliche, die dem deutschen Episkopat angehörten. Die einzige Ausnahme bildet hier der im Kampf gegen den Nationalsozialismus relativ unbekannte Jesuitenprovinzial Pater Augustin Rösch, der Mitglied des "Kreisauer Kreises" war und, neben Georg Angermaier, P. Laurentius Siemer OP, P. Odilo Braun OP und P. Lothar König SJ, dem "Ausschuß für Ordensangelegenheiten" angehörte und als Retter der beschaulichen Klöster im Elsaß (Juli 1943) gilt.

Die Biographien der damals regierenden Päpste (Pius XI. bis 1939, Pius XII. ab 1939) finden sich unter VII. 1. und VII. 2. Hier sind auch deren Enzykliken oder Ansprachen und Briefe nachgewiesen, soweit sie das Thema betreffen.

Unter VIII. 3. finden sich Geistliche und Ordensangehörige als Märtyrer. Nicht zu ihnen, aber dennoch hier aufgenommen ist der österreichische Bauer Franz Jägerstätter, der dem Einberufungsbefehl in der Wehrmacht nicht folgte ("Einem Regime, das einen ungerechten Krieg führt, kann und darf ich keinen Eid leisten") und deshalb am 9. August 1943 in Berlin hingerichtet wurde.

Hinzuweisen sei auf die Dokumentation von Ulrich von Hehl, Priester unter Hitlers Terror, 1985. Von Hehl erstellte ein "Martyrologium" mit statistischen und biographischen Angaben zu 8021 Geistlichen. Eine ergänzende Neuauflage ist geplant (Stand Juli 1985).

(Abschluß der Bibliographie 1. 8. 1985.)

Inhalt

I. Allgemeines

II. Bibliographien

III. Biographien
1. Alfred Bengsch
2. Adolf Bertram
3. Matthias Ehrenfried
4. Michael von Faulhaber
5. Clemens August Graf von Galen
6. Conrad Gröber
7. Alois Hudal
8. Theodor Innitzer
9. Konrad Graf von Preysing
10. Augustin Rösch
11. Johannes Baptista Sproll
12. Heinrich Wienken.

IV. Amtliche kirchliche Akten

V. Kirche und Staat

VI. Nationalsozialistische Kirchenpolitik

VII. Haltung des Vatikan
1. Pius XI. (1922-1939)
2. Pius XII. (1939-1958)

VIII. Kirchenkampf/Widerstand
1. Orden, Kongregationen
2. Märtyrer (innen)
3. Einzelpersonen
    1. Hans Carls
    2. Alfred Delp
    3. August Fröhlich
    4. Carl Haveneith
    5. Franz Jägerstätter
    6. Kilian Kirchhoff
    7. Erich Klausener
    8. Maximillian Kolbe
    9. Anizet Koplin
    10. Carl Lampert
    11. Bernhard Lichtenberg
    12. Rupert Meyer
    13. Max Josef Metzger
    14. Bernhard Poether

| | 15. | Karl Schwarz |
| | 16. | Edith Stein |

IX. Erzbistümer, Bistümer
1. Aachen
2. Berlin
3. Breslau
4. Erfurt-Meiningen
5. Ermland
6. Hildesheim
7. Köln
8. Magdeburg
9. München-Freising
10. Passau
11. Regensburg
12. Schneidemühl, Freie Prälatur
13. Speyer
14. Würzburg

X. Regionalteil
1. Deutschland
   1. Baden
   2. Bayern
   3. Braunschweig
   4. Danzig
   5. Oldenburg
   6. Rheinland
   7. Westfalen
   8. Württemberg
2. Österreich
   1. Bistum St. Pölten
   2. Bistum Seckau

XI. Katholische Jugend und Nationalsozialismus

XII. Katholische Verbände

XIII. Katholische Presse

I. ALLGEMEINES

Boeckenfoerde, E.W.: Kirchlicher Auftrag und politische Entscheidung. Freiburg: Rombach 1973. 237 S. (Rombach Hochschul-Paperback. 55.)

Breuning, K.: Die Vision des Reiches. Deutscher Katholizismus zwischen Demokratie und Diktatur (1929-1934). München: Hueber 1969. 403 S. [Zugl. Diss. Münster unter d. Titel: Die Reichsideologie im deutschen Katholizismus zwischen Demokratie und Diktatur.]

Denzler, G.; Fabricius, V. (Hrsg.): Kirche im Dritten Reich. Christen und Nazis Hand in Hand? Bd. 1. 2. Frankfurt: Fischer 1984. Getr. Pag.

Deschner, K.: Abermals krähte der Hahn. Eine kritische Kirchengeschichte von den Evangelisten bis zu den Faschisten. Düsseldorf: Econ 1980. 704 S.

Deuerlein, E.: Der deutsche Katholizismus 1933. Osnabrück: Fromm (1963.) 186 S. (Fromms TB zeitnahes Christentum. 10.)

Fabricius, V.: Kirche im Nationalsozialismus. Zwischen Widerstand und Loyalität. Materialien für den RU, Sek. II. Bd 1. 2. Frankfurt: Diesterweg 1982. Getr. Pag.

Gotto, K.; Repgen, K. (Hrsg.): Die Katholiken und das Dritte Reich. 2., erw. Aufl. Mainz: Matthias-Grünewald-Verl. 1983. 151 S. (Topos-TB. 96.) 1. Aufl. u. d. Titel: Kirche, Katholiken und Nationalsozialismus. 1980.

Gotto, K.: Repgen, K. (Hrsg.): Kirche, Katholiken und Nationalsozialismus. Mainz: Matthias-Grünewald-Verl. 1980. 154 S.

Jones, A.S.D.: The struggle for religious freedom in Germany. London: Gollancz 1938. 319 S.

Krzesinski, A.J.: National cultures, Nazism and the church. Boston: Humphries 1945. 128 S.

Kuckhoff, G.: Vom Rosenkranz zur Roten Kapelle. Ein Lebensbericht. (2. Aufl.) Berlin: Verl. Neues Leben 1973. 433 S.

Maron, G.: Die römisch-katholische Kirche von 1870-1970. Göttingen: Vandenhoeck & Ruprecht 1970. 135 S. (Die Kirche in ihrer Geschichte.)

Matheson, P.C.: The Third Reich and the christian churches. Grand Rapids: Eerdmans 1981; Edinburgh: Clark 1981. 103 S.

Mueller, H.: Katholische Kirche und Nationalsozialismus. Dokumente 1930-1935. (München:) Nymphenburger Verl. (1963.) XXV, 243 S.

Mueller, H.: Katholische Kirche und Nationalsozialismus. Dokumente 1930-1935. (München:) DTV (1965.) 373 S. (dtv-TB. 328.)

Repgen, K.: Hitlers Machtergreifung und der deutsche Katholizismus - Versuch einer Bilanz. Saarbrücken: Univ. des Saarlandes 1967.

35 S. (Saarbrücker Universitätsreden. 6.)

Spael, W.: Das katholische Deutschland im 20. Jahrhundert. Seine Pionier- und Krisenzeiten, 1890-1945. Würzburg: Echter (1964.) 376 S.

Spotts, F.: Kirchen und Politik in Deutschland. (The churches and politics in Germany, [dt.]). Stuttgart: Deutsche Verl.-Anst. 1976. 358 S.

II. BIBLIOGRAPHIEN

Bibliographie zur Geschichte des antifaschistischen Widerstandes. Franz Karma (u.a.). Berlin: Deutsche Staatsbibliothek 1959. 276, XVII S.

Büchel, R.: Der deutsche Widerstand im Spiegel von Fachliteratur und Publizistik seit 1945. München: Bernard u. Graefe 1975. VII, 215 S. (Schriften der Bibliothek f. Zeitgeschichte. H. 15.)

Cartarius, U. (Bearb.): Bibliographie "Widerstand". Hrsg.: Forschungsgem. 20. Juli e. V. München (usw.): Saur 1984. 326 S.

Dickmann, E.; Voglis, P.: Anpassung und Widerstand in Deutschland 1933-45. Eine Bibliographie. Bremen: Unvi. Druckerei 1982. 56 S.

Diehn, O.: Bibliographie zur Geschichte des Kirchenkampfes 1933-1945. Göttingen: Vandenhoeck & Ruprecht 1958. 249 S. (Arbeiten zur Geschichte des Kirchenkampfes. 1.)

Dokumentenverzeichnis 1933-45. Verzeichnis der in den Veröffentl. der Kommission für Zeitgeschichte ganz oder in Auszügen gedruckten Dokumente zum Verhältnis von kath. Kirche und Nationalsozialismus. Bd 1.2. Mainz: Matthias-Grünewald-Verl. 1980. 1100 S.

Goguel, R.: Antifaschistischer Widerstandskampf 1933-1945. Hrsg. v. Komitee der antifaschistischen Widerstandskämpfer der DDR. Berlin: Komitee... 1974. 253 S.

Guide to catholic literature. Vol. 1. (1888/1940) - Grosse Pointe, Mich.: Romig 1940.

Hochmuth, U.: Faschismus und Widerstand. 1933-1945. Ein Verzeichnis deutschsprachiger Literatur. Frankfurt: Röderberg 1973. 197 S. (Bibliothek d. Widerstandes. Bd 15.)

Kosch, W.: Das katholische Deutschland. Biographisch-bibliographisches Lexikon. Vol. 1-5. Augsburg: Hass & Grabherr 1933-1940.

Rennhofer, F.: Bücherkunde des katholischen Lebens. Bibliographisches Lexikon der religiösen Literatur der Gegenwart. Wien: Hollinek (1961.) XII, 360 S.

Siegmund-Schultze, F.: Die deutsche Widerstandsbewegung im Spiegel der ausländischen Literatur. Zugl. ein Beitrag zum Kampf der Kirchen im Dritten Reich. Stuttgart: Reclam (1947). 64 S.

III. BIOGRAPHIEN

20. Juli. Portraits des Widerstands. Düsseldorf: Econ Verl. 1984. 432 S.

Priester unter Hitlers Terror. Eine biographische und statistische Erhebung. Bearb.: Ulrich von Hehl. Mainz: Matthias-Grünewald-Verl. 1984. XC, 1630, 107 S. (Veröffentlichung der Kommission für Zeitgeschichte. Reihe A: Quellen. Bd 37.)

Stehle, K.: Lustrum luxaturae. Priesterschicksale. Erlebnisse... aus schwerer Zeit, 1933-1945. Bühl 1945: Discher. 125 S.

III. 1 Alfred Bengsch

Bengsch, A.: Die Hoffnung darf nicht sterben. Tagebuch 1940-1950. München, Zürich, Wien: Verl. Neue Stadt 1981. 171 S.

III. 2 Adolf Bertram

Ein Te Deum für Kardinal Bertram. Adolf Kardinal Bertram... während des Kirchenkampfes 1933-1945. Hrsg. v. Emil Brzoska. Köln: Wienand 1981. 64 S.

III. 3. Matthias Ehrenfried

Domarus, M.: Bischof Matthias Ehrenfried und das Dritte Reich. Würzburg: Selbstverl. Domarus 1975. 95 S.

III. 4. Michael von Faulhaber

Faulhaber, M. von: Akten Kardinal Michael von Faulhabers, 1917-1945. Hrsg. v. L. Volk. Bd. 1. 2. (Mainz:) Matthias Grünewald-Verl. (1975-78). XX, 952; XXXVI, 1170 S. (Veröffentlichungen der Kommission für Zeitgeschichte bei der Kath. Akademie in Bayern. Reihe A. Quellen.)

Faulhaber, M. von: Judentum, Christentum, Germanentum. Adventspredigten gehalten in St. Michael zu München 1933. München: Huber 1934. 124 S.

Faulhaber, M. von: Juifs et chrétiens devant le racisme. Paris: Sorlot (1934.) 123 S.

Faulhaber, M. von: Münchener Kardinalspredigten. Bd 1. 2. München: Erzbischöfl. Ordinariat 1936-37. Getr. Pag.

Lang, H.: Michael Kardinal von Faulhaber... zum Gedenken. München: Zink 1952. 19 S.

III. 5. Clemens August Graf von Galen

Bierbaum, M.: Nicht Lob nicht Furcht. Das Leben des Kardinals von Galen. 8. Aufl. Münster: Regensberg 1978. 414 S.

Galen, C. A. von: Les sermons de Mgr. von Galen, évêque de Münster. Fribourg: Ed. Pro Deo et Patria 1942.

Hasenkamp, G.: Der Kardinal. 3. Aufl. Münster: Aschendorff 1984. 39 S.

Klocke, I.: Kardinal von Galen. Der Löwe von Münster. Zum 100. Geburtstag gewidmet. Aschaffenburg: Pattloch 1979. 47 S.

Portmann, H.: Der Bischof von Münster. Münster: Aschendorff 1946. 251 S.

Portmann, H.: Dokumente um den Bischof von Münster. Münster: Aschendorff 1948. 312 S.

Portmann, H.: Bischof Graf von Galen spricht: Ein apostol. Kampf und sein Widerhall. Freiburg: Herder 1946. VIII, 112 S. (Das christliche Deutschland 1933-45. Kath. Reihe. 3.)

Portmann, H.: Kardinal von Galen. Ein Gottesmann seiner Zeit. Münster: Aschendorff 1948. 323 S.

Smith, P.: The Bishop of Münster and the Nazis. The documents in the case. London: Burns, Oates & Washbourne 1942. X, 53 S.

III. 6. Conrad Gröber

Groeber, K.: Hirtenrufe des Erzbischofs (Conrad) Gröber in die Zeit. Freiburg: Herder 1947. 159 S. (Das christl. Deutschland 1933-1945. Kath. Reihe. 7.)

Keller, E.: Conrad Gröber, 1872-1948. Erzbischof in schwerer Zeit. Vorw. v. O. Saier. Freiburg: Herder 1980. 432 S.

III. 7. Alois Hudal

Hudal, A.: Römische Tagebücher. Lebensbeichte eines alten Bischofs. Graz, Stuttgart: Stocker 1976. 324 S.

III. 8. Theodor Innitzer

Liebmann, M.: Kardinal Innitzer und der Anschluß. Kirche und Nationalsozialismus in Österreich, 1938. Graz: Inst. f. Kirchengeschichte der theol. Fak. der Univ. 1982. 162 S. (Grazer Beiträge zur Theologiegeschichte und kirchl. Zeitgeschichte. 1.)

Reimann, V.: Innitzer, Kardinal zwischen Hitler und Rom. Wien, München: Molden 1967. 380 S.

III. 9. Konrad Graf von Preysing

Adolph, W.: Kardinal Preysing und zwei Diktaturen. Sein Widerstand gegen die totalitäre Macht. Berlin: Morus-Verl. 1971. 270 S.

III. 10. Augustin Rösch

Bleistein, R.: Augustin Rösch SJ - Kampf gegen den Nationalsozialismus. Frankfurt: Knecht 1985. 492 S.

III. 11. Johannes Baptista Sproll

Hanssler, B.: Bischof Joannes Baptista Sproll - der Fall und seine Lehren. Mit e. Geleitwort von Bischof G. Moser. Sigmaringen: Thorbecke 1984. 136 S.
Kaim, E.: Der Bischof ist wieder da. Verbannung und Heimkehr des Bischofs von Rottenburg Dr. Johannes Baptista Sproll. 2. Aufl. Rottenburg: Verl. d. Bischöfl. Ordinariats 1945. 48 S.
Späth, A.: Joannes Baptist Sproll der Bekennerbischof. Stuttgart: Schwabenverlag 1963. 79 S.

III. 12. Heinrich Wienken

Hoellen, M.: Heinrich Wienken - der "unpolitische" Kirchenpolitiker. Eine Biographie aus drei Epochen des deutschen Katholizismus. Mainz: Matthias-Grünewald-Verl. 1981. XXVII, 160 S. (Veröffentlichungen der Kommission für Zeitgeschichte. Bd 33.)

IV. AMTLICHE KIRCHLICHE AKTEN

Actes et documents du Saint Siège relatifs à la Seconde Guerre mondiale. Vol. 1ff. Città del Vaticano: Libr. editr. Vaticana 1965 ff.
Akten deutscher Bischöfe über die Lage der Kirche, 1933-1945. Bd 1-6. Mainz: Matthias-Grünewald-Verl. (1968-1985). Getr. Pag. (Veröffentlichungen der Kommision für Zeitgeschichte bei der Kath. Akademie in Bayern. Reihe A. Quellen.)
Kirchliche Akten über die Reichskonkordatsverhandlungen. 1933. Hrsg. v. L. Volk. Mainz: Matthias-Grünewald Verl. 1969. XXXIII, 386 S. (Veröffentl. der Kommiss. für Zeitgeschichte. Reihe A. 11.)
Staatliche Akten über die Reichskonkordatsverhandlungen 1933. Hrsg. v. A. Kupper. Mainz: Matthias-Grünewald-Verl. 1969. XLV, 537 S. (Veröffentl. der Kommiss. für Zeitgeschichte. Reihe A. 2.)
Kölner Aktenstücke zur Lage der katholischen Kirche in Deutschland 1933-1945. Ges. u. hrsg. v. W. Carsten. Köln: Bachem (um 1949). XI, 351 S.
Dokumente zur Kirchenpolitik des Dritten Reiches. Hrsg. v. G. Kretschmar. Bd 1.2. München: Kaiser 1971-75. XXIV, 224; XXVIII, 372 S.
Erinnerung und Verantwortung. 30. Januar 1933 - 30. Januar 1983. Fragen, Texte, Materialien. Bonn: Sekretariat der Deutschen Bischofskonferenz 1983. 27 S. (Arbeitshilfen. 30.)

Hofmann, K.: Zeugnis und Kampf des deutschen Episkopats. Gemeinsame Hirtenbriefe und Denkschriften. Freiburg: Herder 1946. 83 S. (Das christliche Deutschland 1933-45. Kath. Reihe. 2.)
Der Notenwechsel zwischen dem Heiligen Stuhl und der deutschen Reichsregierung. Hrsg. v. D. Albrecht. Bd 1. 3. Mainz: Matthias Grünewald-Verl. 1965-80. Getr. Pag. (Veröffentlichungen der Kommission für Zeitgeschichte. Reihe A.)
Geistliches Wort zum 8. Mai 1985. Bonn: Sekretariat der Deutschen Bischofskonferenz 1985. 11.S. (Die deutschen Bischöfe. 37.)

V. KIRCHE UND STAAT

Adolph, W.: Hirtenamt und Hitler-Diktatur, 1933-45. Berlin: Morus-Verl. 1965. 183 S.
Adolph, W.: Die katholische Kirche im Deutschland Adolf Hitlers. Berlin: Morus-Verl. 1974. 195 S.
Albrecht, D. (Hrsg.): Katholische Kirche im Dritten Reich. Mainz: Matthias-Grünewald-Verl. 1976. VIII, 272 S. (Topos-Taschenbuch. 45.)
Cochrane, A. C.: The Church's confession under Hitler. Philadelphia: Westminster Pr. (1962.) 317 S.
Currau, E. L.: Blood myth: story of Nazi Germany. Brooklyn, N. J.: International Catholic Truth Society 1936. 193 S.
Deuerlein, E.: Der deutsche Katholizismus 1933. Osnabrück: Fromm 1963. 186 S.
Friedman, P.: Das andere Deutschland. Die Kirchen. Berlin: Arani 1960. 30 S. (Das Dritte Reich. 2.)
Gurian, W.: Hitler and the Christians. London [usw.]: Sheed & Ward 1936. 175 S.
Haecker, T.: Journal in the night. (Aus dem Deutschen.) New York: Pantheon Books 1950. 16, 222 S.
Hutten, K.: Christus oder Deutschglaube? Ein Kampf um die deutsche Seele. Stuttgart: Steinkopf 1935. 160 S.
Kirche, Katholiken und Nationalsozialismus. Hrsg.: K. Gotto, K. Repgen. Mainz: Matthias-Grünewald-Verl. 1980. 155 S. (Topos-Taschenbücher. Bd 96.)
Katholische Kirche und Nationalsozialismus. Eine Quellensammlung für den katholischen Religionsunterricht. Hrsg.: H.-A. Raem. Paderborn: Schöningh 1980. 109 S.
Katholische Kirche und NS-Staat. Aus der Vergangenheit lernen? Hrsg. v. M. Kringels-Kemen und L. Lemhöfer. Frankfurt: Knecht 1981. 120 S.
Kirche, Staat und Katholiken. Dokumentation 1803-1967. Hrsg.: O. E. Kress. Augsburg: Winfried-Werk 1967. 105 S.
Knox, R. A.: Nazi and Nazarene. Chicago: Macmillian 1940. 32 S. (Macmillian war pamphlets. 5.)
Krzesinski, A. J.: Religion of Nazi Germany. Boston: Humphries

1945. 48 S.

Künneth, W.: Der große Abfall. Hamburg: Wittig 1947. 319 S.

Künneth, W.; Scheiner, H.: Die Nation vor Gott. Zur Botschaft der Kirche im Dritten Reich. Berlin: Wichern 1933. 448 S.

Laepple, A.: Kirche und Nationalsozialismus in Deutschland und Österreich. Aschaffenburg: Pattloch 1980. 450 S.

Lewy, G.: The Catholic church and Nazi Germany. New York: McGraw Hill 1964. XV, 416 S.

Lewy, G.: (The Catholic Church and Nazi Germany, [franz.]) L'Eglise catholique et l'Allemagne nazi. Paris: Stock 1965. 358 S.

Lewy, G.: Die katholische Kirche und das Dritte Reich. [Aus dem Amerik.] München: Piper (1965.) 449 S.

Lortz, J.: Katholischer Zugang zum Nationalsozialismus. Münster: Aschendorff 1933. 26 S. [Dasselbe:] 2. Aufl. 1934. 26 S. 3. Aufl. 1934. 44.S.

Massara, M.: La Chiesa cattolica nella seconda guerra mondiale. Dallo scatenamento delle aggressioni hitleriane alla capitolazione della Francia, 1935-1940. Legnano: Landoni 1977. 377 S.

Miles Ecclesiae [Pseud.]: Hitler gegen Christus: eine kath. Klarstellung u. Abwehr. Paris: Soc. d'eds. Europeenes [um 1946.] IX, 191 S.

Missalla, H.: Für Volk und Vaterland. Die kirchl. Kriegshilfe im Zweiten Weltkrieg. Königstein: Athenäum Verl. 1978. XXVI, 215 S.

Muehlfeld, K.: Katholische Kirche und Faschismus. Augsburg: Maro-Verl. 1972. 93 S. (Reihe wiss. Texte. 2.)

Müller, H.: Katholische Kirche und Nationalsozialismus. Dokumente 1930-1935. Einl.: K. Sontheimer. München: Nymphenburger Verl. 1963. XXV, 432 S.

Papen, F. von: Der 12. November 1933 und die deutschen Katholiken. Münster: Aschendorff (1934.) 15 S.

Power, M.: Religion in the Reich. Repr. New York: Arms Pr. 1982. VIII, 240 S.

Prisbilla, M.: Totalitarian climate. Oxford: Catholic Social Guild 1947.

Repgen, K.: Hitlers Machtergreifung und der deutsche Katholizismus. Versuch einer Bilanz. Saarbrücken: Universität d. Saarlandes 1967. 35 S. (Saarbrückener Universitätsreden. 6.)

Scholder, K.: Die Kirchen und das Dritte Reich. Bd 1. Frankfurt: Berlin, Wien: Propyläen 1977. 897 S.

Visser, B.: Gewalt gegen Gewissen. Nationalsozialismus. Vatikan, Episkopat. Würzburg: Naumann 1974. 268 S.

Zahn, G. C.: German catholics and Hitler's wars: a study in social control. London: Sheed & Ward 1962. VI, 232 S.

Zahn, G. C.: (German Catholics and Hitler's wars, [dt.]) Die deutschen Katholiken und Hitlers Kriege. Graz, Wien, Köln: Verl. Styria 1965. 299 S.

Zimmermann-Buhr, B.: Die katholische Kirche und der Nationalsozialismus in den Jahren 1930-33. Frankfurt: Campus 1982. 178 S. (Campus Forschung. 256.)

VI. NATIONALSOZIALISTISCHE KIRCHENPOLITIK

Baumgärtner, R.: Weltanschauungskampf im Dritten Reich. Die Auseinandersetzung der Kirchen mit Alfred Rosenberg. Mainz: Matthias-Grünewald-Verl. 1977. XXXII, 275 S. (Veröffentlichungen der Kommission für Zeitgeschichte. Reihe B. 22.)

Buchheim, H.: Glaubenskrise im Dritten Reich. 3 Kapitel nationalsozialistischer Religionspolitik. Stuttgart: Dt. Verl.-Anst. 1953. 223 S.

Eilemann, J.: Gott und Volk. Berlin: Verl. Nationalsozialistische Erziehung [um 1935]. 69 S.

Feely, R. T.: Nazism versus religion. New York: Paulist Pr. 1940. 31 S.

Hudal, A.: Die Grundlagen des Nationalsozialismus. Eine ideengeschichtliche Untersuchung von katholischer Warte. Leipzig, Wien: Günther 1937. 294 S.

Huerten, H.: Deutsche Briefe 1934-1938. Ein Blatt der katholischen Emigration. Bd 1.2. Mainz: Matthias-Grünewald-Verl. 1969. LI, 733, 1120 S. (Veröffentlichungen der Kommission für Zeitgeschichte. Reihe A. 6.7.)

Lutze, V.: Reden an die S.A. Der politische Katholizismus. München: Eher 1935. 24 S. (Hier spricht das neue Deutschland. 10.)

Micklem, N.: National socialism and the Roman Catholic Church - being an account of the conflict between the NS government of Germany and the Roman Catholic Church, 1933-38. New York: Oxford Books 1939. 243 S.

Der Nationalsozialismus und die deutschen Katholiken. Hrsg. von der Zentralstelle des Volksvereins für das kath. Deutschland. Mönchen-Gladbach 1931. 61 S.

Noetges, J.: Der Nationalsozialismus und Katholizismus. Köln: Gilde-Verl. 1931. 223 S. [Dasselbe:] 2. Aufl. 1932. 218 S.

Saliège, J.: Témoignage, 1939-44. (Paris): Ed. de Témoignage 1945.

Schmaus, M.: Begegnungen zwischen katholischem Christentum und nationalsozialistischer Weltanschauung. 3. Aufl. Münster: Aschendorff 1934. 46 S.

Senn, W.M.: Halt! Katholizismus und Nationalsozialismus. Meine zweite Rede an den deutschen Katholizismus und - nach Rom. München: Eher 1932.

Siegele-Wenschkewitz, L.: Nationalsozialismus und Kirchen. Religionspolitik von Partei und Staat bis 1935. Düsseldorf: Droste 1974. 236 S. (Tübinger Schriften z. Sozial- und Zeitgeschichte. 5.)

Stark, J.: Nationalsozialismus und katholische Kirche. Bd 1.2. München: Eher 1931. Getr. Pag.

Top, M. J.; Ragaz, L.: Religieus sozialisme contre national sozialisme. Kampen: Kok 1977. 344 S.
Turmer, K.: Hitler contre le Pape. Paris: Eds. du Cerf 1938. 45 S.

VII. HALTUNG DES VATIKAN

Chartes-Roux, F.: Huit ans à Vatican, 1932-1940. Paris: Flammarion 1947. 398 S.
Clauss, M.: Die Beziehungen des Vatikans zu Polen während des 2. Weltkrieges. Köln: Böhlau 1979. XXVI, 207 S. (Bonner Beiträge zur Kirchengeschichte. 11.)
Deschner, K.: Mit Gott und den Faschisten. Der Vatikan im Bunde mit Mussolini, Franco, Hitler und Pavelić [1922-1945]. Stuttgart: Günther 1965. 301 S.
Deschner, K.: Ein Jahrhundert Heilsgeschichte. Die Politik der Päpste im Zeitalter der Weltkriege. Bd 1. 2. Köln: Diepenheuer & Witsch 1982-83. 658, 498 S.
Engel-Janosi, F.: Vom Chaos zur Katastrophe. Vatikanische Gepräche 1918-1938. Wien, München: Herold 1971. 320 S.
Giovannetti, A.: Il Vaticano e la guerre (1939-1940). Note storiche. Città del Vaticano: Libr. editr. Vaticana 1960. 222 S.
Grigulevic, J. R.: Die Päpste des XX. Jahrhunderts von Leo XIII. bis Johannes-Paul II. (Aus dem Russ.) 2. Aufl. Leipzig: Urania-Verl. 1984. 564 S.
Hermelink, H.: Die katholische Kirche unter den Pius Päpsten des 20. Jahrhunderts. Zollikon-Zürich: Evangel. Verl. 1949. VIII, 146 S.
Maccarrone, M. (Hrsg.): Il nazionalsocialismo e de la Santa Sede. Roma: Edit. Studium 1947. 270 S.
Rhodes, A.: (The Vatican in the age of the dictators, [dt.]) Der Papst und die Diktatoren. Der Vatikan zwischen Revolution und Faschismus. Wien [usw.]: Böhlau 1980. 332 S. (Böhlau's zeitgeschichtl. Bibliothek. 3.)
Rogari, S.: Santa Sede e fascismo. Dall' Aventino ai patti Lateranensi. Sala Bolognese: Forni 1977. 314 S.
Sandmann, F.: Die Haltung des Vatikans zum Nationalsozialismus im Spiegel des 'Osservatore Romano' von 1929 bis zum Kriegsausbruch. Mainz 1965. Getr. Pag. [Diss.]
Le Saint Siège et la guerre en Europe. Mars 1939- août 1940. Città del Vaticano: Libr. editr. Vaticana 1965. XXVII, 552 S. (Actes et documents du Saint Siège relatifs à la Seconde Guerre mondiale. 1.)
Le Saint Siège et la guerre en Europe, juin 1940- juin 1941. Città del Vaticana: Libr. editr. Vaticano 1967. XXIV, 622 S. (Actes et documents du Saint Siège relatifs à la Seconde Guerre mondiale. 4.)
Le Saint Siège et la situation religieuse en Pologne et dans les pays baltes, 1939-1945. P. 1. 2. Città del Vaticana:

Libr. editr. Vaticano 1967. XXXI, 961 S. (Actes et documents du Saint Siège relatifs à la Seconde Guerre mondiale. 3.)

VII. 1. Pius XI. (1922-1939)

Kerdreux, M. de: Dans l'intimité d'un grand pape, Pie XI.
  Mulhouse: Ed. Salvator 1963. 336 S.
Pius XI. [Papa]: Actes et documents. Encyclique de Sa Sainteté la
  Pape Pie XI "Mit brennender Sorge" sur la situation religieuse en
  Allemagne, 14 mars 1937. Louvain: A. C. J. B. 1937. 56 S.
Pius XI. [Papa]: La carta enciclica. (Mit brennernder Sorge, [span.])
  Exposicion y condenacion del nazi-racismo aleman. Managua:
  Militantes 1943. 40 S.
Pius XI. [Papa]: Divini redemptoris. Über den gottesleugnerischen
  Kommunismus und "Mit brennender Sorge". Über die Lage der
  kath. Kirche im Deutschen Reich. Innsbruck: Tyrolia-Verl. (1937.)
  78 S. (Die Enzykliken des Hl. Vaters Pius XI.)
Pius XI. [Papa]: Die Enzyklika des Hl. Vaters Pius XI. Mit brennen-
  der Sorge. Über die Lage der kath. Kirche im Deutschen Reich.
  Linz: Kath. Schriftenmission 1946. 31 S.
Pius XI. [Papa]. Mit brennender Sorge. Enzyklika Papst Pius' XI.
  vom 14. 3. 1937 über die Lage der katholischen Kirche im Deutschen
  Reich. Hrsg.: Bischöfliches Ordinariat. Berlin: Morus-Verl.
  1946. 30 S.
Pius XI. [Papa]: Persecution of the church in Germany. (Mit brennen-
  der Sorge, [engl.]). London: Catholic Truth Society 1937.
Raem, H. A.: Pius XI. und der Nationalsozialismus. Die Enzyklika
  'Mit brennender Sorge' vom 14. März 1937. Paderborn: Schöningh
  1979. 268 S. (Beitr. z. kath. Forschung. B.)
Mit brennender Sorge. Hirt, S. (Hrsg.) Das päpstliche Rundschreiben
  gegen den Nationalsozialismus und seine Folgen in Deutschland.
  Freiburg: Herder 1946. VII, 10 S. (Das christliche Deutschland
  1933-45. Kath. Reihe. 1.)

VII. 2. Pius XII. (1939-1958)

Castiglione, L.: Pio XII e il nazismo. Torino: Borla 1965. 331 S.
Falconi, C.: (Il Silenzio di Pio XII, [dt.]) Das Schweigen des
  Papstes. Eine Dokumentation. München: Kindler 1966. 524 S.
Friedländer, S.: Pius XII und das Deutsche Reich. Eine Dokumen-
  tation. (Pie XII et le IIIe Reich, [dt.]) Reinbek: Rowohlt 1965.
  177 S. (Rowohlt paperback. 43.)
Klein, C.: Pie XII face aux Nazis. Paris: Ed. S. O. S. 1975. 249 S.
Lerie, J.; Bergh, E.: Le pape Pie XII et la guerre. Exposé des
  actes de S. S. Pie XII relatifs à la guerre et à ses lendemains.
  Paris: Castermann 1946. 125 S.
Oudendijk, P. J.: Pope Pius XII and the Nazi war against the

Catholic church. Brisbane: Kennedy 1944. 198 S.
Der Papst spricht. Ansprachen und Botschaften Papst Pius XII. an
  die Kriegs- und Nachkriegszeit. Hrsg.: Bischöfliches Ordinariat.
  Berlin: Morus-Verl. 1946. 108 S.
Pius XII. [Papa]: Ansprache des Hl. Vaters Pius XII. an das Kardi-
  nalskollegium am 2. Juni 1945. Kirche und Nationalsozialismus -
  Blick in die Zukunft. Freiburg: Herder 1945. 13 S.
Pius XII. [Papa]: Lettres de Pie XII aux évêques allemands,
  1939-1944. Città del Vaticano: Libr. editr. Vaticana 1966. XXIV,
  452 S. (Actes et documents du Saint Siège relatifs à la Seconde
  Guerre mondiale. 2.)
Schneider, B. (Hrsg.): Die Briefe Pius'XII. an die deutschen
  Bischöfe 1939-1944. Mainz: Matthias-Grünewald-Verl. 1966.
  XLVI, 381 S. (Veröffentlichungen der Kommission für Zeitge-
  schichte. Reihe A. 4.)
Walter, O.: Pius XII. Leben und Persönlichkeit. Freiburg:
  Walter 1955. 240, XVI S.

VIII. WIDERSTAND/KIRCHENKAMPF

Adolph, W.: Geheime Aufzeichnungen aus dem nationalsozialistischen
  Kirchenkampf, 1935-1943. Mainz: Matthias-Grünewald-Verl. 1979.
  XLII, 304 S. (Veröffentlichungen der Kommission für Zeitge-
  schichte. Reihe A. 28.)
Baumgaertel, F.: Wider die Kirchenkampf-Legenden. 2. (erw.) Aufl.
  Neuendettelsau: Freimund-Verl. 1959. 90 S.
Beyreuther, E.: Die Geschichte des Kirchenkampfes in Dokumenten,
  1939-45. Wuppertal: Brockhaus 1966. 127 S.
Billstein, A. (Hrsg.): Christliche Gegnerschaft 1933-45 im Bereich
  der Gestapo-Außenstelle Krefeld. Krefeld 1978.
Binder, G.: Irrtum und Widerstand. Die deutschen Katholiken in
  der Auseinandersetzung mit dem Nationalsozialismus.
  München: Pfeiffer (1968). XVI, 455 S.
Boberach, H. (Hrsg.): Sicherheitsdienst: Berichte des SD und der
  Gestapo über Kirchen und Kirchenvolk in Deutschland, 1934-1944.
  Mainz: Matthias-Grünewald-Verl. 1971. XLIII, 1021 S. (Veröffent-
  lichungen der Kommission für Zeitgeschichte. Reihe A. 12.)
Conrad, W.: Der Kampf um die Kanzeln. Erinnerungen und Doku-
  mente aus der Hitlerzeit. Berlin: Töpelmann 1957. XV, 151 S.
Conrad, W.: Kirchenkampf. Berlin: Wedding-Verl. (1947.) 55 S.
Conway, J. S.: The Nazi persecution of the churches 1933-45.
  London: Weidenfeld & Nicolson 1968. XXXI, 474 S.
Conway, J. S.: Die nationalsozialistische Kirchenpolitik, 1933-1945.
  (The Nazi persecution of the churches 1933-45, [dt.])
  München: Kaiser (1969.) 383 S.
Denzler, G.: Widerstand oder Anpassung? Katholische Kirche

und Drittes Reich. München, Zürich: Piper 1984. 155 S.

Frauen im Faschismus. Hannover: Demokratische Fraueninitiative 1980. 90 S.

Gallin, M. A.: German resistance to Hitler: ethical and religious factors. Washington:D. C.: Catholic Univ. of America Pr. 1962. 259 S. [Gedr. Diss. v. 1955.]

German Priest [Pseud.]: Peace and the clergy. (Aus dem Deutschen v. C. M. R. Bonacina.) London [usw.]: Sheed & Ward 1936. XIII, 166 S.

German Priest [Pseud.]: Persecution of the Catholic Church in the Third Reich. Facts and documents transl. from the German. New York: Longmans; London: Burns & Oates 1940. 565 S.

Grob, R,: Der Kirchenkampf in Deutschland. Kurze Geschichte d. kirchl. Wirren in Deutschland von 1933 bis Sommer 1937. Zürich: Zwingli-Verl. (1937.) 111 S.

Harder, G.; Niemöller, W. (Hrsg.) Die Stunde der Versuchung. Gemeinden im Kirchenkampf 1933-45. München: Kaiser 1963. 471 S.

Herman, S. W.: Eure Seelen wollen wir. Kirche im Untergrund. München, Berlin: Neubau Verl. (1951.) 382 S.

Hofmann, K. (Hrsg.): Schlaglichter. Belege und Bilder aus dem Kampf gegen die Kirche. Freiburg: Herder 1947. 104 S. (Das christliche Deutschland 1933-45. Kath. Reihe. 8.)

Kampf gegen Kirchen und Sekten, Schule und Jugend,"Volksgenossen," Parteigenossen. Hrsg.: A. Doll. Teil 2. Speyer: Landesarchiv 1983. Mappe 117-225. (Nationalsozialismus im Alltag. T. 2.)

Kinkel, W.: Kirche und Nationalsozialismus. Ihre Auseinandersetzung 1925-1945. In Dokumenten dargestellt. Düsseldorf: Patmos 1960. 168 S.

Kirche und Nationalsozialismus. Zur Geschichte des Kirchenkampfes. München: Claudius 1969. 286 S. (Tutzinger Texte. Sonderband. 1.)

Lenz, J. M.: Christus in Dachau oder Christus, der Sieger. Ein religiöses Volksbuch und ein kirchengeschichtl. Zeugnis. Wien: Graphikon 1957. VIII, 470 S.

Klausener, E.: Frauen in Fesseln - Hoffnung in der Finsternis. Von Mut und Opfer katholischer Frauen im Dritten Reich. Berlin: Morus-Verl. 1982. 119 S.

Martin, H.: Christian counter-attack: Europe's churches against nazism. New York: Scribner 1944. 125 S.

Muckermann, F.: Der deutsche Weg. Aus der Widerstandsbewegung der dt. Katholiken von 1930-1945. Zürich: NZN-Verl. 1945. 110 S. (Schriftenreihe d. christlichen Kultur. 3.)

Nazi war against the catholic church. Washington, D. C.: National Catholic Welfare Conference 1942. 83 S. [Dasselbe:] Rev. ed. 1943. 144 S.

Neuhäusler, J.: Kreuz und Hakenkreuz. Der Kampf des Nationalsozialismus gegen die katholische Kirche und der kirchliche Widerstand. 2. Aufl. Bd 1. 2. München: Kath. Kirche Bayern 1946.

Neuhäusler, J.: Saat des Bösen. Kirchenkampf im Dritten Reich.

München: Manz 1964. 172 S.
Putz, W. A.: Beispiele des katholischen Widerstandes gegen den Nationalsozialismus mit besonderer Berücksichtigung der Zeit ab 1925. Wien 1981. 168, 5 S. [Zugl. Diss., Wien von 1981.]
Robertson, E. H.: Christians against Hitler. London: SCM Pr. 1962. 136 S.
Robertson, E. H.: (Christians against Hitler, [dt.]) Christen gegen Hitler. Gütersloh: Mohn 1964. 135 S.
Rosso, M.: Violencia nazi contra la iglesia. Buenos Aires: Ed. Future 1961. 92 S.
Schlink, E.: Der Ertrag des Kirchenkampfes. (2. Aufl.) Gütersloh: Bertelmann (1947.) 80 S.
Steward, J. S. (Hrsg.): Sieg des Glaubens. Authentische Gestapoberichte über kirchl. Widerstand in Deutschland. Zürich: Thomas-Verl. 1946. 120 S.
Strobel, F.: Christliche Bewährung. Dokumente des Widerstandes der Kath. Kirche in Deutschland, 1933-45. Hrsg. v. Apologet. Inst. d. Schweizer Katholischen Volksveriens Zürich. Olten: Walter 1946. 236 S.
Wengel, E.: Nun erst recht! Gütersloh: Bertelsmann 1936. 30 S. [Eine von der Zensur beschlagnahmte Schrift.]
Christlicher Widerstand gegen den Faschismus. Berlin: Union-Verl. 1955. 155 S. (Bibliothek der CDU. 4.)
Der deutsche Widerstand. 1933-45. Hrsg.: Bundeszentrale für politische Bildung. Bonn 1974. 32 S. (Information zur politischen Bildung. 160.)
Winkler, E.: Four years of Nazi torture. New York: Appleton 1942. 200 S.
Zipfel, F.: Kirchenkampf in Deutschland, 1933-1945. Religionsverfolgung und Selbstbehauptung der Kirchen in nationalsozialistischer Zeit. Berlin: de Gruyter 1965. XIV, 571 S. (Veröffentlichungen der Historischen Kommission zu Berlin... 11.)

VIII. 1. Orden, Kongregationen

Altmann, S.: Bayerns Benediktiner unterm Hakenkreuz. Feldafing: Brehm 1964. 33 S.
Hockerts, H. G.: Die Sittlichkeitsprozesse gegen katholische Ordensangehörige und Priester 1936/37. Eine Studie zur NS-Herrschaftstechnik und zum Kirchenkampf. Mainz: Matthias-Grünewald-Verl. 1971. XXV, 224 S. (Veröffentlichungen der Kommission für Zeitgeschichte. Reihe B. 6.)
Hoffmann, E.; Janssen, H.: Die Wahrheit über die Ordensdevisenprozesse 1935/36. Bielefeld: Verl. Hausknecht 1967. 288 S.
Loidl, F.: Zum nationalsozialistischen Klostersturm. Eine Ergänzung. Wien: Kath. Akademie 1977. 10 S. (Miscellanea. Arbeitskreis für Kirchl. Zeit- und Wiener Diözesangeschichte. 34.)
Rapp, P. M.: Die Devisenprozesse gegen katholische Ordensange-

hörige und Geistliche im Dritten Reich: Eine Untersuchung zum Konflikt deutscher Orden und Klöster in wirtschaftl. Notlage, totalitärer Machtausübung des nationalsoz. Regimes und im Kirchenkampf 1935/36. Bonn, Univ. 1981. 68, 497 S. [Diss.]

VIII. 2. Märtyrer(innen)

Adolph, W. (Hrsg.): Im Schatten des Galgens. Zum Gedächtnis der Blutzeugen in der nationalsozialistischen Kirchenverfolgung. Berlin: Morus-Verl. 1953. 107 S.

Adolph, W.: Sie sind nicht vergessen. Gestalten aus der jüngsten deutschen Kirchengeschichte. Berlin: Morus 1972.

Berger, A.: Kreuz hinter Stacheldraht. Der Leidensweg deutscher Pfarrer. Bayreuth: Hestia Verl. 1963. 239 S.

Bolkovac, P. (Hrsg.): Im Angesicht des Todes. Frankfurt: Knecht 1958.

Ehrle, G.; Brod, R. (Hrsg.): Licht über dem Abgrund. Freiburg: Herder 1951. 240 S. (Das christliche Deutschland, 1933-1945. 10.)

Erb, J.: Blutzeugen des Kirchenkampfes. Lahr-Dinglingen: St.-Johannis-Dr. 1967. 11 S. (Dinglinger Taschenbuch. 759.)

Fattinger, J.: Kirche in Ketten. Die Predigt des Blutes und der Tränen. Zeitgem. Beispielsammlung aus den Jahren 1938-1945. Innsbruck: Rauch 1949. 749 S.

Geis, R. R.; Hammelsbeck, O.; Simmel, O.: Männer des Glaubens im deutschen Widerstand. München: Ner-Tamid 1959. 72 S.

Hehl, U. von: Priester unter Hitlers Terror. Eine biogr. und statistische Erhebung. Mainz: Matthias-Grünewald-Verl. 1985. XC, 1630, 180 S. (Veröffentl. d. Komm. f. Zeitgeschichte. Reihe A. 37.)

Hess, S.: Dachau. Eine Welt ohne Gott. 2. Aufl. Nürnberg: Sebaldus-Verl. 1948. 240 S.

Hofmann, K.; Schneider, R.; Wolf, E. (Hrsg.): Sieger in Fesseln. Christuszeugnisse aus Lagern und Gefängnissen. Freiburg: Herder 1947. 157 S. (Das christl. Deutschland 1933-45.)

Joos, J.: Leben und Widerruf, Begegnungen und Beobachtungen im K.Z. Dachau 1941 bis 1945. Olten: Walter 1946. 260 S.

Kempner, B. M.: Nonnen unter dem Hakenkreuz. Leiden- Heldentum - Tod. Würzburg: Naumann 1979. 240 S.

Kempner, B. M.: Priester vor Hitlers Tribunalen. München: Rütten & Loening 1966. 496 S.

Kloidt, F.: Verräter oder Märtyrer? Dokumente kath. Blutzeugen der nat.-soz. Kirchenverfolgung. Düsseldorf: Patmos 1962. 235 S.

Koenig, F. (Hrsg.): Ganz in Gottes Hand. Briefe gefallener und hingerichteter Katholiken 1939-1945. Wien: Herder 1957. 210 S.

Leber, A.: Das Gewissen steht auf. 64 Lebensbilder aus dem deutschen Widerstand 1933-45. Berlin: Mosaik-Verl. 1954. 237 S.

Loidl, F.: Fünf Katholikenführer - Opfer des widerchristlichen Nazismus, stellvertretend für allzu viele. Wien: Kirchenhist. Institut 1975. 23 Bl. (Miscellanea. 67.)

Maria Regina Martyrum. Gedächtniskirche der deutschen Katholiken

zu Ehren der Blutzeugen für Glaubens- und Gewissensfreiheit in
den Jahren 1933-1945. Berlin: Morus-Verl. 1963. 80 S.

Muench, M.: Unter 2579 Priestern in Dachau. Zum Gedenken an
den 25. Jahrestag d. Befreiung in der Osterzeit 1945. 2. erw. Aufl.
Trier: Zimmer 1972. 189 S. (Kreuzring-Bücherei. 59.)

Pies, O.: Geweihte Hände in Fesseln. Priesterweihe im KZ. 4. Aufl.
Kevelaer: Butzon & Bercker 1959. 46 S.

Pies, O.: Schenkende Hände. Helferinnen der KZ-Priester. 2. Aufl.
Kevelaer: Butzon & Bercker 1956. 35 S.

Stehle, K.: Lustrum luxaturae. Priesterschicksale. Erlebnisse...
aus schwerer Zeit 1933-45. MS. (Bühl 1945: Discher.) 125 S.

Steinwender, L.: Christus im Konzentrationslager. Wege der Gnade
und des Opfers. 2. Aufl. Salzburg: Müller 1946. 134 S.

Unseren Toten von 1933-1945. Hrsg. von d. Kirchl. Hauptstelle für
Männerseelsorge und Männerarbeit in den deutschen Diözesen.
Fulda: Sekretariat der Deutschen Bischofskonferenz 1964.

Arthofer, L.: Als Priester im Konzentrationslager. Meine Erfahrungen in Dachau. 2. Aufl. Graz: Moser 1947. 147 S.

Boesmiller, F.: P. Rupert Mayer, S.J..Dokumente, Selbstzeugnisse
und Erinnerungen. München: Schnell u. Steiner 1946. 121 S.

Hans Carls (Direktor der Wuppertaler Caritas). Widerstandskämpfer
gegen die Verbrechen der Hitlerdiktatur. Bearb.: W. Bettecken.
Wuppertal: Stadtdekanat 1983. 179 S.

Christentum und Politik. Dokumente des Widerstands.
Zum 40. Jahrestag der Hinrichtung... Staatspräsident Eugen Bolz.
Sigmaringen: Thorbecke 1985. 84 S.

Coppenrath, A.: Der westfälische Dickkopf am Winterfeldtplatz.
Meine Kanzelvermeldungen und Erlebnisse im Dritten Reich.
2. verm. Aufl. Köln: Bachem 1948. 209 S.

Hebermann, N.: Der gesegnete Abgrund. Schutzhäftling Nr. 6582 im
Frauenkonzentrationslager Ravensbrück. 2. Aufl. Nürnberg:
Glock & Lutz 1948. 216 S.

Husemann, M.: Mein Widerstand gegen die Verbrechen der Hitlerdiktatur. [Bericht über die Wuppertaler Caritas, 1943-1945.]
Bericht von K. Sommer. Wuppertal 1983. 34 S.

Loidl, F.: Theodor Groppe, Generalleutnant, kath. Bekenner im
deutschen Offiziersrock. Wien: Kirchenhist. Institut 1975. 10 S.

Pies, O.: Karl Leisner, Priester und Opfer des KZ. Leipzig:
St. Benno-Verl. 1958. 189 S.

Scheele, P.-W.; Wittstadt, K.: Georg Häfner. Priester und Opfer.
Briefe aus der Haft. Gestapodokumente. Würzburg:
Echter 1983. 142 S.

Vor dem Sondergericht. Eine Dokumentation zum Kirchenkampf
in Schlesien. Um das Gottesreich in deutscher Jugend. Diözesanpräses Gerhard Moschner vor dem Sondergericht in Ratibor
1936. Dokumentation und Akten. Hrsg.: J. Köhler.
Hildesheim: Lax 1983. 66 S.

VIII. 3. Einzelpersonen

VIII. 3. 1 Hans Carls

Carls, H.: Dachau. Erinnerungen eines kath. Geistlichen aus der Zeit
  seiner Gefangenschaft 1941-1945. Köln: Bachem 1946. 218 S.
  (Dokumente zur Zeitgeschichte. 2.)

VIII. 3. 2. Alfred Delp

Alfred Delp. Im Angesicht des Todes. Geschrieben zw. Verhaftung
  und Hinrichtung, 1944-45. Freiburg: Herder 1958. 171 S.
  (Herder-Bücherei. 30.)
Alfred Delp. In Freiheit und in Fesseln. Hrsg. v. O. Ogiermann.
  Leipzig: St. Benno-Verl. 1966. 458 S.
Hapig, M. (Hrsg.): Alfred Delp S. J. Kämpfer, Beter, Zeuge.
  Letzte Briefe, Beiträge von Freunden. Berlin: Morus 1955. 120 S.
Lueck, H.: Alfred Delp S. J. - Bewährung als Thema des Lebens.
  Berlin: Union-Verl. 1984. 32 S. (Christ in der Welt. 56.)
Ogiermann, O.: In Gottes Kraft. Pater Delps Blutzeugnis.
  Leipzig: St. Benno-Verl. 1965. 143 S.

VIII. 3. 3. August Fröhlich

Moersdorf, J.: August Fröhlich, Pfarrer von Rathenow.
  Berlin: Morus 1947. 38 S.

VIII. 3. 4. Carl Haveneith

Heeg, E.: Kreuz wider Hakenkreuz. Aus dem Leben des Carl
  Haveneith. Frechen: 1981.

VIII. 3. 5. Franz Jägerstätter

Zahn, G. C.: Er folgte seinem Gewissen. (In solitary witness, [dt.]).
  Das einsame Zeugnis des Franz Jägerstätter. Graz, Wien, Köln:
  Styria 1967. 314 S.

VIII. 3. 6. Kilian Kirchhoff

Boedefeld, C.: Die letzte Hymne: Pater Kilian Kirchhoff,
  gest. 24. April 1944. Werl: Coelde 1952. 223 S.

VIII. 3. 7. Erich Klausener

Adolph, W.: Erich Klausener. Berlin: Morus-Verl. 1955. 153 S.
Gruchmann, L.: Erlebnisbericht W. Pünders üb. die Ermordung
  Klauseners... München: Inst. für Zeitgeschichte. 1971. S. 404-431.

VIII. 3. 8. Maximilian Kolbe

Chiminelli, P.: Milizia Mariana, Padre Massemiliano M. Kolbe, dei Francescani Minori Conventuali, il rinnovatore della antiche Cavaliere Mariane, 1894-1941). Padua: Tip. di S. Antonio 1943. 224 S.

Craig, M.: Blessed Maximilian Kolbe. Priest hero of a death camp. London: Catholic Truth Society (o. J.). 16 S.

Lesch, F. X.: Pater Maximilian Kolbe. Leben, Wirken, Selig- und Heiligsprechung. Würzburg: Echter 1982. 72 S.

Reller, G.: Maksymilian Kolbe. Guardian von Niepokolanów und Auschwitzhäftling Nr. 16670. 3. erg. Aufl. Berlin: Union-Verl. 1983. 31 S. (Christ in der Welt. 19.)

Strzelecka, K.: Maksymilian M. Kolbe. Für andere leben und sterben. Leipzig: St. Benno-Verl. 1979. 237 S.

Trasatti, S.: P. Maximilian Kolbe. Ein Heiliger unserer Tage. St. Ottilien: EOS-Verl. 1982. 154 S.

Vittinghoff-Schell, T. von: Hier ist dein Bruder! Leben und Sterben des Paters Maximilian Kolbe. Leipzig: St. Benno-Verl. 1967. 62 S.

Wenzel, K.: Pater Maximilian Kolbe. Ritter der Immaculata. München: Verl. Ars sacra 1971. 34 S.

Winowska, M.: Der Narr unserer lieben Frau. Pater Maximilian Kolbe, 1894-1941. Freiburg/Schweiz: Kanisius Verl. 1952. 39 S.

Winowska, M.: Pater Maximilian Kolbe - Ein Leben im Dienst der Immaculata, 1894-1941. Freiburg/Schweiz: Kanisius-Verl. 1952. 207 S.

VIII. 3. 9. Anizet Koplin

Mossmaier, E.: Pater Anizet Koplin. Der Vater der Armen von Warschau. [Geboren 1875 in Preussisch Friedland.] Auschwitz-Häftling Nr. 20376. Stein: Christiana-Verl. 1983. 79 S.

VIII. 3. 10 Carl Lampert

Walser, G.: Carl Lampert, 1894-1944. Ein Leben für Christus und die Kirche. Bregenz, Dornbirn: Vorarlberger Verl'-Anstalt 1964. 99 S.

VIII. 3. 11. Bernhard Lichtenberg

Erb, A.: Bernhard Lichtenberg. Domprobst von St. Hedwig zu Berlin. 5. Aufl. Berlin: Morus-Verl. 1968. 142 S.

Mann, H. G.: Prozeß Berhard Lichtenberg. Ein Leben in Dokumenten. Kevelaer: Butzon & Bercker; Berlin: Morus Verl. 1977. 120 S.

Ogiermann, O.: Bis zum letzten Atemzug. Der Prozeß gegen Bernhard Lichtenberg. Leipzig: St. Benno-Verl. 1968. 296 S. [Dasselbe:] 4. Aufl. Mit e. Vorwort von Bischof Joachim Meisner.

Leipzig: St. Benno-Verl. 1983. 263 S.

VIII. 3. 12. Rupert Mayer

Boesmiller, F.: P. Rupert Mayer SJ. Dokumente, Selbstzeugnisse und Erinnerungen. München: Schnell & Steiner 1961. 102 S.
Pater Rupert Mayer vor dem Sondergericht. Dokumente der Verhandlung vor dem Sondergericht in München am 22. u. 23. Juli 1937. München, Salzburg: Pustet 1965. 155 S.

VIII. 3. 13. Max Josef Metzger

Drobisch, K.: Wider den Krieg. Dokumentarbericht über Leben und Sterben des kath. Geistlichen Dr. Max Josef Metzger. Berlin: Union-Verl. 1970. 209 S.
Metzger, M. J.: Für Frieden und Einheit. Briefe aus der Gefangenschaft. Hrsg. von den Meitinger Christkönigsschwestern. Meitingen: Kyrios-Verl. 1964. XXIV, 205 S.

VIII. 3. 14 Bernhard Poether

Otzisk, R.: Kaplan Bernhard Poether, (1906-1942). Eine biogr. Skizze. Bottrop: 1979.

VIII. 3. 15 Karl Schwarz

Krawarik, J.: Pfarrer Karl Schwarz, 1878-1959. Vollseelsorger von Altottakring, Opfer des nationalsozialistischen Rassismus. Wien: Wiener Kath. Akademie 1976. 32 S. (Miscellanea - Arbeitskreis für kichl. Zeit- und Wiener Diözesangeschichte. 3.)

VIII. 3. 16. Edith Stein
Kawa, E.: Edith Stein - "Die vom Kreuz Gesegnete". Berlin: Morus-Verl. 1953. 92 S.

IX. ERZBISTÜMER, BISTÜMER

IX. 1. Aachen

Selhorst, H. (Hrsg.): Priesterschicksale im Dritten Reich aus dem Bistum Aachen. Aachen: Bischöfl. Ordinariat 1972.

IX. 2. Berlin

Dokumente aus dem Kampf der katholischen Kirche im Bistum Berlin gegen den Nationalsozialismus. Hrsg. Bischöfl. Ordinariat. Berlin:

Morus-Verl. 1946. 118 S. [Dasselbe:] 2. Aufl. Berlin 1948. 117 S.
Kühn, H.: Blutzeugen des Bistums Berlin. Berlin: Morus 1950.
190 S.

IX. 3. Breslau

Negwer, J.: Geschichte des Breslauer Domkapitels im Rahmen der Diözesangeschichte vom Beginn des 19. Jahrhunderts bis zum Ende des Zweiten Weltkrieges. Hildesheim: Lax 1964. XII, 445 S.

IX. 4. Erfurt-Meiningen

Opfermann, B.; Pilvousek, J.: Kirchliche Opfer des Faschismus im Bereich des heutigen Bischöflichen Amtes Erfurt-Meiningen. Erfurt: Bischöfl. Amt 1982.

IX. 5. Ermland

Ploetz, L.: Fato profugi. Vom Schicksal ermländischer Priester, 1939-1945-1965. Münster: Der Kapitularvikar von Ermland 1965. 212 S.
Reifferscheid, G.: Das Bistum Ermland und das Dritte Reich. Köln, Wien: Böhlau 1975. XXXI, 351 S. (Bonner Beiträge zur Kirchengeschichte. 7.)
Schwark, B.: Ihr Name lebt. Ermländische Priester in Leben, Leid und Tod. Osnabrück: Fromm 1958. 287 S. (Veröffentl. der Bischof-Maximilian-Kaller-Stiftung. Reihe 2. 1.)

IX. 6. Hildesheim

Engfer, H. (Hrsg.): Das Bistum Hildesheim 1933-45. Eine Dokumentation. Hildesheim: Lax 1971. XII, 602 S. (Die Diözese Hildesheim in Vergangenheit und Gegenwart. Jg. 37/38, 1970/71.)

IX. 7. Köln

Hehl, U. von: Katholische Kirche und Nationalsozialismus im Erzbistum Köln, 1933-1945. Mainz: Matthias-Grünewald-Verl. 1977. XXX, 269 S. (Veröffentlichungen der Kommission für Zeitgeschichte. Reihe B. 23.) [Diss. Bonn von 1977.]

IX. 8. Magdeburg

Joppen, R.: Das erzbischöfliche Kommissariat Magdeburg. Bd. 10, 1930-45. Leipzig: St. Benno-Verl. 1978. Getr. Pag. (Studien zur kath. Bistums- und Klostergeschichte. 21.)

IX. 9. München-Freising

Das Erzbistum München und Freising in der Zeit der nationalsozialistischen Herrschaft. Hrsg.: G. Schwaiger, Bd 1. 2. München, Zürich: Schnell u. Steiner 1984. 919, 768 S.

IX. 10. Passau

Janik, E.: Klerus und Klöster des Bistums Passau im Dritten Reich. Passau: Bischöfl. Ordinariat 1980. 102 S.

IX. 11. Regensburg

Schwaiger, G.; Mai, P. (Hrsg.): Das Bistum Regensburg im Dritten Reich. Regensburg: Bischöfl. Ordinariat 1981. (Beiträge zur Geschichte des Bistums Regensburg. 15.)

IX. 12. Schneidemühl

Schulz, J.: Die Vollendeten. Vom Opfertod grenzländischer Priester 1945/46. Hrsg.: Der Kapitularvikar der Freien Prälatur Schneidemühl. Berlin: Freie Prälatur Schneidemühl 1957. 143 S.

IX. 13. Speyer

Hofen, K.: Das Bistum Speyer in den Jahren religiöser Bedrückung durch den Nationalsozialismus. Geschichtl. Notizen. Speyer: Archiv des Bistums 1980. 61 S.

IX. 14. Würzburg

Schultheis, H.: Juden in der Diözese Würzburg, 1933-1945. Bad Neustadt: Rötter 1983. 31 S.

X. REGIONALTEIL

X. 1. Deutschland

X. 1. 1. Baden

Kast, A.: Die badischen Märtyrerpriester aus der Zeit des Dritten Reiches. 2. Aufl. Karlsruhe: Badenia 1949. 67 S.
Schadt, J.: Verfolgung und Widerstand unter dem Nationalsozialismus in Baden. Die Lageberichte der Gestapo und des Generalstaatsanwalts Karlsruhe 1933-40. Hrsg. v. Stadtarchiv Mannheim. Stuttgart: Kohlhammer 1976. 354 S.

(Veröffentlichunges des Stadtarchivs Mannheim. 3.)

X.1.2. Bayern

Donohoe, J.: Hitler's conservative opponents in Bavaria 1930-1945. A study of catholic, monarchist, and separatist anti-Nazi-activities. Leiden: Brill 1961. XI, 348 S.

Natterer, A.: Der bayerische Klerus in der Zeit dreier Revolutionen, 1918, 1933, 1945. 25 Jahre Klerusverband 1920-1945. 3. Aufl. Eichstätt: Klerusverband 1948. 427 S.

Volk, L.: Das bayerische Episkopat und der Nationalsozialismus 1930-1934. Mainz: Matthias-Grünewald-Verl. (1966.) XXII, 216 S. (Veröffentlichungen der Kommission für Zeitgeschichte bei der Kath. Akademie in Bayern. Reihe B. 1.)

Witetschek, H.: Die kirchliche Lage in Bayern nach den Regierungspräsidentenberichten 1933-45. T. 1. 2. Mainz: Matthias-Grünewald-Verl. 1966-67. Getr. Pag. (Veröffentl. der Komm. für Zeitgeschichte bei der Kath. Akademie in Bayern. Reihe A. 3. 8.)

X.1.3. Braunschweig

Kuessner, D. (Hrsg.): Kirche und Nationalsozialismus in Braunschweig. Braunschweig: Magni 1980. 96 S.

X.1.4. Danzig

Sodeikat, E.: Die Verfolgung und der Widerstand der Katholischen Kirche in der Freien Stadt Danzig von 1933-1945. (Hildesheim): Bernward (1967). 48 S. (Schriftenreihe Wahrheit und Zeugnis. 5.)

X.1.5. Oldenburg

Christen im Widerstand. Erlebnisberichte und Dokumente aus dem Osnabrücker Raum. Osnabrück: Antifaschistischer Arbeitskreis 1979. 33 S. (Antifaschistische Beiträge aus Osnabrück. H. 4.)

Pohlschneider, J.: Der nationalsozialistische Kirchenkampf in Oldenburg. Erinnerungen und Dokumente. Kevelaer: Butzon & Bercker 1978. 147 S.

X.1.6. Rheinland

Duisburg im Nationalsozialismus. Eine Dokumentation zur Ausstellung. Duisburg: Stadtarchiv 1983. 140 S.

Trier und der Nationalsozialismus. Die Machtergreifung in einer rheinischen Stadt. Bearb.: O. Weiler. Trier: Stadtbibliothek 1983. 80 S.

Trotz alledem! Frauen im Düsseldorfer Widerstand. Berichte, Dokumente, Interviews. Düsseldorf: Demokr. Fraueninitiative 1979. 71 S.

Wilmes, T.: Katholische Kirche und Nationalsozialismus. Eine
  Chronik [der Heimat- und Kirchengeschichte im Tal der Wupper].
  Wuppertal 1983. 100 S.

X.1.7. Westfalen

Padberg, R.: Kirche und Nationalsozialismus in Westfalen. Ein
  Beitr. zur Seelsorgekunde der jüngsten Zeitgeschichte. Paderborn:
  Bonifatius 1984. 237 S.

X.1.8. Württemberg

Doetsch, W.J.: Württembergs Katholiken unterm Hakenkreuz 1930-35.
  Stuttgart: Kohlhammer (1969). 223 S. [Zugl.] Diss. Tübingen
Kopf, P.; Miller, M. (Hrsg.): Die Vertreibung von Bischof Joannes B.
  Sproll von Rottenburg... Mainz: M. Grünewald 1972. XXXV, 386 S.
Mohn, J.: Der Leidensweg unter dem Hakenkreuz. Aus d. Geschichte
  von Stadt u. Stift Buchau am Federsee. Bad Buchau 1970. 197 S.

X.2. Österreich

Braun, O.R.: Die katholische Kirche und der Anschluss Österreichs
  an das Deutsche Reich. Pähl: Hohe Warte 1980. 43 S.
Bribitzer, G.R.A.: Vom nationalsoz. Kulturkampf 1938-39 und die
  enttäuschende harte "Befreiung" in der niederösterr. Landge-
  meinde Schwarzau... Wien: Wiener Kathol. Akademie 1977. 37 Bl.
Fried, J.: Nationalsozialismus und katholische Kirche in Österreich.
  Wien: Domverl. 1948. 248 S.
Groiss, F.; Loidl, F.: Insultation Kardinal Innitzers durch Radikal-
  Nationalsozialisten anfangs Juli 1939. Wien: Wiener Kathol. Aka-
  demie 1976. 19 Bl. (Wiener Kathol. Akademie. Miscellanea. 6.)
Kirche in Österreich 1918-1965. Hrsg. v. F. Klostermann [u.a.]. Red.:
  E. Weinzierl. Bd 1.2. Wien, München: Verl. Herold 1966-1967.
Loidl, F.: Die katholisch-theologische Fakultät der Universität in
  Wien während der nationalsozialistischen Ära, 1938-45. Wien:
  Kirchenhistor. Institut 1972. VI, 27, 11 S. (Miscellanea aus dem
  Kirchenhistor. Inst. der kath.-theologischen Fakultät. 21.)
Putz, W.A.: Beispiele des katholischen Widerstandes gegen den
  Nationalsozialismus... Wien; Phil. Diss. 1981. 168 S.
Rudolf, K.: Aufbau und Widerstand. Ein Seelsorgebericht aus
  Österreich, 1938-45. Salzburg: Müller 1947. 453 S.

X.2.1. Bistum St. Pölten

Huettl, J.: Kirche und Nationalsozialismus. Der Budweiser
  Administraturbezirk der Diözese St. Pölten 1940-1946. Wien: Geyer
  1979. IV, 79 S. (Veröffentl. des Inst. für kirchl. Zeigeschichte. II. 9.)

X.2.2. Bistum Seckau

Veselsky, O.: Bischof und Klerus der Diözese Seckau unter nationalsozialistischer Herrschaft. Graz 1978. XXXIX, 136 S.
[Zugl. Diss.] Uni Graz, Theol. Fakultät.

XI. KATHOLISCHE JUGEND UND NATIONALSOZIALISMUS

Huber, H.: Dokumente einer christlichen Widerstandsbewegung. Gegen die Entfernung der Kruzifixe aus den Schulen 1941. München: Schnell & Steiner (1948.) 82 S. (Das andere Deutschland. 7.)

Neisinger, O.: Flugblätter. Katholische Jugend im Widerstand gegen den Nationalsozialismus. Würzburg: Echter 1982. 111 S.

Oertel, F.: Jugend im Feuerofen. Aus der Chronik des Kampfes der Kath. Jugend im Dritten Reich. Recklinghausen: Paulus Verl. 1960. 192 S.

Roth, H.: Katholische Jugend in der NS-Zeit unter besonderer Berücksichtigung des Katholischen Jungmännerverbandes. Düsseldorf: Verl. Haus Altenberg 1959. 240 S. (Altenberger Dokumente. 7.)

Schellenberger, B.: Katholische Jugend und Drittes Reich: Eine Geschichte des Kath. Jungmännerverbandes 1933-1939 unter bes. Berücksichtigung der Rheinprovinz. München: Matthias-Grünewald-Verl. 1975. XXVII, 202 S. (Veröffentlichungen der Kommission für Zeitgeschichte. Reihe B. 17.)

XII. KATHOLISCHE VERBÄNDE

Aretz, J.: Katholische Arbeiterbewegung und Nationalsozialismus. Mainz: Matthias-Grünewald-Verl. 1978. XXX, 258 S. (Veröffentl. d. Kommission für Zeitgesch. B. 25.)

Baumanns, H.L.: "Die Aachener Heiligtumsfahrt 1937". Ein sozialgeschichtl. Beitr. zur kath. Volksopposition im Dritten Reich. (Köln: Wasmund-Bothmann). 212 S.

Höfling, B.: Katholische Friedensbewegung zwischen zwei Kriegen. Waldkirch: Waldkircher Verl'ges. 1979. 360 S.

Posset, F.: Krieg und Christentum. Kath. Friedensbewegung zwischen dem 1. u. 2. Weltkrieg unter bes. Berücks. des Werkes von M.J. Metzger. Meitingen, Freising: Kyrios-Verl. 1978. 644 S.

Reutter, L.E.: Die Hilfstätigkeit katholischer Organisationen und kirchlicher Stellen für die im nationalsozialistischen Deutschland Verfolgten. Hamburg 1969. 343 S.

XIII. KATHOLISCHE PRESSE

Altmeyer, K. A.: Katholische Presse unter NS-Diktatur. Die katholischen Zeitungen und Zeitschriften Deutschlands 1933-1945. Berlin: Morus-Verl. 1962. 204 S.

Bender, O.: Der "gerade Weg" und der Nationalsozialismus. Ein Beitrag zur katholischen Widerstandspresse von 1933. München 1953. 552 S.

Gotto, K.: Die Wochenzeitung 'Junge Front/Michael'. Eine Studie zum kath. Selbstverständnis und zum Verhalten der jungen Kirche gegenüber dem Nationalsozialismus. Mainz: Matthias-Grünewald-Verl. (1970.) XXIV, 250 S. (Veröffentlichungen der Kommission für Zeitgeschichte der Kath. Akademie in Bayern. Reihe B. 8.)

Hürten, H.: "Deutsche Briefe" 1934-1938. Ein Blatt der katholischen Emigration. Bd 1. 2. Mainz: Matthias-Grünewald-Verl. 1969. LI, 1120 S. (Veröffentlichung der Kommission für Zeitgeschichte. Reihe A: Quellen. 6. 7.)

Huesgen, M.: Norddeutsche Bistumsblätter in nationalsozialistischer Zeit. Ein Beitr. zur Geschichte der kath. Publizistik im Dritten Reich. Hannover: TU 1974. VII, 380 S. [Diss. v. 1974.]

Kessemeier, S.: Grundzüge der Entwicklung katholischer Publizistik im nationalsozialistischen Staat 1933-38. Münster: Univ. 1969. 472 S.

DIE FLUGBLÄTTER DES
NATIONALKOMITEES "FREIES DEUTSCHLAND"
1943-1945

von Hans Heinrich Düsel

I. Werden und Wirken des Nationalkomitees "Freies Deutschland" (NKFD)

Mit den ersten deutschen Kriegsgefangenen im Juni/Juli 1941 begann in den Kriegsgefangenenlagern die vom Oberkommando der Roten Armee angeordnete politische Zersetzungsarbeit gegen den Nationalsozialismus, die zunächst von deutschen Emigranten, u. a. Ulbricht, Pieck, Mahle etc. durchgeführt wurde.

Zugleich startete die Abteilung VII der Politischen Hauptverwaltung der Roten Armee die Kampfpropaganda gegen die deutsche Wehrmacht. Diese zunächst primitive Propaganda wurde von den Landsern an der Front verlacht und von den Kriegsgefangenen verachtet. Die Zeitung "Das freie Wort" setzte man sowohl in den Gefangenenlagern, als auch als Flugblatt an der Front ein. Die Verbreitung erfolgte ab November 1941; insgesamt erschienen 57 Nummern. Der Untertitel lautete: "Zeitung der Kriegsgefangenen in der Sowjetunion". Nach der Gründung des Nationalkomitees "Freies Deutschland" im Juli 1943 wurde sie durch das NKFD-Organ "Freies Deutschland" abgelöst. Auch diese Zeitung erschien an der Front als Flugblatt.

Trotz der zunächst schlechten Propaganda gelang es den Sowjets allmählich, mit Hilfe der bereits genannten deutschen Exilkommunisten und mit weiteren Emigranten wie Achermann, Matern, Florin, Weinert, Bredel, Wolf, Becher erst aus gefangenen Mannschaften, dann aus Unteroffizieren und schließlich aus Offizieren antifaschistische Aktivs zu bilden.

Der erste Erfolg bei Mannschaften stellte sich im Lager 58 in Temnikov im Oktober 1941 ein, als dort von 158 Teilnehmern aus verschiedenen Kriegsgefangenenlagern der sogenannte "Appell der 158" unterzeichnet wurde. Flugblätter darüber erschienen an der Front in großen Mengen. Dieser ersten antifaschistischen Konferenz folgte im Februar 1942 im Lager 95 Elabuga die sogenannte "Unteroffizierskonferenz". Kurz darauf kam es im gleichen Lager am 30. und 31.

Mai 1942 zu der ersten antifaschistischen Offizierskonferenz, die sich aus 21 Offizieren, 23 Gästen mit "beratender Stimme" und 53 Antifa-Aktivisten aus dem Mannschaftsstand zusammensetzte. Die zunächst propagierte "proletarische" Linie wurde jetzt in "national-patriotische Ziele" geändert. Später verbreitete die sowjetische Propaganda diese Ideen als "Manneswort eines deutschen Hauptmanns von Ernst Hadermann" auch an der Front als Flugblattbroschüre.

Mit diesen antifaschistischen Kadern versuchten die Sowjets ab Mai 1942, auch die breite Masse der Kriegsgefangenen zu gewinnen. Eine Antifa-Schule wurde gegründet (zunächst in Oranki, später in Krasnogorsk), wo man in Lehrgängen versuchte, weitere Antifaführer zu gewinnen und für zukünftige ideologische Arbeiten auszubilden. Aber weder die politische Umschulung in den Lagern, noch die Frontpropaganda brachten die erhofften Erfolge.

Auf Grund dieser Mißerfolge versuchte die Sowjetregierung, auf andere Art und Weise Sympathien zu gewinnen. Stalins berühmter Ausspruch "Die Erfahrungen der Geschichte besagen, daß die Hitler kommen und gehen, aber das deutsche Volk, der deutsche Staat bleibt" zeigt bereits eine Verständigungsbereitschaft der Sowjets. Wahrscheinlich war auch beabsichtigt, durch die Antifa-Kader und durch ideologische, antifaschistische Beeinflußung der Gefangenen in der kommenden Besetzung Deutschlands bereits genügend kommunistische Führer an der Hand zu haben, die den Kern einer zukünftigen deutschen Regierung bilden und das besetzte Deutschland ideologisch in östlicher Richtung beeinflußen sollten.

Der Untergang der 6. deutschen Armee in Stalingrad Anfang 1943 stellte für die deutsche Wehrmacht einen politisch-psychologischen Wendepunkt dar. Große Mengen deutscher Offiziere und Mannschaften kamen in die russischen Gefangenenlager und konnten infolge der sich ständig verschlechternden Kriegslage leichter als bisher beeinflußt werden. Am 12. und 13. Juli 1943 gelang den Sowjets der große Einbruch in die bisher im allgemeinen feste ideologische Haltung der deutschen Kriegsgefangenen. Im Sitzungssaal des Orts-Sowjets in Krasnogorsk wurden 400 deutsche Kriegsgefangene und kommunistische Emigranten versammelt. Unter dem Vorsitz des Exilliteraten Erich Weinert begann nach zweitägiger Vordiskussion der Gründungskongress für das Nationalkomitee "Freies Deutschland". Nach Reden der führenden Persönlichkeiten kam es zur Wahl der 38 Mitglieder des Nationalkomitees. Etwa ein Drittel, 13 Personen, bestand aus kommunistischen Emigranten, 12 Mitglieder aus dem Offizierskorps - darunter Heinrich Graf von Einsiedel, ein Urenkel Bismarcks, der als Jagdflieger beim Jagdgeschwader "Udet" im August 1942 an der Ostfront abgeschossen wurde -, und aus 13 Personen des Unteroffiziers- und Mannschaftsstands.

Neben der Herausgabe eines eigenen Organs des NKFD, der Zeitung "Freies Deutschland", kam es auch zur Gründung eines Senders mit gleichem Namen, der in Moskau installiert wurde.

Trotz des Schocks von Stalingrad standen höhere Stabsoffiziere und Generale dem NKFD negativ gegenüber, insbesondere deshalb, da innerhalb des NKFD ein erdrückendes kommunistisches Übergewicht herrschte.

Den Sowjets war aber klar, daß allein mit dem NKFD und seiner bisherigen Zusammensetzung kein Erfolg zu erzielen war. Die propagandistische Wirkung, die von diesem Komitee ausging, war in den Gefangenenlagern, an der Front bei den höheren deutschen Kommandostäben und der kämpfenden Truppe ungenügend.

Auf Initiative der Sowjets wurden im Lager Lunovo Ende August 1943 etwa 80 Offiziere aus den Lagern Krasnogorsk, Oranki, Elabuga und Susdal zusammengezogen, darunter die drei Generale v. Seydlitz-Kurzbach, Dr. Korfes und Lattmann. Die Bedenken der drei Generale konnten aber erst beseitigt werden, als die Sowjetregierung folgendes Angebot machte:" Gelänge es dem Bund deutscher Offiziere, die Wehrmachtführung zu einer Aktion gegen Hitler zu bewegen, die den Krieg beendete, so wolle sich die Sowjetregierung für ein Reich in den Grenzen von 1937 einsetzen". Diese Zusage, die jedoch niemals schriftlich fixiert wurde, führte letzten Endes am 11. und 12. September 1943 zur Gründung des Bundes deutscher Offiziere (BDO) in Lunovo. Bereits zwei Tage später erfolgte die Fusion des BDO mit dem NKFD: In das NKFD wurden zusätzlich 11 Mitglieder des BDO aufgenommen, deren Einfluß man aber durch die gleichzeitige Aufnahme von 6 weiteren Exilkommunisten und Antifa-Aktivisten wieder abschwächte.

Die Bezeichnung "Nationalkomitee Freies Deutschland" übernahmen in der Folgezeit kommunistische Gruppen in zahlreichen anderen Ländern. Sie unterschieden sich aber vom Nationalkomitee in der Sowjetunion dadurch, daß sie sich in Freiheit bzw. im Untergrund befanden. Solche Gruppen gab es u. a. in Frankreich, Mexiko und auch in Deutschland. Sie veröffentlichten zahlreiche Publikationen. Eine Flugblattpropaganda, wie sie vom NKFD in der Sowjetunion betrieben wurde, fand jedoch in keinem anderen, von den Deutschen besetzten Land statt. Lediglich von den Untergrundkämpfern in Frankreich sind Blätter bekannt mit Titeln wie "Volk und Vaterland", "Soldat am Mittelmeer", "Unser Vaterland", an deren Gestaltung auch der kommunistische Grafiker Hanns Kralik Teil hatte. Sie kamen in wöchentlichen Auflagen von 2500 Stück heraus und wurden in den deutschen Garnisonen hinterlegt und zur Verteilung gebracht. Derartige "Flugblätter" sind natürlich extrem selten. In der vorliegenden Arbeit wird aber nur auf die Flugblätter des NKFD in der

Sowjetunion Bezug genommen.

Mit der Bildung des NKFD und des BDO - durch Millionen von Flugblättern als "Manifest des NKFD" an der Front und in den Lagern bekanntgemacht - mußte auf Druck der Sowjets auch die Fronttätigkeit des NKFD zunehmen. In kleinen Gruppen wurden Antifa-Mitglieder den einzelnen sowjetischen Fronten (Heeresgruppen) zugeteilt. Im September 1943 bestand die "Einsatzgruppe Kiew" aus Absolventen des ersten Lehrganges der Antifa-Schule Krasnogorsk, aus den kriegsgefangenen Soldaten Rudi Scholz, G. Schnauber, A. Lubik, Trombsdorf und aus Willi Bredel und Bernt v. Kügelgen. Nach Weinert sollen sich bereits im November 1943 zwölf ständige Bevollmächtigte des Nationalkomitees und etwa 120 Beauftragte im Einsatz befunden haben. An der Brjansker Front waren Hans Goßens, Georg Wolff, Emmi Wolf und andere tätig.

Bei fast jeder Armee waren Frontbeauftragte des Nationalkomitees eingesetzt, z. B. bei der 13. Armee E. Herrmann, bei der 60. Karl Ithaler, bei der 38. Rudi Scholz und Heinrich Engelke, bei der 1. Gardearmee Hans Goßens, der im August 1944 zur 4. Ukrainischen Front wechselte. Luitpold Steidle war ab Dezember 1943 bei der 2. Ukrainischen Front und hat an deren Frontabschnitt auch bei der Kesselschlacht von Tscherkassy propagandistisch mitgewirkt.

Über die Tätigkeit der Frontbeauftragten ist unter anderem bekannt, daß sie z. B. im Bereich der 1. Belorussischen Front der Roten Armee in der Zeit von Januar bis April 1945 19 Flugblätter herausgebracht haben. Vom Kessel Königsberg ist ein NKFD-Flugblatt bekannt mit dem Titel "Kameraden im Kessel Königsberg". Seine verbreitete Auflage betrug 41000 Stück.

Aber nicht nur an der Front waren die Antifa-Mitglieder des NKFD eingesetzt. Im Januar/Februar 1944 stellte man zwei Gruppen deutscher Antifaschisten auf, die unter Führung sowjetischer Offiziere in Belorußland zusammen mit den dortigen Partisanen antifaschistische Propagandaarbeit unter den deutschen Besatzungstruppen leisten sollten. Die erste Gruppe bestand aus E. Apelt, A. Gothe, H.-E. Schauer und Th. Zimmermann; die zweite, die unter der Bezeichnung "Gruppe 117" bekannt wurde, aus H. Bahrs, H. Hentschke, F. Scheffler und Karl Rienagel. Die Gruppen sprangen im März mit dem Fallschirm ab. Sie waren mit transportablen Druckereien ausgerüstet. Die hergestellten Drucksachen waren keine Flugblätter im eigentlichen Sinn. Für eine Verbreitung durch Flugzeuge gab es keine Möglichkeit, zumal die Auflageziffern sehr niedrig waren. Verbindungsleute und Aufklärer der Partisanen verteilten sie, klebten sie an Bäume und zurückgesandte deutsche Gefangene schmuggelten sie in die deutschen Garnisonen.

Von der ersten Gruppe ist bekannt, daß sie innerhalb weniger Wochen etwa 15 Flugblätter mit einer Auflagehöhe von jeweils 150 bis 800 Exemplare herausgab. Einige Titel sind in der Literatur angegeben:

> Patriot sein.
> Was ist das Nationalkomitee "Freies Deutschland"?
> Sender des Nationalkomitees "Freies Deutschland" -
> Hört, denkt, handelt!

Die Flugblätter waren teilweise unterschrieben mit "Wehrmachtsgruppe des NKFD in der 9. Armee".

Die Flugblätter der Gruppe 117, die die Unterschrift "Die Beauftragten des N.K. im Hinterland, Abschnitt Mitte, Gruppe 117" trugen, hatten eine wesentlich höhere Auflage. Sie betrug z.B. beim ersten Flugblatt dieser Gruppe "Was will die Bewegung "Freies Deutschland"?" 2500 Exemplare. Alle Flugblätter der Gruppe 117 sind in der Literatur bekannt und in der folgenden Zusammenstellung aufgeführt.

Einen gewaltigen Zulauf an Mannschaften und Offizieren erhielt das NKFD nach dem Zusammenbruch der deutschen Heeresgruppe Mitte im Juni/Juli 1944. Es war dies für die deutsche Wehrmacht eine Niederlage, die in ihrem Ausmaß an Verlusten selbst Stalingrad noch übertraf. Zu diesem Zeitpunkt zeichnete sich die Niederlage Hitlerdeutschlands bereits so klar ab, daß einige Generale ihren Truppen die Einstellung des aussichtslosen Kampfes befahlen. 16 der gefangenen Generale unterzeichneten am 22.7.1944 einen Aufruf, der über die Lage an der Ostfront, über die Ursachen der Niederlagen und über mögliche Auswege berichtete. Er wurde in zahlreichen Flugblättern verbreitet.

In diese Zeit fiel auch das Attentat auf Hitler am 20. Juli 1944. Die blutige Abrechnung des Hitlerregimes mit den Attentätern und Verschwörern bewirkte letzten Endes das, was die Sowjets und das NKFD schon lange erreichen wollten: Am 8. August, am Tage der Hinrichtung seines alten Freundes v. Witzleben in Berlin, trat Paulus, der einzige in Gefangenschaft befindliche Generalfeldmarschall, dem NKFD bei. In seinem Aufruf vom gleichen Tage erklärte er: "Deutschland muß sich von Adolf Hitler lossagen und sich eine neue Staatsführung geben, die den Krieg beendet und Verhältnisse herbeiführt, die es unserem Volke ermöglichen, weiter zu leben und mit unseren jetzigen Gegnern in friedliche, ja freundschaftliche Beziehungen zu treten". Weitere Aufrufe von Paulus und den übrigen gefangenen Generalen am 27. August und 8. Dezember 1944 an das deutsche Volk und Wehrmacht folgten.

Viele der im 2. Halbjahr 1944 zum NKFD übergetretenen Soldaten und

Offiziere waren natürlich nur Kaschisten, d. h. sie wollten durch eine Extraportion "Kascha", dem russischen Hirsebrei, eine bessere Überlebenschance erreichen.

Welche Rolle hat nun das NKFD im Großen und Ganzen gespielt? Es war zunächst ein wichtiges Instrument der Sowjetpropaganda in Deutschland und vor allem in der deutschen Armee. Allerdings spielte das NKFD nie die politische Rolle, die sich die Sowjets erwartet hatten. Dies war insbesondere darauf zurückzuführen, daß das Hitlerregime Deutschland und das deutsche Volk bis zuletzt streng unter Kontrolle hatte. Nach dem Kriege kamen lediglich einige Altkommunisten, die schon vor dem Kriege in die Sowjetunion gekommen waren, in der von den Sowjets besetzten Zone zu Ehren, u. a. Ulbricht, Pieck, Mahle, Leonhard. Die Soldaten des NKFD und des BDO spielten, von einigen Ausnahmen abgesehen, keine bedeutende Rolle. Dies beweist einmal mehr, daß das NKFD von Anfang an nichts anderes sein sollte als ein Werkzeug der sowjetischen Propaganda. Auch Schukow antwortete nach der Besetzung Berlins auf die Frage, welche Rolle jetzt das NKFD spielen werde: "Es hat keine Bedeutung mehr". Zum letzten Male trat das Nationalkomitee "Freies Deutschland" am 2. November 1945 zusammen, um sich selbst aufzulösen. Präsident Weinert erklärte, die Aufgabe sei nicht gelöst, das politische Ziel nicht erreicht worden. Karl-Heinz Frieser schreibt in seinem Buch, daß alle Offiziere des Nationalkomitees, die sich weigerten, "wahre Antifaschisten zu werden, sich nun teilweise in noch härterem Maße der sowjetischen Rache ausgesetzt sahen als jene Kriegsgefangene, die schon immer opponiert hatten". General v. Seydlitz wurde von den Sowjets 1950 zum Tode verurteilt, die Strafe dann allerdings in 25 Jahre Freiheitsstrafe umgewandelt. Erst im Oktober 1955 kehrte er mit einem der letzten Heimkehrertransporte nach Deutschland zurück.

II. Die Flugblätter des Nationalkomitees "Freies Deutschland"

Unnumerierte Flugblätter des NKFD - BDO

Die im folgenden angegebenen Titel basieren auf in Sammlungen vorhandenen Flugblättern, sowie auf Abbildungen in der Literatur. Die letzteren sind mit X gekennzeichnet; hierbei ist es möglich, daß diese Blätter im Original eine Nummer aufweisen, die bei Abbildungen in der Literatur oftmals absichtlich weggelassen wird.

In dieser Gruppe sind sowohl Flugblätter aufgeführt, die von einer Zentralstelle des NKFD hergestellt wurden, als auch solche, die von den Frontbeauftragten an den Frontabschnitten gedruckt wurden. Auf eine Aufteilung wurde wegen der geringen Anzahl der bekannten Blätter verzichtet.

(1) BDO   Am 11. und 12.9.1943 fand in der Nähe... (4 Seiten mit Text und Bildern).
(2) NKFD   An das deutsche Volk und die deutsche Wehrmacht! Aus Deutschland und von der Front kommen alarmierende Nachrichten. (September 1943) (Ident. mit 11 der num. Serie).
(3) BDO   An den Oberbefehlshaber der 9. Armee Herrn Generaloberst Model (hiervon ist auch eine offizielle russische Übersetzung bekannt, die für die Akten bestimmt war).
(4) NKFD-BDO   An den Oberbefehlshaber der 10. Armee Herrn General der Infanterie Hilpert (Libau, 9.11.44, 6-seitig).
(5) NKFD-BDO   An die Generale, Offiziere und Soldaten der im Raum von Korsun-Schewtschenkowsky eingekesselten 10 deutschen Divisionen. X
(6) NKFD-BDO-   Frontstelle: An die Offiziere und Soldaten der Gebirgsjäger-Brigade 1136 (Unterschrift: Strieder-Ithaler).
(7) NKFD   Der Bevollmächtigte an diesem Frontabschnitt O.U., den 29.5.1944. An die Soldaten und Offiziere in diesem Frontabschnitt! Die Tat gegen Hitler... (Unterschrift: Goßens). X
(8) NKFD   Der Bevollmächtigte an diesem Frontabschnitt O.U., den 20.5.44. An die Unteroffiziere und Mannschaften der 20. Pz. Gren. Div.! Gleichgültigkeit - Hochverrat! Es geht um Deutschland! (Unterschrift: Goßens). X
(9) NKFD-BDO-   Frontstelle: An die Soldaten des I.R. 1084 der 544. I.D.! Eine mutige Tat! (Unterschrift: Strieder-Ithaler).
(10) NKFD   Deine Zukunft liegt bei uns! Deutscher Soldat in Jugoslawien! (Unterschrift: Charisius). X
(11) NKFD   Deutsche Generale, Offiziere und Soldaten! Bei der Räumung der russischen Städte... (Text identisch

(12) NKFD- Deutsche Offiziere und Soldaten! Im Oktober 1943
     BDO   wurden durch... (nur erste Seite bekannt; Januar 1944). X
(13) NKFD Deutsches Volk! Deutsche Wehrmacht! Der 6. Juni 1944 eröffnet die Endphase dieses Krieges.
(14) NKFD- Deutsches Volk! Deutsche Wehrmacht! Die Würfel sind
     BDO   gefallen! (Ident. mit Blatt 159 der num. Flugblätter).
(15) NKFD Die Eltern eines SS-Mannes der SS-Division "Florian Geyer" 29.X.1944.
(16) NKFD- Eure Rettung! Offiziere und Soldaten! (Unterschrift
     BDO   Steidle; 7.2.44; Korsun-Kessel). X
(17) NKFD- Generale! Offiziere! Einheitsführer! (Unterschrift
     BDO   Bechler; 9.4.45).
(18) NKFD- Frontstelle: Handeln! (Unterschrift: v. Kügelgen; nur eine Seite abgebildet). X
(19) NKFD- Handle unverzüglich! Es geht um unsere Heimat,
     BDO   es geht um unsere Lieben! (Unterschrift Bechler; 4.45).
(20) NKFD- Frontstelle: Herhören! (Unterschrift: v. Kügelgen). X
(21)   Hört Rundfunksendungen des NKFD - Am Sender "Freies Deutschland"... X
(22) NKFD Manifest des NKFD an die Wehrmacht und an das deutsche Volk. Die Ereignisse... (Einleitung in 4 Absätzen: Am 12. und 13. Juli 1943 fand...) (4 Seiten).X
(23)   Manifest des NKFD an die Wehrmacht und an das deutsche Volk. Die Ereignisse... (Einleitung in 2 Absätzen: Ein Schritt von geschichtlicher Bedeutung ist getan! (Schrift "Manifest" 28 mm hoch; 4 Seiten)
(24) NKFD Manifest des NKFD an die Wehrmacht und an das deutsche Volk. Die Ereignisse... (Einleitung in einem Absatz: Am 12. und 13. Juli d. J. fand...) (4 Seiten).
(25)   Manifest des NKFD an die Wehrmacht und an das deutsche Volk. Die Ereignisse... (Einleitung in 2 Absätzen: Ein Schritt von geschichtlicher Bedeutung ist getan!) (4 Seiten; Markierung "H").
(26)   Manifest des NKFD an die Wehrmacht und an das deutsche Volk. Die Ereignisse... (Einleitung: Ein Schritt...) (2 Seiten; ident. mit Blatt 14 der num. Serie).
(27) NKFD Österreicher! Landsleute! Der Anschluß null und nichtig (zu den Beschluß der Moskauer Konferenz).
(28) NKFD- Schluß mit Hitler! (Unterschrift:
     BDO   Steidle; Jan. 45). X
(29) BDO   Schreiben des Generals der Artillerie Walther v. Seydlitz an den Kommandeur der 123.I.D.; Generalltn. Rauch (Faltblatt, 10 Seiten).
(30) NKFD- Frontstelle: Sie folgten dem Ruf der 30 Generale. (Unterschrift: Fleschhut).
(31) NKFD Soldaten! Männer des Ostpreußischen Volkssturms! X

(32) NKFD Streckt die Waffen! Kameraden!... Frontstelle des NKFD, den 3. Mai 1945. Hans Gossens.

Numerierte Flugblätter des NKFD - BDO

1) Ausgaben der Zentralstelle des NKFD-BDO in Moskau:

6	NKFD	An die Offiziere der dt. Wehrmacht. Seit der Veröffentlichung. (Unterschrift: Weinert, Hetz, v. Einsiedel).
9-K	NKFD	Bekanntmachung. Das am 13. Juli d. J. geschaffene NKFD... (Herr Josef Robinè, Obergefreiter).
10-S	NKFD	Bekanntmachung. Das am 13. Juli d. J. geschaffene NKFD... (Lt. Bäuerle).
11	NKFD	An das dt. Volk und die dt. Wehrmacht! Aus Deutschland und von der Front kommen alarmierende Nachrichten. (Unterschrift: Weinert, Hetz, v. Einsiedel; auch ohne Nummer bekannt).
14		Manifest des NKFD an die Wehrmacht und an das dt. Volk (auch ohne Nummer bekannt).
17	NKFD	Vier Jahre Krieg - was weiter?
20	NKFD	Antwort! Zehn Jahre lang haben Hitler,...
22?	NKFD	Nachrichtenblatt Nr. 1 - September 1943. Zum Beginn des fünften Kriegsjahres.
23	NKFD	Anweisungen Nr. 1 an die dt. Truppen an der Ostfront (Unterschrift: Weinert, Hetz, v. Einsiedel).
??		Überall spricht man vom Nationalkomitee Freies Deutschland. Aber nicht alle wissen, was... (undeutliche zweistellige Nummer).
26	BDO	Aufruf! An die dt. Generale und Offiziere! An Volk und Wehrmacht! Wir, die überlebenden Kämpfer... (oben: Am 11. und 12. 9. 1943 fand...).
27	NKFD	Deutsche Generale, Offiziere und Soldaten! Bei der Räumung...
32	BDO	General der Artillerie Walther von Seydlitz: Rede auf der...
34	BDO	Generalmajor Martin Lattmann: Rede auf der...
36	BDO	Oberst Luitpold Steidle: Rede auf der...
37	BDO	Aufgaben und Zielsetzung (Aufgenommen auf der...).
39	BDO	An die Generale, Offiziere und Soldaten der mir einst unterstellten Divisionen!
44		Achtung! Soeben erschien Nr. 13 der Zeitung Freies Deutschland.
64	NKFD	An Volk und Wehrmacht! Deutsche! Es sprechen zu Euch...
66	NKFD	Bekanntmachung. Am 13. Juli d. J. wurde in Moskau... (Reinhold Fleschhut).

71	NKFD	Mahnruf an die dt. Nation (Nummer unklar, vielleicht 77).
73	NKFD	Achtung! Soeben erschien Nr. 19 der Zeitung Freies Deutschland (Nummer unklar).
87	NKFD-BDO	Antwort an das OKW.
101	NKFD	Im Namen des dt. Volkes erheben wir Anklage gegen...
104		Hitler muß fallen, damit Deutschland lebe! - Hört Rundfunksendungen des NKFD.
105	NKFD-BDO	Offiziere, Soldaten, dt. Volk in der Heimat!
115		Das NKFD an Volk und Wehrmacht: 25 Artikel zur Beendigung des Krieges (4 Seiten).
116	NKFD	Sie klagen an!
122	NKFD-BDO	Was will die Bewegung "Freies Deutschland"?
127	NKFD	Den verlorenen Krieg weiterführen, ist ein Verbrechen an der Nation (Ende April 1944).
132	NKFD	Verbrecher im Politischen - Dilettant im Militärischen (Mitte April 1944).
133	NKFD-BDO	Die Tatsachen strafen das OKW Lügen.
135	NKFD-BDO	Hitler muß fallen, damit Deutschland lebe!
136	NKFD-BDO	Die Tatsachen strafen das OKW Lügen.
137	NKFD-BDO	Korsunkämpfer in unseren Reihen.
138	NKFD-BDO	Korsunkämpfer in unseren Reihen.
142	NKFD-BDO	Was tun? An die Anhänger des NKFD in der Truppe.
153	NKFD	"Sieg oder Untergang" (Juni 1944).
159	NKFD-BDO	Dt. Volk! Dt. Wehrmacht! Die Würfel sind gefallen. 21. Juli 1944 (Auch ohne Nummer bekannt).
171	NKFD	Alle Waffen gegen Hitler! Dt. Volk, Männer und Frauen!
173	NKFD	Guderian lügt (Ende September 1944).
204	NKFD	An die dt. Nation! Dt. Männer und Frauen! 5.2.45.

2) Frontausgaben des NKFD - BDO:

(Vermutlich wurden alle Flugblätter mit dem Codezeichen N.K. und Nummer von Oberst Steidle während seiner Tätigkeit als Frontbeauftragter bei der 2. Ukrainischen Front herausgebracht.)

14	NKFD-Frontstelle:	Pfui Teufel, dieser "Ehrenname". (v. Kügelgen).

16	NKFD-	Frontstelle: Weihnachten (v. Kügelgen).
55	NKFD- BDO	Der Bevollmächtigte... An alle Soldaten der galizischen Front (Steidle). N. K.
64	NKFD- BDO	Frontstelle: An die Soldaten der 544. I. D. ! Die Entscheidung drängt! 30. 11. 44. (Strieder, Ithaler).
73	NKFD- BDO	Die sprechende Karte des Nationalkomitees! (Ende Juni 44). N. K.
79	BDO	Wer gehört dem Bund deutscher Offiziere an?
81	BDO	Was ist der Bund deutscher Offiziere?
83	NKFD	Was sagt das Manifest des NKFD?
84	NKFD	Was will das NKFD?
86	NKFD- BDO	Eure Rettung: Übertritt... 18. 7. 44 (Steidle). N. K.
92	NKFD- BDO	Mit dem NKFD für den Frieden und zur Rettung des Reiches! N. K.
100	NKFD- BDO	Unser Wille und Weg! N. K.
105	NKFD- BDO	Paris befreit!
106	NKFD- BDO	Generalfeldmarschall Paulus, der Oberbefehlshaber der Stalingradarmee, ruft zum Freiheitskampf gegen Hitler. September 1944 (Steidle). N. K.
107	NKFD- BDO	Waffenstillstand oder Fortsetzung des Krieges... N. K.
110-a	NKFD	Soldaten des Südabschnitts! (Dr. Friedrich Wolf).
117	NKFD	Soldaten und Offiziere der 2. und 9. Armee (Emendörfer).
119	NKFD- BDO	Schande unt Tod den Verbrechern,... Okt. 44. (Steidle). N. K.
121	NKFD- BDO	Entscheidet Euch! Zerschlagt den Parteiterror! Nur so wird Frieden! Okt. 44. (Steidle). N. K.
124	NKFD- BDO	An die Offiziere und Soldaten in den Karpaten! Die braunen Bonzen flüchten! 16. X. 44. (Steidle). N. K.
130	NKFD- BDO	Kameraden! Jawohl! Wir streichen Hitler aus! 1. XI. 44 (Steidle). N. K.
131	NKFD- BDO	Hitler richtet Deutschland zugrunde. 1. XI. 44. (Steidle). N. K.
135	NKFD- BDO	1918 und 1944. 3. XII. 44. (Steidle). N. K.
139	NKFD- BDO	Oberst Steidle, Bevollmächtigter des NKFD warnt die NS-Führungsoffiziere und ihre Mitarbeiter! 1. XII. 44 (Nummer fraglich). N. K.
152	NKFD- BDO	50 deutsche Generale gegen Hitler! Jan. 45 (Steidle). N. K.
164	NKFD- BDO	Ritterkreuzträger Oberst Steidle der Bevollmächtigte des NKFD an die deutschen Generale und Offiziere. N. K.
167	NKFD- BDO	Oberst Steidle wendet sich im Auftrage des General der Art. Walther von Seydlitz in einem

		offenen Brief an den Befehlshaber von Breslau Febr. 45. N. K.
215	NKFD-BDO	Handelt, ehe es zu spät ist! Offiziere und Soldaten der 97. Jägerdivision! (Ernst Herrmann). N. K.
286	NKFD-	Frontstelle: An die südwestlich von Brody eingekesselten deutschen Soldaten! Kameraden der 349., 361. I. D. und der 454. Sich. Div.! (Karl Ithaler).
330	NKFD-BDO	Frontstelle: An die Offiziere und Soldaten der 78. I. D.! (Strieder, Ithaler).
344	NKFD-BDO-	Frontstelle: An die Offiziere und Soldaten der 78. Inf. -Div.! Hitlers neuester Trick! (Strieder, Ithaler).
381	NKFD-BDO-	Frontstelle: An die Soldaten der 78. I. D.! Eure Division steht auf verlorenem Posten! 31.10.44. (Strieder, Ithaler).
382	NKFD	Volkssturm. An die Soldaten der 359. und 544. I. D.! 1.11.44 (Strieder, Ithaler).
393	NKFD-BDO-	Frontstelle: Unsere Heimat ruft! An die Soldaten der 544. I. D. 23.11.44 (Strieder, Ithaler).

3) Folgende NKFD-BDO Flugblätter wurden von den sowjetischen Propaganda-Einheiten gedruckt und tragen Codenummern der sowjetischen Haupt- und Nebenserien (Siehe: Düsel, Die sowjetische Flugblattpropaganda gegen Deutschland im Zweiten Weltkrieg).

D- 70	NKFD	Offiziere und Soldaten in Melitopol! 20. X. 43. 5000 (v. Einsiedel, Friedrich Wolf).
T-487	NKFD	Offiziere und Soldaten des Südabschnitts! 2.10.43. 50000 (v. Einsiedel).
T-499	NKFD	Die Vertreter des NKFD am Südabschnitt der Front.
T-514	NKFD	An die Offiziere und Soldaten der 50. I. D., 98. I. D. und der 4. Geb.-Jäg. -Div. 23.10.43. 40000.
2636		Manifest des NKFD an die Wehrmacht und an das dt. Volk.(6-seitiges Faltblatt).
2673/1	NKFD	Bekanntmachung! Das am 13. Juli... Franz Golf.
2673/5	NKFD	Bekanntmachung! Das am 13. Juli... Eberhard Charisius.
2673/7	NKFD	Bekanntmachung! Das am 13. Juli... Johann Striegel.
2673/9	NKFD	Bekanntmachung! Das am 13. Juli... Ernst Keller
3119		Aufruf des Gen. -Feldmarschall Paulus.
3134		Aufruf des Gen. -Feldmarschall Paulus. 8. Aug. 1944.
3193		Gen. -Feldmarschall Paulus an das dt. Volk! 26. X. 44.
3202		Gen. -Feldmarschall Paulus weist dem Dt. Volk den Weg. 7.11.44.
44160/(1944)		
	NKFD-BDO	Reichsjugendführer Axmann... Ein neuer Todesstreich gegen unser Volk.
962	NKFD	An die Gruppe Narwa. (Leutnant E. Kehler).

1088	(1945) NKFD	Der Bevollmächtigte für die 4. Ukrainische Front. Schreitet zur Selbsthilfe. 9. 4. 45.
1112	(1945) NKFD	Der Bevollmächtigte für die 4. Ukrainische Front. Grüße aus russischer Kriegsgefangenschaft.

Die Flugblätter der Gruppe 117

1	Was will die Bewegung "Freies Deutschland"?
2	Wer gehört der Bewegung "Freies Deutschland" an? (Laut Literaturangabe erschienen No. 1 u. 2 gemeinsam und gleichzeitig in den Garnisonen, da No. 1 die unmittelbare Fortsetzung von No. 2 war.)
3	Welche Kraft kann Deutschland retten?
4	Wohin, Kamerad?
5	(Wurde aus Gründen der Verschleierung übergangen.)
6	(Wurde aus Gründen der Verschleierung übergangen.)
7	Das Sterben der 50000...
8	Wir klagen an!
9	Hört den Sender Freies Deutschland!
10	Der letzte Akt der deutschen Tragödie hat begonnen...
11	An der Kanalküste!
12	(Wurde aus Gründen der Verschleierung übergangen.)
13	"Ich schwöre bei Gott..."
14	3 Jahre Krieg gegen Rußland.
15	(Wurde aus Gründen der Verschleierung übergangen.)
16	(Wurde aus Gründen der Verschleierung übergangen.)
17	Kamerad, was mußt du tun?
18	Gruß aus den Wäldern.
19	Ausweis.
20	Dusel!
21	Kameraden, ergebt Euch!

Nur textlich bekannte NKFD-Flugblätter
(In: Sie kämpften für Deutschland. Berlin 1959.)

1	NKFD-BDO	Absetzbewegung von Hitler! Juli 1944.(S. 381)
2	NKFD-	Frontstelle: Alle Waffen gegen Hitler! 26. Sept. 44.(S. 543)
3	NKFD-BDO	An den Kommandeur des I./Pz. Rgt. 10, 8. P. D., Hauptmann Marquardt. (Unterschrift: Engelbrecht.) Jan. 44.(S. 21)
4	NKFD	Der Bevollmächtigte an der 1. Ukrainischen Front. An die dt. Soldaten und Offiziere in diesem Frontabschnitt! Kameraden! "Der Krieg ist verloren!" (Unterschrift: Goßens.) 1944.(S. 313)
5	NKFD	An die deutsche Wehrmacht! Das NKFD richtet...

		(Unterschrift Weinert u. a.) Oktober 1943. (S. 165)
6	NKFD	-Frontstelle: An die Divisionen im Raum Mährisch-Ostrau! (Unterschrift: Goßens.) 29. April 1945. (S. 565)
7	NKFD	-Frontstelle: An die 1., 6., 11., 19. Pz. Div. und andere eingekesselte Truppen! (Unterschrift: Engelbrecht.) April 1944.(S. 319)
8	NKFD	-Frontstelle: An die im Kampfraum Winniza eingekesselten dt. Truppen.(Unterschrift: v. Kügelgen.) Jan. 1944.(S. 220)
9	NKFD-	Frontstelle: An die in Tarnopol eingekesselten dt. Offiziere und Soldaten! (Unterschrift: Engelbrecht.) März 1944.(S. 328)
10	NKFD-BDO-	Frontstelle: An die in Tarnopol eingekesselten dt. Truppen.Soldaten der 359. I. D. ! (Unterschrift: Engelbrecht.) Ende März 1944.(S. 329)
11	NKFD	Der Bevollmächtigte an der 1. Ukrainischen Front. An die Kommandeure, Offiziere und Soldaten der im Raume von Kamenetz-Podolski, Chotin und Kitaigorod eingeschlossenen Divisionen! (Unterschrift: Goßens.) 2. April 1944.(S. 315)
12	NKFD-BDO	An alle Kammandeure und verantwortlichen Führer der hiesigen dt. Truppen! (Unterschrift: Bechly, Engelbrecht, Abel.) Ende Dezember 1943.(S. 214)
13	NKFD-BDO	An die Offiziere der 4. Pz. Armee und der 8. Armee! Am 11. und 12. September 1943... (Unterschrift: Bechly, Engelbrecht, Abel.) 29. Dezmber 1943. (S. 207)
14	NKFD	Der Bevollmächtigte an der 1. Ukrainischen Front. An die Offiziere und Soldaten der Divisionen im Raume Proskurow! (Unterschrift: Goßens.) 20. März 1944. (S. 311.)
15	NKFD	-Frontstelle: An die Offiziere und Soldaten der 75. I. D. ! (Unterschrift: Goßens.) 4. Juni 1944.(S. 533)
16	NKFD	An die Offiziere und Soldaten der 183., 211., 293., 95. I. D. und der 5. Panzerdivision.(Unterschrift: Keßler, Goßens.) Semtember 1943. (S. 190)
17	NKFD-BDO	An die Offiziere und Soldaten des Gren. Rgt. 1086! August 1944.(S. 575)
18	NKFD-BDO	An die Offiziere und Soldaten des Gr. Rgt. 76. der 20. Pz. Gren. Div. (Unterschrift: Scholz.) Juli 1944. (S. 568)
19	NKFD	-Frontstelle: An die Offiziere und Soldaten des 59. A. K., 48. Pz. K. und anderer Truppenteile, die zw. Tarnopol und Proskurow, zw. Bug und Dnjestr kämpfen. (Unterschrift: Kügelgen, Engelbrecht.) März 1944. (S. 299)
20	NKFD	-Frontstelle: An die Offiziere, Unteroffiziere und Mannschaften der 254. I. D. ! (Unterschrift: Goßens.) 5. Dez. 1944.(S. 558)

21	NKFD	Der Bevollmächtigte an diesem Frontabschnitt. An die Offiziere, Unteroffiziere und Soldaten der 291. I. D. ! (Unterschrift: Goßens.) 23. Mai 1944.(S. 535)
22	NKFD-BDO	An die Panzeroffiziere und Panzersoldaten im hiesigen Frontabschnitt! Kameraden! (Unterschrift: Engelbrecht.) Dezember 1943.(S. 21)
23	NKFD	Der Bevollmächtigte an diesem Frontabschnitt. An die Soldaten der eingeschlossenen 1., 6., 11., 16., 19. Pz. Div. und 96., 291. I. D. ! (Unterschrift: Goßens.) 5. April 1944. (S. 316)
24	NKFD	-Frontstelle: An die Soldaten der 96. I. D. ! -(Rückseite) Der Fahneneid von E. Weinert.Mai 1944.(S. 530)
25	NKFD	-Frontstelle: An die Soldaten der 183. I. D. ! Leutnant Gerhard Stiller... (Unterschrift: v. Kügelgen.) 1. Nov. 1943,(S. 199)
26	NKFD	-Frontstelle: An die Soldaten der 208. I. D. ! Die Wahrheit... (Unterschrift: Goßens.) 3. Juni 1944.(S. 532)
27	NKFD	Der Bevollmächtigte an diesem Frontabschnitt. An die Soldaten der 254. I. D. ! (Unterschrift: Goßens.) 25. Mai 1944.(S. 531)
28	NKFD	-Frontstelle: An die Soldaten der 359 I. D. ! (Unterschrift: Ithaler, Güntert, Zier.) April 1944.(S. 356)
29	NKFD	-Frontstelle: An die Soldaten der 371. I. D. ! (Unterschrift: Goßens.) 31. Juli 1944.(S. 539)
30	NKFD-BDO	An die Soldaten und Offiziere der 357. I. D. ! (Unterschrift: Scholz, Lerche.) Juli 1944.(S. 572)
31	NKFD-BDO	An unsere Kameraden des Gren. Rgt. 945 der 357. I. D. ! Juli 1944.(S. 571)
32	NKFD	-Frontstelle: Anweisungen für die Wehrmachtsgruppen "Freies Deutschland". (Unterschrift: Goßens.) 2. Nov. 1944.(S. 545)
33	NKFD	(Zentrales Flugblatt des NKFD.) Anweisungen Nr. 2: Deutsches Volk! Männer und Frauen in der Heimat! (Unterschrift: Weinert u. a.) November 1943.(S. 167)
34	NKFD	-Frontstelle: "Befehl ausgeführt!" (Unterschrift: v. Kügelgen.) Januar 1944. (S. 221)
35	NKFD	-Bekanntmachung:Das am 13. Juli... Hans Goßens. (Unterschrift: Weinert u. a.) September 1943.(S. 188)
36	NKFD	-Bekanntmachung:Das am 13. Juli... Erich Kühn. (Unterschrift: Weinert u. a.) August 1943.(S. 193)
37	NKFD	-Bekanntmachung Das NKFD gibt... (Unterschrift: Weinert.) - Kameraden! Hitlers Parole... (Unterschrift: Goßens.) 1. März 1944.(S. 309)
38	NKFD-BDO	Das Ende der 357. I. D. ! (Unterschrift: Scholz.) September 1944.(S. 576)
39	NKFD	-Frontstelle: Das Nationalkomitee ruft Euch! (Unterschrift: Goßens.) 10. August 1944.(S. 541)
40	NKFD-	Das Nationalkomitee teilt mit: Im Auftrage des

	BDO	NKFD befinden... (Unterschrift: Steidle.) Mai 1944. (S. 368)
41		NKFD-Frontstelle: Denkt an Stalingrad! (Unterschrift: Bredel.) November 1943.(S. 206)
42	NKFD- BDO	Der Bevollmächtigte des NKFD Oberst Luitpold Steidle wendet sich an... Generaloberst Harpe. (Unterschrift: Steidle.) Dezember 1944.(S. 420)
43	NKFD- BDO	Der Bevollmächtigte des NKFD Oberst Steidle an die Soldaten der Heeresgruppe Nordukraine! (Unterschrift: Steidle.) Dezember 1944. (S. 421)
44	NKFD	Der Dank des Führers ist Euch gewiß! (Unterschrift: Kühn.) 31. Oktober 1943.(S. 196)
45	NKFD- BDO	Der Letzte! An die Offiziere und Soldaten der 68. I. D.! (Unterschrift: Scholz.) September 1944.(S. 578)
46		NKFD-Frontstelle: Deutsche Weihnachten 1944.(Unterschrift: Goßens.) Dezember 1944.(S. 546)
47	NKFD- BDO	Die letzte Warnung! (Unterschrift: Steidle.) 1. Juli 1944.(S. 376)
48	NKFD- BDO	Die neue Katastrophe im Osten - ein neuer Verrat Hitlers.(Unterschrift: Steidle.) Januar 1945.(S. 414)
49	NKFD- BDO	Die Slowakei gegen Hitler! September 1944. (S. 581)
50	NKFD- BDO	Die Waffen gegen Hitler! (Unterschrift: Scholz.) August 1944.(S. 574)
51	NKFD- BDO	Die Wahrheit über den Balkan! (Unterschrift: Scholz.) September 1944.(S. 580)
52 B	NKFD- BDO	3 Jahre Rußlandfeldzug.(Unterschrift: Steidle, Engelbrecht, Abel, Scholz.) 22. 6. 1944. (S. 372)
53	NKFD- BDO	Du und das Nationalkomitee! (Unterschrift: Steidle, Engelbrecht, Schmidt, Scholz.) Mai 1944.(S. 366)
54	NKFD- BDO	Du und der Freiheitskampf der unterdrückten Völker! (Unterschrift: Steidle.) Juli 1944.(S. 384)
55	NKFD- BDO	Ein fürchterliches Eingeständnis des OKW. (Unterschrift: Steidle.) Juli 1944.(S. 379)
56	NKFD- BDO	Einheitsfront gegen Hitler! An die Offiziere des Gren. Regt. 1086! (Unterschrift: Scholz.) August 1944.(S. 573)
57	NKFD- BDO	Entlarvt die Lüge! (Unterschrift: Steidle.) 21. Nov. 1944.(S. 399)
58		NKFD-Frontstelle: Für Hitler gegen Deutschland oder gegen Hitler für Deutschland.(Unterschrift: Goßens.) 7. April 45.(S. 563)
59	NKFD- BDO	Gefangenschaft! Sibirien! Genickschuß!... und hier die Wahrheit! (Unterschrift: Lösche.) Dezember 1944. (S. 401)
60		NKFD-Frontstelle: Gegen den wahren Feind! (Unterschrift: Goßens.) 31. März 1945.(S. 561)
61	NKFD- BDO	Generale und Offiziere der deutschen Freiheitsbewegung an den Oberbefehlshaber der Heeresgruppe A,

		Generaloberst Schörner. (Unterschrift: Steidle.) Februar 1945. (S. 424)
62	NKFD-BDO	Generalfeldmarschall Paulus und 50 dt. Generale über die Zukunft Deutschlands. (Unterschrift: Steidle, Lösche, Hülcker.) Januar 1945. (S. 407)
63	NKFD-BDO	Hitler, wie ihn keiner kennt! (Unterschrift: Steidle, Lösche.) Dezember 1944. (S. 393)
64	NKFD	Der Bevollmächtigte an der 1. Ukrainischen Front. Ihr fragt? Wir antworten! 26. März 1944. (S. 312)
65	NKFD-Frontstelle:	Im Zeichen des "F". (Unterschrift: v. Kügelgen.) Oktober 1943. (S. 199)
66	NKFD	Italien hat bedingungslos kapituliert! (Unterschrift: Keßler, Goßens.) September 1943 (S. 189)
67	NKFD-BDO	Kämpft gegen die Lügen des nationalsozialistischen Führungsoffiziers! Kämpft für die Wahrheit! (Unterschrift: Steidle.) Dezember 1944. (S. 405)
68	NKFD-BDO	Kämpft gegen Hitler! (Unterschrift: Scholz.) Oktober 1944. (S. 582)
69	NKFD-Frontstelle:	Kamerad, Du hoffst immer noch auf "Wunderwaffen"!? 15. August 1944. (S. 542)
70	NKFD-BDO	Kameraden der 96., 357. und 359. I. D.! Der Angriff... (Unterschrift: Scholz.) Juli 1944. (S. 570)
71	NKFD-BDO	Frontstelle: Kameraden der 154. Sich. Div. und der Kampfgruppe Oberst Becker! (Unterschrift: Engelbrecht.) März 1944. (S. 327)
72	NKFD-BDO	Frontstelle: Kameraden der 291. I. D.! (Unterschrift: Engelbrecht, Ithaler.) März 1944. (S. 322)
73	NKFD-BDO	Frontstelle: Kameraden der 359. I. D.! (Unterschrift: Engelbrecht.) März 1944. (S. 323)
74	NKFD-BDO	Kameraden der 359. I. D.! (Unterschrift: Scholz.) Juli 1944. (S. 569)
75	NKFD-Frontstelle:	Kamerad! Jeden Tag, den Du noch in... (Unterschrift: Goßens.) 17. März 1945. (S. 560)
76	NKFD-BDO	Kommandeure der eingekesselten deutschen Truppen! (Unterschrift: Bechly, Engelbrecht, Abel.) Jan. 1944 (Korsun). (S. 230)
77	NKFD-Frontstelle:	Krieg den Kriegsverlängerern! (Unterschrift: Goßens.) 10. März 1945. (S. 559)
78	NKFD	Landsleute, Kameraden! (Unterschrift: Keßler, Goßens.) September 1943. (S. 191)
79	NKFD-Frontstelle:	Landsleute in der Wehrmacht! Offiziere und Soldaten! (Unterschrift: Bredel.) November 1943. (S. 201)
80	NKFD-BDO	Macht Euch nichts vor! (Unterschrift: Steidle, Engelbrecht, Schmidt, Scholz.) Mai 1944. (S. 369)
81	NKFD-Frontstelle:	Marschrichtung Heimat! (Unterschrift: v. Kügelgen.) Oktober 1943. (S. 194)
82	NKFD-Frontstelle:	Meckerer nicht gesucht! (Unterschrift:

		v. Kügelgen.) Oktober 1943.(S. 197)
83	NKFD- BDO	Mit allen Mitteln gegen die NSDAP! (Unterschrift: Steidle, Lösche.) Dezember 1944.(S. 391)
84	NKFD- BDO	Neue Kämpfer für Deutschlands Rettung - gegen Hitler! September 1944.(S. 398)
85	NKFD-	Frontstelle: Nüchtern urteilen - entschlossen handeln! (Unterschrift: Goßens.) 3. August 1944.(S. 540)
86	NKFD- BDO	Oberst Steidle, Bevollmächtigter des NKFD und Vizepräsident des BDO, wendet sich in einem offenen Brief an den Oberbefehlshaber der dt. Truppen in Südpolen, Generaloberst Schörner! (Unterschrift: Steidle.) September 1944.(S. 418)
87	NKFD- BDO	Oberst Steidle, Bevollmächtigter des NKFD, warnt die NS-Führungsoffiziere und ihre Mitarbeiter! (Unterschrift: Steidle.) Dezember 1944.(S. 403)
88	NKFD- BDO	Oberst Steidle spricht mit neuen deutschen Gefangenen! (Unterschrift: Steidle.) 16. Februar 1944.(S. 285)
89	NKFD- BDO	Oberst Steidle wendet sich im Auftrage des Generals der Artillerie Walther von Seydlitz in einem offenen Brief an die Befehlshaber und Kommandeure im Kampfraum Galizien. (Unterschrift: Steidle.) Mai 1944.(S. 364)
90	NKFD- BDO	Oberst Steidle wendet sich in einem Aufruf an die Generale und Offiziere im Kampfraum Galizien (Unterschrift: Steidle.) 10. Juli 1944.(S. 377)
91	NKFD- BDO	Oberst Steidle wendet sich in einem offenen Brief an den Oberbefehlshaber der Heeresgruppe A, Herrn Generaloberst Harpe.(Unterschrift: Steidle.) 14. Januar 1944.(S. 423)
92	NKFD- BDO	Offener Brief an den Kommandeur der 1. Panzerarmee, Herrn General der Panzer Hube! (Unterschrift: Steidle.) 25. Februar 1944.(S. 287)
93	NKFD- BDO	Offiziere im Kessel! (Unterschrift: Steidle, Büchler, Röckl.) 11. Februar 1944.(S. 245)
94	NKFD- BDO	Offiziere, Soldaten, Kameraden! Ihr wollt den Frieden! (Unterschrift: Steidle, Engelbrecht, Schmidt, Scholz.) Mai 1944.(S. 362)
95	NKFD-	Frontstelle: Offiziere und Soldaten am hiesigen Frontabschnitt! Seit einem Jahr... (Unterschrift: Goßens.) 11. Juli 1944.(S. 538)
96	NKFD	Offiziere und Soldaten der 9. Armee! (Unterschrift: v. Kügelgen, Kühn, Bredel.) Oktober 1943.(S. 195)
97	NKFD- BDO	Offiziere und Soldaten der 72. I.D., 57., I.D., 389. I.D., SS-Division "Wiking" und zugeteilten Verbände! (Unterschrift: Büchler.) 2. Februar 1944. (S. 238)
98	NKFD- BDO	Offiziere und Soldaten der 72. I.D., 57. I.D., 389. I.D., SS-Division "Wiking" und zugeteilten Verbände, (Unterschrift: Steidle, Büchler, Röckl.) 4. Februar 1944. (S. 239)

99	NKFD- BDO	Offiziere und Soldaten der 72. I. D., 57. I. D., 389. I. D., SS-Division "Wiking" und zugeteilten Verbände! (Unterschrift: Röckl.) 2. Februar 1944 (Korsun).(S. 237)
100	NKFD- BDO	Offiziere und Soldaten! Ernst denkende... (Unterschrift: Steidle.) 23. Januar 1944 (Korsun).(S. 236)
101	NKFD- BDO-	Frontstelle: Offiziere und Soldaten! Ihr steht... (Unterschrift: Seydlitz, Korfes, Engelbrecht, Kügelgen.) Februar 1944 (Korsun). (S. 235)
102	NKFD- BDO	Organisiert die geschlossene Verweigerung aller Hitlerbefehle! (Unterschrift: Steidle.) September 1944. (S. 385)
103	NKFD-	Frontstelle: Pfui Teufel, dieser "Ehrenname"! (Unterschrift: v. Kügelgen.) November 1943.(S. 203)
104	NKFD-	Frontstelle: Rettet Euch für Deutschlands Zukunft! (Unterschrift: Goßens.) 19. April 1945. (S. 564)
105	NKFD- BDO	Rom gefallen! (Unterschrift: Steidle, Engelbrecht, Abel, Scholz.) Juni 1944.(S. 371)
106	NKFD- BDO	Rumänien ist ausgeschieden! September 1944.(S. 577)
107	NKFD- BDO	Schande und Tod den Verbrechern, die auf eigene Leute schießen! (Unterschrift: Steidle.) Oktober 1944. (Identisch mit N. K. 119?) (S. 387)
108	NKFD-	Frontstelle: Schluß jetzt! (Unterschrift: v. Kügelgen, Engelbrecht.) März 1944.(S. 318)
109	NKFD- BDO	Schluß mit Hitler! Schluß mit dem Krieg! Leben für Deutschland! (Unterschrift: Steidle.) Oktober 1944. (S. 386)
110	NKFD- BDO	Selbstmord! (Unterschrift: Steidle.) 25. Februar 1944 (Korsun). (S. 289)
111	NKFD- BDO	Frontstelle: Soldaten! Offiziere! Stark beunruhigt... (Unterschrift: v. Kügelgen.) Januar 1944.(S. 225)
112	NKFD- BDO	Ultimatum unbedingt annehmen! (Unterschrift: Steidle, Röckl, Büchler.) Februar 1944 (Korsun).(S.244)
113	NKFD-	Frontstelle: Unteroffiziere der 96. I. D.! (Unterschrift: Goßens.) 20. September 1944.(S. 556)
114	NKFD- BDO	Volkssturm gegen Hitler! (Unterschrift: Steidle.) 25. November 1944.(S. 397)
115	NKFD-	Frontstelle: Vom Hitleroffizier zum Offizier des "Freien Deutschlands". (Unterschrift: v. Kügelgen.) Januar 1944.(S. 223)
116	NKFD- BDO	Was droht Euch? Wir wissen es schon heute! (Unterschrift: Steidle, Büchler, Röckl.) 21. Februar 1944.(S. 286)
117	NKFD-	Frontstelle: Was tun? (Unterschrift: v. Kügelgen.) März 1944.(S. 317)
118	NKFD	Was tun? Kameraden der 96. I. D.! (Unterschrift: Goßens.) 5. Oktober 1944.(S. 544)
119	NKFD	Weiter mit Hitler heißt Deutschland vernichten!

		(Unterschrift: Goßens.) 24. Oktober 1944.(S. 557)
120	NKFD	Wie kommen wir heraus aus diesem Kriege? (Unterschrift: Engelbrecht, Abel.) März 1944.(S. 330)
121	NKFD-BDO	Wir erleben die Wahrheit! Dezember 1944.(S. 402)
122	NKFD-BDO	Wir warnten! (Unterschrift: Steidle, Engelbrecht.) April 1944.(S. 353)
123	NKFD-BDO	Zur Rettung der Heimat - gegen Hitler! (Unterschrift: Scholz.) 25. Oktober 1944.(S. 579)

Folgende Flugblätter werden in der Literatur erwähnt, jedoch ist der Titel nicht exakt angegeben. Daher können sie nicht in die vorgehende Gruppe eingeordnet werden, zumal sie auch eine Codenummer tragen könnten.

1	An die Soldaten und Offiziere der 50. I. D. ! Das Nationalkomitee greift ein.(Unterschrift: Herbert Stresow.)
2	Auf zur Tat. Deutschland muß leben, darum muß Hitler fallen!
3	Flugblatt an die 72. I. D. , 57. I. D. , 168. I. D. , 389. I. D. und 198. I. D. !(Unterschrift: Büchler.) [Korsun-Kessel.]
4	Flugblatt an die 72. I. D. , 57. I. D. , 168. I. D. , 389. I. D. und 198. I. D. ! (Unterschrift: Röckl.)
5	Flugblatt an die 72. I. D. , 57. I. D. , 168. I. D. 389. I. D. und 198. I. D. ! (Unterschrift: Steidle, Büchler, Röckl.) [Korsun.]
6	Gegen Hitler sein heißt gegen Hitler kämpfen. (Hand- bzw. schreibmaschinen-geschrieben.)
7	In letzter Minute.(Unterschrift: Steidle, Büchler, Röckl.) [Korsun-Kessel.]
8	Kameraden der SS.(Unterschrift: Steidle .)[Korsun-Kessel.]
9	Kameraden der 3. und 25. P. D. , der 5. SS-Panzer-Div. "Wiking", der 4. Pz. Brigade, der 542. und 35. Inf. Div. (September 44; Frontbeauftragter G. Hamacher am Narew.)
10	Kameraden der 542. I. D. ! (September 44 am Narew, Hamacher.)
11	Offener Brief an den Befehlshaber von Breslau. (Unterschrift: Steidle.) [Es könnte sich um Blatt N. K. 167 handeln.]
12	Offiziere und Soldaten der neu aufgestellten 376 I. D. ! 6. Jan. 1944.
13	Offiziere und Soldaten der 31. I. D. ! (Hand-bzw. schreibmaschinengeschrieben.)
14	Offiziere und Soldaten der 389. I. D. ! (Unterschrift: Steidle .) [Korsun-Kessel.]

DER 16. INTERNATIONALE KONGRESS DER GESCHICHTSWISSENSCHAFTEN 1985 IN STUTTGART

von Jürgen Rohwer

In der Zeit vom 25. August bis 1. September 1985 fand in Stuttgart der 16. Internationale Kongreß der Geschichtswissenschaften statt, an dem 2181 Wissenschaftler aus 59 Ländern aller fünf Kontinente teilnahmen.

Am Morgen des 25. August begrüßte der Präsident des Verbandes der Historiker Deutschlands, Prof. Chr. Meier, als Gastgeber die Gäste. Begrüßungsansprachen hielten Ministerpräsident L. Späth, Oberbürgermeister M. Rommel und Bundespräsident R. von Weizsäcker. Für die Gäste dankten der Präsident des Internationalen Komités der Geschichtswissenschaften, Prof. A. Gieysztor (Warschau) und die Generalsekretärin, Frau Prof. H. Ahrweiler (Paris). Beginnend am Nachmittag des 25. August sowie an den drei folgenden Tagen und am 31. August fanden zum Teil parallel zueinander 32 Arbeitssitzungen und 10 Rundgespräche zu den verschiedensten Themen statt, welche die ganze Breite der internationalen Forschungen auf den verschiedensten Gebieten der Geschichte von der Antike bis zur Gegenwart aufzeigten. Am 29. und 30. August hielten die 33 dem Internationalen Komite angeschlossenen Organisationen ihre Arbeitssitzungen zu ihren jeweiligen speziellen Themenbereichen ab. Zahlreiche Rahmenveranstaltungen gaben den Teilnehmern Gelegenheiten zu Gesprächen, zum Kennenlernen und zur Erneuerung alter Freundschaften über nationale und ideologische Grenzen hinweg.

Die Bibliothek für Zeitgeschichte beteiligte sich aktiv an der Vorbereitung dieses Kongresses und übernahm z. T. gemeinsam mit dem Militärgeschichtlichen Forschungsamt in Freiburg die Organisation der Kolloquien und Symposien zweier dem Internationalen Komité der Geschichtswissenschaften angeschlossenen internationalen Kommissionen, mit deren Arbeit die BfZ schon seit längerer Zeit eng verbunden ist.

Das X. Kolloquium der Commission Internationale d'Histoire Militaire

In der Woche vor dem großen Kongreß in Stuttgart veranstaltete die "Commission Internationale d'Histoire Militaire" (C.I.H.M.) vom 19. bis 24. August 1985 ihr zehntes internationales Kolloquium.

Die C.I.H.M. ist ein Zusammenschluß von zur Zeit 34 nationalen Kommissionen für Militärgeschichte. Sie wurde vor dem Zweiten Weltkrieg in Frankreich gegründet und nach dem Zweiten Weltkrieg wiederum von Frankreich aus reaktiviert. Ihr Ziel ist es, die internationale Zusammenarbeit auf dem Gebiet der militärgeschichtlichen Forschung von der Antike bis zur Gegenwart zu fördern. Den nationalen Kommissionen gehören im allgemeinen die offiziellen militärgeschichtlichen Forschungseinrichtungen der einzelnen Länder, fachlich interessierte Archivare und Bibliothekare, sowie Wissenschaftler aus dem Hochschulbereich an. Die C.I.H.M. gibt eine Zeitschrift "Revue Internationale d'Histoire Militaire" heraus, die im Wechsel von den nationalen Kommissionen bearbeitete oder von internationalen Redaktion zusammengestellte Hefte publiziert, von denen bisher 63 erschienen sind.

Eine der C.I.H.M. angeschlossene bibliographische Kommission bearbeitet eine "Bibliographie Internationale d'Histoire Militaire", von der bisher 6 Bände erschienen sind. Neben kleineren regionalen Zusammenkünften zu spezielleren Themen veranstaltet die C.I.H.M. alle ein bis zwei Jahre ein größeres internationales Kolloquium, die bisher in Stockholm (1973), Washington (1975), Teheran (1976), Ottawa (1978), Bukarest (1980), Montpellier (1981), Washington (1982), Wien (1983), Tel-Aviv (1984) stattfanden. Nach dem Stuttgarter Kolloquium sind die nächsten Kolloquien in Seoul (1986), Warschau (1987), Montreal (1988), Paris (1989), Madrid (1990) geplant. Dem Büro oder Präsidium gehören zur Zeit ein Präsident (Frankreich), acht Vizepräsidenten (DDR, Bundesrepublik Deutschland, Großbritannien, Südkorea, Norwegen, Rumänien, Sowjetunion, Vereinigte Staaten), ein Generalsekretär (Niederlande) und ein Schatzmeister (Schweiz) an.

An der Stuttgarter Veranstaltung nahmen 261 Personen aus 37 Ländern und einer übernationalen Organisation teil (Australien, Belgien, Brasilien, Bulgarien, Canada, Volksrepublik China, Dänemark, Deutsche Demokratische Republik, Bundesrepublik Deutschland, Dominikanische Republik, Finnland, Frankreich, Griechenland, Großbritannien, Irland, Israel, Italien, Japan, Jugoslawien, Kamerun, Süd-Korea, Libanon, Niederlande, Norwegen, Österreich, Polen, Rumänien, Schweden, Schweiz, Senegal, Sowjetunion,

Spanien, Tunesien, Türkei, Ungarn, Vereinigte Staaten und NATO).

Das Kolloquium fand im großen Sitzungssaal des Stuttgarter Rathauses statt und wurde von Oberbürgermeister Dr. Rommel, Staatssekretär Dr. Rühl vom Bundesministerium der Verteidigung und Ministerialdirektor Dr. Erhardt vom Ministerium für Wissenschaft und Kunst des Landes Baden-Württemberg, sowie dem Präsidenten der C.I.H.M., Prof. Corvisier (Paris), und als Vertreter der gastgebenden Kommission von Prof. Rohwer eröffnet.

Unter dem Generalthema "NEUE FORSCHUNGEN ZUR GESCHICHTE DES ERSTEN WELTKRIEGES" wurden in acht Arbeitssitzungen spezielle Themen von jeweils zwei Referenten, einem Kommentator und einer wechselnden Zahl von Diskussionsrednern behandelt:

Erste Arbeitssitzung:
"Die Änderungen in den strategischen Vorstellungen und die Wandlungen der Kriegsinstrumente und des Kriegsbildes":
Prof. Pedroncini (Paris), L'évolution des idées stratégiques françaises.
Prof. Otto (Potsdam), Die strategische Planung der Obersten Heeresleitung 1916-1918 im Spannungsfeld zwischen den Kriegszielen und dem Kriegspotential des deutschen Kaiserreiches.
Prof. Plaschka (Wien), Die Wandlungen des Kriegsbildes.

Zweite Arbeitssitzung:
"Die Neutralen Mächte und die Kriegführenden":
Prof. Rystad (Lund, Schweden), Oberste Heeresleitung, Auswärtiges Amt and the German "Monroe Doctrin" for the Baltic.
Dr. Redondo (Madrid), The Spanish Military Observers during the First World War.
Dr. Wille (Gümlingen, Schweiz), Die Neutralen und der Krieg.

Dritte Arbeitssitzung:
"Die Auswirkung der Mobilisierung von Massenheeren auf die Gesellschaft der kriegführenden Staaten":
Prof. Rostunov (Moskau), Die Mobilisierung der russischen Armeen und ihre Auswirkung auf die Gesellschaft.
Dr. Simkins (London), New Light on the Rising of Britain's New Armies.
Prof. Rodney (Victoria, Canada), The Mobilization of Mass-Armies and the Societies.

Vierte Arbeitssitzung:
"Der europäische Krieg und seine Konsequenzen für die außereuropäische Welt":
Prof. Robertson (Canberra), The Impact of the European War on Australia.

Admiral Saldanha da Gama (Rio de Janeiro), The European War and Brazil and the Brazilian Decision to enter the War.
Prof. Ikeda (Sendai, Japan), The Impact of the European War in the Far East and the Japanese Decision to Enter the War.

Fünfte Arbeitssitzung:
"Die Mobilisierung der Wirtschaft und der Einfluß neuer Technologien":
Prof. Luraghi (Genua), The Coming of Industrial Warfare and its Misunderstanding by the European Staffs in World War I.
Prof. Wise (Otawa), The Strategy of Air War.
Dr. Delmas (Vincennes, Frankreich), Nouvelles technologies et leur influence sur les théories de la guerre.

Sechste Arbeitssitzung:
"Das Verhältnis der Regierungen und Oberkommandos der Koalitionen in der Zeit des Krieges"(I):
Dr. Trask (Washington), Woodrow Wilson contra the Allies, 1917-1919.
Dr. Ceauşescu (Bukarest), The Romanian High Command's Relations with the Allies in World War I.
Prof. Gutsche (Berlin-DDR), Koalitionen im Ersten Weltkrieg.

Siebente Arbeitssitzung:
"Das Verhältnis der Regierungen und Oberkommandos der Koalitionen in der Zeit des Krieges" (II):
General Çeliker (Ankara), Die Beziehungen des türkischen Oberkommandos zu seiner Regierung und dem deutschen Oberkommando: Wirkungen auf die türkische Kriegspolitik und den Kriegsverlauf an den türkischen Fronten.
Dr. Iliev (Sofija), Probleme der bulgarischen Kriegskunst im Ersten Weltkrieg.
Dr. Opačič (Belgrad), Probleme der Koalitionskriegführung.

Achte Arbeitssitzung:
"Der Krieg und die Revolution":
Prof. Sobczak (Warschau), Der Einfluß der Revolution in Rußland, Deutschland und der k. u. k. Monarchie auf das Ergebnis des Krieges und die Wiedergewinnung der Unabhängigkeit Polens.
Prof. Lappalainen, (Turku, Finnland), Les origines de la défaite des Gardes Rouges dans la guerre civile de la Finlande en 1918.
Dr. Liptai (Budapest), Der Krieg und die Revolution.

In der Schlußsitzung gab Prof. Hillgruber (Köln) eine zusammenfassende Einordnung "Der historische Ort des Ersten Weltkrieges".

Von besonderer Bedeutung für die Gespräche im kleinen Kreis und vor allem die Verabredung von künftigen gemeinsamen Forschungsvorhaben waren die Rahmenveranstaltungen.

Staatssekretär Dr. Lothar Rühl gab einen Empfang im Schloß Ludwigsburg. Eine gemeinsam von der deutschen und französischen Kommission veranstaltete Exkursion führte zum Museum und den erhaltenen Anlagen am Col du Linges im Elsaß. Eine Halbtages-Exkursion zur Burg Lichtenberg mit einem "Schlachtfest" bildete am letzten Tag den Abschluß und den Übergang zum großen Historikerkongreß.

Von besonderer Bedeutung war die mit einem Empfang verbundene Verleihung der diesjährigen Richard-Franck-Preise in der Bibliothek für Zeitgeschichte. Diese von der Familie des Gründers der Bibliothek für Zeitgeschichte gestifteten Preise werden alle drei bis vier Jahre für hervorragende bibliographische Leistungen auf dem Gebiet der Zeitgeschichte verliehen. Die diesjährigen Preisträger waren Counselor Alfred G. S. Enser aus Eastbourne in Großbritannien für seine Bibliographien zur Geschichte des Ersten und Zweiten Weltkrieges und der ehemalige Direktor der Eidgenössischen Militärbibliothek, Dr. Dr. h. c. Daniel Reichel aus Morges in der Schweiz, für seine Arbeit an der "Bibliographie Internationale d'Histoire Militaire". Die Laudatio auf Counselor Enser hielt Professor Kleinfeldt aus Tempe, Arizona (USA), die auf Dr. Reichel der Direktor des Militärgeschichtlichen Instituts der DDR, Generalmajor Prof. Brühl, aus Potsdam. Bei dieser Gelegenheit wurden auch die Veröffentlichungen zum C.I.H.M. Colloquium, darunter der Band 25 der Schriften der Bibliothek für Zeitgeschichte mit 31 Forschungsberichten und Bibliographien zur Geschichte des Ersten Weltkrieges vorgestellt, sowie eine Ausstellung zum Thema "Neue Forschungen zur Geschichte des Ersten Weltkrieges" eröffnet.

Symposium des "Comité International d'Histoire de la Deuxième Guerre Mondiale"

Während des 16. Internationalen Kongresses der Geschichtswissenschaften hielt das Comité International d'Histoire de la Deuxième Guerre Mondiale vom 29.-31. August in Stuttgart ein Symposium zum Thema "Die Wirtschaft im Zweiten Weltkrieg" ab.

Im Jahre 1950 entstand in Frankreich als Organ der "Commission d'Histoire de l'Occupation et de la Libération de la France" die Zeitschrift "Revue d'Histoire de la Deuxième Guerre Mondiale". Ein Jahr später wurde die Kommission entsprechend in "Comité d'Histoire de la Deuxième Guerre Mondiale" umbenannt. Aufgabe des Comités sollte es sein, Wissensträger aus den französischen Institutionen während des Zweiten Weltkrieges, Archivare, Bibliothekare und Wissenschaftler zusammenzubringen, um die Geschichte Frankreichs im Zweiten Weltkrieg aufzuarbeiten. In ähnlicher Weise entstanden auch in anderen Ländern derartige Komitees und Kommissionen, die sich ab 1961 über ein "Comité de Liaison" zunächst locker, ab 1967 dann auch organisatorisch zum "Comité International d'Histoire de la Deuxième Guerre Mondiale" zusammenschlossen. Ausgehend von den Gründungsmitgliedern Frankreich, Belgien, Großbritannien, den Niederlanden, Jugoslawien, Polen und der Sowjetunion haben sich inzwischen 53 nationale Kommissionen dem Comité angeschlossen, dessen Vorsitz bis zum Stuttgarter Kongreß Henri Michel (Paris) führte. Vize-Präsidenten sind Vertreter Großbritanniens, Polens, der Sowjetunion und der Vereinigten Staaten, General-Sekretär ist der in Stuttgart zum neuen Präsidenten gewählte belgischer Vertreter Dr. Vanwelkenhuyzen, Schatzmeister ein Niederländer. Als Beisitzer gehören dem Büro außerdem Vertreter Jugoslawiens und Rumäniens an.

An dem Stuttgarter Symposium nahmen 105 Personen, die bereits an dem Kolloquium der Internationalen Kommission für Militärgeschichte, sowie 110 weitere Personen aus 36 Ländern teil (Albanien, Australien, Belgien, Canada, Volksrepublik China, Cuba, Deutsche Demokratische Republik, Bundesrepublik Deutschland, Dominikanische Republik, Frankreich, Griechenland, Großbritannien, Irland, Israel, Italien, Japan, Jugoslawien, Kamerun, Süd-Korea, Libanon, Luxemburg, Niederlande, Norwegen, Österreich, Polen, Rumänien, Schweden, Schweiz, Sowjetunion, Spanien,

Tunesien, Türkei, Ungarn, Vatikan, Vereinigte Staaten und Zaire).

Die Sitzungen fanden im Sitzungssaal des Landesgewerbeamtes Stuttgart statt, wo die Gäste vom Oberbürgermeister der Stadt Stuttgart, Dr. Rommel, dem Staatssekretär im Bundesministerium der Verteidigung, Dr. Rühl, und dem Präsidenten der Deutschen Kommission, Prof. Klaus Jürgen Müller (Hamburg), begrüßt wurden. Die erste Sitzung, die als eine gemeinsame Veranstaltung der Internationalen Kommission für Militärgeschichte und des Internationalen Komitees für die Geschichte des Zweiten Weltkrieges veranstaltet wurde, begann mit einer Grußadresse des Präsidenten der C.I.H.M., Prof. A. Corvisier (Paris) und einem allgemeinen Einführungsvortrag von Prof. Ranki (Budapest).

Die erste Sitzung war der "Planung und Durchführung der Wirtschaftsstrategie" gewidmet und enthielt Referate von Prof. Boelcke, (Stuttgart, Bundesrepublik Deutschland), Prof. Milward (z. Zeit Florenz, Großbritannien), Prof. Goljuschko (Moskau, UdSSR,) Prof. Kimball (Newark, U.S.A.), Prof. Caron (Chatenay, Frankreich), Prof. Pollo (Tirana, Albanien).

Die zweite Sitzung galt der "Rohstoffversorgung im Kriege" und brachte Referate von Prof. Nakamura (Tokyo, Japan), Prof. Eichholz (Berlin, DDR), Frau Dr. Moisuc und Dr. Botoran (Bukarest, Rumänien), Dr. Kolar (Laibach, Jugoslawien), Prof. Babin (Moskau, UdSSR), Dr. R. D. Müller (Freiburg, BRD), Dr. Dombrady (Budapest, Ungarn).

Thema der dritten Arbeitssitzung war "Die Finanzierung des Krieges". Die Referate wurden gehalten von Prof. Wolff (Paris, Frankreich), Prof. Legnani (Mailand, Italien), Prof. Theodoropoulos (Athen, Griechenland), Prof. van der Wee (Brüssel, Belgien,) Prof. Pihkala (Helsinki, Finnland), Prof. Marguerat (Neuchâtel, Schweiz), Dr. Tjushkevich (Moskau, UdSSR), Dr. Trask (Washington, USA).

Die Generaldebatte in der vierten Arbeitssitzung wurde eingeleitet durch Dr. Bartenev (Moskau, UdSSR), Prof. Milward (Großbritannien), Prof. Dr. Schausberger (Wien, Österreich), Prof. Luczak (Warschau, Polen) und Prof. Klein (Amsterdam, Niederlande).

Die Schlußworte sprachen Prof. Milward (z. Zt. Florenz), Prof. Zhilin (Moskau, UdSSR) und Prof. Kimball (USA).

Am Samstag fand die administrative Sitzung statt, bei der Dr. Vanwalkenhuyzen zum neuen Präsidenten gewählt wurde.

Staatssekretär Dr. Rühl gab für die Teilnehmer des Symposiums in der Bibliothek für Zeitgeschichte in Stuttgart einen Empfang, bei dem Gelegenheit war, die in dem Buchmuseum der Württembergischen Landesbibliothek von der Bibliothek für Zeitgeschichte vorbereitete Ausstellung zur Geschichte des Ersten Weltkrieges zu besichtigen. In einer freundlichen und gelockerten Atmosphäre konnten über die Block- und Konfliktgrenzen hinweg zahlreiche Gespräche im kleinen Kreise geführt und manche Verabredungen für die künftige Kooperation getroffen werden.

III
ALPHABETISCHES VERFASSER-REGISTER

Aasland, T. 284
Abate, Y. 279
Abbink, J. 279
Abdropov, J. V. 230
Abel, F. 38
Abellán-García,
 J. L. 240
Abir, M. 247
Absolon, R. 148
Achaiya, A. 332
Achminow, H. F. 9
Adamczyk, M. 71
Adams, J. 284
Adamthwaite, A.
 192
Adelman, K. L. 21
Adiba, G. 281
Adragna, S. P. 104
Afheldt, A. 29
Afheldt, H. 27
Agaev, C. L. 258
Agnelli, G. 48
Agosti, A. 220
Agrell, W. 233
Agursky, M. 220
Ahlstrom, J. D. 81
Ahmad, Z. H. 267
Aichinger, W. 33,
 64, 212
Ait-Ahmed, C. 91
Akaha, T. 262
Akhmedov, I. 226
Alarcon, I. 300
Alarcon-Benito,
 J. 237
Alberola-Rèche,
 M. 183
Albers, D. 131
Albrecht, S. 115
Albrecht, U. 103
Albrecht-Heide,
 A. 332
Alcaraz del Castillo,
 I, 298
Alden, J. D. 81
Aldridge, R. C. 329
Alegría, C. 303
Alex, M. 135

Alexandrow, J. 110
Alfonsín, R. 294
Alibrandi, G. 205
Allard, H. 86
Allende, B. 288
Allendesalazar,
 J. M. 25
Aloalmoki, N. 257
Alonso, B. 294
Altenburg, W. 141
Alter, P. 5
Alterman, E. R. 322
Altermatt, U. 235
Alvárez-Arenas,
 E. 24
Alvárez González,
 F. 237
Aly, G. 165
Alzaga, O. 238
Amann, K. 211
Ambrose, A. 332
Ambrose, S. E. 322
Amelung, W. 114
Amin, S. 249
Amos, J. W. 332
Amter, J. A. 86
Andersen, J. 111
Andersen, W. K. 350
Andolf, G. 233
Andonow, K. 110
Andors, P. 252
Anker-Moeller, S. 1
Anker- Moller, K.
 131
Anoshkin, I. F. 10
Anstey, C. 192
Antezana-Villagrán,
 J. 61
Antola, E. 103
Antonić, Z. 78
Antonio, M. de 200
Antonioli, M. 202
Apel, H. 135
Apostolo, G. 43
Appunn, D. von 311
Aquino, A. A. 244
Arbatov, A. G.
 351

Arcangelis, M. de 43
Arce-Robledo, C.
 de 237
Archer, J. 196
Archer, R. F. 306
Arcos, R. A. de 296
Ardia, D. 82
Arfé, G. 200
Arías-Sánchez, O.
 301
Aricó, J. 288
Arico, S. M. 320
Arkin, W. M. 37
Armanski, G. 141
Arnaud, P. 307
Arndt, I. 120
Arndt, W. 181
Arnold, A. 245
Arnold, V. 164
Arocena-Olivera,
 E. 95
Aroian, L. A. 95
Aron, R. 23
Aronowitz, S. 336
Artabro, 239
Artelt, J. 253
Artl, G. 60
Aruri, N. H. 326
Ascheri, G. 199
Ash, T. G. 217
Asmus, R. 135
Asopa, D. 131
Asselhoven, D. 216
Aston, C. C. 100, 101
Ataoev, T. 272
Atherton, A. L. 326
Atienza, M. 10
Attali, J. 45
Attard-Alonso, E. 238
Attorre, P. P. de 201
Aubert, J.-F. 235
Aubry, G. 236
Auerbach, W. 39
Augias, C. 33
Augstein, R. 114
Auhagen, H. 50
Auria, E. de 204
Ausland, J. C. 209

463

Auton, G. P. 105
Avakian, A. 271
Avakian, B. 10
Avimor, S. 266
Avrich, P. 189
Awad, M. E. 261
Axt, H.-J. 190
Azaña, M. 237
Azaretto, R. 294

Baatz, W. 324
Babacar, S. 274
Babington, A. 193
Babu, A. R. M. 274
Bacchus, W. I. 322
Bach, 145
Bachmann, G. 151
Badstübner-Peters, E. 180
Baechler, C. 190
Bärwald, H. 222
Bäumer, H. 158
Bagby, W. M. 322
Bagley, P. 337
Bagnoli, P. 205
Bagnouls, H. 105
Bahr, G. 181
Bahro, R. 130
Bail, R. 91, 188
Baily, C. M. 332
Bairu Tafla, 134
Bakunin, M. A. 127
Balin, G. 76
Ball, G. 326
Ball, S. 194
Ballauf, H. 195
Ballbé, M. 240
Ballester i Canals, J. 16
Bambirra, V. 10
Bancroft, M. 331
Bandini, R. 297
Bangemann, M. 129
Bar, A. 238
Bar-Siman-Tov, Y. 87, 269
Bar-Zahor, M. 246
Barak, A. 90

Barba-Caballero, J. 313
Barbati, V. 24, 330
Barceló-Fundora, N. 341, 342
Barcley, D. E. 118
Bardi, P. 61
Barefoot, J. K. 31
Baretta, S. R. D. 300
Barfuss, W. 211
Barker, A. J. 81
Barker, E. 196
Barker, W. G. 32
Barnaby, F. 19
Barnet, R. J. 327
Barnett, R. W. 333
Barraclough, R. 267
Barrenechea, C. 135
Barrera, R. 67
Barreto, P. E. 311
Barrett, S. R. 305
Barron, J. 221
Barros e Silva, D. de 299
Barry, T. 293
Barsh, D. P. 27
Bartelheimer, P. 158
Bartels, T. 319
Bartels, W. 36, 139
Barth, F. 163
Barth, P. 27, 104
Barth, R. 145
Barthel, E. 253
Barthel, M. 73
Barthrop, M. 281
Bartke, W. 250
Bartlett, H. C. 330
Bartolini, S. 185
Barton, T. 129
Bartra, R. 307
Barudy, J. 289
Barulich, C. 294
Baryli, A. 213
Basombrio-Iglesias, C. 313
Basten, T. 123

Batalski, G. 72
Bates, D. 57
Batterson, R. F. 315
Baud, G. 67
Baudissin, W. Graf von 296
Bauer, R. 5
Baumer, F. 117
Baumgartner, L. 212
Baumueller, P. 146
Bausch, H. 168
Baybutt, R. 67
Bayer, H. 142
Bayes, J. H. 315
Beaglehole, J. H. 344
Bearslee, W. R. 318
Beaver, P. 34, 43
Bécamps, P. 190
Beck, P. J. 92
Beckenbach, F. 130
Becker, J.-J. 185
Becker, J. M. 185
Becker, W. 13
Beckwith, C. A. 332
Beeg, C. 17
Beer, H. 114
Beets, R. K. 29
Beigel, H. M. 333
Beijbom, A. 216
Beinart, W. 286
Bejarano, R. C. 61
Bekaert, J. 264
Belay, G. 279
Bell, C. 343
Bell, D. 335
Bell, R. C. 335
Bellero, L. 40
Belli, H. 311
Bello, W. 346
Belloni, G. A. 200
Bellucci, S. 80
Beltrami, G. M. 279
Beltrami, V. 279
Ben-Chorin, S. 258
Ben-Rafael, E. 260
Benard, C. 257
Benchenane, M. 275
Bendersky, J. W. 117

Beneventi, U. 202
Beneyto, J. 238
Benfield, Baron G. von 212
Benjalloun-Ollivier, N. 95
Benn, T. 196
Bennigsen, A. 245
Benser, G. 64, 102, 128, 130
Bentley, J. 117
Benton, G. 253
Bentzien, J. F. 135
Benvenuti, F. 226
Benvisti, M. 261
Benz, K. G. 24, 39
Benz, W. 121
Bercuson, D. J. 87
Berding, A. H. T. 322
Berendt, M. 232
Bereschkow, W. 64
Berger, J. 247
Berger, M. 349
Bergesen, H. O. 210
Bergmann, H. 322
Bergmann, V. 116
Bergom-Larsson, M. 15
Bergonzini, L. 202
Bergquiat, M. 224
Berlinguer, E. 200
Bermudo de la Rosa, M. 10
Bernecker, W. L. 240
Berner, O. T. 287
Berneri, C. 197
Bernstein, S. 185
Bernstein, T. B. 252
Bernstorf, M. 160
Berry, H. 322
Berryman, P. 304
Bertelsen, I. 128
Berthold, G. 118
Bertini, M. 333
Bertocci, P. J. 247
Bertoldi, S. 198
Bertram, K. 118

Bertuccioli, G. 201
Bertzel, K. 77
Besikçi, I. 272
Best, G. D. 316
Bethge, A. 147
Bethge, E. 166
Bethge, R. 166
Bethkenhagen, J. 47
Beto, M. D. 31
Betricau, A. 262
Bettinelli, E. 200
Bettinger, D. 175
Betz, J. 98, 100, 268
Beukel, E. 319
Beyrau, D. 229
Bhuiyan, M. A. W. 247
Biagi, E. 80
Biagoni, S. 202, 204
Bianchi, G. 200
Bianchini, S. 206
Bidart-Campos, G. J. 294
Bidwell, R. J. 264
Bieber, L. E. 297
Bielfeldt, C. 151
Bienen, H. 33
Biermann, P. 67
Bigaran, M. 202
Bigault de Cazanove, P. de 188
Bill, J. A. 350
Billig, O. 124
Billstein, R. 153
Bilzer, F. F. 212
Binder, G. 60
Bindra, S. S. 254
Bingen, D. 214
Birk, A. 27
Birnbaum, K. E. 85
Birrenbach, K. 134
Bischoff, J. 11
Bitar, S. 336
Bittman, L. 33
Bittner, D. F. 349
Bittner, W. 160
Bittorf, W. 48

Bitzel, U. 329
Biyoya Makatu, B. K. 274
Bjørgum, J. 210
Bjørnhaug, I. 210
Black, I. 259
Blackaby, F. 1
Blänsdorf, A. 117
Blagoev, D. 110
Blais, J.-J. 306
Blanco, R. L. 80
Blancpain, M. 189
Blandón, J. M. 311
Blasel, W. L. 41
Blasier, C. 289
Blau, J. 148
Bleek, W. 113
Blocq van Kuffeler, F. de 34, 207
Bloech, F. 132
Blondel, J.-L. 26
Blum, P. von 337
Blumler, J. G. 101
Bluth, S. 129
Boberach, H. 124
Bocklet, R. 100, 101
Böge, V. 16, 104, 139
Böhm, E. 216
Boehm, J. K. 241
Böhme, K.-R. 233
Boer, H. A. de 291
Boersner, D. 289
Bogdal, H. 174
Bogdanor, V. 192
Bogisch, M. 178
Bogner, H. D. 258
Bohlinger, R. 124
Bohman, G. 232
Bojerud, S. 233
Bolaños, P. 310
Bolla, C. 201
Bollinger, H. 143
Bollinger, R. E. 264
Bollmann, K. 217
Bollo-Muro, J. 259
Bombacci, A. 197
Bonanno, A. M. 205

465

Bonetti, P. 203
Bonifazi, L. 202
Bonilla, H. 58
Bonnell, V. E. 229
Bonwetsch, B. 88
Booth, A. R. 286
Bordoni, C. 203
Borea-Odria, A. 313
Borge-Martínez, T. 311
Borgese, G. A. 200
Borgohain, R. 254
Boris, P. 180
Borisov, A. J. 327
Borm, W. 168
Bornet, V. D. 316
Borochov, B. 4
Borring Olesen, T. 60
Bosshard, F. 277
Bosworth, R. 58
Botero-Montoya, M. 306
Botha, P. W. 284
Botting, D. 106
Bou-Assi, E. 20
Bougeard, C. 75
Boumerdassi, S. 89
Boussard, I. 188
Bousson, M. 10
Boutwell, J. 135
Bowen, A. M. 333
Bowen, G. L. 304
Bowerman, G. E. 59
Bowles, S. 335
Bowman, M. J. 17
Boyce, P. J. 343
Boyer, Y. 187
Boyne, W. J. 41
Bozdemir, M. 56, 270
Bozeman, A. B. 13
Božović, L. 78
Bracher, K. D. 6
Brada, J. C. 96
Braddon, R. 263
Bradley, C. P. 326
Bradley, D. 37
Bradsher, H. S. 88

Brady, L. P. 330
Brändle-Zeile, E. 51
Brahm, H. 220
Bramson, A. E. 41
Brancion, H. de 86
Brandley, D. 63
Brandstübner, R. 84
Brandt, H.-J. 178
Brandt, L. 120
Brandt, W. 114, 131
Braschi, A. 197
Brauch, H. G. 28, 101, 134, 140
Braun, D. 268
Braun, G. 285
Braun, U. 89
Brauzzi, A. 34, 80
Braybrook, R. 41
Brecht, H. T. 146
Brécy, R. 188
Bredsdorff, E. 113
Breemer, J. S. 227, 334, 348
Breen, W. J. 339
Breitinger, H. 181
Brennecke, J. 66
Breyer, K. 286
Breyer, S. 25, 39, 227, 228
Breymayer, H. 142
Breytenbach, W. 284
Brick, 196
Bridge, T. D. 89
Bridges, B. 103
Brière, C. 266
Brigadeiro, M. F. M. 25
Brignoli, M. 59
Brill, H. 139
Brinkmann, H. U. 320
Britsche, H. 20
Broadbent, S. 41
Brochado de Miranda, J. M. 217
Brogan, P. 336
Brooks, P. W. 48
Brosch, O. 131

Broszat, M. 153
Brown, B. E. 185
Brown, H. 21, 329
Brown, V. 319
Browning, R. S. 334
Bru de Sala, X. 241
Brucan, S. 230
Bruce, L. H. 273
Brückner, R. 286
Brüggemeier, F.-J. 150
Brühl, R. 168
Brüne, S. 279
Bruhn, J. 156, 322
Bruins, B. D. 82
Brunet, J.-P. 185
Brunn, B. 146
Brunner, G. 106
Bruns, W. 85, 105, 136
Brus, W. 228
Brusa, C. 199
Brzezinski, Z. 64, 316
Brzoska, M. 126, 224
Bucerius, G. 168
Buch, H. C. 151
Buchan, D. 29
Bucher, P. 159
Bucherer, P. 89
Buchner, A. 142
Buchstein, H. 121
Bücheler, H. 115
Buehrer, M. 144
Bülow, A. von 83
Bürklin, W. P. 173
Bujewski, U. 332
Bukarambe, B. 350
Bukovsky, V. 14
Bull, E. 208
Bull, T. 208
Bundy, W. P. 24
Bunn, G. 329
Bunten, K. 306
Bunzel, J. H. 321
Bunzl, J. 219, 261
Burgos, E. 304
Burgwyn, J. H. 201

Burk, K. 193
Burkett, T. 191
Burmester, D. 63, 68
Burnham, D. 49
Burns, R. D. 85, 316
Buro, A. 272
Burton. C. 228
Busch, E. 125
Busch-Lüty, C. 260
Bush, G. 322
Bussard, R. W. 329
Bustinza, J. A. 349
Buteux, P. 22, 24
Butler Flora, C. 290
Buton, P. 189
Butterwegge, C. 131
Button, R. E. 32
Byrne, P. 191

Caballero Jurado, C. 93, 393
Cabrel, A. 278
Caburrús P., C. R. 303
Cadart, C. 248
Cafiero, A. 294
Cahsau, B. 280
Caillet-Bois, R. R. 349
Cairns, T. 57
Caitlin, E. 32
Cajías, L. 292
Calchi Novati, G. 276
Caldagues, L. 64
Caldwell, L. T. 316
Caligaris, L. 202
Calloni, S. 293
Caloro, B. 80
Calvert, P. 6
Calvet de Montes, F. D. 290
Calvo-Serer, R. 102
Camilleri, J. A. 6
Cammaert, A. P. M. 76
Campany, R. 89
Campbell, B. L. 34

Campbell, C. 29, 35
Campero C., G. 300
Campo Vidal, M. 237
Campobassi, J. S. 295
Camporesi, V. 196
Campos-Céspedez, C. O. 312
Canali, M. 205
Cancian, M. G. 329
Canelas-López, R. 297
Canga, B. 239
Cantini, C. 235
Capecelatro Gaudioso, D. 204
Capitanchik, D. B. 104
Caplan, N. 259
Caputo, O. 289
Carabantes, A. 237
Carbone, E. 238
Cardillo, M. 198
Cardona, G. 239
Cardoso, O. R. 92
Carleton, D. 324
Carlgren, W. M. 232
Carlson, P. 316
Caron, V. 189
Carpi, D. 79, 258
Carr, E. H. 12
Carrère d'Encausse, H. 223
Carrero Blanco, L. 58
Carrington, Lord 23
Carrón, J. E. 61
Carsten, C. 211
Cartarius, U. 166
Carter, A. 35
Carter, B. E. 331
Carter, P. A. 338
Cartfjord, S. 210
Cartiglia, C. 202
Carver, T. 116
Casado-Alcalá, J. 22
Casanova, J.-C. 184

Casassas Ymbert, J. 240
Casert, R. 109
Casida, G. V. 331
Caspari Agerholt, A. 210
Cassa, R. 340
Casserd, R. 315
Castañeda, J. 307
Castel, A. du 247
Castells, M. 50
Castro, F. 93, 98, 341
Castro, H. 311
Casula, C. F. 198
Catley, R. 83
Caton, 185
Cavalli, L. 80, 115
Cayetano-Carpio, S. 302
Cazals, R. 59
Căzănişteanu, C. 33
Ceccuti, C. 198
Čejka, E. 70
Cervera-Pery, J. 22
Cevallos, S. 54
Chabaud, J. 225
Chadda, M. 326
Chafer, T. 193
Chaigneau, P. 223
Chalmers, M. 161
Chaloupek, G. 211
Chalvron, A. de 90
Chand, A. 19
Chandhok, N. 285
Chandler, D. P. 264
Chang Chen-pong, 12, 249
Chant, C. 27
Chapsal, J. 190
Charbonnel, J. 185
Charpantier, J. 350
Charvin, R. 265
Chaudhuri, S. 250
Chaussy, U. 114
Chavarría, J. 312
Chavarría, M. 36
Chazan, N. 278

Checole, K. 279
Chedan-Kalifé, M. 186
Cheng, J. Y. S. 250
Cheng Chu-yuan, 249
Cherdieu, P. 340
Chesnais, J.-C. 22
Chester, E. W. 335
Chevalier, L. 190
Chiappini Bargiela, F. 191
Chiarini Scappini, R. 198
Chicherov, A. I. 244
Chickering, R. 127
Chin Kin Wah, 244
Chiocci, F. 198
Chiper, I. 72
Chlebowski, C. 70
Chomsky, N. 259
Chopra, M. K. 350
Chrenko, W. 291
Christensen, H. 245
Christmann, H. 345
Christoffersen, P. 304
Chu Sung-Po, 244
Chubin, S. 89, 223
Chuca Rodríguez, R. 238
Chufrin, G. I. 264
Ciampi, A. O. 246
Ciaravolo, P. 159
Ciardo, M. 198
Ciechanowski, J. M. 69
Ciliga, A. 206
Cimbala, S. J. 27
Cimorra, E. 237
Cioci, A. 202
Ciria, A. 297
Claasen, H. 74
Clark, C. E. 334
Clark, R. 315
Clark, R. P. 238
Claude, H. 190
Clausen, G. B. 111
Cleary, S. 283

Clecak, P. 339
Cloete, G. S. F. 284
Cloughley, B. W. 268
Cobb, R. 75
Cobban, H. 94
Cochran, A. S. 32
Cochran, T. B. 37
Cockcroft, J. D. 307
Codo, L. C. 259
Cofrancesco, D. 9
Cohen, A. 72, 243
Cohen, E. A. 28
Cohen, E. R. 261
Cohen, J. 318
Cohen, L. 207
Cohen, S. 37, 82
Cohen, S. A. 195
Coker, C. 192, 331
Coldren, L. O. 245
Collins, J. 309
Collins, L. 255
Collotti Pischel, E. 254
Colwell, R. N. 81
Comerford, P. 193
Comtois, C. 250
Conert, H. 52
Conot, R. E. 83
Conover, P. J. 337
Consoli, M. 159
Constantini, F. 60
Constantinides, G. C. 31
Contestabile, O. 80
Cook, A. 195
Cook, C. 101
Cooper, E. 273
Coppik, M. 27
Coraggio, J. L. 309
Cordesman, A. H. 264
Cordier, S. S. 331
Cordova, F. 204
Cornebise, A. E. 338
Corneli, A. 253
Cortázar, J. 309, 311

Cortes-Lopez, J. L. 275
Cosmo, N. di 326
Coufoudakis, V. 270
Coutau-Bégarie, H. 227, 251, 347
Cox, M. 83
Crace, M. D. 87
Cragg, D. 332
Craig, B. H. 319
Craig, G. A. 13, 136
Cramer, D. 136
Crawford, L. A. C. 335
Crawford, W. R. 335
Cremer, R. D. 256
Creveld, M. van 141
Cribari, R. 293
Crismon, F. W. 38
Crispino, R. 87
Critch, M. 343
Croce, B. 198
Crocenera, 5
Crochet, B. 331
Croizat, V. 86
Crome, E. 107, 219
Crone, D. K. 244
Cronenberg, A. 233
Crouch, M. 229
Crutchley, M. 332
Cruz, A. J. 309
Cruz Benedetti, A. 306
Cumings, B. 265
Cunhal, A. 217
Cunningham, A. M. 35
Cuquerella-Jarillo, V. 47
Cura, M. R. 349
Currey, C. B. 77
Currie, K. 226
Cursi, G. 250
Cygański, M. 136
Czasny, K. 212
Czempiel, E.-O. 322
Czerniawska, A. 91
Czerwick, E. 126
Czipke, G. 213

Da Silva Fonseca, M. E. 299
Dabrowski, A. J. 215
Dähn, H. 180
Daffa, P. 280
Dahl, K. 31
Dahlitz, J. 329
Dahms, H. G. 74, 82
Daléus, L. 16
Dallin, A. 327
Dalloz, J. 190
Daly, K. 319
Damgaard, E. 111
Damis, J. 91
Damslora, S. 210
Danforth, S. C. 94
Danimann, F. 160
Dann, U. 264
Danopoulos, C. P. 17, 190
Danspeckgruber, W. 212
Danylow, P. 138
Danziger, J. 316
Das, H. H. 253
Das, M. N. 255
Dassin, J. R. 299
Dauses, M. A. 29
Davérède, A. L. 295
David, D. 187, 329
Davidovič, D. S. 172
Davidson, B. 278
Davidson, D. L. 338
Davies, T. M. 313
Davis, A. 337
Davis, B. L. 145
Davis, L. E. 21
Davison, J. 316
Davy, R. 106
Deane, M. J. 37
Deavours, C. A. 32
Deckenbrock, W. 142
DeClementi, A. 202
Decraene, P. 276
Defrasne, J. 5
Degl' Innocenti, M. 202
Deheza, J. A. 294

Deitchmann, S. J. 35
Dejung, C. 236
Del Barco, R. 297
Del Carril, B. 349
Delfico, A. 294
D'Elia, G. 291
Dell'Erba, N. 204
Delmas, C. 342
Del Mazo, G. 294
Del Pino, D. 90, 276
Del Rosal-Díaz, A. 240
Del Vasto, L. 5
Delwit, P. 185
Demarest, G. 109
Denis, J.-M. 19
Denzler, G. 163
De Orsi, A. 200
Depoli, A. 205
DePorte, A. W. 23, 184
Deppe, F. 156
Derfler, L. 184
Dertinger, A. 177
Desjardins, T. 183
Desouches, C. 283
Despotopoulos, A. I. 78
Destéfani, L. H. 349
Deubner, C. 103
Deudney, D. 3
Deuve, J. 86
Devaux, L. 67
Devoto, A. 128
Dewaele, J.-M. 185
Dewar, D. 214
Dhanagare, D. N. 255
Díaz del Moral, J. 241
Díaz-Dioniz, G. 92
Díaz-García, E. 240
Díaz-Mueller, L. 289, 290
Díaz-Plaja, F. 239
Dib Nakkara, H. 260
Dickel, H. 134
Dickson, K. D. 88

DiClerico, R. E. 321
Didion, J. 302
Diebel, H. 17
Dieckhoff, A. 261
Diepgen, E. 136
Dietl, W. 88
Dietrich, A. 256
Dietz, R. 97
Diezi, J. 235
DiLeo, M. 339
Dill, H. J. 70
Dillenschneider, J. 75
Din, A. M. 235
Diner, D. 96
Dinges, J. 318
Dinges, M. 178
Dinter, E. 25
Dirks, W. 168
Disciullo, A. R. F. 92
Diskin, M. 302
DiTella, T. S. 297
Ditt, K. 172
Diwald, H. 34
Dix, R. H. 288
Dobat, K.-D. 87
Dobat, K.-G. 16
Doble, J. 38
Dobrycki, W. 306
Dobson, C. 31
Döpp, A. 174
Dörfer, I. 335
Döscher, K.-H. 25
Doeygaard, H. 111
Dogo, M. 190
Dollé, J.-P. 184
Domínguez, C. 314
Domínguez, J. I. 325
Dommen, A. J. 266
Donato, M. C. 252
Donnelly, C. N. 225
Donneur, A. 10
Donno, A. 321
Donsbach, W. 127
Doorslaar, R. van 109
Dos Santos, E. 297
Dos Santos, T. 10

469

Doss, K. 117
Dotsenko, P. 231
Douglas, A. 185
Douglas, H. E. 325
Douglass, J. D. 27
Dowidat, C. 178
Downen, R. L. 326
Doyle, A. C. 287
Drabkin, J. S. 164
Dragnich, A. N. 207
Drambo, L. 5
Draper, T. 82
Drechsler, H. 283
Drechsler, K. 82
Dreczko, W. 13
Drej, B. 136
Drekonja-Kornat, G. 289, 292, 306
Drell, S. D. 37, 329
Drescher, A. 321
Dreyer, J. T. 251
Dreyfus, M. 188
Drobisch, K. 166
Dromi, J. R. 294
Dross, C. 31
Drulović, C. 78
Dubiel, J. 181
Dudek, P. 131
Duerkefaeldens, K. 165
Duerksen, C. J. 339
Düsel, H. H. 68
Dugelby, T. B. 36
Duhalde, E. L. 294
Duhamel, A. 184
Duić, M. 33, 88
Duiker, W. J. 272
Dulles, J. W. F. 299
Dummer, E. 280
Dumont, R. 109
Dumoulin, M. 109
Duncan, W. R. 223
Duncker, H. 12
Dunlop, J. B. 220
Dunn, K. A. 329
Dunn, L. 253
Dunstan, S. 193
Durán, E. 307, 308

Durand, J.-D. 198, 204
Duret, J. 25
Durham, M. 192
Duroselle, J.-B. 190
Durosoy, M. 183
Dutt, S. 255
Duvanel, L. 236
Dworkin, R. 7

Eban, A 4, 17
Eberle, J. 194
Eberle, M. 164
Ebner, O. 60
Ebraheem, H. A. al- 246
Econ, M. 219, 231
Eddy, P. 92
Edwards-Bello, J. 62
Efrat, Y. 90
Ege, K. 21, 331
Egitkhanoff, M. A. 270
Ehard, H. 168
Ehnmark, A. 232
Ehrhart, W. D. 86
Ehrke, M. 296, 297
Eichenberg, R. C. 104
Eichler, V. 173
Eiland, M. 264
Eimler, E. 25
Einhorn, M. 239
Eisel, S. 130
Eisenstein, S. 337
Eisler, B. 337
Ekoko, E. 278
Elkin, J. F. 255
Ellsberg, D. 319
Elster, J. 50
Em, J. 139, 144
Emmanuel, P. A. M. 339
Ender, B. 8
Enders, G. 66
Engelmann, B. 160
Engelmann, J. 36

English, A. 290
English, J. A. 306
Engmann, G. 87
Enser, A. G. S. 63
Entessar, N. 257
Erdmann, K. D. 57, 58
Eriksen, K. E. 208
Eriksson, P.-O. 232
Erlandsen, H. C. 36
Erlich, H. 91
Ermacora, F. 205, 212, 283
Ernst, M. 301
Ernst, W. 126
Erol, A. 270
Eschenburg, T. 168
Escudé, C. 295
Esedebe, P. O. 275
Eshel, D. 65, 260, 333
Espersen, M. 15
Espinosa Rodríguez, M. 239
Esser, J. 129
Esser, K. 300
Estanislao, J. P. 244
Estévez, J. 84
Estrada, M. de 349
Etchepareborda, R. 294
Ethell, J. 92
Etschmann, W. 28
Etzold, T. H. 227
Evangelisti, V. 205
Evans, D. 89
Eve, M. 191
Everett-Heath, J. 43
Evers, T. 13
Ewell, J. 314
Ewerth, H. 147
Ezcurra, A. M. 325

Fabian, W. 168
Fabricius, V. 163
Fach, W. 321
Fagen, R. R. 325
Faivre, M. 91
Falah, G. 261

Falcón, J. 288, 312
Faligot, R. 32
Falk, R. 37, 136, 323
Fall, M. 283
Falla, R. 304
Fallenbuchl, Z. M. 216
Faller, E. 166
Faller, F. 166
Farer, T. J. 325
Farin, K. 155
Farley, P. J. 329
Farneti, P. 200
Farrar, C. L. 35
Farrar-Hockley, A. 88
Farraris, L. V. 201
Farre Albiñana, J. 239
Farrell, M. 196
Fascell, D. B. 85
Fasehun, O. 274
Faulwetter, H. 99
Favale, M. 85, 97
Favara, M. G. 199
Feazel, M. 336
Feher, F. 107
Feid, A. 163, 338
Feifer, G. 257
Feigon, L. 248
Feinberg, R. E. 323
Feinmann, J. P. 295
Feldman, D. L. 296
Feldmann, G. D. 149
Feldmann, J. 15, 24
Feldt, H. 302
Felix, D. 117
Felts, A. A. 320
Feltz, G. 57
Fémont, A. 281
Feral, T. 237
Ferdi, S. 91
Ferdowski, M. A. 89
Ferguson, T. G. 193
Ferlinghetti, L. 309
Fernández, M. 342

Fernández-Santander, C. 237, 239
Ferns, H. S. 305
Ferrando-Badía, J. 240
Ferrara, P. L. 95
Ferrari, F. L. 204
Ferrari, G. 295
Ferrari, P. 86
Ferrari, S. 259
Ferrari Bravo, G. 64
Ferreira, J. M. 217
Ferretti, V. 205
Ferris, E. G. 307
Ferro, M. 230
Fesefeldt, J. D. C. 29
Fessehatzion, T. 280
Fetscher, I. 129
Fetter, B. 275
Feulner, E. J. 321
Fewsmith, J. 253
Feyerabend, J. 151
Fieberg, G. 122
Fifield, R. H. 326
Filmer, W. 118
Finckh, U. 146
Fink, L. 336
Finker, K. 166
Finkielkraut, A. 4
Finnegan, R. B. 197
Fireder, H. 212
Fisas-Armengol, V. 20
Fischer, H. 179
Fischer, J. 130
Fischer, K. 33, 40, 235
Fischer, O. 25
Fistié, P. 270
Fiszbin, H. 185
Fitzpatrick, M. 35
Fjellström, B. 234
Flakoll, D. J. 303
Flayhart, W. H. 92
Fleischer, D. V. 299

Fletcher, D. 194
Flores, A. 94
Flores-Galindo, A. 313
Flores-Macal, M. 303
Flores-Tapia, O. 308
Flume, W. 24, 37, 43, 143, 147
Fock, H. 39
Focke, H. 165
Foerde, B. 83
Fogt, H. 127
Fokkink, M. 158
Fonde, J.-J. 65
Foner, E. 337
Foner, P. S. 337
Fonseca, G. 305
Fonseca-Anador, C. 309
Forbes, M. H. 136
Ford, R. A. D. 220
Forget, P. 184
Forsberg, R. 20
Forschbach, E. 165
Forty, G. 38, 39, 333
Foschepoth, J. 64, 168
Foss, C. F. 39
Foss, O. 124
Foster, A. J. 72
Foster, G. D. 329, 331
Fowkes, B. 127
Fox, A. D. 101
Foy, D. A. 67
Fraga-Iribarne, M. 238
Franck, T. M. 98
Franco, C. 288
Franco, R. 290
Frank, J. A. 5
Frank, J. D. 54
Frankel, A. 171
Franks, K. A. 333
Franz, G. 173
Franz, H. 263

Franzén, N.-O. 184
Frassati, F. 202, 204
Fredh, T. 233
Frediani, C. M. 103
Freedman, L. 19, 21, 104
Freedman, L. Z. 13
Freeman, R. A. 335
Frei, A. G. 213
Frei, N. 161
Frélaut, J. 188
French, D. 60
Friberg, M. 14
Fricke, K. W. 177
Fridlund, P. 339
Friedländer, S. 159
Friedlander, M. A. 281
Friedlander, R. A. 13
Friedman, N. 39, 306, 334
Friedrich, W.-U. 134
Frisch, D. 100
Frischknecht, J. 154
Fritz, M. 68
Fritz, R. 146
Fritz, S. G. 118
Fritzsche, H. K. 166
Frolov, I. T. 83
Fromm, G. 147
Frossard, A. 190
Frostin, P. 55
Fry, G. 60
Fry, M. 80
Fuchs, G. 183
Fuchs, J. 14
Fücks, R. 130, 309
Fülberth, G. 128, 168
Fuente, I. 237
Fürbringer, H. 142
Fürtig, H. 258
Fuglestad, F. 279
Fuller, T. 86
Fung, E. S. K. 249
Funk, W. 144
Furgler, K. 235
Futrell, R. F. 86

Gabbert, M. A. 229
Gabert, J. 178
Gabor, G. M. 4
Gabriel, R. A. 332
Gabriele, M. 78
Gabrisch, H. 218
Gadea-Mantilla, F. 311
Gadney, R. 316
Gärtner, H. 19
Gahrton, P. 232
Gaitskell, H. 192
Gall, S. 88
Gallagher, M. 197
Galli, L. 80
Gallisot, R. 246
Gallo, B. 207
Gallo, R. 295
Galtier, G. 91
Galtung, J. 14, 16, 19
Galuppini, G. 202
Gamba, V. 349
Gambini, H. 294
Gamboa, A. 300
Gampert, A. 136
Garamvölgyi, J. 213
Garcés-Contreras, G. 308
García, G. 293
García, J. 237
García-Bedoya, C. 313
García-Miranda, J. C. 62
García-Parreño y Kaden, J. 239
Gard, E. 195
Garde, H. 227, 348
Gardner, J. 97, 249
Garfias-M., L. 308
Garibaldi, L. 198
Garnier, J.-P. 185
Garosci, A. 102
Garretón M., M. A. 300
Garrett, B. 326
Garrett, J. M. 24, 27

Garriga-Alemany, R. 165, 176
Garrison, J. 219
Gaston, J. C. 335
Gates, E. A. 331
Gatland, K. 29
Gatta, B. 198
Gatter, P. 113
Gatti, E. 122
Gatu, D. 252
Gaujac, P. 187
Gaupp, P. 17
Gaus, G. 139
Gay, F. 59
Gebauer, M.-L. 300
Gebauer, T. 300
Gebhardt, M. 116
Gebre-Medhin, J. 280
Geffers, H. 147
Geffken, R. 119
Gehm, K. H. 176
Geisler, W. 284
Geiss, E. 168
Geißler, H. 129
Geldenhuys, D. 277
Geldorp, P. C. van 31
Gellner, C. R. 319
Gelok, C. H. 245
George, A. L. 13, 16
George, B. 23, 186
Georgescu, M. 218
Georgiew, L. 110
Gerhard, W. 132
Gershoni, Y. 279
Gessert, R. A. 31
Gething, M. J. 43, 194
Geyer, M. 150
Gherari, H. 274, 281
Ghermani, D. 218
Gholamasad, M. 257
Ghosh, P. S. 250
Gibbs, C. C. 318
Gibour, J. 279
Gichon, M. 261
Giglia, P. 332
Gil, V. 237
Gilbert, V. F. 3

472

Gill, U. 113
Gillman, P. 92
Gills, B.K. 303
Gilman, E. 22
Gilmore, W.C. 93
Gilmour, D. 90
Ginzel, G.B. 120, 131
Giorgerini, G. 348
Giorgi, G. 43
Giovannini, F. 204
Girardi, G. 311
Girault, R. 230
Giudice, G. 198
Giùdici, E. 260
Giudotti, L. 205
Giuliano, L. 199
Glaser, C. 329
Glaser, H. 139
Glenn, J. 33
Glossop, R.J. 19
Glucksmann, A. 54
Gmitruk, J. 71
Godoy, E. 253
Göttert, W. 14
Goff, S. 86
Goglia, L. 204
Goldberg, B. 313
Goldblat, J. 93
Golden, J.R. 24
Goldich, R.L. 332
Goldman, E. 316
Goldman, P. 86
Goldner, F. 237
Goldrick, J. 59
Goldschmidt, A. 95
Gomane, J.-P. 326
Gómez-Parra, R. 240
Gonnot, P.-C. 17
Gonzales, E. 341
González, M. 301
González-Deza, F.W. 297
González-Lomzieme, E. 296
Gopal, K. 97
Gordenker, L. 17
Gordon, D. 62

Gordon, D.M. 335
Gordon, D.R. 310
Gori, G. 205
Gori, J.J. 307
Gormley, D.M. 225
Gorostíaga, X. 292
Gossweiler, K. 165
Gotschlich, H. 139
Gottwald, U. 136
Goudou, T. 274
Goulding, J. 43
Gowa, J. 335
Gozew, D. 110
Grabendorff, W. 291, 293
Grabitz, E. 102
Grabner, S. 254
Graciarena, J. 290
Gradl, J.B. 136
Graf, H. 282
Graf, W.D. 130
Grafton, P. 196
Graham, D.O. 35
Graham, T. 293
Gram, S. 8
Graml, H. 134
Gran, G. 335
Grandi, B. 273
Granier, G. 118
Gras, Y. 188, 272
Grasnick, G. 329
Grassmann, S. 234
Grau, R. 179
Graudenz, K. 138
Graves, E. 329
Grawert, R. 121
Gray, C.S. 29
Gray, R.C. 330
Gray, S. 247
Gray, V. 337
Grebing, H. 169
Green, J.D. 258
Green, M. 39, 316, 333
Greenhalgh, S. 269
Greenhouse, B. 76
Greese, K. 179
Greger, R. 218

Greilsammer, I. 95
Greiner, B. 28
Grell, D. 210
Grenier, R. 254
Greve, M.T. 125
Gribkov, A. 63
Griehl, M. 41
Griffith, P. 25
Griffiths, F. 222
Grimaud, N. 46
Grimnes, O.K. 210
Grobe, K. 272
Groehler, O. 165, 166
Groh, R. 66
Gromyko, A. 48
Gronefeld, G. 155, 176
Gronemeyer, R. 107
Groß, J. 158
Gross, P. 235
Grosser, J. 110
Grubitzsch, H. 51
Gruchmann, L. 121
Grünbaum, I. 48
Grünfeld, F. 207
Grunwald, H. 323
Grupp, C.D. 14
Grupp, H. 151
Guariglia, R. 201
Gudelis, P. 71
Gudgin, P. 39
Gueiler-Tejada, L. 298
Günther, H. 128
Günther, I. 139
Günther-Arndt, H. 173
Guerra, A. 230
Guevara, C.N.A. 296
Guevara-Lynch, E. 342
Guiard, R. 188
Guilhaudis, J.-F. 187
Guillaume, R. 28
Guillen, P. 188
Guitard, O. 285
Gullick, J. 267
Gumpel, W. 107, 137

473

Gunston, B. 35, 41
Gunston, J. 88
Gupta, V. 277
Gurdon, C. 277
Gurdon, H. 257
Gustafsson, B. 11
Guth, E. 77
Guth, E. P. 139
Gutiérrez, D. 7
Gutiérrez-Pamtoja, G. 290
Gutman, R. 310
Gutsche, W. 58
Gutteridge, W. 46
Gwin, C. 255

Haagerup, N. J. 105
Haas, F. de 36
Habel, F. P. 242
Haber, E. 246
Haberl, O. N. 206
Habir, A. D. 344
Hacke, C. 326
Haegglöf, G. 232
Hägglund, G. 182
Hänisch, W. 179
Hättich, M. 123
Hättig, W. 285, 286
Haffa, A. 295
Hafner, A. 254
Haga, A. 74
Hagelund, K. E. 208
Hager, K. 178
Hagerty, J. C. 316
Hahn, E. 5
Hahn, P. 163
Hahn, R. 130
Haig, A. M. 323
Haim, Y. 261
Hakovirta, H. 182
Hakwon Sunoo, H. 326
Halcomb, J. 145
Halfmann, J. 134
Hall, K. L. 319
Hallensleben, A. 130
Halliday, F. 222
Halliday, J. 88

Hallie, P. P. 76
Halpenny, B. B. 194
Halperin-Donghi, T. 291
Halpern, N. P. 251
Halstead, J. 21
Halstead, J. G. H. 348
Halvorsen, T. 208, 209
Hamann, J. 172
Hamelet, M. P. 218
Hamer, P. 302
Hamilton, C. 93
Hamilton, D. S. 317
Hamm-Brücher, H. 115
Hammel, W. 55
Hammergren, L. A. 288
Handel, M. I. 32
Handlin, M. E. 315
Hanisch, R. 346
Hanitzsch, D. 160
Hanke, E. 5
Hanloser, M. 316
Hannig, N. 36
Hansen, H. 116
Hansen, K.-H. 121
Hansen, S. 111
Happel, H.-G. 159
Hardgrave, R. L. 255
Harding, S. 66
Hardmann, N. 122
Harman, C. 107
Harmel, R. 321
Harned, G. M. 35
Harnet, M. 280
Harris, D. J. 17
Harris, F. R. 318
Harris, J. J. 26
Harris, S. 103
Hart, D. 255
Hart, D. M. 222, 225
Hartig, W. 133
Hartling, P. 113
Hartlyn, J. 307
Hartman, T. 85
Hartmann, H. 148,

Hartmann, R. 262
Hartslev Finsen, G. 111
Hasenkamp, G. 115
Haslam, J. 222
Hassel, K. U. von 274
Hasselhorn, F. 173
Hasselt, F. G. van 271
Hassner, P. 221
Hatch, F. J. 306
Hatfield, M. O. 14
Hatys. S. 328
Haubner, F. 212
Haufe, H. 179
Haug, F. 11
Haug, W. 158
Haug, W. F. 11
Haugan, A. 209
Hauge, J. C. 74
Hauner, M. L. 118
Haupt, M. 196
Haupt, W. 2, 138, 157, 220
Haupts, L. 114
Hauschild, R. 143
Hauser, G. 165
Hausleitner, M. 218
Hautsch, G. 158
Havel, V. 241
Hawkins, I. 74
Haya de la Torre, V. R. 313
Hayes, M. D. 325
Heard-Bey, F. 246
Hecht, H. P. 55
Hecht, I. 120
Hecht, R. 29
Heck, B. 113
Heck, E. 76
Hecker, G. 150
Heckhorn, M. 302
Hedenquist, G. 213
Hedlund, S. 97
Hedman, G. 16
Heere, F. 114
Hegemann, M. 110
Hegge, P. E. 8

Hegner, K. 141
Heidrich, P. 254
Heikal, M. 281
Heilbut, A. 315
Heilers, M. B. 154
Heimann, B. 86
Heimann, H. 130, 131
Heimpel, C. 134
Heinemann, U. 58
Heinrich, E. 93
Heinz, W. 247
Heinzlmeir, H. 344
Heisbourg, F. 329
Heitzer, H. 105, 181
Hellberg, A. 233
Hellberg, L. 232
Heller, A. 107
Heller, C. E. 59
Heller, M. 220
Hellfeld, M. von 174
Hellman, P. 67
Helwig-Wilson, H.-J. 178
Hen-Tov, J. 96
Hendrikse, H. 230
Heng, L. 248
Henke, J. 182
Henkels, W. 125
Henkys, R. 180
Henneke, F. 31, 224
Hennes, M. 140
Henning, F. 115
Henriksen, T. H. 91
Henseke, H. 183
Hensel, H. M. 350
Henze, P. B. 55
Heper, M. 271
Herbst, E. 132
Herf, J. 150
Herkommer, S. 11
Herlin, H. 120
Herlitz, G. 287
Hermand, J. 155
Hermann, A. 123
Hermann, G. 17
Hermansson, C. H. 232
Hermet, G. 6

Hernández-García, A. 62
Herr, R. A. 351
Herrera, R. 308
Herrero-Balsa, G. 62
Herrmann, H. 55
Herrmann, U. 155
Hersh, S. M. 323
Hertsgaard, M. 335
Hertz-Eichenrode, D. 149
Hervieux, P. 66
Herzfeld, A. 120
Herzog, C. 87
Herzog, W. 238
Hess, H.-J. 176
Hess, J. C. 115
Hettlage, R. 159
Hettne, B. 14
Heugten, J. van 88
Heuler, W. 228
Heuss, A. 164
Heuss, T. 115
Heydeloff, R. 124
Heysing, G. 142
Hickey, J. T. 87
Hickman, W. F. 258
Hiegel, H. 75
Higginbotham, R. D. 92
Hilbert, R. 98
Hildebrand, K. 58, 169
Hildebrandt, E. 157
Hilgartner, S. 335
Hillenbrand, M. J. 169
Hillesum, E. 207
Hilmes, R. 39
Hindels, J. 10
Hine, R. V. 339
Hines, J. G. 30, 225
Hinge, A. J. 343
Hinrichs, K. 158
Hintzen, P. C. 291
Hipólito, S. 308
Hirsch, A. R. 339
Hirsch, J. 129

Hirsch, M. 121
Hirsch, R. 83
Hirsche, K. 152
Hirst, D. 95
Hirszowicz, M. 214
Hitchcock, J. 14
Hjaerpe, J. 56
Hjorth, J. 111
Hoch, G. 175
Hock, G. D. 262
Hodgden, L. 44
Hodges, T. 279
Höbelt, L. 193
Höchstädter, W. 115
Höfele, K. H. 156
Höhne, H. 117
Höjer, S. 232
Hoel, M. 210
Hoenig, M. M. 37
Höpfner, E. 170
Höpfner, H.-P. 134
Hoepp, G. 91, 244
Hoering, U. 256
Hötzl, F. 212
Hoffmann, B. 102
Hoffmann, H. 25, 75
Hoffmann, H. G. 104
Hoffmann, M. 221
Hoffmann, P. 166
Hoffmann, S. 323
Hoffmeyer, J. 49
Hofmann, W. 12
Hofuku, N. 263
Hogg, I. 27
Hogrebe, V. 147
Hoivik, T. H. 265
Holder, W. G. 42
Holl, N. H. 274
Hollander, P. 10
Holloway, D. 329
Hollstein, F. 153
Holm, G. 112
Holmes, K. R. 104
Holmstroem, A. 98
Holt, B. 81
Holzbauer, R. 213
Holzträger, H. 73, 165

Hooberman, M. 316
Hoose, H. M. 29
Hope, A. F. J. 349
Hopkins, M. 229
Hopmann, P. T. 22
Hopple, G. W. 92
Horch, H. 139
Horner, D. M. 343
Hornung, K. 113
Horta, K. 345
Horten, R. 42
Horx, M. 121
Hoshino Altbach, E. 155
Hoskin, M. 119
Houndjahoue, M. 278, 324
Houtart, F. 55
Hovannisian, R. G. 231
Howard, R. 274
Howarth, H. M. F. 268
Howe, E. 68
Howe, Sir G. 104, 137
Hoxha, E. 109
Hoyt, E. P. 66, 81, 262
Hsiung, J. C. 269
Hsu Li-kung, 249
Hsü, I. C. 252
Hubaschek, G. 140
Hubel, H. 271
Huber, M. 243
Hubricht, E. 160
Hudson, R. 104
Hübener, E. 115
Hübner, B. 58
Hübner, P. 289
Hübner, W. 14
Hümmelchen, G. 314
Hüncker, H. 282
Hünecke, K. 41
Hünseler, P. 94, 264
Huether, N. 144
Hüttemhaim, E. 32
Huffschmid, J. 153

Huhle, R. 98
Huitfeldt, T. 22
Huldt, B. K. A. 233
Hultén, G. 234
Humble, R. 334
Hummerich, H. 161
Hundt, W. 281
Hunt, B. D. 194
Hunt, K. 19
Hurwitz, H. 128
Huston, H. G. 302
Hutchings, R. L. 107, 223
Huyn, H. Graf 222
Hyde, H. M. 220
Hyman, A. 246

Ibrahim, I. 56
Ichiyo, M. 262, 263
Iglesias, E. V. 291
Ignats, U. 231
Ignée, W. 182
Ihssen, U. 163
Iivonen, J. 182
Ilgen, R. 118
Ilzad, D. 257
Imbragimbejli, C. M. 72
Immig, O. 88
Ingraham, C. H. 25
Inouye, J. 58
Iovcuk, M. 220
Irons, P. H. 318
Irvin, G. 309
Isaacman, A. 283
Isaacman, B. 283
Isaacs, A. R. 86
Isaacson, J. 295
Isby, D. C. 333
Islami, A. R. S. 247
Ismael, T. Y. 89
Ismayr, W. 126
Ispahani, M. Z. 350
Iwersen, S. 67
Iwiński, T. 282

Jablon, H. 323
Jablonski, E. 66

Jackson, E. 259
Jackson, J. 316
Jackson, P. 42, 262
Jackson, R. 42, 195
Jacob, O. 177
Jacob, R. 314
Jacobs, G. 251
Jacobs, J. B. 332
Jacobs, K. 311
Jacobsen, H. -A. 169
Jacobsen, H. -D. 45, 47
Jacobsen, K. 128
Jäger, M. 130
Jaeger, U. 133
Jäger, W. 58
Jägerskioeld, S. 182
Jaggar, A. M. 51
Jahel, S. 266
Jaide, W. 155
Jaisingh, H. 255
Jakobs, K. -H. 180
Jakobson, M. 182, 183
Jamet, D. 185
Jamin, M. 128
Janda, K. 321
Jane, F. T. 262
Jankovec, M. 86
Jankowitsch, P. 7
Jannberg, J. 155
Jantschew, W. 72
Japser, G. 121
Jarnes-Bergua, E. 19
Jarring, G. 26, 232
Jasani, B. 28
Jaschke, H. -G. 131
Jauch, S. 188
Jáuregui-Campuzano, F. 240
Jawatkar, K. S. 350
Jedin, H. 116
Jędrzejewicz, W. 214
Jencks, H. W. 28
Jenisch, U. 8
Jenner, M. 246
Jennings, A. 100
Jensen, H. 1
Jensen, L. -A. 210

Jensen, R. J. 318
Jervas, G. 222
Jespersen, F. 74
Jesus, C. M. de 299
Jezer, M. 337
Jinadu, L. A. 234
Jockel, J. T. 306
Joergensen, B. 217
Joergensen, J. 223
Joergensen, N. 217
Joergensen, N.-J. 209
Jörle, A. 233
Johannesen, B. 230
Johansen, A. 49
Johansen, R. C. 16, 330
Johansson, A. W. 64, 232
Johansson, L. 234
Johnsen, F. A. 42, 82
Johnson, B. 45
Johnson, C. 253
Johnson, D. B. 321
Johnson, D. E. 316
Johnson, H. 339
Johnson, J. R. 316
Johnson, L. K. 331
Johnson, S. E. 324
Johnston, A. I. 251
Jonas, G. 260
Jones, D. V. 17
Jones, L. S. 334
Jones, R. A. 193
Jonge, A. A. de 208
Jooste, L. 285
Joosten, L. M. H. 208
Jordan, J. 227, 334
Joseph, D. 282
Josephs, H. A. 344
Jouvenel, B. de 11
Jóver-Peralta, A. 312
Józefiak, C. 216
Judd, E. R. 252
Juergensen, H. 247
Juling, P. 176
Jung, L. 222

Jurell, T. 183
Justus, K. B. 331
Jutikkala, E. 183

Kabel, R. 126
Kade, G. 21
Kadhafi, M. el- 85, 282
Kadt, R. H. J. de 286
Käkönen, J. 19
Kahan, Y. 90
Kahl, M. 316
Kahler, M. 328
Kahn, D. 32, 144
Kahn, H. W. 137
Kahn, J.-F. 184
Kahng, K.-S. 265
Kaiser, K. 37
Kaiser, M. 180
Kalain, R. 248
Kalambay, E. 274
Kaldor, M. 104
Kalinna, H. E. J. 284
Kaltefleiter, W. 129, 330
Kaltenegger, R. 143
Kamal, K. L. 268
Kaminski, G. 252
Kammler, J. 144
Kampe, H. 348
Kan Tang, 249
Kanter, H. 330
Kaplan, F. M. 252
Kappmeier, W. 175
Kapur, T. B. 255
Kapuściński, R. 280
Karas, T. 28
Karasek, F. 102
Kardel, H. 117
Karenga, M. 315
Karlhofer, F. 213
Karny, M. 65
Karp, A. 98
Karpen, U. 164
Karstad, O. 209
Kaser, M. 109
Kass, H. 37
Kassebeer, F. 293

Kasza, G. J. 262
Katari, R. D. 254
Kater, M. H. 128
Katju, V. 255
Kattermann, H. 170
Kauffer, R. 32
Kaufman, E. 259
Kaut, J. 214
Kautzky, H. 152, 172
Kavoussi, R. M. 247
Kearney, R. N. 268
Kebir, S. 281
Keefe, W. J. 315
Kegel, G. 177
Keiderling, G. 105
Keil, G. 157
Keizer, M. de 208
Kellas, I. 55
Kelleher, C. M. 328
Keller, E. 116
Keller, H. 251
Kellmann, K. 169
Kelly, O. E. 38
Kemp, A. 26
Kempe, M. 157
Kende, I. 85
Kende, R. 212
Kennedy, E. M. 14
Kennedy, F. D. 43
Kennett, L. B. 35
Kenworthy, E. 93
Keogh, D. 303
Kéraly, H. 309
Keren, M. 258
Kergoat, J. 185
Kerr, T. J. 335
Kersten, K. 217
Kerstges, A. 343
Kessel, W. 125
Kessler, R. J. 346
Ketcham, C. C. 28
Kettenacker, L. 196
Kettner, U. 155
Keubke, K.-U. 179
Keudell, T. von 52
Kevelaer, K. H. van 158
Keynes, M. 9

Khairy, M. O. 264
Khalid, D. 56
Khalilzad, Z. 223, 244
Khan, K. M. 84
Khanal, Y. N. 267
Khella, K. 119
Kiauta, L. 79
Kidron, M. 3, 85
Kielmansegg, J. A. Graf von 141
Kiersch, G. 189
Kiesshauer, I. 55
Kilian, H. 75
Killebrew, R. B. 330
Killen, L. 323
Killham, E. L. 85
Kilz, H. W. 129, 153
Kim, C. I. E. 265
Kim, G. 100
Kim, S. S. 250
Kim il Sung, 265
Kimmerling, B. 4, 260
Kimminich, O. 106, 123
Kimura, H. 223
Kimzey, B. W. 336
Kindermann, G.-K. 213
Kingseed, C. C. 76
Kingston-Mann, E. 228
Kinner, K. 127
Kinoy, A. 318
Kinzer, S. 305
Kinzey, B. 42
Kipuros, D. 191
Kirchrue, E. R. 249
Kirk, G. 195
Kirkeby, O. F. 49
Kirkpatrick, J. J. 17, 323
Kirkskothen, B. 149
Kirschbaum, R. 92
Kiselev, A. A. 74
Kitchen, H. 324
Klaassen, M. 82
Klapdor, E. 77

Klarsfeld, S. 190
Klassen, R. 131
Klein, C. 259
Klein, E. 137
Klein, F. 82
Klein, G. 219
Klein, H.-D. 10
Klein, J. 187
Kleinsteuber, H. J. 315
Klenberg, J. 348
Klenner, H. 11
Klessmann, C. 69
Kline, H. F. 307
Klingler, H. 63
Klönne, A. 174
Kloevedal Reich, E. 113
Kłossowski, J. 215
Klotz, J. 128
Klüver, M. 134
Knabe, H. 180
Knapen, B. 114
Knapp, M. 328
Knauer, M. 154
Knežević, Z. L. 207
Knight, A. W. 221
Knirsch, P. 47
Knopp, G. 137
Knorr, K. 27
Knudsen, E. 14
Knudsen, T. 209
Kobler-Edamatsu, S. 263
Kočegura, P. A. 72
Koch, H.-J. 281
Koch, M. 178
Koch-Kent, H. 207
Kochan, M. 67
Kociszewski, J. 217
Kodmani-Darwish, B. 186
Köhler, G. 272
Koenen, G. 215
Könitz, B. 137
Köpke, I. 2
Kogelfranz, S. 107
Kohen, A. 296

Kohl, H. 134, 137, 140, 160
Kohli, A. B. 254
Kohlsche, A. 175
Kolb, E. 164
Koliński, I. 215
Kolkey, J. M. 321
Kolkowicz, R. 225
Kolychalova, T. F. 231
Komer, R. W. 331
Komkov, G. D. 71
Koninski, W. 102
Konopnicki, M. 260
Konzelmann, G. 259, 266
Kooroshy, J. 257
Kooy, E. van der 92
Kopf, O. 212
Koppel, T. 231
Korb, L. J. 330
Korbel, J. 182
Korbonski, S. 69
Korey, W. 219
Korkisch, F. 66
Koschel, A. 288
Kosel, W. 272
Kostiainen, A. 231
Kostiner, J. 264
Koszinowski, T. 281
Kovács, A. 243
Koval'čuk, V. M. 70
Kowalski, Z. 182
Kozaczuk, W. 32
Krämer, G. 281
Krämer, R. 292
Krätke, M. 50
Kraffert, W. 175
Krafft, U. 93
Kraft, H. D. 148
Krakowski, S. 69
Kramer, A. 203
Kramer, M. N. 26
Kranig, A. 121
Kranitz-Sanders, L. 217
Krasilnikov, E. P. 76

Kratzmair, H. 147
Kraus, A. H. V. 175
Kraus, J. 146
Krause, C. 105
Krause-Burger, S. 125
Krausnick, H. 141
Krč, M. 336
Krebs, P. 87
Krebs, T. H. 44
Kreck, W. 12
Kreisberg, P. H. 326
Kremenjuk, V. A. 327
Krepp, E. 219, 231
Kress, A. 282
Kreuter, S. 72, 86
Kriegel, A. 12
Kriegel, H. 150
Kriesi, H. 236
Krijnen, P. 208
Kristensen, K. 112
Kristiansen, F. 295
Krizman, B. 207
Kroef, J. M. van der 270, 344, 345
Kroeger, J. 262
Krölls, A. 146
Krosigk, F. von 343
Krstic, M. 206
Krüger, H. 256
Kruglov, A. I. 120
Kruh, L. 32
Krysmanski, H. J. 153
Kubbig, B. W. 330
Kucharski, W. 33
Kuckenburg, M. 222
Kuczynski, J. 177
Kueh, Y. Y. 251
Kühlmann, L. 37
Kühne, W. 284, 285
Kuehnelt-Leddihn, E. 213
Kühnl, R. 165
Kuhfus, P. M. 88
Kuhrt, E. 179, 180
Kukreja, V. 268
Kulkow, J. 64

Kumos, Z. 216
Kuntner, W. 85
Kunz, N. 216
Kupferberg, F. 10
Kuppe, J. 181
Kurbatova, I. 220
Kuropka, J. 166
Kurowski, F. 70, 78
Kurth, J. R. 96
Kyba, P. 196

Labbe, D. 184
Laboor, E. 82, 222
Lacaze, J. 187
LaCierva, R. de 238, 240
Lacoste, I. 13
Lacroix, E. 262
Lacroix-Riz, A. 186, 189
Ladd, J. D. 194, 334
Lael, R. L. 323
LaFeber, W. 292
Lafontaine, O. 132
Lagoni, R. 17
LaGuerre, J. G. 341
Lahme, H.-N. 112
Lainé, D. 141
Lakowski, R. 73
Lalkow, M. 110
Lamant, P. L. 272
Lamm, F. 116
Lammers, A. 321
Lammers, K. C. 60
Lampe, J. 58, 116
Lancelot, A. 185
Land, H. 195
Landau, J. M. 271
Landau, S. 318
Landolfi, E. 198
Landwehr, R. 65
Lang, D. M. 272
Lange, W. 143
Lange-Feldhahn, K. 133
Langer, V. 338
Langley, L. D. 339
Lanús, J. A. 295

Lapidus, G. W. 327
Lapierre, D. 255
Lappé, F. M. 309
Laqueur, W. 106
Large, D. C. 167
Lariccia, S. 204
Larkin, M. A. 331
Larrain, J. 11
Larsen, M. 7
Larsson, P. 40
Latyshev, I. A. 327
Lauermann, G. 135
Lauinger, I. 123
Launay, B. de 37
Laurent, J. 225
Lauterbacher, H. 116
Ławrowski, A. 217
Lawson, D. 252
Layman, R. D. 41
Layton, M. S. 315
Leaf, M. J. 256
Leamer, L. 316
Lebacqz, A. 185
Lebeck, R. 82
Lebow, R. N. 19, 29, 225
Lecher, W. 103
Le Couriard, D. 86
Lee, C. 28
Lee, C.-J. 265
Lee, C.-S. 267
Leeming, D. W. 36
Leenhardt, Y. 188
Lefort, C. 97
Legein, C. 109
Leggewie, C. 137, 173, 281
Legler, A. 143
Legvold, R. 316
Lehmann, H. G. 169
Leibstone, M. 334
Leinemann, J. 118
Leisching, M. 6
Leisler Kiep, W. 137
Leisner, W. 6
Leitenberg, M. 85
Leiwig, H. 175
Lemarchand, R. 279

Le Marchand, T. M. 347
Le Masson, H. 188
Lemercier-Quelquejay, C. 245
Leminsky, G. 157
Lemke, C. 179
Lengerer, H. 262, 263
Lenin, V. I. 220
Lent, D. 174
Lent, J. A. 267
Lenz, M. 155
Lenz, U. 173
LeoGrande, W. M. 325
Leone, M. 204
Leonhard, R. 286
Leonhard, W. 222
Leonhardt, H. A. 130
Leroy-Beaulieu, A. 4
Leser, N. 211
Leuchtenburg, W. E. 320
Leutner, M. 252
Levi, A. 203
Levie, H. S. 241
Levšin, B. V. 229
Lévy, A. M. 273
Levy, D. C. 308
Levy, J. S. 19
Levy, R. 236
Lew, R. 185
Lewin, E. 61
Lewin, R. 32
Lewis, V. A. 340
Leys, C. 191
Libal, M. 224
Libby, R. T. 338
Lichtenstein, H. 152
Lichter, S. R. 322
Liddle, P. H. 194
Lider, J. 19
Lieb, R. 65
Liebetreu, H. 111
Liebman, M. 12
Lieven, D. C. B. 230
Lightle, S. 219

Lillevik, F. 2
Limberg, F. 231
Lindenblatt, H. 73
Lindgren, S. 88
Lindholm, R. H. 59, 65.
Lindsey, C. W. 346
Lindsey, R. 331
Linklater, M. 92
Linn, D. 42
Linowski, J. 215
Lippert, E. 141
Lipski, J. J. 216
Lipton, J. E. 27
Lisette, G. 275
Livi, G. 100
Livingstone, N. C. 289
Lleonart y Amselem, A. J. 17
Lleras, J. R. 303
Lloris, G. 67
Loayza-Ramos, L. E. 61
Lobo-García, A. 25
Lock, P. 126
Lockman, R. F. 332
Lockwood, D. 11
Lodgaard, S. 106
Lodge, T. 285
Löfström, T. 244
Loehr, W. 100
Lölhoeffel, E. von 169
Lönne, K.-E. 119
Lösche, P. 129
Loeser, F. 177
Löw, K. 121
Löwy, M. 289
Loghin, L. 63
Lohmann, J. 292
Lohse, V. 283
Longworth, B. R. 40
López, P. 300
López-Garrido, D. 238
López-Segrera, F. 342

López-Soria, J. I. 9
López Trujillo, A. 311
Lora, G. 297
Lorenz, E. 114, 209
Lorenzo, G. di 124
Loth, W. 163
Loulis, J. 79
Loulis, J. C. 191
Loustau, H.-J. 86
Louven, E. 251
Lowenthal, A. F. 325
Lowenthal, M. M. 22
Lowenthal, R. 137
Lozano de Rey, E. 307
Lozzi, C. 201
Lubian y Arias, R. 342
Lucas, E. 156
Lucas, H. 63
Lucas-Busemann, E. 164
Lucentini, M. 330
Luchsinger, F. 236
Lučić, M. 79
Luckett, J. A. 60
Luddemann, M. K. 290
Ludlam, H. 66
Ludwig, K. 142, 146, 345
Lübkemaier, E. 21, 105
Lüders, W. 66
Lüpke, R. 128
Luers, W. H. 289
Lukács, G. 243
Lukens, H. R. 27
Lulei, W. 87
Luna, F. 295
Lund, K. 112
Lund, P. 66
Luns, J. 24
Luttwak, E. N. 331
Lutz, D. S. 28, 106, 135
Lutz, S. 156
Luxemburg, R. 55

Lynch, W. R. 34
Lynn, D. 332
Lynn-Jones, S. M. 323
Maamiry, A. H. al- 246
Maass, C. D. 254, 256
Mabesoone, W. C. 348
Mabire, J. 70, 117, 188
MacBeth, B. S. 314
MacCameron, R. 305
Mac Cauley, M. 137, 181, 230
McClintock, M. 303
MacColl, G. 316
McCollum, J. K. 87
Mac Connell, M. 50
Maccotta, G. W. 250, 345
McCrea, B. P. 219
McCulloch, J. 278
MacDonagh, O. 197
Macdonald, L. 60
MacDougall, H. 248
Mace, J. E. 231
MacEvedy, C. 275
Maceyra, H. 294
MacFadyean, M. 192
Macfarlane, N. 30
MacFarlane, S. N. 275
McFetridge, C. D. 59
MacGarvey, R. 32
McGehee, R. W. 331
McGeorge, H. J. 28
MacGhee, G. C. 323
McGregor, J. P. 217
Machetzki, R. 248
Machowski, H. 47, 97
Machuca, V. 61
Macioti, M. I. 198
MacJunkin, J. N. 87
McKean, J. 105
Mackenbach, W. 216
Mackenzie, K. 191
McMichael, S. R. 72

McMillen, D. H. 253
McNamara, D. 332
McNaugher, T. L. 39, 95
Mac Naught, L. W. 37
McPherson, K. A. 329
Macridis, R. C. 191
Maculenko, V. A. 70
Madsen, F. 16
Maechling, C. 318
Mährdel, C. 280
Mäkelä, M. E. 59
Märker, F. 121
Magenheimer, H. 31, 73
Magnus, R. H. 332
Mahon, J. K. 333
Mahoney, R. D. 275
Mahrad, A. 257, 258
Maier, G. 72
Mainwaring, S. 299
Maivân Lâm, 273
Majer, D. 121
Makinda, S. 276
Makinsky, M. 222
Malatesta, E. 203
Maldaner, K. 11
Maldonado-Denis, M. 315
Malin, H. S. 346
Malina, P. 213
Malinowski, K. 69
Malkin, V. M. 70
Malnes, R. 210
Malone, P. 194
Mammitzsch, T. 26
Mancini, G. 199
Mandel, D. 230
Mandel, E. 117
Mandle, J. R. 339
Manel, M. 104
Manfredi, M. 51
Mangano, A. 51
Manghi, B. 203
Manjívar-Larín, R. 48, 302
Mannhardt, K. 145
Manning, R. A. 346

Mannix, D. P. 334
Manousakis, G. M. 96, 191
Manwaring-White, S. 192
Marconi, P. 299
Marcus, H. G. 280
Marcus, J. 186
Marer, P. 243
Maresca, A. 199
Mariátegui, J. C. 312
Marini, J. F. 297
Marinković, R. M. 79
Mariño, G. 311
Markey, E. J. 37
Markmann, H.-J. 167
Markoff, J. 300
Markus, G. 33
Mármora, L. 7
Marot, J. 60
Marquard Otzen, P. 112
Márquez, A. C. 28
Marquie, C. 59
Marquina-Barrio, A. 239
Marsico, A. de 199
Martel, R. 75
Martens, G. 275
Martens, J. 289
Martin, A. 126, 276
Martin, J. 186
Martin, L. 34
Martín-Prieto, J. L. 240
Martínez, J.-C. 26
Martínez-Carreras, J. 57
Martínez-Micó, J. G. 8
Martino, F. de 200
Martins, U. B. L. 92
Martire, G. 315
Marulanda de Galofre, P. 307
Marum, L. 122
Marwege, U. 180
Marx, R. 7

Mashat Abdul-Monem, M. 100
Maslankowski, W. 162
Mason, F. K. 42
Mason, R. A. 195
Mason, R. C. 87
Masson, P. 188
Mastny, V. 83
Masuch, A. 152
Masuzoe, Y. 262
Mates, L. 97
Mathias, F. F. 64
Mathiesen, T. 210
Mathieu, M. 184
Mathos, W. 39
Matsuyama, Y. 262
Matteotti, G. 200
Mattes, H. 282
Matthies, V. 84
Mattick, P. 11
Matusak, P. 71, 216
Maull, H. 46
Maung Maung, U. 248
Maura-Gamazo, M. 237
Mavrogordatos, G. T. 191
Max, A. 348
Mayer, A. J. 106
Mayer, G. 158
Mayer, H. 276
Mayer, P. B. 254
Mayer-Tasch, P. C. 52
Mayers, T. 38
Mbome, F. 279
Mearsheimer, J. J. 30, 105
Mebarek, M. 281
Mechtersheimer, A. 104
Mediansky, F. A. 23
Medin, T. 308
Medina-P., M. E. 289
Mehte, W. 52
Meier, L. 67

Meier, R. 137
Meinardus, R. 191, 273
Meinck, J. 121
Meinicke, W. 181
Meissner, B. 222, 224
Meister, J. 296
Mejía-Ricart, G. M. 340
Melber, H. 283
Melby, S. 44
Mellbourn, A. 169
Melloni, A. 238
Mellors, C. 105
Mellquist, E. D. 98
Mel'nikov, J. M. 323
Menaul, S. 286
Menchen Benítez, B. 29
Mencía, M. 341
Mendelsohn, E. 107
Menéndez, M. B. 93
Menéndez-Rodríguez, M. 303
Meney, P. 221
Menger, 148
Menges, D. W. von 57
Mengozi, D. 206
Mercado-Jerrín, E. 301
Mercado-Ulloa, R. 313
Merker, W. 181
Mersky, P. B. 33
Meseberg-Haubold, J. 109
Meske, S. 119
Messenger, C. 25
Messerschmidt, O. 52
Meyer, B. 135
Meyer, F. 117, 214, 230
Meyer, K. 63
Meyer, L. 257
Meyer, S. M. 22, 226

Meyer, T. 128
Meza, V. 305
Micali Baratelli, F. 202
Michael, R. 186
Michel, P. 277
Mickelson, S. 338
Middendorf, J. W. 290
Mierecker, H. 200
Mikoć, V. 79
Mikoša, V. V. 71
Mikulin, A. 36
Mil'čenko, N. P. 70
Miles, R. 3
Miliband, R. 12
Miliukov, P. N. 230
Miljukova, V. I. 224
Millan, V. 93
Millar, T. B. 343
Mille, M. 60
Miller, J. 42, 43
Miller, J. E. 316, 328
Miller, J. W. 3
Miller, S. E. 22
Milovanović, N. 207
Milton, J. 33
Milza, P. 189
Minc, I. I. 61
Minkner, M. 310
Misgeld, K. 232
Mishra, B. K. 254
Mišković, I. 79
Misztal, Z. 215
Mitchell, A. 192
Mitchell, H. 319
Mitchell, J. 51, 85
Mitchell, R. J. 222
Mitchell, R. P. 95
Mitzka, H. 219
Mlynar, Z. 215
Mocanu, V. 73
Modly, T. B. 263
Möller, H. 164
Mölzer, A. 114
Moerck, S. 209
Möschner, G. 178
Möttölä, K. 183
Moita, L. 97

Molchow, J. 73
Molin, K. 233
Molitor, B. 7
Moltmann, B. 126
Mommsen, H. 167
Moncalvo, G. 203
Monchablon, A. 189
Mondini, L. 80
Moneta, C. J. 296
Moneta, J. 158
Monroe, K. R. 320
Monson, R. A. 122
Montaner, C. A. 342
Montaner-Suris, C. A. 341
Montel, W. 158
Moody, P. R. 249
Moore, A. R. 66
Moore, J. 92, 227, 351
Moore, R. I. 332
Moore, W. B. 35
Moorsom, R. 283
Mora, F. 7
Mora, J. M. de 308
Morales-Dávila, M. 298, 313
Morán, G. 241
Mordike, J. L. 343
Morell, R. 188
Morelli, A. 109
Moreno, J. C. 349
Moret, G. 300
Morgan, P. M. 30
Morin, J. 184
Morley, M. H. 304
Morlino, L. 200
Morris, E. 80
Morris, R. 32, 339
Morrison, W. H. 81
Morrocco, J. 87
Mortimer, E. 186
Mosar, N. 23
Mosca, G. 199
Mosch, K. 150
Mosdorf, S. 337
Moser, B. 276
Moskin, J. R. 87

Moss, A. 317
Mossavar-Rahmani, B. 46
Mossmaier, E. 214
Mossmann, P. 307
Motley, J. B. 28, 93
Motta, A. 198
Moughrabi, F. 326
Moulian, T. 300
Moulin, J. 188
Mounsey, H. 104
Moura, G. 299
Moyer, C. 304
Mück, W. 23
Mühlan, E. 219
Müller, A. A. C. von 106
Mueller, B. 163
Müller, C. 105
Mueller, L. A. 155
Müller, M. 106
Müller, N. 124
Müller, P. 133
Müller, R. 204
Müller, W. 148, 178
Müller-Hill, B. 120
Müller-Rommel, F. 102
Müller-Werthmann, G. 159
Muench, W. 157
Münnich, R. 246
Mullaney, M. M. 51
Muller, D. G. 251
Mundzeck, H. 155
Mungazi, D. A. 286
Munnik, L. 338
Muñoz Escribano, J. 239
Munro, M. M. 310
Munslow, B. 283
Munson, K. 251
Munster, J. H. 331
Munthe-Kaas, H. 253
Munting, R. 228
Munton, A. 196
Murlakov, E. 8
Murphy, J. F. 13, 17

Murray, R. 197
Muś, W. 63
Mushaben, J. M. 133
Mussi, I. 211
Myatt, F. 36
Myers, F. 194
Myers, R. H. 269
Myhra, D. 42
Myrdal, A. 20
Myrdal, J. 232, 253
Mzimela, S. E. 285

Naaman, S. 260
Näf, B. 235
Nahid, A. H. 257
Naidoo, I. 284
Naiman, J. 51
Naison, M. 322
Najewski, N. 141
Najm, A. 94
Nakagawa, Y. 263
Nałęcz, T. 215
Nannen, H. 161
Narr, W.-D. 169
Nash, A. 336
Nativi, A. 42
Natoli, C. 110
Naumann, G. 179
Naumann, K. 152
Naumann, U. 160
Navabachsch, A. 257
Navia-Ribera, C. 298
Ndonde, E. C. 283
Near, H. 260
Nebelung, M. 247
Neckel, S. 132
Neco-Quiñones, M. 87
Nederveen-Pieterse, J. 260
Negri, G. 200
Negt, O. 11
Nehme, M. 269
Nehru, J. 254
Neisser, H. 212
Nelson, D. N. 97
Neubauer, M. 213
Neuberger, B. 282

Neugebauer, G. 179
Neugebauer, R. O. 156
Neuhuber, W. 212
Neumann, J. 71
Neumann, K. P. 147
Neumann, R. G. 327
Neustadt, A. 137
Newby, L. B. 73
Newcombe, H. 82
Newman, D. 261
Newman, K. J. 106
Newsinger, J. 197
Nguyen Van Canh, 273
Niedbalski, B. 180
Niekisch, E. 167
Nielsen, F. W. 182
Nielsen, H. K. 103, 111
Nielsen, J. P. 230
Nieman, T. F. 335
Niemi, E. 208
Niepold, G. 70
Niess, F. 309, 325
Nieto-Montesinos, J. 313
Nikitič, L. A. 198
Nikšić, V. 79
Nikutta, R. 31, 158, 224
Nilsson, T. 19
Nima, R. 258
Nimschowski, H. 91
Nitoburg, E. L. 93
Nitsche, H. 10
Nitze, P. H. 328
Njor, J. 287
Njoroge, L. M. 224
Nötzold, J. 45, 47
Nogga-Weinall, D. 272
Noiret, S. 200
Nolan, Sir S. 60
Norcini, F. L. 80
Nord, P. G. 186
Nordbeck, L. 233
Nordeen, L. 333
Nordholft, H.-H. 285
Nordland, E. 18

Noreng, O. 210
Norman, T. 232
Norton, P. 192
Novak, M. 38
Nove, A. 46, 228
Nowak, J. 71
Nowarra, H. J. 42
Nowocien, A. 143
Núñez-Florencio, R. 240
Núñez-Jiménez, A. 342
Núñez-Lacaci, F. 239
Nuscheler, F. 3
Nutter, G. W. 45
Nwokedi, E. 91
Nye, J. S. 22
Nyers, R. 97
Nygård, T. 183
Nygren, J. 19
Nyongo, A. 277
Nyström, P. 232

Oates, S. B. 317
O'Ballance, E. 227
Obando y Bravo, M. 311
Oberreuter, H. 127
Obeyesekere, G. 268
Oblitas-Fernández, E. 289
Ochs, E. 167
O'Connor, R. 335
Oddone, J. 295
Oded, A. 259
Oeberg, J. 16
Oehlmann, C. 98
Oelgaard, P. L. 112
Örn, T. 110
Oertzen, P. von 132
Ogarkow, N. W. 225
Ogawa, K. 58
Ogene, F. C. 324
Ognjanow, L. 110
Ojeda, M. 308
Ojo, O. 274
O'Keefe, P. 283

Okere, O. 275
Okkels Olsen, A. 113
Okolo, J. E. 279
Oliver, H. 192
Ollivant, S. 305
Ollman, B. 317
Olsen, E. A. 244, 265
Olsen, G. R. 247
Olsen, J. P. 209
Olsen, L. 105
Olsen, O. J. 210
Olvey, L. D. 336
Opitz, R. 131
Oppeln, S. von 189
Ordioni, P. 187
O'Reilly, K. 317
Orlowa-Kopelew, R. 221
O'Rourke, J. S. 331
Orozco, E. M. 308
Orsoni, C. 221
Ortenberg, D. I. 71
Ortíz, J. P. 349
Orvik, N. 347
Oschlies, W. 110
Oset, J. M. 32
Oshinsky, D. M. 317
Osman, T. 44
Ostenc, M. 203
Osterhammel, J. 193
Ostrowsky, J. 284
O'Sullivan, N. 9
O'Sullivan, P. 3
Oswald, F. 344
Ott, I. 197
Otto, B. 157
Outze, B. 112
Overy, R. J. 149
Owen, D. 105
Owen, H. 336
Owens, M. T. 23
Oyono, D. 279
Oz, A. 260

Pabanel, J.-P. 276
Pace, S. 42
Pachet, P. 217
Packard, J. M. 320

Pade, W. 342
Padilla, D. 304
Padžev, M. G. 71
Page, D. 256
Page, H. 137
Page, T. 87
Palacio, J. M. 295
Palazzi, R. O. 92
Palermo, I. 199
Pallud, J. P. 77
Palmer, C. 183
Palmer, H. 170
Palumbo, M. 7
Panda, R. 263
Pandea, A. 33
Pane, D. W. 309
Panecki, T. 69
Panglaykim, J. 99
Pannwitz, H. 115
Pantelić, M. 79
Papaioannou, K. 11
Paparella, I. 226
Papastratis, P. 191
Papeleux, L. 55
Papp, D. S. 18
Pappi, F. U. 129
Paricio, J. M. 239
París, A. 96
Parker, R. 195
Parks, J. D. 328
Parmet, H. S. 317
Parpart, J. L. 277
Parris, C. D. 341
Parrott, B. 228
Parry, D. 37, 44
Parson, J. 278
Parsons, A. 350
Partlow, F. A. 333
Paso, L. 295
Pasti, N. 37
Pastorelli, P. 201
Pastusiak, L. 169
Paterlini, A. 206
Patil, S. H. 254
Pattke, H. 320
Patzwall, K. D. 128, 146, 148
Pauchard, J. -P. 54

Pauer, E. 263
Paul, G. 175
Paul, L. 76
Paul, R. 310
Pavlović, V. 11
Pavlowitch, S. 206
Pavón-Tamayo, E. 342
Pawlik, G. 212
Paxton, J. 101
Payeras, M. 304
Payne, A. 340
Payne, A. J. 340
Payne, R. 31
Paz y Figueroa, R. A. de 296
Peacock, L. 42
Peacock, L. T. 194
Pearsall, A. 194
Peci, P. 199
Pedersen, C. S. 55
Peebles, C. 29
Peiler, 144
Pejanović, M. 206
Pejkov, I. G. 73
Peleg, I. 94
Pelster, M. 94
Peltzer, R. 302
Pemsel, H. 34
Peña, A. 314
Peña-Marin, C. 238
Penkow, S. 110
Pennetier, C. 190
Perales, I. 309
Pereira, J. C. 239
Peret, J. -C. 281
Pérez-Bowie, J. A. 62
Pérez-Reverte, A. 27
Perić, J. 78
Perina, R. M. 296
Perle, R. 47
Perna, C. 203
Perón, J. D. 294, 296
Perrett, B. 65
Perrone-Capano, C. di 103
Persell, S. M. 186

Person, Y. 246
Pertek, J. 215
Pessin, A. 6
Petelin, S. 79
Peters, C. 320
Peters, H. F. 116
Petersen, N. 111
Petersen, P. 82
Petersen, P. A. 30, 225
Petešić, C. 207
Petitfils, J. -C. 186
Petracchi, G. 224
Petraeus, D. H. 105
Petras, J. 292
Petras, J. F. 304
Petrenko, P. T. 71
Petrescu, B. 218
Petzold, J. 166
Petzold, S. 282
Peyton, J. H. 141
Pfeiffer, R. 148
Pfennig, W. 253
Pfisterer, K. 146
Pflüger, F. 318
Pharand, D. 347
Philby, K. 33
Phillips, C. S. 275
Phillips, D. 249
Phillips, D. H. 344
Piame-Ololo, N. L. 287
Pichetto, M. T. 204
Pickshaus, K. 158
Picò i Lòpez, J. 238
Piekalkiewicz, J. 63, 78, 80
Pieropan, G. 60
Pierquet, C. -A. 188
Pietra, I. 198
Pillar, P. R. 8
Pimlott, J. 77
Pinal-Verges, J. 17
Piniès, R. 59
Pinto-Gamboa, W. F. 62
Piott, S. L. 318
Pipes, D. 327

Pipes, R. 221
Pira, G. 273
Pirinen, K. 183
Piro, F. 206
Pirro, F. 198
Pirsch, H. 329
Pivato, S. 205
Pixa, 155
Piyadasa, L. 268
Pizarro, R. 289
Plano, J. C. 219
Plaschka, R. G. 34
Platas, A. R. 308
Platón, M. 36
Pleiner, H. 93
Plischke, E. 323
Plum, G. 167
Po, E. 37
Pocock, T. 65
Poettering, H.-G. 106
Pogodzinski, M. 28
Pohl, K. H. 129
Pohl, M. 267
Pohl, R. 25
Pohlmann, H. 153
Poidevin, R. 184, 186
Poigny, J. 67
Polajnko, J. 67
Polcuch, V. 214
Polkehn, K. 4
Pollard, R. D. 150
Pollman, U. 290
Pollock Petchevsky, R. 337
Polmar, N. 334
Poncins, M. de 186
Poneman, D. 100
Poniatowski, M. 185
Ponomarjow, B. N. 12
Pons Alcoy, J. 226
Pons-Prades, E. 65
Poppinga, O. 173
Porter, G. 90
Porter, R. 229
Portisch, H. 286
Portner, D. 139, 144

Posen, P. R. 23
Possarnig, R. 282
Post, U. 84
Pott, M. 266
Potter, E. B. 81
Poulain, M. 144
Poulsen, L. 111
Powelson, J. P. 100
Poznanski, R. 76
Pradas Martínez, E. 240
Prado-Redondez, R. 313
Prado-Salmon, G. 298
Prager, E. 127
Prager, H. G. 147
Praval, K. C. 255
Preis, B. 125
Preiswerk, R. 235
Premdas, R. R. 291
Prendes, A. L. 342
Pretzell, K.-A. 244, 265
Preusch, D. 293
Preuß, J. 129, 153
Preute, M. 125
Preylowski, P. 41
Price, A. 92
Price, J. 319
Priemé, H. 4
Priester, K. 158
Prieto, J. 237
Primo de Rivera, J. A. 237
Prittwitz, V. 52
Pritzel, K. 83
Prolingheuer, H. 163
Pronay, N. 196
Properjohn, T. J. 344
Pross, C. 176
Przewoznik, E. 67
Przybysz, K. 69
Puddu, F. 109, 285
Püschel, M. 86
Pugh, M. 343
Puig, J. C. 349
Pumm, G. 171

Pumphrey, D. 318
Pumphrey, G. 318
Puryear, E. F. 317
Putthoff, H. 122

Quah, J. S. T. 267
Quartararo, R. 203
Quarte, H.-G. 118
Quassem Reshtia, S. 246
Querejazu-Calvo, R. 58, 61, 62
Quester, A. O. 332
Quijano, A. 313
Quilitzsch, S. 107, 219
Quiñonero-Martínez, J. P. 239
Quintana, S. 96
Quintanilla, L. 314
Quiroga Santa Cruz, M. 298
Quirós Esquível de Alcalá, H. A. 3

R.-Lallemant, J. 349
Ra Jong-yil, 88
Raab, A. 153
Raab, W. 144
Ra'anan, G. D. 223
Rabe, B. 167
Rabe, K.-K. 145
Rachwald, A. R. 215
Radde, H.-J. 179
Radjavi, K. 257
Radosh, R. 33
Radtke, N. 155
Radway, L. 103
Rahit, W. 198
Rahman, M. H. 247
Rahul, R. 244
Rakočević, N. 207
Rakova, S. 134
Rama, C. M. 289, 291
Rambaud, P. 260
Ramet, P. 178, 224
Ramgoolam, S. 350
Ramírez, S. 311

Ramos, A. 62
Ramos-Sánchez, P. 298
Ramsdale, P.A. 44
Ramspacher, E.G. 184
Randal, J.C. 90
Randell, M. 341, 342
Rangel, C. 84
Ranke, W. 77
Ránki, G. 73
Rantzsch, P. 118
Rapoš, P. 46
Rathkolb, O. 68
Rau, H. 177
Raube, G. 250
Raupach, H. 182
Raven, G.J.A. 208
Ravenhill, J. 324
Razumovsky, A. 284
Reagan, R. 317, 324
Rearden, S.L. 330
Recalde-Ammiri, S. 62
Redemann, H. 42
Reeb, H.-J. 144
Reed, D. 317
Reeds, J. 32
Regan, G. 259
Regenstreif, P. 36
Rêgo, P. 218
Rehm-Takara, T. 262, 263
Reich, B. 327
Reich, R.B. 336
Reich-Hilweg, I. 104
Reichel, H. 12
Reichel, U. 247, 286
Reichhold, L. 213
Reichmann, H. 211
Reicke, I. 155
Reif, L.L. 290
Reimann, E. 349
Reinares-Nestares, F. 241
Reinders, H.R. 76
Reinfried, H. 140
Reinisch, L. 184

Reitz, R. 163
Rekkedal, N.M. 34, 225
Reller, G. 214
Renn, M. 192
Renzo, A. di 277
Reschke, J. 25
Resnick, M. 337
Restrepo-Moreno, L.A. 307
Reuband, K.-H. 133
Reusch, J. 16
Reuter, J. 207
Revel, J.-F. 6
Reynolds, C.G. 40
Reynolds, D. 65
Reynolds, R. 34
Reyntjens, F. 277
Rhind, D. 104
Rhode, G. 214
Ribbe-Ochsner, E. 236
Ribuffo, L.P. 322
Rich, P.B. 285
Richardson, D. 40, 41, 42
Richardson, M. 245
Richardson, R.C. 29
Riche, D. 28
Richter, W.L. 268
Ridder, H. 122
Riedel, H. 77
Riedmatten, C. de 236
Rielle, P. 227
Riese, H.-P. 160
Rimell, R.L. 60
Ring, B. 234
Rinsche, F.-J. 14
Risse-Kappen, T. 140
Ritchie, D. 29
Ritezel, W.A. 255
Ritgen, U. 246
Ritscher, B. 123
Ritschl, A. 153
Ritter, K. 83

Rivadeneira-Prada, R. 298
Rivas-Cherif, C. de 237
Riz, L. de 295
Robbe, M. 100, 244
Roberts, J.H. 61
Robertson, B. 195
Robertson, R.T. 249
Robinson, J.C. 252
Robotham, F.B.J. 38
Rocca, J.V. 212
Rockwell, S. 261
Rode, R. 45
Rodejohann, J. 31, 158
Rodríguez-Carreno, F. 34
Rodríguez-Herrera, M. 342
Rodríguez Martín-Granizo, G. 62
Rodríguez Molas, R.E. 296
Roeder, A. 211
Röder, H.-J. 311
Röder, W. 154
Roegele, O.B. 166
Römer, W. 176
Roesch-Sondermann, H. 117
Rogers, B.W. 24, 30
Rogers, R. 318
Roggiani, F. 202
Rohlfes, J. 169
Rohr Christoffersen, H. 112
Rohwer, J. 39
Rolef, S.H. 260
Rolland, R. 184
Rolstad, L.C. 209
Roman, J.H. 259
Romani, M. 51
Romano, S. 190, 201, 203
Romé, 81
Romero, A. 325
Romero-Pérez, J.E. 301

Rommetvedt, H. 209
Rondot, P. 276
Roon, G. van 208
Roos, P. 113
Ropp, K. Frhr. von der 278
Roschmann, H. 77
Rose, S. 9
Rosen, B. 257
Rosenblatt, R. 68
Rosendal Jensen, N. 112
Rosenfeld, G. 224
Rosenhaft, E. 128
Rosenthal, C. 123, 163
Roskoschny, H. 246
Ross, E. 343
Ross, J. 192
Ross, J. M. 305
Ross, R. 285
Rosset, P. 309, 310
Rossi, L. 198
Rossi, P. H. 319
Rossi-Landi, G. 190
Roßmann, W. 158
Rossnagel, A. 5, 46
Rost van Tonningen-Heubel, F. S. 208
Rostow, W. W. 328, 336
Roth, F. 190
Roth, J. 8, 27, 107
Roth, K. H. 165
Roth, R. 172
Rothacher, A. 104
Rothchild, D. 324
Rothenberger, R. 144
Rother, B. 218
Rothermund, D. 254
Rothman, S. 322
Rothschild, G. de 184
Rotzler, W. 236
Rouarch, C. 40
Rouaud, A. 264
Roucaute, Y. 186
Rourke, J. T. 324

Rousseau, C. 8
Rousseau, M. 76
Rousseau, R. 189
Roux, C. 99
Rovan, J. 169
Rovira, A. 23
Rowley, G. 261
Rsheschewski, O. 64, 65
Rubeo, L. 295
Rubin, B. 327
Rubin, S. J. 338
Rubinstein, E. F. 4
Ruby, M. 76
Rudenko, S. I. 73
Rudney, R. S. 25
Rücker, B. 142
Rühl, L. 227
Rühle, G. 160
Rühle, J. 20
Rühle, M. 225
Rüsen, J. 169
Rütten, T. 129
Ruge, W. 115
Ruh, H. 235
Ruhl, J. M. 305
Ruiz de Azcarate, P. 40
Ruiz-Moreno, I. J. 349
Rumrrill, R. 289
Rupnik, J. 242
Rusk, D. 317
Russett, B. M. 30
Rusten, L. F. 319
Rutt, T. 123
Ryan, M. 11
Rycroft, M. 44
Ryg Olsen, K. 113
Rzepniewski, A. 216

Saba, V. 198
Sabrosky, A. N. 330
Sacerdoti, G. 204
Sacharow, A. 14
Sachs, A. 284
Sachurin, A. I. 228
Sack, F. 162

Sadeghi, A. 90
Saffer, T. H. 38
Sagan, S. D. 28
Sagástegui-Lozada, W. 313
Sailer, C. 141
Sainsbury, D. 111
Saint-Prot, C. 89
Salaff, S. 28
Salamé, G. 266
Salas-Larrazábal, R. 240
Salem, N. 276
Salgado Alba, J. 241
Salinas-Pérez, R. 298
Salkin, Y. 293
Salleron, L. 186
Salomon, K. 113
Salvadori, M. L. 116
Salvatore, N. 317
Sammut, C. 186
Sampson, A. 48, 195
Sampson, S. 218
Samuelsson, J. 234
Sánchez, N. D. 309
Sánchez, P. 294
Sánchez-Quell, H. 312
Sandberg, K. 176
Sander, A. 77
Sanders, A. J. K. 267
Sanders, J. W. 324
Sanders, R. 86
Sandford, G. W. 181
Sandford, J. 178
Sands, B. 197
Saner, H. 14
Sanford, G. 215
Sangmeister, H. 274
Sanning, W. N. 107
Sanson, R. 186
Santiago, L. 67
Santillán de Andrés, S. 349
Santoni, A. 80
Santori, C. M. 201

Santos-Martínez, P. 349
Sarabia Irusta, A. 10
Saracinelli, M. 204
Sarazin, M. 185
Sardesai, D. R. 245
Sarkis'jan, S. M. 71
Sass, F. 131
Sastre, A. 241
Sau, R. K. 45
Saucken, D. von 71
Saul, K. 156
Saunders, H. A. 77
Sauter, W. 159
Saville, J. 193
Sawant, A. B. 281
Sawyer, H. L. 328
Saxena, S. C. 278, 283
Sayn-Wittgenstein, Prinzessin K. 230
Scalambra, I. 206
Scandar, G. 266
Scaramozzino, P. 199
Scenna, M. 296
Sebreli, J. J. 295
Sechi, S. 205
See, W. 176
Seeber, G. 156
Seeberová, E. 241
Seeger, W. 135
Seeler, H. -J. 173
Segal, D. R. 26
Segal, R. 3
Seidel, S. 123
Seidelman, R. 199, 292
Seidenmann, P. 349
Seidler, F. W. 157
Seiferheld, A. M. 312
Seiffert, W. 179
Seifritz, W. 38
Seiler, O. J. 153
Seitz, K. 29
Selinger, P. F. 42
Sellke, D. 147
Selucký, R. 97
Semerdshiew, A. 110
Seminatore, I. 30

Semirjaga, M. I. 72
Semler, C. 15
Senger und Etterlin, F. M. von 39
Sengupta, J. 45
Šepić, D. 206
Serra, E. 203
Serra, F. O. 34
Serrano, J. 289
Serwański, E. 69
Sesay, A. 274
Seth, S. P. 250
Sethna, A. M. 255
Seuss, S. 171
Sewostjanow, P. P. 223
Shadwick, M. 306, 335
Shaffer, E. 336
Shahak, I. 260
Shahul, H. A. C. 98
Shambaugh, D. L. 248
Shan, F. 252
Shapiro, J. 248
Shapland, D. 44
Sharaf, S. 94
Share, D. 238
Sharnoff, P. 11
Sharp, J. M. O. 21, 225
Sharpe, K. E. 302
Shaw, Y. 249
Sheehan, M. 22
Shelton, R. M. 64
Shepherd, P. L. 305
Sherman-Zander, H. 72
Shipler, D. K. 219
Shivpuri, P. 219
Shlaim, A. 261
Shubert, A. 240
Shull, S. A. 320
Shuster, B. 315
Shusterich, K. M. 347
Shuzhi, P. 248
Sibley, R. 80
Sicherman, H. 95
Sidders, J. C. 35
Sidicaro, R. 295

Siebecke, H. 262
Sieberg, H. 187
Siebert, R. 22
Sieche, E. 212
Sieger, G. J. 101
Siemers, G. 345, 351
Sigg, O. 235
Sigler, J. A. 3
Sigmund, H. 37
Sigot, J. 67
Silber, J. R. 292, 326
Silberner, E. 4
Silenzi de Stagni, A. 350
Silva, P. 301
Silva-Gotay, S. 290
Silva Santisteban, L. 11
Sim, K. 68
Simensen, J. 276
Simon, H. 163
Simon, J. 108
Simon, W. B. 213
Simonsen, E. 335
Simowitz, R. L. 20
Simpkin, R. 226
Simpsas, M. 79
Simsir, B. N. 59
Sincere, R. E. 330
Singleton, S. 99
Sinha, B. M. 255
Sinha, P. B. 268
Siuru, W. D. 42
Sivanandan, A. 268
Sjaastad, A. C. 209
Skauen, P. 305
Skibiński, F. 78
Skinner, M. 335
Skogheim, D. 74
Skovbjerg, K. 112
Skvirskij, L. S. 74
Slade, M. G. 44
Sloan, S. R. 24, 330
Slocombe, W. B. 20
Slyck, P. van 330
Smith, B. F. 331
Smith, C. 86
Smith, D. 24, 30, 37, 85

Smith, E. 339
Smith, M. G. 344
Smith, M. J. 318
Smith, R. 47
Snyder, J. 223
Snyder, L. L. 63, 166
Snyder, W. P. 333
Sobczak, K. 69
Sobin, J. M. 252
Sobisch, W. 179
Soden, H. von 163
Söhnlein, K. 269
Sörensen, F. 122
Soerensen, H. 34
Soerensen, N. 27
Sofri, G. 15
Sohn, S. 339
Soholm, K. 155
Sojo, A. 301
Sokolsky, J. J. 306
Sol, R. 303
Sola, R. 248, 267
Solari-Yrigoyen, H. 291
Solh, R. el- 246
Sollerman, E. 96
Sollie, F. 227
Solmecke, R. 150
Solženicyn, A. 219
Somerville, K. 282
Sommer, G. 212
Sonnemann, U. 162
Sonntag, G. 294
Sonntag, P. 141
Sontheimer, K. 122
Sorani, S. 205
Sorensen, N. A. 60
Sorrels, C. A. 225
Southall, R. 278
Southall, R. J. 286
Sowinski, L. 81
Spadolini, G. 201
Spaeter, H. 143
Späth, L. 125, 171
Spandau, A. 284
Spano, L. 227
Spanovich, D. J. 349
Spengler, T. 252

Sperber, M. 184
Sperlich, W. 161
Sperling, H. 141
Sperling, V. 219
Spick, M. 35, 42
Spieker, M. 56
Spies, A. V. T. 317
Splivalo, A. 344
Spotts, F. 199
Spranger, C.-D. 133
Sreedhar, 350
Sühl, K. 128
Sueiro, D. 62
Sueur, M. 76
Sugnet, C. L. 87
Suh, D. S. 265
Suharchuk, G. D. 250
Suksamran, S. 270
Suleiman, M. W. 96
Sullivan, D. S. 21
Sullivan, L. R. 253
Summerscale, P. 108
Sundaram, G. S. 330
Sundberg, J. 183
Sundelius, B. 233
Sundhaussen, H. 61
Sundhaussen, U. 34
Surba, C. F. 176
Suter, D. 13
Sutter, R. G. 327
Sutton, P. 341
Suvorov, L. N. 229
Suvorov, V. 220
Svanstroem, R. 165
Svensson, B. 112
Swain, G. 221
Sweeney, J. P. 102
Sweet, C. 46
Sweetman, B. 43
Sweetman, J. 195, 334
Sywottek, J. 159
Szabo, S. F. 169
Szaz, Z. M. 270
Székely, G. 308
Szep, P. 317, 338
Szubanski, R. 216

Schachtman, T. 339
Schaefer, A. 9
Schäfer, H. 171
Schäfer, W. 144
Schaeffer, F. 14
Schaeffer, H. 119
Schäuble, I. 55
Schaff, A. 97, 217
Schapiro, L. 230
Scharrer, M. 156
Schatten, F. 274
Schaufelberger, W. 77
Scheel, H. 167
Scheele, P.-W. 167
Scheer, H. 84, 132
Scheffran, J. 44
Scheibert, H. 38, 143
Scheinhardt, S. 271
Schellenberg, J. A. 14
Schendelen, M. P. C. M. 102
Schenz, M. 211
Scherpenberg, J. van 336
Scheuringer, B. 213
Schickel, A. 57
Schickler, U. 188
Schier, P. 248, 250, 251
Schiff, B. N. 47
Schilén, J. A. 75
Schiller, T. 125
Schillinger, H. 345
Schimkoreit-Pott, R. 266
Schimkus, 145
Schindler, H. M. 138
Schirm, F. 177
Schjerning, A. 112
Schlaffer, E. 257
Schlarp, K.-H. 107
Schlauch, W. 137
Schleker, M. 140
Schlepple, E. 8
Schlesinger, S. 305
Schlicht, A. 281

Schlieper, A. 148
Schlöer, G. 121
Schlögel, K. 229
Schlomann, F. W. 251
Schlüter, H. 336
Schmalenstroer, A. 151
Schmelzer, J. A. 52
Schmerbach, G. 181
Schmid, A. P. 13
Schmid, G. 140
Schmidt, C. 99
Schmidt, M. 103
Schmidt, P. 140
Schmidt, W. 181
Schmiedl, J. 123
Schmitt, D. E. 197
Schmitt, R. 173
Schmitz, H.-E. 64
Schmollinger, H. W. 127
Schmuck, O. 102
Schmundt, R. 139
Schneider, E. 220
Schneider, K.-G. 286
Schneider, K.-J. 52
Schneider, M. 158
Schneider, R. 67
Schneiderman, W. 317
Schnell, K. 37
Schnellbacher, 148
Schocken, G. 259
Schöler, U. 211
Schoell, I. 37
Schön, H. 73
Schöneburg, K.-H. 156
Schoenefeldt, H. 20, 31, 103
Schöpflin, G. 97, 107
Schoeps, J. H. 114
Scholl, H. 167, 171
Scholl, S. 167, 171
Schorr, B. 254
Schott, R. L. 317
Schram, S. R. 249
Schreiber, G. 78

Schreiber, P. 100
Schrodek, G. W. 143
Schröder, G. 256
Schroeder, H. 277
Schroeder-Otero, J. B. 9
Schtiljanow, I. 73
Schubert, G. 214, 216
Schuckar, M. 257
Schülert, I. 104
Schuemer, M. 287
Schütte, M. 122
Schuetz, H.-J. 8
Schuetze, W. 187
Schuffert, J. 338
Schulte, L. 140
Schulten, C. M. 208
Schultheis, H. 171
Schultz-Naumann, J. 351
Schulz, E. 138
Schulz, F. 129
Schulz, G. 68
Schulz, H.-J. 32
Schulz, S. 142
Schulz-Torge, U.-J. 227, 228
Schulze, P. W. 320
Schulze-Boysen, H. 165
Schulze-Marmeling, D. 135, 348
Schumacher, E. 236, 295
Schuman, D. 320
Schuster, H.-G. 140
Schwan, G. 15
Schwan, H. 118
Schwartz, D. N. 23
Schwartz, P. 240
Schwarz, H. 177
Schwarz, J. E. 318
Schwarz, W. 177
Schwarze, G. 174
Schwed, P. 105
Schweitzer, C. 126

Stacey, J. 252
Stachiewicz, P. 69
Staden, B. von 135
Stadnjuk, I. 68
Stadtlmann, H. 101
Staeck, K. 160
Stäglich, W. 123, 124
Stahel, A. A. 89, 350
Staniszkis, J. 217
Stanton, S. L. 332
Staudenmaier, W. O. 89, 329, 330
Stauffer, T. R. 350
Steckmeister, G. 171
Steffahn, H. 59
Stegemann, B. 78
Stehlin, S. A. 134
Steigleder, H. 74
Steil, A. 9
Stein, G. J. 333
Steinbach, P. 167
Steinbach, U. 96
Steinberg, G. M. 44
Steinberg, M. 76
Steinbuch, K. 129
Steiner, B. H. 38
Steinert, H. 162
Steinhaus, K. 122
Steinhaus, R. 118
Steinhilber-Schwab, B. 152
Steininger, R. 140
Steinsleger, J. 297
Steltzer, H. G. 138, 139
Stengel, E. 173
Stepanenko, I. N. 66
Stephenson, H. 192
Stephenson, J. 171
Stern, L. M. 273
Stern, R. C. 43, 334
Sternberger, D. 15
Sterner, M. 89
Stevens, R. B. 36
Stich, K. 35
Stier, P. 99
Stivers, W. 95
Stober, R. 126

Stobwasser, A. 173
Stockton, R. R. 321
Stöber, H. 143
Stöcker, R. 156, 174
Stoertz, H. 330
Stöss, R. 127, 130
Stöver, R. 161
Stohl, M. 324
Stolze, D. 169
Stone, B. 252
Stora, B. 189
Stork, J. 326
Stowasser, H. 231
Strachan, H. 30, 105
Strada, C. 80
Stradt, J. 103
Straesser, M. 216
Strandh, S. 233
Strange, P. 195
Strange, S. 45
Strasser, J. 45, 132
Stratmann, K.-P. 31
Strauss Feuerlicht, R. 315
Stray Joergensen, P. 1
Strebe, B. 311
Strecker, G. 155
Strobel, G. W. 215
Strocka, M. 165
Ströder, J. 69
Stroessner, A. 312
Studier, A. 8
Stürmer, M. 84, 166
Stützer, H. 41
Stützle, W. 135
Stuewe, H. 94
Sturm, H. 213
Stus, W. 229

Taboada-Teran, N. 298
Tachau, F. 271
Taddia, I. 280
Taha, A. 351
Tai Sung An, 266
Taibo Arias, J. 314
Taipi, T. 79

Takeo, T. 263
Talbott, S. 328
Talon, V. 91, 218, 277
Talonen, J. 234
Tame, A. 38
Tammen, H. 98
Tan, F. 248
Tan Eng Bok, G. 251
Tana, F. 94
Tandberg, E. 44
Tangac, R. 225
Tarasulo, Y. 226
Tarskij, J. S. 231
Tarsky, Y. 227
Tatla, D. S. 3
Tatu, M. 220, 223
Tawil, C. 95
Taylor, B. 195
Taylor, C. 305
Taylor, J. R. 315
Taylor, M. J. H. 41, 43
Taylor, P. M. 196
Taylor, R. H. 248
Taylor, T. 36
Taylor, W. J. 324
Teckenberg, W. 229
Tegnelia, J. A. 36
Tent, J. F. 170
Ter-Minassian, A. 272
Terán, O. 289
Terry, S. M. 215
Terzani, T. 253, 346
Terzibaschitsch, S. 334
Tesio, A. 199
Tetzel, M. 54
Thakur, R. 26
Thalberg, H. 250
Thalmann, R. 155
Thamer, H.-U. 166
Thamm, E. 243
Tharoor, S. 255
Thayer, C. A. 273
Thayer, N. B. 262
Thom, W. G. 275

Thomas, S. 135
Thomas, T. 300
Thomas, W. 338
Thompson, J. E. 328
Thompson, K. H. 321
Thompson, L. 86, 333
Thompson, S. E. 269
Thompson, W. C. 140
Thoms, G. 180
Thomson, J. A. 21
Thorez, P. 229
Thorndike, T. 293
Thorndike-Losada, G. 313, 314
Thornsohn, S. 319
Thuillier, G. 185
Thun-Hohenstein, R.G. Graf von 197
Thurner, E. 213
Thurston, A. F. 249
Thyssen, O. 7
Tibi, B. 247
Tidman, K. R. 333
Tieke, W. 70
Tiemann, R. 77
Tierno-Galván, E. 117
Till, G. 351
Tilman, R. O. 245
Timm, G. 180
Timmermann, H. 138
Tirado, M. 312
Tito, J. B. 206
Tjulpanow, S. I. 181
Törnquist, O. 345
Tolley, K. 317, 334
Tolotti, S. 247
Tønnesson, S. 86
Tornetta, V. 24, 29, 30, 44
Torralba-Coronas, P. 62
Torre, J. C. 297
Torrente-Sánchez, F. 239
Torrieri, D. J. 44
Toscano, A. 255
Toten, M. 263

Totti, N. 204
Toulat, J. 184
Touma, E. 261
Touré, B. Y. 276
Tow, W. T. 263
Trask, R. R. 326
Traube, K. 45
Traxler, H. 160
Treml, V. G. 229
Trentini, G. 201
Treulieb, J. 124
Trever, J. 338
Treverton, G. F. 24
Treydte, K. P. 102
Triebiger, C. 142
Trobo, C. 312
Troebst, S. 191
Troltsch, K. 102
Truchanovskij, V. G. 195
Truong Buu Lâm, 273
Tseggai, A. 280
Tucker, R. W. 30
Tugendhat, E. 15
Tuider, O. 143
Tuitz, G. 218
Turcu, C. I. 218
Turner, P. 145
Turner, R. F. 318
Turnill, R. 44
Túrolo, C. M. 93
Turrini, A. 300
Tusa, A. 83
Tusa, J. 83
Tutu, D. 219, 284
Tyrell, A. 65

Ueberschär, G. M. 167
Uffelmann, U. 150
Uhrbom, O. 88
Ulam, A. B. 221
Ulanoff, S. M. 260
Ulfkotte, U. 90
Ullman, H. K. 40
Ullrich, K. 93
Umaña-Luna, E. 307
Underwood, G. 93

Unger, E. -M. 162
Ungerer, W. 101
Ungo, G. M. 303
Urban, J. 21
Urban, M. L. 89, 226
Urban, W. 149
Urbanski, A. von 33
Urrutia, L. 91
Uslaner, E. M. 321
Uterwedde, H. 189
Uttitz, F. 6
Uttitz, P. 127

Vachon, G. K. 99
Vack, K. 169
Vahtola, J. 183
Vaisse, M. 281
Vajda, M. 108
Valdés Vivó, R. 342
Valencia-Vega, A. 298
Valenta, J. 108
Valenzuela Morales, A. A. 301
Valette, J. 327
Valiani, L. 199, 201, 205
Valkenier, E. K. 228
Valley, B. 90
Vanderlaan, M. 292
Vandermeer, J. 309, 310
Vanlear, J. 104
Vanwelkenhuyzen, J. 77
Varela-Cid, E. 295
Vargas, M. 340
Vargas-Valenzuela, O. 298
Varsori, A. 201
Vásquez de Aquino, S. T. 224
Vatikiotis, P. J. 95
Veazey, S. E. 40
Vedel Rasmussen, O. 7
Veen, H. -J. 127
Vega, M. 301

Vega-San Martin, P. 240
Vegor, M. 227
Veit, L. A. 255
Velasco-Abad, F. 301
Velilla Laconich de Arrellága, J. 312
Veneziani, M. 198
Venkataramani, M. S. 327
Venohr, W. 181
Verna, R. 36, 226
Vernet, J. M. 86
Vernier, C. 189
Verona, B. F. 80
Vesa, U. 17
Veselsky, O. 214
Vetschera, H. 212
Vetter, R. 61
Vettori, V. 205
Vicary, A. 194
Vicens, L. 295
Vichit-Vadakan, J. 270
Vidali, V. 206
Vidigal, A. A. F. 93
Vigil i Vázquez, M. 240
Vigliar, E. 106
Vignes, A. J. 296
Vigor, P. H. 225
Vilby, K. 275
Villa, N. 198
Villalobos, J. 302, 303
Villanueva, V. 313
Villegas, J. E. 298
Vilmar, F. 142
Viñas, D. 289
Vinke, H. 345
Vins, G. P. 222
Viola, O. L. 296
Viorst, M. 96
Viotti, P. R. 176
Vishniac, R. 108
Vismara, M. 205
Visser, J. A. 286
Visuri, P. 183

493

Vivier, M. 84
Vizcaíno Casas, F. 238
Vizcaíno de Sas, C. 238
Vogel, D. 78
Vogel, H. 108, 220
Vogel, W. 114
Vogl, D. 179
Vogler, R. U. 236
Vogt, A. 164
Voicu, I. 218
Voigt, K. 203
Vojnić, D. 207
Volkmann, H.-E. 68
Volkova, E. D. 328
Vollmer, A. 126
Vollmer, F.-J. 268
Vollmer, G. 139
Vollmer, P. 9
Volostnov, N. I. 71
Volta-Gaona, E. 312
Vopersal, W. 143
Voronkov, N. N. 70
Voss, H. 279
Voß, W. 153
Vosske, H. 177
Vranicki, P. 11
Vukadinović, R. 224
Vultejus, U. 147

Waas, L. 30
Wachtler, J. 128
Waechter, H. 236
Wagemann, K. 174
Wagner, G. 7
Wagner, H. 187
Wagner, R. 145
Wagrowska, M. 138
Wailly, H. de 75
Waizinger, 148
Wakenhut, R. 141
Waldheim, K. 17
Walendy, U. 59, 60, 119, 128, 164, 170
Walker, B. S. 41

Walker, C. J. 272
Walkiewicz, D. 142
Wallace, W. 106, 193
Wallach, J. L. 261
Wallensteen, P. 84
Waller, D. C. 37
Wallin, J. D. 61
Walt, S. M. 18
Wang, R. S. 251
Wang Chang-ling, 269
Wang Fanxi, 248
Wang Hong-Wei, 168
Wang Shao-nan, 252
Wanninger, K. C. 161
Ward, E. E. 317
Wardetzky, J. 160
Warnecke, L. 182
Warner, G. 328
Wartmann, R. 134
Warwick, P. 58, 195, 207
Warwick, R. W. 92
Wass de Czege, H. 333
Wasser, H. 320
Wassilieff, A. 93
Watanabe, R. 42
Waterbury, J. 281
Waters, D. W. 35
Watts, L. 219
Wayman, F. W. 321
Weatherbee, D. E. 345
Webb, A. J. K. 199, 201
Webber, B. 81
Webber, G. C. 192
Weber, 145
Weber, C. E. 4
Weber, H. 128, 181
Weber, W. 174, 291
Wecker, R. 236
Weckerling, R. 176
Wegener, H. 84
Weggel, O. 252
Wegner-Korfes, S. 167

Wehner, G. 193
Weidenfeld, W. 170
Weidlin, W. 123
Weidung, A. 18
Weihs, J. 48
Weimer, B. 283
Weinreich, G. 131
Weintraub, S. 336
Weisfeld, A. H. 90
Weismantel, L. 75
Weiss, K. G. 228
Weiss, R. 276
Weiss, T. G. 100
Weissensteiner, F. 211
Weisser, U. 135
Weisskopf, T. E. 335
Welborn, S. 344
Welch, C. E. 99
Wellmann, C. 158
Wellmer, G. 284
Welsing, M. 157
Welz, W. 321
Wendt, C. 177
Weng, B. S. J. 269
Wengst, U. 125
Wenzel, R. 122
Wenzke, R. 179
Wermelin, A. 233
Wermser, J. 125
Werner, W. F. 149
Wernet-Tietz, B. 180
Wernicke, J. 37
Werning, R. 346
Wessels, D. J. 244, 249
Wesson, R. 299
Weston, B. H. 7
Westphal, W. 139
Westreicher, E. 48
Westrheim, H. 74
Westwood, D. 147
Wettig, G. 15, 22, 30, 223, 249, 250
Wetuschat, H. 22
Wheeler, R. 81
Wheelock, J. 310
Whitacker, R. 84

494

White, B. T. 38, 65
White, C. 194
White, S. 97
White, T. H. 320
Whitehead, L. 292
Whiteley, P. 192
Whitley, M. J. 148
Whitton, T. L. 228
Wiant, J. A. 248
Wichterich, C. 256
Wickham, J. 156
Wicki, H. 171
Wieck, H.-G. 228
Wiedemann, E. 83
Wierig, V. 147
Wiese, B. 286
Wieseltier, L. 15
Wiesemann, F. 154
Wieser, T. 199
Wiesner, F.-J. 144
Wiggershaus, R. 155
Wiking, S. 276
Wilczynski, J. 46
Wilder-Smith, B. 166
Wilke, P. 16, 47, 139
Wilkins, R. 316
Willcox, A. M. 44
Williams, J. A. 335
Williams, P. 331
Williams, R. 5
Willmott, H. P. 82
Wilms, P. 138
Wilson, A. 20
Wilson, K. 270
Wilson, K. G. 15
Wilson, R. 95
Winau, R. 176
Winckler, E. A. 270
Windelen, H. 138, 170
Windt-Lavandier, C. de 66
Winkler, H. A. 157
Winterhager, W. E. 59
Wirsing, R. G. 245

Wisotzky, K. 151
Wissell, R. 118
Wit, J. S. 22
Wittas, H.-E. 143
Wittig, P. 140
Wittke, T. 124
Wittstadt, K. 167
Wittwer, W. 121
Wixmann, R. 219
Wobmann, K. 236
Wöhlcke, M. 299
Wogstad, J. 43
Wohlstetter, A. 35
Woito, R. S. 18
Wolde-Giorgis, K. 280
Wolf, D. O. A. 29
Wolf, J. 70
Wolf, W. 75
Wolfe, A. 322, 324
Wolff, H. 175
Wolff, L. 6
Wolff, T. 118
Wolff Poweska, A. 129
Wolffsohn, M. 138
Wolfowitz, P. D. 23
Woll, J. 229
Wollenberg, J. 152
Wolter, H.-J. 150
Wong, C. 46
Wood, B. 293
Woodcook, G. 254
Woodward, R. L. 293
Woyke, W. 187
Woźniak, M. 69
Wriggins, H. W. 268
Wright, J. B. 287
Wright, J. D. 319
Wright, J. W. 13
Wu, T. 248
Wünschmann, M. 263
Wulff, O. 245
Wurm, C. A. 189
Wurth-Hough, S. 338

Yahuda, M. 250
Yankelovich, D. 38

Yared, M.-J. 280
Yarmolinsky, A. 331
Y'Blood, W. T. 66
Ydegaard, T. 347
Yedra-Hernández, P. 34
Yenne, B. 335
Yeo Kim Wah, 267
Yin Ching-yao, 250
Yingxiang, C. 248
Yodfat, A. J. 224
Yost, D. S. 105, 187
Young, A. 196
Young, Earl J, 302, 304
Young, J. M. 299
Young, N. 133
Young, P. 77
Young, P. L. 23, 263, 344, 345
Young, R. J. 201
Young Choi, 266
Young Whan Kihl, 266

Zaccaria, G. 201
Zagladin, V. V. 83
Zagoria, D. S. 224
Zahl, K. F. 264
Zahn, F. 47
Zaloga, S. J. 39, 77, 333
Zammito, J. H. 161
Zarga, A. 336
Zartmann, C. E. 347
Zavaleta-Mercado, R. 298
Zdrowomyslaw, N. 153
Zechlin, E. 59
Zeebroek, X. 223
Zehender, W. 284
Zelikow, P. D. 331
Zellner, W. 38, 105, 131, 329
Zelzer, M. 171
Zentner, C. 170
Zeraffa, D. 186
Zhang Jia-Lin, 327

Ziefle, H. 168
Žigalov, I. I. 192
Zimmermann, R. 116, 117
Zimmermann, W. D. 164

Zinner, P. 108
Ziring, L. 95, 268
Zoctizoum, Y. 278
Zodian, V. 33
Zoe In Su, 266

Zoratto, B. 144
Zorrilla, R. H. 297
Zúniga, J. E. 62
Zwick, P. 12
Zymierski, M. 214